翻译：小小冰人
原著：【美】戴维·M. 格兰茨

列宁格勒会战

THE BATTLE FOR LENINGRAD

1941—1944

（上册）

“东线文库”总策划：王鼎杰

台海出版社

版贸核渝字（2017）第186号

图书在版编目（CIP）数据

列宁格勒会战：1941—1944 / (美) 戴维 · M.格兰茨著；小小冰人译. -- 北京：台海出版社, 2018.3
书名原文: The Battle for Leningrad,1941-1944
ISBN 978-7-5168-1788-9

Ⅰ. ①列… Ⅱ. ①戴… ②小… Ⅲ. ①列宁格勒保卫战(1941-1942)－史料 Ⅳ. ①E195.2

中国版本图书馆CIP数据核字(2018)第041368号

列宁格勒会战：1941—1944

著　　者：[美] 戴维 · M. 格兰茨　　译　　者：小小冰人

责任编辑：俞滟荣　　策划制作：指文文化
视觉设计：舒正序　　责任印制：蔡　旭

出版发行：台海出版社
地　　址：北京市东城区景山东街20号　　邮政编码：100009
电　　话：010－64041652（发行，邮购）
传　　真：010－84045799（总编室）
网　　址：www.taimeng.org.cn/thcbs/default.htm
E－mail：thcbs@126.com

经　　销：全国各地新华书店
印　　刷：重庆共创印务有限公司
本书如有破损、缺页、装订错误，请与本社联系调换

开　　本：787mm × 1092mm　　1/16
字　　数：740千　　印　　张：47
版　　次：2018年5月第1版　　印　　次：2018年5月第1次印刷
书　　号：ISBN 978-7-5168-1788-9

定　　价：189.80元（全二册）

“东线文库”总序

泛舟漫长的人类战争史长河，极目四望，迄今为止，尚未有哪场陆战能在规模上超过二战时期的苏德战争。这场战争挟装甲革命与重工业革命之双重风潮，以德、苏两大军事体系20年军改成果为孤注，以二战东线战场名扬后世。强强相撞，伏尸千里；猛士名将，层出不穷。在核恐怖强行关闭大国全面战争之门70年后的今天，回首望去，后人难免惊为绝唱。在面对那一串串数字和一页页档案时，甚至不免有传说时代巨灵互斫之苍茫。其与今人之距离，似有千年之遥，而非短短的70春秋。

但是，如果我们记得，即便是在核武器称雄的时代，热战也并未绝迹，常规军事力量依然是大国达成政治诉求的重要手段；而苏德战争的胜利者苏联，又正是冷战的主角之一，直到今天，苏系武器和苏式战法的影响仍具有全球意义。我们就会发现，这场战争又距离我们是如此之近。

要知道这场战争究竟离我们有多近，恰恰要先能望远——通过对战争史和军事学说发展史的长程回顾，来看清苏德战争的重大意义。

正如俾斯麦所言：“愚人执着于自己的体验，我则师法他者的经验。”任何一个人、一个组织的直接体验总是有限的，但如能将别人的间接经验转化为自己的直接体验，方是智者之所为。更高明的智者又不仅仅满足于经验的积累，而是能够突破经验主义的局限，通过学说创新形成理论体系，从而在经验和逻辑、事实与推理之间建立强互动，实现真正的以史为鉴和鉴往知来。

无怪乎杜普伊会说：“军事历史之所以对军事科学的发展至关重要，是因为军事科学不像大多数其他学科那样，可在实验室里验证它们的理论和假说。军事试验的种种形式，如野战演习、对抗演习和实兵检验等，都永远不会再现战争的基本成分：致命环境下对死亡的恐惧感。此类种种试验无疑是非常有益的，但是，这种益处也只能是在一定程度上的。”[1]但这绝不等于说战争无法研究，只能在战争中学战争。突破的关键即在于如何发挥好战争史研究的作用。所以杜普伊接着强调：“像天文学一样，军事科学也是一门观测科学。正如天文学家把天体作为实验室（研究对象），而军人的真正的实验室则永远是军事历史。”[2]

从这个角度上讲，苏德战争无疑是一个巨型实验室，而且是一个直接当下，具有重大特殊意义的实验室。

回顾战争史册，不难发现，受技术手段的局限，战场的范围长期局限在指挥官的目力范围之内。故而，在这个时期，战争行为大致可以简化为两个层级，一为战略（strategy），一为战术（tactic）。

战术是赢得战斗的方法，战略则是赢得战争的方法。战之术可以直接构成战之略的实施手段。一般而言，战争规模越有限，战争结局越由战斗决定，战略与战术的边界便越模糊。甚至可以出现“一战定乾坤”的戏剧性结局。这又进一步引发出战局和会战两个概念。

所谓战局，就是英语中的Campaign，俄语的кампания，德语的Feldzug。Campaign的词源是campus，也就是营地。因为在罗马时代，受当时的技术条件限制，军队每年会有一个固定的季节性休战期，是为宿营时期。这样就可以很清晰地划分出以年度为单位的“战局”。相对不同的是德语 Feldzug的词根有拖、拉、移动的意思，对弈中指移动棋子。已隐约可见机动战的独特传统。但三方对战局的理解、使用并无本质不同。

而会战（英语中的Battle，俄语的Битва，德语的Schlacht）则是战斗的放大。换言之，在早期西方军事学说体系中，战略对应战局，战术对应战斗，而“会战”则是战略与战术的交汇地带，战局与战斗的中间产物。在早期冷兵器战争时代，会战较为简单，很多时候就是一个放大的战术行动和缩小的战略行动。但是，随着技术的变革，社会结构、动员体系、战争规模的巨变，会战组织越来越复杂，越来越专业，逐渐成为一个独立于战略和战术之外的层级。拿破仑的战争艺术，归根结底其实就是会战的艺术。

但是，拿破仑并未发展出一套会战学说，也没有形成与之相表里的军事制度和军事教育体系，反而过于依赖自己的个人天赋，从而最终走向不归路。得风气之先的是普鲁士军队的改革派三杰（沙恩霍斯特、格奈瑟瑙、克劳塞维茨），收功者则是促成德意志统一的老毛奇。普德军事体系的发展壮大，正是研究透彻了拿破仑又超越了拿破仑，在战略和战术之间增加了一个新层级——Operation，从根本上改变了军事指挥和军事学术研究范式。所谓“Operation”，本有操作、经营、（外科）手术等多层含义，其实就是战略实施中的落实性操作，是因为战术已经无法直接构成战略的实施手段而增加的新环节。换言之，在德军军事体系中，Operation是一个独立的、高度专业化的军事行动层级。

与之相表里，普德军事系统又形成了现代参谋制度，重新定义了参谋，并形成了以参谋军官为核心的现代军官团，和以参谋教育为核心的现代军校体系。总参谋部其实是一个集研究、教育、指挥为一体的复合结构。参谋总长管理陆军大学，而陆军大学的核心课程即为战争史研究，同时负责将相关研究兵棋化、实战化、条令化。这种新式参谋主要解决的就是Operation Level的问题，这与高级统帅思考战略问题，基层军官、士官思考战术问题正相等同。

普法战争后，普鲁士式总参谋部制度迅速在全球范围内扩散，举凡英法俄美意日等列强俱乐部成员国，无不效法。但是，这个制度的深层驱动力——Operation Level的形成和相应学说创新，则长期为德军秘而不宣，即便是其亲传弟子，如保加利亚，如土耳其，如日本，均未得其门径窍奥，其敌手如法，如英，如俄，如美，亦均茫然不知其所以然。

最早领悟到德军作战层级独创性和重要性的军队，正是一战后涅槃重生的苏联红军。

苏军对德语的Operation进行了音译，是为Операция，也就是日后中苏合作时期经苏联顾问之手传给我军的“战役”概念。换言之，所谓战役学，其实就是苏军版的Operation学说。而美军要到冷战期间才明白这一点，并正式修改其军事学说，在Strategy和Tactic之间增设Operation这个新层级。

与此同时，英美体系虽然在战役学层次反应迟钝，却看到了德、苏没有看到的另一个层次的变化——战争的巨变不仅发生在传统的战略、战术之间，更发生在战略之上。

随着战争本身的专业性日趋强化，军人集团在战争中的发言权无形中也被强化，而文官和文人战略家对战争的介入和管控力逐渐弱化。但正如克劳塞维茨强调指出的那样，战争是政治的延续[3]。因而，战争只是手段，不是目的。无论军事技术如何变化，这一个根本点不会变化。但现代战争的发展却导致了手段高于目的的客观现实，终于在一战中造成了莫大的灾难。战争的胜利不等于政治的胜利这一基本事实，迫使战争的胜利者开始反思固有战争理论的局限性，逐渐形成了“大战略”（Grand Strategy）的观念，这就在英美体系中形成了大战略（又称国家战略、总体战略、高级战略）、分类战略（包括军事战略、经济战略、外交战略、文化战略等）、战术的三级划分。大战略不再像传统战略那样执着于打赢战争，而是追求战争背后的终极目标——政治目的。因为此种战略在国家最高决策层面运作，所以美国学界又将大战略称为国家战略。用美国国防部的定义来说明，即：“国家战略是平时和战时在使用武装力量的同时，发展和运用国家的政治、经济和心理力量，以实现国家目标的艺术和科学。”

冷战初期，美国以中央情报局、国家安全委员会、民营战略智库（如兰德公司）、常青藤联盟高校人才库相呼应的制度创新，其实就是建立在大战略学说领先基础上的国家安全体系创新[4]。而德军和苏军受传统“战略—战局”概念的束缚，均未看清这一层变化，故而在宏观战略指导上屡屡失误，只能仰赖希特勒、斯大林这样的战略怪才，以杰出个体的天赋弥补学说和制度的不足，等于又回到了拿破仑困境之中。

从这个角度上看二战，苏德战争可以说是两个走在战役学说创新前列的军事体系之间的超级碰撞。同为一战失败者的德、苏，都面对一战式的堑壕难题，且都嗅到了新时代的空气。德国的闪电战与苏军的大纵深战役，其实是两国改革派精英在同一场技术革命面前，对同一个问题所做出的不同解答。正是这种军事学说的得风气之先，令两国陆军在军改道路上走在列强前列。二战期间两国彗星撞地球般的碰撞，更进一步强化了胜利者的兼容并蓄。冷战期间，苏军的陆战体系建设，始终以这个伟大胜利为基石，不断深化。

在这个基础上再看冷战，就会发现，其对抗实质是美式三级体系（大战略、战略、战术）与苏式三级体系（战略、战役、战术）的对抗。胜负关键在于谁能先吸取对方之所长，弥补己方之所短。结果，苏联未能实现大战略的突破，建立独立自主的大战略学说、制度、教育体系。美国却在学科化的战略学、国际政治学和战争史研究的基础上，建立了自己的Operation Level，并借力新一轮技术变革，对苏军进行创造性的再反制。这个连环反制竞争链条，一直延续到今天。虽然俄军已暂时被清扫出局，但这种反制的殷鉴得失却不会消失，值得所有国家的军人和战史研究者注目。而美国借助遏制、接触战略，最终兵不血刃地从内部搞垮苏联，亦非偶然。

正是这种独特的历史地位，决定了东线史的独特重要性，东线研究本身也因而成为另一部波澜壮阔的历史。

可以说，苏军对苏德战争最具切肤之痛，在战争期间就不断总结经验教训。二战后，这个传统被继承下来，形成了独特的苏军式研究。与此同时，美国在二战刚刚结束之际就开始利用其掌握的资料和德军将领，进行针对苏军的研究。众多德军名将被要求撰写关于东线作战的报告[5]。但是，无论是苏军的研究还是美军的研究，都是内部进行的闭门式研究。这些成果，要到很久之后，才能公之于世。而世人能够看到的苏德战争著述，则是另一个景象。

二战结束后的最初15年，是宣传品与回忆录互争雄长的15年。作为胜利者的苏联，以君临天下的优越感，刊行了一大批带有鲜明宣传色彩的出版物[6]。与之相对应，以古德里安、曼施坦因等亲身参与东线鏖战的德国军人为代表的另一个群体，则以回忆录的形式展开反击[7]。这些书籍因为是失败者痛定思痛的作品，著述者本人的军事素养和文笔俱佳，故而产生了远胜过苏联宣传史书的影响力，以至于很多世人竟将之视为信史。直到德国档案资料的不断披露，后人才逐渐意识到，这些名将回忆录因成书年代的特殊性，几乎只能依赖回忆者的主观记忆，而无法与精密的战史资料互相印证。同时，受大环境的影响，这些身为楚囚的德军将领大多谋求：一，尽量撇清自己的战争责任；二，推卸战败责任（最常用的手法就是将所有重大军事行动的败因统统归纳为希特勒的瞎指挥）；三，宣传自身价值（难免因之贬低苏联和苏军）。而这几个私心又迎合了美国的需求：一，尽快将西德纳入美国领导的反苏防务体系之中，故而必须让希特勒充分地去当替罪羊，以尽快假释相关军事人才；二，要尽量抹黑苏联和苏军，以治疗当时弥漫在北约体系内的苏联陆军恐惧症；三，通过揭批纳粹政体的危害性，间接突显美国制度的优越性。

此后朱可夫等苏军将领在后斯大林时代刊行的回忆录，一方面固然是苏联内部政治生态变化的产物，但另一方面也未尝不可说是对前述德系著述的回击。然而，德系回忆录的问题同样存在于苏系回忆录之中。两相对比，虽有互相校正之效，但分歧、疑问更多，几乎可以说是此亦一是非、彼亦一是非，俨然是在讲两场时空悬隔的战争。

结果就是，苏德战争的早期成果，因其严重的时代局限性，而未能形成真正的学术性突破，反而为后人的研究设置了大量障碍。

进入20世纪60年代后，虽然各国关于东线的研究越来越多，出版物汗牛充栋，但摘取桂冠的仍然是当年的当事人一方。幸存的纳粹党要员保罗·卡尔·施密特（Paul Karl Schmidt）化名保罗·卡雷尔（Paul Carell），在已有研究的基础上，大量使用德方资料，并对苏联出版物进行了尽量全面的搜集使用，更对德国方面的幸存当事人进行了广泛的口述历史采访，在1964年、1970年相继刊行了德军视角下的重量级东线战史力作——《东进：苏德战争1941—1943》和《焦土：苏德战争1943—1944》[8]。

进入20世纪70年代后，研究趋势开始发生分化。北约方面可以获得的德方档案资料越来越多，苏方亦可通过若干渠道获得相关资料。但是，苏联在公布己方史料时却依然如故，仅对内进行有限度的档案资料公布。换言之，苏联的研究者较之于北约各国的研究者，掌握的史料更为全面。但是，苏联方面却没有产生重量级的作品，已经开始出现军事学说的滞后与体制限制的短板。

结果，在这个十年内，最优秀的苏德战争著作之名被英国军人学者西顿（Albert Seaton）的《苏德战争》摘取[9]。此时西方阵营的二战研究、希特勒研究和德军研究均取得重大突破，在这个整体水涨的背景下，苏德战争研究自然随之船高。而西顿作为英军中公认的苏军及德军研究权威，本身即带有知己知彼的学术优势，同时又大力挖掘了德国方面的档案史料，从而得以对整个苏德战争进行全新的考订与解读。

继之而起者则有英国学者约翰·埃里克森（John Ericsson）与美国学者厄尔·齐姆克（Earl F. Ziemke）。

和西顿一样，埃里克森（1929年4月17日—2002年2月10日）也曾在英军中服役。不同之处则在于：

其一，埃里克森的研究主要是在退役后完成。他先是进入剑桥大学圣约翰学院深造，1956年苏伊士运河危机爆发后作为苏格兰边民团的一名预备军官被重新征召入役。危机结束后，埃里克森重启研究工作，1958年进入圣安德鲁大学担任讲师，开始研究苏联武装力量。1962年，埃里克森首部著作《苏联统帅部：1918—1941年》出版，同年在曼彻斯特大学出任高级讲师。1967年进入爱丁堡大学高级防务研究所任职，1969年成为教授，研究重心逐渐转向苏德战争。

其二，埃里克森得益于两大阵营关系的缓和，能够初步接触苏军资料，并借助和苏联同行的交流，校正之前过度依赖德方档案导致的缺失。而苏联方面的战史研究也取得了较大的进展，足以为这种校正提供参照系，而不像五六十年代时那样只能提供半宣传品性质的承旨之作。同时，埃里克森对轴心国阵营的史料挖掘也更全面、细致，远远超过了之前的同行。关于这一点，只要看一看其著述后面所附录的史料列目，即可看出苏德战争研究的史料学演进轨迹。

埃里克森为研究苏德战争，还曾专程前往波兰，拜会了苏军元帅罗科索夫斯基。这个非同凡响的努力成果，就是名动天下的“两条路”。

所谓“两条路”，就是1975年刊行的《通往斯大林格勒之路》与1982年刊行的《通往柏林之路》[10]。正是靠了这两部力作，以及大量苏军研究专著[11]，埃里克森在1988—1996年间成为爱丁堡大学防务研究中心主任。

厄尔·齐姆克（1922年12月16日—2007年10月15日）则兼有西顿和埃里克森的身影。出生于威斯康星州的齐姆克虽然在二战中参加的是对日作战，受的也是日语训练，却在冷战期间华丽转型，成为响当当的德军和苏军研究权威。曾在硫磺岛作战中因伤获得紫心勋章的齐姆克，战后先是在天津驻扎，随后复员回国，通过军人权利法案接受高等教育，1951年在威斯康星大学获得学位。1951—1955年，他在哥伦比亚的应用社会研究所工作，1955—1967年进入美国陆军军史局成为一名官方历史学家，1967—1977年在佐治亚大学担任全职教授。其所著《柏林战役》《苏维埃压路机》《从斯大林格勒到柏林：德国在东线的失败》《从莫斯科到斯大林格勒：东线的抉择》《德军东线北方战区作战报告，1940—1945年》《红军，1918—1941年：从世界革命的先锋到美国的盟友》等书[12]，对苏德战争、德军研究和苏军研究均做出了里程碑般的贡献，与埃里克森堪称双峰并峙、二水分流。

当《通往柏林之路》刊行之时，全球苏德战争研究界人士无人敢想，仅仅数年之后，苏联和华约集团便不复存在。苏联档案开始爆炸性公布，苏德战争研究也开始进入一个前人无法想象的加速发展时代，甚至可以说是一个在剧烈地震、风暴中震荡前行的时代。在海量苏联史料的冲击下，传统研究纷纷土崩瓦解，军事界和史学界的诸多铁案、定论也纷纷根基动摇。埃里克森与齐姆克的著作虽然经受住了新史料的检验，但却未能再进一步形成新方法的再突破。更多的学者则汲汲于立足新史料，急求转型。连保罗·卡雷尔也奋余勇，在去世三年前的1993年刊行了《斯大林格勒：第6集团军的覆灭》。奈何宝刀已老，时过境迁，难以再掀起新的时代波澜了。

事实证明，机遇永远只向有准备、有行动力的人微笑，一如胜利天平总是倾斜于能率先看到明天的一方。风起云涌之间，新的王者在震荡中登顶，这位王者就是美国著名苏军研究权威——戴维·格兰茨（David Glantz）。

作为一名参加过越战的美军基层军官，格兰茨堪称兼具实战经验和学术积淀。1965年，格兰茨以少尉军衔进入美国陆军野战炮兵服役，并被部署到越南平隆省的美国陆军第2军的“火力支援与协调单元”（Fire Support Coordination Element，FSCE，相当于军属野战炮兵的指挥机构）。1969年，格兰茨返回美国，在陆军军事学院教授战争史课程。1973年7月1日，美军在陆军训练与条令司令部下开设陆军战斗研究中心（Combat Studies Institute，CSI），格兰茨开始参与该中心的苏军研究项目。1977—1979年他出任美国驻欧陆军司令部情报参谋办公室主任。1979年成为美国陆军战斗研究所首席研究员。1983年接掌美国陆军战争学院（United States Army War College）陆战中心苏联陆军作战研究处（Office of Soviet Army Operations at the Center for Land Warfare）。1986年，格兰茨返回利文沃思堡，组建并领导外国军事研究办公室（Foreign Military Studies Office，FMSO）。在这漫长的研究过程中，格兰茨不仅与美军的苏军研究同步前进，而且组织翻译了大量苏军史料和苏方战役研究成果[13]。

1993年，年过半百的格兰茨以上校军衔退役。两年后，格兰茨刊行了里程碑著作《巨人的碰撞》[14]。这部苏德战争新史，系格兰茨与另一位美国军人学者乔纳森·M. 豪斯（Jonathan M. House）合著，以美军的苏军研究为基石，兼顾苏方新史料，气势恢宏地重构了苏德战争的宏观景象。就在很多人将这本书看作格兰茨一生事功的收山之作的时候，格兰茨却老当益壮，让全球同行惊讶地发现，这本书根本不是终点线，而是格兰茨真正开始斩将搴旗、攻城略地的起跑线：

1998年刊行《泥足巨人：苏德战争前夕的苏联军队》[15]《哈尔科夫：1942年东线军事灾难的剖析》[16]。

1999年刊行《朱可夫最大的败仗：红军1942年“火星”行动的惨败》[17]《库尔斯克会战》[18]。

2001年刊行《巴巴罗萨：1941年希特勒入侵俄罗斯》[19]《列宁格勒之围1941—1944，900天的恐怖》[20]。

2002年刊行《列宁格勒会战1941—1944》[21]。

2003年刊行《斯大林格勒会战之前：巴巴罗萨，希特勒对俄罗斯的入侵》[22]《八月风暴：苏军在满洲的战略攻势》[23]《八月风暴：苏联在满洲的作战与战术行动》[24]。

2004年与马克·里克曼斯波尔（Marc J. Rikmenspoel）刊行《屠戮之屋：东线战场手册》[25]。

2005年刊行《巨人重生：苏德战争中的苏联军队1941—1943》[26]。

2006年刊行《席卷巴尔干的红色风暴：1944年春苏军对罗马尼亚的攻势》[27]。

2009年开始刊行《斯大林格勒三部曲第一部：兵临城下（1942.4—1942.8）》[28]和《斯大林格勒三部曲第二部：决战（1942.9—1942.11）》[29]。

2010年刊行《巴巴罗萨脱轨：斯摩棱斯克会战·第一卷·1941年7月10日—9月10日》[30]。

2011年刊行《斯大林格勒之后：红军的冬季攻势》[31]。

2012年刊行《巴巴罗萨脱轨：斯摩棱斯克会战·第二卷·1941年7月10日—9月10日》[32]。

2014年刊行《巴巴罗萨脱轨：斯摩棱斯克会战·第三卷·1941年7月10日—9月10日》[33]《斯大林格勒三部曲第三部：最后的较量（1942.12—

1943.2）》[34]。

2015年刊行《巴巴罗萨脱轨：斯摩棱斯克会战·第四卷·地图集》[35]。

2016年刊行《白俄罗斯会战：红军被遗忘的战役1943年10月—1944年4月》[36]。

这一连串著述列表，不仅数量惊人，质量亦惊人。盖格兰茨之苏德战史研究，除前述立足美军对苏研究成果、充分吸收新史料及前人研究成果这两大优势之外[37]，还有第三个重要优势，即立足战役层级，竭力从德军和苏军双方的军事学说视角，双管齐下，珠联璧合地对苏德战争中的重大战役进行深度还原。

其中，《泥足巨人》与《巨人重生》二书尤其值得国人注目。因为这两部著作不仅正本清源地再现了苏联红军的发展历程，而且将这个历程放在学说构造、国家建设、军事转型的大框架内进行了深入检讨，对我国今日的军事改革和军事转型研究均具有无可替代的重大意义。

严谨的史学研究和实战导向的军事研究在这里实现了完美结合。观其书，不仅可以重新认识那段历史，而且可以对美军专家眼中的苏军和东线战史背后的美军学术思想进行双向感悟。而格兰茨旋风业已在多个国家掀起重重波澜。闻风而起者越来越多，整个苏德战争研究正在进入新一轮的水涨阶段。

如道格拉斯·纳什（Douglas Nash）的《地狱之门：切卡瑟口袋之战》（2002）[38]，小乔治·尼普（George Nipe Jr.）的《在乌克兰的抉择：1943年夏季东线德国装甲作战》（1996）[39]、《最后的胜利》（2000）[40]以及《鲜血·钢铁·神话：党卫军第2装甲军与通往普罗霍罗夫卡之路》（2013）[41]均深得作战研究之精髓，且能兼顾史学研究之严谨，从而将老话题写出新境界。

此外，旅居柏林多年的新西兰青年学者戴维·斯塔勒（David Stahel）于2009年刊行的《"巴巴罗萨"与德国在东线的失败》[42]，以及美国杜普伊研究所所长、阿登战役与库尔斯克战役模拟数据库的项目负责人克里斯托弗·劳伦斯（Christopher A. Lawrence）2015年刊行的《库尔斯克：普罗霍罗夫卡之战》[43]，均堪称卓尔不群，又开新径。前者在格兰茨等人研究的基础上，重新回到德国视角，探讨了巴巴罗萨作战的复杂决策过程。整书约40%的内容是围绕决策与部署写作的，揭示了德国最高统帅部与参谋本部等各部门的战略、作战观念差异，以及战前一系列战术、技术、后勤条件对实战的影响，对“巴巴罗萨”作战——这一人类历史上最宏大的地面作战行动进行了精密的手术解剖。后者则将杜普伊父子的定量分析战史法这一独门秘籍发扬到极致，以1662页的篇幅和大量清晰、独特的态势图，深入厘清了普罗霍罗夫卡之战的地理、兵力、技战术和战役部署，堪称兼顾宏观、中观、微观的全景式经典研究。曾在英军中服役的高级军医普里特·巴塔（Prit Buttar）同样以半百之年作老当益壮之后发先至，近年来异军突起，先后刊行了《普鲁士之战：苏德战争1944—1945》（2010）、《巨人之间：第二次世界大战中的波罗的海战事》（2013）、《帝国的碰撞：1914年东线战争》（2014）、《日耳曼优先：1915年东线战场》（2015）、《俄罗斯的残息：1916—1917年的东线战场》（2016）[44]。这一系列著作兼顾了战争的中观与微观层面，既有战役层级的专业剖析，又能兼顾具体人、事、物的栩栩如生。且从二战东线研究追溯到一战东线研究，溯本追源，深入浅出，是近年来不可多得的佳作。

行文及此，不得不再特别指明一点：现代学术著述，重在“详人之所略，略人之所详”。绝不可因为看了后出杰作，就将之前的里程碑著作束之高阁。尤其对中国这样的后发国家而言，更不能限在“第六个包子”的思维误区中。所谓后发优势，无外乎是能更好地以史为鉴，以别人的筚路蓝缕为我们的经验教训。故而，发展是可以超越性布局的，研究却不能偷懒。最多是随着研究的深入，实现阅读、写作的加速度，这是可取的。但怀着投机取巧的心态，误以为后出者为胜，从而满足于只吃最后一个包子，结果必然是欲速不达，求新而不得新。

反观我国的苏德战史研究，恰处于此种状态。不仅新方法使用不多，新史料译介有限，即便是经典著述，亦乏人问津。更值得忧虑之处在于，基础学科不被重视，军事学说研究和严肃的战争史研究长期得不到非军事院校的重视，以致连很多基本概念都没有弄清。

以前述战局、战役、会战为例：

汉语	战局	战役	会战
英语	Campaign	Operation	Battle
俄语	кампания	Операция	Битва
德语	Feldzug	Operation	Schlacht

比如科贝特的经典著作*The Campaign of Trafalgar*[45]，就用了“Campaign”而非“Battle”，原因就在于这本书包含了战略层级的博弈，而且占据了相当重要的篇幅。这其实也正是科贝特极其自负的一点，即真正超越了具体海战的束缚，居高临下又细致入微地再现了特拉法尔加之战的前因后果，波澜壮阔。故而，严格来说，这本书应该译作“特拉法尔加战局”。

我国军事学术界自晚清以来就不甚重视严肃的战争史研究和精准的学说体系建立。国民党军队及其后身——今日的台军，长期只有一个“会战”概念，后来虽然引入了Operation层级，但真正能领悟其实质者甚少[46]，而且翻译为“作战”，过于具象，又易于引发误解。相反，大陆方面的军事学术界用“战役”来翻译苏军的Операция，胜于台军用“作战”翻译Operation。因为战役的“役”也正如战略、战术之“略”与“术”，带有抽象性，不会造成过于具象的刻板误解，而且战略、战役、战术的表述也更贯通流畅。但是，在对“战役”进行定义时，却长期没有立足战争史演变的实践，甚至形成如下翻译：

汉语	作战、行动	战役	会战
英语	Operation	Campaign Operation Battle	Battle Operation
俄语	—	Операция кампания	Битва
德语	Operation	Feldzug Operation	Schlacht Operation

但是，所谓“会战”是一个仅存在于国—台军的正规军语中的概念。在我军的严格军事学术用语中，并无此一概念。所以才会有“淮海战役”与“徐蚌会战”的不同表述。实质是长期以来用“战役”一词涵盖了Campaign、Operation和Battle三个概念，又没有认清苏俄军事体系中的

Операция和英德军语中的Operation实为同一概念。其中虽有小异，实具大同。而且，这个概念虽然包含具体行动，却并非局限于此，而是一个抽象军事学说体系中的层级概念。而这个问题的校正、解决又绝非一个语言问题、翻译问题，而是一个思维问题、学说体系建设问题。

正因为国内对苏德战争的理解长期满足于宣传品、回忆录层级的此亦一是非、彼亦一是非，各种对苏军（其实也包括了对德军）的盲目崇拜和无知攻击才会同时并进、甚嚣尘上。

因此之故，近数年来，我多次向多个出版大社建议，出版一套“东线文库”，遴选经典，集中推出，以助力于中国战史研究发展和军事学术范式转型。其意义当不限于苏德战史研究和二战史研究范畴。然应之者众，行之者寡。直到今年六月中旬，因缘巧合认识了指文公司的罗应中，始知指文公司继推出卡雷尔的《东进：苏德战争1941—1943》《焦土：苏德战争1943—1944》，巴塔的《普鲁士之战：苏德战争1944—1945》和劳斯、霍特的回忆录《装甲司令：艾哈德·劳斯大将东线回忆录》《装甲作战：赫尔曼·霍特大将战争回忆录》之后，在其组织下，小小冰人等国内二战史资深翻译名家们，已经开始紧锣密鼓地翻译埃里克森的“两条路”，并以众筹方式推进格兰茨《斯大林格勒》三部曲之翻译。经过一番沟通，罗先生对“东线文库”提案深以为然，乃断然调整部署，决定启动这一经典战史译介计划，并与我方团队强强联合，以鄙人为总策划，共促盛举，以飨华语读者。罗先生并嘱我撰一总序，以为这一系列的译介工作开宗明义。对此，本人自责无旁贷，且深感与有荣焉。

是为序。

*

*王鼎杰，知名战略、战史学者，主张从世界史的角度看中国，从大战略的视野看历史。著有《复盘甲午：重走近代中日对抗十五局》《李鸿章时代》《当天朝遭遇帝国：大战略视野下的鸦片战争》。现居北京，从事智库工作，致力于战略思维传播和战争史研究范式革新。

1. ［美］T. N. 杜普伊，《把握战争——军事历史与作战理论》，北京：军事科学出版社，2001年，第2页。

2. 同上。

3. ［德］克劳塞维茨，《战争论》，第1册，北京：商务印书馆，1995年，第43—44页。

4. 这就是为什么很多优秀制度被一些后发国家移植后往往不见成效，甚至有反作用的根源。其原因并非文化的水土不服，而是忽视了制度背后的学说创新。

5. 战争结束后美国陆军战史部（Historical Division of the U.S.Army）即成立德国作战史分部［Operational History（German）Section］，监督被俘德军将领，包括蔡茨勒、劳斯、霍特等人，撰写东线作战的回忆录，劳斯与霍特将军均以“装甲作战”（Panzer Operation）为主标题的回忆录即诞生于这一时期。可参见：［奥］艾哈德·劳斯著，［美］史蒂文·H. 牛顿编译，邓敏译、赵国星审校，《装甲司令：艾哈德·劳斯大将东线回忆录》，北京：中国长安出版社，2015年11月第一版。［德］赫尔曼·霍特著，赵国星译，《装甲作战：赫尔曼·霍特大将战争回忆录》，北京：中国长安出版社，2016年3月第一版。

6. 如国内在二十世纪五六十年代译介的《苏联伟大卫国战争史》《苏联伟大卫国战争简史》《斯大林的军事科学与苏联伟大卫国战争》《苏军在伟大卫国战争中的辉煌胜利》等。

7. 此类著作包括古德里安的自传《闪击英雄》、曼施坦因的自传《失去的胜利》、梅林津所写的《坦克战》、蒂佩尔斯基希的《第二次世界大战史》等。

8. Paul Carell, *Hitler Moves East, 1941—1943*, New York: Little, Brown; First Edition edition, 1964; Paul Carell, *Scorched Earth*, London: Harrap; First Edition edition, 1970.

9. Albert Seaton, *The Russo-German War 1941—1945*, Praeger Publishers; First Edition edition, 1971.

10. John Ericsson, *The Road to Stalingrad: Stalin's War with Germany* (Harper&Row, 1975); John Ericsson, *The Road to Berlin: Continuing the History of Stalin's War With Germany* (Westview, 1983).

11. John Ericsson, *The Soviet High Command 1918—1941: A Military-Political History* (Macmillan, 1962); *Panslavism* (Historical Association, 1964); *The Military-Technical Revolution* (Pall Mall, 1966); *Soviet Military Power* (Royal United Services Institute, 1976); *Soviet Military Power and Performance* (Archon, 1979); *The Soviet Ground Forces: An Operational Assessment* (Westview Pr, 1986); *Barbarossa: The Axis and the Allies* (Edinburgh, 1994); *The Eastern Front in Photographs: From Barbarossa to Stalingrad and Berlin* (Carlton, 2001).

12. Earl F. Ziemke, *Battle for Berlin: End of the Third Reich* (Ballantine Books, 1972); *The Soviet Juggernaut* (Time Life, 1980); *Stalingrad to Berlin: The German Defeat in the East* (Military Bookshop, 1986); *Moscow to Stalingrad: Decision in the East* (Hippocrene, 1989); *German Northern Theatre Of Operations 1940—1945* (Naval&Military, 2003); *The Red Army, 1918—1941: From Vanguard of World Revolution to US Ally* (Frank Cass, 2004).

13. 这些翻译成果包括：*Soviet Documents on the Use of War Experience, Ⅰ, Ⅱ, Ⅲ* (Routledge,1997); *The Battle for Kursk 1943: The Soviet General Staff Study* (Frank Cass,1999); *Belorussia 1944: The Soviet General Staff Study* (Routledge, 2004); *The Battle for L'vov: The Soviet General Staff Study* (Routledge,2007); *Battle for the Ukraine: The Korsun'-Shevchenkovskii Operation* (Routledge, 2007).

14. David M. Glantz&Jonathan M. House, *When Titans Clashed: How the Red Army Stopped Hitler*, University Press of Kansas; First Edition edition, 1995.

15. David M. Glantz, *Stumbling Colossus: The Red Army on the Eve of World War* (Kansas, 1998).

16. David M. Glantz, *Kharkov 1942: Anatomy of a Military Disaster* (Sarpedon, 1998).

17. David M. Glantz, *Zhukov's Greatest Defeat: The Red Army's Epic Disaster in Operation Mars* (Kansas, 1999).

18. David M. Glantz&Jonathan M House, *The Battle of Kursk* (Kansas, 1999).

19. David M. Glantz, *Barbarossa: Hitler's Invasion of Russia 1941* (Stroud, 2001).

20. David M. Glantz, *The Siege of Leningrad, 1941—1944: 900 Days of Terror* (Brown, 2001).

21. David M. Glantz, *The Battle for Leningrad, 1941—1944* (Kansas，2002).

22. David M. Glantz, *Before Stalingrad: Barbarossa, Hitler's Invasion of Russia 1941* (Tempus, 2003).

23. David M. Glantz, *The Soviet Strategic Offensive in Manchuria, 1945: August Storm* (Routledge，2003).

24. David M. Glantz, *The Soviet Operational and Tactical Combat in Manchuria, 1945: August Storm* (Routledge, 2003).

25. David M. Glantz&Marc J. Rikmenspoel, *Slaughterhouse: The Handbook of the Eastern Front* (Aberjona, 2004).

26. David M. Glantz, *Colossus Reborn: The Red Army at War, 1941—1943* (Kansas, 2005).

27. David M. Glantz, *Red Storm Over the Balkans: The Failed Soviet Invasion of Romania, Spring 1944* (Kansas, 2006).

28. David M. Glantz&Jonathan M. House, *To the Gates of Stalingrad: Soviet-German Combat Operations, April—August 1942* (Kansas, 2009).

29. David M. Glantz&Jonathan M. House, *Armageddon in Stalingrad: September—November 1942* (Kansas, 2009).

30. David M. Glantz, *Barbarossa Derailed: The Battle for Smolensk, Volume 1, 10 July—10 September 1941* (Helion&Company, 2010).

31. David M. Glantz, *After Stalingrad: The Red Army's Winter Offensive 1942—1943* (Helion&Company, 2011).

32. David M. Glantz, *Barbarossa Derailed: The Battle for Smolensk, Volume 2, 10 July—10 September 1941* (Helion&Company, 2012).

33. David M. Glantz, *Barbarossa Derailed: The Battle for Smolensk, Volume 3, 10 July—10 September 1941* (Helion&Company, 2014).

34. David M. Glantz&Jonathan M. House, *Endgame at Stalingrad: December 1942—February 1943* (Kansas, 2014).

35. David M. Glantz, *Barbarossa Derailed: The Battle for Smolensk, Volume 4, Atlas* (Helion&Company, 2015).

36. David M. Glantz&Mary Elizabeth Glantz, *The Battle for Belorussia: The Red Army's Forgotten Campaign of October 1943—April 1944* (Kansas, 2016).

37. 格兰茨的研究基石中，很重要的一块就是马尔科姆·马金托什（Malcolm Mackintosh）的研究成果。之所以正文中未将之与西顿等人并列，是因为马金托什主要研究苏军和苏联政策、外交，而没有进行专门的苏德战争研究。但其学术地位及对格兰茨的影响是不容忽视的。

38. Douglas Nash, *Hell's Gate: The Battle of the Cherkassy Pocket, January—February 1944* (RZM, 2002).

39. George Nipe Jr. , *Decision in the Ukraine: German Panzer Operations on the Eastern Front, Summer 1943* (Stackpole, 1996).

40. George Nipe Jr. , *Last Victory in Russia: The SS-Panzerkorps and Manstein's Kharkov Counteroffensive, February—March 1943* (Schiffer, 2000).

41. George Nipe Jr. , *Blood, Steel, and Myth: The Ⅱ. SS-Panzer-Korps and the Road to Prochorowka* (RZM, 2013).

42. David Stahel, *Operation Barbarossa and Germany's Defeat in the East* (Cambridge, 2009).

43. Christopher A. Lawrence, *Kursk: The Battle of Prokhorovka* (Aberdeen, 2015).

44. 普里特·巴塔先生的主要作品包括：Prit Buttar, *Battleground Prussia: The Assault on Germany's Eastern Front 1944—1945* (Ospery, 2010); *Between Giants: The Battle of the Baltics in World War Ⅱ* (Ospery, 2013); *Collision of Empires: The War on the Eastern Front in 1914* (Ospery, 2014); *Germany Ascendant: The Eastern Front 1915* (Ospery, 2015); Russia's Last Gasp, *The Eastern Front, 1916—1917* (Ospery, 2016).

45. Julian Stafford Corbett, *The Campaign of Trafalgar* (Ulan Press, 2012).

46. 参阅：滕昕云，《闪击战——迷思与真相》，台北：老战友工作室/军事文粹部，2003年。该书算是华语著作中第一部从德军视角强调“作战层级”重要性的著作。

CONTENTS 目录

MAP 地图目录

前　言

第二次世界大战期间，苏联与纳粹德国进行了漫长而又残酷的斗争，这一过程中，没有哪一环节比庞大的、历时3年的列宁格勒会战更充满戏剧性、牺牲和纯粹的人类苦难。列宁格勒诞生在战争中，是一座不朽的革命熔炉，对沙皇和共产党人而言，她是俄国位于西部的门户，但在其敌人看来，这座沙皇彼得之城一直是俄罗斯帝国以及后来的布尔什维克苏联一个巨大的、通常有些不祥的持久象征，甚至是某种潜在的威胁。因此，阿道夫·希特勒将苏联定为德国攫夺生存空间的主要目标后，这座彼得和列宁之城成为他无情野心的重点之一，这不难理解。这座城市重要的象征性、战略性和意识形态意义无可替代。

俄罗斯和西方的历史学家及记者们撰写了数千部作品，记录下列宁格勒战时磨难的史诗般过程。其中大多描绘并纪念了列宁格勒居民在围困期间遭受的巨大苦难。对人类之痛苦和与围困相关之苦难生动而又深刻的描述，使一些著述成为真正的经典之作，例如哈里森·索尔兹伯里的《列宁格勒被困九百天》和德米特里·巴甫洛夫的《列宁格勒1941：封锁》。另有数千名遭受苦难的平民所撰写的个人回忆录，有些较为真实，有些则不足为信，但均为封锁期间可怕的生活全景描绘出一些细枝末节。虽然人们至今对城内居民的具体丧生人数仍存有争议，但对于列宁格勒居民在近3年严峻考验期间经历的痛苦和饱受折磨的生活，其性质和规模都是毋庸置疑的。

然而，到目前为止，即便那些最出色的著作也只为这则有关人类的痛苦和忍耐的庞大故事提供了部分背景。与红军在整个战争期间的军事行动一样，列宁格勒保卫战军事方面的问题依然晦暗不明，这一点令人难以置信。

虽然有数百位苏联军事历史学家为这场战争撰写了大量著作，但政治和意识形态的束缚迫使这些作者故意混淆或干脆忽略了实际发生在该地区的诸多战斗。出于保卫国家安全利益、维护政治和军事声誉的考虑，以及避免政治或军事尴尬的简单想法，导致历史记录中出现了巨大的缺口。这些历史空白包括长期围困期间一些最殊死、最激烈的战斗。

与整个战争期间一样，红军庞大军事斗争的人为影响范畴同样晦涩不清。与前线其他地段一样，围困期间，曾在列宁格勒及周边参加红军军事行动的数十位将领、政治委员、高级指挥员，也在其回忆录或回忆文章中描述了他们的经历。这些回忆录和回忆文章虽然大体而言还是较为准确的，但其作者几乎都在写作期间受到政治和意识形态的束缚，因而存在严重缺陷。1991年苏联解体后，这些受到严格审查的回忆录流出了几个未删节版，但同样带有审查员的标记，而其作者早已故去，无法重新加以修订。

就历史记录而言不幸的是，与其德国对手不同，记录下自己战时经历的红军士兵寥寥无几，仅仅是因为相关条令禁止他们这样做。战争期间不允许书写日记，战后又害怕受到责难，加之缺乏出版渠道，导致普通红军士兵难以透露他们的亲身经历。1991年苏联解体后，一些老兵终于克服恐惧和相关禁令，推出了一些简短的回忆录。但是，这些作品少得可怜，而且，奋笔疾书的老兵们缺乏相关档案，他们中的大多数人已风烛残年。

以德方视角撰写的历史记录也不足以填补大量历史空白。德方参战者和历史学家们沉醉于一场场壮观、貌似战无不胜的庞大战役，这些规模空前的会战构成了他们眼中东线战事的要点，他们既没有兴趣，也没有时间和能力去发现并注意到红军军事行动的复杂性。这一点尤其适用于那些红军失败的战役，以及战争期间被遗忘的战斗，缺失的40%中的大部分隶属于该范畴。

近年来公开的俄罗斯档案[①]终于使我们得以着手纠正列宁格勒会战和整个战争中的某些相关作战记录。我们将德国诸集团军群、集团军和辖内各部队

---

① 原注：虽然不太完整，但俄罗斯联邦公布了许多苏联最高统帅部大本营的战时指令和相关命令，以及大本营与红军诸方面军之间通话记录的副本。

长期存在的大批档案资料与俄罗斯新近公开的文件加以对比，从而得以填补历史记录的空白，这是有史以来的首次。

遗憾的是，由于缺乏士兵们的个人回忆录，本书主要是一部军事作战史。书中并未重复已出版之著作对围困期间列宁格勒所遭受的前所未有的人类苦难所做的描述，而是力图对军事行动进行更全面、更准确的叙述，这些军事行动为列宁格勒发生的一切提供了必要的背景。另外，列宁格勒居民在炮火下经历了900天史无前例的考验，对于其间发生的事情，重建公众的观点无疑是个漫长的过程，而本书代表了一个最普通的开始。谨以此书献给丧生于战斗和围困期间的160～200万军民、伤残的240万士兵、在疏散或围困中得以生还的160万平民，以及因列宁格勒之战留下心灵创伤的无数人。

书中主要人物

苏方

S.D.阿基莫夫中将：西北方面军副司令员（1941年6月至8月）；空降兵第5军代理军长（1941年6月至7月）；第48集团军司令员（1941年8月）。

M.A.安东纽克中将：彼得罗扎沃茨克战役集群司令员；独立第7集团军司令员（1941年6月至9月）；第48集团军司令员（1941年9月）；第60集团军司令员（1942年7月）。

A.I.切列帕诺夫中将：西北方向总指挥部总监察长（1941年7月至9月）；第23集团军司令员（1941年9月至1944年7月）；盟国对保加利亚管制委员会主席助理、副主席（1944年11月至1945年）。

M.P.杜哈诺夫中将：步兵第10师师长（1941年9月）；涅瓦河战役集群参谋长（1941年10月）；涅瓦河战役集群副司令员、司令员（1941年10月至1942年10月）；第67集团军司令员（1942年10月至1943年12月）；第8集团军副司令员（1944年3月至1945年5月）。

I.I.费久宁斯基上将：第5集团军步兵第15军军长（1941年6月至8月）；第32集团军司令员（1941年8月至9月）；第42集团军司令员（1941年9月至10月）；列宁格勒方面军司令员（1941年10月）；第54集团军司令员（1941年10月至1942年4月）；第5集团军司令员（1942年4月至10月）；沃尔霍夫方面

军副司令员（1942年10月至1943年5月）；布良斯克方面军副司令员（1943年5月至7月）；第11集团军司令员（1943年7月至12月）；突击第2集团军司令员（1943年12月至1945年5月）。

I.V.加拉宁少将[1]：第12集团军司令员（1941年8月至10月）；第59集团军司令员（1941年11月至1942年4月）；西方面军副司令员[2]（1942年5月至8月）；沃罗涅日方面军副司令员（1942年8月至9月）；第24集团军司令员（1942年10月至1943年4月）；第70集团军司令员（1943年4月至9月）；近卫第4集团军司令员（1943年9月至1944年1月）；第53集团军司令员（1944年1月至2月）；近卫第4集团军司令员（1944年2月至11月）。

苏联元帅L.A.戈沃罗夫：捷尔任斯基炮兵学院院长（1941年5月至7月）；西方向炮兵主任、预备队方面军炮兵主任（1941年7月至8月）；莫扎伊斯克防线部队副司令员、西方面军炮兵主任（1941年8月至10月）；第5集团军副司令员（1941年10月至1942年4月）；列宁格勒方面军军队集群司令员（1942年4月至6月）；列宁格勒方面军司令员（1942年6月至1945年5月）。

N.I.古谢夫上将：骑兵第25师师长（1941年7月至1942年1月）；骑兵第13军军长（1942年1月至6月）；第4集团军司令员（1942年6月至1943年11月）；第20、第47、第48集团军司令员（1943年11月至1945年5月）。

V.F.雅科夫列夫中将：西南方面军后勤部部长、红军总参谋部副总参谋长（1941年6月至9月）；第4集团军司令员（1941年9月至11月）；第52集团军司令员（1942年1月至1943年7月）；草原方面军副司令员（1943年8月至10月）；白俄罗斯军区、斯塔夫罗波尔军区司令员（1943年至1946年）。

---

① 译注：1943年1月晋升中将。
② 译注：应为西方面军军队集群副司令员。

F.S.伊万诺夫中将：基辅特别军区第二副司令员（1941年6月）；第8集团军司令员（1941年6月至8月）；第42集团军司令员（1941年8月至9月）；列宁格勒守军和城内防卫司令员（1941年9月至12月）。派至列宁格勒方面军军事委员会（12月15日）、NKO总干部部（1942年1月18日），1942年1月22日遭逮捕，监禁至1946年1月8日，1946年1月15日获释，1952年退役。

M.S.霍津中将：预备队集团军方面军后勤部长、红军总参谋部副总参谋长（1941年6月至9月）；列宁格勒方面军参谋长（1941年9月至10月）、第54集团军司令员（1941年9月至10月）；列宁格勒方面军司令员（1941年10月至1942年6月）；第33集团军司令员（1942年6月至12月）；第20集团军司令员（1942年12月至1943年2月）；“霍津”特别集群司令员（1943年2月至3月）；西方面军副司令员（1943年3月至1944年3月）；伏尔加河沿岸军区司令员（1944年3月至1945年5月）。

N.K.克雷科夫中将：第32集团军司令员（1941年7月至8月）；第52集团军司令员（1941年8月至1942年1月）；突击第2集团军司令员（1942年1月至4月、7月至12月）；沃尔霍夫方面军副司令员（1942年12月至1943年6月）；莫斯科军区副司令员（1943年6月至1944年6月）；北高加索军区副司令员[①]（1944—1945年）。

I.T.科罗夫尼科夫中将：西北方面军战役集群、诺夫哥罗德集团军级集群司令员[②]（1941年6月至1942年1月）；突击第2集团军战役集群司令员（1942年1月至4月）；第59集团军司令员（1942年4月至1945年5月）。

苏联元帅G.I.库利克：苏联副国防人民委员兼红军总军械部部长（1939年至1941年）；第54集团军司令员（1941年8月至9月）；被解除指挥权后调

---

① 译注：应为司令员。

② 译注：应为副司令员。

回NKO（1941年9月至1943年4月）。近卫第4集团军司令员（1943年4月至9月）；苏军部队组建和补充总部副部长（1944年1月至1945年5月）。

P.A.库罗奇金上将：第20集团军司令员（1941年7月至8月）；第43集团军司令员（1941年8月）；最高统帅部大本营驻西北方面军代表、西北方面军司令员、西北方面军副司令员（1941年8月至1942年10月，1943年6月至11月）；第11集团军司令员（1942年11月至1943年3月）；第34集团军司令员（1943年3月至6月）；乌克兰第1方面军副司令员（1943年12月至1944年2月）；白俄罗斯第2方面军司令员（1944年2月至4月）；第60集团军司令员（1944年4月至1945年5月）。

A.A.库兹涅佐夫中将：列宁格勒州委和列宁格勒市委第二书记（1938年至1945年）；波罗的海舰队军事委员会委员（1938年至1946年）；北方面军军事委员会委员（1941年6月至8月）；列宁格勒方面军军事委员会委员（1941年9月至1942年12月，1943年3月至1945年5月）；突击第2集团军军事委员会委员（1942年12月至1943年3月）。

F.I.库兹涅佐夫上将：波罗的海沿岸特别军区司令员、西北方面军司令员（1941年6月至10月）；第21集团军司令员、中央方面军司令员、第28集团军参谋长、第51集团军司令员、西方面军副司令员、第61集团军司令员（1941年10月至1942年4月）；总参军事学院院长、沃尔霍夫方面军副司令员、卡累利阿方面军副司令员（1942年4月至1945年2月）；乌拉尔军区司令员（1945年2月至1948年）。

I.G.拉扎罗夫少将[①]：机械化第10军军长（1941年6月至9月）；第55集团军司令员（1941年9月至11月）。

① 译注：应为I.G.拉扎列夫，1943年6月晋升中将。

I.I.马斯连尼科夫上将[1]（NKVD官员）：第29集团军司令员（1941年7月至12月）；第39集团军司令员、北高加索方面军[2]北军队集群司令员、北高加索方面军司令员（1941年12月至1943年5月）；沃尔霍夫方面军副司令员、西南方面军副司令员、乌克兰第3方面军副司令员（1943年5月至12月）；第42集团军司令员（1943年12月至1944年3月）；列宁格勒方面军副司令员（1944年3月至4月）；波罗的海沿岸第3方面军司令员（1944年4月至1945年）。

L.Z.梅赫利斯[3]：红军总政治部主任、副国防人民委员（1941年至1942年）；最高统帅部大本营驻沃尔霍夫方面军代表（1942年1月）、最高统帅部大本营驻克里木方面军代表（1942年2月至5月）；第6集团军军事委员会委员、沃罗涅日方面军军事委员会委员、沃尔霍夫方面军军事委员会委员、布良斯克方面军军事委员会委员、波罗的海沿岸第2方面军军事委员会委员、西方面军军事委员会委员、白俄罗斯第2方面军军事委员会委员、乌克兰第4方面军军事委员会委员（1942年至1944年）。

K.A.梅列茨科夫大将[4]：副国防人民委员（1941年1月至9月）；最高统帅部大本营驻西北方面军代表、最高统帅部大本营驻卡累利阿方面军代表（1941年8月至9月）；遭逮捕、监禁，但最终获释（1941年9月至10月）；独立第7集团军司令员（1941年10月至11月）；第4集团军司令员（1941年11月至12月）；沃尔霍夫方面军司令员（1941年12月至1942年5月，1942年6月至1944年2月）；第33集团军司令员（1942年5月至6月）；卡累利阿方面军司令员（1945年2月至8月）；远东第1方面军司令员（1945年8月至9月）。

K.P.皮亚德舍夫中将：北方面军第一副司令员（1941年6月至7月）；卢加战役集群司令员（1941年7月6日至8月6日）；遭逮捕（7月23日）后被判10年徒刑，1943年死于狱中。1968年获得平反。

---

① 译注：1944年晋升大将。
② 译注：应为外高加索方面军。
③ 译注：上将。
④ 译注：1944年晋升苏联元帅。

M.M.波波夫中将[①]：北方面军司令员、列宁格勒方面军司令员（1941年6月至9月）；第61集团军司令员、第40集团军司令员（1941年11月至1942年10月）；斯大林格勒方面军副司令员、西南方面军副司令员、突击第5集团军司令员、坦克第5集团军司令员（1942年10月至1943年1月）；“波波夫”快速集群司令员（1943年2月至3月）；预备队方面军司令员、草原军区司令员（1943年4月至5月）；布良斯克方面军司令员（1943年6月至10月）；波罗的海沿岸方面军司令员、波罗的海沿岸第2方面军司令员（1943年10月至1944年4月）；列宁格勒方面军参谋长、波罗的海沿岸第2方面军参谋长（1944年4月至1945年7月）。

S.V.罗金斯基中将：步兵第111师（近卫步兵第24师）师长（1941年7月至1942年4月）；近卫步兵第6军军长（1942年4月至6月）；近卫步兵第4军军长（1942年9月至10月）；第59集团军副司令员、第8集团军副司令员、突击第2集团军副司令员（1942年6月至9月，1942年10月至1943年3月）；第54集团军司令员（1943年3月至1944年12月）；第67集团军司令员（1945年2月至5月）。

V.Z.罗曼诺夫斯基中将[②]：阿尔汉格尔斯克军区司令员（1941年至1942年）；突击第1集团军副司令员、司令员（1942年5月至12月）；突击第2集团军司令员（1942年12月至1943年12月）；乌克兰第4方面军副司令员（1943年12月至1944年3月）；第42集团军司令员（1944年3月）；第67集团军司令员（1944年3月至1945年3月）；第19集团军司令员（1945年3月至5月）。

V.I.谢尔巴科夫少将[③]：步兵第50军军长（1941年6月至8月）；第8集团军司令员、第42集团军司令员、第11集团军司令员[④]（1941年8月至9月）；第23集团军副司令员（1941年9月至1942年3月）；第14集团军司令员（1942年3月至1945年5月）。

---

① 译注：1943年4月晋升上将，8月晋升大将。
② 译注：1945年晋升上将。
③ 译注：1943年4月晋升中将。
④ 译注：应为步兵第11师师长。

T.I.舍瓦尔金中将：赤卫军城筑垒地域司令员（1941年8月）；第8集团军司令员（1941年9月至11月）。

N.P.西蒙尼亚克中将：独立步兵第8旅旅长（1941年6月至1942年3月）；步兵第136师（近卫步兵第63师）师长（1942年3月至1943年4月）；近卫步兵第30军军长（1943年4月至1944年10月）；突击第3集团军司令员（1944年10月至1945年3月）；第67集团军司令员（1945年3月至5月）。

P.P.索边尼科夫中将：第8集团军司令员（1941年3月至6月）；西北方面军司令员（1941年7月至8月）；第43集团军司令员（1941年9月至10月）；第3集团军副司令员（1942年至1945年5月）。

G.G.索科洛夫中将（NKVD官员）：突击第2集团军司令员（1941年12月至1942年1月）。

I.V.斯大林元帅：苏共中央总书记（1941年至1945年）；国防委员会（GKO）主席（1941年至1945年）；最高统帅部大本营主席（1941年至1945年）；苏联武装力量最高统帅（1941年至1945年）；大元帅（1945年）。

F.N.斯塔里科夫中将：卢加战役集群东地境长（1941年7月至8月）；步兵第19军军长（1941年8月至9月）；第23集团军司令员[①]、锡尼亚维诺战役集群司令员（1941年12月至1942年1月）；第8集团军副司令员、沃尔霍夫战役集群副司令员[②]（1942年1月至4月）；第8集团军司令员（1942年4月至1945年5月）。

A.V.苏霍姆林中将：西北方面军参谋长[③]、第54集团军参谋长（1941年6月至1942年1月）；第8集团军司令员（1942年1月至4月）；第54集团军司令员

① 译注：应为副司令员。
② 译注：应为司令员。
③ 译注：应为副参谋长。

（1942年4月至1943年3月）；沃尔霍夫方面军副司令员（1943年3月至9月）；近卫第10集团军司令员（1943年9月至1944年2月）；伏龙芝军事学院第一副院长（1944年2月至1945年5月）。

V.P.斯维里多夫中将：北方面军炮兵主任、列宁格勒方面军副司令员兼炮兵主任（1941年6月至11月）；第55集团军司令员（1941年11月至1943年12月）；第67集团军司令员（1943年12月至1944年3月）；第42集团军司令员（1944年3月至1945年5月）。

苏联元帅S.K.铁木辛哥：苏联国防人民委员（1940年5月至1941年6月）；副国防人民委员（1941年7月至9月）；西方向总司令兼西方面军司令员（1941年7月至9月）；西南方向总司令兼西南方面军司令员（1941年9月至1942年6月）；斯大林格勒方面军司令员（1942年7月至10月）；西北方面军司令员（1942年10月至1943年3月）；最高统帅部大本营驻列宁格勒方面军、沃尔霍夫方面军代表（1943年3月至6月）；最高统帅部大本营驻北高加索方面军、黑海舰队代表（1943年6月至11月）；最高统帅部大本营驻波罗的海沿岸第2、第3方面军代表（1944年2月至6月）；最高统帅部大本营驻乌克兰第2、第3、第4方面军代表（1944年8月至1945年5月）。

海军上将V.F.特里布茨：波罗的海舰队司令员（1939年至1947年）。

N.F.瓦图京大将：红军总参谋部第一副总参谋长（1941年）；西北方面军参谋长（1941年6月至8月）；红军总参谋部副总参谋长（1942年5月至7月）；沃罗涅日方面军司令员（1942年7月至10月，1943年3月至10月）；西南方面军司令员（1942年10月至1943年3月）；乌克兰第1方面军司令员（1943年3月至1944年3月）；1944年3月死于游击队之手。

A.A.弗拉索夫中将：步兵第99师师长、机械化第4军军长（1941年6月至7月）；第37集团军司令员（1941年7月至10月）；第20集团军司令员（1941年

10月至1942年2月）；沃尔霍夫方面军副司令员（1942年2月至4月）；突击第2集团军司令员（1942年4月至7月）；1942年7月被德国人俘虏。

炮兵主帅N.N.沃罗诺夫：苏联副国防人民委员（1941年）；国土防空军总部部长（1941年）；苏联副国防人民委员兼苏军炮兵主任（1941年7月至1943年3月）；最高统帅部大本营驻列宁格勒方面军代表（1941年10月至11月）；苏联武装力量炮兵司令员（1943年3月至1946年）。

苏联元帅K.E.伏罗希洛夫：国防委员会（GKO）委员、最高统帅部大本营成员（1941年至1944年）；西北方向总司令（1941年7月至8月）；列宁格勒方面军司令员（1941年9月）；最高统帅部大本营驻沃尔霍夫方面军代表（1942年2月至3月）；最高统帅部大本营驻列宁格勒方面军、沃尔霍夫方面军代表（1942年12月至1943年1月）；最高统帅部大本营驻滨海独立集团军代表（1943年12月）。

A.A.日丹诺夫：联共（布）中央委员会书记、列宁格勒州州委和市委书记（1934年至1944年）；总统帅部大本营常务顾问（1941年6月）；西北方向总指挥部军事委员会委员（1941年6月至8月）；列宁格勒方面军军事委员会委员（1941年9月至1945年7月）；红军总政治部军政宣传委员会委员。

苏联元帅G.K.朱可夫：苏联副国防人民委员兼苏军总参谋长（1941年1月至6月）；最高统帅部大本营成员（1941年至1945年）；苏联第一副国防人民委员、最高统帅部副最高统帅（1942 年8月至1945年）；最高统帅部大本营驻西南方面军代表（1941年6月）；预备队方面军司令员（1941年7月至9月）；列宁格勒方面军司令员（1941年9月至10月）；西方面军司令员（1941年10月至1942年8月）；西方向总司令（1942年2月至5月）；最高统帅部大本营驻预备队方面军代表（1941年10月）；最高统帅部大本营驻西方面军、加里宁方面军代表（1942年11月至12月）；最高统帅部大本营驻列宁格勒方面军、沃尔霍夫方面军代表（1943年1月）；最高统帅部大本营驻西北方面军代表（1943年2月至3月）；最高统帅部大本营驻沃罗涅日方面军、草原方面军代表（1943年4月）；最高统帅部大本营驻北高加索方面军代表（1943年4月至5月）；最高统帅部大本营驻沃罗涅日方面军、中央方面军、西方面军代表（1943年5月至6月）；最高统帅部大本营驻西南方面军代表（1943年6月）；最高统帅部大本营驻布良斯克方面军、中央方面军、西方面军代表（1943年6月至7月）；最高统帅部大本营驻草原方面军、沃罗涅日方面军代表（1943年8月至9月）；最高统帅部大本营驻中央方面军、沃罗涅日方面军代表（1943年9月至12月）；最高统帅部大本营驻乌克兰第1、第2方面军代表（1944年1月至3月）；乌克兰第1方面军司令员（1944年3月至5月）；最高统帅部大本营驻白俄罗斯第1、第2方面军、乌克兰第1方面军代表（1944年6月至8月）；最高统帅部大本营驻乌克兰第3方面军代表（1944年9月）；最高统帅部大本营驻白俄罗斯第1、第2方面军、乌克兰第1方面军代表（1944年9月至11月）；白俄罗斯第1方面军司令员（1944年11月至1945年5月）。

德方

恩斯特·布施上将[①]：第16集团军司令（1941年6月至1943年10月）；“中央”集团军群司令（1943年10月至1944年6月）。

弗朗茨·哈尔德上将[②]：德国陆军总参谋长（1941年至1942年9月）。

埃里希·赫普纳上将[③]：第4装甲集群司令（1941年6月至1942年1月）。

威廉·凯特尔上将[④]：德国武装力量最高统帅部（OKW）参谋长。

格奥尔格·冯·屈希勒尔上将[⑤]：第18集团军司令（1941年6月至1942年1月）；“北方”集团军群司令（1942年1月至1944年2月）。

---

① 译注：1940年7月晋升大将，1943年2月晋升陆军元帅。
② 译注：大将。
③ 译注：大将。
④ 译注：陆军元帅。
⑤ 译注：陆军元帅。

里特尔·冯·莱布元帅："北方"集团军群司令（1941年6月至1942年1月）。

格奥尔吉·林德曼上将[1]：第50军军长（1941年6月至1942年1月）；第18集团军司令（1942年1月至1944年2月）。

埃里希·冯·曼施泰因元帅：第56摩托化军军长（1941年3月至9月）；第11集团军司令（1941年9月至1942年12月）；"顿河"集团军群司令（1942年12月至1943年2月）；"南方"集团军群司令（1943年2月至1944年3月）。

瓦尔特·莫德尔元帅：第9集团军司令（1941年6月至1944年2月）；"北方"集团军群司令（1944年2月至3月）；"南方"集团军群、北乌克兰集团军群司令（1944年3月至6月）；"中央"集团军群司令（1944年6月至8月）；西线总司令（1944年8月至1945年4月）；1945年4月在鲁尔区自杀身亡。

汉斯·莱因哈特上将[2]：第41摩托化军军长（1941年6月至10月）；第3装甲集群、第3装甲集团军司令（1941年10月至1944年8月）；"中央"集团军群司令（1944年8月至1945年1月）。

鲁道夫·施密特上将[3]：第39摩托化军军长（1941年6月至11月）；第2集团军、"施密特"集团军级集群司令（1941年11月至1942年1月）；第2装甲集团军司令（1942年1月至1943年7月）。

库尔特·蔡茨勒上将[4]：D集团军群参谋长（1941年至1942年）；德国陆军总参谋长（1942年9月至1944年7月）。

---

① 译注：1942年7月晋升大将。
② 译注：大将。
③ 译注：大将。
④ 译注：大将。

第一部
巴巴罗萨

第一章
彼得和列宁之城

这座以列宁的名字命名的城市，原名彼得格勒、圣彼得堡，因其历史知名度，阿道夫·希特勒在1940年夏季开始策划入侵苏联的计划时，将其看作深具吸引力的目标。鉴于这座城市悠久而又辉煌的历史，不可能有别的结果。圣彼得堡始建于1703年，既是俄国的西北门户，亦是重要的政治、经济、文化中心，还是革命的永久象征，这段历史足以反映出其战略重要性。因此，希特勒对苏俄布尔什维克发动“圣战”时，列宁格勒这个革命的摇篮，与莫斯科（过去的莫斯科大公国和新布尔什维克国家的首都）和基辅（基辅罗斯和现代乌克兰的古都）一同在他赋予德国军队的初期战略目标中占据了重要一席。

建造

1703年，近代俄罗斯帝国之父——彼得一世（彼得大帝）在与瑞典国王查理十二进行大北方战争期间修建起圣彼得堡，即列宁格勒的帝国时期前身。彼得在原始的俄罗斯土地上建造起这座新城，与瓦兰吉亚人通往拜占庭的古老贸易路线相毗邻，这片土地在9世纪和10世纪属于诺夫哥罗德封建公国，在13世纪属于伊若尔斯克。彼得建造这座城市的土地，连同诺夫哥罗德剩下的地盘，在1478年成为俄国（原莫斯科大公国）的组成部分，当时，沙皇伊凡三世（伊凡大帝）打败了强大的邻国立陶宛，将诺夫哥罗德强行纳入俄国统治下。不久后的1494年，伊凡大帝消除了德国对该地区的影响力，把汉萨同盟的商人（原条顿骑士的后裔）驱逐出这片地区[1]。

经过200年持续不断的战争，彼得一世完成了对俄国的巩固，这是他那些杰出祖先早已开始的工作。竭力在波罗的海地区获得优势的同时，1702年10月11日，彼得的军队在涅瓦河与拉多加湖交汇处，俄国旧镇奥列舍克附近夺得瑞典设在内特堡的堡垒，并将其更名为什利谢利堡（意为“关键城市”）。次年5月，彼得的军队又在涅瓦河与奥赫塔河交汇处夺得瑞典设在尼恩尚茨的一座小型堡垒，并将其更名为圣彼得堡。在旧堡垒城墙南面的兔子岛上，他建造起圣彼得堡要塞（后更名为彼得罗巴甫洛夫斯克要塞）。同年，彼得还建造了一座港口、一个贸易所和数个商栈，并在别尔佐维湖修建了一座宫殿，该湖后来更名为彼得罗格勒斯基湖。1703年年底至1704年年初的冬季，彼得在科特林岛建起喀琅施洛特要塞（1723年后更名为喀琅施塔得），后来又在涅瓦河左岸建造海军要塞，就此完成了新军事设施的建设。

彼得在涅瓦河河口一片具有战略重要性意义的地带和涅瓦河三角洲的42座岛屿上建造起这些军事设施和大批新港口、商栈和宫殿。得到彻底发展后，这座城市的面积达到570平方公里，北邻帕尔戈洛沃高地，南倚普尔科瓦①、杜杰尔霍夫和利戈沃高地，东面则是科尔图希高地。冬季温和的气候和频繁的解冻构成了这座城市海岸气候的特点，与俄国其他地区形成鲜明对比。该城的平均温度，1月份为7.9摄氏度，7月份为17.7摄氏度。那时候和现在一样，毗邻的涅瓦河每年通常有4个月封冻期[2]。

这座城市的建立，标志着俄国诸侯和沙皇为争夺进入波罗的海的永久入海口，与德国（条顿人）、立陶宛、瑞典、波兰对手进行的长达1个世纪的斗争落下帷幕。彼得艰辛的修建工作强调了他获得并维持波罗的海入海口，以此作为俄国具有战略重要性的“西部门户”之意图。但与此同时，要在沼泽地上建造这座城市，要求在几个月内将数千根木桩打入泥土中，从而构成该城坚实的地基。这项工程非常艰苦，也很危险，大多由从俄国各地的大地主处强行征募来的农民完成。仓促建造这座城市期间，数万人死于传染病。受苦受难的传

---

① 译注：原文作普尔科瓦（Pulkova），但应为普尔科沃（Pulkovo）。

统就此形成，而城内的居民还将在20世纪再次重复。

发展

建立起这座城市后，彼得与之后的多位沙皇都清醒地做出决定，意图将该城打造成俄罗斯帝国权力的宝座，使之拥有现代西方城市的外貌，并彰显圣彼得堡的声誉、战略价值和威望。彼得大帝在位期间，这座城市还是个较原始的落后地区，但在伊丽莎白女皇（1741—1762年）和叶卡捷琳娜二世（叶卡捷琳娜大帝，1762—1796年）的统治经营下，逐渐成为一座光华四射的美丽城市，无愧为“俄罗斯帝国之都”。两位女皇的统治期正是俄国贵族阶级的黄金时代、俄罗斯富庶且光彩夺目的传奇年代，以及圣彼得堡引人注目的一段时期。在这半个世纪里，圣彼得堡按照一项明确的计划迅速发展，一跃成为俄国民众非凡成就和整个俄罗斯帝国势力扩展的象征。

1712年起，彼得格勒成为俄罗斯帝国的首都，彼得大帝大胆地把他的宫廷迁至这座部分完工的城市，以此彰显俄国保留其“西部门户”的决心。但1728年，彼得的孙子彼得二世因不喜欢该城艰苦、粗野的边境性质，又将皇宫迁回莫斯科。彼得二世15岁因病夭亡后，安娜女皇继位。这位女皇是彼得大帝的哥哥伊凡五世的女儿，而伊凡五世在彼得大帝之前执政。安娜女皇继位后，迅速迎合她那著名的叔叔的意愿，于1732年再度将帝国首都迁至圣彼得堡，直至1918年。

到18世纪中叶，彼得和他的皇室继承人们已经将圣彼得堡打造成俄国最重要的政治、行政、文化和军事中心，也是该国西北边陲的重要前哨。以辉煌的宫殿、庞大的军事设施和政府机构、壮观的造船工业和军事工业为特点，圣彼得堡成为俄国最重要的政治、行政、文化和军事中心。作为圣彼得堡军事重要性的象征，著名的普季洛夫军工厂于1801年在该城建立，由此圣彼得堡又获得了武器生产工业中心的赫赫威名。其人口从1825年的42.5万人增加到1905年的153.4万人，以此也可窥见该城与日俱增的重要性[3]。

溯其历史，圣彼得堡一直蕴含着一种独特的象征意义和自身的神秘性，即便在沙皇时代后，这种情况仍在持续。200多年来，该城就是一座代表专制、贵族和俄国19世纪后期兴起的资产阶级（中产阶级）的堡垒。同时，她也是俄国科学活动和先进文化的中心，是进步思想、社会和革命运动的焦点，这部分得益于该城靠近西方国家，其居民接触到了西方思想。彼得、伊丽莎白和叶卡捷琳娜的新兴城市，与莫斯科大公国的旧都莫斯科（那里一直是恐怖伊凡权力宝座所在地）之间，存在某种超出常规的紧张，这一点可以理解。圣彼得堡显然代表着欧洲化的俄罗斯，是个“西部门户”，而莫斯科代表的是“俄国老母亲”和俄国庞大的斯拉夫腹地，在地理、教育和文化方面依然远离近代欧洲其他地区。因此，彼得一世在位期间，圣彼得堡“象征着西方庇护之光对抗莫斯科的拜占庭黑暗”[4]。1830年，莫斯科的人口为30.6万人，1905年也只有109.2万人，无论从人口还是从声望方面看，圣彼得堡都使莫斯科黯然失色[5]。虽然存在诸多弊病，但整个19世纪期间，莫斯科逐渐又恢复了影响力和权威，成为重要的制造业和商业中心，尤以纺织工业最为发达；另外，莫斯科大学也使这座城市成为充满活力的教育中心。

鉴于其大幅度提高的地位和声望，圣彼得堡不可避免地成为俄国国内和国际斗争的焦点。作为俄国在波罗的海沿岸唯一的军事前哨，圣彼得堡在俄国与瑞典进行的大北方战争（1700—1721年）期间发挥了重要作用，是俄国地面部队和刚刚诞生的波罗的海舰队的作战基地。两个世纪后①的克里米亚战争期间（1853—1856年），喀琅施塔得要塞以其相关防御设施和波罗的海舰队阻止了一支英法舰队进抵圣彼得堡（1855年）并进攻喀琅施塔得。该要塞和俄国舰队限制了英法军队封锁海岸并沿芬兰湾炮击俄国沿海城市的行动。然而，这场战争自然而然地催生了微妙的变化，导致圣彼得堡在情绪和气质方面更贴近于俄国。

希特勒虽然承认列宁格勒作为一个声望卓著的政治、经济、文化中心的重要性，但他也将列宁格勒视为一座革命堡垒和与他不共戴天之敌（布尔什维主义）的诞生地。在遥远的过去和近期，特别是1820年、1825年、1905年至1907年、1918年2月、1918年8月、1918年10月和1921年，这座城市向来是激烈的、充满暴力的革命之爆发地。在此期间，圣彼得堡的贵族、资产阶级和后来

① 译注：大北方战争爆发于1700年，恰是17世纪的最后一年，而克里米亚战争发生于19世纪，故文中称“两个世纪后”。

的无产阶级成为俄国社会运动、政治革命运动的先锋。

抗击拿破仑的解放战争期间（1813—1814年），俄国军队穿过中欧，协助解放了巴黎，这使俄国近卫军官们接触到了西方革命思想。战争结束后，他们返回俄国，1816年至1817年间，这些军官在圣彼得堡建立起“救国协会”，这是个秘密革命政治社团，其目的是促成代议制政府并解放农奴。1818年，该协会重建，改称“幸福协会”，这个秘密组织具有明显的排外色彩。在此期间，1820年10月16日，“谢苗诺夫斯基”团的士兵们起义，反对沙皇亚历山大二世肆意妄为的政策，在他们看来，沙皇没有采取有力措施接受革命性变革。十二月党人运动随之而来，该组织植根于早期的革命“协会”，俄历1825年12月14日（公历12月26日），他们在参议员广场发动起义，但遭到血腥镇压[6]。

整个19世纪后半叶，圣彼得堡吸引了V.G.别林斯基、N.G.车尔尼雪夫斯基、N.A.杜勃罗留波夫、D.I.皮萨列夫这些“民主”和革命领袖。他们通过著书和演讲，加强了圣彼得堡作为革命思潮和起义中心的形象。1895年，V.I.列宁在圣彼得堡建立起“工人阶级解放斗争协会”，该组织着手将马克思社会主义学说引入城内的工人运动。1905年至1907年，这座城市成为诸多重大革命事件的发生地，包括1904年11月8日的喀琅施塔得兵变和1905年1月9日的“血腥星期日”，沙皇军队开枪镇压，打死许多示威者。

1914年，第一次世界大战爆发时，俄国政府将圣彼得堡①更名为彼得格勒，以铲清这座城市与德国的一切瓜葛。随之而来的战争，以一场场战役灾难、巨大的人员伤亡和俄国民众遭受的可怕经济后果，重创了俄国军队，给俄国政府和民众的士气造成了令人震惊的影响。战争的不利局面又在彼得格勒激发起1917年2月（公历3月）的资产阶级民主革命和当年10月（公历11月）的社会主义革命。“二月革命”后，当年8月，城内工人成功粉碎了L.G.科尔尼洛夫将军发动的反革命政变，工人苏维埃（苏维埃的意思是“代表会议”）在革命运动中取得新的优势。

1917年10月10日（10月23日）[7]，彼得格勒召开俄国布尔什维克党中央委

---

① 译注：“堡”这个译法源自德语发音。

员会，在这次历史性会议上，列宁关于发动武装起义的决议获得通过。10月12日（10月25日），彼得格勒苏维埃建立起彼得格勒军事革命委员会，以此作为列宁策划的革命起义的指挥部。10月25日（11月7日），赤卫队、工人革命力量、士兵和水兵们在布尔什维克的领导下，按照列宁的计划占领了至关重要的政府建筑和城内各战略要地。10月26日（11月8日），赤卫队队员冲入冬宫，逮捕了亚历山大·克伦斯基临时政府的成员[8]。

同一天，全俄第二次苏维埃代表大会在城内召开。会议立即发布法令，宣布所有权力移交苏维埃，通过了列宁关于和平、土地和面包的法令，并建立起世界上第一个工农政府——人民委员会，该政府由列宁领导。没过几天，10月31日（11月13日），投身革命的士兵和工人在普尔科沃高地击败克伦斯基和克拉斯诺夫的反革命势力，2天后，他们又镇压了忠于原临时政府的军校士官生。

布尔什维克的势力范围向全国扩展时，彼得格勒依然是其政权的中心。1918年年初，就在原沙皇军队解散、赤卫队改编为红军之际，德国人开始攻向彼得格勒、明斯克、基辅（2月18日）和敖德萨（2月28日）[9]。由于赤卫队和刚刚诞生的红军无力阻挡德军的进攻，列宁的布尔什维克政府别无选择，只得接受不平等的“布列斯特—立托夫斯克合约”（1918年3月3日）。这份苛刻的合约攫夺了俄国西部大片领土，新西部边界沿纳尔瓦河设立，并向南穿过普斯科夫。

由于西部的边界岌岌可危，加之各地的叛乱一触即发，1918年3月9日，布尔什维克们将首都从彼得格勒迁至莫斯科，此后一直留在那里。彼得格勒随即成为内战的焦点，首当其冲成为力图推翻布尔什维克统治的白军的目标。1919年间，N.尤登尼奇将军率白军西北集团军，与邓尼金将军和海军上将高尔察克指挥的白军集团军相配合，两次（分别为5月至8月、10月至11月）试图夺取彼得格勒，而后者从南面和东面攻向莫斯科。尤登尼奇的两次进攻都失败了，一方面是因为遭到红军和彼得格勒的工人民兵虽拙劣但顽强的抵抗，另一方面是因为盟军支援不力。内战期间共17万列宁格勒人加入红军。1919年12月5日，全俄第七次苏维埃代表大会将红旗勋章授予列宁格勒全体无产阶级，表彰他们的坚定抵抗和为革命做出的贡献[10]。

列宁格勒的革命传统在布尔什维克时代并未就此停息。1921年2月和3月，喀琅施塔得事件爆发，促使列宁在1921年3月的第十次党代会上推出较为宽松的新经济政策（NEP）。列宁去世后，应彼得格勒工人们的要求，1924年1月26日召开的全苏苏维埃第二次代表大会将彼得格勒更名为列宁格勒。

第二次世界大战初期，列宁格勒仍与战争存在密切联系。1939年，斯大林同希特勒签订苏德互不侵犯条约后，苏联挑起与芬兰的纷争，表面上是为改善西北边陲的防御。随之而来的苏芬战争（1939 —1940年，通常称之为冬季战争）期间，列宁格勒军区成为红军对芬兰作战的指挥部、作战/后勤基地。红军在这场战争中，特别是第一阶段的战事中表现拙劣，使希特勒得以放心大胆地发起“巴巴罗萨”行动。从1940年夏季着手策划入侵伊始，列宁格勒这座拥有254.4万人口的城市便成为希特勒的首要军事目标之一（参见地图1、地图2）。

希特勒认为，欲消灭苏联、粉碎国际布尔什维克主义势力，就必须攻占列宁格勒，必要时将之从地球上彻底抹去。基于这种邪恶的观点，希特勒的军队力图对这座彼得和列宁之城施以膺惩。

军事组织

鉴于其悠久、辉煌的军事历史，以及当今在政治、经济、文化和战略上的重要性，列宁格勒成为希特勒膺惩苏俄的理想目标。该城的防御由苏联政府、中央军事和行政机关全面负责。显然，这包括：最高领袖，苏共总书记I.V.斯大林；苏联国防人民委员，苏联元帅S.K.铁木辛哥；红军总参谋长G.K.朱可夫大将。这些机关的地区和当地代表直接负责城防工作。从行政上看，包括列宁格勒地区（州）的官员、列宁格勒州各区各市各镇的政府和委员会（苏维埃）、各市镇的市长和镇长。从政治层面看，中央政治局委员、斯大林显而易见的继承人兼亲密盟友A.A.日丹诺夫，以第一书记的身份掌握着列宁格勒共产党。日丹诺夫与列宁格勒州委第二书记A.A.库兹涅佐夫共同领导州、区、市党委，有效掌控着发生在列宁格勒或影响到该地区，包括政治和军事在内的一切事务[12]。如同所有极权政体一样，通过严密的组织、绝对的中央集权和无处不在的党组织纪律，党可以调动这座城市几乎所有资源，以完成上级赋予的一切任务。

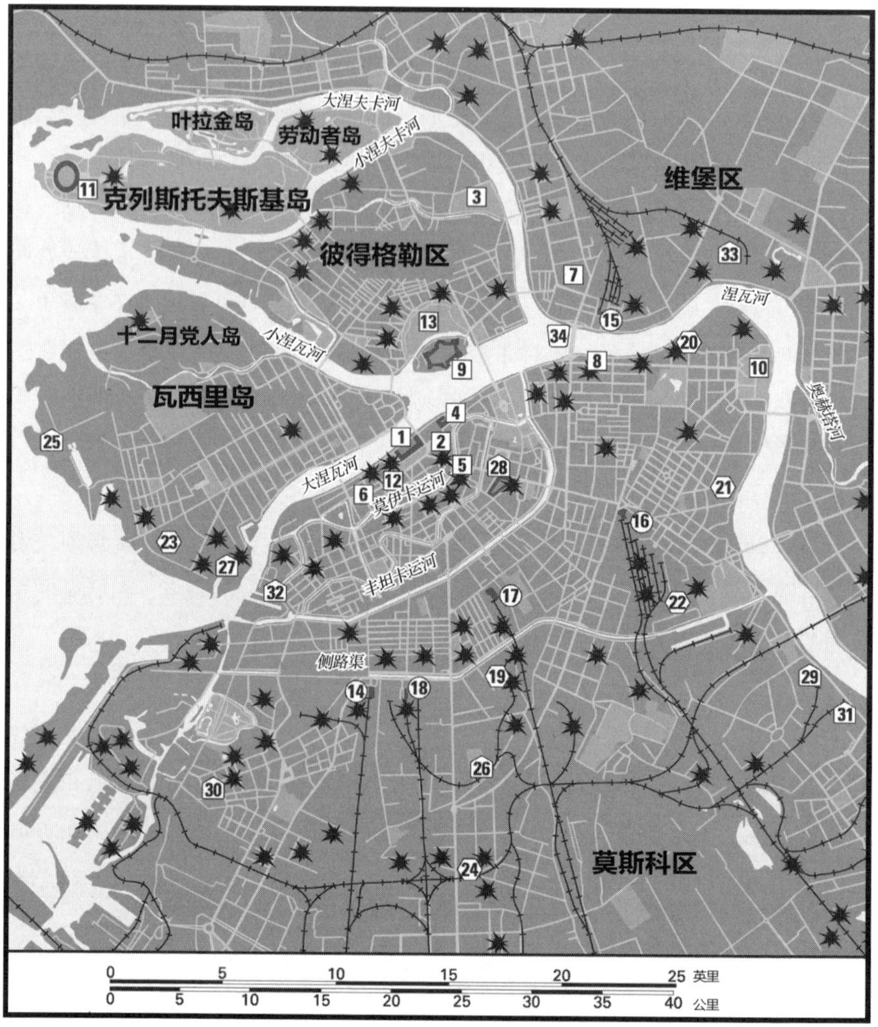

遭受德军炮击和轰炸最猛烈的地区

□ 公共建筑和公园
1 海军部大楼
2 陆军总司令部
3 植物园
4 埃尔米塔什博物馆
5 喀山大教堂
6 邮政总局
7 军事医学院
8 NKVD 总部
9 彼得保罗要塞
10 斯莫尔尼宫
11 体育场
12 圣以撒大教堂
13 动物园

○ 地铁站
14 波罗的海站
15 芬兰站
16 莫斯科站
17 维捷布斯克站
18 华沙站

⬡ 市政工程
19 燃气和电力总站
20 自来水总厂
21 发电厂
22 发电厂
23 发电厂
24 发电厂

⬠ 工业 / 商业
25 陆军食品仓库
26 巴达耶夫食品仓库
27 波罗的海造船厂
28 贵宾宫
29 基洛夫面粉厂
30 基洛夫工厂
31 列宁机械制造厂
32 马尔季造船厂
33 斯大林工厂

其他地点
34 铸造桥

地图 1：1941 年 6 月的列宁格勒城

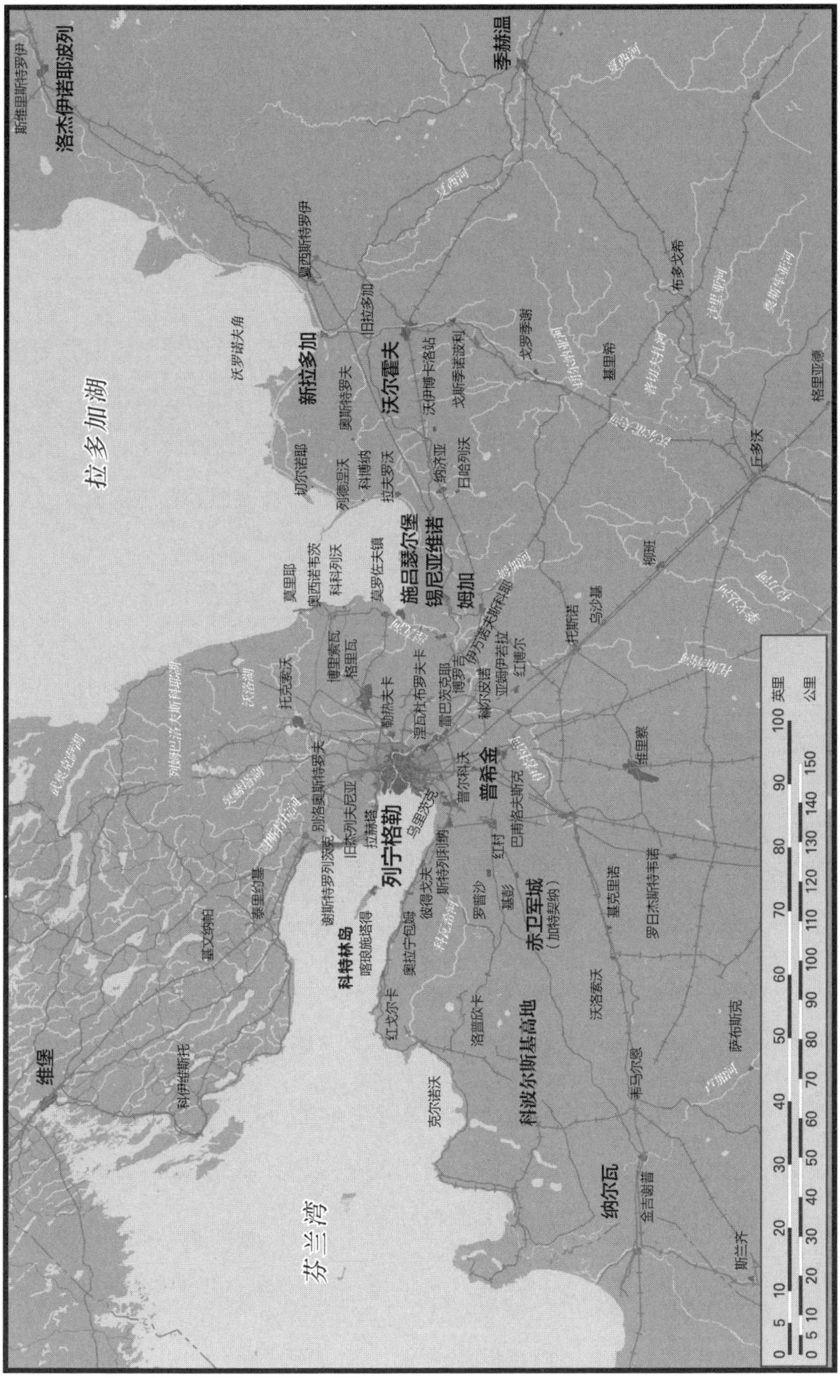

地图 2：列宁格勒城及其周边情况

从军事方面看，受斯大林、苏共政治局和中央委员会密切监督的国防人民委员会（NKO）负责制定所有国防政策，批准总体和局部武装力量的战备措施。G.K.朱可夫大将领导的红军总参谋部负责草拟所有动员、部署和战争计划，并为实施这些计划发挥重要作用，但只能在NKO的批准、指导下行事。最后是各军区的军事委员会，由军区司令员、政委和参谋长组成，负责保持军区武装力量的战备并执行总参谋部的计划，但必须在得到NKO的明确指令后方可行事。

根据其定义，战争前夕的列宁格勒军区是“苏联部署在列宁格勒及周边地区（州）的主要战役—战略军团”[13]。与部署在苏联边境的其他军区一样，列宁格勒军区将在战时改编为一个野战方面军，即北方面军。因此，在NKO的严格监督下，北方面军负责实施动员、部署计划，并遵照总参谋部的动员、战争计划和上级部门的其他指令展开军事行动。

作为红军最早的几个军区之一，列宁格勒军区拥有悠久而又辉煌的历史。1918年9月6日，彼得格勒军区成立，是苏俄的第一个军区，随着彼得格勒更名为列宁格勒，该军区1924年2月1日改称列宁格勒军区。20世纪20年代—30年代，列宁格勒军区走在发展先进军事理论的最前沿，并多次举行演习，对这些理论加以检验。该军区引入并现场测试的诸多军事创新，包括1926年的防空、防化科目，1930年的空中突击和空降科目，1935年和1936年的大纵深战役（战斗）及战役纵深作战的战术和战役理念。列宁格勒军区杰出的司令员包括：

A.I.叶戈罗夫（1921年4月至9月）

V.M.吉季斯（1921年9月至1925年10月）

B.M.沙波什尼科夫（1925年10月至1927年5月，1935年9月至1937年6月）

A.I.科尔克（1927年5月至1931年6月）

M.N.图哈切夫斯基（1928年5月至1931年6月）

I.P.别洛夫（1931年6月至1935年9月）

P.E.德边科（1937年6月至1938年4月）

M.S.霍津（1938年4月至1939年1月）

K.A.梅列茨科夫（1939年1月至1940年1月）
S.K.铁木辛哥（1940年1月至6月）
M.P.基尔波诺斯（1940年6月至1941年1月）
M.M.波波夫（1941年1月至6月）

1939—1940年，列宁格勒军区在异常艰难的苏芬战争期间策划、组织并实施了红军的军事行动。1939年11月30日至1940年2月9日，军区领率机关策划并指挥了战争第一阶段的军事行动，但战果太过糟糕。这一阶段的战斗，军区辖内部队未能突破芬兰军队横贯卡累利阿地峡的曼纳海姆防线，遂行进攻的几个苏军师被芬兰军队歼灭在拉多加湖和奥涅加湖北面。1940年1月7日，对战果深感尴尬的斯大林取消了列宁格勒军区的任务，将该地域的作战行动交给新组建的西北方面军，指挥该方面军的是原基辅军区司令员S.K.铁木辛哥。铁木辛哥以列宁格勒军区司令部人员为核心，组建起他的方面军领率机关。

从1940年2月10日至3月初战争结束，西北方面军指挥了苏芬战争第二阶段的军事行动，1940年3月26日，西北方面军撤编。虽然红军没能在短暂的苏芬战争期间取得辉煌胜利，但铁木辛哥的部队最终突破曼纳海姆防线，迫使芬兰人求和。双方签订和平协定，苏联吞并了卡累利阿地峡大部、拉多加湖与卡累利阿中部奥涅加湖之间及北部的大片土地，以及芬兰南部海岸的汉科海军基地[14]。

战争结束后，斯大林擢升铁木辛哥为苏联元帅，以奖励他在苏芬战争中的表现，并任命他为苏联国防人民委员。当然，由于红军在冬季战争中的拙劣表现着实令人尴尬，斯大林交给铁木辛哥的第一项任务就是改造红军，以应对日后战争的严峻考验和挑战。芬兰战败后，铁木辛哥着手对全体红军进行改造，列宁格勒军区的重点是贯彻铁木辛哥改革计划中与己有关的部分。1940年下半年和1941年，该军区组建并部署了新的机械化兵团和航空兵兵团，并为其配备新式先进武器装备，主要是坦克和战机。另外，列宁格勒军区还于1941年2月组建起北防空地区（PVO），力图改善该地区的防空，并着手沿预计中较为重要的防线构筑大规模筑垒地域和阵地网，以掩护列宁格勒接近地。

“巴巴罗萨”战役前夕，指挥列宁格勒军区的是1941年1月14日出任司令员的M.M.波波夫中将。波波夫是一名参加过俄国内战的老兵，1925年毕业于高级步兵学校，1936年毕业于伏龙芝军事学院，出任列宁格勒军区司令员之前，他在远东军区先后担任精锐的红旗第1集团军参谋长、司令员[15]。波波夫的政委（军事委员会委员）是军政委级的N.N.克列缅季耶夫，参谋长是D.N.尼基舍夫少将。

战争前夕，列宁格勒军区辖区包括列宁格勒、摩尔曼斯克州和卡累利阿—芬兰苏维埃社会主义共和国。军区部队编有第7、第14、第23集团军、步兵第19、第42、第50军、机械化第5、第10军、歼击航空兵第1军、防空第2军和歼击航空兵第7军（隶属北防空地区，参见附录C）。15个步兵师、1个步兵旅、4个坦克师、2个摩托化师和8个筑垒地域构成军区地面部队的核心。1941年6月22日，波波夫的列宁格勒军区拥有404470人（包括49227名军校学员）、7901门火炮/迫击炮、1857辆坦克（1543辆可用）和1342架飞机（1222架可用）[16]。

NKO赋予北防空地区的责任是掩护苏联北部，包括列宁格勒、摩尔曼斯克和毗邻地区，抗击敌人的空袭。该防空地区编有防空第2军和维堡、摩尔曼斯克、普斯科夫、卢加、彼得罗扎沃茨克旅级防空地域。6月22日时，防空第2军和歼击航空兵第7军负责列宁格勒邻近地区的防空任务。指挥防空第2军的是M.M.普罗茨韦特金少将，该军编有高射炮兵第115、第169、第189、第192、第194、第351团，共计950门高射炮、230挺高射机枪、300部对空探照灯、360个阻塞气球、302个早期预警哨（VNOS）和8个无线电定位站。波罗的海舰队防空师拥有191门火炮，在作战上隶属于防空第2军。S.P.丹尼洛夫上校指挥的歼击航空兵第7军，编有歼击航空兵第3、第54师，共计300架歼击机。

为掩护列宁格勒，防空第2军构设起一系列防空区，这些防空区从市中心向外伸展。该军高射炮兵部队守卫着从市中心向外延伸35公里的一片区域；而歼击航空兵第7军的歼击机守卫的空域，掩护着从市区外延20~60公里的带状区域。一套对空观察系统和各个早期预警哨部署在距离市中心120~140公里处。防空第2军对所有防空部队加以集中控制并提供指导。

但在战争前夕，列宁格勒的防空部署仍存在一些严重缺陷。机场不足，战争爆发后，迅速推进的德军打乱了早期预警哨对空中目标的探测，迫使守军只能依赖不太可靠的无线电定位系统。为弥补这一缺陷，苏军指挥部将8个防空高射炮兵连部署在芬兰湾的驳船上，以此增加其炮兵防空的深度。为进一步提高防空能力，列宁格勒党组织建立起地方防空部队（MPVO），以此补充整体防空力量。每支地方防空部队编有10～12个自卫队，每个自卫队由600～800名男女队员组成，共计30万人左右，他们负责观察、警戒并守卫市内各独立街区和这些街区内的各幢建筑物[17]。

红旗波罗的海舰队，其悠久的历史可追溯至彼得大帝创建该舰队的1701年，现在，这支舰队负责守卫波罗的海地区和列宁格勒的苏联海军基地，并沿波罗的海沿岸抗击海上、空中和地面攻击。该舰队的另一项任务是紧密配合在毗邻地区作战的红军地面部队，并为其提供支援。整个战争期间，该舰队由V.F.特里布茨海军中将指挥，1943年5月，这位经验丰富的将领擢升为海军上将。

战争前夕，波罗的海舰队编有1支水面舰艇分舰队、1支轻型舰艇分遣队、3个潜艇大队、2个鱼雷艇大队和大批快艇，舰队还有自己的空中力量、海岸防御地区和地段、后勤设施及装备。该舰队辖内部队驻扎在四个主要海军基地，分别是爱沙尼亚的塔林、芬兰南部海岸的汉科、列宁格勒西面芬兰湾的喀琅施塔得，以及拉脱维亚里加附近的里堡（Libau）。红旗波罗的海舰队拥有300多艘舰艇，包括2艘战列舰、2艘巡洋舰、2艘驱逐领舰、18艘驱逐舰、68艘潜艇、2艘炮舰、7艘护航驱逐舰、4艘装甲快艇、55艘鱼雷艇、34艘扫雷艇、4艘布雷布网艇、34艘猎潜艇和大批海岸快艇。波罗的海舰队的空中力量拥有包括172架轰炸机在内的656架飞机，而海军岸防炮兵拥有424门从45毫米至356毫米口径不等的火炮[18]。

波罗的海舰队主力从设在塔林和里堡的基地支援波罗的海沿岸特别军区，而驻扎在喀琅施塔得和汉科基地的舰队则为列宁格勒军区提供支援。喀琅施塔得海军基地负责守卫列宁格勒城及其海上接近地。1919年3月，这座基地作为彼得格勒海军基地建成，但俄国内战结束后不久便被废弃。1939年11月6日，主要因为国际形势恶化，苏联海军下令重建该基地。苏芬战争期间，该基地充当了波罗的海舰队的主要基地。战争结束后，该基地于1940年7月5日停用，但1941年10月又被苏联海军再度启用，以之作为波罗的海舰队的主要基地，任务是协防列宁格勒[19]。喀琅施塔得基地战时的主要任务是实施反炮兵火力，并担任列宁格勒与列宁格勒西南方奥拉宁包姆登陆场内洛莫诺索夫镇（Lomonosov）之间的兵力转运站。

汉科海军基地的存在可追溯至1809年至1917年间，当时，俄罗斯帝国控制了汉科。1917年，趁着俄国革命和内战动荡，芬兰夺回了汉科镇及其基地控制权。苏芬战争结束后，芬兰人战败，于1940年3月又将该港口割让给苏联，相关协议是租借30年，苏联随即将该港口打造成一座筑垒海军基地。1941年6月22日，该海军基地防御力量的核心是独立步兵第8旅、边境守卫和工程修建单位。这些守军获得95个海岸、高射炮兵连的支援，拥有37毫米至305毫米口径的各种火炮，另外还有20架飞机组成的一个航空兵大队，以及一支编有7艘武装猎巡艇和16艘辅助舰艇的海军警戒支队，总兵力达25000人[20]。

作为对波罗的海舰队的补充，隶属该舰队的拉多加湖区舰队组建于1939年10月25日，是一个战役—战术海军兵团。该舰队的战时任务是以一个编有7艘训练舰艇的分队、一个编有35艘训练快艇的分队和一个拥有3门102毫米火炮、8门76毫米火炮的炮兵训练营守卫拉多加湖沿岸。战争爆发后，1941年6月25日，苏联海军人民委员部将该舰队重新编为快艇、潜艇、扫雷艇、警戒巡逻艇、巡逻扫雷艇和沿岸船只分队。该舰队的司令员是：

S.V.泽姆利亚尼琴科海军中校（1941年6月至7月）

P.A.特赖宁海军少将（1941年7月）

V.P.博戈列波夫海军上校（1941年7月至8月）

B.V.霍罗什欣海军上校（1941年8月至10月。9月16日晋升海军少将）

V.S.切罗科夫海军上校（1941年10月至1944年11月。1944年1月晋升海军少将）[21]

防御计划

若战争爆发，列宁格勒军区将改为红军北方面军。根据国防计划（DP-1941），该军区的战时任务是与北方、波罗的海舰队相配合，守卫从雷巴奇湾（Rybachii）至芬兰湾的苏芬边境、爱沙尼亚沿岸、汉科半岛的海军基地[22]。策划苏联国防计划是个艰巨的过程，NKO和总参谋部自1940年中期便已着手进行，战争临近时仍未完成。苏联国防人民委员铁木辛哥和红军总参谋长朱可夫为策划该计划发挥了重要作用，同时也得到各军区司令员、他们的参谋人员和作战、作战支援及后勤勤务负责人的大力协助。

到1941年5月初，红军总参谋部已完成一份掩护苏联西部边境的计划草案，题为《1941年保卫国境线的计划》。这份计划，连同国防人民委员会的指令，一起发到西部边境的五个军区。1941年5月14日，这份编号为No. 503913/ob/cc的指令送到了波波夫手里，要求他拟制新防御计划，并呈交国防人民委员会：

为掩护列宁格勒军区辖内部队的动员和最终集结、部署，您和军区参谋长、作训处主任应于1941年5月25日前完成［以下事项］①：

a. 守卫从巴伦支海至约坎加（Iokan'go）的海岸之详细计划，包括从巴伦支海至芬兰湾的国境线、从纳尔瓦湾至马察拉湾（Matsala）爱沙尼亚苏维埃社会主义共和国的海岸。

b. 关于防空的详细计划，应特别注意列宁格勒城的可靠防御。[23]

但从一开始，策划过程就存在严重劣势。国际气候迅速变化造成的动荡，给军区和总参谋部的策划工作造成困难，基本计划中包含了若干错误的规划设想。其中最严重的错误是认为，德国军队需要10～15天才能为入侵做好部署，在此期间，德国人无法隐蔽其进攻准备。所以，苏军策划者们排除了德国人达成出其不意的可能性，并想当然地认为红军边境军区的部队有足够的时间动员、部署并击退德军的一切进攻，与此同时，境内腹地各军区的部队也将实施动员和部署。这种错误假设对列宁格勒军区尤为有害，因为其部队的动员和部署应获得波罗的海沿岸特别军区的掩护，而后者沿波罗的海海岸及其南部守卫着苏联边境。雪上加霜的是，各边境军区没能在6月22日德国人发动 “巴巴罗萨”行动前完成他们的作战计划。这就意味着，直到这个命运攸关的日子，

① 编者注：原书作者在引用一些文件、对话时，为表述清晰和便于理解，自行补充了少量文字。为与引用原文区分，这些补充文字统一使用方括号［］扩起来。本书中需要用到嵌套括号时，外层括号为六角括号〔〕，还请读者注意区别。

红军总参谋部的DP–1941国防计划也没有完成[24]。

1941年5月25日，波波夫及其参谋人员草拟了列宁格勒军区的防御计划，题为《关于掩护列宁格勒军区防区内之国境线的说明》，这份草案首先阐述了军区的主要任务（完整计划参见附录B）：

防御任务

1. 应防范敌人对军区辖地的地面和空中入侵。

2. 建立沿国境线筑垒地域和野战工事的坚决防御。

a. 应沿维堡和克克绍尔姆（Keksholm）方向为列宁格勒提供可靠掩护，这是列宁格勒军区辖内部队的主要任务。

b. 应阻止敌人突破防线并前出至拉多加湖。

c. 应保护基洛夫铁路线的不间断运行，无论如何不能让敌人到达该铁路线。

d. 应与北方舰队协同，控制雷巴奇半岛和斯列德尼半岛（Srednii），为摩尔曼斯克港提供可靠掩护，并防范敌海军在科拉半岛之海岸（从约坎加至芬兰国境线）实施两栖登陆。

3. 实施动员的第九天起，从波罗的海沿岸特别军区接管爱沙尼亚苏维埃社会主义共和国的海岸（从纳尔瓦湾至马察拉湾），与波罗的海舰队共同对其加以防御，防止敌两栖突击部队在此实施登陆。

4. 守卫爱沙尼亚苏维埃社会主义共和国北部海岸和汉科半岛，协助红旗波罗的海舰队封锁芬兰湾入口，阻止敌海军力量进入。

5. 以军区各种可用的情报手段及时确定敌军集结和编组的性质。

6. 通过积极的空中作战获取空中优势，以强有力的打击摧毁并破坏敌军之集结和部署，主要打击目标为铁路中心、桥梁、集结待命区和部队编组。

7. 防范敌人在军区辖地实施空降突击和牵制活动。

8. 条件有利时，所有遂行防御的部队、集团军和军区预备队应遵照上级部门的命令，做好对敌人发起果断打击的准备。[25]

波波夫的计划提出五个“掩护区”的布局，每个掩护区都由一个集团军的部队进行据守。从个体角度看，每个掩护区负责守卫预计中的一个敌重要突击方向；从整体角度看，五个掩护区守卫着军区的整个防区。V.A.弗罗洛夫中将指挥的第14集团军负责守卫1号掩护区，该掩护区保卫着摩尔曼斯克城及其陆地接近地，以及从科拉半岛向南延伸至奥涅加湖北岸半途的列宁格勒州属地。弗罗洛夫掌握着步兵第42军第104和第122师、独立步兵第14和第52师、第23（摩尔曼斯克）筑垒地域和波波夫暂时交他指挥的机械化第1军坦克第1师。另外，弗罗洛夫还控制着北方舰队、5个边防支队（第35、第100、第82、第72、第101）、统帅部预备队炮兵第104团，混成航空兵第1师提供空中支援[26]。

南面，F.D.戈列连科中将指挥的第7集团军构成2号掩护区，以步兵第54、第71、第168、第237师和第26（索尔塔瓦拉）筑垒地域守卫从奥涅加湖北面至拉多加湖这片地域。4个边防支队（第1、第73、第80、第3）、混成航空兵第55师和各种支援分队为戈列连科集团军[27]提供加强。戈列连科辖内部队负责守卫奥涅加湖北面的国境线，以及奥涅加湖与拉多加湖之间地带，重点是索尔塔瓦拉（Sortavalo）、乌赫塔（Ukhta）、列博利斯克（Rebol'sk）、彼得罗扎沃茨克（Petrozavodsk）接近地和至关重要的基洛夫铁路线，这条铁路线联结着列宁格勒与摩尔曼斯克。

波波夫麾下最强大的军团当属守卫3号掩护区的P.S.普申尼科夫中将第23集团军。普申尼科夫集团军据守着横穿卡累利阿地峡最具威胁的方向，从维堡至列宁格勒北接近地。他的部队编有步兵第19军第115和第142师、步兵第50军第43和第123师、第27（克克绍尔姆）和第28（维堡）筑垒地域。辖坦克第21、第24、摩托化第198师的机械化第10军，为普申尼科夫提供了一支快速装甲力量。3个边防支队（第102、第5、第33）、统帅部预备队榴弹炮兵第101、第108、第519团、统帅部预备队炮兵第573团、混成航空兵第5师和另一些支援分队也隶属于3号掩护区。6月22日前，波波夫以步兵第70师加强该地域。

列宁格勒西南方，K.V.科米萨罗夫少将指挥的步兵第65军据守着4号掩护区，该军负责守卫爱沙尼亚苏维埃社会主义共和国首都塔林东面和西面的波罗的海沿岸。科米萨罗夫掌握着步兵第11和第16（立陶宛）师，以及部分支援部队和分队，混成航空兵第4师一部为其提供必要的空中支援。6月22日前，红军总参谋部将步兵第65军军部转隶波罗的海沿岸特别军区，辖内步兵师交给该军区第11和第27集团军。据守汉科半岛5号掩护区的是独立步兵第8旅，获得少量炮兵、空军和海军力量支援。

根据初步防御计划，波波夫将步兵第70、第177、第191师、机械化第1军坦克第3师和摩托化第163师留作预备队，直属军区领率机关。另外，列宁格勒军区还掌握着第21、第22（卡累利阿）、第25（普斯科夫）、第29筑垒地域、混成航空兵第4、歼击航空兵第39、防空歼击航空兵第3和第54师。各防空师负责守卫列宁格勒市区上方的天空。

战争前夕，NKO和总参谋部依靠波罗的海沿岸特别军区守卫从东普鲁士经波罗的海诸国通往列宁格勒的接近地，战时，该军区将改编为西北方面军。因此，列宁格勒军区只负责守卫列宁格勒州，抗击芬兰人经卡累利阿半岛的一切推进，以及敌人发起的空中打击。对波波夫及其部队来说可悲的是，NKO和总参谋部认为，西北方面军能够在国境线，或至少沿距离列宁格勒不远处的西德维纳河一线遏止敌人一切进攻，事实证明，他们的设想大错特错。

由于这些错误的假设，加之接受了列宁格勒遭受的威胁主要来自北方这一想法，波波夫及其属下忽略了沿城市南部接近地加强地面防御的必要性。直到德国发动入侵24小时后，6月23日晨，波波夫才流露出对德军有可能从南面突向列宁格勒的担忧。当日，他派副手K.P.皮亚德舍夫中将视察城市南部接近地，并提出构设预有准备之新防线的地段。尽管皮亚德舍夫随后建议沿金吉谢普—卢加—伊尔门湖一线构筑新防线，但人力、物力的严重短缺导致这个方案不了了之，直到战场态势恶化，波波夫才被迫采取行动。

军力

按照苏联战争计划的要求，列宁格勒军区的军力显然足以守卫列宁格勒州，抗击芬兰人发起的一切进攻，但波波夫的部队并未做好应对德军入侵的准备，而1941年的德国国防军是欧洲最强大、最优秀的武装力量。和整个红军队伍一样，1941年6月的列宁格勒军区辖内部队，其理念、组织、指挥员的能力、指挥控制机关的有效性都处于严重混乱状态。从作战指导思想来说，正如1941年防御计划表述的那样，红军的整体军事战略显然是防御性质的。这与红军自20世纪30年代便开始发展、战争前夕依然主导其军事思想的“大纵深战役”理念及“战役纵深作战之进攻战术和战役”理念背道而驰。

另外，由于在苏芬战争中表现拙劣，红军随后实施了革新、扩大、重组和再装备，但各个方面做得并不好。更糟糕的是，始于1937年的军事指挥人员大量流失，导致训练有素、经验丰富、有能力执行进攻或防御等行动的指挥员和参谋人员严重短缺。与德军相信下属主动性的做法相反，苏军指挥层的大规模人事调整和其他制约因素使红军指挥员们确信，表现出任何独立判断都会给自己带来大麻烦[28]。

由于政治方面的考量要求红军守卫苏联的每一寸领土，因而到1941年6月，红军基本上放弃、拆除了1939年前沿苏联边境构设的防御，并在他们于1939年和1940年占领的地区之西部构筑新的“筑垒地域”。虽然红军付出了巨大的努力，但德国人和芬兰人发动进攻时，这些新防御远未完工。另外，红军各部队也不允许采取任何有可能招惹其潜在敌人的举动。为确保不发生挑衅事件，红军主要以NKVD（内务人民委员部）边防部队和少量步兵部队象征性地守卫苏联边境，主力驻扎在深远后方。

从组织上说，红军部队的结构存在严重缺陷。苏军规模最大的坦克兵团是机械化军，但其构成相当死板，远比不上德国摩托化军灵活。庞大的机械化军仓促组建于1940年末，战争爆发时仍在组建中，每个机械化军辖2个坦克师和1个摩托化师。由于每个坦克师编有10940人和375辆坦克，导致坦克过多，支援力量不足，于是，NKO给每个机械化军增加了1个摩托化师和各种支援部队。这样，至少从理论上说，每个笨重的机械化军将编有36080人和1031辆坦克[29]。不仅如此，边境军区辖内大多数机械化军还存在部署不当的问题，机械化军辖内各师，彼此的驻地相距甚远。列宁格勒军区的两个机械化军也有同样问题。更糟糕的是，军区的坦克和机械化部队指挥员并未吸取冬季战争的教训：庞大的机械化部队无法在苏联北部林木茂密、通常布满沼泽的地带有效运作[30]。

苏军步兵部队也处在混乱中。红军的主力构成是其步兵师。战争前夕，这些步兵师各编有3个步兵团（每个团辖3个营），外加2个炮兵团、1个轻型坦克营和各种支援分队，理论编制力量为14483人和16辆轻型坦克。但实际上，每个步兵师只有8000～10000人，没有坦克，支援炮兵也不足，充其量只有最基本的后勤支援[31]。红军步兵军（应编有2～3个步兵师）和野战集团军（应编有3个步兵军、1个机械化军、数个炮兵团和1个反坦克旅）同样实力不足，缺乏足够的重武器[32]。

1941年5月底，苏联政府力图纠正这个问题，召集起80万名后备役人员，并加快了各军校学员毕业的速度。可是，德国发动入侵时，这些额外兵员刚刚加入部队。实际上，战争爆发时，列宁格勒军区辖内各集团军只能调集起4～5个师，炮兵、坦克、工程兵、后勤和维护支援严重不足。

总的说来，红空军，特别是列宁格勒军区的空中力量，遭遇到许多与地面部队相同的问题。1941年6月22日，红空军和红海军共有24488架飞机（18759架战机），其中21030架（16052架战机）可用。这些飞机中的10743架（10266架战机）分配给西部战区的作战部队。西部战区包括列宁格勒军区、波罗的海沿岸特别军区、西部特别军区、西南特别军区①、阿尔汉格尔斯克军区的部队，以及奥德赛军区第9集团军和北方、波罗的海、黑海舰队。这些飞机中，9099架（8696架战机）可用。列宁格勒军区拥有1342架（1336架战机）飞机，其中1222架（1216架战机）可用[33]。糟糕的是，这些飞机中的大多数型号老旧，使用年限过长。

除军事指挥员大量流失以外，飞机制造厂和飞机工程设计师们也未能幸免[34]，苏联过去在航空领域的领先优势已经结束。一些新型战机，例如速度较快的米格-3歼击机和出色的伊尔-2“斯图莫维克”强击机，在某些方面优于德国战机，但1941年春季刚刚列编，红空军使用的是新旧混合的装备。获准驾驶这些新型战机的飞行员进行的换装训练进展缓慢，这是因为空军指挥员们心怀恐惧——任何训练事故都可能导致他们因“破坏”遭逮捕[35]。苏德战争爆发时，前线地区的许多苏军飞行员驾驶新式战机的飞行经验只有区区4小时。新型战机的换装工作进行得非常混乱，许多苏军飞行员并不熟悉苏制新式轰炸机的外形，导致6月22日那天，他们甚至错误地向己方飞机开火射击。

另一些因素也削弱了红空军的战斗效能。苏联1939年占领波兰东部，

① 译注：基辅特别军区。

1939年和1940年又对日本人和芬兰人成功实施空中打击，这使许多红军航空兵高级指挥员产生了一种虚假的优越感。苏联人在20世纪30年代广泛接受了A.N.拉普钦斯基这位“俄国杜黑”倡导的大规模使用空中力量的理念，但只是加剧了这种过度自信的不良影响。苏联军事领导人认为，如果爆发战争，他们将从新近征服的领土上对一切敌人发起一场大规模空中攻势。可是，战争爆发后，前进地区可用的机场相对较少，一些机场为进行扩建已于1941年春季拆除，少量尚存的机场缺乏必要的护坡和对空防御，无法掩护拥挤的停机坪。

指挥不统一和指挥体系动荡也使红空军深受其害。一些航空兵师奉命支援地面集团军或方面军，另一些直属于总参谋部，还有些空中力量致力于苏联国土的区域防空。在混乱的初期战役这一背景下，脆弱的通讯中断导致指挥链断裂后，这些航空兵师很难协调一致地将空中力量投入关键地点。1941年间，苏军大多数战机并未配备电台。更糟糕的是，因三位杰出空军指挥员和许多高级军官遭革除，各级指挥层出现空缺，却只能擢升一批缺乏经验的指挥员来填补。但这些人根本无力纠正红空军过度僵化、基本上已过时的战术[36]。

因此战争前夕，与整个红军队伍的状况相同，列宁格勒军区、波罗的海舰队和另外一些承担守卫列宁格勒任务的部队，只能勉强遂行他们受领的任务。但是，他们与斯大林及苏联中央国防机构一样，完全没有料到“巴巴罗萨”行动发起后，德军的推进势如破竹，深具破坏性。没过几天，急剧恶化的态势就使他们的些许担心变为近乎恐慌。

本章原注

1. 关于该城早期历史的更多详情，可参阅：S.F.普拉东诺夫著，E.阿龙斯贝格译，F.A.戈尔德编，《俄国史》，纽约：麦克米伦出版社，1929年，第222页；R.D.查奎斯，《俄罗斯简史》，纽约：杜登出版社，1956年，第110—111页；伯纳德·佩尔斯，《俄国史》，纽约：诺夫出版社，1960年，第202—203页；L.杰伊·奥利瓦，《彼得大帝时代的俄国》，新泽西恩格尔伍德克利夫斯：普伦蒂斯霍尔出版社，1969年，第153—155页；其他近期出版的诸多英文、俄文著作。

2. N.V.奥加尔科夫编，《列宁格勒》，收录在《苏联军事百科全书》（Sovetskaia voennaia entsiklopediia，此后简称SVE）第四册，莫斯科：军事出版社，1977年，第611页。

3. 参见：谢尔盖·普什卡列夫著，罗伯特·H.尼尔，托瓦斯·叶德林译《近代俄罗斯的崛起，1801年—1917年》，纽约：霍尔特、莱因哈特和温斯顿出版社，1963年，第46、第227页。

4. 查奎斯，《俄罗斯简史》，第116页。

5. 普什卡列夫，《近代俄罗斯的崛起，1801年—1917年》，第46、第227页。

6. 同上，第62—73页。

7. 括号外的日期代表俄国旧历，在1917年革命前较为盛行；括号内的日期指的是新历，布尔什维克政府在革命胜利后加以使用。之后的所有日期均采用新历。

8. 具体可参阅：《伟大十月革命中的彼得格勒》，列宁格勒：列宁出版社，1967年。

9. V.V.布里莫夫，《红军的诞生》，莫斯科：军事出版社，1961年；N.M.亚库波夫，《1917年为军队所做的斗争》，莫斯科：思想出版社，1975年。

10. 关于俄国内战的诸多著作中，可参阅：N.N.阿佐夫采夫主编，《俄国内战（全二册）》，莫斯科：军事出版社，1980年；G.V.库济明，《1917年至1922年间，干涉主义者和白卫军的失败》，莫斯科：军事出版社，1977年；M.I.斯韦塔切夫，《帝国主义者对西伯利亚和远东的干涉，1918年至1922年》，新西伯利亚：科学出版社，1983年；I.I.邓尼金，《进军莫斯科》，莫斯科：军事出版社，1989年。

11. 罗伯特·康奎斯特，《大恐怖时期：斯大林20世纪30年代的大清洗运动》，纽约：麦克米伦出版社，1968年。现在，大批英文和俄文著作证实了康奎斯特这部经典著作的内容。

12. 更多详情可参阅：A.I.格里布科夫主编，《荣获列宁勋章的列宁格勒军区史》，莫斯科：军事出版社，1974年，第168—183页。

13. "列宁格勒军区"，收录在SVE第四册，第614—616页；I.D.谢尔盖耶夫编，《列宁格勒军区》，收录在：《军事百科全书（全八册）》（Voennaia entsiklopediia v vos'mi tomakh，此后简称VE）第四册，莫斯科：军事出版社，1999年，第422—424页。

14. 关于苏芬战争，最完整的资料当属：卡尔·范·戴克，《苏联入侵芬兰，1939年—1940年》，伦敦：弗兰克·卡斯出版社，1997年。

15. 20世纪30年代中期，波波夫还担任过机械化旅和机械化第5军参谋长。

16. 《苏联武装力量在伟大卫国战争中的作战实力和总实力，1941年—1945年：统计数据集》，（Boevoi i chislennyi sostav vooruzhennykh sil SSSR v period Velikoi Otechestvennoi voiny (1941—1945 gg.): Statisticheskii sbornik，此后简称BICS）第一册（1941年6月22日），莫斯科：军事历史研究所，1994年。

17. 1942年11月[1]，NKO将防空第2军改编为列宁格勒军级防空地域，以改善指挥控制。之后，NKO又以拉多加旅级防空地域补充列宁格勒军级防空地域，并于1942年1月[2]将之改编为列宁格勒防空集团军，由G.S.扎希欣海岸勤务少将指挥。

18. V.P.伊万诺夫，“波罗的海舰队”，收录在VE第四册，第361页。

19. N.Iu.别列佐夫斯基，“喀琅施塔得”，收录在VE第四册，第305页。

20. “汉科”，收录在SVE第八册，第355—356页。

21. “拉多加湖区舰队”，收录在VE第四册，第379—380页。

22. 据此，1941年6月24日，NKO将列宁格勒军区领率机关改编为北方面军，1941年8月23日，又将北方面军分成卡累利阿方面军和列宁格勒方面军。北方面军和列宁格勒方面军继续履行军区领率机关的职责。1941年7月15日，NKO重建列宁格勒军区，以此作为北方面军的后勤机构，1941年7月25日，总参谋部将新组建的该军区交给北方面军统辖。1941年8月21日，NKO撤销列宁格勒军区，以充实列宁格勒方面军领率机关。

23. Iu.A.戈里科夫、Iu.N.谢明，《弥天大谎的破灭：苏联西北地区——西北边境地区1941年的作战计划证明，苏联并未准备进攻德国》（以后简称：弥天大谎的破灭），刊登在：《军事历史杂志》（Voenno—istoricheskii zhurnal，此后简称VIZh），第6期（1996年11月至12月），第2页。

24. 关于红军总参谋部策划过程的详情，可参阅：戴维·M. 格兰茨的《泥足巨人：苏德战争前夕的苏联军队》，劳伦斯：堪萨斯大学出版社，1998年，第90—101页；《伟大卫国战争初期》，莫斯科：伏罗希洛夫总参军事学院，1989年；M.V.扎哈罗夫，《战前的总参谋部》，莫斯科：军事出版社，1989年，第230—273页。

25.《弥天大谎的破灭》，第3—4页。

26. 列宁格勒军区5月25日的作战编成可参阅：《弥天大谎的破灭》，第3—7页；该军区6月22日的作战编成可参阅：《苏军作战编成，第一部：1941年6月至12月》，莫斯科：伏罗希洛夫总参军事学院，1963年，第7页。该书由总参谋部军事科学院编写，并列为保密级。

27. 按照苏军军语的通用说法，军和师称为“兵团”，旅和团称为“部队”，营级或以下称为“分队”，而“军团”一词用于大型编队或联合编队，即集团军和方面军。

28. 关于1941年6月红军状况的详情，可参阅：戴维·M. 格兰茨，《泥足巨人：苏德战争前夕的苏联军队》。

29. 坦克师编有2个坦克团、1个摩托化步兵团和侦察、反坦克、防空、工程兵和通讯营。关于红军机械化部队构成的详情，可参阅：O.A.洛西科主编，《伟大卫国战争中，苏联坦克部队的组建和作战使用》，莫斯科：军事出版社，1979年；英文著作方面，可参阅：戴维·M. 格兰茨，《苏联军事作战艺术：寻求大纵深战役》，伦敦：弗兰克·卡斯出版社，1991年，第74—121页。

30. 各机械化军的实力差异很大。有些机械化军配有大批新式武器。例如，波罗的海沿岸方面军机械化第3军编有651辆坦克，其中110辆是新型KV-1重型和T-34中型坦克。而其他军，特别是远离边境的部

① 译注：应为1941年。
② 译注：NKO决定设立列宁格勒防空集团军应是1942年4月5日。

队，实力弱得多。例如，西方面军第4集团军辖下的机械化第14军只有518辆老旧的T-26轻型坦克，而非编制规定的1031辆中型和重型坦克。严格的工厂纪律只能采取这种措施弥补过去对武器生产的忽视。西南方面军机械化第19军只有453辆坦克，除11辆外，其他都是过时的型号。另外，战争爆发后，上级要求该军以征用来的民用卡车承担运输工作，该军2个坦克师辖下的摩托化步兵团不得不步行193公里投入战斗，拖缓了坦克部队的机动。新装备从生产线驶下后，分配给部署在前进地域的部分军。可是，由于新型坦克数量太少（1861辆），就连满编机械化军也是各种车辆混编而成的大杂烩。这一切在很大程度上导致维修工作更趋复杂。另外，苏军各兵团的无线电通讯和后勤支援依然薄弱，面对德军突然入侵造成的混乱局面，他们几乎无法实施协同机动。关于红军1941年6月22日的兵力详情，可参阅BICS。

31. 大多数苏军步兵师都没有编制规定的坦克营，因为所有坦克都用于装备新组建的机械化军。

32. 参见BICS。

33. BICS，第11—17页。

34. 一架试验机坠毁后，至少有一名设计师被冠以“破坏”罪名遭枪决，另一些工程师则在监狱设计室内从事工作。说得委婉些，这种惩戒未能鼓励创新设计方案。

35. 1941年4月12日，铁木辛哥和朱可夫向斯大林告状，称训练事故导致每天都要损失2～3架飞机，并要求将几名空军高级指挥员撤职。关于红空军1941年的状况，最佳英文著作当属：冯·哈德斯蒂，《火凤凰：苏联空军力量的崛起，1941年—1945年》，华盛顿特区：史密森学会出版社，1982年。

36. 1941年整个灾难性夏季，苏军轰炸机顽固地在8000英尺高度实施攻击，这个高度过高，根本无法确保轰炸的准确性，却足以使德军战斗机发现并对其发起攻击。虽然个别苏军歼击机飞行员非常英勇，反复对德军战机发起攻击，但他们的战斗编队太偏向于防御，无法有效抗击其空中格斗的对手。

第二章
目标，列宁格勒
“巴巴罗萨”行动和德军经波罗的海地区的推进
1941 年 6 月 22 日—8 月 7 日

“巴巴罗萨”计划

希特勒认为，布尔什维克主义是对德国和所有西方文明的威胁，故而将“巴巴罗萨”行动视为对苏俄的一场新十字军东征。20世纪30年代后期，他在外交上取得重大胜利，加之德国国防军也在中、西欧赢得一连串胜利，受此鼓舞，他打算实现多年前曾在《我的奋斗》一书中阐明的雄伟目标。他在这部个人奋斗回忆录中辩称，历史赋予德国人民获得“生存空间”的权力。他认为，这种生存空间主要存在于辽阔的苏联，征服苏联不仅能为德国提供必要的生存空间，也将使整个世界摆脱布尔什维克主义的祸害。

但从军事上说，地面入侵并征服苏联是一项艰巨的任务。德国武装部队先前在西欧赢得了胜利，得益于这片战区地幅有限，各方面条件较为有利，对手缺乏准备或完全不适应闪电战，德国投入少量部队发起打击，被征服的几个国家也缺乏坚决抵抗并赢得胜利的意志。但征服苏联完全是另一回事。“巴巴罗萨”计划要求德军在面积约等于整个西欧的不发达战区里，打垮世界上最庞大的军事力量，并沿一条超过1800公里长的战线向前推进1800公里。希特勒和他的军事策划者们相信，闪电战将赢得一场速胜，并为此制订了相应的计划。

为赢得胜利，德国人计划在苏联新西部边境附近实施一系列大规模合围，在红军动员预备队之前歼灭其主力。虽然德国军事策划人员自1940年夏季便开始构思入侵苏联的应急计划，但直到1940年12月18日，希特勒才下达实施

“巴巴罗萨”行动的第21号指令（参见附录A）。这道指令表明，希特勒的明确意图是歼灭红军，而非夺取任何具体的地理或政治目标：

装甲先头部队应以快速、深远突破的果敢作战，歼灭部署在俄国西部地区之红军主力，并阻止其作战力尚存的部队撤至俄国纵深地区。尔后，务必以快速追击形成这样一条战线：从该线出发的俄国空军无法攻击到德意志帝国的领土。[1]

希特勒为“巴巴罗萨”行动多次召开策划会议，并在一次会议中指出，与歼灭苏军这一目标相比，“莫斯科并不重要”[2]。希特勒和他的军事顾问们相信，一旦歼灭红军，斯大林的布尔什维克政权就将崩溃，重演1918年席卷俄国的混乱。但这种假设严重低估了苏联政府对民众的掌控力度和红军动员战略预备队的能力，苏军以这些预备力量替代了初期合围战中被德军消灭的部队。直到后来，面对所遭受的惨烈打击，红军和苏联政府表现出了不屈韧性，感到不安的德国人转而认为，夺取列宁格勒和莫斯科才是赢得一场速胜的关键。

为消灭红军，希特勒在东线调集起151个德国师（包括19个装甲师和15个摩步师），配有约3350辆坦克、7200门火炮、2770架飞机[3]。为支持“巴巴罗萨”行动，芬兰人提供了14个师，罗马尼亚人也贡献了4个师又6个旅，另外9个师又2个旅担任预备队[4]。德国陆军总司令部（OKH）掌握着东线所有轴心国军队，并将这些部队分配给“挪威”集团军（在遥远的北方作战）和“北方”“中央”“南方”集团军群，这3个集团军群配有4个装甲集群，部署在从波罗的海南延至黑海的战线上。4个主要司令部各获得1个德国空军航空队支援。

德国军事策划者试图利用苏联寥寥无几的现代化公路和铁路线穿过前线进入其纵深，防止苏军主力从一个地段重新部署至另一个地段，或在遭到包围前向东退却。但是，德军情报机构错估了红军前进集结的程度，完全没有料到苏联人已将各预备队集团军部署至第聂伯河东面。边境交战结束后，“巴巴罗萨”计划要求德军3个集团军群沿不同方向推进：“北方”集团军群奔向列宁格勒，“中央”集团军群直扑莫斯科，“南方”集团军群攻往基辅。因此，

“巴巴罗萨”计划从一开始就预料到德军军事力量危险的分散，力图同时夺取希特勒提出的所有目标。

“巴巴罗萨”计划接受了德国国防军最高统帅部（OKW）的建议，要求3个集团军群同时对苏联发起进攻。“北方”“中央”集团军群从普里皮亚季沼泽（Pripiat'）北面沿列宁格勒、莫斯科方向遂行主要突击，而“南方”集团军群则从沼泽南面沿基辅方向攻击前进。几个集团军群将合围并消灭靠近边境的红军主力，并防止战斗力尚存的苏军撤入“俄国纵深地区”。待“中央”集团军群消灭白俄罗斯之敌后，将协助“北方”集团军群夺取列宁格勒和喀琅施塔得。指令中写道：“只有在完成这个首要任务后，我们才能发起夺取莫斯科的行动。”[5]

这道指令的最终目标是“大致沿伏尔加河—阿尔汉格尔斯克一线，建立一道抗击俄国亚洲部分的防线”。基于红军以往的作战表现，加之推断其现状之残破不堪，德军策划人员认为德国国防军能够在8～10周内完成这项任务。希特勒对胜利充满信心，于1941年6月11日又下达了一道元首令（第32号），要求将60个师留在俄国被占领土遂行警戒勤务，以便把德军主力部署至别处[6]。

交战双方的实力

里特尔·冯·莱布元帅率领的德国“北方”集团军将沿列宁格勒方向攻击前进，任务是消灭波罗的海地区的红军，攻占列宁格勒。莱布强大的集团军群编有第16、第18集团军和第4装甲集群，共计8个军（包括2个摩托化军），由3个保安师和1个军组成的预备队为其提供支援。根据这一配置，该集团军群编有21个步兵师、3个装甲师和3个摩托化师，3个保安师和另外2个步兵师担任OKH预备队[7]。

构成“北方”集团军群装甲先锋的是埃里希·赫普纳上将①的第4装甲集群，该集群将沿蒂尔西特（Tilsit）—陶格夫匹尔斯（Daugavpils）方向朝西北方迅速推进。赫普纳的装甲集群编有汉斯·莱因哈特上将的第41摩托化军（辖

① 译注：1940年7月已晋升为大将。

第1、第6装甲师、第36摩托化师）和埃里希·冯·曼施泰因上将的第56摩托化军（辖第8装甲师、第3摩托化师）。格奥尔格·冯·屈希勒尔上将①的第18集团军编有第26、第38、第1军，恩斯特·布施上将②的第16集团军辖第10、第28、第2军，这两个集团军跟随在赫普纳装甲部队身后，沿侧翼向前推进。莱布将第23军留作集团军群预备队，必要的话还可以召集第50军，该军作为OKH预备队部署在他的战区内[8]。这些部队发起了列宁格勒会战首役。

由于1939年和1940年取得了惊人的胜利，1941年6月的德国军队似乎正处于其力量的巅峰，但绝非不可战胜。德国军官团对其战争学说有一种传统的自豪感，训练和思维的统一使初级军官得以发挥其主动性，因为他们清楚上级的意图，也知道友邻部队的战友会对同样的情况做出何种应对。虽然关于如何正确使用坦克力量的争论打破了20世纪30年代中期统一的学说，但随之而来的胜利证明，德国少数年轻理论家对机械化战争的信念正确无误。德军装甲部队清楚地表明，实施大规模机动的突击力量可以在狭窄的前线突破敌军防御，向敌后方发展胜利，破坏敌人的后勤和指挥控制，合围大股敌军。尾随其后的步兵部队歼灭被围之敌时，装甲部队可以深入敌后，继续发展胜利。

但实际上，先前的战役也表明，如果步兵部队无法迅速推进并封闭包围圈，被围之敌往往还是能够逃离合围圈。之所以发生这种情况，原因是德军车辆不足，只有少数步兵部队实现了摩托化。整个二战期间，德国陆军主要由依靠步行的步兵构成，他们的火炮和补给物资以马匹牵引，有时候，机械化和摩托化先遣部队不得不停止前进，等待支援部队以强行军赶上。

由于装甲部队对于德军实践其进攻学说至关重要，希特勒在“巴巴罗萨”行动前削减了现有和新组建装甲师的坦克数量，从而建立起更多装甲师。1941年的德军装甲师编有2～3个装甲营，每个师的编制力量为150～202辆坦克（实际上，每个师平均只有125辆可用的坦克）。另外，每个装甲师还编有5个步兵营，其中4个营搭载卡车，另外1个是摩托车营。这些摩托化步兵单位，配备装甲运兵车的寥寥无几，因而步兵伤亡率较高。各装甲师还编有装甲侦察

① 译注：1940年7月已晋升为大将。
② 译注：1940年7月已晋升为大将。

营、工兵营和3个炮兵营，其火炮以拖车或卡车拖曳，另外还有通讯、反坦克和高射炮单位，共约17000人。

德军摩托化步兵师的规模稍小些，编有1个装甲营、7个摩托化步兵营、3～4个炮兵营[9]。最初4个武装党卫队师的编制与陆军摩托化步兵师相同，但后来演变为装备精良的装甲师。1941年，1个德国摩托化（装甲）军编有2个装甲师和1个摩步师，1个装甲集群由2～4个摩托化军构成。“巴巴罗萨”战役期间，几个装甲集群在步兵军加强下，更名为装甲集团军。

由于德军在1939年和1940年的作战行动中以进攻为主，其防御学说主要基于第一次世界大战后期阶段的技术。遂行防御的步兵依靠纵深配置、精心准备的防御，将主力留作预备队，靠弹性防御和快速反击挫败进攻方。这种防御学说依赖于三个假设：有足够的步兵构设起纵深防御；敌人会以徒步步兵发起主要突击；德军指挥官能够自行选择在何处设防并在必要情况下实施灵活防御。但事实证明，这些假设在俄国全然无效。

1941年，典型的德军步兵师编有3个团，每个团辖3个营，外加4个马拉炮兵团①，总兵力达15000人。步兵师最主要的反坦克武器是37毫米反坦克炮，但事实证明，这种火炮无法对付法国和英国的重型坦克，因此，各步兵师不得不以其100毫米或105毫米中型炮兵营和著名的88毫米高射炮打击敌人的坦克[10]。

德国空军分享了陆军的崇高声誉，共投入2770架飞机支援“巴巴罗萨”行动，占德国空军一线战机数量的65%[11]。虽说梅塞施密特Bf-109f战斗机是一款性能优异的战机，但德国空军其他型号的战机正迅速过时。著名的Ju-87斯图卡俯冲轰炸机，只有在敌空军无能为力的情况下方可出动；德军主流的多尼尔-17、Ju-88轰炸机，以及Ju-52多用途运输机，其航程和负载（炸弹）能力均不足。由于德国工业未能弥补不列颠战役期间的损失，1941年，德国人的轰炸机数量实际上比去年春季少了200架[12]。鉴于这些短缺，加之从临时性前进机场投入作战的要求，德军飞行员很难在幅员辽阔的苏联欧洲部分上空提供有效空中优势或攻势空袭。简言之，德国空军主要是一支战术空军，能够支援短

① 译注：应为炮兵营。

期地面进攻行动，但无法遂行一场深远的、卓有成效的空中战役。

德军最大的弱点在于后勤领域。辽阔的苏联领土上，只有40000英里全天候的硬面公路和51000英里铁路线，而苏联铁路的轨距也比德国铁路更宽。尽管德军一边向前推进，一边竭力将夺取的铁路线改造成西方标准的轨距，但其后勤机构也不得不使用缴获的各种苏联轨距机车来将大部分补给物资运抵前线。德军装甲和摩托化部队也没有足够的维护能力来确保一场历时长久的战役。坦克和装甲运兵车的机械复杂性，多种型号车辆零配件的低兼容性，都给德军补给和维护体系造成了大麻烦。更糟糕的是，先前的战役耗尽了零部件库存，同时熟练的维修人员也供不应求。因此，到1941年末，德军闪电战的装甲矛头已锋芒尽失，这一点不足为奇。

德国后勤的脆弱性可能最根本上源于这样一个事实：他们没有为战争实施经济动员。石油和其他原材料严重短缺，这在整个战争期间限制了德国的生产和运输。1941年6月前，德国的工业经济已依赖于300万外国劳工，随着一道道征兵令的下达，劳工短缺问题变得愈发突出。与先前的战役一样，希特勒希望赢得一场速胜，并未对旷日持久的斗争加以准备。实际上，他的目光已越过1941年的战役，计划为北非和小亚细亚的后续行动组建新型机械化和空中部队。希特勒决定将大多数德国新生产的武器装备都留作后续作战使用，导致东线部队长期缺乏各种装备。德军必须赢得一场速胜，否则将一无所获[13]。

莱布能征善战的部队面对的是F.I.库兹涅佐夫上将的波罗的海沿岸特别军区，战争爆发时，该军区即将改编为西北方面军。苏德战争爆发后，库兹涅佐夫的部队负责守卫经波罗的海地区的西北战略方向和列宁格勒接近地。库兹涅佐夫方面军是部署在苏联西部边境的3个方面军中实力最弱的一个，编有3个集团军和2个机械化军。P.P.索边尼科夫中将指挥的第8集团军和V.I.莫罗佐夫中将指挥的第11集团军，分别获得A.V.库尔金少将机械化第3军和N.M.舍斯塔波洛夫中将①机械化第12军支援，构成库兹涅佐夫的第一梯队。M.E.别尔扎林少将的第27集团军担任库兹涅佐夫的第二梯队。

① 译注：应为少将。

战争前夕，库兹涅佐夫的军区共计369702人（包括44143名军校和训练机构人员）、7019门火炮/迫击炮、1549辆坦克（1274辆可用）、1344架战机（1150架可用）[14]。这股力量面对的是德国整个"北方"集团军群和"中央"集团军群第3装甲集群，共计65.5万人、7673门火炮/迫击炮、1389辆坦克和1070架战机[15]。

库兹涅佐夫方面军的实力表面上看来相当强大，但其部队与战争前夕的整个红军队伍一样，都存在实际状况虚弱的问题。铁木辛哥改造红军的计划要到1942年中期才能完成，库兹涅佐夫的部队只接受了部分重组、训练和改装。更糟糕的是，由于斯大林直接下达的命令使他无法采取谨慎的防御措施，他的部队也未能实施战斗部署，导致苏联的动员和防御计划彻底失败。基于这种情况，完全可以对结果做出完整而又痛苦的预料。希特勒指定用于夺取列宁格勒的德军部队，迅速而又高效地粉碎、消灭了守卫西北方向的苏军，没过几周，列宁格勒接近地几乎已沦为一片独自存在的战区。

边境交战，6月22日—7月9日

6月22日清晨，莱布集团军群的大批坦克和步兵渡过涅曼河（Neiman）攻入立陶宛，苏军边防部队和沿边境据守筑垒地域及前进步兵师阵地的部队猝不及防。德军撕开对方只有部分部队据守的防御向前推进，深深楔入苏联领土，破坏了苏军的防御计划，导致遂行防御的红军部队彻底陷入混乱。辖内部队无法组织起有效抵抗，库兹涅佐夫力图按照自己的计划实施防御，可是，面对德军突然而又猛烈的攻击，苏军的防御既呆板又毫无计划性。索边尼科夫第8集团军和莫罗佐夫第11集团军靠前部署的步兵师，每个师只安排了1个团守卫边境，其他团驻扎在后方。德军首先打垮了这些靠前部署的步兵团、边防支队和筑垒地域，随后又击败了这些苏军师竭力向前支援的其他团。

NKO完全无视实际情况，于6月22日晚向库兹涅佐夫下达了著名的3号指令，要求其部队"坚定守卫波罗的海沿岸的同时，从考纳斯地域发起一场强有力的突击，攻入敌'苏瓦尔基'集团［赫普纳第4装甲集群］之侧翼及后方，与西方面军相配合，歼灭这股敌人，并于6月24日日终前夺取苏瓦尔基地域"[16]。

没等接到指令，库兹涅佐夫已于6月23日10点①命令麾下两个机械化军投入战斗，徒劳地试图实施他的防御计划，但他并不知道推进中的德军正位于何处，又正冲向何方。接下来2天，舍斯塔波洛夫机械化第11军②辖下的坦克第23和第28师零零碎碎地向南发起冲击，在既未获得步兵支援，弹药和燃料也不足的情况下攻向一股幽灵般的敌军。在3天激烈而又混乱的战斗中，德国第1军第11和第21步兵师以反坦克火力重创这两个苏军师，导致对方于6月22日投入的749辆坦克共折损704辆[17]。被彻底打垮后，遭受重创的苏军坦克部队混乱不堪地向北退往希奥利艾（Siauliai）。机械化第11军③左翼，P.V.波格丹诺夫少将位于集团军第二梯队的步兵第48师，从预备阵地匆匆向前部署，结果被德国第41摩托化军第1、第6装甲师一举粉碎。损失70%的人员和全部技术装备后，该师残部和其他大批红军士兵一起，混乱不堪地逃往东北方的拉塞尼艾（Raseinai）和希奥利艾。

南面，库尔金少将的机械化第3军试图“赶往枪炮声响起处”，但分成两个不同方向前进。该军坦克第5和摩托化第84师赶去加强第11集团军的前进防御，但该防御已被德国第3装甲集群从东普鲁士发起的猛烈突击粉碎。与此同时，E.N.索良金少将的坦克第2师独自向北，不顾一切地抗击德国第41摩托化军装甲部队。6月24日晚些时候，坦克师先遣部队到达拉塞尼艾以东9.7公里的杜比萨河（Dubysa），在那里遭遇德军第6装甲师侦察营，该营正在河东岸占据一座小型登陆场。战斗随之打响，德军猝不及防。这也是这场战争悲惨的第一周，红军沿战线其他地段所遭遇经历的缩影。

索良金坦克师拥有约300辆坦克，包括几个营配备的50辆新型KV-1重型坦克。6月24日下午晚些时候，该师赶至德军登陆场，旋即发起攻击。20分钟的激战中，100多辆苏军坦克打垮登陆场守军，随即渡河，彻底粉碎了德国守军：

> 如果不是因为［苏军的］坦克巨兽，该营本可以坚守得更久，其27.3英寸的

---

①译注：原文如此。

②译注：应为第12军。

③译注：应为第12军。

履带碾碎了途中的一切——火炮、摩托车和人员。登陆场内没有任何武器能阻止它们。一场屠杀后，这些坦克渡过杜比萨河，轻而易举地攀上45度的岸堤。

苏军坦克越过杜比萨河西岸边缘时，遭到整个第6装甲师炮兵火力和该师所能调集的所有反坦克炮纵射火力的打击。裹挟着飓风般的火焰和硝烟，这场大规模坦克突击持续进行。随着恐惧渐增，掷弹兵们近乎恐慌地意识到，他们的武器对这些庞然大物全然无效。很快，一些苏军坦克驶离主要突击队列，冲向部署在坦克队列侧翼的反坦克炮，碾过战壕内的火炮。与此同时，苏军坦克主力径直冲向拉塞尼艾，突破了部署在村东面高地上的炮兵阵地。[18]

德军第6装甲师的痛苦经历持续了3天。6月25日，该师投入100多辆坦克迎战苏军，其中三分之一是该师第11装甲团的四号坦克，力图遏止俄国人的钢铁巨兽，但炮弹击中苏军坦克后直接被弹飞，没给对方造成任何破坏。德国空军无法提供支援，因为交战双方的坦克彻底混杂在一起。苏军新发起的突击迫使守军退至拉塞尼艾东郊，在那里，德军以88炮直瞄火力击毁了几辆苏军坦克，终于阻挡住对方的进攻。苏军停下脚步，令德国人惊讶的是，对方竟一直停留在原地。

第41摩托化军最终阻挡住苏军的突击，以第1装甲师、第36摩托化师和邻近的步兵师包围了索良金的部队，而苏军这支坦克部队仍在拉塞尼艾郊区停留不动，事实证明，他们耗尽了燃料和弹药。在接下来2天的战斗中，索良金坦克师被彻底包围在拉塞尼艾东面的一个大口袋里，索良金和他的大批部下悉数阵亡。德军工兵随后用炸药将这些钢铁巨兽逐一炸毁。战斗结束后，德国人报告，击毁/缴获200多辆坦克（包括29辆KV）、150门火炮、数百辆卡车和其他车辆。苏方报告表明，400名红军士兵和1辆BT-7坦克逃出拉塞尼艾包围圈[19]。德国人后来发现，许多KV坦克没有开炮射击，不仅是因为燃料和弹药耗尽，还因为它们没有进行炮膛校准。实际上，苏军坦克车长们已接到命令，撞毁敌坦克，用履带碾压敌步兵，以此击败德军。

到6月25日晚些时候，库兹涅佐夫的反突击已然失败，残余部队向希奥利艾、里加、西文奇亚内（S'ventsiany）全线溃退，导致陶格夫匹尔斯地域和沿西德维纳河至关重要的渡口区彻底丧失掩护。此时，在第8装甲师率领下，曼施泰因第56摩托化军已夺得凯代尼艾（Kedainiai）和乌克梅尔盖（Ukmerge），正逼近苏军深远后方的西德维纳河。曼施泰因的深远推进切断了莫罗佐夫第11集团军的后撤路线，迫使其向东混乱退却，并将该集团军与索边尼科夫位于西面的第8集团军隔开。

仓促间，6月25日，新成立的苏联统帅部大本营试图在库兹涅佐夫遭粉碎的方面军后方建立新防御阵地，命令他沿里加至维捷布斯克的西德维纳河组织一场“顽强防御”。库兹涅佐夫奉命行事，投入担任预备队的第27集团军、已被粉碎的第8和第11集团军，外加第22集团军，前者获得D.D.列柳申科少将新锐机械化第21军加强。可是，别尔扎林第27集团军没能及时占据防御阵地。德军第8装甲师和第3摩托化师齐头并进，于6月26日晨到达西德维纳河，黄昏前在河对岸夺得一座大型登陆场。这样一来，他们便对西北方面军整个战略防御的可行性构成威胁。激烈的战斗在陶格夫匹尔斯地域肆虐，索边尼科夫的步兵和列柳申科的坦克一再试图消灭曼施泰因的登陆场，战斗从6月26日持续至30日。激战中，列柳申科机械化军的107辆坦克折损79辆，但未能击退曼施泰因的部队[20]。

库兹涅佐夫丧失了掩护西北方向的最后一道主要防御屏障，他别无选择，只得于6月27和28日将第8集团军向北撤往爱沙尼亚，将第11和第27集团军向东撤往奥波奇卡（Opochka），导致直接通往列宁格勒的普斯科夫和奥斯特罗夫方向几乎没有任何掩护。希特勒命令赫普纳第4装甲集群直扑奥斯特罗夫，但莱布下令推延12小时，以便第16集团军赶上前进中的装甲部队。面对西德维纳河防线即将失守的现状，6月29日，统帅部大本营命令西北方面军依托普斯科夫和奥斯特罗夫筑垒地域，沿奥斯特罗夫附近的韦利卡亚河（Velikaia）构设新防御（原斯大林防线）。统帅部大本营随即从预备队抽调I.S.科索布茨基少将的步兵第41军，从波波夫的北方面军（原列宁格勒军区）抽调M.L.切尔尼亚夫斯基少将的机械化第1军，外加步兵第234师，以此加强西北方面军的新防线。

可是，库兹涅佐夫的部队又一次没能及时占据新防御并挡住德军的推进。6月30日，莱因哈特的第41装甲军①在叶卡布皮尔斯（Jacobpils）和利瓦尼

① 译注：第41摩托化军于1942年7月改称装甲军。后文类似称谓变化不再逐一指出，一律按原文表述翻译。

（Livany）从苏军第8集团军手中夺得西德维纳河上的渡口，而曼施泰因的第56装甲军扩大了位于陶格夫匹尔斯的登陆场，并击退了列柳申科现已遭受重创的机械化第21军徒劳的反突击。此时，库兹涅佐夫方面军只剩150辆坦克，为其部队提供空中支援的战机也只剩下154架[21]。

为阻止西北方面军显而易见的崩溃，月底时，统帅部大本营对该方面军高级指挥员做出调整，以第8集团军司令员索边尼科夫替换库兹涅佐夫，派F.S.伊万诺夫中将接替索边尼科夫的职务。同时，统帅部大本营又派红军副总参谋长N.F.瓦图京中将（他为策划战前苏军防御计划发挥了重要作用）担任索边尼科夫的参谋长。瓦图京接到的指示是恢复方面军的秩序，“不惜一切代价”积极抗击德军的推进[22]。

7月2日，OKH命令莱布集团军群在楚德湖（Chud）南北两面构设拦截阵地，并以其主力经普斯科夫冲向列宁格勒和拉多加湖东南岸，包围据守列宁格勒的苏军。赫普纳第4装甲集群担任先锋，从普斯科夫向北、东北方攻击前进，而屈希勒尔和布施的步兵负责肃清爱沙尼亚和波罗的海沿岸苏联基地的红军部队，并掩护其右翼，抗击苏军从涅韦尔（Nevel'）发起的进攻。几小时后，OKH又命令赫普纳装甲集群，将战线向普斯科夫延伸的同时，夺取大卢基（Velikie Luki）与伊尔门湖之间地域，但在未获得特别授权的情况下不得继续深入，以免在后续步兵赶至前遭孤立和歼灭。

7月2日，赫普纳装甲集群冒着暴雨冲出西德维纳河登陆场。缓慢推进2天后，气候条件有所好转，7月4日，莱因哈特第41装甲军辖下的第1装甲师攻占奥斯特罗夫，突破了苏军沿原斯大林防线构设的防御，逼近列宁格勒州最南端。与此同时，该军第6装甲师粉碎了苏军在普斯科夫以南沿韦利卡亚河构设的防御。南面，曼施泰因第56装甲军辖下的第8装甲师，经过一番激战后于7月3日夺得雷泽克内（Rezekne），但该军随后试图沿韦利卡亚河两岸穿越沼泽地带时耽搁了两天。这场延误促使赫普纳命令曼施泰因麾下的第3摩托化师向北部署，加入莱因哈特正沿奥斯特罗夫方向推进的第41装甲军。

尽管赫普纳越来越严厉地敦促曼施泰因加入莱因哈特向奥斯特罗夫的推进，但曼施泰因得出的结论是，他别无选择，只能继续展开行动，故命令第8装甲师和党卫队“髑髅”摩托化师设法穿越沼泽攻向奥波奇卡。曼施泰因与赫普纳就后续战略问题发生了争执，就在曼施泰因的部队正竭力克服韦利卡亚河沼泽之际，7月6日至7日，莱因哈特第41摩托化军击退了苏军在奥斯特罗夫发起的猛烈反突击。成功扩大登陆场后，他的部队于7月8日攻克普斯科夫，突入列宁格勒州南部。虽然面临着令人生畏的地形问题和苏军越来越殊死的抵抗，但到7月9日，赫普纳装甲集群已成功突破对方大肆吹嘘的斯大林防线的全纵深。

随后，屈希勒尔第18集团军部分部队进入拉脱维亚，打击已遭重创的苏军第8集团军，抵抗逐渐减弱，集团军余部在装甲部队身后跟进。南面，布施第16集团军支援曼施泰因位于奥波奇卡与谢别日（Sebezh）之间的装甲部队，并掩护集团军群的右翼。

截至7月7日，边境交战已结束。莱布的集团军群和赫普纳的装甲部队粉碎了苏军统帅部大本营的动员、防御计划，彻底击败库兹涅佐夫的西北方面军，并穿过斯大林防线向东北方挺进。头3周沿西北战略方向进行的戏剧性战斗，使库兹涅佐夫方面军付出高昂的代价。莱布集团军群前进450公里，夺得苏联波罗的海地区的大部分。在此期间，库兹涅佐夫方面军损失9万名士兵、1000多辆坦克、4000门火炮/迫击炮、1000多架战机[23]。更糟糕的是，他的部队没能在任何地段构设起可靠防御，而莱布的部队此时已对波波夫北方面军构成了致命威胁。

波波夫敏锐地意识到新出现的威胁，也预感到列宁格勒此刻不得不为自身的生存而战。他对此非常担心，6月23日，统帅部大本营将列宁格勒军区改编为北方面军的前一天，他派副手K.P.皮亚德舍夫中将前往西南方，确定方面军应在何处、如何构设相关防御，以掩护城市南部接近地。皮亚德舍夫认为，金吉谢普—卢加—伊尔门湖一线是最合适的防御地带，但他和他的司令员都不知道从哪里能弄到守卫该防线的部队[24]。可是，到6月25日，威胁已变得极其严峻，波波夫和方面军军事委员会其他成员接受了皮亚德舍夫的建议，并派他指挥目前为止仍是幻影的那条防线——尽管军事委员会承诺将以大批劳工修建新卢加防线。皮亚德舍夫被描述为“一个出色的、喜欢冷言讥讽的人，军事经验丰富，没有太多不切实际的幻想”，现在所能得到的一切帮助，他都来者不拒[25]。

对波波夫来说更糟糕的是，德军在北方面军战区其他地域的行动令他严重分心。7月中旬，他的部队沿摩尔曼斯克、乌赫京斯克（Ukhtinsk）、坎达拉克沙（Kandalaska）方向展开行动，阻止德国“挪威”集团军和芬兰第3军的推进，这股敌军已楔入苏军防御25～30公里深。不过，他确信敌人很快会恢复在这些地段和在卡累利阿地峡沿至关重要的列宁格勒接近地的行动。另外，波罗的海地区的战斗已迫使波罗的海舰队将其舰艇从利耶帕亚（Liepaia）和文茨皮尔斯（Ventspils）港转移到爱沙尼亚的塔林。

列宁格勒远接近地和苏军在索利齐的反突击，7月10日—8月7日

7月9日晨，莱布集团军群以第18集团军、第4装甲集群和第16集团军一部，从普斯科夫和奥斯特罗夫地域恢复向列宁格勒的快速推进。“巴巴罗萨”行动头两周，该集团军群前进了约450公里，莱布认为剩下的250公里路程很快就能完成。“北方”集团军群的任务是冲向列宁格勒，消灭西北方面军和北方面军，切断列宁格勒与东面和东南面的交通线并夺取该城[26]。

作为集团军群推进的基石，赫普纳第4装甲集群将冲向东北方的伊尔门湖，以莱因哈特第41摩托化军从普斯科夫攻往卢加，曼施泰因第56摩托化军直奔伊尔门湖。布施第16集团军负责掩护集团军群右翼，抗击苏军从旧鲁萨（Staraia Russa）和大卢基地域发起的一切进攻，而屈希勒尔第18集团军的任务是肃清库尔兰、拉脱维亚、爱沙尼亚的苏军残部。

希特勒及其陆军总参谋长弗朗茨·哈尔德将军都认为没有必要进一步集结兵力，在他们看来，红军已被击败。因此，OKH将第3装甲集群留在“中央”集团军群辖内，直到8月12日才将该集群辖下的第39装甲军调拨给“北方”集团军群（参见地图3）。北面，芬兰军队将沿奥涅加湖与拉多加湖之间的列宁格勒西北接近地发起突击，协助“北方”集团军群夺取列宁格勒。

7月初，苏军沿西北方向布设的防御已摇摇欲坠。西北方面军第8集团军据守着爱沙尼亚南部，从里加湾的派尔努（Parnu）至楚德湖畔的塔尔图（Tartu），第11和第27集团军守卫着韦利卡亚河东面斯大林防线的剩余部分，从普斯科夫至奥波奇卡。方面军的任务是掩护列宁格勒和塔林接近地，但辖内诸集团军已遭受重创，许多师的兵力不到2000人[27]。

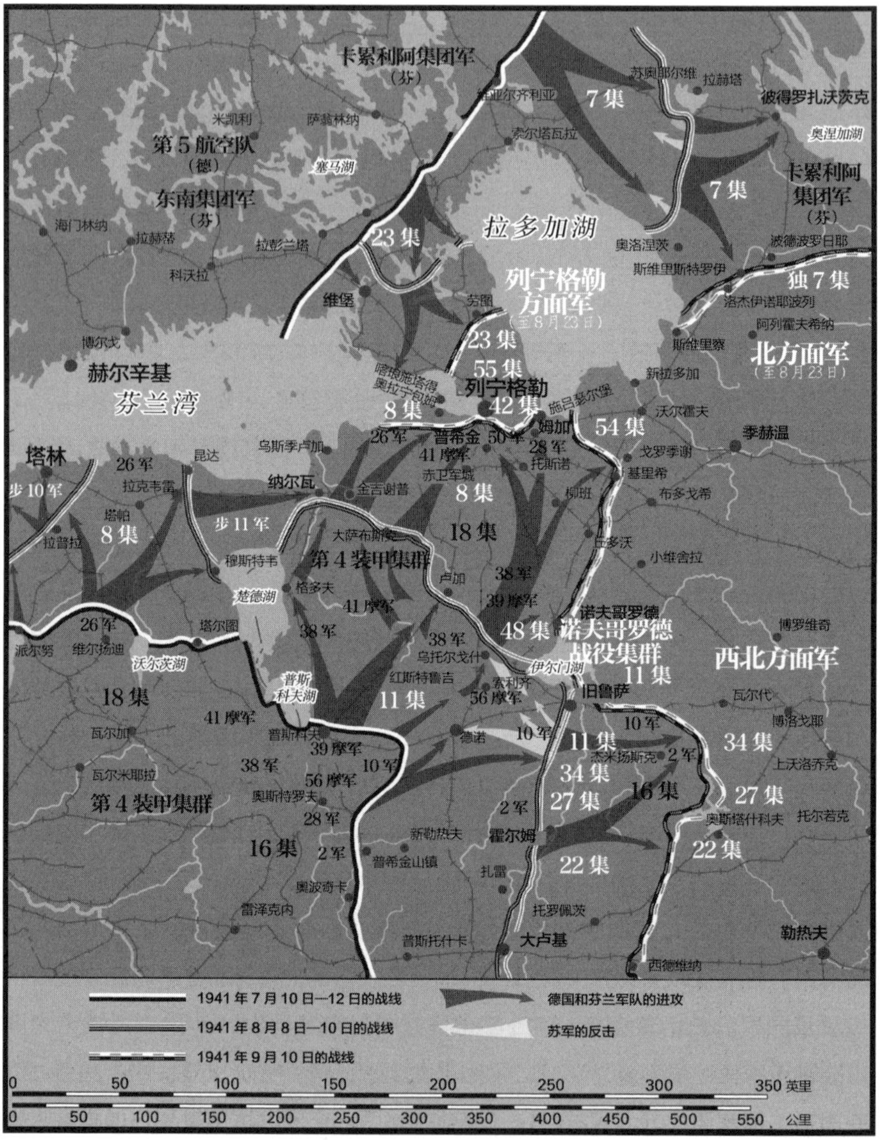

地图3：1941年7月10日—9月10日，德军对列宁格勒的突击

为加强西北方面军的防御，7月4日，仍担任红军总参谋长的朱可夫命令波波夫北方面军，“立即沿纳尔瓦—卢加—旧鲁萨—博罗维奇（Borovichi）占据防御”[28]。新卢加防线的核心是一片10～15公里深，遍布障碍物、雷区和反坦克炮的防御，位于列宁格勒以南100公里的卢加河后。同时，波波夫不得不以第23集团军沿卡累利阿地峡守卫城市北部接近地，以第7、第14集团军据守进入卡累利阿中部和遥远北方摩尔曼斯克的接近地。6月28日，波波夫获得波罗的海舰队指挥权，7月14日，第8集团军转隶他的方面军[29]。

7月6日，波波夫正式组建卢加战役集群，经验丰富的皮亚德舍夫任司令员。该战役集群最初编有步兵第70、第171、第177、第191师、民兵第1、第2、第3师、独立山地步兵1旅和支援炮兵，7月6日至9日间占据防御阵地[30]。截至7月14日，卢加战役集群编有：步兵第177、第191师；I.S.科索布茨基少将的步兵第41军（辖步兵第90、第111、第118、第235师）；山地步兵1旅；民兵第1、第2、第4师；列宁格勒“S.M.基洛夫”步兵和步枪—机枪学校。波波夫还将机械化第10军坦克第21、第24师调入方面军预备队，任务是为卢加战役集群提供至关重要的坦克支援。

6月29日，北方面军军事委员会成立“后方防线建设局”，由波波夫所负责筑垒地域的副司令员P.A.扎伊采夫少将领导，卢加防线的修建工作就此开始。其他进行中的建设工程悉数停止，扎伊采夫动员列宁格勒所有建筑力量和3万名平民夜以继日地修建新防御工事[31]。卢加防线未能彻底完工，该防线从纳尔瓦湾延伸至伊尔门湖，卢加与赤卫军城（Krasnogvardeisk）之间存在一个缺口，西北方面军辖内部队可以穿过这个缺口后撤。第一道防线后方是第二道外围廓，从芬兰湾的彼得戈夫（Petergof）起，穿过赤卫军城至科尔皮诺（Kolpino），依托于赤卫军城筑垒地域。第三道防线构成列宁格勒城内围廓，沿阿夫托沃（Avtovo）至涅瓦河畔雷巴茨科耶（Rybatskoe）的铁路线延伸。

7月4日，A.F.马绍申上校率领的步兵第177师率先赶至卢加南面时，防线尚未完成，上级部门不得不再动员2.5万名劳工加快修筑工作。此后，其他部队进入防御阵地期间，作战前线逐渐向北危险地延伸。D.A.卢基亚诺夫上校的步兵第191师占据金吉谢普地域，I.M.伊万诺夫上校的步兵第111师已在普斯科夫以东的激战中遭粉碎，撤至卢加南面加强步兵第177师。皮亚德舍夫余下的部队于7月10日至14日陆续进入防御阵地。

列宁格勒北面，北方面军第7集团军以3个步兵师守卫拉多加湖以北的国境。南面，第23集团军编有辖4个步兵师的步兵第19和第50军，外加摩托化第198师，据守着从芬兰湾至拉多加湖以西的防区。6月29日，为获得更多防御力量，统帅部大本营批准了波波夫组建民兵师的请求[32]。次日，波波夫方面军组建起列宁格勒民兵集团军，这是个临时性编制，配有军事委员会和参谋部，负责征募并训练民兵部队。但没过几天，恶化的态势迫使民兵集团军推迟了15个民兵师的有序组建，而是建立起3个民兵师，于7月7日前投入卢加防线。这些民兵师由自愿加入的学生、工人、专业人员和另外一些希望加入的人士组成，各个团以组建时所在的地区或工厂命名。虽然民兵师有一小批训练有素的正规军士兵，士气也很高，但他们缺乏训练、经验不足、没有任何重武器。列宁格勒和苏联其他地区组建的民兵师，其命运标志着民众为苏联缺乏战争准备所付出的代价。他们还生动地展现出苏联人民承受痛苦和牺牲的能力，正如约翰·埃里克森在《通往斯大林格勒之路》一书中所说的那样："将这些几乎没有受过训练的人投入不可避免的毁灭中，抗击久经沙场的精锐德军师并被对方大肆屠戮，坦克和俯冲轰炸机将他们消灭，火炮把他们炸成碎片，可怕地构成了巨大的悲剧。4个师最终消灭殆尽。"[33]

所有加强列宁格勒防御的疯狂行动，不仅体现出斯大林从莫斯科为使红军指挥控制合理化所做的坚定努力，同时也受其影响。6月30日，他成立国防委员会（GKO），实际上就是战时内阁，以便更有效地掌控国家的战时管理。同一天，他任命瓦图京为西北方面军新参谋长，7月4日生效，瓦图京奉命恢复该方面军严重动摇的秩序，同时，斯大林还派索边尼科夫出任西北方面军司令员，替换库兹涅佐夫。没过1周，7月10日，斯大林将6月24日为便于集中控制军事行动而组建的统帅部大本营（SGK）改组为总统帅部大本营（SVK），并亲自担任主席[34]。同一天，斯大林命令国防人民委员会组建西北方向总指挥部，协调北方面军、西北方面军、北方舰队和波罗的海舰队的行动。斯大林任命苏联元帅K.E.伏罗希洛夫为西北方向总司令；联共（布）中央委员会书记、列宁格勒州州委和市委书记A.A.日丹诺夫任军事委员会委员；

M.V.扎哈罗夫少将任参谋长[35]。

几乎是同时，波波夫的北方面军遭到敌人从南北两面发起的围攻，德国“北方”集团军群沿卢加、诺夫哥罗德、旧鲁萨方向恢复进攻，并进入爱沙尼亚，而拉多加湖北面的芬兰军队开始攻向彼得罗扎沃茨克和奥洛涅茨（Olonets）。面对德军新一轮猛攻，获得总统帅部大本营批准后，7月13日，伏罗希洛夫的西北方向总指挥部调整了列宁格勒西南方作战部队的指挥和控制。

首先，伏罗希洛夫命令第8集团军和莫罗佐夫第11集团军步兵第41军从西北方面军转隶北方面军，协助阻挡德军向列宁格勒的推进。伊万诺夫第8集团军守卫爱沙尼亚和芬兰湾海岸，科索布茨基步兵第41军为皮亚德舍夫的卢加战役集群提供加强。皮亚德舍夫战役集群沿300公里长的战线部署，从纳尔瓦延伸至伊尔门湖畔的希姆斯克（Shimsk），全力据守列宁格勒西南接近地，而索边尼科夫的西北方面军负责阻止德军向诺夫哥罗德、旧鲁萨、大卢基的一切推进[36]。南面，莫罗佐夫的第11集团军和旅级①N.I.普罗宁指挥的新组建的第34集团军，沿诺夫哥罗德和旧鲁萨方向布防，别尔扎林第27集团军据守大卢基方向。伏罗希洛夫的总司令部随后采取措施加强防御，7月14日签发的3号令要求红军所有兵团和部队“不惜一切代价”守卫列宁格勒[37]。

7月10日，赫普纳第4装甲集群从普斯科夫的韦利卡亚河东岸登陆场和奥斯特罗夫恢复进攻。烈日炎炎，温度经常超过90华氏度，加之地形崎岖，有效阻碍了闪电战的快速推进：

虽说前进速度较先前阶段为慢，但每天仍能取得20英里进展。路况糟糕至极，穿过沙地、泥潭、沼泽、森林和茂密的灌木，处处都对守军有利……

离开通往波尔霍夫（Porkhov）的道路就意味着离开20世纪重返中世纪。德国人不得不使用的路径，此前还从未有机动车辆从上面行驶过。德国人的地图（比例为1：30万）已彻底过时，而且大错特错……

① 译注：苏军1935年的军衔制不设将军，高于校官的军衔为旅级、师级、军级、二级集团军级、一级集团军级等；1940年5月对此加以改革，设立少将、中将、上将和大将，但仍保留旅级，这个级别相当于“准将”，高于上校，低于少将。

天气热得令人难以忍受。北方地区的白昼无比漫长，短暂的夜晚无法缓解难耐的闷热。这片地区人烟稀少。在一些落后得令人难以置信的居民点，饮水成了问题，但深达100英尺的水井提供了极好的饮用水。一些士兵惊讶地发现，井底居然有冰。[38]

莱因哈特第41摩托化军攻向金吉谢普，屈希勒尔第18集团军第38军的步兵紧随其后。面对卢加战役集群西部集团的轻微抵抗，第41摩托化军辖内第1、第6装甲师迅速穿过利亚德（Liady）奔向卢加，7月13日，第6装甲师一个战斗群在卢加河对岸夺得一座小型登陆场。在金吉谢普东南方的波列奇耶（Porech'e）、伊万诺夫斯科耶（Ivanovskoe）、萨布斯克（Sabsk）夺得河对岸另外几座登陆场后，莱因哈特离列宁格勒仅距110公里，但由于苏军的激烈抵抗，他的推进停滞了6天，没有曼施泰因第56摩托化军的协助，他无法克服对方的顽抗。面对突然攻向金吉谢普的德军，波波夫试图以手头唯一的部队——民兵第2师和列宁格勒红旗步兵学校的2个连去遏制对方[39]。

令莱因哈特失望的是，曼施泰因无法提供协助，因为他也遭遇到苏军比预期的更加顽强的抵抗。莱因哈特装甲军迅速冲向卢加河时，曼施泰因的第56摩托化军在第18集团军第1军步兵的支援下，沿卢加方向推进，经索利齐攻向诺夫哥罗德、丘多沃（Chudovo）和旧鲁萨。担任该军先头部队的第8装甲师，沿希姆斯克公路推进30～40公里，于7月13日晚些时候到达索利齐。在那里，马绍申的步兵第177师和卢加战役集群I.G.拉扎列夫少将的机械化第10军，巧妙利用复杂地形实施英勇抵抗，导致第8装甲师的推进停顿下来。黄昏时，第8装甲师发现自己与左侧的第3摩托化师及远远落在后面的党卫队“髑髅”师脱离开来。

苏军一直留意着对德国人发起反击的机会，此时，总统帅部大本营已命令伏罗希洛夫的西北方向总指挥部对过度拉伸的德军发起一场反突击。7月10日，朱可夫代表总统帅部，严厉批评西北方面军先前实施的防御，并命令伏罗希洛夫和西北方面军新任参谋长瓦图京，对暴露出来的德军装甲部队遂行打击：

总统帅部大本营和国防委员会对西北方面军指挥和领率机关的工作极不满意。

首先，到目前为止，那些未履行我们的命令、像犯罪分子那样擅自放弃阵地并撤离防线的指挥人员并未受到惩处。以这样一种宽容的态度对待怯懦的行径，你们无法实施防御。

迄今为止，你们的歼击支队表现不佳，战果并不显著。西北方面军辖内部队不断退往后方，是因为师、军、集团军、方面军指挥员的不作为。是时候结束这种可耻的事情了。立即采取积极行动，首先是以小股支队实施夜间歼击行动。

司令员、军事委员会委员、军事检察官和第三处处长应立即赶赴前线部队，现场处置懦夫和罪犯。就地组织积极行动歼灭德军，发起夜袭消灭敌人。

目前，一个坦克师正赶往波尔霍夫，两个步兵师也将派往波尔霍夫地域，但前提是你们必须恢复普斯科夫地域的态势。从卢加地域抽调两个师是不可能的，除非［敌人的］突破已被肃清。为你方步兵师调派坦克部队，是为了加强你方步兵军的韧性和行动。从今晨起，你们必须以空中打击消灭敌人的摩托—机械化部队、炮兵和后勤机构。

总参谋长朱可夫大将

总统帅部大本营的严厉申斥促使伏罗希洛夫投入行动，也催生了索利齐周边的后续战斗。7月13日，他和他的参谋长瓦图京命令莫罗佐夫第11集团军以两个突击集群沿索利齐—德诺方向遂行反突击。北集群编有机械化第10军坦克第21师和步兵第16军步兵第70、第237师，奉命从北面攻向德军第8装甲师在索利齐周围暴露出的阵地[41]。卢加战役集群位于西面的一些部队和沿诺夫哥罗德方向行动的民兵第1师、山地步兵第1旅，负责为北集群的突击提供支援和加强。

南集群编有A.S.克谢诺丰托夫少将步兵第22军的步兵第180、第182、第183师，奉命从东面攻击德军第8装甲师的防御。S.I.卡拉佩强上校的步兵第183师直接向西攻往索利齐，I.I.米桑上校和I.I.库雷舍夫上校的步兵第180、第182师攻向德军第8装甲师位于西南方的交通线。更南面，别尔扎林第27集团军辖内各师将对德国第16集团军位于霍尔姆以西的部队发起冲击，以此支援莫罗佐夫的突击。

苏军在90华氏度（32摄氏度）的夏季高温和滚滚尘埃下发起突击，将德军第8装甲师及其左侧的第3摩托化师打得措手不及。苏军的猛烈突击将这两个德军师隔开，迫使陷入合围的第8装甲师从事了一场历时四天、代价高昂的战斗。这场突击还导致赫普纳第4装甲集群将党卫队“髑髅”摩托化师调离金吉谢普和卢加方向，救援在索利齐陷入重围的第8装甲师，就此打乱了德军的进攻计划。第56装甲军军长曼施泰因后来回忆起当时的危险局面：

第8装甲师奉命穿过索利齐，以便在姆沙加河（Mshaga）汇入伊尔门湖处夺取至关重要的渡口。经过一连串大多都很激烈的战斗，本军在接下来数日继续向前挺进……在我军暴露的南翼，敌人迄今尚未有什么重大动作。同一天，第8装甲师与配有火炮和坦克的敌人激战后夺得索利齐，在我的要求下，该师旋即赶往姆沙加河地段。但他们发现河上的桥梁已被炸毁……

7月15日清晨，设在索利齐以西舍隆河畔（Shelon）的军部接到几份令人不快的报告。敌人从北面对第8装甲师伸向姆沙加河的侧翼发起一场强有力的攻击，同时从南面渡过舍隆河遂行突击。这就意味着位于索利齐与姆沙加河之间的第8装甲师作战部队主力，与该师后方部队的联络被切断，军部也在该地域。不仅如此，敌人还封闭了我们身后的退路，并调集重兵从南面攻向我们的补给线……

我军此时的处境确实不太乐观，我们不由得自问，这一次是不是有点过于冒险了……在目前情况下，我们唯一的选择就是将第8装甲师经索利齐撤回，以免遭到包围……事实证明，接下来几天至关重要，敌人采取一切措施保持合围态势，除步兵师外又投入两个坦克师，并辅以强大的炮兵和航空兵支援。尽管如此，第8装甲师最终达成突围，从索利齐撤向西面，并实行重组，当然，他们一度不得不依靠空投补给。

到7月18日，这场危机已然结束，我军在德诺周围设立起坚强的防御，正面大致朝向东、东北方。[42]

另一位评述者也重复了态势的严重性：

曼施泰因的两个师均被切断。赫普纳这才将党卫队师交还给他。激烈的战斗持续了数日——第3装甲掷弹兵［摩托化］师在一天内击退17次进攻——两个师最终脱离战斗并杀出包围圈。这是个明显的例子，装甲部队孤军深入，未考虑掩护侧翼或快速部队与缓慢前行的步兵之间的缺口。[43]

西北方面军的索利齐反击战，使第8装甲师的150辆坦克折损70辆（被击毁或受损），代表着苏军在通往列宁格勒途中赢得的第一场胜利，尽管是暂时的。这场反击也使德军指挥部门耗费了宝贵的一周用于重组部队并恢复进攻。虽然不清楚苏军伤亡情况，但鉴于激烈的战斗，其损失肯定相当高昂。例如，受伤或被解除职务后，7月17日的战斗中，一名少校接替了步兵第70师师长费久宁少将，而步兵第182师师长库雷舍夫上校亦遭替换。两天后，步兵第237师师长波波夫少将也被解除职务。

德军第8装甲师、第3摩托化师和党卫队“髑髅”摩托化师竭力击退苏军猛烈突击之际，南面的苏军正经历一场严重挫败。在霍尔姆以西地域，布施第16集团军第28军成功击败、包围并歼灭了别尔扎林第27集团军大部[44]。

索利齐的危机结束后，德国第18集团军第1军继续沿诺夫哥罗德方向推进，打击卢加战役集群民兵第1师和独立山地步兵第1旅，7月30日夺得希姆斯克并前出至伊尔门湖西南岸。该军的坚决推进也迫使莫罗佐夫第11集团军辖内步兵第22军与别尔扎林第27集团军残部中断了联系，紧急撤往旧鲁萨—霍尔姆一线。布施第16集团军辖下第2、第10军发起追击，8月2日占领霍尔姆，8月6日又将旧鲁萨拿下。此时，布施第16集团军对苏军第27和第11集团军的失败加以利用，建立起一道连贯的战线，从伊尔门湖延伸至大卢基。

瓦图京在索利齐发起的反突击，迫使莱布将“北方”集团军群的推进停止在纳尔瓦—卢加—姆沙加河一线约3周，他和他的属下就集团军群的后续行动发生争执。在两周内挺进450公里后，莱布的部队用了近一个月才推进120公里，离列宁格勒尚有100多公里。瓦图京的“索利齐—德诺”反击给德国人的进攻时间表造成不利影响，苏军总统帅部大本营对此感到高兴，但苏联方面也对这场反突击提出批评，认为进攻部队糟糕的指挥控制和协同导致这场行动未能取得更大战果。

莱布集团军群主力沿主要突击方向攻往列宁格勒时，少量部队在爱沙尼亚和波罗的海沿岸忙着肃清集团军群左翼的苏军。德国人遂行这些外围行动是为了掩护集团军群左翼，并夺取苏联设在波罗的海地区的海空军基地[45]。7月11日至8月28日间，德国第18集团军第26和第42军（各编有2个步兵师），在爱沙尼亚击败苏军第8集团军步兵第10军，一举夺取塔尔图、派尔努和塔林[46]。最高统帅部大本营8月26日命令部队撤离塔林。为牵制德军的4个师，苏军在爱沙尼亚的防御付出了高昂的代价，约2万人被德军俘虏，但只轻微削弱了德军“卢加”“诺夫哥罗德”集团。此后，9月和10月，德军夺得爱沙尼亚海岸外的穆胡群岛，而芬兰军队也消灭了汉科半岛的苏联海军基地[47]。

向索利齐发起的反突击未能重创德军后，苏军总统帅部大本营要求西北方向总指挥部沿列宁格勒近接近地加强卢加防线的防御。伏罗希洛夫对此的应对是集结起一支新预备队，编有步兵第272、第265、第268、第281师和从北卡累利阿南调的坦克第1师。他将这股力量集结在卢加以东20公里的巴捷茨基车站（Batetskii），命令他们协助击退德军沿诺夫哥罗德和卢加—列宁格勒方向的一切推进[48]。可是，芬兰集团军在卡累利阿的推进，加之德国第18集团军攻入爱沙尼亚，迫使西北方向总指挥部不得不把四个步兵师部署至其他地方[49]。无奈之下，伏罗希洛夫以步兵第272师加强位于彼得罗扎沃茨克的第7集团军，将步兵第265师交给位于卡累利阿地峡的第23集团军，步兵第268师转隶爱沙尼亚的第8集团军，步兵第281师调至金吉谢普防区。他随后把V.I.巴拉诺夫少将的坦克第1师调至赤卫军城南面，这是他唯一的预备队。

与此同时，苏军总统帅部大本营开始简化其军事指挥结构，力图改善对所有作战部队的指挥控制。在7月15日签发的1号指令中，大本营通知伏罗希洛夫：

> 战争经历表明，现有集团军太过庞大、烦琐，编有大批师和介于其间的军级指挥部，严重妨碍到作战行动的组织和对作战部队的指挥控制，特别是考虑到我们的参谋及指挥干部较为年轻，缺乏经验。大本营认为，我们应在不影

响目前行动的前提下，逐渐转型为较小的集团军体系，每个集团军辖5个，最多6个师，不设军指挥部，各师直接隶属于集团军司令部。

大本营要求各方面军司令员从战争头三周与德国法西斯交战的情况考虑这些决定，并在总统帅部的领导下付诸实施。[50]

按照大本营的建议，波波夫7月23日解除皮亚德舍夫的职务，并将他逮捕，表面罪名是渎职。波波夫随即将卢加战役集群分为三个独立和半独立地域指挥部。金吉谢普防区由V.V.谢马什科少将指挥，负责沿列宁格勒西南方的卢加河据守金吉谢普方向。该指挥部编有波罗的海舰队岸防部队、步兵第90、第191师、民兵第2师、轻型民兵第4师、列宁格勒步兵学校、反坦克第14旅、第60号装甲列车、统帅部预备队榴弹炮兵第519团。卢加防区由A.N.阿斯季宁少将指挥，任务是掩护城市南面的卢加公路方向。阿斯季宁的部队包括步兵第111、第177、第235师、坦克第2师、民兵第3师步兵第1团、机枪—火炮第260、第262营、列宁格勒炮兵学校“步枪—机枪”分校和相关营。最后是东部防区，编有民兵第1师、独立山地步兵第1旅、机枪—火炮第261、第263营，由F.N.斯塔里科夫少将指挥，奉命掩护诺夫哥罗德方向和列宁格勒东南部接近地[51]。

与此同时，西北方向总指挥部派出的一个小组检查了卢加防线，他们得出的结论是，该防线完全不足以实施有效防御。因此，西北方向总指挥部7月29日命令麾下两个方面军加强赤卫军城筑垒地域，并将该地域分为三个不同防区，分别是“红村”“中央”“斯卢茨克—科尔皮诺”防区。总指挥部将修建筑垒地域的任务赋予北方面军工程兵主任扎伊采夫将军，另外还成立了新的军民特别防务工作委员会，由列宁格勒州委和列宁格勒市委第二书记A.A.库兹涅佐夫领导，全面负责列宁格勒周边所有防御工事的修筑工作[52]。但就连这些新开展的修建工作也不充分，主要因为伏罗希洛夫反对在距离城市如此近的地方修筑防御工事，他坚持认为防御工事应集中于卢加防线。斯大林对列宁格勒的防御工作深感不满，7月30日将伏罗希洛夫和日丹诺夫召至莫斯科，尖锐地批评他们在西北战区的作战行动中“缺乏坚强的意志”。

与此同时，大本营和总参谋部也大力加强列宁格勒以南的防御。截至8月初，大本营已给西北方面军调拨了9个步兵师和2个骑兵师，8月6日，大本营将普罗宁第34集团军交给西北方面军，该集团军编有5个步兵师、2个骑兵师、4个炮兵团和2列装甲列车[53]。相关指令要求伏罗希洛夫和波波夫完整使用这个新集团军，不得将其零碎消耗于次要行动。次日，总参谋部组建起第48集团军，由S.D.阿基莫夫中将指挥，编有民兵第1、步兵第70、第128、第237师、独立山地步兵第1旅和坦克第21师，并将该集团军交给西北方面军。阿基莫夫的新集团军负责掩护北方面军位于伊尔门湖北面的左翼。至于掩护伊尔门湖的任务，西北方面军组建起伊尔门湖舰艇支队①，该支队隶属第48集团军[54]。另外，伏罗希洛夫仍将坦克第1师留在赤卫军城，尽管该师已在奥涅加湖北面坎达拉克沙的激战中遭到削弱。

红军在苏联边境实施的防御是一场彻头彻尾的灾难。德国军队仅用六周便彻底粉碎了红军的边境防御和西北方面军据守这些防御的主力。虽然库兹涅佐夫试图贯彻他的防御计划，但他拙劣的反击证明，NKO雄心勃勃的防御计划的要求和红军成功实施这些计划的能力纯属空中楼阁。乍看之下，坦克第2师在拉塞尼艾英勇但徒劳的反击似乎说明在更有利的情况下有可能发生的事情，但实际上，这场充满戏剧性的坦克战表明，沿西北方向部署的苏军部队，整体作战表现不佳，其抵抗全然无效，整个战争初期，苏军在前线各处屡屡受挫，令统帅部大本营沮丧不已。只用了短短六周，德军便重挫库兹涅佐夫方面军，迫使其惊慌失措的残部转入防御并全力后撤。

西北方面军的陡然崩溃给苏联的战略防御造成个大缺口。统帅部大本营试图前调一批混乱部署的预备力量堵住缺口，但这些部队只进行了部分动员，指挥控制欠佳，故而未获得成功。尽管在7月下旬付出艰巨努力，统帅部大本营和西北方向总指挥部成功拖缓了德军的推进，但人员和物资损失极大。此时，德军几乎已将整个波罗的海地区的红军部队肃清，并前出至距离列宁格勒南郊不到100公里处。

在这段最令人沮丧的时期，对苏联统帅部大本营来说，唯一的亮点是西

① 译注：1941年7月28日组建伊尔门湖区舰队，1943年4月24日组建伊尔门湖舰艇支队。

北方面军在索利齐反突击中赢得的有限胜利，进攻中的红军部队设法包围并重挫了德军一股相当规模的装甲力量，在这场战争中尚属首次。同时，这场反击严重打乱了德国人野心勃勃但至关重要的进攻时间表。虽然苏军在索利齐的胜利转瞬即逝，但这场猛烈的反突击重创德军第8装甲师，导致该师在数周内丧失了战斗力，无法全力投入8月和9月初在列宁格勒南面即将展开的决定性行动。但从另一方面看，索利齐反击的最终失败促使苏联统帅部大本营命令其部队沿同一方向实施了诸多后续进攻，这些行动中的大多数，其结果喜忧参半。

对红军而言更糟糕的是，8月初，波波夫北方面军辖内部队与前进中的德军发生直接接触，却发现自己在列宁格勒保卫战中沿一条出乎意料、缺乏准备的前线作战。波波夫和统帅部大本营都没有预料到这种情况，最令他们担心的事情突然成为现实。获胜的德军迫使波波夫竭力挽救恶劣的态势，试图以沿卢加河构设的摇摇欲坠、脆弱、不完整的防线守卫列宁格勒。

本章原注

1. 戈特哈特·海因里奇著，约瑟夫·韦尔奇译，《对苏作战》第一册，华盛顿特区：美国陆军情报部，1954年，第85页。未出版的国家档案德文手稿。

2. 弗朗茨·哈尔德著，查尔斯·布尔迪克、汉斯-阿道夫·雅各布森编，《哈尔德战时日记，1939年—1942年》，加利福尼亚州诺瓦托：要塞出版社，1988年，第294页。

3. 最初的“马克斯”计划[①]召集起147个师，包括24个装甲师和12个摩托化师。投入东线作战的部队包括3个集团军群的138个师（104个步兵师和34个快速师）、9个保安师、驻芬兰的4个师、OKH掌握的2个师、1个独立团和1个摩托化教导旅。苏联方面近期的资料来源称，德军投入153个师又3个旅，共计410万人，配有4170辆坦克、40500门火炮/迫击炮、3613架战机。参见：V.A.佐洛塔廖夫主编，《伟大卫国战争1941年—1945年》（Velikaia Otechestvennaia voina 1941-1945，此后简称为VOV）第一册（严酷的考验），莫斯科：科学出版社，1998年，第95页。另可参阅：战役示意图：截至1941年B日（6月22日），“巴巴罗萨”［Schematische Kriegsgliederung, Stand: B-Tag 1941 (22.6) “Barbarossa.”］，这份文件是德军为“巴巴罗萨”行动部署的作战序列。

4.《战役示意图：截至1941年B日（6月22日），“巴巴罗萨”》。“南方”集团军群第11集团军指挥所有向前部署的罗马尼亚部队，其他罗马尼亚部队则由罗马尼亚第3、第4集团军控制。

5. “德军统帅部关于战争准备的文件”，收录在：苏军总参军科院军事历史部编，《伟大卫国战争军事和历史资料集》（Sbornik voenno-istoricheskikh materialov Velikoi Otechestvennoi voiny，保密级，此后简称为SVIMVOV），莫斯科：军事出版社，1960年，第18期，第236—238页。

6. 厄尔·F.齐姆克和麦格纳·E.鲍尔，《从莫斯科到斯大林格勒：东线决战》，华盛顿特区：美国陆军军事历史中心，1987年，第15页。

7. 参见：《战役示意图：截至1941年B日（6月22日），“巴巴罗萨”》。

8. 同上。

9. 参见：乔纳森·M.豪斯，《走向诸兵种合成作战：对二十世纪战术、学说和编成的调查》，堪萨斯利文沃斯堡：作战研究学会，1984年，第81—83页，第96—97页；F.W.冯·森格尔·翁德·埃特林，《装甲掷弹兵：机械化步兵的历史和发展，1930年至1960年》，慕尼黑：J.F.莱曼斯出版社，1961年，第72—77页。

10. 蒂莫西·A.雷，《坚守：二战期间德军在东线的防御学说，战前至1943年3月》，堪萨斯州利文沃思堡：作战研究协会，1986年，第1—21页。

11. 为避免泄露德方意图，这些战机中的大部分仍留在西线，继续对英国实施空袭，直到侵苏行动发起前几周。

12. 同样，1941年5月空降入侵克里特岛给德国伞兵部队和运输机单位造成严重损失；146架Ju-52被击落，另外150架严重受损。参阅：威廉姆森·穆雷，《德国空军》，巴尔的摩：航海和航空出版社，1985年，第79、第83页。

---

① 译注：最初的“巴巴罗萨”行动草案由埃里希·马克斯将军拟制。

13. 对德军前6个月战事的最佳评估，可参阅：克劳斯·莱因哈特著，卡尔·基南译，《莫斯科——转折点：1941—1942年冬季，希特勒军事战略的失败》，普罗维登斯：牛津大学出版社，1992年，第26—28页。

14. 参见：BICS，第16—17页。

15. 参见：VOV第一册，第148页。

16. 同上，第149页。

17. 前2周的战斗中，机械化第12军的28832人损失11832人，参见：戴维·M. 格兰茨，《泥足巨人：苏德战争前夕的苏联军队》，第156页。所有红军部队6月22日的战斗状况亦可参阅该书。关于战斗详情，可参阅VOV，第150—151页；以及“西北方面军辖内部队1941年6月22日至7月9日在立陶宛和拉脱维亚实施防御行动的作战文件”，收录于：总参军科院战争经验研究处编，《伟大卫国战争作战文件集》（Sbornik boevykh dokumentov Velikoi Otechestvennoi voiny，保密级，此后简称为SBDVOV）第34期，莫斯科：军事出版社，1958年。机械化第11军[①]坦克第23和第28师分别由T.S.奥尔连科上校和I.D.切尔尼亚霍夫斯基上校指挥，切尔尼亚霍夫斯基后来晋升为集团军、方面军司令员。

18. 对这场激烈战斗的完整描述，可参阅查尔斯·V. P. 冯·吕蒂肖的《通往莫斯科之路：对苏战役，军事历史中心未发表的26-P项目》，华盛顿特区：陆军军史部，1985年。

19. 戴维·M. 格兰茨，《泥足巨人：苏德战争前夕的苏联军队》，第126页。

20. VOV，第153页。

21. 同上。

22. 相关命令可参阅：V.A.佐洛塔廖夫主编，“最高统帅部大本营：1941年的文献资料”（Stavka VGK: Dokumenty i materialy 1941 god，此后简称《最高统帅部大本营：1941》），刊登于《俄罗斯档案：伟大卫国战争》第16册（5—1），莫斯科：特拉出版社，1996年。

23. VOV，第154页；G.F.克里沃舍夫主编，《揭秘：苏联武装力量在战争、作战行动和军事冲突中的损失》，莫斯科：军事出版社，1993年，第162页。1941年6月22日至7月9日间，拥有49.8万人的西北方面军损失88486人（75202人阵亡、被俘或失踪），13284人负伤或患病。

24. 约翰·埃里克森，《通往斯大林格勒之路》，纽约：哈珀 & 罗出版社，1975年，第144—147页。

25. 哈里森·索尔兹伯里，《列宁格勒被困九百天》，纽约：哈珀 & 罗出版社，1969年，第174页。

26. 莱布的任务，以及“北方”集团军群在这段时期的后续行动，详情可参阅：吕蒂肖，《通往莫斯科之路》，第28章。

27. S.P.普拉东诺夫主编，《列宁格勒战役，1941年—1944年》，莫斯科：军事出版社，1964年，第27—30页；佐洛塔廖夫，VOV，第154页。

28. 佐洛塔廖夫，《最高统帅部大本营：1941》，第47页。

29. 同上，第70页。

30. 普拉东诺夫，《列宁格勒战役，1941年—1944年》，第28页。

31. 约翰·埃里克森，《通往斯大林格勒之路》，第144页。

---

① 译注：应为12军。

32. 普拉东诺夫，《列宁格勒战役，1941年—1944年》，第29—30页。关于民兵部队组建和使用的详情，可参阅：A.D.科列斯尼克，《伟大卫国战争中的俄罗斯联邦民兵组织》，莫斯科：科学出版社，1988年。

33. 约翰·埃里克森，《通往斯大林格勒之路》，第149页。

34. 8月8日，斯大林出任最高统帅，该机构改称最高统帅部大本营（SVGK）。大本营的成立和沿革，可参阅：V.D.丹尼洛夫，“最高统帅部大本营，1941年—1945年”，收录在《保卫祖国》第12期（1991年12月），第1—39页；V.D.丹尼洛夫，“伟大卫国战争初期，战略领率机关体系的发展”，收录在VIZh第6期（1987年6月），第25—30页；A.M.迈罗夫，“伟大卫国战争中的战略领导”，收录在VIZh第5期（1985年5月），第28—40页；M.扎哈罗夫，“武装力量的战略领导”，收录在VIZh第5期（1970年5月），第23—34页；V.库拉科夫，“武装力量的战略领导”，收录在VIZh第6期（1975年6月），第12—24页。

35. 佐洛塔廖夫，《最高统帅部大本营：1941》，第62—63页。

36. 7月10日，卢加战役集群编有步兵第191、第177师、民兵第1、第2师、独立山地步兵第1旅和步兵第41军（辖步兵第111、第90、第235、第118师），后者在卢加以东改装。

37. 格里布科夫，《荣获列宁勋章的列宁格勒军区史》，第207页；普拉东诺夫，《列宁格勒战役，1941年—1944年》，第32页。

38. 吕蒂肖，《通往莫斯科之路》，第28章，第26、第32页。

39. 莱因哈特作战行动的详情，参阅同上，第25—33页。

40. “总统帅部大本营发给西北方面军司令员的指令，关于实施积极的军事行动”，收录在：佐洛塔廖夫，《最高统帅部大本营：1941》，第62页。

41. L.V.布宁上校指挥坦克第21师，M.M.伊万诺夫少将指挥步兵第16军，而步兵第70和第237师分别由A.E.费久宁少将、D.F.波波夫少将指挥。

42. 埃里希·冯·曼施泰因，《失去的胜利》，芝加哥：亨利·莱格尼里出版社，1958年，第194—195页。

43. 吕蒂肖，《通往莫斯科之路》，第28章，第27页。

44. 参见《北方”集团军群的态势图集，1941年7月8日—8月1日》，这些地图展示出索利齐周围和霍尔姆以西地域复杂战斗的细节。

45. 苏军第8集团军据守爱沙尼亚和塔林的详情，可参阅：吕蒂肖，《通往莫斯科之路》，第28章，第40—43页，第29章，第17—27页；普拉东诺夫，《列宁格勒战役，1941年—1944年》，第38—43页。

46. 第26和第42军编有第61、第254、第217步兵师和“弗里德里希”特遣队。守卫塔林的是I.F.尼古拉耶夫少将的步兵第10军和波罗的海舰队地面部队，由波罗的海舰队司令员V.F.特里布茨海军中将统一指挥，他于8月17日承担起指挥工作。被围苏军包括步兵第10、第11师、立陶宛步兵第16师第165团、NKVD摩托化步兵第22师、波罗的海舰队第25、第31、第42、第44、第45、第47、第91建筑营、独立装甲车第1团、爱沙尼亚和拉脱维亚工人团。这些部队共计2.7万人，外加85架飞机。8月20日至27日，德军突入城郊，最高统帅部大本营8月26日命令守军撤至列宁格勒。波罗的海舰队将守军疏散至列宁格勒和穆胡群岛，舰只撤往喀琅施塔得。这场疏散在8月28日至30日间进行，涉及100艘舰船、67艘运输船和20500人，“基洛夫”号巡洋舰和“明斯克”号、“列宁格勒”号驱逐舰护航，由于德军持续不断的空袭，疏散行动极为悲惨。其间，德军战机击沉一艘载有6500名伤员的运输船。疏散船队长达25公里，除了冒着持续不断的空袭，还要穿过德国人布设的水雷区。38艘船只被击沉，10000人丧生。德国第42军声称抓获11432名俘虏，德国空军称他们击毁717架战机和70艘船只。苏方资料承认，疏散期间，197艘船只损失53艘。塔林陷落后，德军第254步兵师转身向东赶往纳尔瓦，第42军和第61步兵师对波罗的海岛屿发起进攻。

47. 据守穆胡群岛的苏军部队包括独立步兵第2旅和波罗的海舰队岸防部队，配有19个海岸炮兵连、7个摩托化炮兵连和高炮连，共15000人守卫着穆胡岛、萨雷马岛、希乌马岛。遂行进攻的德军为第61、第217步兵师，后者进攻希乌马岛，前者先进攻穆胡岛，尔后进攻萨雷马岛。这场行动包括对沃尔姆西岛的进攻（9月8日至11日）、对穆胡岛的进攻（9月14日至19日）、对萨雷马岛的进攻（9月17日至10月3日）、对希乌马岛的进攻（10月12日至22日）。据德方统计，他们共俘虏15388名苏军士兵，另外750名俄国人逃脱。苏方资料称500名红军士兵脱困。德军在行动中损失2154人。7月1日至12月2日，独立步兵第8旅守卫汉科半岛，波罗的海舰队最终将22000名守军和另外一些苏方人员疏散至列宁格勒。

48. 将坦克第1师从坎达拉克沙南调的命令，可参阅：佐洛塔廖夫，《最高统帅部大本营：1941》，第70页。

49. 普拉东诺夫，《列宁格勒战役，1941年—1944年》，第49页。

50. 同上。

51. 同上，第49—50页。

52. 同上，第51—52页。

53. 佐洛塔廖夫，《最高统帅部大本营：1941》，第107—108页。第34集团军编有步兵第254、第245、第59、第262、第257师、骑兵第25、第54师、军属炮兵第264、第644团、反坦克炮兵第171、第759团、第16和第59号装甲列车。

54. 普拉东诺夫，《列宁格勒战役，1941年—1944年》，第50页。另可参阅：“第48集团军”，收录在：M.M.科兹洛夫主编，《伟大卫国战争1941—1945：百科全书》（Velikaia Otechestvennaia voina 1941-1945: Entsiklopediia，此后简称为VOVE），莫斯科：百科全书出版社，1985年，第672页。

第三章
列宁格勒的防御
1941年8月8日—9月10日

德军的进攻计划

7月份下半月，希特勒和他的高级指挥官们制定了对列宁格勒发起最后突击的计划。在此期间，希特勒签发了三道指令，以完善他对德国国防军后续军事行动的构想。在7月19日签署的第33号元首令中，希特勒就进攻行动将如何发展这一问题做出了总体和具体指导：

1. 随着沿整条战线突破“斯大林防线”，加之各装甲集群的深远推进，东线第二阶段攻势已告结束。“中央”集团军群仍需要较多时间，以消灭仍位于我军各快速兵团之间的敌强大作战集团。

基辅筑垒地域和苏军第5集团军之部队在我军后方的行动，限制了“南方”集团军群北翼部队的积极行动和自由机动。

2. 后续行动的目标应为阻止大股敌军逃入俄国纵深地区，并将其歼灭。为此，应沿以下方向做好［如下］准备：

……

c. 东线北部地区。只有在第18集团军与第4装甲集群恢复联系，第16集团军掩护其东翼的前提下，方可继续向列宁格勒推进。同时，“北方”集团军群必须竭力阻止仍在爱沙尼亚作战的苏军撤向列宁格勒。希望尽快夺取有可能成为苏联舰队基地的波罗的海诸岛。[1]

在7月23日签发的补充令中，希特勒重申了他在进军莫斯科前夺取列宁格勒的意图，并在列宁格勒会战期间将第3装甲集群交给“北方”集团军群：

继1941年7月22日OKW的报告后，我命令［以下内容］为第33号令的补充和扩大：

……

3. 东线北部地区。获得第3装甲集群后，“北方”集团军群就能为进军列宁格勒调配大批步兵力量，从而避免将快速兵团消耗于在困难地形展开的正面进攻。

必须歼灭仍在爱沙尼亚行动之敌。行动之际，必须防止他们利用船只疏散，经纳尔瓦逃向列宁格勒。

完成任务后，第3装甲集群必须再次转隶“中央”集团军群。

4. 尔后，只要条件允许，OKW应将其注意力放在将“北方”集团军群部分部队，包括第4装甲集群，以及“南方”集团军群部分步兵力量调回国内。[2]

在7月30日签发的第34号元首令中，希特勒就“北方”集团军群如何夺取列宁格勒一事做出更加详细的说明：

最近几天的事态发展，大股敌军出现在前线，后勤补给状况，以及给予第2、第3装甲集群10天时间休整部队的必要性，迫使我们临时推迟实现7月19日第33号令和7月23日补充令中提出的目标和任务。

为此，我命令：

Ⅰ. 陆军：

东线北部地区，继续攻向列宁格勒，在伊尔门湖与纳尔瓦之间遂行主要突击，以包围列宁格勒并与芬兰军队建立联系。

伊尔门湖北面，这场进攻必然受到沃尔霍夫地域的限制，在该湖南面，根据需要继续向东深入推进，以掩护攻向伊尔门湖北面的部队之右翼。推进中，恢复大卢基地域的态势。不参与伊尔门湖南面进攻行动的所有部队必须转隶在北翼推进的部队。

各装甲兵团重新做好全面战斗准备前，第3装甲集群不得按原计划对瓦尔代丘陵发起突击。但“中央”集团军群左翼部队必须向东北方推进到足以掩护“北方”集团军群右翼的深度。

第18集团军辖内部队的首要任务是肃清爱沙尼亚的所有敌军，尔后，该集团军各师方可赶往列宁格勒①。[3]

8月6日，依然乐观的OKW（德国国防军最高统帅部）发表一份特别公告，总结了德国国防军取得的战果，并表彰他们在战争头6周期间的表现。公告指出，“北方”集团军群几乎已将整个波罗的海地区的红军肃清，突破斯大林防线，沿伊尔门湖—纳尔瓦一线占据出发阵地，准备对列宁格勒发起进攻。公告还声称，在此期间，“北方”集团军群击毙/击毁或缴获/俘虏3.5万名苏军士兵、355辆坦克、655门火炮和771架飞机[4]。

鉴于夺取城市的乐观前景，希特勒8月8日从“中央”集团军群抽调大股装甲力量和第8航空军加强“北方”集团军群，并命令莱布对列宁格勒发起进攻，包围该城，与芬兰军队会合。莱布将以赫普纳装甲集群和屈希勒尔第18集团军组成的三个突击集群，在纳尔瓦河与伊尔门湖之间遂行主要突击，以布施第16集团军在伊尔门湖南面发起一场辅助突击。赫普纳第4装甲集群辖下的莱因哈特第41摩托化军和曼施泰因第56摩托化军，将在第18集团军第38军支援下，于8月9日在纳尔瓦河与伊尔门湖之间遂行进攻。第16集团军第1、第28军和第18集团军辖内其他部队，完成向塔林发起的行动后，将尽快加入这场进攻。莱布把麾下部队分成三个独立但相互支援的集群，准备对列宁之城实施最后的突击[5]。

北集群编有莱因哈特第41摩托化军和第38军，后获得第8装甲师加强，奉命从卢加河对岸的波列奇耶、萨布斯克登陆场发起进攻，经金吉谢普攻向列宁格勒，第58步兵师提供左翼支援。卢加集群编有曼施泰因第56摩托化军的3个

---

① 译注：本书所列的所有德方指令均摘自苏联出版的相关书籍，而非德方原件，经历德文—俄文—英文—中文的多次转换后，可能与德文原件存在颇多差异。

师，第8装甲师担任预备队，奉命从南面经卢加方向攻往列宁格勒。最后是南集群，编有第16集团军第1和第28军，将沿希姆斯克—诺夫哥罗德—丘多沃方向发起进攻，打击苏军第48集团军，从东面包围列宁格勒，切断该城与莫斯科的交通线。

进攻行动之左翼，第18集团军的5个步兵师将攻向纳尔瓦，集团军辖内第42军负责肃清盘踞在爱沙尼亚沿岸和塔林的苏军。第16集团军第10、第2、第50、第23军，部署在伊尔门湖以南一条宽大的战线上，奉命从集团军群右翼向东发起突击。他们的任务是将苏军第11、第34、第27、第22集团军驱离旧鲁萨和大卢基的防御，突破瓦尔代丘陵，切断至关重要的莫斯科—列宁格勒铁路线。莱布和辖内诸集团军只留3个保安师担任预备队[6]。

苏军的旧鲁萨反突击，8月8日—23日

苏军最高统帅部①和西北方向总指挥部知道德国人即将恢复进攻，遂对此积极加以准备。因此，8月9日和10日，大本营命令伏罗希洛夫和西北方面军司令员索边尼科夫，以7月底和8月初提供给他们的援兵组织另一场反突击，旨在歼灭索利齐、旧鲁萨、德诺地域的德军。瓦图京的回应颇具特色，建议以北方面军和西北方面军辖内部队在列宁格勒以南发起一场大规模进攻。但最高统帅部迅速干预，在8月9日20点30分的电报中命令他控制自己的野心并采用更加适度的计划：

1. 西北方面军司令员提出的作战计划在目前不切实际。你们应当考虑到自己手头掌握的部队，因此，对于正进攻盘踞在索利齐、旧鲁萨、德诺地域之敌的我方部队，你们必须赋予他们更有限的任务，夺回旧鲁萨和德诺车站，并沿后一条战线固守。

2. 以第34、第48和第11集团军遂行这一行动。

3. 第34集团军应于8月11日夜晚前在库拉科沃（Kulakovo）和科洛姆纳

---

① 译注：为表述简洁，此处及后文中的“最高统帅部大本营”均简称“最高统帅部”或“大本营”。

（Kolomna）地域沿洛瓦季河（Lovat'）东岸占据出发阵地。只以前进部队和侦察支队沿洛瓦季河西面的波鲁西亚河（Porus'ia）部署。

4. 以第34集团军遂行主要突击，第11集团军左翼部队在弗兹格利亚德（Vzgliady）方向、第48集团军沿乌托尔戈什（Utorgosh）和佩斯基（Peski）方向同时发起进攻。第34集团军应将1个步兵师部署在右翼后方，掩护第11和第34集团军结合部，并将步兵第181师部署在第34与第27集团军结合部后方。

各集团军应于8月12日晨发起进攻。

5. 你们关于进攻速度每天15公里的主张明显超出了你们的能力。以往经验表明，我军进攻期间，敌人会故意从我突击集群前方后撤，尔后组织一场快速、从容的进攻，同时将其部队重新部署至我突击群之侧翼，进而包围我军部队并与主战线切断。因此，我命令你们，进攻期间不要前出得太远，前进速度应控制在每日4～5公里。注意侦察并掩护己方侧翼和后方，巩固已夺取地域。

沿尼古拉耶沃（Nikolaevo）、德诺、波利斯托湖（Polisto）前线实施坚定防御。

6. 以第34集团军从洛瓦季河一线发起进攻的同时，派骑兵第25师沿杰多维奇（Dedovichi）和德诺方向以独立中队的方式展开行动，打击敌后方地域。

7. 第27集团军应在步兵第256师和骑兵第54师加强下夺取霍尔姆地域，并沿波利斯托湖—波德别列济（Podberezy）一线掘壕据守。

8. 目前不可能满足西北方面军向其提供3～4个师和更多航空兵的要求，你们必须依靠自己现有的力量。

9. 应在绝对保密的前提下对行动加以准备，不得使用电话交谈和不必要的联系，以免敌人发现我们的计划和行动并发起扰乱我方的进攻。

确认收悉。

最高统帅：I.斯大林

总参谋长：B.沙波什尼科夫[7]

正如瓦图京最终策划的那样，“旧鲁萨—德诺”进攻战役仍过于雄心勃勃。该计划要求方面军辖下第48、第34、第11、第27集团军于8月12日发起一场向心突击，打击德国第16集团军据守旧鲁萨镇的第10军。阿基莫夫第48集团军将从伊尔门湖北面的阵地向南攻往希姆斯克和乌托尔戈什，而莫罗佐夫第11集团军、第34集团军（现在由V.M.卡恰诺夫少将指挥）、别尔扎林第27集团军将向西攻往伊尔门湖南面[8]。这两副铁钳将切断并歼灭德国第10军，夺取索利齐、德诺和霍尔姆，从而打乱德军向列宁格勒挺进的步伐。

尽管精心准备，但瓦图京的进攻只取得了短暂成功，这主要是因为德国第16集团军和第10军先发制人，于8月10日攻向诺夫哥罗德，并从旧鲁萨向东攻击前进，打乱了苏军第48和第11集团军的进攻，并牵制住第11集团军的右翼部队。虽然遭到意外之困难，卡恰诺夫第34集团军、莫罗佐夫第11集团军余部、别尔扎林第27集团军还是在8月12日晨投入进攻。结果喜忧参半。南面，德国第16集团军第2军第12、第32、第123步兵师在霍尔姆占据全方位防御阵地，阻挡住苏军第27集团军的推进。北面，卡恰诺夫集团军以摩托化第202、第163和骑兵第25师为先锋，穿过德军防线，向西推进40公里，于8月14日晨到达德诺—旧鲁萨铁路线。这场果断突击将德国第10军包围在旧鲁萨，使该军与右翼第2军隔离开，并给攻向诺夫哥罗德的德军装甲主力造成后方威胁[9]。

曼施泰因后来记录下这场战役的紧张状况：

我们到达第16集团军司令部时获知情况大致如下：在伊尔门湖南面集团军右翼战斗的第10军，遭到优势之敌（第38集团军，编有8个师和骑兵兵团）［实际上是第34集团军］的攻击，正在节节败退。该军目前在伊尔门湖南面，沿一条正面朝西的防线进行艰苦防御。第56装甲军的任务是紧急援救该军。

我们军要做的是，将两个机械化师在尽量不引起敌人注意的前提下投入德诺以东的敌军西翼，趁敌人忙于攻击北面我第10军时，出其不意地席卷其正面。我们面临的是一项颇具吸引力的任务，令人高兴的是，党卫队师又纳入我军辖下，该师也对此深感满意。唯一令人遗憾的是，未能腾出第8装甲师参加这样一场有意义的行动。

截至8月18日，两个师在敌军西翼悄然进入伪装集结区的行动顺利完成，我军次日晨发动进攻时，敌人显然猝不及防。事实证明，我们从侧面席卷敌军正面的计划是完全成功的，在随后的战斗中，我军与转守为攻的第10军共同击溃了苏军第38集团军［第34集团军］。8月22日，我们已到达旧鲁萨东南方的洛瓦季河，虽然沙地上几乎完全没有道路，但两个摩托化师的步兵们靠步行完成了大部分路程。这几天，仅第56装甲军就俘虏12000名苏军士兵，缴获141辆坦克、246门火炮、数百具自动武器及机动车辆。[10]

虽然开始时较为顺利，但由于缺乏道路、地形复杂，加之参加进攻的所有集团军司令部几乎都彻底丧失了对辖内部队的指挥和控制，苏军这场反突击很快便难以为继。苏军第11集团军对德国第10军围绕旧鲁萨的防御发起的进攻步履蹒跚之际，8月14日，莱布将党卫队"髑髅"摩托化师从诺夫哥罗德方向调至德诺，以堵截苏军的推进。次日，他又从卢加地域抽调第56摩托化军军部和第3摩托化师，命令他们与第8航空军次日晚些时候对苏军第34集团军达成突破之部队发起一场反击。对组织混乱的苏军发起的这场反击立即奏效，到8月25日，德军已将苏军第34和第11集团军辖内部队逐回洛瓦季河一线。据德方称，在此过程中俘虏18000名红军士兵，摧毁/缴获200辆坦克、300门火炮/迫击炮、36门高射炮和700辆汽车，德国人还首次缴获了完好无损的"喀秋莎"多管火箭炮[11]。

瓦图京的反突击的确是一场代价高昂的冒险。8月10日至9月1日，第11、第27、第34集团军损失了30%的人员，武器装备损失率超过80%，这些数字也包括德军随后攻入瓦尔代丘陵期间第27集团军的损失（参见表1）。在旧鲁萨周围的战斗中，第34集团军损失60%的人员及大批武器装备（参见表2）。但这场反突击将"北方"集团军群向列宁格勒的推进又迟滞了10天。

表1: 1941年8月10日至9月1日，苏军兵力和在旧鲁萨、瓦尔代作战行动中的损失：第11、第27、第34集团军

	8月10日的兵力	9月1日的兵力	损失（占比）
人员	327099	198549	128550（30.3%）
坦克	541	60	481（88.9%）
机枪	1667	250	1417（85.0%）
步枪	385441	52420	333021（86.4%）

※资料来源：A.A.沃尔科夫.生死攸关的序幕：伟大卫国战争初期战役未完成的方面军进攻行动[M].莫斯科：阿维阿尔出版社，1992：69。

表2：1941年8月10日至28日，第34集团军在旧鲁萨进攻战役中的损失

	8月10日的兵力	8月26日的兵力	损失（占比）
人员	54912	22043	16551（60%）
坦克	83	9	74（89%）
火炮和迫击炮	748	120	628（84%）
机枪	1601	148	1453（91%）
步枪	43220	11875	31345（73%）
车辆	1300	630	670（58%）
马匹	16933	2021	14912（88%）

※资料来源：同表1。

虽然取得有限战果，但这场战役远未能实现其既定目标，这主要缘于进攻部队的指挥控制极为拙劣。沙波什尼科夫代表最高统帅部大本营，在8月15日发给伏罗希洛夫的一封电报中指出：

正如战况证明的那样，您对作战部队的指挥控制组织得不好。在这两天，您的司令部没能提供前线各部队的实际情况。有线通讯遭破坏，部队已失去控制，显然，您没有使用无线电通讯。很长一段时间里，部队始终处于失控状态。

我要求各集团军司令员和您的参谋人员使用一切通讯手段继续实施指挥和控制，您应设法恢复辖内部队的秩序，特别是您的司令部。

采取果断措施，以便及时、准确地收悉报告。

报告您所采取的措施。[12]

由于地形复杂、对各级部队的指挥控制不力、防空支援缺乏，加之“北方”集团军群迅速做出了应对，瓦图京的进攻失败了。但是，这场进攻给德军向列宁格勒的后续进军造成不利影响。首先，这场猛烈反突击产生的威胁迫使OKH迅速从“中央”集团军群抽调部队增援“北方”集团军群，并加快速度将第39摩托化军从斯摩棱斯克北调，以加强向列宁格勒的推进。其次，第56摩托化军调至旧鲁萨后，严重削弱并迟滞了德军向列宁格勒的挺进，同时这场战斗也重创了德军。此时，“北方”集团军群的伤亡已达8万人[13]。

从更高层面看，旧鲁萨反击战也将德国“北方”“中央”集团军群的部队调离至关重要的列宁格勒方向，因为OKH力图消灭伊尔门湖南面的威胁。8月24日，OKH命令“北方”集团军群第56摩托化军、第2、第10军和“中央”集团军群第57摩托化军，经杰米扬斯克和大卢基攻向瓦尔代丘陵和托罗佩茨（Toropets），打击苏军第11、第34、第27、第22集团军。很明显，这场进攻旨在支援“北方”集团军群对诺夫哥罗德的突击并拉直“中央”集团军群的战线，尔后在斯摩棱斯克以东作战，歼灭苏军第22集团军，该集团军对“中央”集团军群左翼构成了威胁。在旧鲁萨、大卢基、托罗佩茨之间地域施展的行动进展异常艰难，因为可用的道路寥寥无几，路况极差，四周遍布茂密的森林和难以逾越的沼泽。由于条件极其恶劣，变更部署的德军不得不使用远在后方的道路。

德军突破卢加防线，8月22日—25日

大雨造成数日延误后，8月22日，“中央”集团军群第3装甲集群装甲兵上将阿道夫·孔岑第57摩托化军辖下的第19、第20装甲师向北攻往大卢基东南方。第40军提供支援，“北方”集团军群位于大卢基以西的第2军以第251和第253步兵师提供掩护，两个装甲师一举攻克大卢基，包围苏军第22集团军主力，并向东冲往托罗佩茨。到9月1日，进攻部队已夺取托罗佩茨，并堵住第16集团军位于霍尔姆的左翼与第9集团军、第3装甲集群位于斯摩棱斯克北面的左翼之间的缺口。

与此同时，截至8月30日，孔岑第57摩托化军已将第19装甲师重新部署至西北方的霍尔姆，8月31日，该师从那里与第16集团军第2军的三个步兵师向北攻往杰米扬斯克。不久后，曼施泰因第56摩托化军和第16集团军第10军从旧鲁萨向东发起突击。没用一周，第19装甲师在向东通往奥斯塔什科夫（Ostashkov）的道路上攻克至关重要、防御严密的杰米扬斯克镇，并夺得跨越谢利格尔湖（Seliger）重要的陆桥，对德军向东发起的一切后续推进而言，该湖是一道105公里的障碍。第57摩托化军辖下的第20装甲师也从南面发起进攻，与第10军从西面而来的几个师会合，将别尔扎林第27集团军主力、第11和

第34集团军一部包围在杰米扬斯克南面的莫尔沃季齐地域（Molvotitsy）。没用几天，合兵一处的德军便到达伏尔加河上游，夺得奥斯塔什科夫，砰然关闭了“北方”“中央”集团军群之间的缺口。

至于这场行动的战果，OKW宣布德军歼灭苏军第11、第34、第27集团军主力（18个师），在1个月内击毙/俘虏53000人，击毁/缴获320辆坦克和659门火炮。OKW还宣称，在攻入瓦尔代丘陵的行动中击毙/俘虏35000人，击毁/缴获117辆坦克和334门火炮[14]。战役结束后，OKH命令第56和第57摩托化军加入“中央”集团军群向莫斯科的进军。此时，沙尔将军已接替曼施泰因担任第56摩托化军军长。

以分兵大卢基和瓦尔代的行动吸引两个德国摩托化军精锐部队的注意力时，“北方”集团军群恢复了向列宁格勒的进军，尽管在旧鲁萨受挫，但这一行动还是立即取得了壮观的战果。莱因哈特第41摩托化军得到第38军支援，8月8日冒着瓢泼大雨沿金吉谢普—赤卫军城方向发起突击，其目标是纳尔瓦—列宁格勒铁路线南面的开阔地域，他的突击群将在担任预备队的第8装甲师和第3摩托化师的加强下，从那里转身向东，直扑列宁格勒。两天后，曼施泰因第56摩托化军一部在第1、第28军支援下，沿卢加、诺夫哥罗德方向推进，攻往列宁格勒南部、东南部接近地[15]。

8月11日，莱因哈特第41摩托化军和第38军辖下的第1、第6装甲师、第36摩托化师、第1步兵师迅速突破了苏军民兵第2师和步兵第90师在金吉谢普、伊万诺夫斯科耶、大萨布斯克（Bol'shoi Sabsk）沿卢加河构设的防御。但是，面对掘壕据守的苏军部队，持续3天的激战导致进攻方伤亡1600人[16]。德军随后投入第8装甲师（调自曼施泰因军），该军向前冲去，次日切断了金吉谢普—赤卫军城铁路线。莱因哈特摩托化军主力转身向东，直奔赤卫军城，伴随该军的步兵则向西发起辅助突击，扑向金吉谢普。

西北方向总司令伏罗希洛夫对此的应对是：8月9日，以巴拉诺夫坦克第1师和I.M.弗罗洛夫上校的近卫民兵第1师增援金吉谢普防区；8月13日，又投入I.V.布尔博上校的步兵第281师。与此同时，8月17日，北方面军以F.S.伊万诺夫中将的近卫民兵第2师和V.P.科捷利尼科夫上校的近卫民兵第3师占据赤卫军城筑垒地域。次日，他以N.A.特鲁什金上校的步兵第291师加强该筑垒地域，并组建了一个独立航空兵集团提供空中支援，该集团交由北方面军指挥[17]。8月13日至15日，苏军沿金吉谢普方向反复发起反冲击，但均告失败。

自8月16日起，莱因哈特第41装甲军第6、第1、第8装甲师一连六天对赤卫军城筑垒地域接近地反复发起猛烈突击，但未能攻破苏军防御。西面，德军步兵于8月16日攻占金吉谢普，迫使苏军第8集团军于8月21日将据守金吉谢普方向的5个步兵师从纳尔瓦地域撤至卢加河西岸。第8集团军报告，所有团、营级指挥员及其参谋人员在金吉谢普周边的激战中牺牲殆尽[18]。

德国人未能歼灭纳尔瓦和金吉谢普的苏军，这就导致一股严重受损但仍具相当规模的苏军威胁着德国第41摩托化军进攻赤卫军城部队的左翼。这股苏军包括第8集团军步兵第48、第125、第191、第268、第11、第118师残部，以及海军步兵第1旅、金吉谢普防区的民兵第2、近卫民兵第1、坦克第1、步兵第281师[19]。因此，“北方”集团军群下令暂时推迟对赤卫军城的进攻，直到第18集团军步兵部队消灭这一威胁，同时从海上构成对喀琅施塔得和列宁格勒的威胁。

8月22日至25日间，第18集团军第26和第28军向北攻往芬兰湾。到9月1日，遂行进攻的德军步兵已迫使苏军第8集团军辖内部队撤往奥拉宁包姆（Oranienbaum）南面一座处境艰难的登陆场，后来苏军在该登陆场一直坚守到1944年。第18集团军报告，8月21日至9月9日间，抓获9774名俘虏，击毁/缴获60辆坦克和77门火炮[20]。德军的猛烈突击导致伊万诺夫第8集团军陷入一片混乱。例如，激烈的战斗使A.I.萨夫罗诺夫上校的步兵第118师只剩3025人、14门76毫米野炮、3门152毫米榴弹炮、7挺重机枪和47挺轻机枪。伊万诺夫8月25日向波波夫报告：“部队的指挥和控制，目前最主要的危险是，我们的团级指挥员、参谋人员和营级指挥员缺员近100%。”[21]

莱布左翼部队粉碎北方面军设在金吉谢普的防御并攻向赤卫军城之际，8月10日，遭分割使用的曼施泰因第56摩托化军（只剩第3摩托化师）与第50军第269步兵师、党卫队“警察”师开始沿卢加方向发起进攻。东面，德国第28和第1军当日在曼施泰因右翼沿诺夫哥罗德方向推进。三个德国军撕裂并突破了卢加战役集群和第48集团军在卢加、诺夫哥罗德前方尚未准备完毕的防御。第3摩托化师被调离去应对旧鲁萨的危机后，第50军第269步兵师在第8装甲师支援下，经过2周激战，突破卢加防线，并实施侧翼迂回，于8月24日攻克卢加。德军指挥部报告，共俘虏16000名苏军士兵，缴获51辆坦克、171门火炮和1000辆汽车[22]。

曼施泰因麾下部队猛攻伏罗希洛夫设在卢加周围的防御时，德国第28和第1军于8月10日突破苏军第48集团军沿姆沙加河的防御，又于8月12日晚些时候夺得希姆斯克。8月13日至15日，击退第48集团军对其左翼反复发起的徒劳反冲击后，第28军转向东北方，从东面迂回倒霉的卢加守军。德国第1军于8月16日攻占诺夫哥罗德，8月20日向北冲去，意图夺取丘多沃，切断莫斯科—列宁格勒铁路线，以及第48集团军与西北方面军余部间的联系，该方面军在旧鲁萨的反突击已难以为继。历时两周的战斗中，第28和第1军俘虏16000名红军士兵，击毁/缴获74辆坦克和300门火炮，并到达荒芜的沃尔霍夫河沿岸地带[23]。阿基莫夫第48集团军俨然成为一具空壳，只剩6235人、5043支步枪和31门火炮，以此守卫着列宁格勒东南接近地[24]。

面对即将到来的灾难，伏罗希洛夫于8月23日将阿基莫夫第48集团军转隶北方面军，以便该集团军与守卫列宁格勒城的其他部队协调行动[25]。随后，他命令实力严重受损的阿基莫夫集团军据守格鲁济诺（Gruzino）—柳班（Liuban）地域，掩护从东南面进入列宁格勒的主要方向。同一天，最高统帅部再次试图改善指挥控制，将北方面军分编为由波波夫将军指挥的列宁格勒方面军和由V.A.弗罗洛夫中将指挥的卡累利阿方面军[26]。新成立的列宁格勒方面军编有：第8、第23、第48集团军；科波尔、南部、斯卢茨克—科尔皮诺战役集群；波罗的海舰队；方面军空中力量。卡累利阿方面军负责在拉多加湖以北的作战行动，编有第7、第14集团军和北方舰队。

西北方向总指挥部也加紧组织列宁格勒的防御，尽管并不是以伏罗希洛夫曾设想过的方式。伏罗希洛夫先是独自一人处理眼前的危机，后于8月24日成立了一个特别军事委员会[27]。但在斯大林坚持下，伏罗希洛夫又迅速组建起正式的“保卫列宁格勒军事委员会”，其任务是“为守卫该城动员一切必要力量”，言下之意即该委员会成员须对未及时动员负责。委员会成员包括西北方向总司令伏罗希洛夫、他的政委日丹诺夫、海军人民委员N.G.库兹涅佐夫海军上将和其他一些人。

可没过几天，斯大林再次制止了伏罗希洛夫试图掌握自身命运的尝试。为了将所有防御事务置于最高统帅部的严格掌控下，GKO（国防委员会）于8月27日撤销了伏罗希洛夫的西北方向总指挥部，将其余部并入列宁格勒方面军，而该方面军仍由波波夫指挥[28]。这样一来，GKO便可以直接控制卡累利阿、列宁格勒、西北方面军的作战行动。这道指令在苏联战时指挥控制体系中独一无二，有效结束了伏罗希洛夫和日丹诺夫对列宁格勒军务的“总督”权力。伏罗希洛夫在战前和战争期间多次表现出他在军事方面的无能，直到约两周后，他才觉察到这道指令的全面影响。

德军攻向拉多加湖，8月25日—9月8日

8月下旬，德军正猛攻苏军设在赤卫军城的防御，位于列宁格勒南面仅40公里，另外，德军已到达城市东南方100公里列宁格勒—莫斯科主铁路线上的丘多沃。更糟糕的是，在苏军最高统帅部看来，向列宁格勒东面进击的德军很可能与芬兰军队会合，就此包围该城。为防范这种可能性，最高统帅部从8月27日开始在列宁格勒东面和东南面沿沃尔霍夫河及其东面部署新锐力量。这些兵团包括新组建的第54和第52集团军，分别由苏联元帅G.I.库利克和N.K.克雷科夫中将指挥，后又投入V.F.雅科夫列夫中将的第4集团军。这三个新集团军负责掩护沃尔霍夫方向，阻止德军攻往季赫温（Tikhvin）、斯维里河（Svir）并与芬兰军队会合，后者正向东穿越卡累利阿地峡[29]。最后，表面上是为了统一指挥工作，9月5日，国防委员会任命伏罗希洛夫为列宁格勒方面军司令员，波波夫改任参谋长。

就在苏军最高统帅部竭力加强列宁格勒的防御之际，德国“北方”集团军群准备恢复其攻势。莱布打算待旧鲁萨的危机结束，鲁道夫·施密特第39摩托化军（第12装甲师、第18、第20摩托化师）完成从“中央”集团军群的转隶后就发起进攻。与此同时，第16集团军第1、第28军和施密特摩托化军在第1航空队和第8航空军的支援下，于8月24日至26日集结在丘多沃和诺夫哥罗德地域，奉命沿列宁格勒—莫斯科公路从东南方突入列宁格勒。施密特军将从东南面包围列宁格勒，赫普纳第4装甲集群从南面进攻该城，屈希勒尔第18集团军则从西面攻向列宁格勒。布施第16集团军余部在瓦尔代丘陵和沃尔霍夫河掩护

集团军群右翼[30]。

面对集结起来的德军，列宁格勒的防御混乱无序。伊万诺夫第8集团军在列宁格勒西面据守的防线摇摇欲坠，卢加战役集群残部试图守卫赤卫军城筑垒地域。同时，南面的步兵第41军（此时由V.K.乌尔巴诺维奇少将指挥）主力被半包围在卢加与赤卫军城之间。遭受重创的阿基莫夫第48集团军在丘多沃北面守卫着格鲁济诺—柳班地域的40公里防区，西北方面军仓促集结的诺夫哥罗德集团军级集群在诺夫哥罗德北面沿沃尔霍夫河遂行防御[31]。

施密特第39摩托化军，会同左翼第28军第121、第122、第96步兵师，一举突破苏军第48集团军的防御，8月25日攻克柳班。列宁格勒东南部接近地丧失掩护后，施密特军朝三个方向散开：第18摩托化师向东北方攻往基里希（Kirishi）；第12装甲师向西攻往科尔皮诺；第20摩托化师则冲向西北方的沃尔霍夫。次日，苏军最高统帅部将相当于列宁格勒4天产量的坦克分配给列宁格勒方面军，外加4个航空兵团和10个行进营①，以此加强列宁格勒的防御[32]。波波夫以A.L.邦达列夫上校的步兵第168师（调自拉多加湖北面）和V.A.兰斯基上校的民兵第4师（调自赤卫军城）加强他的斯卢茨克—科尔皮诺集群，意图堵住列宁格勒东南面敞开的缺口。他命令获得加强的集群和第48集团军"组织起可靠的步枪、机枪、火炮火力配系，广泛设置工程障碍物，特别是地雷，并巧妙地实施反冲击"[33]。

虽然波波夫采取了防范措施，但施密特麾下第12装甲师和第20摩托化师，在第121、第96、第122步兵师跟随下，径直冲向托斯诺（Tosno），第20和第18摩托化师攻往姆加车站和基里希。8月29日，第20摩托化师夺得托斯诺，旋即到达涅瓦河东岸，构成了切断列宁格勒通往东面的最后一条铁路线，并分割列宁格勒东南部守军的威胁。

左翼遭撕裂，波波夫的参谋部检查了赤卫军城筑垒地域，并于8月31日向最高统帅部提出请求，经大本营批准后，将该筑垒地域分成两个集团军。第

---

① 译注：行进营指的是以后勤人员、厨师、卫兵、宪兵等后方人员编成的营，有时也授予临时性番号；由于主力已开赴前线，而行进营或行进连必须留在后方召集刚刚赶到的新兵和志愿者，然后以强行军赶上主力部队，故得此名。

55集团军，由I.G.拉扎列夫少将指挥，编有步兵第168、第70、第90、第237、民兵第4师和斯卢茨克—科尔皮诺筑垒地域，负责守卫该地域西部；第42集团军，由F.S.伊万诺夫中将指挥，奉命以民兵第2、第3、步兵第291师和赤卫军城筑垒地域守卫该地域东部和赤卫军城[34]。这番重组简化了列宁格勒南部守军的指挥和控制，并给列宁格勒会战的进程和结果造成显著影响。

列宁格勒东面，突破苏军第48集团军的防御后，施密特第39摩托化军和第28军步兵部队沿两个不同方向拓展攻势：后者直扑列宁格勒城，前者沿沃尔霍夫河向东北方攻往拉多加湖南面的姆加和基里希。第28军的3个步兵师在第12装甲师坦克力量的支援下，于8月30日至9月8日间对苏军第55集团军设在托斯诺以西、赤卫军城东南方和涅瓦河的防御反复发起冲击，迫使守军缓缓退往伊若拉河（Izhora）。但是，第55集团军的抵抗有所加强，在托斯诺—列宁格勒公路上的亚姆伊若拉（Iam–Izhora）激战数日后，苏军终于在9月9日将德军的突击阻挡在河流一线。

更东面，8月25日攻克丘多沃和柳班后，施密特第39摩托化军第20和第18摩托化师同时攻向姆加、沃尔霍夫、基里希，打击已遭削弱的阿基莫夫第48集团军，力图切断列宁格勒东面的铁路线并与芬兰军队会合。德军的猛烈突击迫使第48集团军连忙后撤，并弃守姆加，但只是暂时的。这一关键火车站的丢失令伏罗希洛夫怒不可遏，他命令阿基莫夫，9月6日前必须不惜一切代价夺回该镇。伏罗希洛夫给阿基莫夫调拨了1个由原卡累利阿边防军组成的NKVD步兵师，阿基莫夫受命在该师支援下，以仓促改编的步兵第311、第128师、独立山地步兵第1旅发起进攻，重新夺回姆加。8月30日，阿基莫夫的部队将德国人逐出姆加，而新锐NKVD步兵师的部分部队击退了德军第122步兵师在伊万诺夫斯科耶周围和姆加河河口的突击。

8月31日，这场拉锯战继续进行。德军第20摩托化师从独立山地步兵第1旅手中再次夺取姆加车站，并向北发起一场缓慢但却猛烈的冲击，穿过干涸的沼泽、灌木林和杂草丛，这些是拉多加湖南面平坦地貌的典型特征。接下来的一周，NKVD步兵师和独立山地步兵第1旅顽强战斗，意图阻挡德军第20摩托化师向北推进，并坚守至关重要的涅瓦河防御。可是9月7日，施密特以第12装甲师一部加强第20摩托化师，一举打垮苏军边防部队，迫使后者向西退往涅瓦河。消耗严重的独立山地步兵第1旅实力太弱，无法阻挡，甚至无力迟滞德军的迅猛突击，不得不向东退往锡尼亚维诺（Siniavino）。第20摩托化师迅速扩大突破，经过激战，于9月7日夺得锡尼亚维诺，又于9月8日攻占拉多加湖南岸堡垒——施吕瑟尔堡（Shlissel'burg）[35]。OKW在一份公告中得意地宣布，"列宁格勒周围的铁环已然封闭"，这意味着对列宁格勒的封锁就此开始[36]。

一则列宁格勒日记记录下了作者对这个重要日子的感受：

9月8日，星期一。希特勒分子的军队占领了施吕瑟尔堡。列宁格勒遭封锁。当日，城内有2544000名居民。

另一场灾难接踵而至——18点55分，敌航空兵设法对市区发起一场大规模空袭，这是战争期间的首次。仅莫斯科区便落下5000枚燃烧弹，引发178场火灾，其中最大的一场包围了巴达耶夫仓库的木棚。大火肆虐了5个小时，烧毁3000吨粮食和2500吨糖。

22点35分，空袭再度到来。燃烧弹摧毁了12座房屋。市区主供水站受到威胁，2座淡水水库和数条供水线遭破坏。当晚，水务部门的紧急抢修营光荣地接受了第一次战斗教育，他们在短时间内消除了严重的破坏。

城内许多居民负伤或被烧伤，24人丧生。

如果不是我们的飞行员对利希诺机场发起先发制人的打击，空袭的后果会更加严重。当日清晨，中队长奥西波夫中尉在该机场发现50多架敌机。我们的飞行员对敌机场实施轰炸和扫射，击毁、烧毁25架法西斯战机。另外，他们还在机场上空击落一架"容克"和一架"梅塞施密特"。

9月8日，一个英语广播电台发出呼叫："列宁格勒请注意！这里是伦敦！……伦敦与你们在一起。你们射出的每一炮都在伦敦发出回响。伦敦向列宁格勒的英雄主义致敬……向列宁格勒致敬！"

其实，伦敦人很难了解列宁格勒这一天有多么艰难。[37]

施吕瑟尔堡失陷，对伏罗希洛夫和陷入重围的列宁格勒居民来说不啻为一场灾难，也使列宁格勒守军处于危险境地。德军目前位于施吕瑟尔堡、锡尼亚维诺，并沿沃尔霍夫河切断了列宁格勒与莫斯科及苏联其他地区所有陆地联结。此后，城内居民和守军的再补给只能通过拉多加湖的水上运输线或空运。更糟糕的是，德军正准备进攻，有可能夺取沃尔霍夫和旧拉多加（Staraia Ladoga）镇，从而控制拉多加湖东岸的铁路终端。如果德国人依此行事，就将切断列宁格勒所有交通线，即便无法通过直接进攻夺取该城，他们也能以断粮的方式迅速、轻而易举地迫使该城屈服。不过，V.F.孔科夫少将的步兵第115师及时赶至施吕瑟尔堡西面，使涅瓦河战役集群得以沿涅瓦河据守防御，这令伏罗希洛夫稍事宽心。更东面，库利克第54集团军刚刚奉最高统帅部之令向前部署，以填补列宁格勒方面军与西北方面军之间的缺口，他们阻挡住德军向姆加、锡尼亚维诺以东的推进，并牢牢守住沃尔霍夫镇。

但在列宁格勒正南面，一场更大的灾难即将到来。在那里，德军攻向赤卫军城，第48集团军丢了丘多沃和托斯诺，导致皮亚德舍夫的卢加战役集群（步兵第41军）与列宁格勒之间的交通线和后撤路线遭切断。随后，该集群于8月20日弃守卢加，遭包围后不得不分成小股向北、向东突围。陷入包围圈的部队包括步兵第41军步兵第111、第177、第235师；步兵第90、第70、第235师；民兵第1、第3师；坦克第24师[38]。该集群试图突围期间，德军第8装甲师、党卫队“警察”师、第269、第96步兵师从各个方向对该集群发起持续不断的围攻，无情地消灭苏军被围部队。据德方估计，红军在这场血腥合围战中损失3万人、120辆坦克和400门火炮[39]。

9月8日，施吕瑟尔堡失陷，列宁格勒与苏联其他地区的所有陆地交通线就此中断，这使苏军最高统帅部和列宁格勒方面军相信，列宁格勒争夺战正迅速到达高潮。但德方阵营中的大多数人却认为高潮已过，列宁格勒不过是囊中之物。哈尔德在其9月5日的日记中写道：“列宁格勒：我们的目标已然实现。现在将成为次要战区。”[40]鉴于这些战略现实，德军夺取施吕瑟尔堡2天前，希特勒便已决定，为避免不必要的伤亡，不用对一座命运已定的城市发起进攻。他被“中央”集团军群战区出现的新机会深深吸引，遂命令莱布包围列宁格勒，以饥饿迫使其屈服，不必发起代价高昂的正面进攻来夺取该城。因此，9月6日，希特勒签发第35号元首令，命令“中央”集团军群进军莫斯科，行动代号“台风”：

对盘踞在“南方”和“中央”集团军群毗邻侧翼之敌的作战行动取得的

初期战果，加之包围列宁格勒地区之敌行动获得的进一步成功，为打击铁木辛哥集团军群的决定性行动创造了先决条件。这股敌军正在“中央”集团军群前方实施一场不成功的进攻。必须在严冬到来前的有限时间内果断将其歼灭。[41]

希特勒的训令随即为莱布集团军群分配了后续行动中的任务：

应与进攻卡累利阿地峡的芬兰军队相配合，包围在列宁格勒地区作战之敌（并占领施吕瑟尔堡），这样便可将大批快速部队和第1航空队各兵团，特别是第8航空军，在9月15日前转隶“中央”集团军群。但在此之前应努力将列宁格勒彻底包围，至少从东面将其围困，另外，若天气情况允许，应对列宁格勒实施大规模空袭。炸毁其自来水厂尤为重要。

为协助芬兰军队突破苏芬旧边境沿线工事，也为缩短战线并摧毁敌空军基地，“北方”集团军群辖内部队必须尽快在涅瓦河地段向北实施进攻。应与芬兰人相配合，以水雷障碍和炮兵火力封锁喀琅施塔得，阻止敌海军力量进入波罗的海（汉科、穆胡群岛）。

只要能抽出兵力，就应将列宁格勒作战地区与沃尔霍夫河下游地域隔开。只有歼灭列宁格勒地域之敌后，才可与卡累利阿集团军在斯维里河会合。[42]

德军预料到希特勒的训令，9月4日开始便从托斯诺以北地域以240毫米口径火炮每日轰击列宁格勒，4天后，德军战机开始在昼间空袭轰炸该城。作为应对，苏军最高统帅部命令列宁格勒方面军组建拉多加湖旅级防空地域。

芬兰集团军在卡累利阿的行动导致列宁格勒的防御更趋复杂。虽然芬兰人本应协助德军夺取列宁格勒，但6月22日至7月10日，他们只遂行了目标有限的行动。尔后，从7月10日起，他们开始对戈列连科第7集团军发起更大规模的行动，该集团军据守着奥涅加湖与拉多加湖之间和前方地带。从7月31日起，芬兰军队对普申尼科夫据守卡累利阿地峡的第23集团军发起进攻，迫使该集团军退守横跨地峡、距离列宁格勒北部防御只有30公里的新防御阵地[43]。虽说芬兰人推进得并不远，但其进攻威胁对列宁格勒方面军在其他地段的防御造成了不利影响。例如，波波夫最需要预备队之际，芬兰军队的行动却迫使他抽调第

48集团军预备队的步兵第265师、赤卫军城筑垒地域的步兵第291师，以加强第23集团军的防御，抗击芬兰人。

9月份第一周结束时，德军发起孤立、消灭列宁格勒及其守军的行动。在德国人看来，这场战役即将结束，但没有哪个俄国人怀疑列宁格勒之战正临近高潮。

列宁格勒的防御，8月8日—30日

苏军保卫列宁格勒和德军实施封锁都在9月8日正式开始，当天，德军夺得施吕瑟尔堡并前出至拉多加湖南岸。希特勒的训令和苏军最高统帅部的几项关键决定为即将到来的战役高潮奠定了基础。

遵照希特勒的命令，莱布制定了包围列宁格勒的计划，他打算发起进攻，夺取拉多加湖整个南岸和东岸。这样一来，他的部队就将控制湖东岸至关重要的铁路末端，而这些转运点是苏联政府补给其军队和城内居民所必需的。起初，莱布计划封锁东面和西面的交通线，从而包围列宁格勒。赫普纳装甲集群应以莱因哈特第41摩托化军第1、第6、第8装甲师、第36摩托化师和施密特第39摩托化军第12装甲师、第18、第20摩托化师，围绕该城构设一道紧密的内环包围圈。同时，屈希勒尔第18集团军第26、第38、第50、第28军应设立一道更广泛的包围圈，从毗邻芬兰湾的科波尔斯基湾（Koporskii Gulf）延伸至列宁格勒东面的拉多加湖。

但希特勒9月6日的指令却使莱布的任务趋于复杂，元首要求他把第4装甲集群第41、第56、第57摩托化军和里希特霍芬第8航空军转隶“中央”集团军群，9月15日生效。这就意味着莱布只能保留第39摩托化军，而后续调动只给他留下第8装甲师。第18集团军接防第4装甲集群位于列宁格勒南面和西面的防区。莱布很快将失去麾下大部分装甲力量，他决定立即以施密特第39摩托化军从东面包围该城，以列宁格勒南面和西面的第18集团军遂行进攻。转隶“中央”集团军群前，莱因哈特第41摩托化军将从西南面率先攻往列宁格勒[44]。

8月29日，莱布命令辖内部队夺取涅瓦河对岸登陆场、乌里茨克（Uritsk）、普尔科沃（Pulkovo）、普希金（Pushkin）、科尔皮诺和伊若拉镇，从而包围列宁格勒，并在赫普纳第4装甲集群主力转隶“中央”集团军群前，围绕该城建立一道紧密包围圈。为此，他把进攻部队编为两个突击群——“赤卫军城”集群和“斯卢茨克—科尔皮诺”集群。“赤卫军城”集群编有第18集团军第38、第50军和第4装甲集群第41摩托化军。该集群将摩托化军第1、第6装甲师、第36摩步师部署在中央；第38军第1、第58、第291和后来加入的第254步兵师居左；第50军党卫队“警察”师、第269步兵师居右。上个月遭受重创后正接受休整的第8装甲师担任预备队。该集群的任务是夺取赤卫军城，沿红村（Krasnoe Selo）方向向北，打击伊万诺夫第42集团军，前出至芬兰湾，从而将列宁格勒以西的苏军与该城隔开。

“斯卢茨克—科尔皮诺”集群由赫普纳指挥，编有第28军第121、第96、第122步兵师，由第12装甲师一部提供支援。该集群部署在亚姆伊若拉地域，负责突破拉扎列夫第55集团军沿伊若拉河构设的防御，并沿莫斯科—列宁格勒公路赶往涅瓦河，夺取斯卢茨克和科尔皮诺。更东面，施密特第39摩托化军第20摩托化师和第12装甲师主力负责拓宽通往施吕瑟尔堡和拉多加湖的通道，掩护涅瓦河战线，并将姆加、锡尼亚维诺地域的苏军逐向东面。

伏罗希洛夫以第42和第55集团军守卫列宁格勒南部接近地、赤卫军城和斯卢茨克—科尔皮诺筑垒地域，第8集团军在西面提供侧翼掩护[45]。第8集团军此时由V.I.谢尔巴科夫少将指挥，以步兵第191、第118、第11、第281师守卫科波尔斯基高地北部的海岸登陆场，这些师都在先前的战斗中遭到削弱。谢尔巴科夫辖内部队面对的是德国第38军，屈希勒尔命令该军遂行主要突击。F.S.伊万诺夫中将的第42集团军，在波罗的海舰队支援下，据守芬兰湾至普斯托什卡（Pustoshka）的赤卫军城筑垒地域。V.A.特鲁巴切夫上校的近卫民兵第2师和科捷利尼科夫上校的近卫民兵第3师部署在德军主要突击方向对面。

最后，I.G.拉扎列夫坦克兵少将的第55集团军守卫普斯托什卡至涅瓦河的斯卢茨克—科尔皮诺筑垒地域，步兵第90、第70、第168师和民兵第4师沿德军计划中的主要突击方向部署。在列宁格勒近防御围廓，步兵第155师和NKVD步兵第1师沿着拉多加湖南岸至城市东南方的涅瓦河向西弯曲部，据守城市东面的涅瓦河防线。

伏罗希洛夫的小股预备队编有步兵第10、第16师、民兵第5师、步兵第8、海军步兵第1旅、独立坦克第48营、独立步兵第500团。截至9月11日，列宁格勒方面军的兵力为45.2万人，其中三分之二部署在城市南面，面对着同等数量的德军。施吕瑟尔堡走廊东面，库利克拥有8.5万人的第54集团军仍集结在沃尔霍夫及其周围，位于第48集团军后方，遭受重创的第48集团军此时由M.A.安东纽克少将①指挥[46]。

9月9日，莱因哈特第41摩托化军和第38军沿赤卫军城—红村方向朝波罗的海沿岸发起突击。上文提及的列宁格勒日记作者记录下进攻的激烈度和防御的殊死性（参见地图4）：

*9月9日，星期二。*笼罩我们城市的危险不断加剧。敌人对其部队变更部署后，发起了一场决定性进攻。他们从加特契纳（Gatchina）［赤卫军城］以西地域朝红村方向发起主要突击。我方部队击退了敌人的初步进攻，但没能彻底击退其后续突击。敌人利用其数量优势，特别是坦克，径直向前突破。近卫民兵第3师的炮兵击毁、烧毁27辆法西斯坦克，尽管如此，希特勒分子还是成功楔入了民兵们的防御……

科尔皮诺南面和奥拉宁包姆方向，战火也肆虐开来。敌人企图强渡涅瓦河，从东面包围列宁格勒。其行动的深远目标是与在卡累利阿地峡活动的芬兰军队会合。但希特勒分子的如意算盘打错了。他们低估了红旗波罗的海舰队的舰艇为我军坚守涅瓦河的地面部队提供的支援。[47]

第36摩托化师担任莱因哈特第41摩托化军的先锋，该师发起突击，突破民兵第3师设在大斯克沃里齐（Bol'shie Skvoritsy）的防御，向前推进10公里，但当日晚些时候被猛烈炮火所阻。与此同时，遵照希特勒的命令，德国空军开始对市区展开历时3天（9月8日至11日）的猛烈轰炸，以此为9月1日开始的凶猛炮击提供补充。但炮击效果不尽如人意，因为其射程无法到达市中心。接下来3天，德国空军朝市区投下8000枚燃烧弹，造成严重破坏，并引发多起火灾。空袭炸毁了巴达耶夫仓库，列宁格勒的大部分食物都贮存在那里[48]。

① 译注：应为中将。

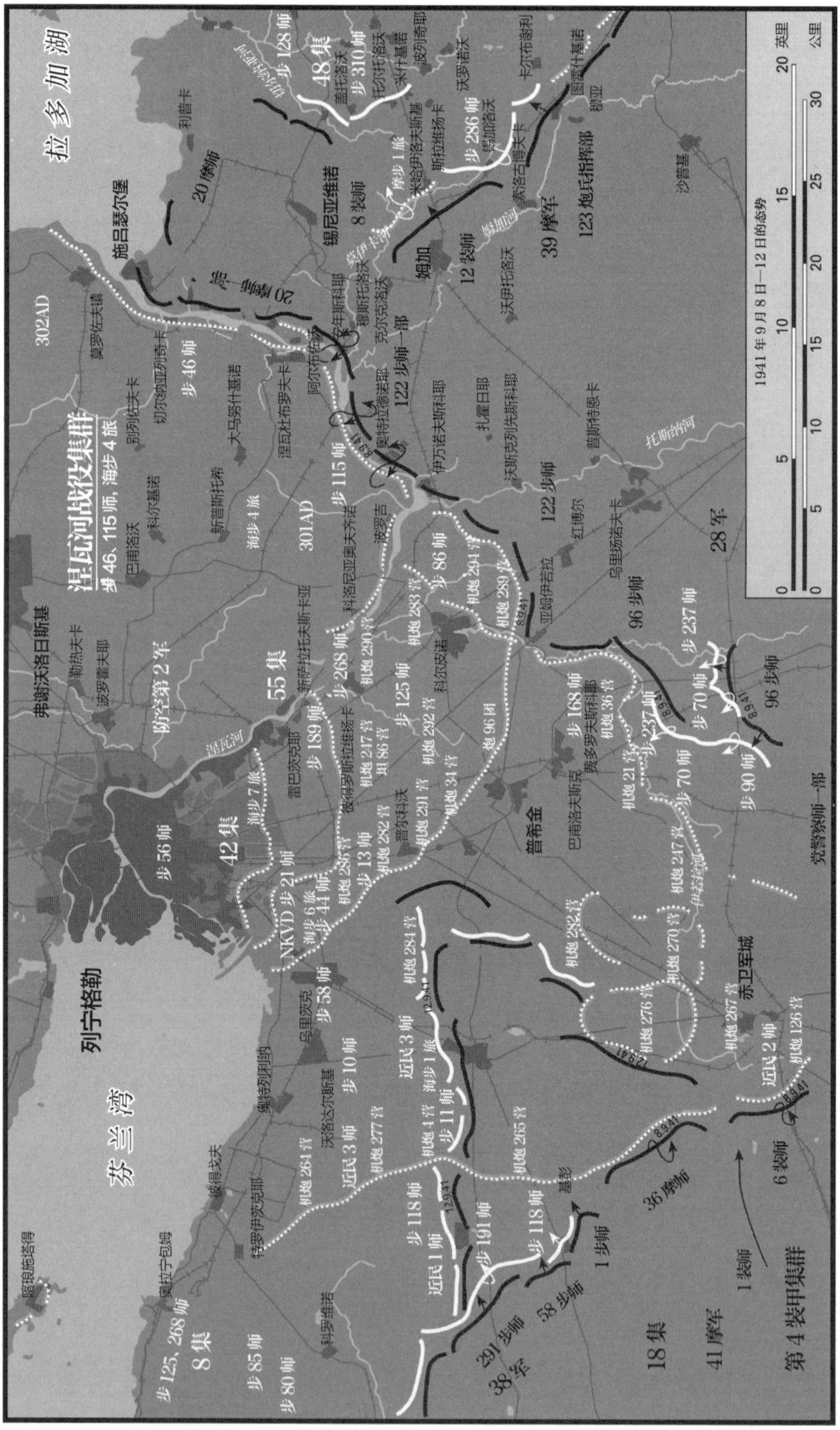

地图 4：1941 年 9 月 8 日—12 日，德军进攻列宁格勒

作为回应，伏罗希洛夫命令伊万诺夫第42集团军9月10日实施一场猛烈的炮火反准备，并以科捷利尼科夫的近卫民兵第3师全力发起反冲击。9月10日晚些时候，莱因哈特将第41摩托化军第1装甲师投入战斗，德军装甲兵设法前出至赤卫军城—红村公路，迫使科捷利尼科夫的民兵向北退却。但是，苏军的抵抗越来越顽强，要想克服第42集团军预有准备的防御，莱因哈特必须为其部队提供增援。最合乎情理的援兵是第6装甲师，但该师卷入到争夺红村的激战中。为加强第1装甲师，莱布所能提供的仅仅是第8装甲师一个装甲营，而不是莱因哈特迫切需要和期盼的一个新锐装甲师[49]。

随着战斗到达高潮，伏罗希洛夫将最后的预备队投入战斗，竭力试图守住摇摇欲坠的防线。9月10日，他以步兵第500团加强伊万诺夫第42集团军，9月12日又投入海军步兵第1旅和新组建的民兵第5师[50]。尽管如此，德军第1装甲师还是在9月11日从近卫民兵第2师和步兵第500团手中夺得杜杰尔戈夫（Dudergof），9月12日从近卫民兵第3师和海军步兵第1旅手中夺得红村，但随后被部署在列宁格勒西南郊普尔科沃的民兵第5师所阻。此时，德军第1装甲师和第36摩托化师已从侧翼迂回第42集团军近卫民兵第2师设在赤卫军城的防御，并威胁到第55集团军守卫斯卢茨克—科尔皮诺筑垒地域的部队之后方。现在，对莱因哈特第41摩托化军和第50军来说，前方的道路已敞开，他们可以夺取赤卫军城，向斯卢茨克和普希金发展胜利，并与从东面进攻普希金的第28军会合，该军现由赫普纳指挥。不过，他必须获得援兵方能完成这些任务。

可是，上级部门还是无法提供援兵，值此关键时刻，第8装甲师仍在重组，无法用于发展摩托化军取得的胜利[51]。对莱布来说更糟糕的是，攻向斯卢茨克的第28军进展甚微，9月12日在费多罗夫斯科耶（Fedorovskoe）被苏军第55集团军步兵第168师所阻。伏罗希洛夫随后将赤卫军城地域，连同近卫民兵第2师和其他防御部队，交由第55集团军控制，次日，他命令拉扎列夫集团军不惜一切代价守卫普希金、赤卫军城和科尔皮诺。正如一位评论者指出的那样，莱布面临着严重的指挥控制问题：

莱布组织的进攻存在缺陷，因为赫普纳既无法使用左侧屈希勒尔的各个军，也无法指挥右侧的施密特集群（该集群遭受的压力越来越大，既有来自列宁格勒防御围廊内的第48集团军的，又有来自防御围廊外的第55集团军的），正如事实证明的那样，他甚至无法动用唯一的预备队——第8装甲师。这场进攻未能做到协同一致，因为第50军仍在卢加以北作战，并未及时做好准备。最后是第254步兵师，集团军群本应以该师加强莱因哈特装甲军，而不是调拨给屈希勒尔。这些混乱的部署造成了极其严重的问题，若不是俄国人已呈强弩之末，这些问题原本会危害到德军的作战行动。[52]

对莱布而言，唯一值得庆幸的事实是，伏罗希洛夫也处在一种类似的虚弱状态中。

9月10日，OKH（德国陆军总司令部）要求将莱因哈特第41摩托化军“完好无损地”转隶“中央”集团军群的命令终于到来，而施密特又报告，苏军第54集团军和一个骑兵师威胁到集团军群右翼，在莱布看来，这不啻为雪上加霜[53]。因此，获得哈尔德批准后，莱布调整了他的防御，派第8装甲师协助施密特摩托化军。可是，待第8装甲师三天后到达时，却发现已不需要他们提供援助了。莱布还把新锐第254步兵师调拨给第18集团军，以填补莱因哈特摩托化军调离后留下的缺口。

尽管存在这些烦人的问题，但莱布继续遂行进攻，他命令第28军向西攻往普希金、斯卢茨克、马里诺（Mar'ino），第6装甲师从西面进攻普希金。经过一天重组后，莱因哈特第41摩托化军余部应停留在普希金—彼得戈夫公路南面，直到左侧第38军和右侧第50军赶上他的装甲先头部队。尔后，这些部队将发起最后一次尝试，突破列宁格勒位于普希金—彼得戈夫公路南面的南部防御。

德国人收紧围绕列宁格勒的绞索时，9月9日，恼怒不已的斯大林对列宁格勒方面军指挥机构做出大幅度调整。虽然两天后才下达正式命令，但斯大林当日已任命G.K.朱可夫大将指挥列宁格勒方面军，接替倒霉的伏罗希洛夫，后者的无能已变得越来越明显[54]。令斯大林尤为恼火的是，伏罗希洛夫没有把施吕瑟尔堡陷落的消息报告给他，他反而是通过德方公告才获悉了这一情况。斯大林还获知，列宁格勒军事委员会决定炸毁列宁格勒的军事设施，以免这座城市落入德国人手中。会见海军上将库兹涅佐夫时（斯大林把他召至莫斯科，商讨凿沉波罗的海舰队的初步指示），斯大林承认：“也许不得不弃守列宁格勒，这完全有可能。”朱可夫动身赶赴列宁格勒前，斯大林告诉他：“那里的态势几乎已没有希望。德国人夺取列宁格勒并与芬兰人会合，就能从东北方进攻莫斯科，到那时形势会更加复杂。”斯大林把一张便条交给朱可夫：“把它交给伏罗希洛夫同志。”便条上写道：“致伏罗希洛夫：GKO委派朱可夫大将指挥列宁格勒方面军。将方面军交给朱可夫指挥，然后立即飞回莫斯科。”[55]

早在9月3日，斯大林便流露出沮丧的情绪，他在写给丘吉尔的信中描述了乌克兰和列宁格勒恶化的态势，抱怨盟军没有开辟第二战场，也未提供大规模物资援助，并称苏联的失败有可能给英国造成影响。斯大林在信中建议丘吉尔派25～30个师至阿尔汉格尔斯克，或经伊朗进入苏联，以协助红军作战。丘吉尔则在9月15日的一番评论中称这封信“完全不切实际”[56]。

与此同时，苏军最高统帅部9月12日解散了列宁格勒方面军第48集团军，该集团军已被推进中的德军歼灭，残余部队加入库利克新组建的第54集团军，该集团军仍集结在沃尔霍夫。斯大林命令库利克恢复拉多加湖以南破碎的防线，雅科夫列夫第4集团军和克雷科夫第52集团军守卫伊尔门湖北面的沃尔霍夫河防线。

9月9日晚些时候[57]，朱可夫赶至列宁格勒，并接掌列宁格勒方面军，陪同他上任的是自哈拉欣河战役起便深受他信任的部下I.I.费久宁斯基少将和M.S.霍津少将①。朱可夫赶到后，任命霍津为方面军参谋长，并把新司令部设在著名的斯莫尔尼宫②。朱可夫随后取消了伏罗希洛夫有关炸毁列宁格勒的计划，尽管大本营数日后又重申了这一指示。9月17日，朱可夫扩大了列宁格勒军事委员会，海军总司令部参谋长兼最高统帅部代表I.S.伊萨科夫海军上将加入其中。朱可夫命令辖内部队：“不许后退一步！不得放弃列宁格勒近接近地哪怕一俄里土地！”违令者处以枪决[58]。

---

① 译注：应为中将。
② 译注：列宁格勒方面军司令部原本就设在这里。

朱可夫到达列宁格勒时，他这个方面军面临的形势的确很严重。在列宁格勒城附近，德军已夺取红村，突入赤卫军城筑垒地域西部，并向乌里茨克挺进，离芬兰湾海岸的彼得戈夫和斯特列利纳（Strel'na）仅隔10公里。他们还到达城市正南方12公里的普尔科沃郊外，以及城市东南方18公里的普希金。东面，德军已将施吕瑟尔堡和锡尼亚维诺拿下，并构成夺取沃尔霍夫、与芬兰军队会合的威胁。接掌指挥权后，朱可夫判断，乌里茨克和普尔科沃地域构成的威胁最大，他加强了这两处，并下令发起猛烈反冲击，迟滞德军第1装甲师和第36摩托化师的推进。

朱可夫到达列宁格勒4天后，9月13日晨，德国人沿赤卫军城—红村方向恢复进攻。莱因哈特第41摩托化军和第38军辖下的第1、第58步兵师、第1装甲师、第36摩托化师攻向乌里茨克，突破近卫民兵第3师和海军步兵第1旅设在红村北面的防御（参见地图5）。他们随后攻克康斯坦丁诺夫卡（Konstantinovka）、索斯诺夫卡（Sosnovka）和芬兰科伊罗沃（Finskoe Koirovo），对伊万诺夫第42集团军构成了真正的威胁。次日，朱可夫从预备队抽调步兵第10师加强第42集团军，而伊万诺夫集团军也以一连串殊死反冲击重新夺回索斯诺夫卡和芬兰科伊罗沃[59]。虽然伊万诺夫的行动暂时阻挡住德军的推进，但他的集团军已濒临崩溃边缘，朱可夫似乎也意识到这个事实。

为重新夺回主动权或至少摆脱灾难，9月15日，朱可夫命令拉扎列夫第55集团军顽强坚守普希金、赤卫军城和科尔皮诺，并为整个方面军确立起新的首要任务：

> 1. 以火炮、迫击炮火力和空中突击压制敌人，使其无力突破我防御。
>
> 2. 9月18日前组建5个步兵旅和2个步兵师，将他们集结在列宁格勒近防御围廓的4道防线上。
>
> 3. 以第8集团军对敌侧翼和后方实施突击。
>
> 4. 以第54集团军配合第8集团军的行动，其目标是解放姆加和施吕瑟尔堡地域。[60]

但在同一天，德军第1、第58步兵师、第1装甲师、第36摩托化师恢复进

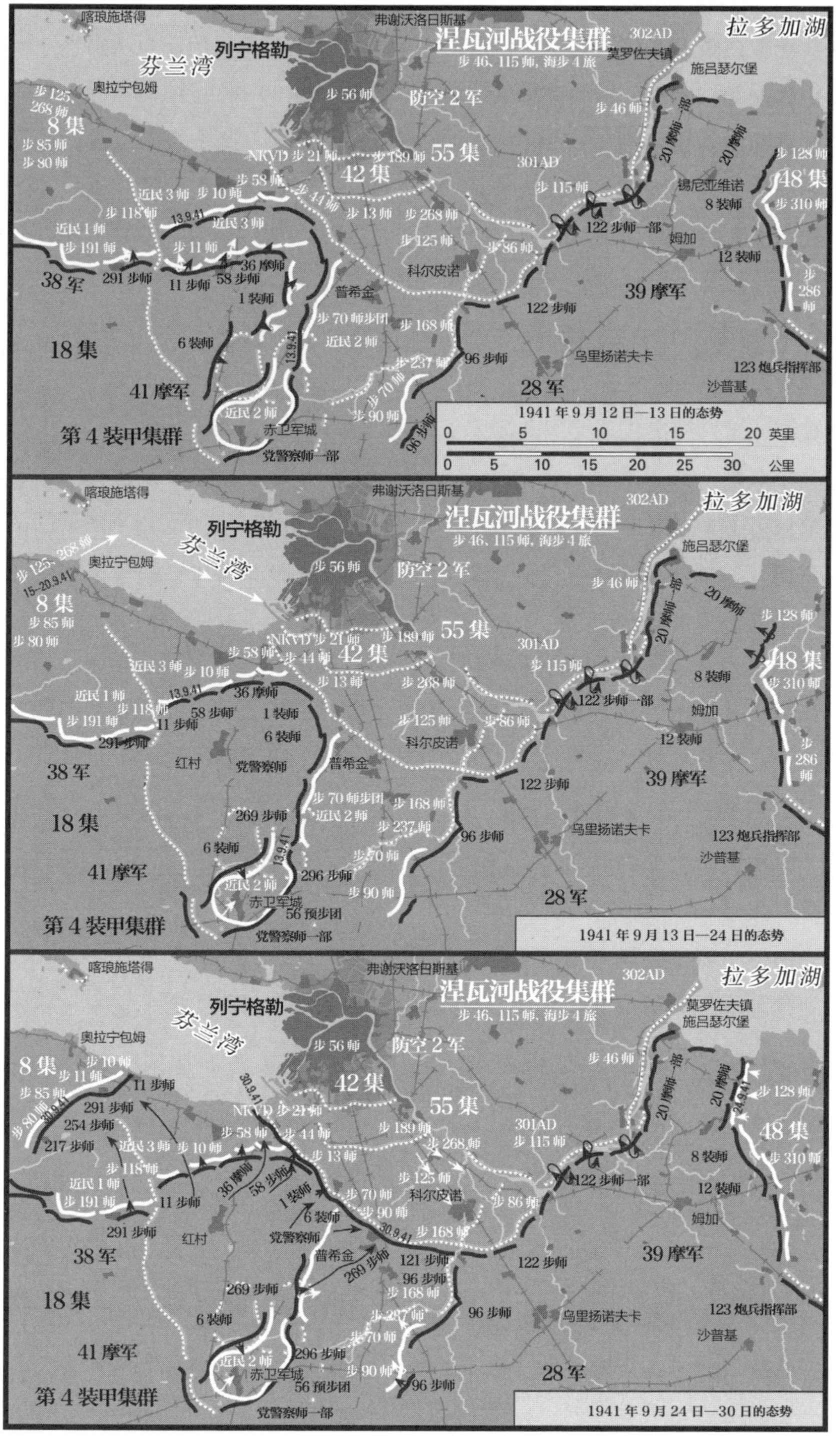

地图 5：1941 年 9 月 13 日—30 日，德军对列宁格勒的进攻

攻，一举突破苏军第42集团军步兵第10、第11师的防御，前出至沃洛达尔斯基（Volodarskii）和乌里茨克郊区。当德国人距离波罗的海沿岸只剩4公里，朱可夫立即以新组建的NKVD步兵第21师、民兵第6师、两个海军步兵旅和临时组建的防空部队增援伊万诺夫集团军。9月16日，这些仓促集结起来的部队在第42集团军身后占据第二阵地，而第42集团军的防御阵地则从芬兰湾起，经利戈沃（Ligovo）、肉联厂、雷巴茨克耶（Rybatskoe）延伸至纳尔瓦河。朱可夫严禁各级指挥员在未得到他明确批准的情况下从这道防线调离任何一支部队，斯大林支持朱可夫的禁令，他亲自下达一道严格的命令，无情地惩处那些未经许可擅自撤出战斗的"破坏分子"和"德国的支持者"[61]。

不久后，朱可夫派他的副手费久宁斯基视察第42集团军，费久宁斯基赶至第42集团军司令部时，却发现伊万诺夫将军双手抱头而坐，说不清他的部队尚在何处。而伊万诺夫的参谋长拉廖诺夫少将报告，第42集团军正在坚守，"这简直是个奇迹。"[62]伊万诺夫请求批准他将司令部转移到后方，但遭到费久宁斯基断然拒绝。费久宁斯基报告朱可夫，第42、第8、第55集团军的士气正趋消弭。获知伊万诺夫已把指挥部转移到防线后方基洛夫工厂地下室的安全处后，朱可夫命令费久宁斯基："接管第42集团军——动作要快！"[63]

9月14日，朱可夫决定发起进攻，据他判断，德国人向乌里茨克快速推进，暴露出进攻第42集团军的德军部队之左翼，使其容易招致一场侧翼打击。因此，他打算以第8集团军为锤，第42集团军充当"铁砧"，痛击进攻中的德军突击群。谢尔巴科夫第8集团军将以步兵第191、第281师，在步兵第10、第11师和第42集团军近卫民兵第3师残部的加强下攻向红村，打击德军突击群左翼。与此同时，谢尔巴科夫应将海军步兵第5旅撤至沿科瓦希河（Kovashi）构设的新防御，掩护他延伸的右翼，并把步兵第125和第286师留作预备队。但谢尔巴科夫却对此提出反对，称他的部队实力太弱，无法发起反突击，朱可夫立即将他和他的政委I.F.丘赫诺夫撤职，任命T.I.舍瓦尔金中将指挥第8集团军[64]。

可是，没等第8集团军发起反突击，德军便先发制人，破坏了朱可夫的计划。9月16日，舍瓦尔金集团军尚未完成向红村发起反突击的变更部署准备工作，德国人便恢复了对第42集团军和第8集团军左翼的进攻。德军的进攻遭到苏军猛烈而又持续的抵抗和反冲击，围绕沃洛达尔斯基、乌里茨克、普尔科沃高地的激烈争夺战持续至9月底。但到9月30日，费久宁斯基第42集团军已设法巩固了利戈沃—下科伊罗沃（Nizhnoe Koirovo）—普尔科沃一线的防御。

但在西面，莱因哈特第41摩托化军和第38军编成内的第58步兵师和第1装甲师，在第254步兵师加强下，进攻并击败了第8集团军步兵第10师，9月16日迫使该师弃守沃洛达尔斯基并退往斯特列利纳。遂行进攻的三个德军师当日到达芬兰湾，夺得彼得戈夫、斯特列利纳和乌里茨克，将苏军第8集团军困在所谓的“奥拉宁包姆”口袋里，切断了该集团军与列宁格勒城的联系。列宁格勒战时日记简要记录下当日发生的严峻事件：

9月16日，星期二。《列宁格勒真理报》的当日头条谈及笼罩着城市的威胁——“兵临城下。”这个标题也印在了传单上，张贴于市内和前线各处。

敌人确实已到达列宁格勒门前。乌里茨克已然失陷，虽然我方部队实施了顽强抵抗，但没能守住该镇。就在一天前，人们尚能从乌里茨克乘电车前往列宁格勒……

更糟糕的是，法西斯军队已突破至乌里茨克与斯特列利纳之间的芬兰湾沿岸。在奥拉宁包姆周围战斗的第8集团军与方面军主力间的联系遭切断。

工人兵团在基洛夫和莫斯科区占据阵地。对相关区居民的紧急安置工作已经展开。

科尔皮诺地域正进行激战。伊若尔斯克民兵三次发起冲击，并展开白刃战。需要付出巨大的努力才能肃清敌人昨日在科尔皮诺三号住宅区郊外占据的房屋。

当天，科尔皮诺人失去了许多同志。16岁的姑娘热尼娅·斯塔秀克的牺牲特别令人痛心。她不仅忙着包扎伤员，还在排长牺牲后，战士们遭到敌机枪火力压制时，勇敢地向前冲去，率领大家发起进攻。她在战斗中献出了生命，敌人的一颗子弹射穿了她的胸膛……

民兵第6师及时完成组建工作。该师占据的防御阵地从肉联厂延伸至雷巴茨克耶。当天，波罗的海舰队约5000名战士开抵前线。海军步兵第6旅在舰队指挥下组建而成，从行进间投入战斗。

基洛夫工厂的工人支队做好了战斗准备。同时，该厂的工人们为前线提供坦克。他们已将自己的工厂打造成一座堡垒，在厂内修建了1053米路障、18

个火炮碉堡、27座掩体和13个迫击炮巢。工人们在工厂的墙壁上凿出射孔，架设起47挺机枪。

工厂与前线没什么不同。9月16日，厂区内落下34颗炮弹。[65]

舍瓦尔金并未因挫败而气馁，在朱可夫的督促下，他于9月18日完成第8集团军左翼部队的变更部署，次日以4个步兵师攻向红村。可是，德军9月20日再度对舍瓦尔金集团军发起突击，遏止了该集团军的进攻，迫使其部队退至新彼得戈夫（Novyi Petergof）—托穆济（Tomuzi）—彼得罗夫斯卡亚（Petrovskaia）一线，双方的战线在那里彻底稳定下来。

激烈的战斗沿乌里茨克方向肆虐时，莱布对苏军至关重要的普希金支撑点发起了一场钳形攻势，意图从东西两面实施向心突击，将拉扎列夫第55集团军主力歼灭在斯卢茨克、普希金和赤卫军城地域，尔后进攻费久宁斯基第42集团军左翼，打开通往列宁格勒的大门。9月12日，第41摩托化军第6装甲师、第50军党卫队"警察"师，以及第169步兵师向东攻往赤卫军城和普希金。与此同时，第28军第96和第121步兵师从伊若拉河向东攻往斯卢茨克和普希金。苏联方面的记述称，情报部门提前告知列宁格勒方面军和各集团军司令部，敌人即将发起进攻，因此苏军能够应对这一情况[66]。

无论苏联方面的说法是否属实，9月13日夺取赤卫军城后，遂行进攻的两股德军为争夺斯卢茨克—科尔皮诺筑垒地域展开了持续3天的战斗，但没能取得任何值得一提的战果。战斗中，党卫队"警察"师的士兵于9月14日报告，他们在一座掩体里发现了伊万诺夫将军及其政委的尸体。但这份报告其实是份误报。实际上，伊万诺夫在战斗中活了下来，被朱可夫解除指挥权后，又于9月21日出任列宁格勒守军司令和列宁格勒卫戍部队司令员。1941年12月15日，秋后算账的列宁格勒军事委员会撤销了伊万诺夫的指挥权，1942年2月22日将他逮捕，审判后判处他渎职罪[67]。

9月17日，德军恢复进攻，突向拉扎列夫设在斯卢茨克和普希金的防御阵地。付出巨大努力后，德军第1装甲师和党卫队"警察"师终于在当日晚些时候攻克了普希金，第28军又于次日晨夺得斯卢茨克，迫使第55集团军撤至普尔科沃、大库济米诺（Bol'shoe Kuz'mino）、诺瓦亚（Novaia）和普特罗洛沃

（Putrolovo）的新防御阵地。德军第1装甲师发起最后一次猛烈突击，一举夺取了普尔科沃和亚历山德罗夫卡（Aleksandrovka），这是列宁格勒西南电车线的终点站，离市中心只有12公里。但在普尔科沃高地南坡，第1装甲师则遭遇到刚刚驶下科尔皮诺坦克工厂装配线的苏军坦克，德军的进攻停顿下来[68]：

*9月8日*①，*星期四*。敌人迫使我军后退，并于凌晨2点夺得普希金。希特勒分子继续实施猛攻，企图从左侧包围普尔科沃高地，从右侧包围科尔皮诺。尽管他们占有数量优势，但没能突入列宁格勒。第42集团军辖内部队阻挡住敌人，并在乌里茨克和旧帕诺瓦（Staro-Panova）东北郊掘壕据守。[69]

德军的进攻至少在一定程度上发生了动摇，这是因为朱可夫在9月17日又下达了一道严厉的命令，以加强列宁格勒守军的决心。他签发的0064号作战令简洁地体现出朱可夫的意志和指挥风格：

1. 由于利戈沃—基斯基诺（Kiskino）—上科伊罗沃（Verkh. Koirovo）—普尔科沃高地—莫斯科夫斯卡亚斯拉维扬卡（Moskovskaia Slavianka）—舒沙雷（Shushary）—科尔皮诺地域一线对列宁格勒南部地区的防御至关重要，列宁格勒方面军军事委员会向守卫指定防线的所有军政指挥员宣布，未得到方面军或集团军军事委员会书面命令便擅自放弃指定防线的任何指挥员、政工人员和战士都将被立即枪毙。

2. 收悉后，向军政干部宣布这道命令，并在部队中广泛传达该命令。

3. 9月18日12点前以密码电报汇报这道命令的执行情况。

朱可夫、日丹诺夫、库兹涅佐夫、霍津

3天后，斯大林亲自介入，指示朱可夫和军事委员会其他成员应无情地祛除列宁格勒的不可靠因素：

---

① 译注：应为18日。

致朱可夫、日丹诺夫、库兹涅佐夫、梅尔库洛夫：

据说，德国匪徒攻向列宁格勒时，从他们占领的地区找来一些老人、老妪、妻子和孩子充当代表，把他们派至我方部队，要求布尔什维克们放弃列宁格勒，恢复和平。

又据说，列宁格勒的布尔什维克中，有些人认为不能对这些“代表”使用武器。我认为，如果布尔什维克中存在这些人，我们必须消灭他们，首先是因为他们畏惧德国法西斯。

我的回答是，不要感情用事，应当粉碎敌人及其同伙，要知道，千里之堤，毁于蚁穴。战争是残酷的，那些表现出软弱和容忍动摇者的人会导致失败。如果我们的队伍里有谁容忍动摇者，他就是导致列宁格勒失陷的罪魁祸首。

彻底击败德寇及其同伙，惩治敌人，无论他们是谁；他们帮助敌人是出于自愿亦或非自愿，没什么不同。不能怜悯德国匪徒或其同伙，不管他们是谁。

请你们告知各指挥员和师、团级政委，以及波罗的海舰队军事委员会和各舰只指挥员及政委。

I.斯大林[71]

这道命令和另一些同样严厉的命令取得了预期效果。

德军的突击势头彻底耗尽时，无奈的哈尔德在日记中记录下了德军遭受的挫折：

列宁格勒包围圈尚未做到像我们预期的那般紧密，第1装甲师和第36摩托化师调离前线后的后续进展值得怀疑。鉴于我军部队在列宁格勒门前遭受的消耗，敌人正在那里集结大股兵力和大批物资，待饥饿这一盟友生效后，紧张的情况才有可能缓解。[72]

他又补充道：“我提醒他［‘北方’集团军群参谋长布伦内克将军］将几个装甲师按规定时间转隶‘中央’集团军群的必要性。”[73]

虽然战斗持续至9月30日，但苏军民兵第5师和步兵第500团在普尔科沃高地的顽强防御促使莱布下令停止进攻，不过，正如哈尔德指出的那样，莱因哈特第41摩托化军按规定时间调离，莱布对此深感担心，这也是他停止进攻的重要原因。虽然地面行动有所减弱，但遵照希特勒的指示，德国空军于9月21日至23日对波罗的海舰队和喀琅施塔得发起了一场大规模空中突击。

到9月30日，朱可夫的部队的确被困在了列宁格勒，但并不像希特勒、OKH和莱布希望的那般紧密。德军削弱了朱可夫在城市南郊的防御，但未能达成突破，列宁格勒方面军的涅瓦河防线依然完整，芬兰人尚未发起进攻。朱可夫钢铁般的意志创造了“涅瓦河上的奇迹”，莱布非常清楚，他已丧失了夺取列宁格勒的最佳良机。在莱布看来，更糟糕的是，朱可夫并不满足于防御，而是再度发起进攻，导致进攻列宁格勒的德军付出了更大代价。根据朱可夫的建议，苏军最高统帅部命令仍在其直接掌控下的库利克第54集团军和朱可夫的涅瓦河战役集群，向锡尼亚维诺和姆加发起向心突击，打破德军对列宁格勒的封锁[74]。

列宁格勒方面军已于9月2日组建起涅瓦河战役集群，编有步兵第46、第115师和装甲车第4团，该集群沿涅瓦河西岸部署，正面朝东。同一天，最高统帅部组建第54集团军，由库利克指挥。库利克集团军最初编有步兵第285、第286、第310、第314师（调自第52集团军）、骑兵第27师、坦克第122旅、独立坦克第119营、军属炮兵第881、第882团、舟桥第150营和4个摩托化工程兵营。截至9月底，最高统帅部已给库利克集团军增添了近卫步兵第3、第4师、坦克第21师和坦克第16旅[75]。

一再推延后，库利克第54集团军终于在9月10日发起进攻，但经过16天断断续续的激战，该集团军向锡尼亚维诺只取得6～10公里进展，朱可夫和最高统帅部为第54集团军令人失望的表现一再申斥库利克。最后，施密特第39摩托化军迫使库利克的部队从姆加—基里希铁路线撤往沿纳济亚河（Nasiia）构设的新防御阵地。愤怒的朱可夫要求斯大林解除库利克的职务，并以自己的亲信霍津接替[76]。虽说库利克因作战失利遭受军法审判，军衔也降为少将，但这位政治忠诚的将军日后重返集团军级指挥岗位并不出人意料。与此同时，涅瓦河战役集群步兵第115师和海军步兵第4旅于9月20日渡过涅瓦河，在河流左岸的莫斯科夫斯卡亚杜布罗夫卡地域（Moskovskaia Dubrovka）夺得一座小型登陆场，但战果甚微。

虽然朱可夫所称的第一次锡尼亚维诺进攻战役失败了，但从苏联的角度着眼，这场战役取得一些积极成果。首先，它促使德国人从驻扎在德国的第7伞兵师抽调出2个团，又从“中央”集团军群抽调1个步兵团，外加西班牙第250“蓝色”师和从西欧抽调的第72步兵师，这些部队被投入锡尼亚维诺地域。另外，它也使莱因哈特第41摩托化军向南增援“中央”集团军群的计划有所推延，还迫使莱布把第8装甲师和第96步兵师一部从列宁格勒南面调至锡尼亚维诺地域。

9月底，列宁格勒地区的战斗平息后，该城南面的战线暂时稳定下来。交战双方舔舐伤口，各自清点伤亡，并为后续行动加以准备，列宁格勒周围的情况决定了战斗必将继续下去。虽然“北方”集团军群自7月初渡过西德维纳河以来取得了壮观的战果，但损失也很惨重。有苏方资料称，该集团军群在争夺海岸登陆场、赤卫军城和斯卢茨克—科尔皮诺筑垒地域的战斗中，阵亡和负伤人数已达总兵力的40%～50%，但据当时“北方”集团军群报告，他们的损失为6万人[77]。

可是，列宁格勒组织糟糕、训练不佳、装备拙劣的守军付出的伤亡更大。北方面军报告，7月10日至8月23日间投入战斗的15.3万人，伤亡55535人。列宁格勒方面军共投入30万人，8月23日至9月30日损失116316名士兵。最后是西北方面军，7月10日至9月30日，27.2万名士兵损失144788人[78]。无论怎样计算，双方部队都已筋疲力尽。尽管如此，交战双方休整部队、统计伤亡的同时，也为恢复行动积极准备，他们都很清楚，由于“北方”集团军群没能完成“巴巴罗萨”行动的既定目标，这场斗争将不可避免地继续下去。

对莱布来说不幸的是，他手头的资源也有所减少。9月15日，赫普纳第4装甲集群开始调往“中央”集团军群。同日，莱因哈特第41摩托化军（辖第1、第6、第8装甲师、第36摩托化师）、第56、第57摩托化军和里希特霍芬第8航空军，动身赶往“中央”集团军群，准备参加“台风”行动。当日晚些时候，第6装甲师向南开拔，9月19日，第1装甲师动身。1天后，第36摩托化师和军部加入向南开拔的队列。此时，留下来为莱布提供装甲力量支援的只有施密特第39摩托化军（编有第12、第18装甲师、第20摩托化师），后经上级部门让步，第8装甲师也留了下来。9月24日，莱布向OKH坦率报告，态势已“大为恶化”，他无法继续向列宁格勒发起进攻，他的部队别无选择，只能转入防御，但希特勒无法接受这一说法[79]。

红军沿列宁格勒方向的痛苦防御从7月10日持续至9月30日，对斯大林、最高统帅部大本营以及西北方面军、北方面军、列宁格勒方面军遭受围攻的指挥员和部队来说，这段时期似乎无比漫长。9月30日后，列宁格勒北面和南面的战线稳定下来，并一直持续到1943年1月。在这50天通常都很绝望、代价高昂、具有夏季战役特点的防御战中，红军打乱了希特勒从南北两面发起向心突击并于行进间夺取列宁格勒的计划。

随着红军加强抵抗并开始发起反突击，这段时期的战斗不断加剧。结果，德军的推进速度从7月份的每天5公里降至8月份的2.2公里，到9月份降为每天1.4公里。红军在这段时期改善了他们的防御力量和方式，采取了出色的、但有时相当严厉的动员措施，并将几乎所有可用力量悉数投入战斗。7月和8月间，他们组建并投入4个民兵师、3个近卫民兵师和1个NKVD步兵师，最高统帅部大本营也调拨了4个虚弱的步兵师提供支援。

随着攻势的发展，德军进攻行动的力量和复杂性也有所增加。7月，“北方”集团军群及其芬兰盟军沿彼得罗扎沃茨克、奥洛涅茨和列宁格勒方向同时发起进攻。8月中旬，德国人沿诺夫哥罗德方向突破苏军防御，将苏军第8集团军主力切断、孤立在爱沙尼亚，同时沿赤卫军城和卡累利阿地峡方向遂行进攻。8月底和9月初，德军沿姆加、赤卫军城和卡累利阿方向同时发起进攻。红军在索利齐、旧鲁萨、红村和锡尼亚维诺展开规模庞大的反突击，但均告失利，只不过迟滞了德军的推进而已。即便红军在列宁格勒门前阻挡住德军的猛攻，挫败对方直接进攻夺取列宁格勒的企图后，交战双方也毫不怀疑，列宁格勒城仍处于遭包围、被毁灭的致命危险下。

德方对于这座城市的意图非常明确。德军最高统帅部于9月22日签发的第1a 1601/41号令“关于列宁格勒城未来的存在”明确宣布了这些意图：

1. 元首已决定将圣彼得堡城从地球表面抹去。我对这座大型城市在苏俄战败后的继续存在不感兴趣。芬兰人也表示对这座位于其新边境的城市的继续存在毫无兴趣。

2. OKW非常清楚海军舰队先前提出的关于保留码头、港口和类似海军设施的要求；但基于对圣彼得堡采取的总体方针，似乎无法满足这些要求。

3. 我们建议紧密封锁该城，并以各种口径的火炮火力和持续不断的轰炸将这座城市从地球上抹去。[80]

德军自8月底发起的炮击和轰炸，其强度在9月份或之后分毫不减。在野心、挫败感和纯粹的仇恨驱使下，希特勒敦促莱布集团军群发起最后的努力，在冬季到来前包围列宁格勒。

本章原注

1. “德军统帅部关于从事战争的文件”，收录于：SVIMVOV第18期，第231—232页。

2. 同上，第233—234页。

3. 同上，第236—237页。

4. 吕蒂肖，《通往莫斯科之路》，第29章，第1页，引自一份“北方”集团军群战役研究。

5. 同上，第1—3页；普拉东诺夫，《列宁格勒战役，1941年—1944年》，第47—48页。

6. 关于“北方”集团军群发起列宁格勒进攻战役之前和期间的部署详情，可参阅“敌军态势图集：1941年7月19日—9月1日”（Feindlagenkarten 19 July-1 Sep 1941），“北方”集团军群情报处，75131/47 Box 103，国家档案馆微缩胶片（NAM），序列号T-311，92卷。

7. 最高统帅部大本营发给西北方面军司令员和西北方向总司令的00824号指令：关于在索利齐、旧鲁萨、德诺地域展开的行动. 收录于：佐洛塔廖夫，《最高统帅部大本营：1941》，第111—112页。

8. 索利齐反突击失败后，卡恰诺夫接替普罗宁担任第34集团军司令员。

9. 普拉东诺夫，《列宁格勒战役，1941年—1944年》，第58—59页；另可参阅：戴维·M. 格兰茨，《1941—1945年苏德战争中被遗忘的战役（第一册）：夏秋季战役（1941年6月22日—12月4日）》. 宾夕法尼亚州卡莱尔：自费出版，1999.

10. 曼施泰因，《失去的胜利》，第200—201页。

11. 同上，第201页；吕蒂肖，《通往莫斯科之路》，第29章，第7—13页。

12. 最高统帅部大本营发给西北方面军司令员的00937号指令：“关于改善部队的指挥和控制”，收录于：佐洛塔廖夫，《最高统帅部大本营：1941》，莫斯科：特拉出版社，1996年，第116—117页。

13. 吕蒂肖，《通往莫斯科之路》，第29章，第17页。

14. 同上，第14—16页。虽然吕蒂肖和“北方”集团军群的相关记录极为详细地谈及这一行动，但大多数俄文资料对此所谈甚少。可参阅：P.A.日林主编，《西北战线1941年—1943年》，莫斯科：科学出版社，1963年。该书有几个章节谈及这些行动的各个方面。

15. 普拉东诺夫，《列宁格勒战役，1941年—1944年》，第53—54页；吕蒂肖，《通往莫斯科之路》，第29章，第1—4页。

16. 吕蒂肖，《通往莫斯科之路》，第29章，第4页。

17. 普拉东诺夫，《列宁格勒战役，1941年—1944年》，第53—54页。

18. 埃里克森，《通往斯大林格勒之路》，第189—190页。

19. 普拉东诺夫，《列宁格勒战役，1941年—1944年》，第54页。

20. 吕蒂肖，《通往莫斯科之路》，第29章，第47页。

21. 普拉东诺夫，《列宁格勒战役，1941年—1944年》，第55页。

22. 吕蒂肖，《通往莫斯科之路》，第29章，第47页；苏联方面对战斗的记述可参阅：普拉东诺夫。《列宁格勒战役，1941年—1944年》，第56—57页。

23. 吕蒂肖，《通往莫斯科之路》，第29章，第6页。

24. 埃里克森，《通往斯大林格勒之路》，第187页。

25. 普拉东诺夫，《列宁格勒战役，1941年—1944年》，第58页。

26. 佐洛塔廖夫，《最高统帅部大本营：1941》，第126页。斯大林与波波夫的交谈导致了GKO（国防委员会）8月27日的决定，参见该书第140—141页。

27. 伏罗希洛夫的命令，可参阅：《保卫列宁格勒，1941年》，收录在VIZh 6—7（1992年6月至7月），第15页。

28. 普拉东诺夫，《列宁格勒战役，1941年—1944年》，第60页。

29. 最高统帅部大本营下达的具体指令，可参阅：佐洛塔廖夫，《最高统帅部大本营：1941》，第129—130页、第156—157页；普拉东诺夫，《列宁格勒战役，1941年—1944年》，第60页。第54集团军组建于8月底和9月初。在最高统帅部的控制下，该集团军以步兵第44军为基础组建，编有步兵第285、第286、第310、第314师、骑兵第27师、坦克第122旅和独立坦克第119营。其任务是沿沃尔霍夫河遂行防御。第4集团军组建于9月下旬，编有步兵第285、第292、第311师和调自第54集团军的步兵第285师和骑兵第27师。10月初，该集团军沿沃尔霍夫河部署。第52集团军1941年8月以步兵第25军为基础组建，是最高统帅部控制下的独立集团军，编有步兵第276、第285、第288、第292、第312、第314、第316师，8月底沿沃尔霍夫河占据防御。

30. 德军遂行突击的详情，可参阅：吕蒂肖，《通往莫斯科之路》，第29章，第48—60页。

31. 诺夫哥罗德集团军级集群编有步兵第16军第237师残部、山地步兵第1旅和新锐步兵第305师。参见《苏军作战编成，第一部：1941年6月至12月》，第39页。

32. 普拉东诺夫，《列宁格勒战役，1941年—1944年》，第62页。行进营编有调拨给列宁格勒方面军，但尚未分配的应征入伍者。

33. 同上。

34. 同上，第63页；《苏军作战编成，第一部：1941年6月至12月》，第39页；V.A.佐洛塔廖夫主编，《伟大卫国战争中的总参谋部：自1941年以来的文件和资料》，收录在：《俄罗斯档案：伟大卫国战争》，第23期（12—1），莫斯科：塔拉出版社，1997年，第139页。

35. 对第39摩托化军攻向施吕瑟尔堡和苏军实施防御最全面的描述，可参阅：吕蒂肖，《通往莫斯科之路》，第29章，第48—52页；普拉东诺夫，《列宁格勒战役，1941年—1944年》，第63—64页。

36. 吕蒂肖，《通往莫斯科之路》，第29章，第51页。

37. A.V.布罗夫，《日复一日的封锁》，列宁格勒：列宁出版社，1979年，第53页。布罗夫的战时日记从一位列宁格勒居民的角度记录下列宁格勒地区的每日行动，极其准确、坦率。

38.《苏军作战编成，第一部：1941年6月至12月》，第30页。

39. 吕蒂肖，《通往莫斯科之路》，第29章，第47页；普拉东诺夫，《列宁格勒战役，1941年—1944年》，第65—66页。卢加战役集群作战行动的每日记述，可参阅：Iu.S.克里诺夫，《卢加战线1941》，列宁格勒：列宁出版社，1987年.

40. 哈尔德，《哈尔德战时日记》，第524页。

41. 完整命令可参阅：SVIMVOV，第18期，第242—243页。

42. 同上。

43. 第7、第23集团军对芬兰军队作战的详细情况，可参阅：普拉东诺夫，《列宁格勒战役，1941年—1944年》，第79—89页。

44. 关于德军策划的详情，可参阅：吕蒂肖，《通往莫斯科之路》，第29章，第52—54页。

45. 苏军的完整部署可参阅：普拉东诺夫，《列宁格勒战役，1941年—1944年》，第66—67页。

46.“国防委员会1941年9月11日颁布的命令”，TsPA IML（马列主义研究所中央党务档案馆），f. 644, op. 1, d. 9。

47. 布罗夫，《日复一日的封锁》，第54页。

48. 参见：德米特里·巴甫洛夫，《列宁格勒1941：封锁》，芝加哥：芝加哥大学出版社，1965年，第24—25页。

49. 吕蒂肖在《通往莫斯科之路》一书第29章第57—58页描述了莱因哈特遭受的挫败。

50. 普拉东诺夫，《列宁格勒战役，1941年—1944年》，第68页。

51. 第8装甲师在包围、歼灭赤卫军城以南的卢加战役集群的行动中发挥了重要作用，这场行动历时一个多星期，加之该师在先前战斗中遭受的损失，导致该师必须进行重组和补充。

52. 吕蒂肖，《通往莫斯科之路》，第29章，第55页。

53. 同上，第59页。报告中提及的骑兵第27师分配给雅科夫列夫第4集团军。

54. 最高统帅部大本营指令的详细内容，可参阅：佐洛塔廖夫，《最高统帅部大本营：1941》，第175页。朱可夫本人对这一调任的叙述，可参阅：G.K.朱可夫，《回忆与思考（第一册）》莫斯科：进步出版社，1985年. 第398—400页。最高统帅部大本营派朱可夫指挥列宁格勒方面军的正式命令签发于9月11日19点10分。这就结束了各种资料对于朱可夫接掌指挥权的确切时间说法不一导致的混乱。

55. V.卡尔波夫，《朱可夫元帅：他在战争期间与和平时期的战友及敌人》，莫斯科：军事出版社，1992年. 第339—340页。这段引述的另一种说法也出现在诸多俄文著作中，可参阅：哈里森·E. 索尔兹伯里，《不为人知的战争》，纽约：矮脚鸡图书出版公司，1978年。尽管可能存在杜撰的嫌疑，但这番谈话听起来的确真实可信。

56. 吕蒂肖，《通往莫斯科之路》，第29章，第45页。

57. 长期以来，朱可夫抵达列宁格勒的日期一直存有疑问。布罗夫在他的日记中指出，朱可夫9月11日到达，但普拉东诺夫称朱可夫9月13日到达。另一些资料也对这个具体日期产生分歧。近期公开的朱可夫战时行程捋清了这个问题，称朱可夫9月9日晨离开莫斯科，当晚抵达列宁格勒机场。虽然他立即从伏罗希洛夫手中接掌了列宁格勒方面军的指挥权，但最高统帅部赋予他指挥权的命令直到9月11日19点10分才签署。参见：S.I.伊萨耶夫，《前路的里程碑》，VIZh，第10期（1991年10月），第23页。1939年8月，朱可夫指挥苏军在哈拉欣河击败了日军对蒙古的入侵。

58. 布罗夫，《日复一日的封锁》，第59页。

59. 普拉东诺夫，《列宁格勒战役，1941年—1944年》，第68页。

60. 同上，第69页。

61. 同上，第70页。

62. 埃里克森，《通往斯大林格勒之路》，第192页。

63. 同上。

64. 普拉东诺夫，《列宁格勒战役，1941年—1944年》，第70页。

65. 布罗夫，《日复一日的封锁》，第58—59页。

66. 普拉东诺夫在《列宁格勒战役，1941年—1944年》一书第70页描述了这一行动；另可参阅：吕蒂肖，《通往莫斯科之路》，第29章，第61—62页。

67.战争结束后，伊万诺夫获得平反，1946年1月8日获释，并重返军队服役。详情可参阅：A.A.马斯洛夫，《被定罪的将军：伟大卫国战争期间遭斯大林镇压的苏军将领》，伦敦：弗兰克·卡斯出版社。

68. 普拉东诺夫，《列宁格勒战役，1941年—1944年》，第71—72页。

69. 布罗夫，《日复一日的封锁》，第59页。

70. B.N.彼得罗夫，《保卫列宁格勒，1941年》，收录在VIZh 6—7（1992年6月至7月），第15页。

71. 同上，第19页。

72. 哈尔德，《哈尔德战时日记》，第537页。

73. 同上。

74. 最高统帅部大本营要求库利克集团军发起进攻的多道指令，以及大本营与库利克随后进行的尖锐交流，可参阅佐洛塔廖夫的《最高统帅部大本营：1941》，第186—187、第193—194页。

75. 最高统帅部大本营组建库利克集团军的指令，参阅：佐洛塔廖夫，《最高统帅部大本营：1941》，第156—157页；该集团军10月1日的战斗序列，参阅：《苏军作战编成，第一部：1941年6月至12月》，第49页。

76. 库利克的解职令可参阅：佐洛塔廖夫，《最高统帅部大本营：1941》，第200页；库利克关于第54集团军1941年9月22日至28日作战情况的报告，可参阅：佐洛塔廖夫，《最高统帅部大本营：1941》，第380—381页。

77. 吕蒂肖，《通往莫斯科之路》，第29章，第71页；普拉东诺夫，《列宁格勒战役，1941年—1944年》，第73页。

78. 克里沃舍夫，《揭秘：苏联武装力量在战争、作战行动和军事冲突中的损失》，第167—168页。

79. 埃里克森，《通往斯大林格勒之路》，第195页；吕蒂肖，《通往莫斯科之路》，第29章，第71页。

80 .普拉东诺夫，《列宁格勒战役，1941年—1944年》，第77页。

阿道夫·希特勒

I. V. 斯大林

第 4 装甲集群司令埃里希·赫普纳大将

德国陆军总参谋长弗朗茨·哈尔德大将

“北方”集团军群司令里特尔·冯·莱布元帅

第 56 摩托化军军长埃里希·冯·曼施泰因上将

列宁格勒方面军司令员 G. K. 朱可夫大将

红军副总参谋长兼作战部部长、最高统帅部大本营代表 A. M. 华西列夫斯基中将

红军总参谋长，苏联元帅 B. M. 沙波什尼科夫

红军副总参谋长、西北方面军参谋长 N. F. 瓦图京中将

西北方向总司令、列宁格勒方面军司令员，苏联元帅 K.E. 伏罗希洛夫

波罗的海沿岸特别军区司令员、西北方面军司令员 F.I. 库兹涅佐夫上将

第 8 集团军司令员、西北方面军司令员 P.P. 索边尼科夫中将

第 11 集团军司令员 V.I. 莫罗佐夫中将

第 27 集团军司令员、第 34 集团军司令员 M.E. 别尔扎林少将

列宁格勒方面军司令员、北方面军司令员、列宁格勒方面军司令员 M.M. 波波夫中将

列宁格勒州州委和市委书记 A. A. 日丹诺夫

苏军 T-26 轻型坦克

苏军 T-28 中型坦克

苏军 T-35 重型坦克

苏军 BT-7 坦克

苏军 T-34 中型坦克

苏军 KV-1 重型坦克

检阅中的苏军士兵（1939年）

苏联宣传海报《开端……》，希特勒的剑上写着“巴巴罗萨计划”

边境交战期间，德军步兵向前推进

前进中的德军炮兵

开赴前线的苏军步兵(1941年6月)。路牌上写着:“我们的事业是正义的。敌人必将失败。胜利属于我们。”

苏军宣传画《在列宁的旗帜下——向胜利前进！》（1941 年）

苏军宣传画《祖国的呼唤！》（1941 年）

阵亡的苏军士兵，1941 年 7 月—8 月

苏军士兵穿过基洛夫工厂，赶赴保卫列宁格勒的前线

第四章
包围战
“季赫温奇迹”，1941年9月30日—12月30日

10月1日的态势

夏季的炎热让位于秋季的寒意时，俄罗斯北部列宁格勒地区的德军部队发现，与东线取得更重大发展的其他地区相比，他们已沦为次要配角，这在战争中尚属首次。随着德军向列宁格勒的进军停滞不前，加之合围基辅守军的行动即将打响，9月6日，希特勒签署了第35号指令，宣布他的意图是在冬季到来前夺取莫斯科和乌克兰大部。这道指令为希特勒希望“北方”集团军群在初秋完成的任务提供了必要的背景：

1. *东线南翼*。以“南方”集团军群已渡过第聂伯河向北进击的部队与“中央”集团军群南翼的突击部队相配合，歼灭盘踞在克列缅丘格、基辅、科诺托普三角地带之敌。只要情况允许，第2、第6集团军腾出的兵团和第2装甲集群就应为执行新行动重新部署。

位于“南方”集团军群战线上的快速兵团，应在步兵加强和第4航空队沿主要方向提供的支援下，从第17集团军构设的登陆场出发，经卢布内朝西北方发起一场突袭，不得迟于9月10日。与此同时，第17集团军应沿波尔塔瓦和哈尔科夫方向攻击前进。

在第4航空队支援下，继续沿第聂伯河下游向克里木发起进攻……

2. *“中央”集团军群战区*。尽快做好同铁木辛哥集团军群交战的准备，以

便向维亚济马这个总方向发起一场进攻，以部署在敌军侧翼的强大装甲部队实施一场两翼合围，歼灭盘踞在斯摩棱斯克以东地域之敌。

为此，应组建两个突击群：

第一个突击群位于南翼，预计在罗斯拉夫尔东南地域，突击方向为东北方。该集群编有“中央”集团军群可动用的部队和为完成此项任务而腾出的第5、第2装甲师。

第二个突击群位于第9集团军防区，预计突击方向经过别雷。该集群应编有“中央”集团军群尽可能多的兵团。

在这场决定性合围、歼灭战中消灭铁木辛哥集群之主力后，“中央”集团军群将沿莫斯科方向对敌发起追击，同时掩护位于奥卡河的右翼和位于伏尔加河上游的左翼。第2航空队应为进攻行动提供支援，该航空队将获得其他航空兵团的加强，加强的兵团主要调自前线北部地区。第2航空队应将主力集中在侧翼，并以主要轰炸航空兵团（第8航空军）支援两个遂行侧翼突击的快速兵团。

3. *东线北部地区*。应与攻向卡累利阿地峡的芬兰军队相配合，包围在列宁格勒地区作战之敌（并占领施吕瑟尔堡），这样便可将大批快速部队和第1航空队各兵团，特别是第8航空军，在9月15日前转隶“中央”集团军群。但在此之前应努力将列宁格勒彻底包围，至少从东面将其围困。另外，若天气情况允许，应对列宁格勒实施大规模空袭。炸毁其自来水厂尤为重要。

为协助芬兰军队突破苏芬旧边境沿线工事，也为缩短战线并摧毁敌空军基地，“北方”集团军群辖内部队必须尽快在涅瓦河地段向北实施进攻。应与芬兰人相配合，以水雷障碍和炮兵火力封锁喀琅施塔得，阻止敌海军力量进入波罗的海（汉科、穆胡群岛）。

只要能抽出兵力，就应将列宁格勒作战地区与沃尔霍夫河下游地域隔开。只有歼灭列宁格勒地域之敌，才可与卡累利阿集团军在斯维里河会合。

4. 在后续实施的行动中，“南方”集团军群应以可用的快速部队组建一个侧翼掩护群，并向东北方攻击前进，以此掩护“中央”集团军群沿莫斯科方向遂行突击的南翼。“北方”集团军群的部队应掩护“中央”集团军群北翼，并沿伊尔门湖两侧推进，与卡累利阿集团军会合。

5. *准备期的缩短和行动开始日期*的提前，都应有利于整个行动的准备和实施。

希特勒[1]

尽管下达了这些指示，但希特勒并未放弃列宁格勒这个泄愤目标。相反，他勉强承认征服列宁格勒比原先预计的困难得多，并将夺取基辅和莫斯科视为更有利可图、更易于实现的目标，把包围列宁格勒的任务留给困惑不解的莱布。莱布不得不在气候恶化、已失去他惯于依赖的第4装甲集群的情况下遂行这项任务。

截至10月初，西北战略方向上，莱布集团军群拥有53个师（包括2个装甲师、2个摩托化师）和7个旅，其中半数力量部署在列宁格勒地域。莱布告知希特勒，他的部队无法遂行大规模进攻，并就恶化的气候条件要求他加强部队过冬阵地前，“北方”集团军群可实施何种有限进攻展开辩论。

最后，莱布提出两个进攻选择。他的部队可以消灭苏军第8集团军位于奥拉宁包姆的登陆场，或从丘多沃和基里希向东、东北方攻向季赫温（Tikhvin）和沃尔霍夫，以封锁进入列宁格勒的最后通道，也许还能与芬兰人会合。莱布选择了后者一个稍做变化的版本，具体来说，施密特第39摩托化军将在步兵加强下发起一场有限进攻，从基里希向北攻往沃尔霍夫，驱散甚至可能歼灭苏军第54集团军。他建议10月6日发起这一进攻[2]。

但希特勒拒绝了莱布的建议，理由是这样一场进攻势必穿越并不适合装甲部队的恶劣地形。相反，他命令莱布从丘多沃向东北方攻往季赫温，尔后沿公路和铁路线向西北方攻往沃尔霍夫，包围苏军第54集团军。德军在这场行动中的推进路程是莱布原计划的两倍，要求投入的力量也超出莱布手头现有兵力。尽管如此，莱布还是勉强同意了希特勒的构想，并命令施密特第39摩托化军于10月16日以第12、第8装甲师、第20、第18摩托化师从丘多沃向季赫温发起集团军群的主要突击。与此同时，第1军辖下的第11、第21、第254、第126步兵师负责支援施密特摩托化军，或从基里希向北面的沃尔霍夫发起一场辅助突击。最终，这两股力量将夺取季赫温、沃尔霍夫和拉多加湖东南岸，从而切断苏联人通往拉多加湖和列宁格勒的剩余铁路线。这场攻势的另一个目的是协助“中央”集团军群，该集团军群向莫斯科发起“台风”行动，其进展并不像OKH预期的那般迅速。

德国陆军总司令部里，并非所有人都对莱布策划的进攻行动报以热情。例如，哈尔德10月2日指出，元首“建议对季赫温发起一场装甲突击，尔后再转身渡过沃尔霍夫河，进入敌军后方，从而扭转拉多加湖战线的态势。（纯属幻想！）”[3]哈尔德继续关注着元首与莱布之间的辩论，并在10月5日的日记中写道：“OKH取消了‘北方’集团军群将于10月6日对拉多加湖战线发起进攻的计划，已下达的命令会导致各装甲师毫无必要地消耗在那片地带。以新到达的师集结起足够的力量后，应以步兵部队发起突击，同时，各装甲师应接受休整和补充。”[4]尽管存在显而易见的风险，但希特勒最终决定发起季赫温攻势，令人遗憾的是，10月9日至11月3日，哈尔德的日记一片空白，我们无从得知他对希特勒才智的看法。

斯大林也留意着苏联北翼的局势，特别是因为那里的态势与德军10月初向莫斯科发起的进攻息息相关。他的明确意图是保卫列宁格勒，发起一场进攻，打破德军对该城的封锁，防止德国人从列宁格勒抽调兵力投入莫斯科方向，并阻止德军与芬兰人会合后彻底包围列宁格勒的一切企图。德军向莫斯科发起进攻后没几天，10月5日，斯大林将朱可夫召回莫斯科，派他指挥崩溃中的西方面军和预备队方面军。朱可夫把列宁格勒方面军的临时指挥权交给他青睐的费久宁斯基，于次日飞回莫斯科[5]。几天后，斯大林将副国防人民委员兼国土防空军总部部长N.N.沃罗诺夫作为他的代表派至列宁格勒，对打破封锁圈的行动加以准备[6]。但斯大林、沃罗诺夫和费久宁斯基面临的最大问题是，列宁格勒方面军刚刚经历了代价高昂的防御战，是否有足够的力量再发起一场成功的进攻。

10月1日，列宁格勒方面军各兵团的实力确实还很虚弱。第23集团军目前由A.I.切列帕诺夫中将指挥，据守着列宁格勒北部和西部防御边缘，距离市区北郊只有30公里[7]。此时，切列帕诺夫集团军辖6个步兵师、1个NKVD旅、1个筑垒地域和2个独立坦克营[8]。被孤立在奥拉宁包姆沿海登陆场内的第8集团军仍由舍瓦尔金指挥，编有1个步兵军（辖3个步兵师）、4个步兵师、1个海军步兵旅、1个步兵团、1个坦克团和1个装甲车营[9]。

疲惫不堪的第42、第55集团军和涅瓦河战役集群守卫着列宁格勒城。城市南面，费久宁斯基第42集团军据守着从利戈沃至普尔科沃17公里宽的防区，2个步兵师部署在第一梯队，另外3个步兵师、1个海军步兵旅和1个步兵旅位于第二梯队，波罗的海舰队负责提供支援[10]。拉扎列夫第55集团军守卫着从普尔科沃以东至普特罗洛沃的涅瓦河河段约30公里宽的防区，5个步兵师部署在第一梯队，1个步兵师位于第二梯队，1个筑垒地域（辖7个独立机枪—火炮营）在后方占据拦截战地[11]。最后是涅瓦河战役集群，编有1个步兵师、1个NKVD步兵师、1个海军步兵旅、3个歼击营和1个独立坦克营，据守着沿涅瓦河北延至拉多加湖的防区[12]。

德国人占据的走廊从施吕瑟尔堡沿拉多加湖南岸延伸，在其东面，霍津第54集团军现已转入列宁格勒方面军辖下，继续向锡尼亚维诺发起断断续续的进攻。从利普卡（Lipka）至马卢克辛斯基沼泽（Maluksinskii Swamp），霍津集团军守卫着35公里宽的防区，该集团军编有6个步兵师（其中2个是近卫师）、1个山地步兵旅、1个坦克师和2个坦克旅，经过数周激战，这些兵团的实力都不够雄厚[13]。雅科夫列夫第4集团军和克雷科夫第52集团军仍由最高统帅部掌握，他们和西北方面军诺夫哥罗德集团军级集群据守的防区从马卢克辛斯基沼泽东延至基里希的沃尔霍夫河河段，再沿该河东岸南延至伊尔门湖。雅科夫列夫集团军占据50公里宽的防区，从马卢克辛斯基沼泽穿过基里希，沿沃尔霍夫河南延至普切夫扎河（Pchevzha）河口，编有4个步兵师、1个骑兵师、1个坦克旅、1个坦克营，外加支援炮兵和工程兵。他的部队与霍津集团军一样，都处于实力不足的状态。

克雷科夫集团军守卫着80公里宽的防区，从普切夫扎河河口至杜布罗夫卡，编有4个步兵师，外加炮兵和工程兵，但没有坦克力量[14]。他的部队，实力为编制力量的65%～70%。第4和第52集团军都没有太多预备队。规模较小的诺夫哥罗德集团军级集群仍在西北方面军辖下，编有3个步兵师、1个独立步兵团、1个坦克师（没有坦克），据守的防区相对较窄，从杜布罗夫卡至伊尔门湖北岸[15]。

红军第一次锡尼亚维诺进攻战役，10月

苏军最高统帅部10月12日命令（10月14日再次下令）列宁格勒方面军准备并实施一场钳形攻势，10月20日发起，粉碎施吕瑟尔堡走廊的德军，夺取锡尼亚维诺，恢复列宁格勒与苏联腹地的陆地联结[16]。拉扎列夫第55集团军组成所谓的东部战役集群，担任进攻行动之西钳，将渡过涅瓦河发起突击，攻向锡尼亚维诺，并与从东面而来的第54集团军会合。涅瓦河战役集群在第55集团军左翼遂行辅助突击。霍津第54集团军将从纳济亚河（Naziia）向西突击，夺取锡尼亚维诺，并与第55集团军战役集群和涅瓦河战役集群会合。待三股力量会师后，就将歼灭施吕瑟尔堡走廊内的德军。实际上，由于新发起的锡尼亚维诺战役不过是9月份作战行动的延续，故而苏联军事历史学家们将这两场行动合称为第一次锡尼亚维诺进攻战役。

费久宁斯基以第55集团军和方面军预备队组建起东部战役集群，编有步兵第265、第86、第20、第191、第177师、坦克第123、第124旅、独立坦克第107营和支援炮兵。该集群的任务是在集团军右翼，佩斯基与涅瓦杜布罗夫卡（Nevskaia Dubrovka）之间5公里地带渡过涅瓦河发起突击，攻向锡尼亚维诺，并在行动次日日终前协助包围、歼灭德军。涅瓦河战役集群应以步兵第1师和步兵第11旅守卫涅瓦河防区北部，同时，编有步兵第115师和海军步兵第4旅的突击群，应从莫斯科夫斯卡亚杜布罗夫卡附近的涅瓦河东岸登陆场向东发起突击，经第一戈罗多克攻向锡尼亚维诺，支援东部战役集群，并协助歼灭走廊内的德军[17]。

东面，霍津第54集团军将以集团军突击群突破德军设在第八工人新村与沃尔霍夫—列宁格勒铁路线上的托尔托洛沃（Tortolovo）之间的防御，夺取锡尼亚维诺，与东部战役集群、涅瓦河战役集群会合，歼灭走廊内的德军[18]。霍津的突击群编有近卫步兵第3、第4、步兵第310师、坦克第16、第122旅和2个炮兵团。提供支援的步兵第286、第294师在突击群侧翼发起进攻，而步兵第128师、山地步兵第1旅和坦克第21师，或实施局部进攻，或守卫集团军防区内的其他地段[19]。

费久宁斯基的突击力量共9个步兵师、1个步兵旅、4个坦克旅、1个独立坦克营，共计71270人、97辆坦克（包括59辆重型KV坦克）、475门火炮（包

括所有可用的重型火炮和喀秋莎多管火箭发射器），以及波罗的海舰队的飞机和火炮。这股突击力量面对的是54000名据守纵深强化阵地的德军士兵，侧翼得到沼泽地带的掩护，并获得450门火炮支援，但没有坦克[20]。

虽然费久宁斯基对进攻做了精心准备，但德国人抢先一步于10月16日向季赫温发起突击。尽管如此，苏军最高统帅部仍坚持要求列宁格勒方面军突击群按计划在10月20日投入进攻。列宁格勒日记里简洁地记录下了进攻行动取得的些许进展：

10月19日，星期日。步兵第115师和海军步兵第4旅已在涅瓦河包围圈内战斗了1个月。可以说这是严峻、残酷考验的1个月。当日20点10分，步兵第86师的2个团和第169、第330师开始从涅瓦杜布罗夫卡一侧渡河进入登陆场。步兵第86师以民兵第4师改编而成，该民兵师组建于列宁格勒捷尔任斯基区。此前，该师一直守卫着乌斯季托斯诺（Ust' Tosno）—波克罗夫斯科耶（Pokrovskoe）地域。现在，该师接替实力耗尽的部队据守登陆场，这座登陆场将在突破封锁的行动中发挥重要作用。

10月20日，星期一。根据最高统帅部大本营批准的计划，方面军辖内部队沿锡尼亚维诺方向发起一场进攻，以打破敌人的封锁。

涅瓦河战役集群和第55集团军从列宁格勒发起进攻。第54集团军将从封锁圈外侧与他们会合……

步兵第86师渡河进入涅瓦河包围圈，从昨晚开始的这场行动取得了成功。损失很小，只有几个人负伤、阵亡。几个团上午10点发起进攻。虽然希特勒分子猛烈开火，但我方部队楔入敌散兵坑，开始投掷手榴弹。白刃战随即爆发。日终前，我军设法将德国人稍稍逼退，登陆场多少有所扩大。

10月23日，星期四。3天前开始了打破封锁圈的行动，列宁格勒方面军第54集团军辖内部队在几处逼退敌军。但敌人成功克服第4集团军的抵抗，并夺得布多戈希（Budogosh'）。季赫温现在受到直接威胁。[21]

虽然进攻部队在3天激烈却又徒劳的战斗中进展甚微，但斯大林一再命令费久宁斯基，无论沃尔霍夫河的态势如何恶化，务必顺利完成他的行动[22]。这场失败的行动，唯一可取之处是将5个德军步兵师牵制在锡尼亚维诺突出部。

10月23日，最高统帅部大本营终于无法保持镇定，命令霍津派2个步兵师协助在季赫温陷入困境的其他苏军部队[23]。3天后，大本营又派费久宁斯基指挥第54集团军，任命霍津为列宁格勒方面军司令员[24]。斯大林这样安排人事，表面原因是后者的军衔高于前者，但更大可能性是费久宁斯基曾作为一名斗士赢得了卓著的声望，而季赫温方向最急需的就是斗士。10月28日，最高统帅部终于命令费久宁斯基第54集团军停止进攻锡尼亚维诺，以其部队守卫沃尔霍夫。[25]此时，大本营对打破列宁格勒封锁圈前景的乐观情绪已消退，取而代之的是一种不祥的预感：该城会被彻底孤立。看上去德国人似乎真有可能到达季赫温，甚至同芬兰人取得会合。

德军攻向季赫温，10月—11月

苏军最高统帅部的担心绝非杞人忧天。莱布的任务是利用苏军沿沃尔霍夫河和季赫温方向明显的弱点，尽快完成包围列宁格勒的行动，以腾出力量加强对莫斯科的进攻。OKH命令他重新部署部队，经季赫温攻向拉多加湖，切断列宁格勒通往莫斯科最后的铁路线，彻底包围列宁格勒。这场行动若取得成功，德军很可能与斯维里河畔逡巡不前的芬兰人取得会合。无论哪种情况，希特勒和莱布都有理由相信，列宁格勒的命运已经注定。

为遂行进攻，莱布将施密特第39摩托化军和第1军步兵主力集结在基里希、柳班和沿沃尔霍夫河向南延伸处。施密特摩托化军将以第12装甲师、第20摩托化师和第1军第21、第126步兵师从丘多沃发起主要突击，经格鲁济诺、布多戈希和季赫温，攻向斯维里河畔的洛杰伊诺耶波列（Lodeinoe Pol'e）。施密特左翼，第11步兵师将从基里希向北攻往沃尔霍夫。南面，第39摩托化军第8装甲师和第18摩托化师将攻往小维舍拉（Malaia Vishera）和博洛戈耶（Bologoe），与“中央”集团军群左翼部队会合，后者正从加里宁沿莫斯科—列宁格勒铁路线向西北方攻击前进，经上沃洛切克（Vyshnii Volochek）冲向博洛戈耶。即便施密特的部队无法到达斯维里河，他们也将威胁到卡累利阿方面军位于拉多加湖以东的交通线，很可能包围并歼灭正在沃尔霍夫河以西展开行动的第54集团军[26]。

10月中旬时，列宁格勒方面军第54集团军、最高统帅部掌握的第4和第52集团军，以及西北方面军诺夫哥罗德集团军级集群，据守着200公里长的战线，从拉多加湖畔的利普卡至基里希，再沿沃尔霍夫河东岸向南延伸至伊尔门湖。霍津第54集团军守卫着35公里宽的防区，从利普卡至基里希的半途，该集团军再次准备攻向锡尼亚维诺。雅科夫列夫第4集团军沿50公里长的防线占据浅近防御，并遂行局部行动，这段防线从基里希以西起，沿沃尔霍夫河向南延伸至普切夫扎河河口。该集团军编有步兵第285、第311、第292、骑兵第27师、独立坦克第119营、1个军属炮兵团和1个舟桥营，但这些部队的实力都不足，他的预备队只有一个步兵团。克雷科夫第52集团军沿沃尔霍夫河据守着80公里宽的防区，从普切夫扎河至诺夫哥罗德以北25公里的杜布罗夫卡。他将实力不足的步兵第288和第267师分别部署在46、34公里宽的防区内，并以4个军属炮兵团和1个反坦克炮兵团为其提供支援。克雷科夫集团军没有预备队。最后，诺夫哥罗德集团军级集群以步兵第305、第180、坦克第43师（没有坦克）沿沃尔霍夫河守卫30公里宽的防区，从杜布罗夫卡至伊尔门湖。

霍津第54集团军主力，具体说来就是6个步兵师、1个坦克师、1个山地步兵旅、2个坦克旅和2个炮兵团，约为部署在拉多加湖南岸与伊尔门湖之间全部苏军部队的70%，他们实施集结，准备投入锡尼亚维诺进攻战役。这就导致德军即将发起主要突击的对面，130公里防区上只有5个步兵师、1个骑兵师、1个坦克营、5个炮兵团和1个反坦克团[27]。正如随后的行动立刻表明的那样，这股力量完全不足以应对莱布即将发起的进攻。

可是，季赫温地域恶劣的地形减轻了苏军最高统帅部的部署错误，并将对即将到来的行动产生重大影响。实际上，对于德军在季赫温地域展开行动时很可能遭遇的困难，希特勒的感觉极为准确。季赫温地区包括列宁格勒东北部地域，是一片广阔的森林、沼泽地带，许多湖泊和沼泽点缀其间，大批河流和小溪纵横交错。森林、沼泽和湖泊占这片地域的60%。这里的主要交通干线是季赫温—沃尔霍夫—卢加、雷宾斯克（Rybinsk）—赫沃伊纳亚（Khvoinaia）—布多戈希、季赫温—布多戈希，以及十月镇（Oktiabr'skaia）铁路线，是穿越该地域仅有的几条像样的路线。秋季，这里寥寥无几的几条土路被雨水浸透，迅速沦为一片泥泞，车辆根本无法行驶，只能修建木排路加以弥补。

这里的大多数村镇都坐落于干燥的山丘和山脊上，这些山丘低矮、崎岖，但都位于路边。由于这些居民点控制着所有交通路线，因而成为至关重要的地点，也是任何一支进攻部队必须夺取的目标。

整片地区布满河流和小溪，大小不一，但相当重要。沃尔霍夫河从伊尔门湖向北延伸，穿过基里希和沃尔霍夫汇入拉多加湖，由于其深度和宽度，成为一道严重障碍，正如德国人后来意识到的那样，该河可作为构设一道强大防线的基础。另一方面，沃尔霍夫河以东16～24公里，平行奔流的大、小维舍拉河并未构成严重障碍，许多河段可以徒涉。另一些河流，包括季戈达河（Tigoda）、普切夫扎河、夏西河（Sias'）、季赫温卡河（Tikhvinka）和奥斯库亚河（Oskuia），虽然水流较小，但河岸陡峭并毗邻沼泽，在防御作战中可资利用。总之，该地域的诸多河流、小溪和难以逾越的沼泽地妨碍了进攻部队实施机动，但有利于守军进行防御。在此之上，雪上加霜的是，德军一旦攻占该地域，他们就将对所有村镇、桥梁和其他设施加以系统性破坏，严重阻碍红军的行动。

气候条件也对军事行动不利。10月份的降雨造成各条道路泥泞一片，11月的严寒天气来临后，至12月中旬前，地面覆盖的积雪已厚达50厘米。德国人精心准备，利用积雪改善了道路交通，但频频出现的暴风雪经常将其打乱。待乡村和沼泽地冻结实后，部队便可构设木排路穿过开阔地和沼泽，不过茂密的森林和偶尔发生的解冻仍对军事行动构成妨碍[28]。

尽管希特勒有所保留，但10月16日晨，德军第21、第126步兵师的步兵还是跨过沃尔霍夫河发起冲击，当日晚些时候，第39摩托化军第12装甲师和第20摩托化师随后跟上。德军进攻部队在覆盖着9～10厘米积雪、无路可循的地带展开历时4天的激战，突破苏军第4集团军脆弱的防御。这场突击迫使第4集团军步兵第288、第267师向东、东北方退却，并导致步兵第292师左翼向北实施防御，最终粉碎了该师。德军的进攻在苏军第4、第52集团军之间打开个大缺口，由于缺乏预备队，守军无法将其封闭，但这恰恰是10月20日苏军最高统帅部发给雅科夫列夫和克雷科夫的训令中命令两个集团军必须做的事（参见地图6）[29]。

德国人没理会苏军最高统帅部不切实际的指令，10月21日至23日，突击部队呈扇形散开：第12装甲师和第20摩托化师攻向布多戈希和季赫温，第21步兵师赶往基里希，第126步兵师直扑大、小维舍拉。但是，由于寥寥无几的道

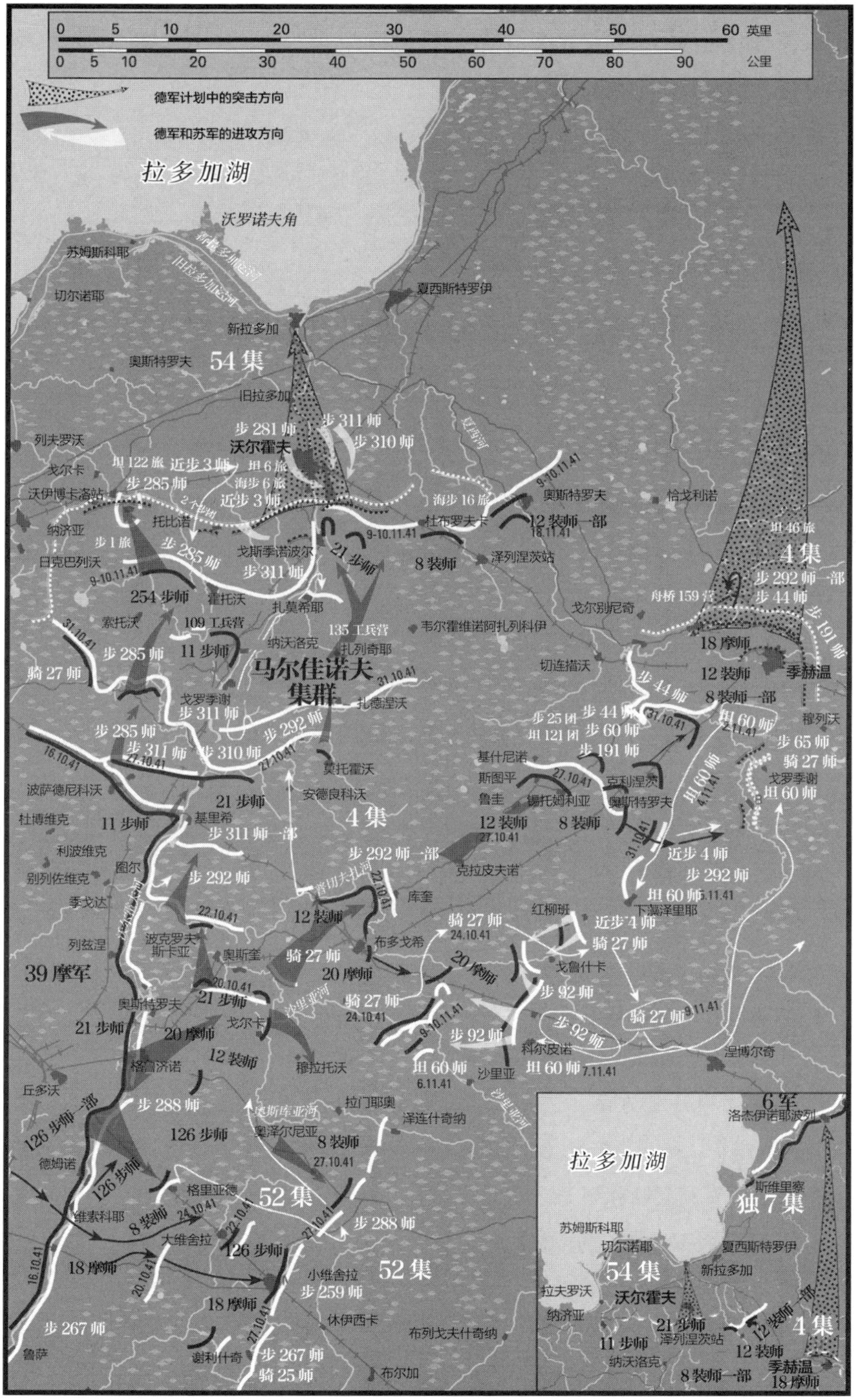

地图 6：1941 年 10 月 16 日—11 月 10 日，德军的季赫温攻势

路大多无法通行，周期性解冻使周边地带变为黏稠的泥泞，严重妨碍了进攻部队的推进和再补给，导致这场进军异常缓慢[30]。

虽说面临这些问题，但第12装甲师和第20摩托化师还是在10月23日夺得第4集团军左翼的布多戈希。不过次日，第4集团军右翼的步兵第285和第311师阻挡住了德军第11步兵师在基里希北面的进攻。南面，德军第18摩托化师和第126步兵师迫使苏军第52集团军弃守大维舍拉并撤往东南方。

鉴于季赫温遭受的威胁明显加剧，苏军最高统帅部为第4、第52集团军提供增援的同时，命令他们遏止德国人的推进、发起反突击并恢复沃尔霍夫河的防御。遵照大本营的指示，霍津第54集团军于10月23日将步兵第310、近卫步兵第4师转隶第4集团军。与此同时，最高统帅部迅速采取措施加强摇摇欲坠的第4集团军。大本营把列宁格勒方面军步兵第191师调至季赫温西南方40公里的锡托姆利亚（Sitomlia），又将步兵第44师空运至季赫温，在步兵第191师仓促构设的防御后方20公里处，沿夏西河占据防御阵地。另外，最高统帅部大本营10月30日从预备队抽调步兵第92和坦克第60师赶往季赫温地域。同时，西北方面军10月20日也以步兵第259师和一个"喀秋莎"多管火箭炮营增援第52集团军。尽管第4集团军的防御岌岌可危，但最高统帅部命令第54集团军继续在锡尼亚维诺实施进攻，以牵制德军部队[31]。

苏军最高统帅部深信，获得增援后，雅科夫列夫第4集团军和克雷科夫第52集团军就应能够将德军逐回沃尔霍夫河。10月26日13点45分，大本营向克雷科夫发出一道措辞强硬的训令，批评第52集团军的作战表现，要求其加强防御：

> 最高统帅部大本营认为：
>
> 1. 第52集团军渡过姆斯塔河（Msta）和姆达河（Mda）的后撤不合时宜。
>
> 2. 撤至泽连什奇纳（Zelenshchina）—奥克佐沃（Okzovo）—库济明卡（Kuz'minka）—扎多里耶（Zador'e）一线的决定是错误的，因为做出该决定所基于的空中侦察情报并未经过核实。10月27日前，你们必须说明集团军无缘无故撤至泽连什奇纳—奥克佐沃—库济明卡—扎多里耶一线的原因。
>
> 3. 集团军辖内部队应坚守各自占据的阵地。
>
> 华西列夫斯基[32]

可是，两个集团军的防御继续崩溃，因为他们以零零碎碎的方式将其预备队投入战斗，既没有充分的准备，也缺乏有效的指挥控制。例如，10月27日，D.A.卢基亚诺夫上校的步兵第191师、A.I.安德烈耶夫少将的近卫步兵第4师一部和A.F.波波夫少将的坦克第60师，在通往季赫温公路上的锡托姆利亚附近对德军第12装甲师先头部队发起打击。虽然苏军迫使第12装甲师停止前进并实施重组，但这场反冲击因协同不力遭致失败。截至此时，施密特摩托化军报告，共俘虏12500名苏军士兵，缴获/击毁66门敌火炮[33]。

更南面，第52集团军步兵第288、第267师，在步兵第259师增援下，长时间迟滞了德军第8装甲师和第18摩托化师的推进，从而在小维舍拉北面和南面沿小维舍拉河占据了新防御阵地。苏军的防御极其顽强，到10月27日，德军在该地域的推进已陷入停滞。值此紧要关头，加之苏军在季赫温以西地域的抵抗越来越顽强，施密特不得不把第8装甲师和第18摩托化师从小维舍拉变更部署至锡托姆利亚，以加强他的主要突击。次日，施密特以第21步兵师一部加强在基里希北面停滞不前的第11步兵师，并将其更名为“冯·伯克曼”集群①。随后，他命令“伯克曼”集群从马卢克辛斯基沼泽与基里希之间地域向北攻往沃尔霍夫，并沿沃尔霍夫河遂行主要突击，从而掩护施密特沿季赫温方向展开行动的主力部队之左翼。

德军进攻速度放缓后，10月26日，莱布赶往“狼穴”拜望希特勒和OKH总部。他要求“中央”集团军群支援他的进攻行动，以其第3装甲集群和第9集团军北翼部队从加里宁发起进攻，经上沃洛切克冲向博洛戈耶。虽说莱布的要求当时看上去合情合理，但苏军在加里宁发起的猛烈反突击很快使这种支援变得不复可能[34]。不管怎样，希特勒已被莫斯科牢牢吸引了注意力，他明确拒绝了莱布的要求，但同意取消消灭奥拉宁包姆登陆场的进攻计划，以此为莱布腾出3个师。离开元首大本营前，莱布向希特勒指出，对于麾下部队能否夺取季赫温，他深感怀疑。但希特勒坚持要求他继续进攻[35]。

10月下旬，苏军最高统帅部开始策划、协调一系列反突击，以击败沿季

① 译注：冯·伯克曼是第11步兵师师长。

赫温方向展开行动的德军。经过两天基本都很激烈的电报交流，10月29日，大本营命令雅科夫列夫第4集团军将两个突击群（每个突击群约有2个师）集结于季赫温西南方，以此发起一场大规模反突击。组建完毕后，第一个突击群编有卢基亚诺夫步兵第191师，以及从步兵第44师和坦克第60师各抽调出的1个团，部署在锡托姆利亚附近[36]。第二个突击群由安德烈耶夫近卫步兵第4师和波波夫坦克第60师另外2个团组成，集结在南面25公里处。两个突击群将于11月1日攻向布多戈希和格鲁济诺，会同已在南面展开行动的步兵第92师，歼灭攻往季赫温之德军，恢复苏军沿沃尔霍夫河构设的阵地。北集群于11月2日发起进攻，南集群则于11月4日和6日投入战斗，但面对德军大规模空袭、炮击和猛烈的反冲击，这两场进攻均以失败告终[37]。

施密特摩托化军没有理会苏军新发起的反突击，并利用11月6日冷空气骤然降临导致该地区的河流冻结这一良机，于11月5日恢复向季赫温的进攻。获得第8装甲师和第18摩托化师加强的德军第12装甲师于11月6日打垮苏军步兵第191师，又于11月8日冒着暴风雪一举攻克季赫温，切断了从莫斯科通往拉多加湖的最后一条铁路线。在此过程中，该军报告，自行动发起以来，共俘虏2万名苏军士兵，缴获/击毁96辆坦克、179门火炮和1列装甲列车。另外，据德国人称，苏军第4集团军司令部丢下了各种文件和所有车辆仓促逃往季赫温[38]。

尽管施密特取得了成功，但情况越来越清楚，他的部队已呈强弩之末。旷日持久的推进严重削弱了他的快速师，冬季气候的蹂躏和地形条件的恶劣正损害着他的士兵和装甲车辆，而苏军在季赫温北面和小维舍拉的抵抗明显加强。德国人夺取季赫温之前，温度已降至零下40（摄氏或华氏）①度，许多士兵被冻伤，有的还被冻死。

莱布和施密特的处境相当狼狈，雪上加霜的是，芬兰人自10月初到达列宁格勒北郊—拉多加湖北面的斯维里河一线后并未恢复进攻。在施密特看来，没有芬兰军队的协助，在如此恶劣的气候条件下继续攻往拉多加湖东岸和斯维里河实属愚蠢。

① 译注：零下40摄氏度恰巧等于零下40华氏度。

11月8日，气势汹汹的苏军集结兵力，从三个方向将德军第12装甲师和第18摩托化师困在季赫温，德军无法集结必要的力量，也缺乏足够的意志继续向北攻击前进。西南方，德军第8装甲师、第20摩托化师、第126步兵师据守着散布于季赫温与小维舍拉之间100公里积雪覆盖的缺口处的支撑点防御，苏军的反突击有所加强，全力打击在小维舍拉掘壕据守的第126步兵师。西面，“冯·伯克曼”集群继续沿沃尔霍夫方向推进，但慢似蜗牛，进攻彻底陷入僵局时，距离沃尔霍夫尚有14公里。

莱布的整个进攻行动在11月8日陷入停顿，彻底受酷寒气候所阻。他的部队既没有歼灭苏军第54集团军，也没能与芬兰人会合，虽然他们已夺得季赫温并切断了莫斯科—拉多加湖铁路线，但莱布的整支部队已过度拉伸，并遭受到来自各个方向的威胁。随着温度降至零下29摄氏度，加之整片地区积雪深厚，冰冻造成的伤亡远甚于俄国人的子弹。

但希特勒并未给莱布喘息之机。在他的督促下，莱布以第254步兵师加强位于沃尔霍夫南面的“冯·伯克曼”集群，并将第61步兵师派往季赫温，增援施密特实力耗尽的摩托化军[39]。他随后修改了进攻计划，将进攻重点从季赫温转移开。修改后的计划要求“冯·伯克曼”集群夺取沃尔霍夫和至关重要的铝厂、发电站，尔后攻克拉多加湖南岸的新拉多加（Novaia Ladoga），切断苏联人经拉多加湖向列宁格勒运送物资的运输，包围并歼灭苏军第54集团军。

获得第254步兵师加强的“冯·伯克曼”集群自10月28日以来，一直沿基里希—沃尔霍夫方向遂行进攻，将苏军第4集团军步兵第285、第311、第310师和步兵第292师一部缓慢逼向北面的沃尔霍夫。11月8日，该集群逼近沃尔霍夫南郊，在第54集团军（现由费久宁斯基指挥）与雅科夫列夫第4集团军之间深深插入一根楔子。就在这时，莱布派第8装甲师的一支特遣队支援“冯·伯克曼”集群的推进。但苏军步兵第310师在泽列涅茨车站（Zelenets）发起了一场殊死反冲击，挫败了第8装甲师迂回该镇东面苏军防御的企图[40]。

第8装甲师辖内部队出现在沃尔霍夫附近，对沃尔霍夫和第54集团军后方均构成威胁，这一情况再次迫使苏军最高统帅部采取行动。11月9日，大本营派刚刚获释的K.A.梅列茨科夫大将（因莫须有的叛国罪被NKVD囚禁）接替雅科夫列夫的第4集团军司令员一职[41]。同时，大本营命令列宁格勒方面军停止第54集团军在锡尼亚维诺的进攻，以费久宁斯基集团军主力歼灭沃尔霍夫地域之敌。费久宁斯基请求大本营将第4集团军的沃尔霍夫战役集群转隶给他，该集群编有步兵第285、第310、第311、第292师、海军步兵第6旅、近卫步兵第3师，目前在第4集团军右翼作战。大本营11月12日批准了费久宁斯基的请求，并命令他组建一个新突击群，击败"冯·伯克曼"集群向沃尔霍夫的推进[42]。可是，11月18日，莱布又从第12装甲师抽调一个战斗群加强"冯·伯克曼"集群，这就使费久宁斯基的任务变得更加棘手[43]。

收悉新进攻令后不久，费久宁斯基将集团军辅助指挥所迁至离沃尔霍夫更近处，开始在该镇西南方的沃尔霍夫河西岸集结一个突击群，并命令该突击群对"冯·伯克曼"集群发起进攻，不得迟于11月25日。但就在费久宁斯基重新部署兵力，准备发起反突击时，伯克曼却命令第254步兵师沿通往拉多加湖最短的路径攻向西北方，直扑第54集团军后方的沃伊博卡洛车站（Voibokalo）。费久宁斯基迅速做出应对，派T.A.斯维克林上校的步兵第285师和M.I.鲁多伊中校的坦克第122旅堵截伯克曼的推进。11月底，这两支苏军部队在沃伊博卡洛车站南面勉强阻挡住德军。这场局部胜利为费久宁斯基集团军参加季赫温反击战奠定了基础，此时，苏军已开始在沃尔霍夫和季赫温地域向整条战线施压。

截至11月中旬，面对苏军的激烈抵抗、折磨人的气候和部队遭受的严重损失，莱布沿季赫温和沃尔霍夫方向的进攻已陷入僵局。经过30多天激战，他位于沃尔霍夫河以东的战线从70公里延伸至350公里，他的部队疲惫不堪，过度拉伸，且位于补给线最末端，施密特的主力突击群被半包围在季赫温。唯一令莱布稍感安慰的是，他的部队牢牢控制着莫斯科—拉多加湖、季赫温—沃尔霍夫铁路线，并对列宁格勒构成致命威胁，但这种安慰纯属错觉。他冒着严冬气候深入苏军后方的鲁莽之举，为苏军发起一场协调一致的反攻提供了有利条件，密切留意战场态势的苏军最高统帅部决定对此加以充分利用。

哈尔德在11月16日的日记中表达了他对莱布危险处境愈加深刻的认识：

陆军元帅冯·莱布（"北方"集团军群）打来电话：伊尔门湖与拉多加湖之间的态势恶化。小维舍拉和维舍拉的压力极大。季赫温昨晚未遭受威胁。今天，大股敌军再次从东面而来。压力来自南面，来自科斯特鲁纳普列索（Kostruna Plesso）。季赫温的态势不是很严重，但也许接下来几天就会加剧。敌人亦从北面而来。第21师认为他们能够前出至沃尔霍夫斯特罗伊（Volkhovstroi），但无法继续向前，除非获得援兵。

［“冯·伯克曼”集群］第254和第223师的进攻已告失败。他们不得不返回出发线；第223师尚未完成这项任务，被困在其北翼，第254师也被迫后撤。沃尔霍夫战线需要增援。唯一可用的是第61师三分之一力量，但也需要较长时间方能赶至前线（先遣部队后天赶到）。集团军群司令想看看今天的态势发展。他正考虑放弃季赫温，以便加强“沃尔霍夫战线”。我强调，OKH的意图是不惜一切代价坚守季赫温。2个中型炮兵营已撤离喀琅施塔得战线。步兵力量相当薄弱。敌人在汉科对面有3～4个师和一些机枪营。[44]

沿莫斯科方向的激战正在进行，但列宁格勒以东的力量对比明显对红军更加有利。鉴于“中央”集团军群于11月15日对莫斯科发起进攻，红军若无其他理由，就必须在列宁格勒地区发起进攻，而不只是牵制德军。11月中旬后，红军发起一系列反冲击和反突击，这些进攻不可避免地演变为一场全面反攻。

苏军在季赫温的反突击，11月—12月

苏军最高统帅部着手协调列宁格勒东北方的反冲击和反突击时，重点关注实现两个主要目标。首先是歼灭季赫温和沃尔霍夫之敌，恢复列宁格勒与莫斯科经季赫温—沃尔霍夫铁路线的陆地交通联结，从而挽救列宁格勒。其次是沿西北方向牵制尽可能多的德军部队，以利于莫斯科的防御（参见地图7）。

11月底，列宁格勒方面军第54集团军和大本营控制下的第4、第52集团军，面对着德军部署在拉多加湖与伊尔门湖之间的10个步兵师、2个摩托化师和2个装甲师。德军各个师的兵力约为编制力量的60%，共约12万人、100辆坦克/突击炮和1000门火炮。为打击这股德军，苏军最高统帅部集结起17个步兵师、2个坦克师、1个骑兵师、3个步兵旅、2个坦克旅、3个坦克营、2个滑雪营，这些兵团和部队编为3个集团军，共192950人[45]。虽然苏军在兵力和火炮方面占有较大优势，但在坦克力量上略逊一筹。

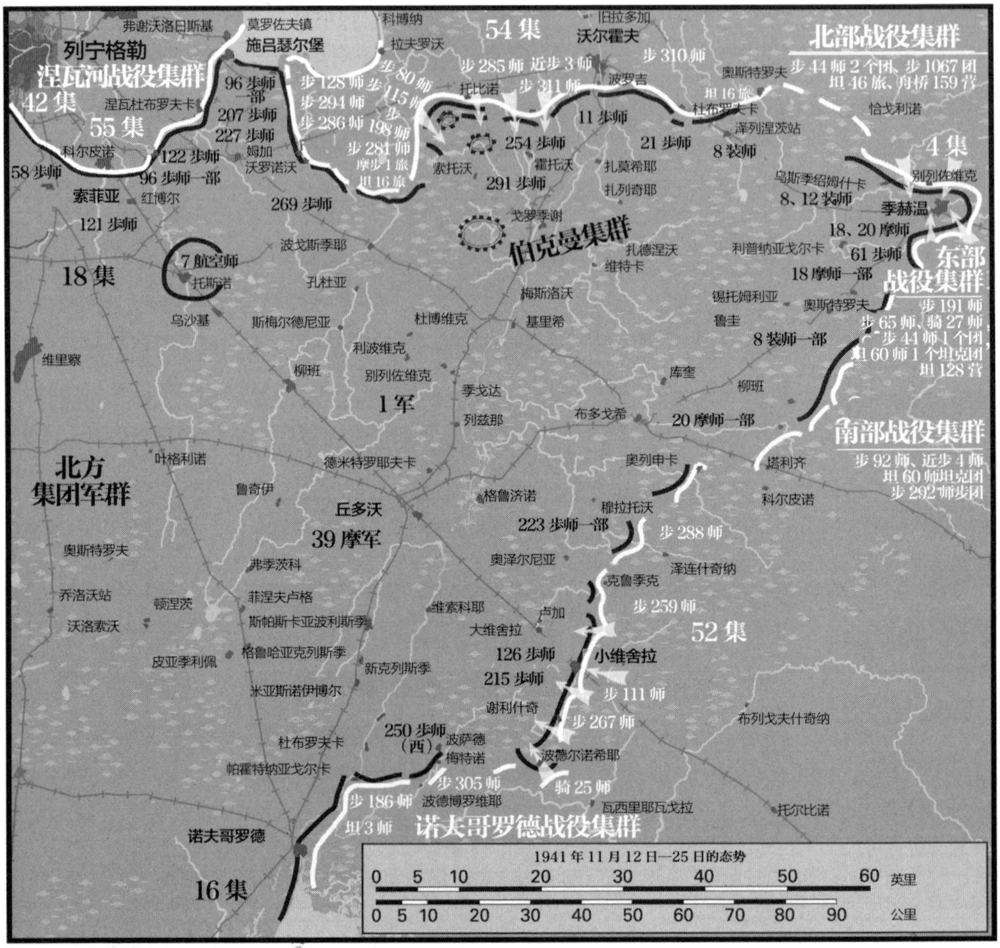

地图 7：苏军的季赫温反击战：1941 年 11 月 12 日的态势

大本营命令第54、第4、第52集团军歼灭当面的德军，将其逐过沃尔霍夫河，并对基里希和格鲁济诺发起向心突击，在沃尔霍夫河西岸构设登陆场[46]。梅列茨科夫第4集团军遂行主要突击，负责将德军第39摩托化军包围在季赫温，经布多戈希向沃尔霍夫河发展胜利，分别与第54集团军在基里希、与第52集团军在格鲁济诺会合，并在沃尔霍夫河对岸夺取登陆场。该集团军面对的是德军第12装甲师、第18、第20摩托化师、第61步兵师和第8装甲师三分之一力量。

第4集团军辖5个步兵师、1个坦克师、1个骑兵师、1个步兵旅、1个坦克旅和3个独立坦克营，梅列茨科夫将这些兵团和部队分为北、南、东战役集群，并给每个集群分配了具体任务[47]。北战役集群编有P.A.阿尔秋申科上校步兵第44师的2个团、步兵第1067团、V.A.科普措夫少将坦克第46旅和舟桥第159营，负责从北面进攻盘踞在季赫温的德军。东战役集群编有步兵第44师的1个团、步兵第191师（现由P.S.维诺格拉多夫上校指挥）、G.T.季莫费耶夫少将骑兵第27师、坦克第60师第120团和独立坦克第128营，将从东面攻向季赫温。最后是南战役集群，编有A.N.拉雷切夫上校步兵第92师、安德烈耶夫近卫步兵第4师和步兵第292师的1个团，将对季赫温西南方的德军交通线发起突击。待夺取季赫温后，北战役集群将赶往西北方，协助第54集团军进攻伯克曼位于沃尔霍夫南面的部队，而梅列茨科夫的主力将冲向格鲁济诺，与第54集团军主力会合①，并从南面包围伯克曼的部队[48]。

此时，费久宁斯基第54集团军辖8个步兵师、1个没有坦克的坦克师、2个步兵旅、2个坦克旅和2个滑雪营，这些部队中的大多数将在沃尔霍夫以西和沃伊博卡洛车站遂行集团军的主要突击，打击“冯·伯克曼”集群左翼和中央。粉碎伯克曼的防御后，费久宁斯基辖内部队将与第4集团军辖内部队在基里希附近会合，包围并歼灭“冯·伯克曼”集群[49]。他的余部负责掩护集团军向锡尼亚维诺和拉多加湖延伸的右翼。如果成功，第54和第4集团军的夹击也将切断德国第39摩托化军从季赫温向西后撤的路线，并歼灭这个实力已遭到削弱的摩托化军。

---

① 译注：第4集团军在格鲁济诺与第52集团军会合；与第54集团军的会师点是基里希。

南面，克雷科夫第52集团军的4个师和西北方面军诺夫哥罗德集团军级集群的2个师负责歼灭小维舍拉地域的德军，前出至沃尔霍夫河，夺取河对岸登陆场，协助切断德军逃离季赫温的后撤路线[50]。诺夫哥罗德集团军级集群以没有坦克的坦克第3师据守其南部防区，以步兵第180、第305师在北部防区遂行进攻，支援第52集团军的突击[51]。

作战态势混乱不堪，加之兵力不足，导致苏军最高统帅部无法在各个地段同时发起进攻，只能以零零碎碎的方式投入行动，但随着时日推移，这些进攻最终汇成一场越来越猛烈的全面反攻。11月12日，第52集团军发起冲击，沿小维舍拉方向攻击前进；11月19日，第4集团军在季赫温周围投入进攻；12月3日，第54集团军在沃尔霍夫以西展开行动。

苏军的进攻波及整条战线，施密特摩托化军的实力太弱，又部署得太过分散，无法有效抗击苏军不断延伸的进攻大潮。第12装甲师和第18摩托化师被困于季赫温城内，与此同时，第8装甲师、第20摩托化师和新赶到的西班牙第250“蓝色”步兵师正据守着一道岌岌可危的支撑点防线，这些支撑点散布在摩托化军漫长的右翼，从季赫温西南方延伸至小维舍拉。苏军在整段时期施以持续不断的压力，迫使莱布将部分装甲力量撤离季赫温，以第8装甲师一部增援沃尔霍夫南面的“冯·伯克曼”集群，同时加强右翼脆弱的防御。事实证明，这些举措无法阻挡苏军的突击大潮。12月3日，莱布将伯克曼的3个师转隶近期刚刚调自列宁格勒的第1军军部，并以第8装甲师余部加强该军。

“北方”集团军群的季赫温突破，其侧翼情况并不好。西面，列宁格勒城以南，屈希勒尔第18集团军的步兵部队据守着一条延伸的战线，从芬兰湾至拉多加湖畔的施吕瑟尔堡，再向东延伸至沃尔霍夫—季赫温铁路线。南面，布施第16集团军也已过度拉伸，守卫着从伊尔门湖南延至瓦尔代丘陵的漫长防线。气候条件也对莱布的防御不利。随着温度又下降10度，他的部下不得不在机枪和火炮发生卡滞、马匹瘫倒在地、士兵几分钟内就被冻僵的恶劣条件下投入一场殊死的战斗。

11月12日晨，苏军最高统帅部在克雷科夫第52集团军防区发起一连串持续不断的进攻，而梅列茨科夫的部队仍为遏制季赫温德军竭力奋战。一连4天，克雷科夫的四个步兵师沿小维舍拉南北两面的宽大战线反复进攻德军第

126步兵师的防御，但未取得显著进展。克雷科夫没有妥善集中兵力，而是在炮兵支援不足的情况下，对未经充分侦察的德军支撑点发起徒劳无获的正面进攻。例如，克雷科夫的进攻将四个师部署在48公里宽的战线上，而对至关重要的德军小维舍拉支撑点，却只投入A.V.拉普绍夫上校步兵第259师的2个团遂行冲击[52]。OKH对此的应对是，从“中央”集团军群预备队抽调第61步兵师的1个团，从法国调派第223步兵师，加强小维舍拉的防御，并掩护在季赫温苦战的部队之右翼[53]。诺夫哥罗德集团军级集群于11月12日发起的初步进攻，也因为诸多相同问题而告失败。

在大本营的督促下，克雷科夫于11月16日和17日重组部队，自11月17—18日夜间恢复进攻。这一次，他以拉普绍夫步兵第259师和S.V.罗金斯基上校步兵第111师组建的两个支队突入小维舍拉以西的德军后方，两个师成功冲入该村，并于次日晨将其夺取。这场突击撕裂了德军第126步兵师的防御，迫使该师向西退却。克雷科夫的部队虽然向大维舍拉、格鲁济诺和沃尔霍夫河畔的谢利什琴斯基波谢洛克（Selishchenskii Poselok）追击后撤之敌，但追击速度太过缓慢，无法阻止莱布以第61步兵师增援正遭受苏军第4集团军进攻的季赫温守军。没过几天，莱布还以调自法国的第215步兵师加强了第126步兵师。

趁克雷科夫第52集团军对小维舍拉的突击吸引施密特的注意力之机，11月19日，梅列茨科夫第4集团军的3个战役集群对德军据守的季赫温发起进攻。梅列茨科夫的北战役集群穿过厚厚的积雪向前推进，面对德军的坚决抵抗，进展相当缓慢，12月7日，他们终于杀至季赫温郊外。此时，东战役集群的进攻已陷入停滞，与德军第20摩托化师和第61步兵师在季赫温卡河以西、在南面沿季赫温—塔利齐（Tal'tsy）公路展开激战，德军第61步兵师刚刚从小维舍拉赶来。施密特位于季赫温的第12装甲师和第18摩托化师遭到三面包围，冰天雪地中展开的战斗使他们损失惨重。仅第18摩托化师便在激烈的战斗中损失5000人，导致该师的作战兵力已不足1000人。该师第30装甲掷弹兵团第3营损失250人，其中大多是在从丘多沃赶往季赫温途中冻死的[54]。

12月6日，哈尔德记录下恶化的态势，称“季赫温前方之敌已获得加强。极度酷寒（零下38度）；许多人被冻死”[55]。次日，他又补充道：“季赫温的情况极其严峻。集团军群认为无法据守该镇，正准备将其防御阵地撤至突出部的底线。”[56]更糟糕的是，12月7日，梅列茨科夫的南战役集群突破德军第18摩托化师沿南面铁路线构设的防御，正逼近锡托姆利亚，威胁到季赫温集团与后方的交通联系。

从施密特被困于季赫温的部队中抽调更多兵力守卫至关重要的后方交通线后，莱布请求OKH批准将施密特的部队撤至沃尔霍夫河。12月7日午夜过后不久，哈尔德通知莱布，希特勒仍坚持要求执行原定计划：“不得撤出季赫温火炮射程外。”[57]次日上午10点，莱布重申了他的请求，并告诉希特勒，季赫温守军的兵力处于一比二的劣势，如果他不批准后撤，这些部队可能会全军覆没。此时，红军已在莫斯科发起规模庞大的反攻，致使希特勒命令莱布继续其徒劳无获的进攻。但面对不可避免的结果，12月8日凌晨2点，恰好是第12装甲师夺取季赫温一个月后，希特勒同意了莱布的请求。实际上，心烦意乱的莱布已在几小时前下达了撤退令。当晚，哈尔德在日记中含糊地写道：“季赫温的疏散正在进行。”没有做出更多评论或阐述[58]。

12月9日，德军第12装甲师和第18摩托化师开始了艰难的后撤，沿着遍布积雪的道路，从季赫温向西退往沃尔霍夫河。莱布迅速向锡托姆利亚、格鲁济诺和沃尔霍夫派遣援兵，掩护施密特完成这场应于12月22日前达成的后撤。此时，施密特第8、第12装甲师已降至团级兵力，每个师的坦克也只剩30辆[59]。德军撤离时，梅列茨科夫的北、东战役集群对德军后卫部队发起攻击，当日晚些时候夺回季赫温。施密特的三个快速师有序后撤时，德军第61步兵师第151团在第18摩托化师第51装甲掷弹兵团第11和第12连的支援下，竭力阻挡苏军追兵。激战中，该团损失惨重，两个装甲掷弹兵连战至最后一人，最终尽没[60]。

夺回季赫温后，12月10日，梅列茨科夫第4集团军向西、西南方追击德军，但厚厚的积雪也对其部队造成严重阻碍。南面，克雷科夫第52集团军向西进攻，12月16日夺得大维舍拉，迫使防御中的两个德军师向西退往集团军群沿沃尔霍夫河构设的新防线。苏军的追击并非轻而易举，12月中旬，后撤中的德军将追兵阻挡在一道“沼泽”中间阵地前（参见地图8）。但最终，德国人别无选择，只得继续后撤，因为苏军在北面对其暴露的左翼发起新的、更加危险的进攻。

苏军最高统帅部这场多路进攻的大戏，一幕在季赫温周围上演，另一幕

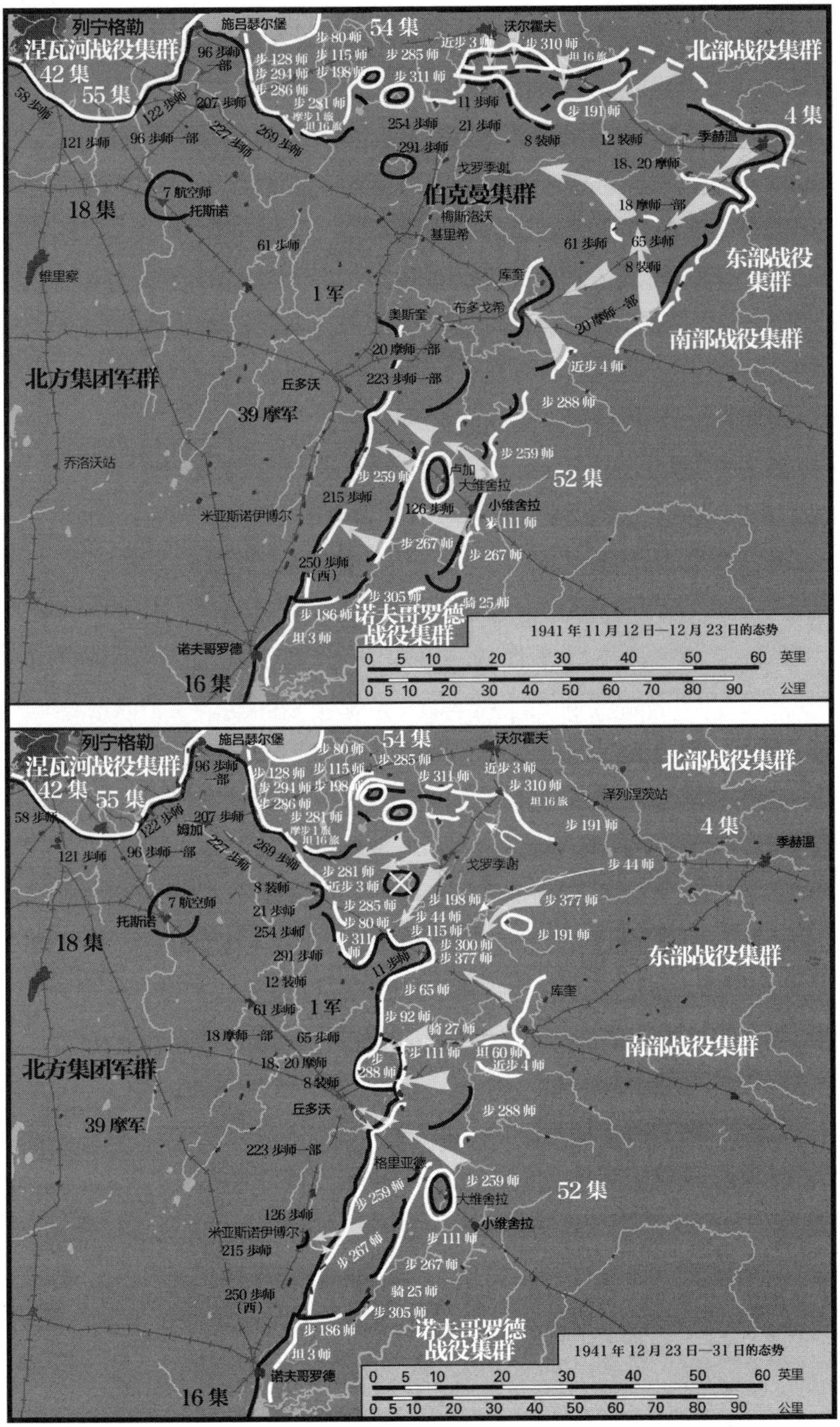

地图8：1941年11月12日—12月31日，苏军的季赫温反击战

也在西面的沃尔霍夫地域进行。到11月25日，费久宁斯基第54集团军已将德国第1军的推进阻挡在沃尔霍夫以南6公里和西面的沃伊博卡洛车站。次日，费久宁斯基编有近卫步兵第3、步兵第310、第311师和海军步兵第6旅的主力突击群对沃尔霍夫以南的德国第1军第21步兵师发起进攻。到11月29日，这场进攻迫使德军第21步兵师向更南面后退数公里。哈尔德在日记中谈及这场失利："'北方'集团军群，越来越明显，对舒姆［具体位置不详，大概在沃尔霍夫与斯维里河之间］的进攻已告失败。'冯·伯克曼'集群必须将其主要突击改至沃尔霍夫斯特罗伊［沃伊博卡洛车站附近］。相关命令已下达。"[61]

数日后，列宁格勒方面军司令员霍津从列宁格勒抽调步兵第80师加强费久宁斯基的部队，并命令他于12月1日前，在沃伊博卡洛车站组建另一个突击群，对德国第1军左翼发起打击。新组建的突击群编有步兵第80、第311、第285师、海军步兵第6旅和坦克第122旅，于12月3日投入进攻，将德国第1军左翼逐向南面，成功包围并歼灭了德军第254步兵师的几个连。调自列宁格勒的步兵第115、第198师于12月15日加入集团军的突击行动，12月17日前将德军逐至奥洛姆内（Olomny），并将德国第1军左翼包围在沃尔霍夫河西岸[62]。

与此同时，梅列茨科夫第4集团军的北战役集群突破德军沿季赫温—沃尔霍夫铁路线构设的防御，前出至沃尔霍夫东南方的伦卡河（Lynka），包围了德国第1军右翼，迫使被围的这个军向南退往基里希。德军后撤期间，苏军第54集团军滑雪第1、第2营不断骚扰德国人的侧翼和后方。虽然第1军力图据守至关重要的姆加—基里希铁路线，但第54集团军步兵第311、第80、第285师的突破越过该铁路线，在基里希以西的德军防御阵地上形成个浅浅的突出部。第54集团军余部竭力将德军逐出基里希和周边村落，战斗持续至12月28日，尽管苏军遭受惨重损失，但没能驱散守军。战斗期间，莱布从列宁格勒抽调第291、第269步兵师加强基里希支撑点，将其打造成德军沿沃尔霍夫河实施防御的重要基石。

苏军的季赫温反攻达到高潮时，最高统帅部大本营重新部署了沃尔霍夫地区的部队，以利于后续行动。收复季赫温两天后，斯大林将梅列茨科夫、他的参谋长G.D.斯捷尔马赫少将、霍津、日丹诺夫召至莫斯科，商讨如何最大限度地扩大进攻[63]。首要任务是将该地区的红军部队编入一个方面军的指挥体系下，以便在大规模进攻中掌控数个集团军。12月11日会议结束时，最高统帅部组建起新的沃尔霍夫方面军，12月17日起生效，梅列茨科夫任司令员，斯捷尔马赫任参谋长[64]。除了梅列茨科夫第4集团军和克雷科夫第52集团军，大本营还给新方面军调拨了G.G.索科洛夫中将的第26集团军（12月底改编为突击第2集团军）和I.V.加拉宁少将的第59集团军，这两个集团军刚刚在最高统帅部预备队内组建完毕。

莫斯科会议催生了雄心勃勃的新计划，旨在扩大进攻，彻底打破德军对列宁格勒的封锁。为此，12月17日20点，最高统帅部下达了正式指令：

沃尔霍夫方面军编有第4、第59、突击第2、第52集团军，应以各集团军主力发起一场总攻，粉碎沿沃尔霍夫河西岸据守之敌，并在［此处留空］前到达柳班、乔洛沃车站（Cholovo）前线。各集团军主力应前出至柳班—乔洛沃车站一线。

尔后，向西北方进攻，包围盘踞在列宁格勒周边之敌，与列宁格勒方面军相配合，歼灭、俘获敌军，如敌人负隅顽抗，就俘获、消灭他们……

I.斯大林、B.沙波什尼科夫[65]

同一天，大本营发给霍津的相关指示命令列宁格勒方面军："以第42、第55、第8、第54集团军和滨海战役集群展开积极行动，协助沃尔霍夫方面军歼灭列宁格勒周边之敌，打破敌人对该城的封锁。"[66]另外，大本营还命令西北方面军发起一场大规模进攻，收复杰米扬斯克、诺夫哥罗德和德诺[67]。待梅列茨科夫的部队到达沃尔霍夫河，并在西岸夺得登陆场，这两场进攻就将展开。列宁格勒的处境极为艰难，正遭到德军近乎持续不断的炮击和空袭，城内居民面临着饥饿，这一切，加之急于掌握主动权，促使斯大林要求梅列茨科夫以手头现有兵力发起进攻。

但是，季赫温反击战能否顺利扩大为更具规模和雄心的沃尔霍夫—列宁格勒进攻战役，完全取决于梅列茨科夫诸集团军能否及时到达沃尔霍夫河，并在对岸建立起足够的登陆场。令斯大林恼火的是，梅列茨科夫的部队，特别是费久宁斯基第54集团军，行动太过缓慢。斯大林发出一连串越来越刻薄的电报，命令他们加快进军速度后，第4和第52集团军终于在12月27日到达基里希、格鲁济诺、诺夫哥罗德以北附近的沃尔霍夫河河段并夺得登陆场，面对德军的坚决抵抗，苏军着手扩大登陆场[68]。可是，尽管斯大林一再叮嘱，费久宁斯基第54集团军还是未能夺取基里希，现由P.A.伊万诺夫少将指挥的第4集团军也没能攻克季戈达车站。到12月30日，梅列茨科夫的三个集团军已将两个德国军逐回他们10月16日发起季赫温战役时的出发阵地。梅列茨科夫的部队筋疲力尽，位于后勤补给线末端，只得掘壕据守，加强阵地，就此转入防御。庞大的新攻势不得不等到来年再说。

决定性战斗在季赫温、沃尔霍夫河及其东面如火如荼地进行，与此同时，列宁格勒地域的红军部队也发起军事行动，支援东面战友们的行动。虽说这些战斗最后沦为季赫温战役的脚注，过去也很少被苏联方面关于列宁格勒会战的相关著作提及，但它们同样为红军11月和12月的胜利做出了贡献。

遵照最高统帅部“列宁格勒地域的苏军部队应以更有力的行动支援沃尔霍夫河以东的战斗”这一要求，10月31日，霍津打算发起一场分为两个阶段的行动，收复锡尼亚维诺、姆加和托斯诺，并夺回施吕瑟尔堡走廊的控制权[69]。行动第一阶段，涅瓦河战役集群的5个步兵师将在霍津的进攻行动中发挥最重要的作用，扩大位于莫斯科夫斯卡亚杜布罗夫卡的登陆场。获得4个步兵师和1个坦克旅加强后，这股力量将向东发起冲击，夺取第六工人新村和锡尼亚维诺，并于11月4日或5日前与从东面而来的第8、第54集团军会合。这场行动进行之际，拉扎列夫第55集团军将于11月2日以编有7个步兵师和1个坦克旅的突击群投入战斗，4个第一梯队师负责夺取乌斯季托斯诺、伊万诺夫斯科耶、波克罗夫斯科耶，并在托斯诺河对岸夺取登陆场。尔后，3个第二梯队师应于11月6日前扩大胜利并夺取姆加车站，以此支援第54集团军。一旦行动取得成功，第55、第8、第54集团军将收复托斯诺，就此打破德军对列宁格勒的封锁。11月1日，最高统帅部批准了霍津的计划[70]。

11月2日，霍津辖内部队投入行动，从莫斯科夫斯卡亚杜布罗夫卡登陆场对德军第96步兵师的防御发起猛烈突击。可是，5个苏军师没能给德军围绕登陆场的防御造成破坏，还使自身遭受极为惨重的损失。例如，A.L.邦达列夫少将的步兵第168师，11月5日进入登陆场，11月7日就仅剩200人。同一时期，

NKVD步兵第20师只剩300人[71]。惨重的损失没能换来胜利，11月8日，斯大林打电话给霍津的政委日丹诺夫，就其部队拙劣的表现严厉申斥他和霍津：

我们对你们迟缓的行动极不满意。再给你们几天时间。如果你们不能在几天内攻向东面，会使列宁格勒方面军和城内居民遭受没顶之灾。他们告诉我们，炮火准备后，步兵不肯发起冲击。但你们应当知道，没有坦克支援，步兵是不会投入进攻的。实施炮火准备后，你们应当投入坦克，只有坦克投入战斗，步兵才会跟上。炮兵必须粉碎我方坦克战线以东3～4公里的敌人……不这样组织进攻，你们无法取得任何进展。[72]

日丹诺夫称，遂行进攻的步兵遭遇到“敌人精心准备的防御”。每次炮火准备的力度足够，但步兵的进攻停滞不前，调入登陆场的7辆坦克很快被敌人击毁。由于架桥设备损失严重，他们无法将KV坦克运至登陆场，他们本可以依靠这些坦克取得成功。更糟糕的是，由于火炮无法渡河，其射程达不到敌防御纵深，因而无法支援从登陆场达成的任何突破。汇报伤亡情况后，日丹诺夫强调：“没有人开小差，也没有谁不肯投入战斗。”[73]

在次日的电话交谈中，霍津和日丹诺夫向大本营提出另一个进攻计划，这一次，他们将于11月9—10日夜间将40辆中型和重型坦克调入登陆场。这些坦克负责支援“以精锐士兵新组成的三个志愿团”发起的突击。霍津随即阐述了他的计划：

进攻准备于11月10日至11日进行。我们还将沿第55集团军的次要突击方向组建志愿突击团。集团军受领的首要任务是肃清托斯诺河西岸之敌，尔后夺取河上的渡口，攻向姆加，与第8和第54集团军辖内兵团会合。[74]

新进攻计划中的一个关键因素是舍瓦尔金第8集团军所发挥的作用，该集团军的领率机关刚刚从奥拉宁包姆登陆场调来，接手指挥在第54集团军右翼、施吕瑟尔堡走廊东面行动的部队[75]。舍瓦尔金集团军将会同第54集团军的一个突击群攻向锡尼亚维诺，与从西面发起进攻的涅瓦河战役集群会合。

霍津的部队11月9日对德军扼守施吕瑟尔堡走廊东西两面的第96、第227步兵师发起进攻。涅瓦河战役集群的第一个志愿突击群在莫斯科夫斯卡亚杜布罗夫卡登陆场投入行动，部署在涅瓦河战役集群第一梯队的步兵第86、第168师和步兵第8旅提供支援。第二个突击群在第二梯队步兵第177师支援下，于11月11日投入战斗，沿更改过的进攻方向攻往第一戈罗多克。苏军突击部队在第一戈罗多克西郊夺得一片小小的立足地后，这场进攻也发生了动摇。第三个突击群在步兵第10、第80、第281师支援下，于11月13日投入行动。计划投入50辆坦克，但只有11辆进入登陆场并为进攻行动提供支援，到12月12日，德国守军击毁了半数以上的苏军坦克。虽然付出了严重伤亡，苏军取得的进展却微乎其微，涅瓦河战役集群辖内部队甚至无法给德军防御造成破坏[76]。

东面，11月11日，舍瓦尔金第8集团军的5个步兵师攻向锡尼亚维诺，打击德军第227步兵师。但这场进攻再度受挫。据霍津称，这是因为德国人投入了刚刚从法国调来的第223步兵师（据说还有个伞兵师），以堵截苏军的推进；当然，集团军司令员指挥不力也是失败的原因。拉扎列夫第55集团军作战地域内，步兵第43和第85师组建的突击群设法在托斯诺河对岸夺得一块立足地，但未能驱散德军据守乌斯季托斯诺一座座石屋的第122步兵师部队。他们也没能在托斯诺河对岸夺得登陆场。第55集团军将步兵第70、第90、第125、第286师和坦克第84、第86营投入战斗，仍徒劳无获。最后，德军攻向季赫温，导致费久宁斯基集团军无法加入收复锡尼亚维诺和姆加的行动，苏军的整场冒险行动以血腥的失败而崩溃。

哈尔德11月初的日记里完全没有提及霍津的进攻，以此强调苏军这番进攻纯属徒劳，他还在11月19日的日记中写道："列宁格勒前线，［我军］击退了敌人司空见惯的进攻。"[77]经过这些徒劳无获的行动后，苏军最高统帅部以原步兵第168师师长邦达列夫替换第8集团军司令员舍瓦尔金，以V.P.斯维里多夫中将①接替第55集团军司令员拉扎列夫。但指挥层这些变更对霍津进攻行动的最终结果并没有产生太大影响。在苏军意图夺取托斯诺的另一场行动中，第

① 译注：应为炮兵少将。

55集团军辖内部队分别于12月2日和7日对德国人设在普特罗洛沃和亚姆伊若拉的防御发起突击，威胁到德军姆加集团的后方。哈尔德注意到这些行动，先是指出“敌人渡过涅瓦河发起猛烈进攻，我军已将其击退。敌人集结在拉多加湖地域，准备向涅瓦河发起突击”，随后又称“［敌人在］列宁格勒发起猛烈进攻”[78]。虽然这场行动也以失败告终，但苏军11月和12月的进攻行动将德军牵制在列宁格勒地域，导致在季赫温和沃尔霍夫苦战的施密特第39摩托化军无法获得急需的援兵。

苏军的季赫温防御战和季赫温反攻是一场规模更大的战略决战的组成部分，这场决战正沿整条苏德战线展开，尤以莫斯科方向为甚。“北方”集团军群向季赫温大胆而又危险地推进，标志着一种致命的乐观情绪，1941年10月，德军发起“台风”行动时，这种乐观情绪主导着希特勒和OKH。随后，德军在季赫温和莫斯科遭遇的惨败则发出清醒的警示：这种乐观情绪大错特错。实际上，红军在季赫温的胜利意味着7月份开始于索利齐、8月份在旧鲁萨和卢加、9月份在列宁格勒持续的进程达到了高潮。尽管伤亡惨重，苏军最高统帅部仍坚持实施积极防御并发起无情的反冲击和反突击，最终在11月和12月使筋疲力尽的德军大吃苦头。同时，德国军队惊恐地发现，对苏战争与西线作战大不相同。

季赫温反攻是红军在伟大卫国战争中赢得的第一场大规模军事胜利。除了粉碎希特勒在1941年包围列宁格勒的梦想外，这场反攻还为红军在莫斯科门前击败德军起到协助作用，并使德国军政领导人意识到他们无法轻而易举地赢得这场战争。苏军的胜利来之不易，参与其中的各兵团/部队为此付出了高昂的代价。据苏联官方统计，季赫温防御战期间，第54、第4、第52集团军共投入135700人，伤亡40589人，其中22743人阵亡、被俘或失踪。红军在季赫温反攻中投入192950人，伤亡48901人，其中17924人阵亡、被俘或失踪。另外，第54集团军和涅瓦河战役集群10月份在锡尼亚维诺的辅助行动中投入71270人，损失54979人，其中22111人阵亡、被俘或失踪。不过，苏联方面的资料没有提供第55、第8集团军、涅瓦河战役集群11月和12月沿涅瓦河及其东部作战的伤亡统计，但可以肯定，不会少于5万人[79]。

因此，红军在季赫温防御战、季赫温反击战和列宁格勒周边的相关进攻行动中投入约30万人，战斗结束时，伤亡约19万人，其中约8万人阵亡、被俘或失踪。德国人在季赫温的冒险中同样损失惨重。莱布为进攻季赫温和沃尔霍夫投入的兵力超过10万，另外8万人守卫锡尼亚维诺和姆加，伤亡约4.5万人。

尽管遭到挫败，莱布还是在圣诞节当天给麾下部队下发了一份公告，宣布了集团军群赢得的战果：

在沃尔霍夫及其东面的诸次战斗，以及将前线撤至沃尔霍夫后方安全的冬季阵地的行动中，你们为履行任务，再次达到了防御力和体能适应力的最高要求，让敌人赶至沃尔霍夫后，一无所获。

自6月22日至12月20日，“北方”集团军群抓获438950名俘虏，缴获/击毁3847辆坦克和4590门火炮。

我们向献出生命的战友们庄严致敬。祖国感谢我们的保卫，日后还将继续依靠我们。

我们绝不会辜负这份信任。新年期间，我们将做好粉碎敌人一切突破的准备，直到元首再次要求我们恢复进攻。[80]

莱布慷慨激昂的公告掩盖了严峻的现实——德军未能完成希特勒赋予他们的任务。没过两周，莱布疲惫的部队不得不对其指挥官的英勇号召做出回应，因为红军再度下定决心， 于1月7日对德军沿沃尔霍夫河构设的防线发起进攻。莱布的圣诞公告也是他最后的道别。苏军发起新攻势后，他向希特勒提交了辞呈。犹豫5天后，1942年1月18日，希特勒命屈希勒尔接替莱布。

本章原注

1. “德军统帅部关于从事战争的文件”，SVIMVOV，第242—244页。

2. 吕蒂肖，《通往莫斯科之路》，第29章，第71—72页。

3. 哈尔德，《哈尔德战时日记》，第543页。

4. 同上，第547页。

5. 佐洛塔廖夫，《最高统帅部大本营：1941》，第224页。

6. 普拉东诺夫，《列宁格勒战役，1941年—1944年》，第102页。

7. 切列帕诺夫9月份出任该集团军司令员，接替了8月份替换普申尼科夫的M.N.格拉西莫夫中将。

8. 第23集团军编有步兵第43、第123、第142、第198、第265、第291师，1个NKVD特别步兵旅、第22筑垒地域、独立坦克第48、第106营，外加支援炮兵和工程兵。参见《苏军作战编成，第一部：1941年6月至12月》，第49页。

9. 同上。第8集团军编有步兵第16军（辖步兵第10、第11、第85师）、步兵第48、第80、第191、第281师、海军步兵第2旅、独立拉脱维亚步兵第76团、独立坦克第2团和1个装甲车营，外加支援炮兵和工程兵。

10. 同上。费久宁斯基集团军编有步兵第13、第44、第56、第189师、NKVD步兵第21师、海军步兵第6、第7旅、独立机枪—火炮第268、第282、第291营、独立坦克第51营，外加支援炮兵和工程兵。

11. 同上。总的说来，第55集团军编有步兵第70、第86、第90、第125、第168、第268师、步兵第17师第55团、斯卢茨克—科尔皮诺筑垒地域、独立坦克第84、第86营，外加支援炮兵和工程兵。机枪—火炮第247、第292、第267、第289、第261、第283、第290营位于第二梯队。

12. 同上。涅瓦河战役集群编有步兵第115师和NKVD步兵第1师、海军步兵第4旅、第1、第4、第5歼击营、独立坦克第107营，外加支援炮兵和工程兵。歼击营是步兵反坦克分队。

13. 同上。第54集团军编有近卫步兵第3、第4、步兵第128、第286、第294、第310师、山地步兵第1旅、坦克第21师（没有坦克）、坦克第16、第122旅，外加支援炮兵和工程兵。霍津麾下的每个师实力都不足，具体如下：步兵第128师，2145人；近卫步兵第3师，5594人；步兵第310师，3735人；步兵第286师，6019人。两个坦克旅共有52辆可用坦克，包括20辆 KV 和T-34型。参见：I.P.巴尔巴申，A.D.哈里东诺夫，《苏军1941年在季赫温的作战行动》，莫斯科：军事出版社，1958年，第18页。

14. 同上，第53页。第4集团军编有步兵第32、第285、第292、第311、骑兵第27师、坦克第9旅、独立坦克第119营，以及支援炮兵和工程兵。第52集团军编有步兵第267、第288、第312、第316师，外加支援炮兵和工程兵。

15. 同上，第50页。诺夫哥罗德战役集群编有步兵第180、第185、第305、坦克第3师，外加支援炮兵和工程兵。坦克第3师没有任何坦克，正改编为步兵师。

16. 佐洛塔廖夫，《最高统帅部大本营：1941》，第240页；普拉东诺夫，《列宁格勒战役，1941年—1944年》，第103页。

17. 第一戈罗多克的意思是第一“小村”。

18. “工人新村”的俄文是“Rabochii Poselok”。

19. 苏军部署详情可参阅：普拉东诺夫，《列宁格勒战役，1941年—1944年》，第103—104页。

20. 同上，第104页。V.V.古尔金，《1941年—1945年，苏联武装力量的人员损失：新观念》，VIZh，第2期（1999年3—4月），第4页。文中称苏军总兵力为71270人，而普拉东诺夫认为苏军总兵力为63000人。

21. 布罗夫，《日复一日的封锁》，第76—79页。

22. 最高统帅部大本营的相关指令可参阅：佐洛塔廖夫，《最高统帅部大本营：1941》，第257—259、第260—261、第262—263页。

23. 同上，第260页。

24. 同上，第264页。

25. 实际上，根据最高统帅部的命令，霍津11月2日再次对锡尼亚维诺发起进攻，这一次投入了更强大的兵力，但经过数日激战，这场进攻也以失败告终。

26. 吕蒂肖，《通往莫斯科之路》，第29章，第71—72页。

27. 普拉东诺夫，《列宁格勒战役，1941年—1944年》，第106页。

28. 巴尔巴申和哈里东诺夫的《苏军1941年在季赫温的作战行动》，第6—7页。这部赫鲁晓夫时代初期的著作，是苏联战役研究中最全面、最准确的一部。

29. 佐洛塔廖夫，《最高统帅部大本营：1941》，第250页。

30. 这场突击和后续作战行动的详情，可参阅：巴尔巴申和哈里东诺夫的《苏军1941年在季赫温的作战行动》，第23—79页；普拉东诺夫，《列宁格勒战役，1941年—1944年》，第106—116页；吕蒂肖，《通往莫斯科之路》，第29章，第71—78页。另可参阅“北方”集团军群与之相关的每日作战态势图。

31. 佐洛塔廖夫，《最高统帅部大本营：1941》，第260—262、第262—263页。

32. 同上，第264页。

33. 吕蒂肖，《通往莫斯科之路》，第29章，第73页。

34. “中央”集团军群第3装甲集群10月17日夺得加里宁，看似有能力沿莫斯科—列宁格勒铁路线向西北方发起一场推进。但在瓦图京的策划和领导下，苏军最高统帅部发起一场大规模反突击，打击据守加里宁的德军。这场反突击是德军在“台风”行动中首次遭遇的严重逆转，苏军几乎将加里宁重新夺回，并粉碎了“中央”集团军群派部队向北推进，支援季赫温德军的一切希望。详情参阅：A.A.扎巴卢耶夫，S.T.戈里亚切夫，《加里宁进攻战役》（原为保密级），莫斯科：伏罗希洛夫总参学院，1942年。

35. 吕蒂肖，《通往莫斯科之路》，第29章，第73页。

36. 第一个突击群编有步兵第44师步兵第25团和坦克第60师坦克第121团。

37. 佐洛塔廖夫，《最高统帅部大本营：1941》，第391页。这场进攻与列宁格勒方面军（第54集团军）力图恢复在锡尼亚维诺的攻势但遭遇失败的时间安排相一致。佐洛塔廖夫的书中还包括最高统帅部大本营批评雅科夫列夫集团军作战表现的训令。

38. 吕蒂肖，《通往莫斯科之路》，第29章，第74页。

39. 同上，第77页。

40. 普拉东诺夫，《列宁格勒战役，1941年—1944年》，第109页。指挥步兵第310师的是M.N.扎米罗夫斯基上校。

41. 佐洛塔廖夫，《最高统帅部大本营：1941》，第279—280页。梅列茨科夫曾担任红军总参谋长，1941年1月被朱可夫替代。

42. 同上，第286页，收录有大本营发给费久宁斯基的训令。

43. 普拉东诺夫，《列宁格勒战役，1941年—1944年》，第108—109页；吕蒂肖，《通往莫斯科之路》，第29章，第77页；巴尔巴申和哈里东诺夫的《苏军1941年在季赫温的作战行动》，第30—31页。

44. 哈尔德，《哈尔德战时日记》，第556—557页。

45. 普拉东诺夫，《列宁格勒战役，1941年—1944年》，第110页；克里沃舍夫，《揭秘：苏联武装力量在战争、作战行动和军事冲突中的损失》，第172页。据克里沃舍夫在该书第224页称，季赫温防御战开始时，第54、第4和第52集团军共计135700人。

46. 普拉东诺夫，《列宁格勒战役，1941年—1944年》，第110页。红军总参谋部批准的进攻计划，可参阅佐洛塔廖夫的《伟大卫国战争中的总参谋部：自1941年以来的文件和资料》，第237页。

47. 12月1日，梅列茨科夫第4集团军编有近卫步兵第4、步兵第44、第65、第92、第191师、“掷弹兵”第1旅、骑兵第27师、坦克第60师、坦克第46旅、独立坦克第119、第120、第128营，外加支援炮兵和工程兵。参见《苏军作战编成，第一部：1941年6月至12月》，第77页。

48. 梅列茨科夫的具体部署，可参阅：巴尔巴申、哈里东诺夫，《苏军1941年在季赫温的作战行动》，第38—391页。

49.12月1日，费久宁斯基第54集团军编有近卫步兵第3、步兵第80、第128、第285、第286、第294、第310、第311师、山地步兵第1旅、海军步兵第6旅、坦克第21师（没有坦克）、坦克第16、第122旅、滑雪第1、第2营，外加支援炮兵和工程兵。参见《苏军作战编成，第一部：1941年6月至12月》，第72页。

50. 12月1日，克雷科夫第52集团军编有步兵第111、第259、第267、第288师和支援炮兵及航空兵。同上，第77页。

51. 没有坦克的坦克第3师，很快改编为步兵第225师。

52. 普拉东诺夫，《列宁格勒战役，1941年—1944年》，第111页。

53. 吕蒂肖，《通往莫斯科之路》，第29章，第77—78页。

54. 同上。另参见：保罗·卡雷尔，《东进，1941年—1943年》，波士顿：小布朗出版社，1963年。该书第269—270页称，第18摩托化师在季赫温战役期间损失9000人，战役结束后，该师战斗兵仅剩741人。

55. 哈尔德，《哈尔德战时日记》，第579页。

56. 同上，第582页。

57. 同上。

58. 同上，第583页。

59. 吕蒂肖，《通往莫斯科之路》，第29章，第78页。

60. 保罗·卡雷尔，《东进，1941年—1943年》，第269—270页。

61. 哈尔德，《哈尔德战时日记》，第570页。

62. 普拉东诺夫，《列宁格勒战役，1941年—1944年》，第113页。

63. 埃里克森，《通往斯大林格勒之路》，第278页。

64. 组建沃尔霍夫方面军并任命梅列茨科夫为司令员的指令，可参阅：佐洛塔廖夫，《最高统帅部大本营：1941》，第329—330页。该方面军具体任务的相关指示，可参阅《伟大卫国战争中的总参谋部：自1941年以来的文件和资料》，第282—283页。

65. 详情可参阅：佐洛塔廖夫，《最高统帅部大本营：1941》，第339页。

66. 同上，第338页。

67. 西北方面军受领的完整任务，可参阅同上，第340页。

68. 这些电报中颇具代表性的几封，可参阅同上，第331—332、第334、第343—344页。

69. 同上，第390—391页。

70. 同上，第268页。

71. 同上，第277页。

72. 同上。

73. 同上，第278页。

74. 同上，第243页。

75. 在奥拉宁包姆登陆场作战的部队交给滨海战役集群，指挥该集群的是A.N.阿斯季宁少将。参见：格里布科夫，《荣获列宁勋章的列宁格勒军区史》，第255页。

76. 这些战斗迄今为止未见报道，其详情可参阅：佐洛塔廖夫，《最高统帅部大本营：1941》，第288—289页。

77. 哈尔德，《哈尔德战时日记》，第558、第582页。

78. 同上，第575页。

79.克里沃舍夫，《揭秘：苏联武装力量在战争、作战行动和军事冲突中的损失》，第172、第224页；古尔金，《1941年—1945年，苏联武装力量的人员损失：新观念》，第4页。

80. 吕蒂肖，《通往莫斯科之路》，第29章，第79页。

第二部
封锁

第五章
围困中的冬季
1941年—1942年

防御

就整个苏联而言，德国的入侵犹如一道霹雳，政府和民众都对此措手不及。更糟糕的是，德军初期推进的速度和毁灭性效果破坏了苏联的防御和动员计划，并使列宁格勒这些原本被认为是较为安全的后方地域的城市迅速变为活跃的战区。前线崩溃时，防御和动员成为苏联方面的当务之急。6月22日清晨5点，列宁格勒军区参谋长D.N.尼基舍夫少将召集各集团军司令员，批准实施动员计划，但随即发现，这些计划似乎与眼前的局势完全脱节[1]。从这一刻起，保卫列宁格勒的动员和准备工作基本上成为一件临时、越来越混乱的事[2]。

在列宁格勒市委书记A.A.日丹诺夫的领导下，党组织依据苏联人民委员会和联共（布）6月29日的指令展开动员[3]。这些指令要求党组织与相关军事领率机关的军事委员会、列宁格勒党委、工人委员会的领导人员密切配合，监督城防准备工作、动员工业生产、组建民兵、成立并派出游击力量。从军事角度看，这起初指向了北方面军军事委员会、列宁格勒党委和市工人协会，后来则是西北方向总指挥部和列宁格勒方面军军事委员会。

最紧迫的任务是组织列宁格勒的军事防御，7月初德军突破斯大林防线后，这项任务变得尤为关键。6月底和7月，组织防御的工作首先沿卢加防线展开，随后又在列宁格勒周边和城内进行，在此期间，城内所有修建工作暂停。为此，有关当局动员了城内的大部分居民。1941年6月27日，列宁格勒市苏维埃执委会发布一道命令，明确了城内居民的工作职责：

> 遵照苏联最高苏维埃主席团1941年6月22日“关于军事态势”的命令，根据军事当局的命令，列宁格勒市劳动者代表苏维埃执行委员会特此决定：
>
> 1. 招募适龄男女入伍，男性在16岁至50岁之间，女性在16岁至45岁之间，不包括在国防工业工作的工人、从事防卫任务的人……
>
> ……
>
> 5. 建立以下工作制度以完成义务工作：
>
> a. 不从事工作但身体健康的市民，不分男女——每日8小时。
>
> b. 办公室人员、其他工人和劳工——工作后每日3小时。
>
> c. 职业教育机构的学生——放学后每日3小时。[4]

7月底，这些工作组开始在列宁格勒南郊和城内构筑防御。最终，这些居民协助构建了普斯科夫、奥斯特罗夫筑垒地域、卢加防线和金吉谢普、卢加、巴捷茨基的相关拦截阵地，以及靠近列宁格勒的防御地域和防线。其中包括赤卫军城、乌里茨克、普尔科沃、科尔皮诺和沿涅瓦河右岸（西岸和南岸）的防御工事及阵地[5]。7月、8月和9月份头10天，平均每天有12.5万名列宁格勒人在城市接近地的防御地带和筑垒地域从事修建工作，共耗费8757600个人日（参见地图9）[6]。

军事当局组织、监督大规模修建工作，城内居民也编入到列宁格勒各工厂的工人小组中，从事实际劳动。这些小组修建了数量惊人、规模不等的防御工事，从简单的狭长掩壕，到重达2吨的钢筋混凝土炮兵发射阵地、半吨至3吨的机枪火力点、火炮和机枪装甲掩体、每个重达2吨的钢筋混凝土锥形防坦克障碍。

战争头6个月，民工和部队共同准备了大量防御工事。例如，6月22日至9月13日，第16、第53、第55托拉斯、第5工厂和“街垒”“基洛夫”“奥尔忠尼启则”“伊若尔斯克”厂在列宁格勒城内和周边修建了378个装甲和钢筋混凝土火炮发射点、678个机枪火力点。另外，这些单位还构筑了24046个钢筋混凝土反坦克锥，主要在卢加、金吉谢普、赤卫军城、斯卢茨克—科尔皮诺筑垒

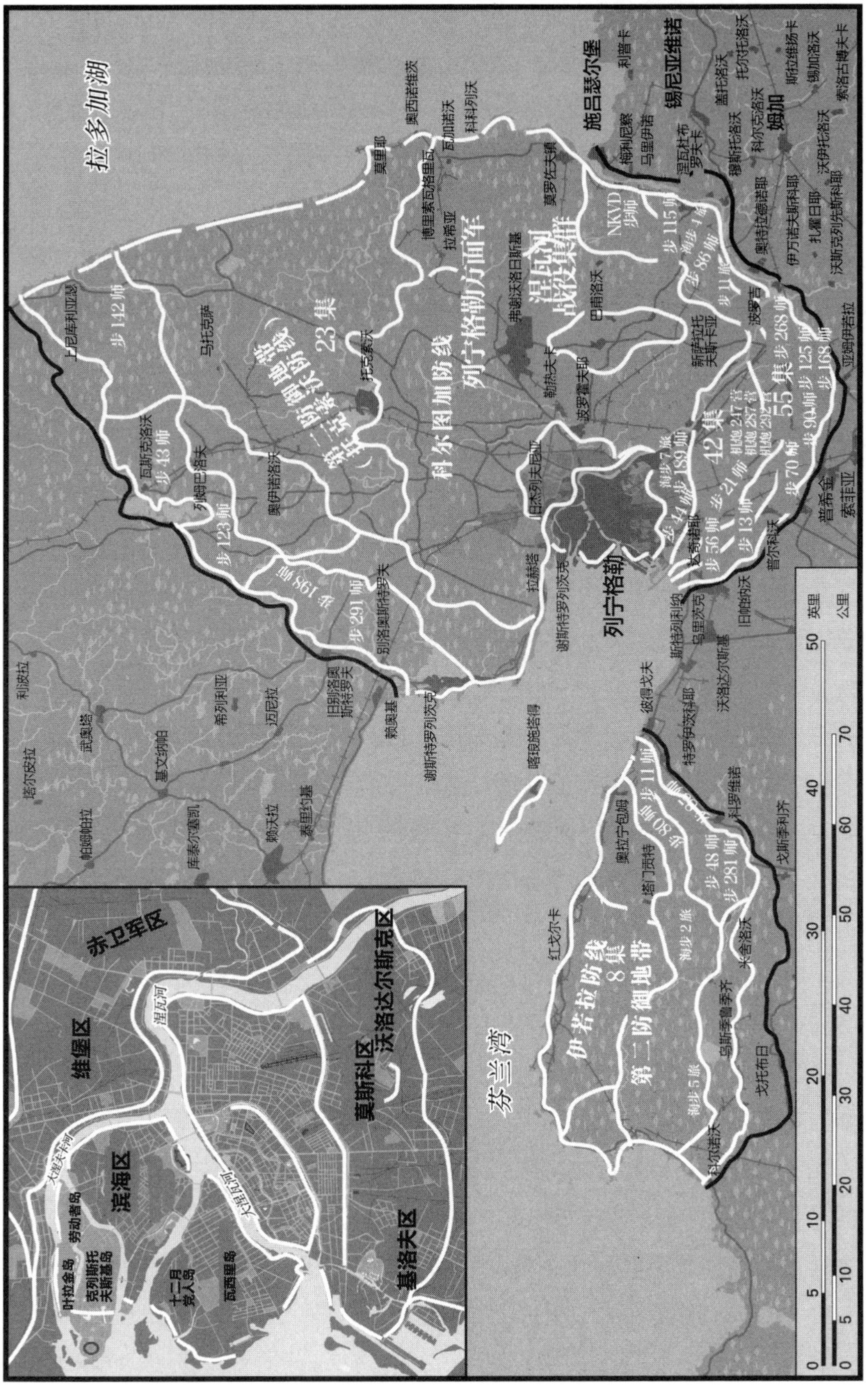

地图 9：1941 年 12 月 31 日，苏军在列宁格勒的防御

地域。据官方统计，列宁格勒居民修建了592公里开放式防坦克壕、459公里崖壁和断崖、48公里防坦克障碍、134公里障碍物、24公里路障、667个防坦克菱形拒马和铁蒺藜、329公里铁丝网、11500个班用散兵坑、772公里交通壕、1527座掩体、2072个指挥所/观察哨/医疗站，以及约4500个碉堡和大小暗堡[7]。

尽管完成了大量工作，但这番修建努力存在许多问题，甚至是危险。特别是7月和8月期间，急转直下的军情导致计划无法完善，也使许多工作难以完成。更糟糕的是，这些工作大多组织不善，且长期缺乏具有专业资质的管理人员和劳工[8]。由于大部分武器和炸药被运往前线，新防御工事缺乏反坦克、反步兵地雷和其他爆炸障碍物。战火烧至列宁格勒后，防御工事的修建工作又继续进行了很长一段时间，8月1日至12月31日，平均每天投入4.5万人，共耗费6596000个人日从事防御准备[9]。

1941年7月底和8月初，列宁格勒市市委和各区区委与积极提供支持的各工厂紧密配合，开始在城内各区组织防御工作。9月3日，德军逼近市郊，列宁格勒方面军加快工作速度，下令建立一个精心设计的“防区”[10]。这项工作开始后，市区防御前沿沿环绕城市的铁路线延伸。环形铁路线内，防御分为六个区，每个防区对应市内六个区中的一个，分别是南面的基洛夫、莫斯科、沃洛达尔斯克防区和北面的滨海、维堡、赤卫军防区。每个防区由相距1.2～2公里的数道防御阵地组成，每道防御阵地又由数个独立但相互支援的营防御地域构成。六个防区共有99个营防御地域。区党委书记和区苏维埃执委会主席组成防御指挥部，当地NKVD部门和工人组织负责指挥每个防区[11]。只有在战斗情况需要时，当地NKVD部队、列宁格勒消防力量、民兵人员和工人编队方可投入各防御地域。各防区的防御骨干由一套精心布设的路障和防坦克防御体系构成。各防区守军在各座街区和独立建筑物间设立起2.5米高、3.5米厚的路障。例如，基洛夫防区建起17.2公里路障，其周边由防坦克壕加以掩护[12]。

由于德国人相当依赖其装甲力量，故而防坦克防御至关重要，建筑队伍力图沿所有危险的敌坦克接近地建立起连贯的、纵深梯次配置的防坦克防御。例如，第42集团军的防区包括最危险的敌坦克进击方向。截至1941年11月1日，除了已在城市边缘建立的防坦克地域，该集团军还建起41个相互支援的防坦克地域。这些地域部署了342门反坦克炮，防线的平均战术密度为每公里正面17门火炮。第42集团军将50%的反坦克炮部署在主防御带，20%部署在第二防御地带，另外30%部署在市郊[13]。防坦克防御还包括一个大范围防坦克障碍物网，利用诸如河流、峡谷、溪流和森林地域这些独特的地形特征实施防坦克防御，并以掩护火力加以覆盖。在缺乏自然障碍的地带，工程兵们以诸如龙牙、崖壁和防坦克壕这些障碍物填补防御缺口。

列宁格勒守军还必须抗击德国空军潜在的毁灭性能力，防止对方以猛烈空袭的方式迫使该城屈服。1941年夏季，列宁格勒的防空能力相当虚弱，但到秋季时得到明显改善。列宁格勒州的防空任务最初由4个单位负责：防空第2军和歼击航空兵第7军保卫列宁格勒城，拉多加湖旅级防空地域掩护拉多加湖上的水路，斯维里河旅级防空地域守卫从内陆至拉多加湖的铁路线[14]。为通过集中控制来加强列宁格勒的防空能力，1941年11月，国防委员会改组苏联国土防空军，将防空第2军改编为列宁格勒军级防空地域。这番改组虽然保留了拉多加湖旅级防空地域和斯维里河旅级防空地域原先的配置，但将3个防空地域交给列宁格勒方面军，而不是国土防空军司令员①指挥[15]。此举有助于集中防空力量，并促进了地面防空和空军防御之间的火力协调，这对一场成功的城市防御战尤为重要。此后，防空部队只有在掩护各自火力区内的具体目标时才会独自行动。

防空歼击航空兵的主要任务是将德国人对市区的空袭驱逐到尽可能远的地方，夜间，配属的对空探照灯连为歼击机提供支援。列宁格勒方面军诸集团军辖下的高射炮兵团在市郊和市内建立起高射炮火力区，主要集中于城市西部、西南部接近地。防空部队还在芬兰湾的舰船上部署了高射炮连，以加强西部防御地域，增加其防御纵深，并以拦阻气球掩护城市接近地和市区。

一旦德军逼近列宁格勒城至炮火射程内，城内守军就必须应对德军的炮火威胁。此时，为阻止或妨碍德国人对市内居民、工厂和建筑物施以破坏性火力打击，一项对敌炮兵连斗争的广泛计划就显得尤为必要。9月底，列宁格勒方面军制订了统一炮兵和空中火力的计划，以应对这一威胁。该计划为炮兵和

---

① 译注：除了列宁格勒，其他各地区的防空地域均脱离军区、方面军管辖，由国土防空军司令员统一指挥。

战机分配了具体目标，位于最远处的目标显然交给战机。当年10月，方面军还组建起对敌炮兵连斗争的炮兵群，每个炮兵群编有2～3个高射炮兵营。这些炮兵群包括第42和第55集团军所有高射炮，以及所有海岸炮和舰炮，直接隶属于方面军炮兵主任。秋季，德军的威胁愈发严重时，最高统帅部大本营将N.N.沃罗诺夫炮兵上将派至列宁格勒，监督对敌炮兵连的斗争。

冬季，芬兰湾海面和列宁格勒城内及周边的湖泊、河流冻结，这使德国和芬兰军队得以踏冰而行，海岸防御成了大问题。为应对这一威胁，列宁格勒方面军组建起卫戍部队，最初编有1个步兵旅、1个滑雪支队、2个机枪连、8个45毫米炮兵连、18艘冰帆和4个预备队连[16]。这支部队由原第42集团军司令员S.P.伊万诺夫少将指挥，他在9月时被朱可夫解除了集团军司令员职务。卫戍部队的任务是在列宁格勒西部地域组织连贯防御，防止敌人从芬兰湾前出至市区，并确保列宁格勒与孤立在奥拉宁包姆登陆场的部队之间的正常交通。

在此期间，最高统帅部命令列宁格勒方面军将波罗的海舰队的大部分舰艇从喀琅施塔得转移到列宁格勒。此举虽然加强了列宁格勒的防御，但以陆军部队增援喀琅施塔得地面防御也随之成为必要。鉴于市区可能遭到德国人的空降突袭，每个防区和特别反空降支队的指挥员们都担负起了抗击德军企图的任务。这些特别反空降支队编有来自各兵种的人员，受由民兵、消防和共青团单位的代表组成的三人特别委员会领导。

9月，德军逼近市郊，朱可夫出任列宁格勒方面军司令员时，列宁格勒已岌岌可危。在此期间，最高统帅部指示朱可夫的参谋长霍津，9月17日前做好炸毁城内桥梁和工厂，并构设防御应对德军最终突击的准备。9月13日，斯大林下达了“如果发生被迫撤离列宁格勒的情况，对船舶的处置方案”，下令炸毁一切对德国人有利用价值的设施：

1. 如果发生被迫撤离列宁格勒的情况，海军舰队的所有舰艇、商用、工业和技术船舶都应加以破坏。

2. 实施破坏之目的在于：

a. 使其无法为敌所用。

b. 排除敌人驶向喀琅施塔得和列宁格勒，并在海峡、锚地、港口和运河使用这些船只的可能性。

3. 必须以最长时效的破坏效果实施最大程度的破坏，即，炸毁、凿沉相关船只。

4. 最高统帅部发出信号后，遵照严格的顺序计划执行破坏工作……

I.斯大林

1941年9月13日批准[17]

不过，德军的最终突击失利，希特勒决定包围这座城市，从而结束了这场危机，也使列宁格勒免遭破坏。

动员

遵照国防委员会“利用当地资源准备防御工作”的指示，7月至9月，列宁格勒军方和党政人员制定了一个雄心勃勃的大规模动员方案，以获得城市防御所需要的军事人力资源。该方案的核心是组建以师级编制为主的民兵部队，并对工人支队加以武装。战争爆发后，州党委和区军事委员会发出个人和集体呼吁，要求立即组建民兵力量。几天后的6月30日，列宁格勒党组织开始组建列宁格勒民兵集团军，列宁格勒方面军任命A.I.苏布博京少将为民兵集团军司令员，M.N.尼基京上校为参谋长。苏布博京集团军起初计划编15个师，每个师1.2万～1.3万人，由列宁格勒18岁至50岁“最优秀的工人、学生和教师”组成[18]。

可是7月初，西北方面军的防御发生崩溃，迫使列宁格勒党组织加快民兵部队的组建工作。7月7日，民兵集团军将第一批三个民兵师派往南面，守卫卢加防线。三个师共计45183人，都是在7月2日前加入民兵组织的志愿者。6月30日至7月6日这7天，共96776名列宁格勒人参加民兵集团军，其中包括20647名党员和13457名团员，还有从事辅助勤务的32000名妇女[19]。到7月8日，这个数字上升至101037名男女志愿者[20]。

列宁格勒民兵集团军分三个阶段投入其辖内部队。第一阶段是7月4日至18日，集团军组建了3个民兵师，分别命名为民兵第1师、民兵第2师和民兵第3师，分别辖12102人、8721人、10094人，总计30917人，但这个数字比规定编制少2000～3000人[21]。同一时期，该集团军还组建了16个机枪—火炮营和6个歼击团，分别编有16800人、5000人。由于第一次征募人数明显不足，7月16日，西北方向总指挥部下达一道新指示，命令在3周多时间里（7月18日至8月20日）组建5个新师。民兵第4师是以3个歼击团组成的轻型师，而近卫民兵第1、第2、第3、第4师则以原工人志愿者支队成员组建而成。这4个近卫民兵师分别编有10538人、11489人、10334人、8924人，其中近卫民兵第2师超出编制兵力653人[22]。9月11日，近卫民兵第4师改称民兵第5师。

西北方向总指挥部再次下令，9月1日至15日间组建民兵第6、第7师，就此开始了民兵部队组建工作的第三阶段，也是最后一个阶段，这两个师也以现有的工人营为基础组建。这两个师分别辖有8189人、8454人，比编制兵力少约2500人。就这样，到9月15日，西北方向总指挥部已组建并投入了10个民兵师和16个独立机枪—火炮营，共计135400人[23]。

每个民兵师类似于一个常规步兵师，主要由预备役人员和志愿者组成，其中大多数人在预备役期间接受过一段时间的军事训练。每个民兵师编有3个步兵团、1个炮兵团、1个侦察支队、1个通讯连、1个工兵营或连、1个医疗营和1个汽车运输连。每个师约有20名高级干部，大多经验不足、缺乏训练、对现代化军事装备的使用不太熟悉。各民兵师的中级和下级干部由原红军部队的军士和士兵担任。这些民兵师严重缺乏机枪、反坦克炮和高射炮。为弥补这种短缺，这些师组建起反坦克歼击群，配备反坦克手榴弹和反坦克地雷。

7月10日至20日，西北方向总指挥部将民兵师派至卢加防线。这些师刚刚组建完毕，师里的官兵根本没机会获得复训，其结果可想而知。尽管他们充满激情和狂热，但这些师无法持久战斗，师里的士兵们像苍蝇般死去。由于所有师均被派上前线，西北方向总指挥部9月底解散了民兵集团军。最后，8月底和9月初在列宁格勒以南的激战中幸存下来的民兵师，成为第42、第55集团军和涅瓦河战役集群的核心力量。9月底，红军总参谋部将现存的7个民兵师改编为红军正规步兵师，正式解散了已在战斗中耗尽的民兵第1、近卫民兵第2、第4师[24]。

民兵部队组建时，工业企业也建立起武装工人支队，并要求所有工人开展日常军事训练。“基洛夫”“列宁”这些大型工厂组建的工人支队受由厂长、地方党委书记和工会主席组成的三人委员会领导。7月和8月间，列宁格勒约107000名工人在不脱产的同时接受军事训练，然后以每个车间或工段一个连为基础组建起武装支队。通过这种方式，截至11月1日，党组建起123个工人支队，共15460名工人战士[25]。由于这些支队中的大多数缺乏战斗力，10月9日，当局将部分支队改编为步兵营、连、排，后来又编为5个工人旅，并派这些旅负责城内防卫。这些工人营成为民兵师、列宁格勒方面军前线兵团和部队的补充兵来源。

1942年年初，德国人加强了对列宁格勒的空袭，使得人力短缺的状况日益吃紧，党和军事当局开始动员妇女，特别是共青团员，除了参加传统的非战斗任务外，还要履行作战任务。根据国防委员会1942年3月23日和4月13日下达的指示，列宁格勒方面军军事委员会最初接纳1000名妇女加入防空部队[26]。列宁格勒州共青团团委通过各个区建立的特别委员会招募女性志愿者，也接受来自非工会成员的年轻志愿者。防空指挥部主要将妇女们派至各防空高射炮连、探照灯站、拦阻气球分队、电话和无线电站，以及对空侦察、无线电定位点和单位。1942年5月前，又有1000名妇女加入了列宁格勒防空部队。

除了动员民兵、工人支队和妇女，党、军队和共青团组织还为全体居民提供了一些军事训练，以加强工人队伍的战斗准备。1942年3月3日，市党委命令各厂厂长和党委书记协助州军事委员会提高普遍军训水平，加强列宁格勒的防御。党组织负责满足民兵师、工人支队和破坏支队的最低需求，各工厂则以超出正常生产计划的内部资源为所动员的部队提供武器、装备、军装和补给[27]。

大批列宁格勒居民还有一项普遍从事的任务，即是参与由地方当局监督指导的地方防空。战争爆发后不久，党派列宁格勒劳动者代表苏维埃负责组织地方防空。6月27日，劳动者代表苏维埃执委会命令所有工厂、单位、中学和大学、社会组织和房管部门的相关人员组织昼夜防空警戒哨。执勤哨兵负责向市民们发出空袭警报、组织消防并执行灯火管制，以防范敌人的空袭。市内各条街道和建筑物内禁止亮灯，并以防护罩遮蔽必要的公路和铁路信号灯具。地方防空人员还在整个市区准备了集体防空洞和野外空袭隐蔽所，由专职干部加以维护，并掌控其使用。例如，十月区的居民们挖掘了4000多米狭长掩壕，准备了214个地下防空洞，以过磷酸石灰涂抹了100万平方楼顶，并在战争头45天遂行了数百项其他任务[28]。

后来，地方防空部队组建起一些大队，在各工厂和其他设施内从事消防工作，并在住户和公寓楼建立起自卫队和救火队，履行相同的职能。截至9月初，3500多个此类团队行动起来，共计27万名男女成员，仅在伏龙芝区便有1.6万名妇女从事这一勤务[29]。7月27日，列宁格勒市苏维埃执委会加大了地方防空的力度，命令所有身体健康的列宁格勒市民必须接受地方防空训练。

这些措施取得了成效，特别是在德国空军自9月6日晚开始实施猛烈的轰炸行动并持续至9月27日期间。在此期间，里希特霍芬计划于10月中旬转隶“中央”集团军群的第8航空军也对波罗的海舰队发起打击，重创了“马拉特”号、“十月革命”号战列舰，以及“基洛夫”号、“马克西姆·高尔基”号巡洋舰。可是，里希特霍芬的部队调离前，这些空袭未能完成摧毁列宁格勒浮动炮台的任务[30]。

此后，德国空军将空袭重点集中于列宁格勒城区。例如，仅9月19日一天，280架德军战机对市区发起6次空袭，投下528枚炸弹和135枚燃烧弹，9月27日的3次空袭又投下200多颗炸弹。在这段时间，德国空军实施了11次日间空袭和12次夜间空袭，共投入2712攻击架次，其中480架次成功突破城市的对空防御[31]。但是，苏联方面称，其战机和高射炮击落272架突入的德军战机，迫使德国空军从更高高度实施轰炸，同时越来越多地采用夜间空袭，以减少飞机的损失。当年剩下的时间里，德国空军共实施空袭108次，设法突破城市的对空防御1499架次（79%）。这些飞机投下3295枚炸弹和67078枚燃烧弹，造成的伤亡人数约占列宁格勒居民在整个战争期间因空袭而死伤的88%[32]。

1942年1月至3月之后，德军的空袭急剧减少，大规模空袭弱化为单机单架次攻击。例如，4月有572架德军飞机对列宁格勒发起空袭，但突破城市对空防御的只有95架。5月，德国人彻底停止了空袭，直到10月才恢复。此后直到年底，德国人的空中行动都比较乏力。德军的空中行动节奏明显减缓，空中封锁随之崩溃，城内居民因空袭而伤亡的人数大为降低，这都主要归功于列宁格勒防空部队越来越强的实力和应变力，以及地方防空为此付出的努力。

军工生产和疏散

战争爆发前，列宁格勒是苏联最重要的武器生产中心之一，苏德战争爆发后依然如此，在“一切为了前线”的口号下，国家和党赋予列宁格勒诸工厂的任务是为红军提供武器、弹药和其他补给及装备。战争爆发后，政府立即命令该城的工业转为只生产军工产品，这个过程需要2~3个月方能完成。像基洛夫、伏龙芝、布尔什维克这些工厂自6月22日后便加速生产，并招募大批妇女加入劳动队列。

各工厂的工作量与日俱增，随着战线逼近市区，工作条件急剧恶化。9月4日至12月31日，德军炮兵对列宁格勒及其工厂发起272次炮击，13000多发炮弹落入城内，加剧了德国空军向城内投下的70000多枚炸弹造成的破坏[33]。这种炮击有时在一天内能持续超过18个小时，9月15日，德军的炮击达到高潮，持续了18小时又32分钟，9月17日甚至更长了一分钟。1942年，又有21000发炮弹和950多枚炸弹落入市区。从1941年9月至1943年年底，德军旷日持久的炮击和轰炸导致平民5723人身亡、20507人受伤[34]。

苏联的重工业是德军炮击和轰炸的主要目标。1941年9月至11月，德军9次炮击位于南环铁路线的发电厂，333发炮弹中的73发命中厂区建筑。1941年9月22日至1942年1月25日，德军炮兵对喀琅施塔得工厂发起114次炮击，1420发炮弹炸死26人，炸伤58人。1942年7月后，由于红军的地面行动赢得胜利，德军的炮击终于逐渐减弱。此后，1943年上半年，15462发炮弹落入城内，下半年又有5535发炮弹击中城区[35]。

尽管工作环境非常危险，但至1941年12月31日，各工厂的产量依然很高，其中包括基洛夫工厂出产的491辆坦克，其中许多驶下生产线后直接开赴前线。1941年6月22日至12月31日生产的武器包括数千门/支迫击炮和冲锋枪、300万发/枚炮弹和地雷、4万发火箭弹、超过4.2万颗航空炸弹、大批步枪子弹、491辆坦克和317门火炮[36]。除了满足北方面军和列宁格勒方面军的需求，这些工厂还生产了1000门火炮/迫击炮和数百万发炮弹，以供保卫莫斯科所用。

9月初，德国人夺得施吕瑟尔堡，开始对列宁格勒加以陆地封锁后，GKO（国防委员会）命令日丹诺夫和库兹涅佐夫，着手将尽可能多的关键工业和技术人员从列宁格勒疏散至伏尔加河和乌拉尔地区[37]。疏散重型坦克厂、装甲车厂和大批其他工厂及熟练工的工作始于8月，进入10月后加速进行，此时德军发起行动，意图切断城市以东剩余的交通线，并开始轰炸这些路线。疏散路线经铁路线延伸至拉多加湖，利用驳船穿过湖泊，再以铁路线经沃尔霍夫、季赫温至沃洛格达（Vologda）和内陆地区。截至8月31日，已有282列火车驶离列宁格勒，但姆加被德军攻陷，这导致运输计划更趋复杂，迫使负责疏散计划的V.A.戈洛夫科技术勤务中将转而更多地依靠驳船将设备从施吕瑟尔堡运过拉多加湖。随后，德国人夺取了施吕瑟尔堡，封闭了这些疏散路线，导致数吨工业设备散落在列宁格勒通往拉多加湖的铁路侧线和公路上。最后，基洛夫和伊若拉坦克厂迁至位于乌拉尔地区的车里雅宾斯克和斯维尔德洛夫斯克。与此同时，飞机疏散了10500名最娴熟的工人和技术人员[38]。这些工厂和技术人员很快在新厂址恢复了生产。

虽然人员严重短缺、德军的轰炸和炮击持续不断，但这些工厂在疏散期间仍利用从当地获得的资源继续从事生产。对这些工厂来说，除了遭到德国人猛烈轰炸的9月，最艰难的时期当属1941年11月至1942年年初，既面临燃料和电力短缺，又遭遇饥饿造成人员损失，许多工厂不得不彻底停工。饥馑最严重的时期，任何时候都有50%～60%的工人缺岗。这给前线弹药补给造成破坏性影响。但即便在这一时期，列宁格勒的工厂仍继续为其他重要地区的红军提供着补给，特别是为莫斯科地区。根据GKO的指示，10月和11月，列宁格勒将急需的武器和弹药经拉多加湖或空运输送至莫斯科。将基洛夫和伊若拉厂技术人员送至乌拉尔地区的北方特别航空兵大队参加了为莫斯科运送重要补给物资的空运行动[39]。

1942年春季，补给物资经冰上道路运过拉多加湖，这使部分工厂得以开工，城内交通也有所恢复，工厂的生产情况有了明显改善。可是，由于缺乏训练有素的管理者和工人，仍无法恢复全面生产，于是，党和市政府开办了技术学校和新工人培训项目。当局将重点放在恢复武器和弹药的生产上，这一点可以理解，开工的武器生产厂数量从4月份的50个升至5月份的57个，6月份又升至75个，但这些工厂中的大多数规模相当小[40]。1942年1月1日至9月30日，武器产量略有上升，但主要是轻武器和弹药。1942年头9个月，他们共制造了1935门迫击炮、1975挺重机枪、22000支冲锋枪、187辆坦克（修复）和360门火炮（修复），全年共生产170万发/枚炮弹和地雷、2.2万颗炸弹、126万枚手榴弹[41]。

因此，尽管战争头18个月的武器产量急剧下降，但经历了战争、封锁和饥馑最严酷的考验后，列宁格勒的工厂仍能满足这座城市基本的防御需求。

遭围困的居民

德国人对列宁格勒的封锁，将300多万人困在城内。随着冬季临近、食物和燃料供应遭切断、微薄的食物储备日趋减少，城内居民面临着由饥饿和疾病构成的冰封地狱，在敌人的猛烈炮火下勉力求生。幸运的是，德国人没能切断拉多加湖以东所有交通线，收紧套在列宁格勒脖子上的绞索。这一失败反过来给德国人造成了大麻烦，并在最终将这座城市及其居民从极度饥饿和彻底毁灭中拯救出来。德国人也未能抵近到足以用炮火将列宁格勒摧毁的距离内。

随着列宁格勒的大部分男性已位于或正赶赴前线，列宁格勒城防委员会面临的第一个难关是照料士兵们的家属。为此，委员会在州、市、区苏维埃执委会建立起特别部门，负责军属的生计和福利。这些部门分发救济金和抚恤金，决心全力满足军属们的合法权益、物质和社会需求，但这在冬季物资匮乏期间变得非常困难。第一个冬季，这些部门为1.7万个军人家庭供应了取暖所需要的燃料，为9000多户军属提供了日常开销所需要的费用，2万多人获得了鞋子和衣物，1万多个家庭得到了住房[42]。另外，共青团“社会”大队和红十字会也为许多家庭提供了医疗和食物帮助。尽管有这种特别援助，但军属与大多数居民一样，共同经历了因封锁造成的诸多艰辛和困苦。

封锁期间，列宁格勒居民遭受了巨大的苦难，特别是在第一个冬季，各种短缺、饥饿和疾病肆虐全城。封锁最直接的影响是食物、弹药、燃料、油脂和维生所需要的其他物资的供应量急剧下降。GKO、党和市政府尽管全神贯注于前线的危急态势，但也全力调动城内一切资源来挽救这座城市及其居民。

德国人9月初首次切断列宁格勒补给线时，这座城市的物资储备并不足以满足市民的需求。该市面粉的每日需求量至少为1101吨，但截至9月26日，列宁格勒的面包和面粉储备共计3.5万吨，也就是说，这些储备的食物只够该城稍稍超过1个月的供应量[43]。其他食物的储量也很少。因此，当局的首要任务是确保一些基本生活物资运抵该城。

要让补给物资运抵列宁格勒，此时仅剩的途径是拉多加湖上的水路和空运。拉多加湖补给路线靠的是单薄、缓慢的驳船和小艇，必须冒着暴风雪和德军持续不断的空袭，不分昼夜地穿越湖区。10月1日至11月30日，这些脆弱的船只将4.5万吨食物、6208吨弹药、6638吨燃料和润滑油、2363吨其他货物运过拉多加湖。这6万吨补给相当于1791辆货车的载运量，平均每天30辆。11月14日至28日，30～50架飞机实施的空运补给设法将1200吨高热量食物运抵城内[44]。但是，交付的这些物资远远无法满足这座城市的需求。

德国人9月8日建立起封锁线，9月12日的空袭又给城内的巴达耶夫仓库造成破坏，致使列宁格勒发生了食物供应危机。因此，斯大林将A.A.米高扬食品委员会成员D.V.巴甫洛夫派往列宁格勒，命令他建立食物配给和保存制度[45]。巴甫洛夫留在列宁格勒，与市政府和党组织密切配合，建立起该市的食物和燃料配给制度，并管理达两年之久。

巴甫洛夫的配给制，以城内每个士兵和工人的军事职能及工作状况为基础，建立起分发各种补给物资的严格规定。下表是1941年9月10日颁布的各类接受者获得各种食物的标准（单位：克数）[46]。

	配给期	工人	职员	家属	12岁以下的孩子
面包	每天	500	300	250	300
燕麦和通心粉	每月	1500	1000	800	1200
肉和肉制品	每月	1500	800	400	600
鱼和鱼制品	每月	800	600	400	500
油脂	每月	950	500	300	500
糖和果酱	每月	1500	1200	1000	1500

但事实证明这些标准不切实际，必须逐步下降，以配合日趋减少的食物供应。例如，巴甫洛夫到来前便已确定的面包配给标准，分别在9月2日、9月7日、10月1日、11月13日和11月20日下降了五次。根据减少面包配给量的命令，这一配给标准适用于五类人：前线士兵；后方勤务人员；有优先权的工

人；工程师和技术人员；职员、家属和孩子。[47]

11月20日的每日面包配给，重点车间的工人为375克，工程师和技术人员为250克，职员、家属和孩子仅有125克[48]。与1941年6月22日的面包供应量相比，工人的面包配给定额下降了60%，而职员配给定额下降得更是超过80%。11月20日的配给标准一直持续至12月25日。同一时期，士兵们的面包配给量也分别在10月2日、11月7日和11月20日下降了三次。这就意味着前线士兵的面包配额减少了44.5%，11月20日后每人每天只有500克，后勤单位和机构人员的面包配给量下降了62.5%。11月20日，这座城市的250万名居民每天需要510吨面包[49]。12月25日，巴甫洛夫再次调整面包配给量，将工人和工程技术人员的标准调为350克，职员、家属和孩子则为200克[50]。

城内的面包店充分发挥想象力，以弥补面包的短缺。首先，他们对比面粉使用量后，将壁炉烘焙改为模具烘焙，此举将面包的烘焙重量增加了68%。随后，列宁格勒方面军于9月23日下令停止啤酒的生产，将所有麦芽、大麦、大豆和麦麸储备交给面包厂，以节约面粉用量[51]。但是，这些措施治标不治本，仍无法解决短缺问题。因此，9月24日，方面军又命令各面包店继续往面包里掺杂更多代用品（面包里已掺杂了40%的麦芽、燕麦、麸皮等添加物）。最后，面包店从11月底开始往面包里添加食用纤维，根据每日状况添加20%~50%的代用品。通过使用添加物，再加上降低配给标准的方法，面包供应得以延长了1个月半[52]。

11月底，异常寒冷的严冬提前到来，更严重削减了拉多加湖上的船运，使列宁格勒城内和前线的补给状况显著恶化。仅仅维持城内居民的生计，每天就需要1000多吨物资，1月中旬刚刚投入使用的冰上道路无法满足这些补给需求。另外，饲料供应也不够，这种短缺使得马匹体力不支，工作能力严重下降，最终导致了牛瘟。

这迫使有关部门寻找新的办法来增加经拉多加湖运抵的货物量，并进一步调动列宁格勒的内部资源。首先，12月底方面军将贮存在喀琅施塔得和其他堡垒及岛屿的300吨储备食物交给城内居民。同时，舰队、要塞和第54集团军的官兵们为支援列宁格勒居民，自愿减少他们的口粮配给[53]。这段时间，搜寻小组清理了过去用于存放食物和面包的所有建筑，试图找到些剩余食物。

随着供应日趋减少，而德国人对补给仓库和冰上道路的轰炸愈发加强，城内居民开始遭受饥饿和各种短缺，伤亡人数不断上升，正常工作难以为继直至变得不复可能。随着饥饿蔓延，1942年1月，燃料补给耗尽，电力中断，市内电车停运，自来水供应中断，渡轮和船运停摆，所有商业活动悉数停休。此后，城内居民不得不从冰冻的涅瓦河汲水，上班时必须从城市这一端步行至另一端，或干脆住在厂内，他们徒手或靠发电机操作机床。由于别无选择，居民们只能使用木柴炉子做饭和取暖，故而引发了大量火灾，其危险程度并不亚于德国人的轰炸，加之缺水，使得火情更加难以控制。政府部门迅速做出应对，成立了多个消防指挥部，其任务是提醒市民们火灾的危险，并指导消防工作。

疾病蔓延是饥饿的自然结果。城内居民患有坏血病和营养不良的比例显著增加，死亡人数灾难性地节节攀升[54]。1941年12月的死亡人数相当于1940年全年总和，1942年1月，3500～4000人死于疾病和饥饿[55]。饥荒在11月爆发后，月死亡人数从11月的1万人升至12月的5万多人，次年1月甚至超过12万人。1941年年底至1942年年初的冬季是列宁格勒被封锁期间最糟糕的一段时期，坏血病蔓延时，当局决定生产从松针提取的维生素C，1942年上半年共生产了738500升松树提取物[56]。

为协助缓解居民们的艰难处境，列宁格勒州的民众穿过封锁线上的漏洞，为列宁格勒居民提供食物。例如，1月28日至30日，该州东南部地区的民众将300吨食物偷偷运入城内；1942年5月，城内居民从被占领地区获得500多吨面包、肉类和其他食品[57]。做到这一点是有可能的，因为一年中大多数时间都无法通行的河流、湖泊和沼泽，到冬季时会冻结，此时完全可供通行。列宁格勒的燃料补给同样严重不足，其需求主要来自方面军和舰队。尽管实施了严格的配给和保存制度，但所有燃料还是在1942年1月1日前彻底耗尽。当局随即展开一项大规模工作，从邻近地区收集木柴和泥煤，特别是从市郊和东北部，1942年，他们从这些地方收集到超过350万立方米的木材[58]。

列宁格勒人瓦莲京娜·费奥多罗芙娜·科兹洛娃的经历代表了城内居民在可怕的饥馑和封锁期间不得不忍受的困苦。瓦莲京娜·费奥多罗芙娜生于1923年，德国人对列宁格勒实施封锁时她年方18岁[59]。

首先，封锁意味着饥饿。我的营养状况极其不良，体重从战前的60公斤降至1942年7月的39公斤。没有自来水，也没有排水系统。饥饿主导了一切，1941年年底的冬季极度寒冷。德国轰炸机频频发起空袭。建筑物燃烧、坍塌，许多人死于非命。城内没有交通工具，直到1942年春季，第一批电车才投入运行。

我有许多关于封锁的记忆。有些事情我已忘却，但人们永远不会忘记那段可怕时期的整体情况，语言无法充分表达我们不得不经历的那些事的真实本质。首先是饥馑。人们不断地想要吃东西。步行上班的途中，我幻想着突然找到一盒黄油，或者一匹马倒在路边。妈妈想方设法让我们这个家庭生存了下来，爸爸除外，他死于1942年3月30日，享年62岁。她以她的智慧和勤勉为我们四个（爸爸、妈妈、妹妹妮娜和我）安排每日三餐，尽管只是热水熬的一些粮食，外加卷心菜和一点面包（625克）。刚一宣布战争爆发，我的父母就囤了5公斤糖和几公斤燕麦。秋季，他们腌了30～40公斤白菜，这便有了菜叶和菜茎。这使我们得以熬过严格的食物配给制。而那些只得到125克面包配给的人，面包吃完后一无所有，就这样死掉了。有关部门凭配给证分发食物——扁豆、面粉和某种油脂，尽管只是一点点。

随着拉多加湖的冻结，“生命之路”开启了。载有物资的卡车从“伟大国土”沿这条道路驶来，“伟大国土”指的是未被德国人占领的领土。德国人毫不留情地对“生命之路”实施轰炸，许多车辆沉入冰面下，没能到达列宁格勒。但我们开始获得巧克力、蛋粉、罐头和其他食物。游击队员们操纵着载有食物的雪橇滑过冰面。整个国家都在关心我们这些“被封锁者”，我们对此心存感激。可是，这些补给对正常的营养来说仍是不够的，饥馑仍在继续，到1942年5月，我已虚弱不堪。我无力登上电车的台阶，经常被迫放弃。我的脑中充满了不祥的想法。

这年冬季，这里几乎没有水，我们的房间非常冷，近乎漆黑一片。只要有煤油，油灯就能点亮，或者将一根自制灯芯浸在某种油脂里，这也是一种油灯，或称之为火炬。很难获得水。我们融雪洗澡。我去几个街区后的街头喷泉处取水。雪橇上放着两只水桶。通常我从地下汲水。沿着道路，水从雪堆里渗出，水流越来越小，在狭窄的小径上冻结。早晨，我们只洗洗脸和手。一连几个月，我们无法清洗头发和身体。1942年春季，公共浴室开放了。男人、女人和孩子在一个屋子里洗澡，一个个瘦得皮包骨——真够丢人的。

最大的发明是“小炉子”。这是个15升的锌罐，底下垫上几块砖，罐体上挖出个可添加小块木柴的炉门，顶部有一个小小的开口，可用于烹煮食物，一根管子充当烟囱。爸爸亲手制造了这个炉子。我们在炉上煮食物，用它取暖，还可以在烟囱上烤面包。

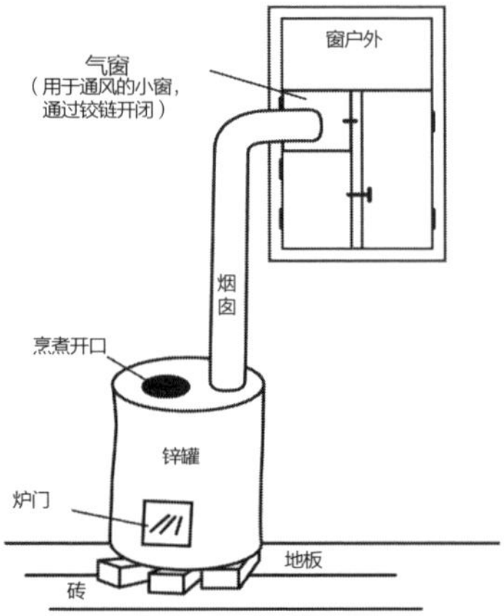

“小炉子”示意图

出门时，我们穿过前门进入雪堆。1942年春季，虚弱的市民们清理了害虫和死尸，这是为了消除暴发疫情的可能性。

尽管遭受到巨大的痛苦，但作为一个年轻人和全体人民的组成部分，我相信我们最终会赢得胜利，从未想过列宁格勒会投降。无论在家里、在工作中还是在服役期间，我身边的每个人都保持着高昂的斗志。[60]

1942年7月1日，列宁格勒军事委员会将瓦莲京娜·费奥多罗芙娜征召入伍，尽管她的身体明显营养不良。在一所专为红军年轻女兵开设的学校接受训练后，她被派至一个防空拦阻气球支队，在那里一直服役到1945年8月14日。她描述了服役期间的情况，以及对斯大林、对战争和德国侵略者的看法：

1942年6月，军事委员会发来一张征兵通知书。妈妈和妹妹陪我去。他们把我们这些憔悴、虚弱、年轻的姑娘们送到弗谢沃洛日纳亚车站休整两周，以恢复健康。

我在红军部队服役期间，许多困苦得到了缓解。充足而又定时的饮食治愈了我的营养不良，没过一年，我的体重又恢复到60公斤。用水供应恢复了正常。只是持续不断的轰炸和炮击仍在威胁我们的生命……

我所在的航空气球团驻扎在列宁格勒城内或市郊，视情况而定。服役期间我们面临的最大危险是被敌人的轰炸或炮火炸死。我们的高射炮击落了一些敌机，也许不是太多。如今很难回忆起究竟击落了多少，但我们确实打下一些敌机。我们的拦阻气球在天气晴朗时放入空中，吓退了德军飞行员，这样就保护了我们的城市。一些防空军飞行员获得了苏联英雄称号，这就说明他们为最终的胜利做出了贡献。据我回忆，我们遭受的人员伤亡很少，也许有些设备受到轻微损失。

关于列宁格勒的局势，我获知的消息都来自报纸和广播。我知道德国人打算以饥饿的方式迫使列宁格勒屈服，但未能成功，尽管他们准备在我们的城市广场上举行胜利阅兵式，他们甚至还印制了庆祝大会的邀请函。但事实证明，我军官兵的无私与坚定远比德国人的征服意志更强大。我们心爱的这座城市虽然遭受了严重损失，但敌人对它的封锁，先是被突破（1943年1月），后来又被果断打破（1944年1月）。

我们在战争期间的所有努力和想法都只为一个目标——胜利。我们相信斯大林和我们的军事领导人，以及这样一句座右铭："我们的事业是正义的，胜利属于我们。"

多年来一直有这样的说法，认为当时我们应当放弃列宁格勒，以避免生灵涂炭。可是，如果你问我，我的回答是："绝不！"就算是死也强过活在德国人的统治下。我们听说过许多关于死亡营和毒气室的事。在我们所有人看来，德国人是残暴的敌人，对我来说同样如此。很长一段时间里，我仇恨德国人。现在我已经77岁了，情感已变得迟钝。没错，现在的德国人已截然不同，他们对过去发生的事情追悔莫及。但上帝决不允许这样的战争再度发生。[61]

与身边的250万列宁格勒人一样，瓦莲京娜·费奥多罗芙娜被卷入激烈斗争的旋涡，并将她的精力奉献给标志着城内居民不可磨灭和难忘之精神的事业。与另数十万名同胞不同的是，她这样做后，还活了下来。

补给、运输和“生命之路”

第一个严冬期间，列宁格勒唯一的陆地补给路线是跨越拉多加湖湖面的“拉多加湖冰上公路”。这条充满传奇色彩的公路在冬季最困难的时期开始运行，由于对列宁格勒的生存至关重要，故而赢得当之无愧的称号——“生命之路”。拉多加湖尚未冻结，列宁格勒方面军试图打破德军封锁的行动明显失利后，苏军最高统帅部便于11月初命令修建一条跨越湖泊的补给路线。11月19日，列宁格勒方面军下令修建一条军用汽车路（101号军用汽车路），从拉多加湖东岸的科博纳（Kobona）起，穿过施吕瑟尔堡湾的冰面，直至湖西岸的瓦加诺沃（Vaganovo）。方面军任命汽车道路管理处副主任、一级军事工程师V.G.莫纳霍夫为101号军用汽车路指挥员[62]。

当时的情况非常危险，因为联结科博纳、沃洛格达和苏联内陆的铁路是通往后方的最后一条可用铁路线，这条铁路线穿过正遭受德军威胁的沃尔霍夫和已被德军攻占的季赫温。这迫使列宁格勒方面军着手修建更长的102号军用汽车路，这条道路绕过北面的季赫温，待苏军收复季赫温后便依靠该镇。102号军用汽车路由A.M.希洛夫军需勤务少将指挥，红军收复季赫温后，12月7日与101号军用汽车路合并[63]。

冰上公路沿最短的路线（28～32公里）跨过湖泊，是在极其困难的条件下建成的。修建冰路的各单位不得不与敌人近乎持续不断的炮火和空袭做斗争，这需要大量使用伪装和可靠的对空防御。施工队还必须应对湖上不断变化的冰情、冰层频繁的破裂和大量裂缝、影响冰层厚度的定期化冻和不时出现的暴风雪（参见地图10）。

施吕瑟尔堡湾从11月中旬开始冻结，A.S.莫扎耶夫少校的道路修建团展开勘查工作，并标出跨越冰面的主要及替代路线。第一个勘查大队由独立桥梁建设第88营组成，一级军事技术员V.索科洛夫率领这个营于11月17日和18日标出第一条路线；第二个勘查大队由莫扎耶夫少校亲自率领，也于同一天到达科博纳[64]。可是，勘查大队发现，100毫米厚度的冰层并不足以支承重型运输，至少要达到200毫米厚度，因此，大多数补给运输不得不等待冰层冻得更厚些。延滞期间，11月19日，轻型大车将第一批面粉从科博纳运过拉多加湖，每辆大车只携带适度负载的2～4袋面粉。次日，列宁格勒方面军后勤部长F.N.拉古诺

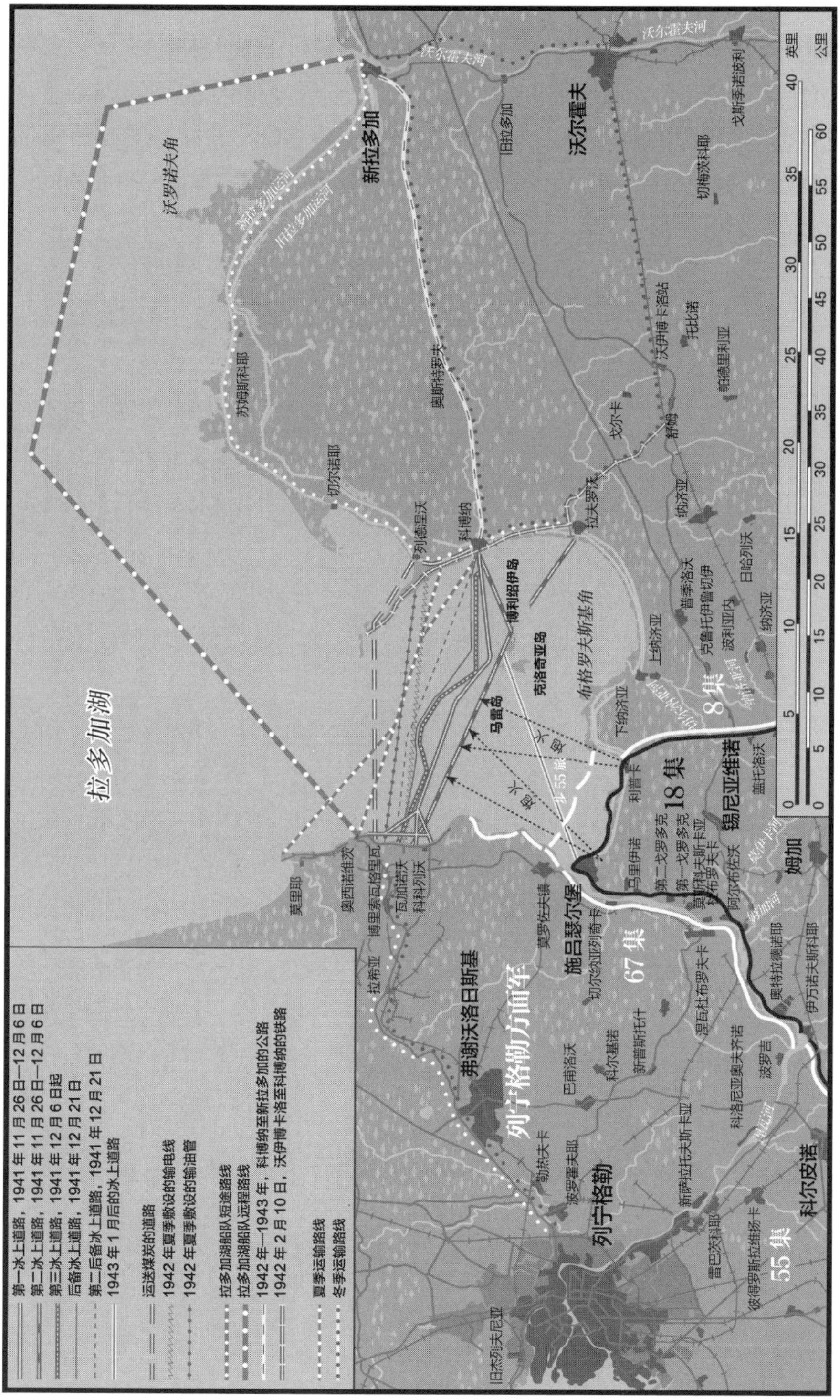
第一冰上道路，1941年11月26日—12月6日
第二冰上道路，1941年11月26日—12月6日
第三冰上道路，1941年12月6日起
后备冰上道路，1941年12月21日
第二后备冰上道路，1941年12月21日
1943年1月后的冰上道路
运送煤炭的道路
1942年夏季敷设的输电线
1942年夏季敷设的输油管
拉多加湖船队短途路线
拉多加湖船队远程路线
1942年—1943年，科博纳至新拉多加的公路
1942年2月10日，沃伊博卡洛至科博纳的铁路
夏季运输路线
冬季运输路线
拉多加湖
沃罗诺夫角
新拉多加
沃尔霍夫河
沃尔霍夫
旧拉多加
戈斯季诺波利
切梅茨科耶
新拉多加运河
旧拉多加运河
苏姆斯科耶
切尔诺耶
奥斯特罗夫
科博纳
列德涅沃
拉夫罗沃
戈尔卡
舒姆
沃伊博卡洛站
托比诺
帕德里利亚
纳济亚
博利绍伊岛
克洛奇亚岛
布格罗夫斯基角
上纳济亚
下纳济亚
克鲁格洛伊鲁切伊
波利亚内
日哈列沃
8集
18集
锡尼亚维诺
盖托洛沃
利普卡
施吕瑟尔堡
67集
第一戈罗多克
第二戈罗多克
马里伊诺
阿尔布佐沃
姆加
奥特拉德诺耶
伊万诺夫斯科耶
列宁格勒方面军
弗谢沃洛日斯基
莫里耶
奥西诺维茨
瓦加诺沃
科科列沃
拉希亚
莫罗佐夫镇
科尔基诺
列宁格勒
科尔皮诺
55集
旧杰列夫尼亚
新萨拉托夫斯卡亚
雷巴茨科耶
彼得罗斯拉维扬卡
波罗吉
英里
公里

地图10：“生命之路”

夫军需勤务少将亲自搭乘轻型汽车，两次从科科列沃（Kokkorevo）驶过湖区冰面赶往科博纳，以测试冰层的承载能力。11月22日，由60辆货车组成的第一支大型车队携带了33吨面粉，冒着暴风雪驶过拉多加湖。车队沿马拉大车留下的冰辙印向前而行，11月23日到达列宁格勒。次日，第二支车队将19吨物资运抵列宁格勒[65]。

此后，严酷、多变的气候条件频频破坏这些运输路线，限制了它们的承载能力，需要方面军工程兵不断对其加以维修、改善和扩大。11月18日至28日，工程兵们设法修建起第二条路线，这条湖上运输路线长27公里，从科科列沃起，经克洛奇亚岛（Kloch'ia）至科博纳。随着冰层的加厚，工程兵们还在北面修建起多条新路线。到12月底，冰层已厚达1米，还覆盖着30厘米厚的积雪，几乎可以不加限制地使用。此后，这些运输路线能够承载几乎任何类型军用车辆的重量，甚至包括重型KV坦克。

工程兵们修建的这些冰路，可在任何气候条件下担负不分昼夜的双向交通。修建工作完成后，这些冰上道路共长1770公里，其中1650公里需要反复清扫积雪。这就意味着3.3万平方米道路上的冰丘和雪堆须反复清理。在此过程中，方面军道路勤务部门铲平了824公里冰墙和雪墙，清扫了2200公里路面上的积雪，并在交叉路口和危险地段修建了260公里迂路。方面军还沿这些路线精心设置了路标、通讯点、道路勤务指挥所、医疗救护勤务站、饲料供应点、战斗警戒哨，以确保运输路线的可靠运行，仅通讯网络就长达168公里[66]。

可是，至少在最初，新的冰上公路远远无法满足列宁格勒的需求和列宁格勒方面军每天为该城提供2000吨补给的计划。例如，11月25日通过冰上道路运来70吨物资，26日154吨，27日126吨，28日196吨，29日128吨，与要求相比简直微不足道[67]。更糟糕的是，11月30日开始的一场化冻限制了车辆通行，并使每天装运的货物降至62吨。即便冰层加厚后，补给工作仍受到先天不足、效率低下的组织工作之耽误，导致食物、弹药、燃料储备降至灾难性的低水准，并威胁到城内士兵和居民的生存。

因此，日丹诺夫和库兹涅佐夫等党的领导人亲自负责补给工作，之后的情况逐渐有所好转。日补给装载量12月22日上升至700吨，23日达到800吨，首次超过列宁格勒的每日消耗量。列宁格勒和进行防御的方面军及舰队都依靠

“车轮”获得补给，因此运输工作绝不能减弱，补给流即便是最轻微的中断，也会对市民和部队造成最直接的不利影响。

到12月25日，补给流已获得极大改善，方面军军事委员会便增加了面包配给量，工人、工程师和技术人员增加100克，职员、家属和孩子增加75克[68]。可是，仅仅增加面包配给量并未满足困顿的市民们对食物的需求，他们继续忍受着令人难以置信的匮乏，直至1942年1月。1月初，列宁格勒的食物储备下降至只够两天供应量：980吨面粉、2.9吨大麦、815吨大豆、11吨麦芽、427.7吨油脂和1.1吨麦麸。同时，燃料储备仅为217000吨，远低于每日所需要的1700辆货车载运量，这个需求量相当于36列火车运载的燃料或120列火车运载的木材[69]。

鉴于这些灾难性短缺，方面军加快了在冰路上展开的工作，加大其承运能力，每天派2～3支车队沿多条路线运行，并提高了车队行驶速度。因此，物资交付量翻了一番，到1月18日，冰路运输终于实现了方面军规定的标准，这使列宁格勒方面军增加了每日配给，并开始建立物资库存。截至1月20日，列宁格勒方面军已在城内仓库、湖西岸的拉多加车站和冰上道路途中囤积起10～11日份的面粉、5日份的谷物、9～10日份的黄油、4日份的油脂、8日份的糖。湖东岸和通往沃尔霍夫铁路线上的沃伊博卡洛、日哈列沃（Zhikharevo）也储备了同样数量的物资[70]。

补给运输改善后，1月24日，列宁格勒方面军将居民和士兵们的每日面包配给量翻了一番。此时，工人每天能得到400克面包，职员300克，家属和孩子各250克，在重要车间工作的工人每天可获得575克面包（原为500克）。同时，前线士兵的面包配给量增加到每日600克（原为500克），后方勤务人员400克（原为300克）。2月10日，所有人的配给量再次增加。这一次，前线士兵每日可得到800克面包，后勤人员则为600克[71]。

增加冰上道路数量及其承载能力的工作有增无减，直到不再需要更多道路。这就要求相关人员付出巨大努力。“每个司机每天跑两趟”成为一句口号，1月份有261名司机完成这一要求；3月份有627名司机达标，其中355名完成了每天跑三趟的任务，有100名甚至达到每日五趟[72]。1942年1月份下半月，跨越拉多加湖的补给流进一步扩大，所运载的物资中，食物占75%。与此同时，车队开始将妇女、儿童、伤病员和贵重货物从市区疏散。

可是春季化冻后，冰上道路的效能迅速下降。3月25日，冰层开始遭受侵蚀，冰面和冰层内出现了水坑和许多裂缝，运输工作不得不缩减。4月15日后，客车已无法使用这些冰路，19日后轮到了油罐车。方面军下令停止穿越冰面的一切运输，4月21日12点起生效[73]。尽管下达了禁令，但4月23日—24日仍有64吨大葱运抵列宁格勒[74]。这也是最后一次，次日，所有交通运输终于停顿下来。

这些冰上道路为列宁格勒的防御及其居民的生存做出了巨大贡献，直至春季化冻才结束了它们的使命。1942年2月，列宁格勒市民获得的每日食物配给量，与国内其他地区的工人相当，而面包中的添加物在1942年第一季度中已降至1.7%[75]。使用冰上道路的最后 3 周，补给物资的运输量达到1941年11月和12月的4.5倍。整个冬季，这些冰路承载了361109吨货物，包括262419 吨食物、8357吨饲料、31910吨弹药和炸药、34717吨燃料和润滑油、 22818吨煤和888吨其他货物。另外还有2000吨抗坏血病和增进健康的高热量食品（例如巧克力和鸡蛋）经冰上道路运入城内[76]。此外，运输期间囤积起的物资，足以维持从冰路融化至恢复湖上水路运输这段时期的居民配给。

除了运送至关重要的食物、弹药和燃料补给，冰上道路也成为疏散平民、重要人员和工厂的手段[77]。冰路刚一投入使用，列宁格勒方面军便开始大规模疏散那些无法从事劳动的人，特别是妇女、儿童和残疾人。疏散人数从1月份的11296人上升到2月份的117434人，3月份高达221947人，4月份为163392人。截至4月份，总疏散人数为514069人，平均每天5000 ~ 6000人[78]。工业疏散也开始于12月。1941年12月至1942年4月，列宁格勒方面军派出3677节车皮将拆除的机器设备、珍贵文物和支援内陆的货物从列宁格勒运往拉多加湖东岸。这些运输工作中的20%都是沿冰上公路进行的[79]。

由于冰面上的运输工作须冒着德国人近乎持续不断的空袭，故道路的安全和防御至关重要。列宁格勒方面军派步兵部队和海军步兵旅沿湖岸布防，抗击德国人或芬兰人的牵制性进攻，并投入战机和高炮部队遂行防空任务。这些部队守卫着冰上公路的诸多路线、毗邻湖泊的公路和铁路、位于湖上或接近地的基地及仓库。防空部队投入200门中口径高射炮、50门小口径高射炮、100挺高射机枪和100部对空探照灯用以对付敌机[80]。

第54集团军辖内部队守卫拉多加湖南岸，步兵第10师、海军步兵第4旅和第23集团军辖内部队在波罗的海舰队装甲快艇和海岸炮兵的支援下据守西岸。这些部队沿冰上道路设立起观察点、巡逻队、前哨站和局部警戒哨，还组织了滑雪巡逻，并在湖泊和冰路接近地埋设地雷。1942年3月，德军加强了对冰上公路及相关设施的空袭，有几天，德军战机甚至夜以继日地对冰路反复发起攻击。列宁格勒方面军防空部队采取一切手段予以还击，包括投入整个歼击航空兵第13团。

冰路运输的维护和管理由列宁格勒方面军汽车道路管理处负责。该处最初以300～400米的间隔设立起20个交通控制站，以此指挥交通，但没过几天便增加至45个，1942年1月1日前又增加到75个。新年到来前，汽车道路管理处已派出350名交通管理员负责控制车辆的间隔、行驶和分散，并检查冰层的厚度和状况。这些交通管理员还沿冰路设置了150～200盏灯火管制时使用的手提灯，以照亮道路。后来，随着气候变得更加稳定，道路两侧竖起高高的雪墙后，交通控制工作变得更加容易，管理员的人数有所减少，交通控制站的间隔也拉伸至1～2公里[81]。冰上道路取得的成功，交通管理员们功不可没，从事工作的同时，他们坚韧不拔地忍受着刺骨的严寒和德军的空袭。

游击运动

与列宁格勒城的军事防御相结合，党和军事领导层竭力在德国人后方组织起游击运动，他们希望借此破坏德军的行动和后勤，并收集关于敌军调动和意图的情报。起初，德国突如其来的进攻和“北方”集团军群向列宁格勒的迅速推进导致苏联当局猝不及防，根本没时间考虑游击作战。可是随后，苏联公民遭到德国人的残酷对待，加之大批被绕过的红军士兵位于德军后方，这促使他们自发组织起游击力量。苏军最高统帅部和方面军迅速意识到游击队的潜在价值，并果断采取措施，以建立、扩大游击运动。他们先是利用留在德军后方的地下党建立游击队，后来又为此向德军后方派遣受过特殊训练的小组和支队。

起初，6月底至7月中旬，西北方向总指挥部和列宁格勒党委与临时游击指挥部和政治干部会面，组建初期游击支队，并通过北方面军和西北方面军司令部给这些游击力量下达任务。第一批游击力量是13个游击支队，成立于6月

24日至28日，由列斯加夫特体育学院的学生和教师组成[82]。截至1941年9月，列宁格勒州、区党委和共青团团委组建、部署并指挥着227个游击支队和由精心挑选的志愿者组成的一些小股牵制组，共约9000人。8月和9月间，两个方面军将这些支队中的67个（共2886人）投入德军后方，并解散其他支队，将其人员纳入新组建的歼击支队和近卫民兵师[83]。

列宁格勒州委成立了由以州委书记G.Kh.布马金为首的三人委员会，以指导游击行动，8月2日，列宁格勒方面军派E.N.阿尔托什琴科中校率领一个行动组指挥方面军辖下的游击支队。9月27日，列宁格勒方面军和党组织下达了一道联合指示，建立以州委书记M.N.尼基京①为首的游击司令部，负责指挥游击队的行动，并协调他们配合方面军的作战行动[84]。

最初，党员构成这些游击支队和牵制组的核心，各级党委书记指挥各自管辖地区内的游击单位和地下党组织。例如，格洛夫斯克区有3个游击支队、6个牵制组和数个地下党组织，而卢加区共有17个游击支队和牵制组。截至1941年年底，88位州委和区委书记、29位区市委领导和数百名地方官员指挥着地下工作[85]。到1941年10月22日，这种越来越缜密的游击工作促成了38个区党组织机构和38个区共青团机构，由125个共产党、100个共青团小组和84个游击支队组成，共3164人，在列宁格勒以西和西南方地域活动[86]。

这些早期游击支队虽然几乎没有作战指挥，甚至缺乏最基本的领导，但他们还是在1941年夏遂行了一系列水平较低的破坏和牵制活动。例如7月，列斯加夫特体育学院的学生组成的游击支队在炸毁了卢加—锡韦尔斯基铁路线上的铁路路基。7月底至8月，列宁格勒游击第5团在普斯科夫—卢加公路上炸毁40辆卡车和轻型车辆，炸断普斯科夫—波尔霍夫铁路线，破坏了洛科季车站，还实施了大量小规模伏击。7月，列宁格勒大学和艺术学院的学生组成的游击支队在沙普基—托斯诺公路炸毁伊戈利内河上的桥梁，还破坏了几列火车。南面，卢加区的6个游击支队炸毁了德国人的数辆坦克和数架飞机、24辆弹药车、4辆摩托车、36辆自行车和7座桥梁，还消灭了沃洛绍沃的德国驻军[87]。

① 译注：布马金和尼基京都是列宁格勒州委书记，但第一书记是日丹诺夫。

这一时期最重要的游击活动发生在列宁格勒州南部接近地。N.G.瓦西里耶夫率领的游击第2旅在那里夺取并控制住别列别尔卡（Belebelka）、阿什耶夫斯卡、杰多维奇地域大部，成为最早的游击区之一，这种区（krai）是行政区下属的行政分支单位[88]。游击第2旅控制的地盘，南北长120公里，东西长90公里，包括以德诺、旧鲁萨、别扎尼茨、霍尔姆镇为边界的地域。整个7月和8月，游击队成功粉碎了德军突入并占领该地区的企图，10月和11月，党组织在该地区重新建立起各村委会、诸多集体农场、53所学校和大量医疗站。

8月和9月间，“北方”集团军群虽然数度向游击区发起扫荡，但使用了党卫队后，游击活动反而加剧，德军无法恢复对该地区的控制。总的来说，战争初期的游击活动较为粗糙，组织欠佳，零落分散，取得的效果微乎其微。尽管如此，他们有限的行动，加之德国人经常傲慢、残酷地对待居民，这一切为日后组织起更有效的游击活动铺平了道路。

苏联方面的资料称，在此期间，游击队击毙11493名德军官兵，缴获5门火炮、30挺机枪、98辆坦克和装甲车、1632辆汽车、316辆摩托车、71架飞机、66部火车头、807节货车、平板车和铁路车皮、8座仓库、320座桥梁、8个驻地和指挥部，还抓获许多俘虏[89]。但这些数字很可能不足为信。

死亡人数

有关列宁格勒会战第一年死于饥饿或德军炮火的平民人数，至今仍存在激烈争执，但没人会对封锁下第一个严冬的惨状提出质疑。可怕的死亡人数从11月的至少1万人升至12月的5万人，1942年1月甚至超过12万人。封锁期间负责为列宁格勒人提供食物的德米特里·巴甫洛夫指出，据正式报告，199187人在这个冬季中丧生。负责个人和集体埋葬的丧葬部门记录下1942年3月埋葬了89968具尸体，4月埋葬了102497具尸体，5月又埋葬53562具尸体，1月和2月的记录没有留下来。1942年秋季①，平均每个月埋葬4000 ~ 5000人，这就使1941年2月至1942年2月的死亡人数累计达到46万人。另外，1941年12月至1942年12

① 译注：联系上下文，疑此处应为1941年秋季。

月，平民和士兵组成的工作组还将228263具尸体从停尸房运至墓地[90]。

拉多加湖冰上公路的疏散工作于1942年4月结束，此时列宁格勒的人口从1941年12月的约228万人降至约110万人，减少了118万人。扣除冬季疏散的44万人和派往前线或在5月、6月疏散的12万人，到1942年7月1日，列宁格勒居民至少有62万人丧生，还不包括死于市郊的许多人。

就军人的伤亡而言，官方数字表明，红军和波罗的海舰队在1941年7月10日至9月30日的战略防御作战中损失344926人[91]。这个数字中包括214078名阵亡者和130848名伤病员。第54集团军在锡尼亚维诺进攻战役期间（9月10日—10月28日）折损54979人，其中22211人阵亡，32768人负伤或患病[92]。季赫温防御作战和进攻战役期间（10月16日—12月30日），苏军共损失89490人，其中40667人阵亡，48823人负伤或患病[93]。柳班进攻战役和随后的包围（1942年1月7日—7月10日）导致红军伤亡403118人，其中149838人阵亡，253280人负伤或患病[94]。这些主要作战行动使红军的伤亡总数高达825513人，其中426794人阵亡，465719人负伤或患病①。如果加上其他时期的损失，列宁格勒会战第一年的军人阵亡总数很可能超过50万，而军人和平民的死亡总数超过110万。

无论实际死亡人数究竟是多少，这些数字都将使列宁格勒会战和相关的冬季封锁获得历史上最可怕、代价最高昂的围困战这一并不光彩的“殊荣”。

---

① 译注：数字相加后不符。

本章原注

1. 格里布科夫，《荣获列宁勋章的列宁格勒军区史》，第185页；埃里克森，《通往斯大林格勒之路》，第120—121页。

2. 布罗夫，《日复一日的封锁》，除了谈及德军的空袭和炮击、人员和物资的损失外，这份日记还提供了关于城市防御和日常生活方方面面的情况。

3. 日丹诺夫身兼数职，既是列宁格勒州州委和市委书记，也是中央政治局委员、统帅部大本营顾问，还是苏联海军总军事委员会委员（政委），另外，他也是斯大林的密友。

4. 普拉东诺夫，《列宁格勒战役，1941年—1944年》，第189—190页。

5. 大本营构设卢加防线和列宁格勒周边防线的相关训令，可参阅：佐洛塔廖夫，《最高统帅部大本营：1941》，第50页。

6. 普拉东诺夫，《列宁格勒战役，1941年—1944年》，第191页。

7. 同上，第192页。

8. 关于防御方面不足之处的一份报告，可参阅：德泽尼斯克维奇，《被围困的列宁格勒》，第37—40页。

9. 普拉东诺夫，《列宁格勒战役，1941年—1944年》，第99—100页。

10. 完整命令可参阅：A.R.德泽尼斯克维奇主编，《被围困的列宁格勒：伟大卫国战争期间列宁格勒英勇防御的文件资料集》，圣彼得堡：俄罗斯面貌出版社，1995年，第51—53页。

11. 普拉东诺夫，《列宁格勒战役，1941年—1944年》，第100页。

12. 同上。

13. 同上。最高统帅部大本营7月18日下达的关于列宁格勒防空的相关指令，可参阅：佐洛塔廖夫，《最高统帅部大本营：1941》，第79—80页。

14.《苏军作战编成，第一部：1941年6月至12月》，第22页。

15. 普拉东诺夫，《列宁格勒战役，1941年—1944年》，第101页。

16. 同上，第102页。

17. B.N.彼得罗夫，《保卫列宁格勒，1941年》，收录在VIZh 6—7（1992年6月至7月），第17页。

18. 科列斯尼克，《伟大卫国战争中的俄罗斯联邦民兵组织》，第15页，这部著作提供了组建、使用民兵部队的诸多详情。7月4日组建民兵集团军的命令（3号令），可参阅：德泽尼斯克维奇主编，《被围困的列宁格勒：伟大卫国战争期间列宁格勒英勇防御的文件资料集》，第30—33页。

19. 普拉东诺夫，《列宁格勒战役，1941年—1944年》，第184页。

20. 科列斯尼克，《伟大卫国战争中的俄罗斯联邦民兵组织》，第15页。

21. 同上，第17页。民兵第1师武器装备不足的一份报告，可参阅：德泽尼斯克维奇主编，《被围困的列宁格勒：伟大卫国战争期间列宁格勒英勇防御的文件资料集》，第34—35页。

22. 同上，第19页。

23. 同上，第19—20页。另可参阅：德泽尼斯克维奇主编，《被围困的列宁格勒：伟大卫国战争期间列宁格勒英勇防御的文件资料集》，第47—48页，其中包括列宁格勒军事防御委员会于8月25日签发的一道命令，要求再组建150个民兵营，其中77个务必在8月27日前组建完毕。这道命令反映了整个过程的仓促性。

24. 科列斯尼克，《伟大卫国战争中的俄罗斯联邦民兵组织》，第283—286页。9月底，7个幸存下来的民兵师改编为步兵第13师（民兵第5师）、步兵第44师（近卫民兵第3师）、步兵第56师（民兵第7师）、步兵第80师（近卫民兵第1师）、步兵第85师（民兵第2师）、步兵第86师（民兵第4师）、步兵第189师（民兵第6师）。

25. 普拉东诺夫，《列宁格勒战役，1941年—1944年》，第186页。

26. 同上，第187页。

27. 同上。

28. 同上，第188页。

29. 同上。

30. 埃里克森，《通往斯大林格勒之路》，第194页。列宁格勒遭封锁期间，波罗的海舰队行动的详情，可参阅：A.M.萨姆索诺夫主编，《伟大卫国战争中的红旗波罗的海舰队，1941年—1945年》，莫斯科：科学出版社，1981年。

31. 普拉东诺夫，《列宁格勒战役，1941年—1944年》，第188—189页。

32. 同上，第189页。1941年7月至1942年2月，德军实施空袭和炮击的日期、性质、力量和效果，以及地方防空工作的详细报告，可参阅：德泽尼斯克维奇主编，《被围困的列宁格勒：伟大卫国战争期间列宁格勒英勇防御的文件资料集》，第369—383页。书中还有另一些有趣的报告，关于城内居民的犯罪和所谓的背叛。

33. 普拉东诺夫，《列宁格勒战役，1941年—1944年》，第193页。

34. 同上，第194页。

35. 同上。

36. 同上。

37. 同上，第195页。关于保护和疏散列宁格勒工业的命令，可参阅：德泽尼斯克维奇主编，《被围困的列宁格勒：伟大卫国战争期间列宁格勒英勇防御的文件资料集》，第143—146页。

38. 普拉东诺夫，《列宁格勒战役，1941年—1944年》，第195页。

39. 详情可参阅：埃里克森，《通往斯大林格勒之路》，第234—235页。组建特种航空兵大队的命令可参阅：V.A.佐洛塔廖夫主编，“国防人民委员会的命令：1941年6月22日至1942年”，收录在《俄罗斯档案：伟大卫国战争》第13期（2—2），莫斯科：塔拉出版社，1997年，第20—21页。

40. 普拉东诺夫，《列宁格勒战役，1941年—1944年》，第196页。

41. 同上，第197页。

42. 同上，第199页。

43. 同上，第200页。

44. 同上，第201页。

45. 巴甫洛夫在列宁格勒的经历之详情，可参阅：巴甫洛夫，《列宁格勒1941：封锁》。配给制的更多详情可参阅：Iu.G.切尔尼亚夫斯基，《战争与生产：伟大卫国战争中城市居民的供给 1941—1945》，莫斯科：科学出版社，1964年。

46. 德泽尼斯克维奇，《被围困的列宁格勒：伟大卫国战争期间列宁格勒英勇防御的文件资料集》，第187—188页，提供了根据9月10日的命令实施配给制的详情。额外的食品生产和可用数参见第187—211页。

47. 普拉东诺夫，《列宁格勒战役，1941年—1944年》，第201页。

48. 德泽尼斯克维奇，《被围困的列宁格勒：伟大卫国战争期间列宁格勒英勇防御的文件资料集》，第194—195页，提供了面包配给量。

49. 普拉东诺夫，《列宁格勒战役，1941年—1944年》，第201页。

50. 德泽尼斯克维奇，《被围困的列宁格勒：伟大卫国战争期间列宁格勒英勇防御的文件资料集》，第209页。

51. 停止啤酒生产的命令参见同上，第190—191页。

52. 普拉东诺夫，《列宁格勒战役，1941年—1944年》，第201页。

53. 同上，第202页。

54. 关于疾病和死亡的报告，参见：德泽尼斯克维奇，《被围困的列宁格勒：伟大卫国战争期间列宁格勒英勇防御的文件资料集》，第280—281、第289—290、第292—296页。

55. 普拉东诺夫，《列宁格勒战役，1941年—1944年》，第203页。每日死亡人数的详细说明可参见：布罗夫，《日复一日的封锁》。

56. 普拉东诺夫，《列宁格勒战役，1941年—1944年》，第203页。

57. 同上。

58. 同上，第203—204页。

59. 瓦莲京娜·费奥多罗芙娜·科兹洛娃住在列宁格勒科尔尊士兵大街7号楼65号公寓，她爽快地以书面形式与本书作者和读者们分享了这些回忆。

60. 科兹洛娃与本书作者于2000年7月15日以书面形式进行的问答交流。

61. 同上。

62. 格里布科夫，《荣获列宁勋章的列宁格勒军区史》，第267页。

63. 普拉东诺夫，《列宁格勒战役，1941年—1944年》，第204页。另可参阅：A.赫鲁廖夫，《在保卫列宁格勒的斗争中》，收录在VIZh，第11期（1962年11月），第27—36页。

64. 同上。

65. 普拉东诺夫，《列宁格勒战役，1941年—1944年》，第205页；巴甫洛夫，《列宁格勒1941：封锁》，第122页。

66. 同上。

67. 同上，第205—206页。另可参阅：赫鲁廖夫，《在保卫列宁格勒的斗争中》，第30—32页；巴甫洛夫，《列宁格勒1941：封锁》，第130页。

68. 普拉东诺夫，《列宁格勒战役，1941年—1944年》，第206页。

69. 同上，以及巴甫洛夫的《列宁格勒1941：封锁》，第130页。

70. 普拉东诺夫，《列宁格勒战役，1941年—1944年》，第206页；巴甫洛夫，《列宁格勒1941：封锁》，第144页。

71. 普拉东诺夫，《列宁格勒战役，1941年—1944年》，第207页。

72. 同上，第208页。

73. 布罗夫，《日复一日的封锁》，第173页。

74. 同上，第175页。

75. 普拉东诺夫，《列宁格勒战役，1941年—1944年》，第209页。

76. 同上，第209—210页。赫鲁廖夫在《在保卫列宁格勒的斗争中》第30页指出，1941年11月和12月，每个月运抵列宁格勒的物资为16499吨，1942年1月为52934吨，2月为86041吨，3月为118332吨，4月份头3周为87253吨。

77. 冰上道路修建前后下达的疏散令，可参阅：德泽尼斯克维奇，《被围困的列宁格勒：伟大卫国战争期间列宁格勒英勇防御的文件资料集》，第273—305页，其中包括对1941年6月29日至1942年4月15日疏散行动的总结。

78. 普拉东诺夫，《列宁格勒战役，1941年—1944年》，第210页。另可参阅：V.M.科瓦利丘克，《1941年夏季，列宁格勒居民的疏散》，收录在：《爱国历史》（Otechestvennaia istoriia，此后简称为OI），第3期（2000年5—6月），第15—24页。

79. 普拉东诺夫，《列宁格勒战役，1941年—1944年》，第210—211页。

80. 同上，第211页。

81. 同上，第213页。

82. 同上，第116页。

83. 同上，第117页。

84. 同上；T.列斯尼亚卡，《关于战争初期几个月游击斗争的组织和指挥的一些问题》，VIZh，第9期（1963年9月），第32页。

85. 普拉东诺夫，《列宁格勒战役，1941年—1944年》，第118页。

86. 列斯尼亚卡，《关于战争初期几个月游击斗争的组织和指挥的一些问题》，第32页。

87. 普拉东诺夫，《列宁格勒战役，1941年—1944年》，第118页。

88. 同上，第119页。

89. 同上，第120页。

90. 对于存在冲突的死亡人数的出色讨论，可参阅索尔兹伯里的《列宁格勒被困九百天》，第491—492、第514—515页，以及他得出相关数字的具体资料来源。近期提及的死亡总数可参阅：Iu.V.鲁布斯托夫、V.M.卢里耶，《封锁列宁格勒：所有遇难者都计算在内了吗？》，收录在VIZh，第3期（2000年5—6月），第30—33页。

91. 克里沃舍夫，《揭秘：苏联武装力量在战争、作战行动和军事冲突中的损失》，第167—168页。

92. 古尔金，《1941年—1945年，苏联武装力量的人员损失：新观念》，第4页。

93. 克里沃舍夫，《揭秘：苏联武装力量在战争、作战行动和军事冲突中的损失》，第224页；古尔金，《1941年—1945年，苏联武装力量的人员损失：新观念》，第4页。

94. 同上。

红军沿涅瓦河部署的高射炮阵地

1941 年 9 月，基洛夫工厂的工人们构筑街垒

1941 年 10 月，开赴前线的一个工人营

1941 年 9 月，德军炮火的第一批受害者

1941 年秋季，沿涅瓦河行进的红军步兵

1941 年年底至 1942 年年初的冬季，拉多加湖“生命之路”上的车队

1941 年秋季，德军炮弹在列宁格勒的街道上爆炸

1941 年 8 月，苏联的工业设施向东疏散

1941 年，在军工厂从事生产的苏联妇女

第六章
虚幻的希望
红军的冬季攻势，1942 年 1 月—4 月

1月1日的态势

1941年12月，红军在莫斯科、罗斯托夫和季赫温赢得的胜利使苏军最高统帅部得以将正在这些地区开展的进攻行动扩展为一场冬季总攻，几乎将整个苏德战线包纳其中。沿西北方向，霍津的列宁格勒方面军和特里布茨的波罗的海舰队已构成一道密集、连贯的防线，掩护着列宁格勒及其东面涅瓦河的南部接近地，并实施有组织的反炮兵火力，打击炮击市区的德军炮兵。12月击败德军“季赫温—沃尔霍夫”集团后，列宁格勒方面军第54集团军和梅列茨科夫新组建的沃尔霍夫方面军辖内第4、第59、第52集团军据守着连贯的防御，从拉多加湖南岸至基里希，再沿沃尔霍夫河南延至伊尔门湖。12月间，梅列茨科夫的部队一再试图扩大沃尔霍夫河西岸登陆场，但由于德军顽强抵抗，苏军于1月3日放弃了这一尝试。

南面，P.A.库罗奇金中将的西北方面军以第11、第34、第27集团军守卫着伊尔门湖与谢利扎列沃（Selizharevo）之间地域，并准备沿旧鲁萨和大卢基方向朝西面发起突击。沿至关重要的西方向，加里宁方面军和西方面军迫使德国“中央”集团军群从莫斯科向西退却，并构成包围该集团军群侧翼的威胁。在苏联南部，布良斯克方面军、西南方面军、南方面军、高加索方面军主力实施防御，牵制德军并守卫塞瓦斯托波尔和刻赤半岛。

季赫温、莫斯科和罗斯托夫反攻进行期间，12月中旬，苏军最高统帅部开

始策划一场全面冬季攻势。1942年1月10日，大本营命令红军投入一场全面进攻，扩大去年12月取得的胜利。大本营的训令简要地阐述了态势，并设立起一系列新进攻目标：

红军成功耗尽德国法西斯的力量后，应转入反攻，着手将德国侵略者驱向西面。

为阻挡我们的推进，德国人正转入防御，并开始构设由散兵坑、障碍物和防御工事构成的防线。德国人妄图通过这种方式将我们的进攻阻挡至春季，同时集结力量，准备在春季再次对红军发起进攻。因此，德国人正企图赢得时间和喘息之机。

我们的任务，就是不给敌人以任何喘息之机，毫不停顿地将他们逐向西面，并在春季到来前不断消耗其预备队，届时，我们将拥有大批新锐预备队，而德国人却没有。这样一来，我们就能确保在1942年彻底消灭希特勒分子的部队。[1]

大本营在这场冬季战役中的主要目标是收复斯摩棱斯克，歼灭德国“中央”集团军群。但与此同时，大本营还希望在南方解放乌克兰的顿巴斯地区，夺回克里木半岛，解救被困于塞瓦斯托波尔市的部队，在北方击败德国“北方”集团军群，打破德军对列宁格勒的封锁。这足见斯大林雄心勃勃的政治目的，但这些目标并不符合红军真实的军事能力。更糟糕的是，斯大林、最高统帅部和各方面军司令员对进攻加以准备时，并未沿最关键的战役方向果断集结兵力，而是将其部队和进攻行动分散在所能想到的每一个方向上。

12月17日，最高统帅部命令霍津列宁格勒方面军、梅列茨科夫沃尔霍夫方面军，以及库罗奇金西北方面军右翼部队，准备发起“列宁格勒—诺夫哥罗德”进攻战役，以三个向心突击进攻“北方”集团军群，击败该集团军群，粉碎德军对列宁格勒的封锁。在更大攻势的背景下，列宁格勒和沃尔霍夫方面军将遂行“列宁格勒—沃尔霍夫”进攻战役，切断并歼灭姆加、托斯诺和柳班地域之敌，并从列宁格勒攻向东南方，从沃尔霍夫河攻向西北方，将攻势扩大至施吕瑟尔堡走廊[2]。南面，西北方面军将向西发起突击，收复杰米扬斯克和旧鲁萨，向索利齐和德诺发展胜利，与沃尔霍夫方面军相配合，切断德军撤离诺夫哥罗德和卢加的路线[3]。由于梅列茨科夫的沃尔霍夫方面军将在打破列宁格勒封锁的行动中发挥主导作用，大本营为其提供了大批援兵。

梅列茨科夫在回忆录中回顾了这场雄心勃勃的行动的规模：

12月17日晚，我们接到大本营的作战命令，根据这道命令，方面军应在中央沿格鲁济诺、锡韦尔斯基（Siverskii）和沃洛索沃（Volosovo）方向发起主要突击，从南面完成对列宁格勒的深远迂回。指定第59和突击第2集团军遂行这一任务。右翼第4集团军应沿基里希和托斯诺这一总方向发起进攻，与列宁格勒方面军第54集团军相配合，包围并歼灭在姆加以北向拉多加湖前进之敌。左翼第52集团军受领的任务是夺取诺夫哥罗德，尔后朝索利齐方向推进，掩护沃尔霍夫方面军向西北方的进攻。[4]

梅列茨科夫没有提及的是，他的方面军发起突击的时间和目标与西北方面军相一致，迄今为止，大多数苏联方面的历史著作都隐瞒了这一事实。实际上，这两场进攻行动反映出最高统帅部的意图：粉碎德国“北方”集团军群第18和第16集团军，1942年1月底前使红军同时向西前出至列宁格勒（沃洛索沃）—卢加—索利齐—德诺一线。

1月初，红军沿整个东线发起越来越强大、越来越猛烈的突击，有些进攻行动已对德军大批部队造成危害。因此，希特勒和OKH命令德军坚守阵地，对部队加以休整和补充，组建新的战略和战役预备队，并做好1942年春季和夏季恢复决定性进攻的准备。希特勒在第39号指令中命令他的指挥官实施这一策略，这道训令签发于1941年12月8日，即红军在莫斯科发起反攻几天后：

东线的寒冬提前到来，补给困难随之出现，迫使我们不得不立即停止所有进攻行动并转入防御。如何实施这种防御，取决于所要达到的目的，即：

a. 坚守在作战或国防经济方面对敌人具有重大意义的地区。

b. 休息和补充部队。

c. 为1942年重新发起大规模进攻行动创造必要的条件。

因此，我命令……“北方”集团军群应在伊尔门湖以北缩短其东部战线和东南部防线，但不能把从季赫温通向沃尔霍夫斯托伊（Volkhovstoi）和科尔恰诺沃（Kolchanovo）的公路和铁路让给敌人，以免敌人恢复、加强、改善他们在拉多加湖以南地域的阵地。这样才能彻底封锁列宁格勒，并与芬兰卡累利阿集团军建立联系。

如果我们确定敌人已将其主力撤离芬兰湾以南的海岸地带，而且不打算在那里实施坚决的防御，那么，我们可以占领那里的海岸，以节约兵力。[5]

沿西北方向，希特勒命令莱布的“北方”集团军群和芬兰东南集团军封锁列宁格勒，并坚守沃尔霍夫河防线。经受严冬突袭时，“北方”集团军群应休整补充其部队，做好在夏季发起进攻夺取列宁格勒的准备。甚至没等季赫温战役结束，希特勒便于1941年12月16日给莱布集团军群下达了具体任务：

批准“北方”集团军群将第16、第18集团军的内翼撤至沃尔霍夫河防线和从沃尔霍夫车站通往西北方的铁路线。沿该铁路线与第28军右翼建立连贯的联系。

集团军群的任务是坚守该防线至最后一兵一卒，不得后退一步，同时，继续封锁列宁格勒。

我特别提请你们注意加强列宁格勒南面和东南面的对空防御。[6]

1942年1月初，德军沿西北方向行动的部队共计26个步兵师、2个装甲师、2个摩托化师、3个保安师和2个旅，主要集中在列宁格勒南面和东面、基里希支撑点和沿杰米扬斯克、旧鲁萨方向[7]。屈希勒尔第18集团军编有17个师，包括第8、第12装甲师和第20摩托化师，沿从奥拉宁包姆登陆场和列宁格勒城以南延伸至拉多加湖南面的施吕瑟尔堡走廊，再向东南方延伸至基里希的沃尔霍夫河河段之防线部署。集团军辖下第26和第50军遏制着苏军的奥拉宁包姆登陆场，并在列宁格勒南面占据防御。第28军据守至关重要的施吕瑟尔堡—姆加—锡尼亚维诺走廊和东南方地带，而第1军和第39摩托化军据守基里希地域。

布施第16集团军编有11个师，其中包括第18摩托化师，沿沃尔霍夫河掩护着一条350公里长的防线，从基里希地域至伊尔门湖，再向东穿过瓦尔代丘陵至谢利格尔湖畔的奥斯塔什科夫。集团军辖下的第38军据守沃尔霍夫河防线；第10军在第18摩托化师支援下，守卫旧鲁萨地域；第2军据守杰米扬斯克以东至奥斯塔什科夫这片地域。

两个德国集团军占据着强大、纵深配置的防御，围绕前方和纵深处的诸多支撑点构设而成。最强大的支撑点位于罗普沙（Ropsha）、红村、亚姆伊若拉、姆加、锡尼亚维诺、柳班、斯帕斯卡亚波利斯季（Spasskaia Polist'）、旧鲁萨、杰米扬斯克和瓦托利诺（Vatolino）。德军将这些地区的许多地形障碍巧妙地结合进他们的防御，特别是大批河流、湖泊和沼泽。尽管冬季的坚冻降低了这些地形特征的障碍价值，但仍给交战双方制造了恶劣的环境条件。

策划列宁格勒—沃尔霍夫进攻战役

列宁格勒和沃尔霍夫方面军的列宁格勒—沃尔霍夫进攻战役是苏军最高统帅部沿西北方向发起冬季攻势的核心。但同时，这场战役仅仅是苏军力图解放从列宁格勒南延至旧鲁萨这一整片地区的更大行动的组成部分，参与其中的还包括西北方面军。正如当年12月最初设想的那样，这场行动的主要目的是打破德军对列宁格勒的封锁，将其逐出整个列宁格勒地域和南面的杰米扬斯克、旧鲁萨、德诺。大本营赋予各参战方面军的任务雄心勃勃，鉴于红军的实际能力，这些任务根本无法完成。

这场即将发起的攻势中，大本营将主要任务交给梅列茨科夫的沃尔霍夫方面军。G.G.索科洛夫中将新组建的突击第2集团军应遂行梅列茨科夫的主要突击，从斯帕斯卡亚波利斯季地域的沃尔霍夫河河段向西发起进攻，I.I.加拉宁少将的第59集团军提供支援，后者也是刚刚组建的新集团军。加拉宁集团军应发起突击，突破德军前沿防御后，索科洛夫突击第2集团军将对加拉宁的战果加以扩大。尔后，两个集团军应攻往柳班、杜博维克（Dubovik）和乔洛沃，切断列宁格勒—德诺、列宁格勒—诺夫哥罗德铁路线，与列宁格勒方面军从北面发起进攻的第54集团军协同，歼灭柳班、丘多沃地域之敌。尔后，三个集团军应攻往西北方，与列宁格勒方面军辖内其他集团军相配合，打破敌人对列宁格勒的封锁[8]。

克雷科夫第52集团军位于梅列茨科夫方面军左翼，将渡过诺夫哥罗德北面的沃尔霍夫河发起进攻，并协助西北方面军第11集团军歼灭德国第16集团军位于诺夫哥罗德、索利齐、德诺地域的部队。P.A.伊万诺夫少将的第4集团军沿基里希以东的沃尔霍夫河部署，负责支援主要突击和辅助突击，并掩护沃尔霍夫方面军左翼①。方面军航空兵以52架战机支援进攻行动，其中大多已失修。1941年12月方才成立的方面军空军参谋部缺乏指挥飞机的手段，所以这些战机交由集团军控制。

沃尔霍夫方面军司令员梅列茨科夫是拉夫连季·贝利亚领导的NKVD（内务人民委员部）在战争初期策划的清洗活动的幸存者。作为指挥员，梅列茨科夫被指易冲动、刻薄、经常对下属大发雷霆。苏德战争爆发后不久，贝利亚的NKVD将他逮捕，并捏造了"意图叛乱"的罪名。在狱中遭受严酷的身心虐待后，1941年9月，斯大林亲自下令将他释放。毫无疑问，这番经历对这位前红军总参谋长造成了严重影响，至少使他无条件地遵从斯大林下达的每一道命令，恐惧和欲望的糅合导致梅列茨科夫忠实履行着来自莫斯科的各项指示，哪怕这些指令完全不切实际。梅列茨科夫"甚至表现出一种过度的狂热，敦促大本营加快执行斯大林的想法。如果在执行时遇到困难，梅列茨科夫会以方面军军事委员会的主张为掩护，而不是采取大胆的个人决定"[9]。

索科洛夫的突击第2集团军于1941年10月底在伏尔加河沿岸军区组建。其人员大多来自苏联南部和草原地区，集团军分配给沃尔霍夫方面军时，许多人第一次才看见森林和沼泽。"集团军的士兵们害怕茂密的森林，喜欢集中在林间空地，结果成为敌人极好的活靶。许多士兵甚至没接受过基本训练，操纵滑雪板的训练也很糟糕。例如，有些士兵宁愿步行穿越覆盖着厚厚积雪的地带，他们将滑雪板扛在肩头，将之视为毫无必要的负担。需要花大力气才能把这些菜鸟变成训练有素的士兵。"[10]突击第2集团军司令员索科洛夫原先是一名NKVD军官，自1920年起一直在NKVD担任各种职务，最终成为贝利亚的副手。他唯一的军事履历是1941年10月在第26集团军当了10天参谋长。因此，索

---

① 译注：应为右翼。

科洛夫完全不适合策划、协调或执行这样一场复杂的行动。很能说明问题的是，突击第2集团军进入出发阵地准备发起进攻时，参谋长告诉他遭遇到部署和补给问题，索科洛夫耸耸肩，指了指天花板说道："这是斯大林的命令，我们应当执行。"[11]

相比之下，加拉宁新组建的第59集团军更适应在沃尔霍夫河以西的林中沼泽里作战。该集团军于1941年11月初在阿尔汉格尔斯克军区的沃洛格达组建，由乌拉尔军区、西伯利亚军区和在远东征募的士兵组成。许多指挥员和老兵参加过1939年夏季在哈拉欣河打击日军的战斗。集团军组建后，在苏联北部森林中进行了广泛训练，尽管这些训练大多数是防御性质。12月17日，该集团军开始以火车部署至沃尔霍夫地域[12]。集团军司令员加拉宁于1919年参加红军，1931年在"射击"高级步校、1936年在伏龙芝军事学院学习。苏德战争爆发时，加拉宁是一名军长，于1941年8月出任南方面军第12集团军司令员（原先的第12集团军于1941年7月底至8月初被德军歼灭在乌曼包围圈）。3个月后的11月，加拉宁出任第59集团军司令员[13]。

大本营命令霍津的列宁格勒方面军在施吕瑟尔堡走廊东面发起一场主要突击，以此支援梅列茨科夫的进攻，同时在列宁格勒地域实施一场辅助突击。费久宁斯基第54集团军负责突破德军在基里希以东的防御，并与第4集团军协同，攻向南、西南方，协助梅列茨科夫的部队包围柳班地域之敌。同时，费久宁斯基辖内部队还将与从列宁格勒攻向东南方的第55集团军部队会合，夺取托斯诺，围歼盘踞在吕瑟尔堡走廊的德军，打破列宁格勒的封锁。第8集团军目前由A.V.苏霍姆林少将指挥，沿列宁格勒以东的涅瓦河部署，该集团军将向东发起进攻，打击施吕瑟尔堡走廊之敌。与此同时，I.F.尼古拉耶夫中将①的第42集团军和V.P.斯维里多夫中将②的第55集团军在列宁格勒以南设防，待梅列茨科夫第54、突击第2、第59集团军到达恰夏车站③（Chashcha）附近的列宁格勒—德诺铁路线后，就向东南方攻往托斯诺。分配给列宁格勒方面军、波罗

① 译注：应为少将。
② 译注：应为炮兵少将。
③ 译注：这里的"恰夏车站"可能就是本章原注2和原注8中提及的"恰沙车站"（Chasha）。

的海舰队和防空部门的345架战机，从空中掩护列宁格勒、喀琅施塔得、季赫温—列宁格勒地域以及冰上公路，并为进攻中的地面部队提供支援。这股空中力量有82架轰炸机（其中半数是较老的型号）、5架强击机和258架歼击机。列宁格勒方面军派67架歼击机掩护其交通，25架歼击机保护列宁格勒城。另外166架歼击机（半数已失修）负责支援地面部队[14]。行动发起时，霍津和梅列茨科夫的方面军共投入325700人，进攻期间又投入10万余人提供加强[15]。

库罗奇金的西北方面军将以两个突击群同时对盘踞在旧鲁萨、杰米扬斯克、托罗佩茨的德军发起进攻。第一个突击群是部署在方面军右翼的莫罗佐夫第11集团军，他们将穿过旧鲁萨攻往德诺，与沃尔霍夫方面军第52集团军会合，歼灭诺夫哥罗德地域之敌。第二个突击群位于方面军左翼，由M.A.普尔卡耶夫中将的突击第3集团军和A.I.叶廖缅科上将的突击第4集团军组成（这两个突击集团军由原第60和第27集团军改编而成），他们将穿过托罗佩茨攻往鲁德尼亚，与加里宁方面军和西方面军相配合，歼灭勒热夫和维亚济马地域之德军。第34集团军部署在方面军中央，目前由别尔扎林指挥，负责包围并歼灭盘踞在杰米扬斯克的德军。89架战机（许多已失修）为方面军提供空中支援。库罗奇金最初投入了105700名士兵，进攻过程中又投入20万人加强行动[16]。

据苏军策划文件称，进攻前夕，红军与德军在整个进攻地域的实力对比，兵力为1.5：1，火炮和迫击炮为1.6：1，飞机为1.3：1，都较德军更优；突击第2集团军突破地带，苏军的数量优势更为明显，步兵5：1，坦克3：1，重机枪3：1，轻机枪4：1，自动武器6：1[17]。尽管苏军占有明显数量优势，但遂行突击的方面军无一为这场进攻做好了准备，这一点在突击行动最终发起时，变得愈发明显。

一月攻势

苏军最高统帅部命令参加进攻的部队于12月26日前进入出发阵地，并完成兵力集结。可是，德国人和天气都不够配合，大本营不得不将主要行动推延至1月6日。同时，费久宁斯基第54集团军从基里希西面先行发起进攻。由于发生诸多延误，最高统帅部决定以交错的顺序发起主攻，第59、第4和第52集团军1月6日投入进攻，突击第2集团军1月7日加入其中。即便如此，按时完成进攻准备的突击部队还是寥寥无几。梅列茨科夫的步兵和坦克于1月7日和8日两天完成集结，他的炮兵直到1月10日至12日才集结完毕，而后勤单位要到进攻发起后才能完成准备。尽管发生延误，进攻准备也未完成，斯大林仍坚持要求梅列茨科夫按计划于1月6日发起进攻，哪怕他的部队尚未完成集结，也没有获得必要的炮兵和后勤支援。结果可想而知（参见地图11）。

这场过于雄心勃勃的进攻从一开始便反复遭遇到许多难以克服的困难，其中最难的莫过于斯大林坚持要求按规定时间发起进攻。因此，突击部队不可避免地遇到到严重的弹药和燃料持续短缺、用于发展胜利的预备队不足、部队的指挥控制和协调不力等问题。更糟糕的是，随着攻势的发展，三个方面军的进攻轴线严重偏离到三个不同的方向，在被时间和空间分隔开的三个地域遂行战斗。沃尔霍夫方面军突击第2和第59集团军进入柳班以南冰冻的沼泽荒地，从1月至6月，他们一直在那里从事着相对孤立的战斗。同一时期，西北方面军诸集团军绕过并包围了杰米扬斯克的德军，前出至旧鲁萨东郊，尔后在这两个地域进行了旷日持久但徒劳无获的战斗。列宁格勒方面军第54集团军在基里希以西卷入一场毫无结果的厮杀，而方面军位于列宁格勒南面和西南面的集团军没能取得任何进展，部分原因是列宁格勒封锁圈内的条件使他们太过虚弱，无力完成受领的任务。

1月4日，费久宁斯基第54集团军率先发起进攻，攻向德国第1军第269和第11步兵师设在基里希以西，波戈斯季耶（Pogost'e）附近的防御。经过48小时激战，突击部队只取得4～5公里进展，德军步兵和提供支援的第12装甲师一部发起反冲击，将费久宁斯基的部队逐回出发阵地。这场进攻似乎毫不重要，以至于苏联和德国的军事历史学家们都未对此太过留意。哈尔德在日记中指出："北方，敌人继续进攻，但规模不大。"[18]列宁格勒战时日记记录道："尽管条件很困难，列宁格勒方面军辖内部队仍继续实施进攻行动。战斗规模不大，新闻社甚至没有报道，但战斗仍在继续。1月7日，发生在姆加—基里希铁路线上扎罗克车站地域的战斗尤为激烈。"[19]

第54集团军的失利看似无关紧要，但这场失败为即将发生的事情奠定了基础，还让费久宁斯基集团军在沃尔霍夫方面军发起主要突击后，无法为后者提供支援。

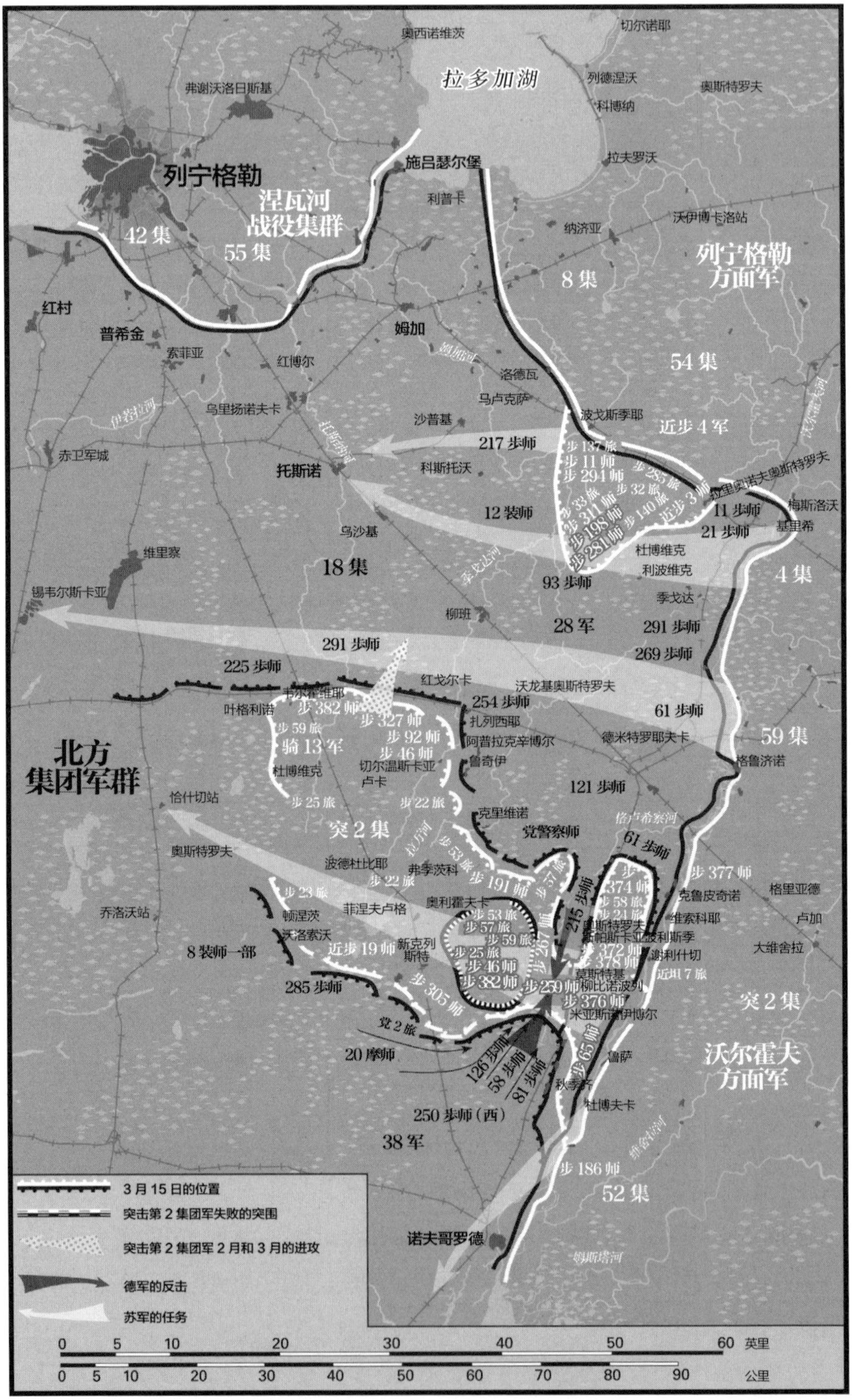

地图 11：1942 年 1 月—4 月，苏军列宁格勒—沃尔霍夫（柳班）进攻战役

遵照斯大林的指示，梅列茨科夫和霍津的部队于1月6日和7日发起进攻，但他们的初步突击只取得些许战果，随即陷入停顿。加拉宁第59集团军于1月6日晨发起梅列茨科夫的主要突击，先遣师力图夺取并扩大沃尔霍夫河西岸登陆场，以便索科洛夫突击第2集团军次日向西发展胜利。加拉宁的部分部队在河流西面战斗时，梅列茨科夫完成了第59集团军余部和突击第2集团军在河东岸的集结。日终前，面对德军的激烈抵抗，加拉宁的进攻行动停顿下来。第59集团军战史描述了进攻首日的行动：

清晨，一场短暂的炮火齐射后，集团军第一梯队师的几个团发起冲击。厚厚的积雪妨碍到部队的前进，几个分队设法从冰面跨过宽达400米的沃尔霍夫河，立即暴露在敌人的侧射火力下。

敌人从构设在前沿的碉堡里以大口径机枪和各种步兵武器的猛烈火力打击我进攻部队。火炮和迫击炮火力从纵深射出。战斗队列中开始出现阵亡者和伤员。但是，尽管敌人顽强抵抗，我军各独立分队还是设法渡过了沃尔霍夫河，并在河西岸掘壕据守。

战斗持续了许多个小时。战士们一次次投入进攻，但遭遇敌人的毁灭性火力后被迫退回。夜幕降临时，在许多地段，进攻部队都撤回到他们的出发阵地。[20]

梅列茨科夫在1月7日7点发给大本营的报告中叙述了这场徒劳无获的进攻：

第59集团军的进攻进展缓慢，各部队遭遇到敌人强有力的抵抗。

今天，敌人从图申岛（Tushin）、丘多沃车站和丘多沃地域两次发起师级规模的反冲击。敌人沿第59集团军正面发起的所有进攻均被击退，敌第8摩托化团被歼灭，遂行反冲击的其他团也遭受到严重损失。

1月6日日终前，第59集团军主力部队各师占领以下位置：

步兵第8师——沃尔霍夫河左岸的沃多西亚地域（Vodos'ia）；

击退敌人多次进攻后，步兵第376和第288师到达梅涅克沙河（Meneksha）一线；

步兵第111师继续肃清柳本卡河（Liubun'ka）河口部的敌支撑点；

步兵第372师的2个团位于克拉斯诺法尔福尔内（Krasnofarforny）以南4公里的沃尔霍夫河西岸。

各个师都已做好展开夜间行动的准备。

突击第2集团军沿沃尔霍夫河东岸占据出发阵地，准备于1月7日晨以5个旅和步兵第259师发起进攻。

尽管集结工作尚未完成，但突击第2集团军将于1月7日投入进攻。

主要困难是：突击第2集团军的直属炮兵尚未到达，几个近卫师也没有赶到，航空兵未完成集结，汽车尚未到达，弹药储备未完成，食物和燃料方面的糟糕情况未得到缓解。

对第59集团军正面发起反冲击的同时，敌人还对第4集团军左翼实施了反冲击。虽然这些反冲击均被击退，敌人损失惨重，但步兵第65和第4师被逼退了2～3公里。

K.梅列茨科夫、G.斯捷尔马赫

毫不气馁的梅列茨科夫于1月7日将第59集团军余部和突击第2集团军投入战斗，但是，投入部队的方式零零碎碎，毫无协同可言。两个集团军力图突破德军沿沃尔霍夫河和在波萨德尼科夫奥斯特罗夫（Posadnikov Ostrov）构设的防御，但只是加剧了失败而已，运气不佳的进攻部队损失惨重，很快陷入停顿，两个集团军不得不退回原先的阵地。这场战斗极为激烈，仅突击第2集团军在命运多舛的突击行动头30分钟便损失3000多人[22]。在斯大林接二连三的命令、激励和威胁的驱使下，两个集团军又苦战了2天，但这场进攻最终在极度疲劳和混乱的状况下彻底崩溃。

因此，根据梅列茨科夫的请求，最高统帅部下令进攻行动暂停3天[23]。苏联方面在战役结束后所做的批评直截了当地指出，进攻失败是因为德军激烈的抵抗，以及方面军偏向于将其力量浪费在对德军支撑点反复发起徒劳无获的进攻上。哈尔德在他的日记中证实了这一判断："对沃尔霍夫防线的进攻被击退。这里和拉多加湖防线似乎都是如此，敌人尚未发起主要突击。"[24]列宁格勒战时日记1月10日准确地指出："沃尔霍夫方面军1月7日发起突击试图打破列宁格勒封锁的愿望未能实现。不利的情况迫使指挥部门于1月10日停止了进攻。他们可能在几天内再度恢复进攻。”[25]

斯大林对失败深感困窘，他命令梅列茨科夫重整部队，1月13日以更加协调的方式发起新的进攻，这一次以整个突击第2集团军率领突击。为确保命令得到不折不扣的执行，斯大林派他的亲信，红军总政治部主任L.Z.梅赫利斯担任特使，监督梅列茨科夫的进攻准备。到达那里后，“这位‘客人’开始事无巨细地深入了解一切，不断敦促方面军司令员，一如既往地卖力。”[26]

邪恶的梅赫利斯令人恐惧也令人憎恶，但他在行动准备期间发挥的并不都是负面作用。“例如，梅赫利斯获知各进攻集团军没有炮兵，现有的火炮也缺乏包括光学器材和通讯设备这些重要部件后，立即向斯大林汇报。不久，红军炮兵主任N.沃罗诺夫将军便被派至小维舍拉，还带来了装满几车皮的所缺设备。”[27]梅赫利斯迅速发现突击第2集团军司令员索科洛夫能力不及，便着手以更具经验的第52集团军司令员N.K.克雷科夫少将①替换索科洛夫。不幸的是，直到进攻发起3天后的1月10日，索科洛夫才调离指挥岗位。

可是，梅赫利斯的到来并非预示行动成功的好兆头。他的气质之邪恶、军事素养之匮乏，都不及他对待指战员之无情更甚。沿沃尔霍夫战线，令人畏惧的梅赫利斯开始赢得其当之无愧的“声誉”——他就是军事灾难的预兆。

重新部署部队并组建新突击群后，梅列茨科夫的突击第2、第59、第4、第52集团军和列宁格勒方面军第54集团军于1月13日晨恢复进攻，这一次，进攻发起前和发起的同时都得到了适当的炮火支援。尽管如此，弹药依然严重不足，无法维持新的进攻。冒着恶劣的天气，这场突击跨过沼泽、荒地和积雪，没有一支突击部队能达成自由机动或获得必要的弹药、燃料、食物补给。新近公开的沃尔霍夫方面军作战报告生动描述了这场进攻令人沮丧的性质[28]。在此期间，梅列茨科夫一再请求并获得了最高统帅部的协助，以促成他的推进。例如，1月19日，大本营调拨给他3000支波波沙冲锋枪和300支反坦克步枪，并把9个滑雪营和1个雪橇运输连交给他控制[29]。

---

① 译注：应为中将。

哈尔德注意到苏军1月13日的活动有所加剧，并立即意识到其严重性：“‘北方’集团军群南翼今天遭受到沉重压力，这是因为敌人以4个师的部分部队跨过冰冻的湖泊对第123师发起进攻。冯·莱布立即考虑后撤事宜。元首不赞成。”[30]

列宁格勒日记则简单地提及这一行动，毫无热情可言：“沃尔霍夫方面军辖内部队恢复了1月10日中断的进攻行动。同时，列宁格勒方面军第54集团军再度发起冲击。近期打破封锁的尝试并不成功。这一次又将怎样？进攻首日的进展微乎其微。敌人实施了顽强抵抗。”[31]

突击第2集团军进攻地域上，炮火准备和随后发起的地面突击粉碎了德国第38军第126与第215步兵师结合部的防御，使前者产生了恐慌，该师近期刚刚从西线调来。1月13日至16日的激战中，突击第2集团军辖内部队设法在德军设于沃尔霍夫河和季戈达河以西的防御上插入几个小楔子。但他们未能夺取河流西岸德军至关重要的支撑点，也没能突破对方的防御。梅列茨科夫和几位集团军司令员这一次还是未集中其突击部队，方面军辖内部队继续受到弹药短缺的影响。突击第2集团军两侧，第4和第52集团军也没取得任何进展，1月14日和15日转入防御。

完成重组后，费久宁斯基第54集团军也于1月13日晨以全部力量发起进攻，但立即遭到德国第28军第269步兵师的坚决抵抗，该师获得第223、第291步兵师、第12装甲师部分部队的支援。虽然费久宁斯基的部队1月17日夺得波戈斯季耶，但没能突破德军防御，据说是因为尽管最高统帅部大本营一再下达指示，但费久宁斯基也没能集结兵力，反而以分散的方式在30公里宽的战线上遂行突击[32]。这番失利（苏军总参谋部将其归咎于指挥控制不力）促使斯大林在1月底将费久宁斯基集团军分成第54和第8集团军，以加强指挥控制。

新组建的第8集团军由A.V.苏霍姆林少将指挥，据守拉多加湖南面原第54集团军的右翼。苏霍姆林集团军将会同左翼的第54集团军，粉碎锡尼亚维诺以东洛德瓦地域（Lodva）的德军防御，并向西攻往托斯诺，在那里与正从西北方攻向托斯诺的第55集团军会合。大本营留给费久宁斯基的任务不变，第54集团军将从波戈斯季耶攻向西南方，与突击第2集团军在柳班会合，歼灭盘踞在柳班、丘多沃、基里希的德军。可是，第54集团军的进展太慢，而第8集团军的进攻彻底失败了。

1月17日，费久宁斯基辖内部队夺取波戈斯季耶当天，克雷科夫的突击第2集团军恢复进攻。在超过1500架次战机的支援下，突击第2集团军终于突破了德军位于沃尔霍夫河左岸的第一道防御阵地，向前推进5～10公里，创造出梅列茨科夫认为有利于发展胜利的条件。可是，由于指挥、控制、协调不力，加之突击的分散性和恶化的气候条件，进攻部队又一次没能夺取重要的德军支撑点，进攻发生动摇，损失惨重。唯一令梅列茨科夫感到安慰的是，虽然列宁格勒方面军第8、第55集团军的突击从一开始便陷入停滞，但他们将德军部队牵制在了列宁格勒以南的战斗中。

战役这一阶段，德国人也开始经历因遭到苏军出其不意进攻而产生的指挥层动荡。从北面的沃尔霍夫到伊尔门湖以南，整条防线都受到苏军的攻击，“莱布要求，要么将他撤职，要么批准他在仍有机动空间时下令后撤。”[33]希特勒通过哈尔德做出回复：“动用总参谋部的一切力量……为作战行动铲除这种狂躁症。集团军群的明确任务就是坚守，最高统帅部将承担所有风险。”[34]对莱布来说，木已成舟。希特勒于1月17日“因健康原因”解除了他的职务，并任命屈希勒尔指挥“北方”集团军群。

1月21日，经过4天停顿以重组部队并整合援兵后，克雷科夫突击第2集团军恢复进攻，这一次的重点是夺取德军设在斯帕斯卡亚波利斯季、莫斯特基（Mostki）、泽姆季齐（Zemtitsy）和米亚斯诺伊博尔（Miasnoi Bor）的支撑点，这些支撑点都位于浅近突破的底部。克雷科夫的部队猛攻德军支撑点时，1月22日晨，梅列茨科夫向大本营汇报了方面军的进展，要求批准他的部队变更部署，以便向西发展胜利：

尽管较慢，但突破行动正沿突击第2、第52集团军的战线顺利进行。这场突破沿12公里宽的战线发展，从谢利什琴斯科耶村（Selishchenskoe）至红色突击手国营农场（Krasnyi Udarnik），已将后者包围。各部队取得10公里深的进展，正逼近列宁格勒公路。

沿第4和第59集团军突击方向展开的行动越拖越久。尽管1942年1月21日我们将12个师和400多门火炮集中在主要突击方向12公里宽的地域，但没能突破敌人的防御。敌人已沿这一方向布设了强大的防御，并集结了4个步兵师（第291、第81、第61、第215师）和其他师的4个团（第139猎兵团、党卫队第9步兵团、第322、第311步兵团）。如果1942年1月22日沿第4和第59集团军的战线反复发起的进攻无法取得成功，我们认为有必要利用突击第2和第52集团军取得的胜利，进一步拓展沃尔霍夫方面军的攻势。必须在第4集团军3个师的加强下，尽快将第59集团军变更部署至突击第2集团军右翼，以便向敌姆加集团后方的托斯诺地域发展攻势。

我们提请您批准如下有关方面军部队和兵器变更部署的计划：

1. 将第4集团军（辖步兵第44、第310、第190、骑兵第80师）留在基里希和格鲁济诺战线，并为其增派第59集团军步兵第288和第376师，这两个师正沿格鲁济诺北面的沃尔霍夫河西岸行动。第4集团军应暂时实施局部行动，以牵制敌军。

待奥克佳布里斯科耶（Oktiabr'skoe）以南的方面军突击群发起的进攻取得顺利进展，第4集团军也将加入总攻。

2. 将第59集团军（辖步兵第372、第378师）变更部署至杜布齐车站（Dubtsy）和谢利什琴斯科耶村，并为其增派在谢利什琴斯科耶村西面作战的步兵第327师，以及第4集团军步兵第65、第92、近卫步兵第4师。

第59集团军应将主力部署在沃尔霍夫河西岸，以便从突击第2集团军右翼后方发起进攻。

第59集团军的进攻地域为，右侧：沃尔霍夫河畔的普舍尼奇什切（Pshenichishche）—图申奥斯特罗夫（Tushin Ostrov，含）—大库涅斯季（Bol'shaia Kunest'）一线；左侧：沃尔霍夫河畔的阿列菲诺（Arefino，含）—普里尤季诺（Priiutino）—森纳亚克列斯季（Sennaia Kerest'）—阿普拉克辛博尔（Apraksin Bor）一线。

以军属炮兵第881团、最高统帅部预备队炮兵第827、第367团加强第59集团军，待步兵师变更部署后，再以大威力炮兵第37和第430团加强之。这样，该集团军便可拥有100门76毫米或更大口径的火炮。

方面军预备队将由位于格拉德地域（Glady）的坦克第46旅、步兵第337师和位于大维舍拉地域的骑兵第87师组成。

若上述建议获得批准，我们便可在1月22日晚至23日凌晨的夜间抽调部队，1月23日开始再部署。这样，第59集团军便可做好准备，1月27日以步兵第327、第372、第65、近卫步兵第4师发起进攻。步兵第378和第92师将在两天后投入战斗。另外，各个师到达指定地域后将迅速投入突破口，不必等待其他部队赶至。

梅列茨科夫、扎波罗热茨、斯捷利马赫[35]

当日晚些时候，大本营批准了梅列茨科夫的请求：

最高统帅部大本营批准您通过变更第4、第59集团军部署来发展突击第2集团军胜利的建议，并要求如下：

1. 计划中的变更部署应以秘密的方式进行。

2. 变更部署期间，不得停止突击第2和第52集团军的进攻，相反，应发展攻势。

I.斯大林、A.华西列夫斯基[36]

1月23日晚至24日凌晨，梅列茨科夫终于确定克雷科夫的部队已在德军防线上打开个缺口，完全可以投入发展胜利的部队。次日晨，N.I.古谢夫少将的骑兵第13军（辖骑兵第25、第87师和第59集团军配属的1个步兵师）穿过狭窄的缺口，冲入德军后方。可是，待古谢夫的骑兵和克雷科夫的步兵穿过突破口后，德国第39摩托化军和第38军匆匆集结兵力坚守突破口两翼，并将发展胜利的突击第2集团军和一同行动的骑兵阻挡在柳班南面的森林沼泽地带。第59和第52集团军在突击第2集团军突破口底部竭力扩大狭窄的缺口，但未能攻克德军设在突破口两翼的支撑点。

尽管古谢夫骑兵第13军进入了德军后方，但经过数日激战，梅列茨科夫的进攻再度停滞不前，这一次，约3万名苏军士兵在德军后方陷入岌岌可危的境地。在梅列茨科夫看来，这股力量所处的位置非常理想，如果能为其提供加强并确保其补给线，他们就能遂行重要的任务。然而在德国人看来，大批苏军虽然威胁到列宁格勒以南德军的整个防御，但也提供了一个诱人的聚歼目标，前提是包围这股苏军，并切断其脆弱的后勤脐带。

1月27日晨，梅列茨科夫采取行动打破僵局，下达了意图彻底解决问题的命令：

关于骑兵第13军成功到达克列斯季河以西的德军后方和进一步发展突击第2集团军的突破，我命令：

1. 第59集团军1942年1月28日从德缅卡河（Dymenka）一线向谢利什琴斯基村（Selishchenskii）、特列古博沃（Tregubovo）、皮亚特尼察（Piatnitsa）、亚历山德罗夫卡（Aleksandrovka）方向发起进攻，从西面包围敌丘多沃集团。

为更快地发展进攻，1942年1月28日前以步兵第92师穿过方面军位于突击第2集团军作战地域的突破口，朝列索蓬克特（Lesopunkt）、38.9高度标识、普里尤季诺方向攻击前进。同时以步兵第53旅和步兵第374师第374团彻底肃清沃尔霍夫河西岸—波利斯季河一线之敌。主力部队应于1942年1月30日日终前到达科尔洛沃（Korlovo）、皮亚特尼察、森纳亚克列斯季地域，将一个步兵师梯次部署在后方大奥波奇瓦洛沃（Bol'shoe Opochivalovo）。

待步兵第53师到达波利斯季河一线，将其撤至维索科耶地域（Vysokoe）接受补充。左侧分界线不变。突击第2集团军应组建以下战役集群，以改善指挥控制：

a. 科罗夫尼科夫战役集群应编有步兵第327、第374、第111师和坦克第22旅。该集群的任务是彻底消灭敌人在斯帕斯卡亚波利斯季和柳比诺波列（Liubino Pole）地域沿列宁格勒公路构设的支撑点，完成这一任务后，便有可能将主力调入新杰列夫尼亚（Novaia Derevnia）、弗季茨科（Vditsko）、菲涅夫卢格（Finev Lug）地域。

b. 普里瓦洛夫战役集群应编有步兵第191、第382师和滑雪第57旅。该集群的任务是于1942年1月27日夜间以步兵第191师和第57旅在列索蓬克特地域穿过突破口，经奥利霍夫卡（Ol'khovka）和克里维诺（Krivino）尽快赶往小布龙季察（Malaia Brontitsa）、切尔维诺（Chervino）、鲁奇伊（Ruch'i）地域。

留下一个团转隶科罗夫尼科夫同志后，步兵第382师应于1942年1月

27日夜间从所占领地域向前推进，经普里尤季诺和森纳亚克列斯季赶往波德索松耶（Podsoson'e）和克拉皮维诺（Krapivino）地域。战役集群的主要任务是于1942年1月28日日终前到达克列斯季河。

c. 日利措夫同志的战役集群应编有第23、第24、第58旅。该集群的任务是消灭泽姆季齐和柳布齐（Liubtsy）地域之敌，尔后朝小扎莫希耶（Maloe Zamosh'e）和谢洛戈拉（Selo Gora）方向发展进攻，不迟于1942年1月29日日终前切断列宁格勒—诺夫哥罗德铁路线。夺取皮亚季利佩地域（Piatilipy）和戈连卡平台后（Gorenka），可靠掩护突击第2集团军左翼，防范敌人从卢加河上游发起进攻。

骑兵第13军应继续遂行现有任务，前出并夺取柳班地域。步兵第53旅于1942年1月27日8点转隶第59集团军司令员。

左侧分界线为鲁萨、柳布齐、小扎莫希耶和戈连卡平台。

3. 第52集团军应于1942年1月29日日终前夺取大扎莫希耶（Bol'shoe Zamosh'e）、韦什基（Veshki）和科普齐（Koptsy）地域。尔后，集团军应前出至塔季诺车站（Tatino）—波利舍沃德斯科耶（Bol'shevodskoe）—科托维齐（Kotovitsy）一线，掩护方面军突击群，防范敌人从诺夫哥罗德方向发起进攻。

4. 方面军空军指挥员应将航空兵的主要任务集中在协助第59和突击第2集团军的进攻行动上，并掩护骑兵第13军和突击第2、第59集团军主力。

阻止敌预备队逼近柳班和丘多沃，继续消灭列宁格勒公路地带的敌抵抗中心。

梅列茨科夫、扎波罗热茨、斯捷利马赫[37]

梅列茨科夫希望，辖内部队变更部署后就能夺取德军支撑点，拓宽突破口并攻占柳班。最重要的是，科罗夫尼科夫和日利措夫战役集群将夺取德军设在斯帕斯卡亚波利斯季和泽姆季齐的支撑点，然后呈扇形散开，与第三个战役集群一同深入德军后方。与此同时，古谢夫骑兵第13军径直冲向柳班，而梅列茨科夫麾下其他集团军的进攻将把德国人的注意力从他计划的中心目标转移开。

可是，突击第2集团军对斯帕斯卡亚波利斯季和泽姆季齐的进攻再次失利，红军总参谋部将失败归咎于协同不力、未有效使用坦克和火炮、过度依赖代价高昂的正面进攻。尽管如此，克雷科夫的余部还是在两个德军支撑点之间达成突破，向前推进75公里，与古谢夫的骑兵会合。现在，位于德军后方的红军士兵超过10万，他们准备攻向柳班，这对柳班、丘多沃和基里希地域德军部队的生存构成严重威胁。但突击第2集团军未能攻克斯帕斯卡亚波利斯季，加之他们穿越遍布冰冻沼泽和泥炭沼潭地带时遭遇的困难严重妨碍了苏军的推进，也使德军得以遏止苏军的进击。

屈希勒尔1月22日采取的反措施相当有效，他派布施第16集团军坚守突破口南翼，林德曼第18集团军据守北翼。布施麾下的第38军在米亚斯诺伊博尔南面和扎莫希耶构设起强大的防御，林德曼的第1军也在斯帕斯卡亚波利斯季、米亚斯诺伊博尔和柳班以南如法炮制。2月初，德国第1军以第225、第212、第254、第61、第215步兵师和党卫队“警察”师封锁了突出部北面，而第38军则以第285、第126步兵师和第20摩托化师隔离了突出部南面[38]。

扩大进攻，2月—3月

2月初，苏军最高统帅部将副国防人民委员兼红军总后勤部长A.V.赫鲁廖夫派至沃尔霍夫方面军，协助梅列茨科夫解决他持续遭遇的后勤问题。梅列茨科夫随后组建了一个特别突击群，编有步兵第11师和坦克第22旅，由S.V.罗金斯基上校率领，并命令该突击群攻往斯帕斯卡亚波利斯季南面的柳比诺波列和莫斯特基德军支撑点[39]。罗金斯基突击群2月12日攻克这两个支撑点，从而将集团军突破口扩大至14公里，梅列茨科夫立即将新锐部队投入突破口，命令他们攻向柳班[40]。2月19日，突击第2集团军步兵第327、第46、骑兵第80师和滑雪第39、第42营向北攻往柳班，设法在德军第291与第254步兵师防御结合部包围并攻克了红戈尔卡村（Krasnaia Gorka）。克雷科夫随即命令两个步兵师夺取10公里外的柳班，骑兵和滑雪部队在柳班西北方10公里处的里亚博沃（Riabovo）切断列宁格勒—柳班铁路线[41]。

突击第2集团军向柳班和西北方的推进给德军防御造成极大危险，构成分隔德国第1军与第18集团军余部、歼灭该军并打开通往列宁格勒的公路这一威胁。可是，德国第1军第291步兵师和“黑尼克”集群（第215、第61步兵师）攻向苏军这场小规模突破的侧翼，2月27日重新夺回红戈尔卡村，并将苏军步兵第327师和骑兵第80师包围在里亚博沃。虽然被围苏军大多得以逃脱，但德国人声称，截至3月15日共抓获6000名苏军战俘[42]。

在2月的几周战斗中，克雷科夫的部队得以扩大突击第2集团军位于沃尔霍夫河以西的“口袋”，但无力向列宁格勒发起果断突破。因此，越来越失望的斯大林发出一系列新指示，敦促沃尔霍夫方面军完成他们的任务：包围柳班、丘多沃地域的德军，向西进击，夺取托斯诺，打破列宁格勒封锁圈。2月26日2点30分，他给梅列茨科夫下达了第一道指令：

最高统帅部大本营不反对你们加强突击第2和第59集团军柳班、丘多沃集团的建议。

同时，大本营明确要求，在任何情况下你们都不能为派遣援兵而停止突击第2和第59集团军沿柳班、丘多沃方向的进攻行动。相反，获得援兵后，你们应于3月1日前进抵柳班—丘多沃铁路线，以便彻底消灭敌柳班、丘多沃集团，不得迟于3月5日。

I.斯大林、B.沙波什尼科夫[43]

没过一个小时，斯大林又命令霍津的列宁格勒方面军加快进攻，支援沃尔霍夫方面军：

沃尔霍夫方面军辖内部队已发起歼灭敌柳班—丘多沃集团的行动。

最高统帅部大本营命令：第54集团军突击群2月26—27日获得加强后，应朝柳班这一总方向发起一场决定性进攻，不得迟于3月1日。以第54集团军的突击与沃尔霍夫方面军辖内部队的进攻相结合，方面军的联合部队应彻底消灭敌柳班—丘多沃集团，并前出至柳班—丘多沃铁路线。

报告收悉情况。

I.斯大林、B.沙波什尼科夫[44]

尽管下达了这些命令，但到2月底，梅列茨科夫的部队多次尝试歼灭基里希、柳班、丘多沃地域之德军并打破列宁格勒封锁，均告彻底失败。之所以失败，是因为他们对德军复杂的支撑点网发起正面进攻，兵力分散，协同不力，缺乏足够的火力或后勤支援。由于该方面军屡屡受挫，斯大林2月中旬将他的挚友伏罗希洛夫元帅和GKO（国防委员会）委员G.马林科夫派至梅列茨科夫的司令部，以监督重新发起一场进攻的策划工作。和他们同来的还有A.A.弗拉索夫中将，这位第20集团军司令员近期在莫斯科以西的战斗中声名鹊起，他将担任梅列茨科夫的副司令员[45]。马林科夫采取的第一个举措便是将突击第2集团军许多指挥员解职，包括集团军参谋长和他的一些同事[46]。显然，马林科夫此行的任务是为过去和日后的失败寻找替罪羊。

2月28日2点，大本营再次命令伏罗希洛夫、梅列茨科夫和霍津拟制一份新计划，加快歼灭柳班和丘多沃地域德军的行动，并为如何遂行进攻提供了详细指导：

为更快地俘获或歼灭敌柳班—丘多沃集团，并解放列宁格勒至柳班的铁路线，大本营特此命令：

1. 以第59集团军不少于2个师的兵力加强突击第2集团军。

2. 组建一个突击群，至少应编有5个步兵师、4个步兵旅和1个骑兵师，并以坦克、炮兵、航空兵予以加强，以便朝柳班方向和北面发起一场决定性进攻。

3. 第59集团军应以不少于3个步兵师组建起的突击群朝列宁格勒公路以西的托尔菲亚诺耶车站（Torfianoe）方向发起进攻，在托尔菲亚诺耶车站地域切断列宁格勒公路和铁路线，俘获或歼灭敌丘多沃集团。

4. 在第4集团军右翼组建一个不少于2个步兵师的突击群，朝拉廖诺夫（Larionov）这一总方向发起进攻，前出至斯梅尔德尼亚（Smerdynia），与突击第2集团军的柳班集群会合。

5. 行动期间，无论如何不能分散突击群的兵力，将之用于掩护侧翼和后方。同样，负责掩护侧翼及后方的部队，不能包括在突击群内。

6. 夺取并牢牢守住柳班车站和柳班，不得迟于3月4日至5日。

7. 上报你们下达的所有命令。

I.斯大林、B.沙波什尼科夫[47]

斯大林随后以N.F.加根少将新组建的近卫步兵第4军加强费久宁斯基第54集团军，以便后者能够完成其受领的任务。近卫步兵第4军编有近卫步兵第3师和步兵第32、第33旅。

伏罗希洛夫等人拟制的计划要求，突击第2集团军以一个编有5个步兵师、1个骑兵师、4个步兵旅，并获得坦克和炮兵加强的突击群攻向西北方的柳班。该突击群将切断列宁格勒—柳班铁路线，与列宁格勒方面军第54集团军会合，包围并歼灭盘踞在柳班和丘多沃地域的德军。费久宁斯基获得由加根近卫步兵第4军加强的第54集团军，与苏霍姆林的第8集团军分别从北面和西面攻向柳班。与此同时，现由I.T.科罗夫尼科夫少将指挥的第59集团军也将发起进攻并歼灭据守丘多沃的德军。进攻发起前，列宁格勒方面军的航空兵主力将对德军防御和后方设施发起打击，这场进攻应于3月4日在各作战地段同时发起。

梅列茨科夫的司令部绞尽脑汁，最高统帅部大本营不断发出督促，各突击部队于3月4日晨按计划投入行动，但面对德军的顽强抵抗，这些进攻又一次收效甚微。第54集团军遂行突击期间，大本营试图提供协助，于3月8日下令发起一场猛烈空袭，以此支援费久宁斯基集团军：

最高统帅部大本营命令：

3月10日至20日期间，组织大规模空袭打击敌军作战编队，以及敌人设在前进地域和沃尔霍夫方面军第4、第59、突击第2集团军及列宁格勒方面军第54集团军进攻地域纵深的防御，同时还要打击敌人的交通要道。为此：

1. 红空军副司令员诺维科夫将军负责组织空袭，最高统帅部大本营远程作战航空兵司令员戈洛瓦诺夫空军少将听从他的调遣。

2. 尽可能以8个最高统帅部预备队航空兵团、远程作战航空兵和参加进攻的方面军、集团军航空兵遂行空中打击，这些部队均由空军副司令员诺维科夫监督。

3. 密切协同大规模空袭与地面部队的行动，按以下顺序实施：第一，沿丘多沃方向打击第59集团军突击群前方的敌作战编队和防御工事；第二，在基里希和拉廖诺夫奥斯特罗夫（Larionov Ostrov）地域打击第4集团军突击群前方的敌作战编队和防御工事；第三，在红戈尔卡地域和波戈斯季①（Pogost'）南面打击突击第2、第54集团军突击群前方的敌作战编队和防御工事。

遂行这些空中打击的同时，应以部分航空兵系统性地轰炸列宁格勒公路和铁路、柳班和丘多沃地域的所有相关桥梁以及标出的城镇，从而终结敌人沿这些公路进行的运输工作。

I.斯大林、B.沙波什尼科夫[48]

这些空中打击进行之际，激烈的地面战依然进展不大。霍津3月14日向最高统帅部大本营阐述了他的意图，并详细说明了他遇到的一些困难：

为完成最高统帅部大本营围歼敌柳班—丘多沃集团的指令，我们的计划如下：

1. 从柳班、楚德斯科伊博尔（Chudskoi Bor）和切列姆纳亚戈拉（Cheremnaia Gora）地域撤下不少于4个步兵师，以完成与沃尔霍夫方面军协同围歼敌柳班—丘多沃集团的任务。

2. 同时，正沿丘多沃方向作战的第54集团军，以战斗期间在斯梅尔德尼亚、瓦西基内尼维（Vas'kiny Nivy）、拉姆齐（Ramtsy）地域撤入第二梯队的3～4个步兵师、1个近卫步兵师、3个坦克旅组建一个突击群。该突击群将沿马卡里耶夫斯科耶沼泽（Makar'evskoe）与佩利戈尔斯科耶沼泽（Pel'gorskoe）之间的托斯诺方向攻击前进，而第8集团军左翼应同时攻往叶尔祖诺沃（Erzunovo）和托斯诺。

待落实后，这些措施将力求在春季化冻前打破敌人对列宁格勒的封锁。

3. 仅以上述提及的部队沿托斯诺方向发起进攻显然是不够的。必须以强大的第二梯队从纵深处加强作战编队。为此，我们需要一支方面军预备队，编有1～3个步兵师、3～4个步兵旅和1个坦克旅，这样便可以在进攻行动沿托斯诺方向发展时构成突击群的第二梯队。

---

① 译注：疑为波戈斯季耶（Pogostye）。

提出这个问题之际，我们请求您批准以上建议的措施，并给我们调拨2～3个步兵师、3～4个步兵旅和1个坦克旅用于沃尔霍夫。同时，我们请求您及时采取措施，根据我们3月13日的两封电报，以人员、坦克、车辆、KV、T-34坦克零配件补充第54和第8集团军辖内部队。

霍津、日丹诺夫[49]

大本营于3月15日2点做出回复，批准了霍津的大多数请求，但没有提供他所要求的援兵：

方面军辖下第54集团军的主要任务依然不变。与沃尔霍夫方面军辖内部队相配合，夺取柳班并歼灭敌柳班集团。集团军主力必须用于那里。

夺取柳班前，最高统帅部大本营认为该集团军有必要派1～2个步兵师和1个坦克旅沿托斯诺方向展开行动，既可提供掩护，也可以牵制敌军。

夺得柳班后，第54集团军突击群主力可以转向托斯诺，视情况而定。

大本营目前无法满足你们以更多援兵加强第54集团军的要求。

I.斯大林、B.沙波什尼科夫[50]

经过数日激战，3月15日，费久宁斯基第54集团军终于在波戈斯季耶附近设法突破了德军第269步兵师的防御，并向南推进22公里，到达柳班以北10公里处。列宁格勒战时日记分别在3月13日、15日、21日提及费久宁斯基取得的初步胜利，不惜笔墨地称赞了该集团军的战绩：

3月13日，星期五。 I.I.费久宁斯基将军的第54集团军并未停止从包围圈外部向列宁格勒突破的尝试。战斗激烈凶猛。仅一天内便摧毁了敌人的39座掩体和暗堡、8辆坦克和10门火炮。我方炮火压制了敌人的5个炮兵连和6个迫击炮连。敌人在战场上丢下500具尸体、3门火炮、38挺机枪、360个弹药箱和2000枚地雷。我方部队还抓获了俘虏。

3月15日，星期天。 沃尔霍夫方面军突击第2集团军和列宁格勒方面军第54集团军正遂行进攻，目标是包围敌柳班集团。此举将极大缓解列宁格勒所遭受

的封锁。

*3月21日，星期六。*朝柳班方向进攻的步兵第32旅［隶属近卫步兵第4军］遭遇冬季无法克服的沼泽地。由于前方有一片难以逾越的沼泽，德国人便掉以轻心。不过，该旅旅长谢尔盖·波利卡尔波维奇·克季拉德泽在希特勒分子眼皮底下暗度陈仓，他率领战士们实施迂回，于3月21日清晨将敌人打了个措手不及。法西斯分子被迫退却，甚至来不及疏散米拉耶夫卡（Milaevka）和季德维纳（Didvina）的仓库。

季德维纳与柳班的直线距离只有11公里。接下来3小时，步兵第32旅又夺得另一座村庄科尔德内（Kordynei），这极大缓解了友邻师的状况。该师又一举夺取了泽尼诺村（Zenino）和多布罗耶村（Dobroe）。[51]

哈尔德也在3月18日的日记中提及俄国人发起的进攻，但视之为无关紧要：“在沃尔霍夫突出部，敌人的进攻力量似乎正逐渐减弱，而在波戈斯季耶，他们继续取得局部小规模战果，但不足以改变我们对局势严重性的看法。”[52]没过一周，3月25日，哈尔德对费久宁斯基取得的战果抱以更大的关注，但并不太担心：“敌人在波戈斯季耶的进攻达成相当深的突破，但似乎已被暂时阻挡住。山地步兵正实施反冲击。”[53]

可是，德军的激烈抵抗再次阻遏了苏军继续取得战果。这是因为该地区的其他苏军部队，特别是第4集团军，迟迟无所作为，致使德国人得以从列宁格勒、从第16集团军、从西线抽调兵力迅速赶至受威胁地域。3月31日前，包括第5、第93、第217、第21步兵师在内的这些部队成功阻挡住了费久宁斯基的推进。而苏军发起的其他突击也彻底失败。正如苏方一位参战者描述的那样：

沃尔霍夫方面军和列宁格勒方面军第54集团军在3月和4月发起的进攻未能取得理想战果。进攻行动再次进展缓慢，由于缺乏预备队、物资及装备资源（坦克、弹药、自行火炮等）而经常发生停顿。这些暂停和停顿相当频繁，并导致两个方面军无法协同。例如，耗尽预备队后，列宁格勒方面军停止了进攻，而沃尔霍夫方面军则相反，暂停下来为其部队补充人员和装备后，该方面军又继续进攻。可当列宁格勒方面军第54集团军开始进攻时，沃尔霍夫方面军已停下脚步。因此，两个方面军缺乏协同，这使敌人有机可乘。他们拥有所需要的汽车，加之出色的道路网，敌人可以调动预备队，将兵力集结在我们的进攻方向上，继而轻松击退我军的进攻。[54]

德军3月份的反突击

梅列茨科夫和伏罗希洛夫策划他们的3月攻势时，屈希勒尔的“北方”集团军群正准备发起一场反突击。3月2日与这位集团军群司令会面时，希特勒告诉屈希勒尔，3月7日至12日间将展开一场行动，封闭突破口，包围柳班地域的苏军部队，与这场行动相配合的是另一场反突击，后者旨在解救被困于杰米扬斯克地域的德军部队[55]。此时，库罗奇金的西北方面军已到达旧鲁萨郊区，并将德国第16集团军辖下的第2军包围在杰米扬斯克地域。另外，屈希勒尔将米亚斯诺伊博尔（苏军达成突破处）南北两面的整个防御都交给了第18集团军。第18与第16集团军的新分界线是从伊尔门湖向正西面延伸[56]。

屈希勒尔的进攻目标是苏军两条狭窄、堆雪的补给线，德国人为其取的绰号是“埃丽卡”和“多拉”，这两条补给线沿沃尔霍夫河穿过突击第2集团军与苏军前线之间10公里宽的走廊。希特勒给屈希勒尔5～10天来策划这场反突击，OKH为此所取的代号是“猛兽”行动[57]。德国陆军总参谋长哈尔德将军在3月2日的日记中写下发起“猛兽”行动的意图：“沃尔霍夫前线的行动发起日期为3月7日至12日。空军力量集结至该地域所规定的日期为3月7日至14日。元首提出，在行动发起几天前实施空中火力准备（对森林中的营地展开最猛烈的轰炸）。消灭沃尔霍夫突出部后，不必浪费兵力歼灭沼泽地里的敌军，就让他们饿死在那里。”[58]

德军对沃尔霍夫方面军突破口颈部发起的这场反突击一旦取得成功，就将挫败突击第2集团军对柳班的进攻，并彻底包围克雷科夫遭孤立的集团军。虽然“北方”集团军群做好了于3月9日发起进攻的准备，但由于德国空军正忙着在南面的霍尔姆应对苏军进攻，屈希勒尔不得不把进攻发起日期推延1天[59]。

苏军最高统帅部完全清楚德军的反突击一旦取得成功会造成怎样的影响，故下令采取积极行动以粉碎敌人的企图。3月17日20点，第54集团军的突击仍在继续进行时，大本营给梅列茨科夫下达了新的指示：

敌人企图从斯帕斯卡亚波利斯季向米亚斯诺伊博尔发起反冲击，切断突击第2集团军的交通线。最高统帅部大本营特此命令：

1. 采取一切措施支援第59集团军夺取丘多沃、歼灭敌丘多沃集团的行动，同时，防止敌人切断突击第2集团军的交通线，并以第59集团军左翼和第52集团军彻底击败、歼灭敌人遂行反冲击的部队。

2. 最高统帅部大本营决定，将第4集团军步兵第376师调至米亚斯诺伊博尔地域，以完成这项任务。

3. 梅列茨科夫同志应亲自负责指挥行动，消灭敌人从斯帕斯卡亚波利斯季、柳布齐和泽姆季齐遂行的反冲击。

4. 为迅速粉碎敌人的反冲击，我们设想了一个行动，以第52集团军辖内部队在春季化冻到来前夺取诺夫哥罗德。请于3月20日前将您对这一行动的看法提交大本营。

I.斯大林、B.沙波什尼科夫[60]

可是，对梅列茨科夫来说，这一警告来得太晚，除了费久宁斯基集团军已做的事，他已来不及针对德军的反突击采取任何措施。

德国第18集团军3月15日7时30分发起反突击，5个师组成的两个突击群在强有力的空中支援下，从突击第2集团军突破地带底部的斯帕斯卡亚波利斯季和泽姆季齐攻向柳比诺波列。北突击群编有第1军辖下的党卫队“警察”师、第61、第121步兵师，进攻首日取得3公里进展；南突击群编有第38军第58、第126步兵师，只取得1公里进展[61]。面对苏军的激烈抵抗，在沼泽地带缓慢行进两天后，北突击群于3月18日切断了“埃丽卡”补给线，次日，南突击群亦将“多拉”路线切断。两个突击群3月20日取得会合，将突击第2集团军困在柳班南面半冻结的荒地。奇怪的是，列宁格勒战时日记里对德国人取得的战果保持沉默，完全没有提及突击第2集团军所处的困境。

尽管德军砰然合上了包围突击第2集团军的大门，但还远远谈不上胜利。例如，3月23日，该地域刚刚化冻，第18集团军参谋长便向OKH报告：“没有足够的兵力，集团军越来越难以阻挡俄国人攻占柳班。”[62]对第18集团军来说更糟糕的是，苏军已将他们的坦克部署在适当的位置，并以持续不停的炮火轰击“埃丽卡”补给线，将这条路线变为一片血腥的中间地带，阻止德国人将其彻底夺取。

德军的反突击进行之际，梅列茨科夫疯狂地拟制了挫败德军威胁的计划，并于3月21日8时21分向大本营提出一项新建议：

为消灭反攻之敌，第52集团军应以步兵第366、第305、第376、第65师，在5个最高统帅部预备队炮兵团、3个近卫迫击炮兵团和1个坦克营的支援下，发起诺夫哥罗德进攻战役。

行动发起前，必须为这些师提供补充，他们目前严重缺编（加上后勤人员每个师也只有5000人）。每个师需要2500～3000名补充兵。

在有利条件下，如果运送补充兵的火车加快速度，第52集团军可以在1942年3月27日至28日前接收、整合这些兵员。在此期间，我们将从事变更部署、修建道路和补充物资的工作。我们建议3月29日发起进攻。

以步兵第366、第305、第376和步兵第65师一部遂行的进攻将从皮亚季利佩—大扎莫希耶一线发起，并沿博洛特纳亚平台（Bolotnaia）和诺夫哥罗德方向发展。沿这一方向朝诺夫哥罗德西北接近地的进攻，整个纵深为34公里。完成这段路程需要8～9天。这场进攻的最终阶段，对诺夫哥罗德的进攻将于4月6日—7日发起。

待方面军主力到达博洛特纳亚平台和诺夫哥罗德前线，必须以1个空降兵旅实施一场空降突击行动，切断从巴什科沃（Bashkovo）和博尔卡（Borka）进入诺夫哥罗德的路线。同时，步兵第225师将投入1个加强团，从斯卢特卡（Slutka）向沃尔霍夫河西岸发起进攻，以切断列宁格勒公路。

随着行动的发展，步兵第366师应从西面、步兵第225师应从东面和北面予以掩护。步兵第372或第378师的1个团应留在柳布齐以北担任预备队。由于第52集团军没有任何第二梯队，必须设法在行动期间为其提供补充兵，这样一来，我们就不会耗尽各进攻师，待他们逼近诺夫哥罗德时，就能具备充足的战斗力。

我请求：

1. 批准遂行诺夫哥罗德进攻战役的计划。

2. 3月23日前从已赶往小维舍拉车站的补充兵中抽调12000人。

3. 1942年3月28日至4月3日间提供10000名补充兵，以弥补行动期间的损失。

4. 为遂行空中突击行动提供运输航空兵，并批准以一个空降兵旅实施突击。

如果您批准以上建议，我们将提交详细的战役计划。

梅列茨科夫、扎波罗热茨、斯捷利马赫[63]

没过几个小时，大本营批准了他们的计划：

最高统帅部大本营基本同意你们实施诺夫哥罗德进攻战役的建议。请于3月22日前提交详细的战役计划。

按照我们的命令，阿尔汉格尔斯克军区派出1个步兵师、莫斯科军区派出2个步兵旅作为第二梯队发展你们的进攻。这些部队将立即开拔。让铁木辛哥元帅同志熟悉这道指令。

I.斯大林、B.沙波什尼科夫[64]

尽管梅列茨科夫付出了种种努力，但到3月26日，德军已经围绕不幸的突击第2集团军，分别沿格卢希察河（Glushitsa）和波利斯季河构设起对内、对外包围正面。苏联方面的一份评论认为，梅列茨科夫对这场战役的失败负有直接责任：

就这样，突击第2集团军和第59集团军几个兵团的交通线遭切断。我方部队的悲剧就此开始，实际上他们已被包围。如果我们的指挥部门更加注意掩护遂行进攻的突击群之侧翼，这场悲剧本来是可以避免的。早在2月份，敌人便反复发起反冲击，并把预备队调至斯帕斯卡亚波利斯季和柳班地域，发现敌人的意图并不难，随着我方部队向纵深发展突破变得旷日持久，敌人的意图就会愈发明显。[65]

包围战，4月

面对这种灾难性局面，继续策划以雅科夫列夫第52集团军实施诺夫哥罗德进攻战役的同时，梅列茨科夫命令遭受部分包围的突击第2集团军组建一个特别战役集群，率先朝切断该集团军交通线的德军部队发起一场突围。该战役集群由科罗夫尼科夫少将率领，编有步兵第372、近卫步兵第4、第24师、独立步兵第24、第58旅和坦克第7旅，均调自第59集团军。该集群将发起进攻，与第52集团军辖内部队会合，尔后肃清突出部底部米亚斯诺伊博尔—新克列斯季（Novaia Kerest'）公路上的所有德军。

3月27日晨，梅列茨科夫以突击第2和第59集团军发起新攻势，投入了他的所有预备队。到日终时，这场代价高昂的殊死突击穿过突破口，设法在米亚斯诺伊博尔村附近的德军封锁线上凿开个狭窄而又脆弱的缺口，只有3～5公里宽。3月30日8点15分，梅列茨科夫将一份态势报告发给最高统帅部，详细阐述了突击第2集团军已重新打通补给线，并提出后续行动的相关建议：

1. 肃清第52与第59集团军结合部敌军突破的行动正在顺利发展中。已肃清突击第2集团军交通线上的敌军。歼灭盘踞在斯帕斯卡亚波利斯季西南方之敌、恢复第52集团军战区内泽姆季齐地域的态势指日可待。这一切使我们得以发展方面军的主要行动。

2. 突击第2集团军沿红戈尔卡方向朝柳班发起的进攻未取得进展。在缺乏道路、遍布林地的困难条件下遂行多日激战没能取得战果。敌人沿这一方向在森林中构设起强大的支撑点防御体系，突破敌军防御的进一步尝试会导致我方部队遭到更大消耗。

因此，必须在最短时间内将沿柳班方向部署的突击第2集团军变更部署至其右翼的小布罗尼察（Malaia Bronitsa）、杜博沃耶（Dubovoe）、科罗维鲁切伊（Korovii Ruchei）地域。我们将把4个步兵师、2个步兵旅、1个坦克旅、200门火炮、250门迫击炮和2个重型近卫迫击炮兵团集结在该地域，以大规模迫击炮火和空袭打击敌军，突破敌防线，向东北方进攻，从南面逼近柳班。与此同时，我们将切断巴比诺车站（Babino）与柳班之间的公路和铁路线，从而堵住敌丘多沃集团的后撤路线。与列宁格勒方面军辖内部队协同夺取柳班后，突击第2集团军将以部分兵力沿通往丘多沃的公路发起进攻，协助第59集团军歼灭敌丘多沃集团。

突击第2集团军新组建的突击群，应做好于4月2日晨向柳班发起进攻的准备。在此期间必须运送弹药、补充兵并为新地域的战斗加以组织。

3. 在第59集团军作战区域内，我们应继续展开行动，歼灭特列古博沃、普里尤季诺和斯帕斯卡亚波利斯季地域之敌，以此作为进攻丘多沃的初始阶段。肃清敌人后，第59集团军应向托菲亚诺沃（Torfianovo）发起进攻，从北面切断丘多沃。与此同时，我们将实施局部行动，夺取沃尔霍夫河上的铁路桥。

我们将于4月1日改组第59集团军的指挥和控制。我们将把战役集群领率机关改编为近卫步兵第6军军部，届时，近卫步兵第4师将撤入谢利什琴斯基村接受补充和整顿，并担任预备队。步兵第377、第374、第378、第267、第372、近卫步兵第24师仍留在第59集团军辖内。第52集团军暂时不向诺夫哥罗德发起进攻。

4. 因此，我打算在以下基础上实施诺夫哥罗德进攻战役。步兵第2、第170师到达前，第52集团军应以现有兵力遂行局部行动，以步兵第376、第65、第225师和步兵第305师部分部队消灭秋季齐（Tiutitsy）、柳布齐、泽姆季、齐韦什基地域敌军阵地的突出部。我们将从东面发起进攻，从而把敌人逼入沼泽地并将其歼灭。同时，步兵第336师（近卫步兵第19师）应消灭皮亚季利齐（Piatilitsy）和格尔济（Grzi）地域的敌支撑点。这些局部行动可以在4月2日发起。待步兵第2、第170师到达后，我们将对诺夫哥罗德发起总攻。

5. 编有4个步兵师的第4集团军应继续沿一条宽大战线实施防御，并展开积极的侦察活动。若敌人后撤，应组织几个支队发起追击。

6. 步兵第24和第58旅正撤入柳比诺波列和米亚斯诺伊博尔地域接受补充，补充完毕后将派往突击第2集团军。

7. 请您批准方面军上述遂行后续行动的想法。

梅列茨科夫、扎波罗热茨、斯捷利马赫[66]

次日，大本营再次批准了梅列茨科夫的计划[67]。但正如霍津后来指出的那样，梅列茨科夫发给大本营的报告不够坦率：

沃尔霍夫方面军司令员3月30日向大本营报告，肃清第52与第59集团军结合部敌军突破的行动正取得顺利发展，已恢复与突击第2集团军的联系。［他还报告］方面军司令部打算在接下来几天彻底歼灭敌军。但这份报告并未准确反映实际情况。确实取得了突破，但宽度不超过1.5～2公里。只能在夜间利用沼泽地上铺就的木板沿狭窄的走廊运送小股士兵、装备和补给。1月份，突破口宽度达到8～10公里时，可利用窄轨铁路为突击第2集团军运送所需要的一切补给，并疏散伤病员和无法使用的装备。他们并未设法完成这项任务，后来，已完成的一切都在随后的激战中被摧毁殆尽。[68]

在此期间，由于未能夺取“埃丽卡”补给线，屈希勒尔解除了第38军军长的职务；另外，不顾屈希勒尔的强烈反对，希特勒要求将第58步兵师师长一并撤职[69]。屈希勒尔提出抗议时，梅列茨科夫再度发起进攻，这一次将“多拉”补给线夺回。4月8日18时35分，梅列茨科夫抓紧时间将另一份报告提交到大本营，再次提出重新发起全面进攻的建议：

4月8日前线态势的特点如下：

a. 已从敌人手中夺回突击第2集团军的交通线，并在敌军设于第59和第52集团军结合部的防御上打开6公里宽的缺口，但显然不足以可靠掩护交通线。

b. 第59集团军正攻往斯帕斯卡亚波利斯季西南地域，第52集团军一部位于捷列梅茨库尔良德斯基（Teremets-Kurliandskii）以西地域，以便进一步拓宽突破口。第59集团军进攻行动的发展情况不尽如人意，尽管损失惨重，但敌人继续在森林中实施顽强抵抗。

c. 柳班方向，突击第2集团军遭遇到敌人在季戈达河一线预有准备的防御，未能取得成功。主要原因是战斗组织工作欠佳、部队连日持久战斗后较为疲惫、突击第2集团军司令员对自己的交通线深感担心。

根据这些情况，我建议在近期内实施以下作战计划：

首先，扩大沿丘多沃方向的突破。尔后沿这一方向发展进攻，前出至丘多沃—柳班铁路线并夺取丘多沃。

第52集团军应从南面可靠掩护突击第2集团军的交通线，为此，应沿既有阵地掘壕据守并组建预备队。应以部分兵力肃清43.1至40.2高度标识一线以南森林中的敌军。

突击第2集团军应暂时停止沿季戈达河的进攻，对部队加以休整和补充，对敌军实施侦察并做好恢复进攻的准备。在此期间遂行局部行动，夺取鲁奇伊支撑点。

采取以下措施加强第59集团军：将步兵第58旅从第52集团军调至第59集团军，并为该旅补充3000人；将坦克第7旅撤出战斗两天，以实施重组、休整和补充，尔后转隶第59集团军；整顿步兵第24旅；将步兵第376师撤入方面军预备队接受补充，暂时将该师部署在米亚斯诺伊博尔地域。

贯彻组织措施加强第59集团军并使其做好战斗准备需要4天时间。总攻将于4月12日发起。主要突击将从西面的38.9、37.8、18.4高度标识（参见附上的1：50000比例尺地图）向斯帕斯卡亚波利斯季发起，同时从东面的列索蓬克特向37.8高度标识发起。集中250门火炮、200门迫击炮（82毫米或更大口径）和3个近卫迫击炮兵团支援、掩护进攻行动。方面军航空兵将夜以继日地为第59集团军提供支援。与此同时，准备局部行动，以夺取索斯宁斯卡亚普里斯坚地域（Sosninskaia Pristen'）沃尔霍夫河上的铁路桥。发起总攻前，从西面遂行局部行动，肃清在小奥波奇瓦洛沃（Maloe Opochivalovo）西南方行动的步兵第378师行军路线上的敌人，强化并扩大在米哈列沃（Mikhalevo）和特列古博沃地域夺取的地带，从而遏制敌人在这些地域沿公路和土路的一切机动。

我请求您批准方面军上述作战计划。

梅列茨科夫、扎波罗热茨、斯捷利马赫[70]

4月9日15点，大本营批准了梅列茨科夫的后续行动计划。可是4月初，随着春季雨期到来，各条道路变为一片泥泞，除了步行，各种交通工具完全无法派上用场，德军的火力几乎使苏军沿3～4公里宽走廊进行的一切活动彻底瘫痪。没过几天，“埃丽卡”和“多拉”补给线都泡在雨水中；突击第2集团军的弹药、燃料和食物补给即将耗尽；该集团军的指挥控制和通讯已无法维系。

这些令人震惊的情况导致列宁格勒、沃尔霍夫方面军别无选择，只得在4月下旬停止进攻并转入防御，只待更有利的条件出现，方可恢复进攻并解救突击第2集团军。一位亲身经历者描述了当时的状况：

可是，俄国人重新夺回两条补给线的收获，无法弥补德国人给他们造成的损失。第38和第1军控制着宽度不到2英里的走廊，到4月中旬，化冻和持续不断的空袭、炮击已将这两条补给线变为布满弹坑的泥潭。突击第2集团军尚未被勒死，但已窒息。第18集团军报告，柳班的继续坚守完全是靠“运气和盲目的乐观”，但这两样随时会被苏军步兵和“几辆坦克”驱散。[71]

鉴于眼前出现的僵局，霍津请求斯大林将该地区所有参战部队纳入列宁格勒方面军统一指挥下。斯大林不顾沙波什尼科夫的反对，同意了这一建议。最高统帅部大本营于4月21日命令列宁格勒、沃尔霍夫方面军合并为规模更大的列宁格勒方面军，编有列宁格勒军队集群和沃尔霍夫军队集群，4月23日生效：

最高统帅部大本营命令：

1. 1942年4月23日24时，将列宁格勒方面军和沃尔霍夫方面军合并为一个列宁格勒方面军，编有两个集群：

a. 列宁格勒方向上的军队集群（第23、第42、第55集团军和滨海、涅瓦河战役集群）。

b. 沃尔霍夫方向上的军队集群（第8、第54、第4、突击第2、第59、第52集团军、近卫步兵第4、第6军和骑兵第13军）。

红旗波罗的海舰队隶属于列宁格勒方面军司令员，通过列宁格勒方向军队集群司令员加以指挥。

2. 任命霍津中将为列宁格勒方面军司令员，他和他的指挥组也负责沃尔霍夫方向军队集群的指挥工作。

3. 任命原第5集团军司令员戈沃罗夫中将为列宁格勒方向军队集群司令员。

4. 解除梅列茨科夫大将沃尔霍夫方面军司令员一职，改任西方向总指挥部副司令员。

I.斯大林、B.沙波什尼科夫[72]

没过几天，梅列茨科夫便离开他的司令部，到朱可夫的西方向总指挥部担任副司令员。

虽然这番调整的目的是精简列宁格勒和柳班地域作战部队的指挥控制，但新的部队结构却使事情变得更加混乱。几天前的4月20日，经斯大林批准，梅列茨科夫把他的副手弗拉索夫将军派入包围圈，从病倒的克雷科夫将军手中接管了突击第2集团军的指挥权[73]。弗拉索夫的任务是重新振作突击第2集团军的进攻，若失败，就设法让该集团军脱离包围圈困境。

在艰难的地形和气候条件下，历时4个月的激战中，梅列茨科夫的沃尔霍夫方面军设法突破了德军沿沃尔霍夫河构设的防御，将一个完整的集团军插入德军后方，构成对德国第1军的包围威胁。但是，德军娴熟而又坚决的抵抗，加之苏军在指挥控制、火力支援和后勤方面存在的诸多严重问题，最终导致红军没能抓住机会，并危及身陷米亚斯诺伊博尔以西沼泽地内的突击第2集团军10万名将士。

杰米扬斯克包围圈

虽然列宁格勒—沃尔霍夫进攻战役没能达到最高统帅部大本营的期望，但西北方面军却在列宁格勒—诺夫哥罗德进攻战役中取得了更大战绩。即便如此，库罗奇金方面军也没能完成大本营赋予他们的雄心勃勃的任务。1月7日，莫罗佐夫第11集团军在方面军右翼沿旧鲁萨方向发起冲击[74]。集团军突破德军防御，进攻首日取得6～7公里进展，在两天激战中向前推进约50公里，前出至旧鲁萨东郊。集团军编成内的几个滑雪营绕过德军支撑点，跨过城市北面冰冻的伊尔门湖，切断了从旧鲁萨通往希姆斯克的公路，而集团军辖内其他部队沿南面的洛瓦季河掘壕据守。但此后，该集团军的进攻面对德军的激烈抵抗发生了动摇。

别尔扎林第34集团军1月7日沿杰米扬斯克方向发起进攻，一举突破德军防御，但冒着大雪，该集团军及其左侧加里宁方面军突击第3集团军的进展极为缓慢。第34和突击第3集团军前出至杰米扬斯克南面的瓦托利诺和莫尔沃季齐地域，从南面将德国第2军包围在镇内。受德国人在杰米扬斯克南面激烈的抵抗所阻，库罗奇金命令他的部队绕过德军支撑点，切断其交通线。到1月底，库罗奇金诸集团军几乎将德国第2军彻底包围在杰米扬斯克，只有一条狭窄的拉穆舍沃（Ramushevo）走廊将该军与第16集团军在旧鲁萨地域的其他部队相联结。

此时，红军已彻底粉碎德国第16集团军从旧鲁萨至奥斯塔什科夫的防线，红军与斯摩棱斯克之间，德国人只在该城西北方剩下一系列互不相连的支撑点。库罗奇金辖内部队对杰米扬斯克和旧鲁萨构成威胁，加里宁方面军突击第3集团军则包围了霍尔姆的德军。

不过，最高统帅大本营意识到，列宁格勒—诺夫哥罗德进攻战役的命运取决于能否夺取杰米扬斯克和旧鲁萨。因此，大本营于1月26日以突击第1集团军和近卫步兵第1、第2军加强西北方面军，并命令库罗奇金夺取这两个镇子。第34集团军和提供支援的两个近卫步兵军负责将德军包围在杰米扬斯克，突击第1集团军和第11集团军则赶往索利齐和希姆斯克，切断据守诺夫哥罗德和旧鲁萨的德军之交通线。

1月29日，近卫步兵第1、第2军从北面攻向拉穆舍沃走廊，第34和突击第3集团军从南面发起冲击。经过近一个月复杂而又血腥的战斗，两股苏军于2月26日在扎卢奇耶（Zaluch'e）附近会合，将7万名德军包围在杰米扬斯克口袋里。苏联方面的资料称，包围战期间，德国人损失3个师，阵亡12000人，外加损失185门火炮、135门迫击炮、29辆坦克、340挺机枪、4150支冲锋枪和步枪、320辆摩托车、560辆自行车和125辆补给大车[75]。

包围杰米扬斯克后，大本营命令库罗奇金尽快消灭被围德军，尔后开赴西北方，协助列宁格勒、沃尔霍夫方面军打破列宁格勒遭受的封锁。这就意味着库罗奇金的部队必须在德国第2军强化杰米扬斯克周边防御、春季化冻到来前将对方歼灭。为协助库罗奇金，大本营将参加消灭杰米扬斯克包围圈的所有部队都交给他指挥，包括加里宁方面军辖下的突击第3集团军、第34集团军和近卫步兵第1军。3月初，大本营还以5个炮兵团和3个迫击炮兵团为他提供加强，3月中旬又提供了一个航空兵突击群。

库罗奇金的新攻势从3月6日持续至4月9日，其间投入精锐空降兵部队实施了一场空地联合行动，但这场攻势最后以失败告终[76]。德国人的抵抗相当娴熟，并通过空运为被围部队提供再补给。库罗奇金的部队同样无法摆脱困扰其北方友军的问题。苏联方面的评论将失败归咎于空中和炮火支援不足，指挥、控制和通讯不力。库罗奇金组织进攻行动过于仓促，部分原因是他的情报部门称，德国人即将发起救援行动解救杰米扬斯克守军。

对库罗奇金来说更糟糕的是，这份情报评估完全属实。3月16日，“北方”集团军群集结5个师编为“赛德利茨”集群，该集群受命从旧鲁萨向东进击，解救陷入重围的第2军。“赛德利茨”集群3月20日发起进攻，在泥泞条件下经过数周旷日持久的激战，4月21日与杰米扬斯克守军会合，并经拉穆舍沃建立起一条4公里宽的走廊，将第2军与第16集团军主力联结起来。在最高统帅部大本营督促下，5月3日至20日，库罗奇金辖内部队不断发起冲击，力图切断这条走廊，但所有进攻均告失败，苏军损失惨重[77]。

5月底，西北方面军作战地域的战线终于沿洛瓦季河稳定下来。苏联方面的战后评论将杰米扬斯克的失败归咎于红军在消灭大股被围敌军时，经验不足、指挥控制和协同不力、事先低估了德军的能力和意图、未能加强各部队之间的结合部[78]。

沿沃尔霍夫河及其西部，以及在旧鲁萨和杰米扬斯克所进行的一系列作战行动结束时，德国第18集团军于4月29日夺得列宁格勒方面军设在涅瓦河对岸涅瓦杜布罗夫卡的小型登陆场，在苏联人的伤口上又撒了把盐[79]。在此期间，波罗的海舰队展开行动，从海上支援列宁格勒的防御。1942年年初，面对德军的进攻，列宁格勒的防御似乎相当脆弱。列宁格勒方面军丢失了芬兰湾的许多岛屿，喀琅施塔得遭孤立，德军在海上布设水雷，早霜冻结了芬兰湾洋面，引发了德国人即将跨过芬兰湾冰面向列宁格勒发起突击的恐慌。

列宁格勒方面军和波罗的海舰队对此的应对是，在科特林岛和喀琅施塔得组织起环形防御，以反炮兵火力抗击德军对列宁格勒、喀琅施塔得、舰队舰只和设施的炮击。舰队还为列宁格勒周围遂行地面行动的苏军部队提供了炮火和空中支援，并掩护冰上道路。1941年12月底和1942年1月初，舰队的海军步兵夺回芬兰湾的几座岛屿，并实施顽强据守，抗击德军的反冲击。可是，德国人3月份重新发起突击，又将这些岛屿夺回，并在4月击败苏军的反冲击，牢牢守住了这些岛屿。4月4日—5日、24日、25日和27日，德军战机对波罗的海舰队和喀琅施塔得发起猛烈空袭，并以猛烈炮火击沉了涅瓦河上的一些船只，但未能造成严重破坏[80]。

总之，列宁格勒—诺夫哥罗德进攻战役虽然令人惊讶地失败了，但它为苏军最高统帅部日后在该地区发起进攻，特别是为朱可夫即将在接下来的冬季发起的“北极星”行动，提供了一个参考模式。

与1941年夏季和秋季的情形一样，红军沿西北方向展开的军事行动，与其他更关键方向上的行动密切相关。实际上，列宁格勒—诺夫哥罗德进攻战役不过是最高统帅部大本营一个更宏大计划的组成部分，这个计划旨在击败三个德国集团军群，打破列宁格勒遭受的封锁，重新夺回丢失的诸多城市，包括斯摩棱斯克、布良斯克、奥廖尔、库尔斯克、哈尔科夫和第聂伯罗彼得罗夫斯克。大本营的最终意图是将德军驱至纳尔瓦—普斯科夫—维捷布斯克—戈梅利一线和沿第聂伯河南延至黑海的战线。但正如战事进程表明的那样，这个目标明显超出了红军的能力。

冬季战役期间，斯大林和大本营成员们表现出了一种过度的乐观主义精神，这一特点还将在他们日后的战略策划中表露无遗。毫无理由的轻率、不切实际的目标，加之无法实现这些目标的受挫感，屡屡导致巨大伤亡接踵而至，宝贵的人力物力资源遭到白白浪费。例如突击第2集团军，若领导者更具耐心，本可以更好地运用资源，但结果，苏联为战争付出的努力徒遭破坏。

沃尔霍夫和列宁格勒方面军在命运多舛的行动中伤亡308367人，其中95046人阵亡、被俘或失踪。西北方面军伤亡245511人，其中88908人阵亡、被俘或失踪。列宁格勒—诺夫哥罗德进攻战役在列宁格勒东南方冰冻的沼泽地发生动摇，沃尔霍夫和列宁格勒方面军最终都没有完成他们受领的任务，无法与取得重大成就的南面友邻方面军相提并论。唯一可资安慰的是，这场进攻给德国“北方”集团军群造成些许破坏，并迫使OKH以削弱其他更重要地区为代价，抽调兵力加强列宁格勒和杰米扬斯克地域。虽说列宁格勒—诺夫哥罗德进攻战役的实质是协助莫斯科以西的加里宁和西方面军，但这场攻势也剥夺了“北方”集团军群完成列宁格勒封锁圈的机会。与某一派的观点相反，这些行动的规模、强度、持续时间和付出的代价清楚地表明，斯大林渴望打破列宁格勒遭受的封锁，并为此尽了一切努力。

就连苏联的开放性研究，除了强调斯大林和大本营的盲目，也通过进攻行动的过程和结果揭示出霍津、梅列茨科夫和麾下指挥员们在策划和实施进攻时犯下的严重错误。首先，他们缺乏遂行大规模进攻战役的经验，没有将兵力集中在关键地点，从而利用红军的数量优势，尽管他们的过错有时应归咎于上命难为。就这方面而言，他们在较低层面上展开的行动，恰恰是斯大林在更高层级上所下达的命令。结果，各方面军没有协调好他们的进攻行动，诸集团军经常在不同地段无所配合地相继发起冲击，哪怕先一轮在该地段实施的进攻已遭到失败。

总之，这是新的一年令人沮丧的开端，对红军即将到来的夏季作战不是个好兆头。最悲惨的是，进攻的失败，注定了列宁格勒军民要在冬季和随之而来的春季遭受无休止的饥馑、痛苦和死亡。

本章原注

1. V.A.佐洛塔廖夫主编，《最高统帅部大本营：1942年的文献资料》（Stavka VGK: Dokumenty i materialy 1942，此后简称《最高统帅部大本营：1942》），刊登在：《俄罗斯档案：伟大卫国战争》，第16期（5—2），莫斯科：特拉出版社，1996年，第33页。

2. 佐洛塔廖夫，《最高统帅部大本营：1941》，第338—339页。两道命令具体如下：

最高统帅部发给沃尔霍夫方面军司令员的005826号指令

关于转入一场全面进攻

1941年12月17日20点

最高统帅部大本营命令：

1. 沃尔霍夫方面军辖内部队编有第4、第59、突击第2、第52集团军，应发起一场总攻，击败沿沃尔霍夫河西岸据守之敌，并于__日前以各集团军主力前出至柳班和丘多沃车站一线。

尔后攻向西北方，包围盘踞在列宁格勒周边之敌，包围敌人并将其俘获，若敌人拒不就范，应与列宁格勒方面军辖内部队相配合，将敌歼灭。

2. 右侧的列宁格勒方面军应采取积极行动协助沃尔霍夫方面军辖内部队包围封锁列宁格勒之敌。

各分界线为：（a）与独立第7集团军——博里索沃—苏茨科耶（巴巴耶沃以北60公里）、比留切沃、托卡列沃、沃尔奇诺斯；（b）与列宁格勒方面军——从其河口至霍尔姆的沃尔霍夫河河段（沃尔霍夫以南25公里）、波戈斯季耶车站、萨布利诺车站、波克罗斯卡亚、红村。

左侧，西北方面军应掩护沃尔霍夫方面军之左翼。

与该方面军的分界线为博洛戈耶（由西北方面军控制）—克列斯特齐—纳沃洛克—尤里耶沃。

3. 第4集团军编有近卫步兵第4、步兵第191、第44、第65、第377、第92、第310、骑兵第27、第80、坦克第60师、坦克第46旅、炮兵第881团、独立坦克第119、第120、第128和近卫迫击炮兵第6营，应朝基里希和托斯诺这一总方向发起进攻，与列宁格勒方面军第54集团军相配合，包围并歼灭从姆加以北赶往拉多加湖之敌。

尔后，沿赤卫军城和罗普沙方向发起进攻，与列宁格勒方面军辖内诸集团军相配合，歼灭据守这些据点之敌。左侧分界线为波洛德诺耶（季赫温东南方50公里）、布德科沃、列兹诺（沃尔霍夫河畔）、小库涅斯季、维里察和佳特利齐。

4. 第59集团军编有步兵第382、第372、第378、第374、第376、第366、骑兵第78、第87师、2个集团军属炮兵团、2个坦克、6个滑雪和3个迫击炮兵营，应朝格鲁济诺、锡韦尔斯卡亚和沃洛索沃方向发起进攻。

左侧分界线为纳罗托沃、巴哈里哈、叶夫列莫沃（沃尔霍夫河畔）、季文斯卡亚车站（含）、拉比季齐、伊利耶希和科特雷。

5. 突击第2集团军编有步兵第327师、独立步兵第22、第24、第25、第3、第57、第53、第58、第59旅、6个滑雪、2个坦克、3个近卫迫击炮兵营和1个集团军属炮兵团，应朝恰沙车站和尼佐夫斯基车站方向发起进攻，尔后攻向卢加。

左侧分界线为扎索博利耶、布尔加、圣鲁萨（沃尔霍夫河畔）、乔洛沃车站和塔希诺（卢加东南方12公里）。

6. 第52集团军编有步兵第46、第288、第259、第267、第111师，应与配属的诺夫哥罗德战役集群（欠步兵第180师、最高统帅部预备队炮兵第442、第561、高射炮兵第884团）夺取诺夫哥罗德，尔后向索利齐发展攻势，以掩护沃尔霍夫方面军向西北方的进攻行动。

7. 关于方面军进攻行动物资保障的相关指示将单独下达。

8. 确认收悉。

最高统帅部大本营

I.斯大林

B.沙波什尼科夫

最高统帅部发给列宁格勒方面军司令员的005822号指令

关于协助沃尔霍夫方面军的进攻行动

1941年12月17日20点

沃尔霍夫方面军将向西北方发起一场总攻，歼灭沿沃尔霍夫河设防之敌，尔后与列宁格勒方面军辖内部队相配合遂行包围，俘获或歼灭敌人。

最高统帅部大本营特此命令：

1. 列宁格勒方面军辖内部队应协助沃尔霍夫方面军歼灭盘踞在列宁格勒周围之敌，并以第42、第55、第8、第54集团军和滨海战役集群的积极行动将列宁格勒从封锁中解放出来。

行动期间与沃尔霍夫方面军的分界线应沿其河口至霍尔姆的沃尔霍夫河河段（沃尔霍夫以南25公里）—波戈斯季耶车站—萨布利诺车站—波克罗斯卡亚—红村（上述地点均由列宁格勒方面军据守）。

2. 第54集团军编有步兵第128、第294、第286、第285、第311、第80、第115、第281、第198、近卫步兵第3师、海军步兵第6旅、坦克第21师、榴弹炮兵第81、第882团，应与沃尔霍夫方面军同时发起进攻，任务如下：与沃尔霍夫方面军攻往托斯诺的第4集团军发起的进攻相配合，从东面和东南面包围并歼灭赶往拉多加湖和封锁列宁格勒之敌。

3. 第8、第55、第42集团军也应发起［自己的］进攻，协助沃尔霍夫方面军包围敌人。

4. 滨海战役集群应据守既有阵地，掩护舰队基地，待沃尔霍夫方面军辖内集团军前出至红村和别古尼齐一线，便应攻向西南方，任务是切断敌人通往纳尔瓦的交通线。为此，列宁格勒方面军司令员应准备发起空中突击和滑雪支队。

5. 第23集团军应坚定守卫卡累利阿筑垒地域，从北面掩护列宁格勒。

6. 红旗波罗的海舰队应以舰艇和海岸炮兵的炮火支援方面军诸集团军的行动。

7. 确认收悉。

最高统帅部大本营

I.斯大林

B.沙波什尼科夫

3. 同上，第340页。最高统帅部大本营12月18日给西北方面军下达了命令。

4. K.梅列茨科夫，《在沃尔霍夫前线》，VIZh，第1期（1965年1月），第54—70页。

5. SVIMVOV，第252—255页。

6. SVIMVOV，第255—257页。

7. 《"北方"集团军群对苏战役，1942年》，"北方"集团军群，75884号，国家档案馆微缩胶片，序列号T-312，第679卷。1942年1月初的地图和报告。

8. 索科洛夫突击第2集团军受领的任务是："突破敌人沿沃尔霍夫河西岸构设的防御，1月19日日终前以你部主力前出至克列斯季河。尔后，朝菲涅夫卢格、恰沙车站和尼索夫斯基车站方向攻击前进，同时以部分兵力掩护集团军左翼，防范敌人从巴捷茨卡亚车站发起反冲击。待你部到达列宁格勒—丘多沃车站铁路线，计划以集团军主力对卢加发起进攻。"参见：M.霍津，《关于一场被忽略的行动》，VIZh，第2期（1966年2月），第36页。

9. E.克利姆丘克，《突击第2集团军和弗拉索夫，或，为何因为一个叛徒而将责任归咎于整个集团军》，收录在：《苏联军人》，第4期（1990年4月），第77页。

10. 同上。作者承认，集团军辖内有些部队训练有素，例如I.M.安秋费耶夫上校的步兵第327师，该师主要由来自沃罗涅日的工人组成。

11. 克利姆丘克，《突击第2集团军和弗拉索夫》，第77页。

12. I.T.科罗夫尼科夫、N.S.列别杰夫、Ia.G.波利亚科夫，《在三条战线上：第59集团军的征途》，莫斯科：军事出版社，1974年。

13. "伊万·瓦西里耶维奇·加拉宁"，收录在：M.M.科兹洛夫主编，《伟大卫国战争1941—1945：百科全书》，第199页。

14. 普拉东诺夫，《列宁格勒战役，1941年—1944年》，第136-137页。

15. 克里沃舍夫，《揭秘：苏联武装力量在战争、作战行动和军事冲突中的损失》，第224-225页。

16. 同上，第224页。

17. 鲁班，《柳班1942，一场壮举的悲剧》，收录在：《军事知识》，第2期（1993年2月），第1页。

18. 哈尔德，《哈尔德战时日记》，第599页。

19. 布罗夫，《日复一日的封锁》，第119页。

20. 科罗夫尼科夫、列别杰夫、波利亚科夫，《在三条战线上：第59集团军的征途》，第17页。

21. "沃尔霍夫方面军司令员发给最高统帅部的作战报告，关于第59集团军的进攻和突击第2集团军进攻行动的准备工作"，收录在：佐洛塔廖夫主编，《最高统帅部大本营：1942》，第482-483页。

22. 鲁班，《柳班1942，一场壮举的悲剧》，第1页。

23. 梅列茨科夫在回忆录中称，他请求将战役推迟3天并获得批准，他还引用了与斯大林和华西列夫斯基的电话交谈摘录，"我是斯大林，华西列夫斯基也在。从一切材料看，你们没有做好1月11日前发起进攻的准备。如果是这样，就应该再推迟1～2天。"梅列茨科夫没有引述这番谈话的剩余部分，具体如下："俄罗斯人有句老话，'欲速则不达'，你们现在的情况就是这样。缺乏适当的进攻准备，你们匆匆发起进攻就是浪费时间。不知您是否还记得，我曾建议推迟进攻，直到索科洛夫集团军做好准备。您拒绝了，您现在是自尝仓促行事的苦果。"尽管斯大林和华西列夫斯基提出反驳，但进攻行动还是像梅列茨科夫计划的那样恢复了。克利姆丘克，《突击第2集团军和弗拉索夫》，第78页。

24. 哈尔德，《哈尔德战时日记》，第599页。

25. 布罗夫，《日复一日的封锁》，第121页。

26. 鲁班，《柳班1942，一场壮举的悲剧》，第1页。

27. 同上。

28. 这方面的例子可参阅：佐洛塔廖夫主编，《最高统帅部大本营：1942》，第484—485、第485—486、500—501页。

29. 同上，第52—53页。

30. 哈尔德，《哈尔德战时日记》，第601页。

31. 布罗夫，《日复一日的封锁》，第123页。

32. 同上，第128页。1月20日的日记中写道："I.I.费久宁斯基将军的第54集团军继续进攻，从缴获的战利品判断，这场进攻不能说不成功。当日仅从敌人的一个防御地段就缴获26挺/支机枪、步枪、自动武器、5.5万发子弹、2门反坦克炮、8辆摩托车、70辆自行车。"哈尔德1月15日在日记中写道："沃尔霍夫防线的突破较为严重。"但他在1月19日又指出："沃尔霍夫河，第16集团军防区内的战斗极为激烈。我军成功构设起一道相当有效的防御屏障。"接下来6天，他只是简单地提及："'北方'集团军群正在苦战，但未发生重大变化。"哈尔德，《哈尔德战时日记》，第603—606页。

33. 齐姆克和鲍尔，《从莫斯科到斯大林格勒：东线决战》，第148页。

34. 同上。

35. "沃尔霍夫方面军司令员发给最高统帅部的613号作战报告，关于部队变更部署和发展突击第2集团军胜利的计划"，收录在：佐洛塔廖夫，《最高统帅部大本营：1941》，第486—487页。

36. "最高统帅部大本营发给沃尔霍夫方面军司令员的170037号指令，关于批准发展突击第2集团军胜利的作战计划"，同上，第57页。

37. "沃尔霍夫方面军0023号作战令，关于发展行动，歼灭列宁格勒公路地带之敌"，同上，第500—501页。

38.《"北方"集团军群对苏战役，1942年》，"北方"集团军群，75884号，国家档案馆微缩胶片，序列号T-312。1942年1月底和2月的地图和报告。

39. 步兵第11师师长为V.I.什切尔巴科夫少将，坦克第22旅旅长是I.P.叶尔马科夫中校。

40. 普拉东诺夫，《列宁格勒战役，1941年—1944年》，第141—142页；布罗夫，《日复一日的封锁》，第144页。2月19日的日记指出："2月12日在柳比诺波列和莫斯特基村突破敌军防御后，沃尔霍夫方面军辖内部队2月19日又夺得红戈尔卡村（离柳班15公里）。现在，围困列宁格勒的法西斯军队，他们的后方遭受到威胁。"

41. 同上，第142页。

42. 齐姆克和鲍尔，《从莫斯科到斯大林格勒：东线决战》，第188—189页；布罗夫，《日复一日的封锁》，第148—149页。2月27日的日记中写道："激烈的战斗沿柳班方向肆虐。敌人正在实施顽强抵抗。他们匆匆构设起防御工事，四面八方都遭受到沃尔霍夫方面军辖内部队的压力。在柳班附近，敌人成功夺回我军2月19日攻克的红戈尔卡村。"

43. "最高统帅部大本营发给沃尔霍夫方面军司令员的170126号指令，关于歼灭敌柳班—丘多沃集团"，收录在：佐洛塔廖夫，《最高统帅部大本营：1942》，第110页。

44. 同上，第110页。这道指令的标题是《最高统帅部大本营发给列宁格勒方面军司令员的170127号指令，关于向柳班发起进攻》。

45. 同上，第119页。这道指令的标题是《最高统帅部大本营发给沃尔霍夫方面军和第20集团军司令员的170136号指令，关于干部的重新任免》。

46. 同上，第118页。这道指令的标题是《最高统帅部大本营发给沃尔霍夫方面军司令员的170134号指令，关于突击第2集团军干部的调整》。这道指令解除了维兹日林少将的职务，理由是“作为参谋长工作不力”，取而代之的是第52集团军原参谋长罗日杰斯特文斯基上校。这道命令还将突击第2集团军作战处长撤职，理由是“工作不力和虚假的情报”。

47. 同上，第111页。这道指令的标题是《最高统帅部大本营发给沃尔霍夫方面军司令员的170128号指令，关于加快歼灭敌柳班—丘多沃集团的措施》。

48. 同上，第120页。这道指令的标题是《最高统帅部大本营发给沃尔霍夫、列宁格勒方面军司令员和红空军副司令员的170137号指令，关于空袭的实施》。

49. 同上，第506页。这份报告的标题是《列宁格勒方面军司令员发给最高统帅的15852号报告，关于歼灭敌柳班—丘多沃集团的计划》。

50. 同上，第126—127页。这道指令的标题是《最高统帅部大本营发给列宁格勒方面军司令员的170148号指令，关于歼灭敌柳班集团》。

51. 布罗夫，《日复一日的封锁》，第155、第158页。布罗夫在该书第153页首次提及费久宁斯基取得的成功，称新闻部门报道，该集团军击毙800名敌官兵。

52. 哈尔德，《哈尔德战时日记》，第610页。

53. 同上，第611页。

54. 霍津，《关于一场被忽略的行动》，第38页。

55. 齐姆克，鲍尔，《从莫斯科到斯大林格勒：东线决战》，第188页。

56.《“北方”集团军群对苏战役，1942年》，3月的地图和报告描述了分界线变更和封闭突破口的新战斗。

57. 齐姆克和鲍尔，《从莫斯科到斯大林格勒：东线决战》，第190—191页。

58. 哈尔德，《哈尔德战时日记》，第608页。

59. 在1月份的进攻行动中，苏军加里宁方面军辖内部队将德国第16集团军第2军右翼几个师包围在旧鲁萨南面的霍尔姆。屈希勒尔3月份以第39摩托化军发起一场行动，解救被围部队。

60.“最高统帅部大本营发给沃尔霍夫方面军司令员的170156号指令，关于在米亚斯诺伊博尔地域挫败敌人的反冲击”，收录在：佐洛塔廖夫，《最高统帅部大本营：1942》，第133页。

61. “猛兽”行动的详情可参阅齐姆克和鲍尔的《从莫斯科到斯大林格勒：东线决战》，第191—192页；卡雷尔，《东进，1941年—1943年》，第396—397页；《“北方”集团军群对苏战役，1942年》。

62. 齐姆克，鲍尔，《从莫斯科到斯大林格勒：东线决战》，第194页。

63. 佐洛塔廖夫，《最高统帅部大本营：1942》，第506—507页。这份报告的标题是《沃尔霍夫方面军司令员发给最高统帅的00368/op号报告，关于诺夫哥罗德进攻战役的准备》。

64. 同上，第139页。这道指令的标题是《最高统帅部大本营发给沃尔霍夫方面军司令员的170175号指令，关于诺夫哥罗德进攻战役的准备》。派给梅列茨科夫的部队包括步兵第114、第117旅、步兵第2师。大本营下达的后续指令（3月24日的170187号指令），以步兵第170师替代了2个步兵旅。

65. 霍津，《关于一场被忽略的行动》，第38页。

66. 佐洛塔廖夫，《最高统帅部大本营：1942》，第506—507页。这份报告的标题是“沃尔霍夫方面军司令员发给最高统帅的00440/op号报告，关于掩护诺夫哥罗德进攻战役发展的措施”。

67. 同上，第145页。大本营指令的标题是《最高统帅部大本营发给沃尔霍夫方面军司令员的170202号指令，关于批准诺夫哥罗德进攻战役的计划》。

68. 霍津，《关于一场被忽略的行动》，第38页。

69. 齐姆克和鲍尔，《从莫斯科到斯大林格勒：东线决战》，第196—197页。

70. 佐洛塔廖夫，《最高统帅部大本营：1942》，第509页。这份报告的标题是《沃尔霍夫方面军司令员发给最高统帅的00514/op号作战报告，关于准备完成柳班战役所采取的措施》。

71. 齐姆克和鲍尔，《从莫斯科到斯大林格勒：东线决战》，第197页。

72. 霍津，《关于一场被忽略的行动》，第40页；“最高统帅部发给列宁格勒、沃尔霍夫方面军司令员的170301号指令，关于合并方面军”，收录在：佐洛塔廖夫，《最高统帅部大本营：1942》，第174—175页。次日，大本营的170299号指令解除了费久宁斯基第54集团军司令员职务，以原第8集团军司令员苏霍姆林将军接替。费久宁斯基改任第5集团军司令员，斯塔里科夫将军从第8集团军副司令员升为司令员。参见：佐洛塔廖夫，《最高统帅部大本营：1942》，第176页。

73. 佐洛塔廖夫，《最高统帅部大本营：1942》，第170页。这份指令的标题是：《最高统帅部大本营发给沃尔霍夫方面军司令员和副司令员的170282号指令，关于突击第2集团军司令员的任命》。B.沙波什尼科夫4月20日签署的指令。

74. 库罗奇金遂行的杰米扬斯克战役，详情可参阅：普拉东诺夫，《列宁格勒战役，1941年—1944年》，第145—150页；最高统帅部大本营的具体指令和方面军的相关报告，可参阅：佐洛塔廖夫，《最高统帅部大本营：1942》，第33—175、第488—514页。德方视角的详情可参阅：齐姆克，鲍尔，《从莫斯科到斯大林格勒：东线决战》，第144—155、第186—198页。

75. 普拉东诺夫，《列宁格勒战役，1941年—1944年》，第148—149页。

76. 关于这场被遗忘的行动，详情可参阅：戴维·M.格兰茨，《杰米扬斯克的幽灵：苏军对杰米扬斯克包围圈实施的空降行动，1942年3月6日—4月8日》，宾夕法尼亚州卡莱尔：自费出版，1998年。

77. 齐姆克，鲍尔，《从莫斯科到斯大林格勒：东线决战》，第192—194页；普拉东诺夫，《列宁格勒战役，1941年—1944年》，第150页。

78. 普拉东诺夫，《列宁格勒战役，1941年—1944年》，第150页；布罗夫在《日复一日的封锁》一书第175—179页描述了德军对涅瓦杜布罗夫卡的进攻，4月26日，这场进攻以一场猛烈的炮击为开始。据守该登陆场的是步兵第86师步兵第330团的357人，德军发起几次猛烈的地面冲击后将这股苏军打垮。大部分守军，包括师参谋长V.Ia.科兹洛夫少校、师政委A.V.什丘罗夫一级营政委，都在战斗中阵亡。

79. A.A.伊兹迈洛夫、V.F.科尼科夫，《涅瓦杜布罗夫卡》，SVE，第四册，第565页。

80. 普拉东诺夫，《列宁格勒战役，1941年—1944年》，第150—151页。德军对波罗的海舰队发起空中打击，行动代号为“冰上突击”，详情可参阅：N.Ia.科马罗夫，“冰上突击”，收录在：I.N.罗季奥诺夫主编，《苏联军事百科全书（全八册）》第一册，莫斯科：军事出版社，1997年，第1—6页。300架德军轰炸机参与了多次空袭，重创“基洛夫”“马克西姆·高尔基”号巡洋舰、“暴躁”“顽强”“威胁”号驱逐舰，自身付出的代价是78架战机被击落。

第七章
落空的希望
1942 年 5 月—10 月

5月1日的态势

4月底，红军的冬季攻势在疲惫不堪的情况下土崩瓦解，未能完成最高统帅部大本营赋予他们的雄心勃勃的目标。但这场大规模攻势挽救了莫斯科，破坏了希特勒“巴巴罗萨”行动的目标，并给德军造成一场前所未有的挫败。

红军发起的多路进攻使苏德战线成了一块补丁摞补丁的破布，从列宁格勒地域至黑海，双方部队经常交错、重叠地排列在一起。沿西北方向，列宁格勒方面军突击第2、第54集团军深入德国第18集团军后方，但他们又被德军从三个方向包围：西北方面军辖内部队则对德国第16集团军据守杰米扬斯克突出部和拉穆舍沃走廊的部队之侧翼及后方构成威胁。沿西（莫斯科）方向，苏军占据了一个从奥斯塔什科夫向西伸往大卢基的深邃突出部，构成包围“中央”集团军群辖内部队的威胁，但他们自身也处在遭包围的威胁下。南方，西南方面军和南方面军位于哈尔科夫以南巴尔文科沃突出部内的部队，威胁到德国“南方”集团军群在哈尔科夫和顿巴斯地域的防御；而在克里木半岛，北高加索方面军构成从刻赤半岛登陆场解救塞瓦斯托波尔的威胁。

战线的结构被诸多突出部和深深楔入德军后方的大批苏军部队所破坏，清晰地表明战争头6个月的作战行动未能结束战争。希特勒和斯大林都无法接受冬季战役的最终结果，而是将之视为可在夏季加以纠正的失常，这一点可以理解。总之，双方都在策划夺取战略主动权，并完成战争头6个月未竟的任务。

深思熟虑后，1942年春季，苏军最高统帅部决定在夏季沿至关重要的西方向遂行战略防御，抗击预期中德军对莫斯科发起的新攻势，而在苏联南部，苏军将于春季发起破坏性进攻。与此同时，希特勒命令德军发起“蓝色”行动，“南方”集团军群负责实施这场大规模进攻，意图夺取斯大林格勒和高加索产油区。1942年4月5日签发的41号元首令确定了这场将于6月底发起的攻势之特点：

在俄国的冬季会战行将结束。由于东线官兵表现得特别顽强并具有牺牲精神，德军已取得防御战的巨大胜利。

敌人在人员和物资方面的损失极为严重。这个冬季，敌人在扩大所谓初期战果的努力中，已使其准备用于后续作战的预备队主力受到很大消耗。

一俟天气和地形条件具备，德军指挥官和部队的优势必将再次赢得行动的主动权，并迫使敌人就范。

目标是决定性地歼灭苏军残存力量，尽可能多地控制、夺取俄国人重要的军事—经济中心。

为此应投入德国国防军和盟军的一切可用力量。但同时，在任何情况下都应采取一切措施确保西欧和中欧占领区的安全，特别是海岸……

“中央”集团军群维持现状时，北面应夺取列宁格勒并与芬兰人会合，南翼应攻入高加索地区，秉承东线战局原定的基本方针。

鉴于冬季会战的后果、可用的兵力兵器和运输能力，我们不能沿整条战线同时完成上述目标，只能在不同地段逐步实现。

首先应把所有可用兵力集中到前线南部主要作战方向，歼灭顿河以西之敌，尔后夺取高加索产油区和穿越高加索山脉的隘口。[1]

将斯大林格勒和高加索地区列为德军1942年夏季主要目标的同时，41号元首令还为“北方”集团军群的夏季战役提供了相关背景和理由：“待包围地区的形势允许，或从其他地方抽调出足够的兵力，就应最终包围列宁格勒并夺取印格尔曼兰［奥拉宁包姆］。”[2]

因此，“北方”集团军群的首要任务是消灭红军位于沃尔霍夫河西岸的登陆场，从而改善第18集团军的作战态势。待德军在苏联南部顺利发起进攻后，OKH就将加强“北方”集团军群，以便其发起夏季攻势。屈希勒尔的集团军群将夺取列宁格勒，与卡累利阿地峡的芬兰军队建立联系，并遵照“北方”集团军群早在去年冬季便已拟定的“北极光”计划攻占印格尔曼兰。夺得列宁格勒并与芬兰人会合后，“北方”集团军群第18集团军将切断莫斯科与摩尔曼斯克之间的铁路交通。与此同时，集团军群辖下的第16集团军将从杰米扬斯克地域攻向东南方，配合“中央”集团军群第9集团军从勒热夫向北发起的进攻。这场南北夹击行动将包围并歼灭在奥斯塔什科夫、霍尔姆和托罗佩茨地域据守巨大突出部的苏军，这个突出部威胁到斯摩棱斯克和“中央”集团军群后方地域。

根据斯大林的战略构想，最高统帅部大本营5月份实施了哈尔科夫和克里木进攻战役。但这两场行动均以彻底失败而告终，遂行进攻的部队损失殆尽。德军随后夺得克里木半岛上的塞瓦斯托波尔和刻赤半岛，向东跨过北顿涅茨河，6月28日发起“蓝色”行动，彻底打垮了守卫苏联南部的红军部队。德军5月至7月间在哈尔科夫、克里木和整个苏联南部赢得的胜利使OKH得以将大批预备队调至列宁格勒地区，以便“北方”集团军群发起“北极光”行动。但与此同时，苏军在1月至5月间围绕列宁格勒和杰米扬斯克展开一系列行动，粉碎了德国人从杰米扬斯克向东北方推进并包围列宁格勒的一切希望。反过来说，苏军列宁格勒—诺夫哥罗德进攻战役的失败，以及德军解救杰米扬斯克的胜利，导致苏军西北方向的态势更趋恶化，也鼓励了“北方”集团军群在该地区发起深思熟虑的新攻势。

苏军解救突击第2集团军的初步尝试

5月份，苏联南部的战事愈演愈烈，最高统帅部大本营命令列宁格勒方面军加强列宁格勒的防御，遂行局部行动削弱围困该城的德军，并把突击第2集团军从柳班南面德军的围困中解救出来。大本营和霍津都很清楚此时突击第2集团军有多么虚弱，因此，4月30日，霍津命令弗拉索夫率领的被围部队构设环形防御，以古谢夫骑兵第13军担任预备队[3]。与此同时，当前负责指挥突击第2集团军柳班包围圈东西两面所有苏军部队的霍津将军，拟制了一份新行动计划，以解救被围部队并坚守斯帕斯卡亚波利斯季与米亚斯诺伊博尔之间的狭窄缺口（参见地图12）。5月2日2点40分，霍津将相关报告和建议呈交大本营：

请允许我汇报我对列宁格勒方面军沿沃尔霍夫方向遂行行动的看法：

1. 方面军的主要任务是粉碎列宁格勒遭受的封锁，应以方面军一系列连续的行动加以执行。首先，以第54、第4、第59、突击第2集团军沿沃尔霍夫方向歼灭敌丘多沃—柳班集团，并前出至马卢克萨车站（Maluksa）、柳班、红戈尔卡和埃格利诺平台（Eglino）的行动必须终止。我们可以换一种方式遂行这项行动，在决定性地段投入优势兵力发起进攻，逐一消灭敌军。目前具有决定性的前线地段为：

a. 基里希、利波维克（Lipovik）和季戈达车站地段。消灭这一地段的敌人就有可能将第4集团军辖内部队变更部署至沃尔霍夫河西岸，尔后从北面攻向丘多沃，第54集团军辖内部队也可变更部署至右翼，对柳班发起进攻。

b. 小奥波奇瓦洛沃、斯帕斯卡亚波利斯季和普里尤季诺地段。只要敌人控制着斯帕斯卡亚波利斯季地域，我们就无法消除突击第2集团军交通线遭受的威胁，突击第2集团军向柳班的任何推进都将受到因过于关注斯帕斯卡亚波利斯季与米亚斯诺伊博尔之间狭窄缺口而产生的限制。

根据沃尔霍夫方向的作战态势，我请求您批准关于当前行动的如下计划：

a. 消灭斯帕斯卡亚波利斯季西南方森林中的敌人后，第59集团军应迅速发起一场行动，歼灭特列古博沃、斯帕斯卡亚波利斯季和普里尤季诺地域之敌。步兵第2、第377师、坦克第29旅从东面，步兵第191、第259、第267、近卫步兵第24师从西面发起进攻。这一行动的发起日期暂定为5月6日。

b. 第54集团军应继续向利波维克发展进攻，并前出至霍尔莫戈尔国营农场（Kholmogor），与第4集团军协同，歼灭在基里希、波萨德尼科夫奥斯特罗夫、利波维克和季戈达河河口地域活动之敌。同时，第54集团军应开始准备沿斯梅尔德尼亚和柳班方向发起的后续行动。第54集团

地图 12：1942 年 5 月—7 月，突击第 2 集团军的覆灭

军正为此次行动整顿步兵第198和第311师。第54集团军发起柳班进攻战役的日期暂定在5月份下半月。

c. 第4集团军必须完成歼灭沃尔霍夫河东岸基里希、格鲁津斯基公园（Gruzinskii Park）地域之敌的局部任务，尔后将步兵第311师[①]调至沃尔霍夫河西岸。之后，我打算把步兵第115和第285师交给第4集团军，以便该集团军以步兵第44、第310、第115、第285师向丘多沃发起进攻。

d. 突击第2集团军应暂时据守现有阵地。我将从该集团军抽调步兵第191、第259师，转隶第59集团军后组建一个突击群，参加歼灭特列古博沃和斯帕斯卡亚波利斯季地域之敌的行动。与此同时，突击第2集团军应做好发起柳班进攻战役的准备。为此，待近卫步兵第6军可用时转隶突击第2集团军，该军编有近卫步兵第4、第24、步兵第165师和步兵第24、第58旅，这些部队（步兵第165师除外）必须在5月中旬前加以整顿。根据近卫步兵第6军的准备情况，突击第2集团军发起进攻的日期暂定于5月份最后10天，也就是说与第54集团军在同一时间发起进攻。突击第2集团军的主要进攻方向是从克里维诺和鲁奇伊地域至巴比诺车站，以便与第59集团军协同，切断并歼灭敌丘多沃集团。

我还打算使用骑兵第13军，该军应于6月4日前集结在波德杜比耶（Poddub'e）、菲涅夫卢格、弗季茨科和纳涅日诺（Nanezhno）地域担任预备队，以发展突击第2集团军的胜利。骑兵第13军将在该地域获得补充，并做好暂定于5月15日前参加行动的准备。

2. 步兵第372师加以整顿后可用于加强突击第2集团军，步兵第378师需要获得补充兵，该师将担任方面军预备队。若敌人从南面沿诺夫哥罗德—丘多沃铁路线发起进攻，步兵第378师应部署在柳比诺波列地域（第52集团军战线后方）。

申请批准上述观点的同时，我请求您：

a. 确认近卫步兵第4、第24、步兵第165师和步兵第24、第58旅在近卫步兵第6军编成内。

---

① 译注：疑为步兵第310师。

b. 整顿近卫步兵第24、步兵第378师、步兵第24、第58旅，以及坦克第7、第122、第124、第16旅。

c. 由于步兵力量极度虚弱，请在战役期间为方面军预备队调拨5万人和5000名下级指挥员，作为10个师的补充兵。

d. 配发高于5月份已制定标准的一个弹药基数。

e. 以3个歼击航空兵团、2个强击和轰炸航空兵团（共100架战机）加强沃尔霍夫方向的航空兵力量。

f. 以3个高射炮兵师和20个高射炮兵连加强部队和固定防空力量，从而将各步兵师的高射炮兵连补充至规定编制。

霍津、扎波罗热茨、丘尔金、斯捷利马赫[4]

收到霍津报告前不久，5月3日0点40分，最高统帅部完成了对列宁格勒和沃尔霍夫地区指挥控制的最终安排：

作为大本营1942年4月21日签发的170301号指令的补充，最高统帅部大本营命令：

1. 此后，沃尔霍夫方向上的军队集群，编有第8、第54、第4、第59和突击第2集团军，命名为列宁格勒方面军沃尔霍夫军队集群。列宁格勒方向上的军队集群，编有第23、第42、第55集团军和涅瓦河、滨海战役集群，命名为列宁格勒方面军列宁格勒军队集群。

2. 列宁格勒方面军司令部和参谋部驻扎于小维舍拉，也是沃尔霍夫方面军的领率机关。列宁格勒方面军军事委员会应提名参谋长、政治部主任、炮兵主任、汽车装甲坦克兵主任、后勤部长、通讯主任和列宁格勒方面军空军司令员的人选，并于5月5日前将候选人名单提交大本营审批。

3. 列宁格勒军队集群司令部和参谋部应与02/215号规定的方面军司令部和参谋部编制相符，人员薪金不发生变化。

B.沙波什尼科夫[5]

当日晚些时候，斯大林和沙波什尼科夫批准了霍津5月份发起行动的建议，但他们对霍津提供援兵的要求未置一词[6]。因此，甚至在解救突击第2集团军的行动发起前，霍津便打算撤出骑兵第13军、4个步兵师、坦克第7旅和所有伤病员，并尽量将集团军后勤机构经狭窄的缺口撤至安全处。最终，他这样做了。

5月12日中午，霍津再次通知最高统帅部大本营，德国人投入第121和第61步兵师，正加强斯帕斯卡亚波利斯季和柳布齐以北的阵地。在霍津看来，这是不容置疑的证据，表明德国人即将再度发起进攻，企图切断突击第2集团军经米亚斯诺伊博尔走廊的交通线。在这份情报的刺激下，5月12日20点50分，霍津命令突击第2集团军着手策划突围行动：

为了以突击第2集团军辖内额外部队消灭敌人从北面对突击第2集团军交通线的威胁，尔后与第59集团军沿斯帕斯卡亚波利斯季和丘多沃方向发展胜利，我命令：

1. 突击第2集团军应将其部队陆续撤至奥利霍夫斯克（Ol'khovskie）—罗加夫卡（Rogavka）—季戈达湖一线，并以两个师占据该线，构设起强有力的防御。要特别留意奥利霍夫斯克方向。立即派工程兵构筑该防线。

集团军余部，包括2个步兵师、4个旅和2个最高统帅部预备队炮兵团，应集结在克列奇诺（Krechno）、43.7里程碑、39.8里程碑地域，以便从39.8—40.3里程碑一线向列索蓬克特发起连续冲击。

2. 接到“前进”的命令后，开始将集团军辖内部队撤至新防线，遂行退却时应遵循以下要求：

a. 掩护支队必须提前占领主防线。

b. 首先将部队从切尔温斯卡亚卢卡（Chervinskaia Luka）、科罗维鲁切伊、红戈尔卡、韦尔霍维耶（Verkhov'e）、科涅奇基（Konechki）和韦列季耶（Veret'e）地带撤至切尔温斯卡亚卢卡、拉多芬尼科沃车站（Radofinnikovo）、波洛萨特沼泽（Polosatyi）的中间防线。尔后，计划将集团军辖内所有部队撤至从克里维诺起，穿过纳涅日诺至亚兹翁卡（Iazvonka）的中间防线。待到达这条中间防线，必须以2个步兵师和2个旅占据一条主防线。

c. 各部队从既有阵地悄然后撤时，应在阵地上留下掩护支队，并以自动武器和反坦克武器为其提供加强。

d. 各部队后撤时，应在所有行军路线、现有和新建道路及桥梁上布设反人员和反坦克障碍物，并对东柴路加以破坏。

3. 收悉这道指令后，开始撤离1号亚历山德罗夫斯卡亚居民点（Aleksandrovskaia）、戈列洛沃（Gorelovo）、奥坚斯基（Ottenskii）、亚历山德罗夫斯科耶地域的集团军后勤机关和设施及多余的运兵车，不必等待将部队撤至新防线的命令。这些部队的唯一任务是必须严格确保编队的实力。立即将2个工兵营交给方面军后勤部长，以支援后勤单位沿新克列斯季—米亚斯诺伊博尔行军路线的通行。

4. 请记住，到达新防线后，突击第2集团军应掌握正沿格卢希察河一线行动的第59集团军所有部队，以及第52集团军近卫步兵第19师。

5. 确认收悉，并于1942年5月14日24点前及时提交行动计划。

霍津、丘尔金、斯捷利马赫[7]

同一天，霍津将突击第2集团军参谋长和政委召至他的司令部协调后续行动事宜。他们一同研究了拟议的后撤计划，并就各条路线和各个目标达成一致。36小时后，5月14日2点50分，大本营对霍津的建议和突击第2集团军的计划做出回应，下达一道指令批准突击第2集团军突围，但对霍津提出的突围计划做出一些重要修改：

突击第2集团军撤至奥利霍夫斯克和季戈达湖一线不会使我们获得太大好处，因为要据守该防线，该集团军需要不下4个步兵师。另外，该集团军撤至奥利霍夫斯克和季戈达湖一线无法消除集团军交通线在米亚斯诺伊博尔地域遭受的威胁。

因此，最高统帅部大本营命令：

1. 将突击第2集团军从目前占据的地域撤出，以该集团军由西向东、第59集团军由东向西同时发起进攻，歼灭普里尤季诺和斯帕斯卡亚波利斯季突出部之敌。

2. 完成这项行动后，突击第2集团军应集结在斯帕斯卡亚波利斯季和米亚斯诺伊博尔（含）地域，会同第59和第52集团军，沿沃尔霍夫河西岸的列宁格勒铁路和公路线巩固其阵地。

3. 确认收悉。

I.斯大林、A.华西列夫斯基[8]

通过批准这一突围尝试，大本营默认4月21日将两个方面军合而为一的决定是个错误，并承认了这一错误造成的可怕后果。但这种承认对缓解突击第2集团军当前面临的困境毫无帮助。

收到大本营的新指导后，霍津又于5月15日19点01分提交了一份计划，请求大本营批准：

突击第2集团军的后撤行动应分为几个阶段。行动第一阶段在［我们5月12日所下达指令的］附录24中加以陈述。这一阶段的主要任务是从各防线实施连续后撤，腾出部队，以便突击第2集团军由西向东对斯帕斯卡亚波利斯季以南突出部发起进攻。奥利霍夫斯克和季戈达湖一线最为有利，只有确保了这条防线，突击第2集团军才能向东发起进攻。

突击第2集团军必须坚守这条防线，因为它掩护着向东进攻期间部署突击第2集团军突击群所需要的唯一一条道路（奥利霍夫卡至新克列斯季）。

第二阶段将完成行动的最终目标——突击第2集团军和第59、第52集团军部分部队随后撤至后方掩护沃尔霍夫河西岸列宁格勒铁路线、公路和桥梁的阵地。待行动第一阶段使形势变得更加清晰后，我再介绍第二阶段的具体行动计划。

我请求您批准附录24作为方面军作战行动的第一阶段，它完全符合您1942年5月14日下达的170379号指令的内容。

霍津、扎波罗热茨、斯捷利马赫[9]

5月16日14点30分，大本营批准了霍津修订的计划，霍津随即批准弗拉索夫突击第2集团军发起突围，与第59集团军从东面实施的进攻相配合[10]。激烈、混乱、大多徒劳无获的战斗持续了数日，弗拉索夫曾引以为豪的突击第2

集团军支离破碎，残部分成大小不一的群体，绝望地朝沃尔霍夫军队集群的防线突围。可是，科罗夫尼科夫第59集团军无法完成他们的任务，主要因为其部队的实力严重不足，缺乏坦克和预备队。更糟糕的是，狭窄的走廊位于第59与第52集团军结合部，两个集团军几乎不可能与突击第2集团军协同行动。

突击第2集团军垂死挣扎之际，5月21日17点20分，最高统帅部大本营给霍津发去最后一道指示，要求突击第2集团军果断突围：

最高统帅部大本营命令：

1. 列宁格勒方面军沃尔霍夫军队集群的迫切任务是：

a. 坚决守卫第8和第54集团军的防线，阻止敌人从姆加车站向沃尔霍夫突破。

b. 在基里希和格鲁济诺地域肃清沃尔霍夫河东岸之敌，不得迟于1942年6月1日。您应亲自对这些行动加以准备并提供火力支援。接下来4～5天，在特别调拨的远程航空兵协助下，在基里希、沃尔霍夫火车站和丘多沃东南方6公里处炸毁沃尔霍夫河上的铁路桥。

c. 后撤突击第2集团军辖内部队，同时为其提供可靠掩护，抗击敌人从西面沿奥利霍夫斯克和季戈达湖一线发起的进攻，突击第2集团军从西面、第59集团军从东面同时发起进攻，歼灭普里尤季诺和斯帕斯卡亚波利斯季突出部之敌。

d. 加强第52集团军左翼之防御，特别是反坦克力量，防止敌人从诺夫哥罗德沿列宁格勒公路向克列斯季突破。

2. 歼灭基里希、格鲁济诺地域和普里尤季诺、斯帕斯卡亚波利斯季突出部之敌后，沃尔霍夫军队集群的任务是：

a. 以第54和第8集团军为姆加、柳班方向提供可靠掩护，防止敌人先对沃尔霍夫，尔后对洛代诺耶波列（Lodeinoe Pole）发起突击，同时，可靠掩护列宁格勒交通线。为此，您可以从第59和突击第2集团军抽调1～2个步兵师加强这段防线。沿沃尔霍夫河东岸构设一道后方防线。

b. 以第4集团军在基里希、格鲁济诺地段为沃尔霍夫河东岸提供可靠守卫，破坏敌人强渡沃尔霍夫河并朝布多戈希和季赫温方向进攻的一切企图。

c. 以第59、突击第2集团军和第52集团军右翼部队在斯帕斯卡亚波利斯季、米亚斯诺伊博尔、泽姆季齐地域，为沃尔霍夫河西岸登陆场和列宁格勒铁路、公路线提供可靠掩护，防止敌诺夫哥罗德集团和丘多沃集团沿该公路会合并恢复诺夫哥罗德—列宁格勒铁路线。

d. 以第52集团军中央和左翼部队为诺夫哥罗德和克列斯季齐（Krestitsy）方向提供可靠掩护。

最高统帅部大本营要求列宁格勒方面军军事委员会特别注意，尽快加强第54、第8、第52集团军的工程防御。

与此同时，应注意修建观察所、指挥所、地堡，并为机枪、迫击炮、反坦克武器、反坦克步枪和炮兵连构筑预备发射阵地。前沿防线和防御纵深的拦截火力体系必须保证各发射点的配合，并掩护反坦克防御的火炮。

应特别注意在各居民点、隘路、路口和结合部构筑可靠的防御工事。在所有道路上挖掘战壕，并沿前沿布设地雷，以便我军遂行突击时肃清所经任何地段，为我方部队打开通道。将与布设爆炸物和地雷相关的所有工作准确记录在1：10万或1：5万的地图上，后者交给各师、各集团军指挥部。构设居民点防御，以机枪、反坦克步枪的交叉和侧射火力体系为基础，大量布设地雷障碍物、定向地雷和隐蔽障碍物。

采取这一措施的同时，后勤单位和设施应在防御纵深至后方防御地带准备居民点。

要求各级指战员精心荫蔽其武器和指挥所，各防御地带严格遵守荫蔽纪律。

4. 为便于指挥控制，歼灭斯帕斯卡亚波利斯季地域之敌后，沃尔霍夫军队集群重新分成两个集群。拉多加湖集群编有第54和第8集团军，部署地域从拉多加湖至基里希的沃尔霍夫河河段。沃尔霍夫集群编有第4、第59、突击第2和第52集团军，沿基里希、格鲁济诺、斯帕斯卡亚波利斯季、泽姆季齐前线部署，并沿沃尔霍夫河延伸至伊尔门湖。为这两个集群委派指挥员和工作人员。列宁格勒方面军军事委员会和司令部不再指挥沃尔霍夫军队集群。请于1942年6月1日前将您对这番重组和方面军军事委员会人选的想法呈交大本营批准。

5. 将以下援兵交给列宁格勒方面军，以加强沃尔霍夫军队集群：

a. 总参谋长、部队组建和补充部部长将提供25个同等规模的营，用于加强第54、第8、第4、第52集团军，其中6个5月30日前提供，另外19个6月份提供。

b. 炮兵主任将于6月5日—10日前提供6个反坦克炮兵团，6月份提供500挺重机枪和1000支冲锋枪，6月1日前提供5000支波波沙冲锋枪。

c. 汽车装甲坦克总部部长将于5月26日前为近卫坦克第7和坦克第29旅提供补充，为他们派去缺失的坦克，并于5月27前将2个坦克旅派往第4集团军，每个旅各有50辆坦克（没有摩托化步兵营）。6月份为该集群另外4个坦克旅提供补充，其中2个将在6月10日前获得补充。

I.斯大林、A.华西列夫斯基[11]

红军在米亚斯诺伊博尔的悲剧

根据最高统帅部大本营的指示，整个列宁格勒方面军和列宁格勒、沃尔霍夫军队集群转入防御。与此同时，霍津还同意了大本营提出的要求，以新锐近卫步兵第6军加强西北方面军在杰米扬斯克的作战行动，梅列茨科夫原本打算以这个军救援突击第2集团军[12]。此时，弗拉索夫陷入困境的集团军，实力下降了60%～70%，缺乏坦克、火炮和弹药、食物补给。由于缺乏必要的兵力和兵器，列宁格勒方面军也停止了打破列宁格勒封锁圈的积极行动。苏军最高统帅部终于意识到，过早合并列宁格勒和沃尔霍夫方面军是个错误，此举导致对该地区部队的指挥控制更趋复杂。将沃尔霍夫军队集群又分成两个集群，这是个姗姗来迟的补救措施。

虽然实力虚弱，但弗拉索夫集团军在接下来的几天多次试图按照大本营和方面军的指示恢复进攻。这场激烈的战斗中，只要道路和行军路线稍稍变干，一些被围部队便杀开血路突出包围圈逃至安全处。例如，5月16日，古谢夫骑兵第13军、近卫步兵第24和第58旅、近卫步兵第4和第24师、步兵第378师、近卫坦克第7和坦克第29旅便穿过危险的走廊，向东突出柳班包围圈[13]。

5月24日，弗拉索夫集团军开始撤往第一道指定阵地，这道阵地从季戈达河中游起，经拉万（Ravan'）至弗季茨科。5月28日，步兵第92、第327师和步兵第22、第23旅到达并占据了从鲁奇伊沿拉万河至弗季茨科、罗加夫卡车站，再至季戈达湖的主防线。突击第2集团军余部继续撤往新克列斯季北面的出发阵地，准备遂行进攻与第59集团军会合，进攻的发起日期定于6月5日[14]。与此同时，步兵第181、第328师和1个集团军属炮兵团，携带着许多伤病员和部分重装备，设法在6月1日前逃离了包围圈[15]。

可是，值此关键时刻，德国人发现了苏军的动向，在其空军强有力的支援下迅速组织进攻，沿诺夫哥罗德—丘多沃铁路线从南北两面缓缓挤压第59与第52集团军结合部的狭窄通道。德方的一份记述称：

> 5月中旬，［苏军］逃兵人数有所增加，这是对方解体的迹象。据一些逃兵交待，突击第2集团军正在疏散，但试探性进攻遭到对方环形防御的激烈抵抗。21日发现敌人第一支突围部队，约有1000人。
>
> 另外1000人于22日发起突围，弗拉索夫将军关闭了电台，这是第20集团军［应为突击第2集团军］转移指挥部的迹象。[16]

因此，5月24日，屈希勒尔打电话给林德曼，告诉他让俄国人逃脱是“非常糟糕”的，并命令他对陷入包围圈的弗拉索夫集团军余部发起进攻[17]。次日，林德曼将这项任务交给第38和第1军。第1军第254、第61、第121步兵师、党卫队“警察”师和第38军第58步兵师、党卫队第2步兵旅和第20摩托化师参加了此次进攻[18]。遇雨延误后，两个军于5月30日对突击第2集团军包围圈底部发起攻击。尽管伤亡率高达30%，但第38军的突击行动一直持续至深夜，5月30日①1点30分与第1军辖内部队会合，切断了至关重要的“埃丽卡”补给线。5月31日12点，两个军建立起一道正面朝东的连贯防线，当日晚些时候又设立起一道正面朝西的防线[19]。

发现自己彻底被困后，弗拉索夫曾引以为豪的突击第2集团军之残部孤注一掷，向东发起最后的突围。6月5日凌晨2点，突击第2和第59集团军的突击群猛攻德军设在波利斯季河东西两面的防御，据德方报告称，这些苏军士兵“都

① 译注：两个军于5月30日晨发起进攻，持续至深夜，会合时间应为次日，也就是5月31日的凌晨1点30分。

喝得醉醺醺的”。虽然第59集团军突击群大部设法逃至波利斯季河东岸，但突击第2集团军的进攻行动组织欠佳，面对德军精心部署的抵抗和反冲击，其进攻发生动摇，随即失败。实际上，德军的反冲击突破了突击第2集团军的阵地，一举夺得鲁奇伊、弗季茨科和罗加夫卡车站，而另一支遂行进攻的德军攻占菲涅夫卢格，对苏军突击群位于新克列斯季北面的后方构成威胁[20]。

惊怒不已的霍津徒劳地命令弗拉索夫集团军击退德军进攻，务必于6月6日日终前恢复防御[21]。但事与愿违，德国人自6月6日晨恢复进攻，彻底切断了被围苏军赖以逃生的走廊。包围圈内有苏军7个步兵师和6个步兵旅，共计2万人[22]。

霍津将噩耗上报最高统帅部大本营，斯大林于6月8日凌晨3点下达了一道指令，直截了当地承认了这场失败，这道指令废除了当前显然无效的指挥控制安排，并对涉及这场灾难的关键指挥人员加以处置：

最高统帅部大本营命令：

1. 将列宁格勒方面军拆分为两个独立方面军：列宁格勒方面军编有列宁格勒军队集群现有部队；沃尔霍夫方面军编有沃尔霍夫军队集群现有部队。

2. 撤销列宁格勒、沃尔霍夫军队集群。

3. 以列宁格勒、沃尔霍夫军队集群现有的分界线作为列宁格勒、沃尔霍夫方面军之间的分界线。

4. 解除霍津中将列宁格勒方面军司令员职务，既因为他未能执行大本营关于及时、迅速撤出突击第2集团军的命令，也因为他官僚主义的指挥方式，还因为他脱离了自己的部队。结果，敌人切断了突击第2集团军的交通线，导致后者处于极度危险的情况下。霍津中将改任西方面军第33集团军司令员。

5. 解除丘尔金同志列宁格勒方面军军事委员会委员的职务，因为他完全无法胜任这一职务，他的问题交由列宁格勒方面军军事委员会处理。

6. 解除梅列茨科夫大将第33集团军司令员的职务，改任沃尔霍夫方面军司令员。

7. 任命列宁格勒军队集群司令员戈沃罗夫中将同志指挥新组建的列宁格勒方面军。

I.斯大林、A.华西列夫斯基[23]

刚刚恢复梅列茨科夫沃尔霍夫方面军司令员的职务，并任命戈沃罗夫为列宁格勒方面军司令员，斯大林便派华西列夫斯基为最高统帅部大本营代表，竭力挽救危险的态势。但此时挽救危局已为时过晚。弗拉索夫的集团军陷入重围后，饥饿给他们造成的威胁远甚于德军。例如，6月19日，突击第2集团军军事委员会委员（政委）I.祖耶夫师政委级向梅列茨科夫报告："航空兵今天没有空投食物。截至1942年6月19日，这里连一克食物也不剩。许多人因虚弱不堪而失去了战斗力。尽管如此，战士们的情绪还不错。各部队正在英勇奋战。"[24]2天后，祖耶夫又报告："3周来，集团军辖内部队每人每天只有50克干面包。过去3天里，我们根本没有得到食物……饿死的人相当多……我们没有弹药。"[25]一个名叫A.巴久克的士兵在书信中更强调了祖耶夫那份令人痛心的报告的严重性："我们吃所有能吃的东西……［包括］树叶和松果。我们煮马骨，啃上面的肉。我还没有提及树皮——我们周围的树木，树皮都被剥掉了。所有昆虫、蠕虫和青蛙都成了食物。桦树汁帮了大忙，但到5月中旬，桦树汁也没有了，我们遭受的苦难一直持续到6月底。"[26]

尽管补给物资严重匮乏，突击第2集团军为逃脱覆灭的厄运，仍继续进行着殊死战斗，例如，集团军辖下的步兵第46师和步兵第25、第57旅在6月19日的一场进攻中，与第59集团军骑兵第25师取得短暂联系，从而建立起一条300米宽的走廊，一些苏军士兵借此逃脱。红军士兵巴久克再次描述了战场的情形："死亡谷中究竟发生了什么，根本无法想象。一道连贯的火墙，咆哮和嘶吼此起彼伏，人肉焚烧发出令人震惊的恶臭……数千人冲入这条烈焰通道。我们都认为死在火海中也比被德国人俘虏强。但只有那些尚能行走的人尝试突围。许多人要么因为饥饿瘫倒在地，要么由于负伤而无法行走，只能一直躺在那里。"[27]

第59和突击第2集团军6月21日发起一场联合突击，这使6000多名红军士兵得以利用6月21日晚至22日凌晨的夜间逃出包围圈[28]。但当晚，弗拉索夫被围的集团军失去了与沃尔霍夫方面军司令部的联系，德军再次突入包围圈，攻向新克列斯季。到6月25日9点35分，一切突围尝试彻底停止。弗拉索夫的部队再也没能恢复通讯联系。不久后，弗拉索夫本人和数千名筋疲力尽的部下成了德国人的俘虏。苏联方面的资料称，突击第2集团军覆灭期间，另有9322名红军士兵，或单人独行，或三五成群地逃至苏军防线[29]。

虽然最高统帅部大本营不清楚弗拉索夫的下落，但大本营想方设法确定突击第2集团军的命运，确保该集团军在崩溃的同时继续实施抵抗，并设法挽救其指挥员和司令部人员，显然担心他们落入德国人手中。例如，红军总参谋部于6月24日通知沃尔霍夫方面军：

从沃尔霍夫方面军的报告获知，突击第2集团军各部队健康的士兵正穿过突破口突围，并被置于第59集团军前线后方的预备队。

总参谋部认为，突击第2集团军撤离的方式不妥，将导致健康者在撤出包围圈时将他们的武器丢给敌人。建议你们不能过早撤出携带武器的健康士兵，从而削弱突击第2集团军，应当加快速度为他们提供必要的增援、弹药和食物。

博金、博科夫[30]

7月13日，总参谋部发电报给沃尔霍夫方面军参谋长，命令他抓紧解救突击第2集团军的指挥和参谋人员：

突击第2集团军辖内部队群体和个人的后撤工作正在继续。这些撤离人员中有一些是中、高级指挥员，他们无疑掌握了一些信息，对这些信息加以认真分析和比较，就能弄清突击第2集团军的状况。

尽管如此，沃尔霍夫方面军却并未掌握这些信息，报告中没有提及突击第2集团军各部队的情况，这些部队仍在包围圈内。

立即采取措施，从那些逃离包围圈的人员处收集相关信息，并亲自询问撤离的指挥人员，1942年7月20日前上报他们对此事的看法。

季霍米罗夫、雷日科夫[31]

直到7月17日，斯大林仍命令梅列茨科夫全力解救突击第2集团军司令员：

根据您的报告，弗拉索夫、他的参谋长和他的通讯主任都在萨扎诺夫同志的游击支队里。

最高统帅部大本营命令：

您亲自负责，采取一切可行措施把弗拉索夫和他的人送至方面军后方地域，不得迟于7月19日。

大本营认为，完成这项任务对您来说是一件光荣的事。

大本营命令您使用方面军所有航空兵力量履行这项任务。

汇报执行情况。

I.斯大林、A.华西列夫斯基[32]

对于后来突击第2集团军所经历的悲剧，华西列夫斯基和梅列茨科夫都在回忆录中对弗拉索夫大加指责，几乎所有苏方著作也都附和了这些批判：谴责弗拉索夫在行动期间的叛变行径，也斥责他没能把部下团结起来并保持走廊畅通。其实这两方面的问责都不正确。例如，梅列茨科夫承认，他曾试图以撤出包围圈的部队"组成支队"，派他们掩护走廊，尽管此举纯属徒劳[33]。突击第2集团军的一些部队拼死杀出包围圈，包括步兵第92师，但该师只带出了83名筋疲力尽的士兵[34]。

1942年6月，弗拉索夫尚未叛变投敌。例如直到6月21日，突击第2集团军的《勇气报》上还曾刊登了集团军的命令，授予31名战士"勇敢"和"战功"奖章。弗拉索夫和军事委员会委员祖耶夫、N.列别杰夫、集团军参谋长P.维诺格拉多夫上校签署了命令，这大概算不上叛变行径。相关报告明确指出，6月25日，德国人彻底封闭走廊的当天，弗拉索夫仍在指挥部队。至于包围圈内苏军士兵的命运，所有信息都表明，他们带着勇气和无私精神勇敢地面对了一切。于是，"被纳粹包围后，I.祖耶夫师政委级举枪自戕，S.布拉诺夫师政委级和F.乔尔内师政委级率领部下突围时阵亡。突击第2集团军特别部门［反谍报部］主任，身负重伤的A.沙什科夫不愿让战友们遭受更大的危险，自杀身亡。许多英雄宁愿在战斗中牺牲也不愿可耻地被俘。"[35]

至于弗拉索夫，近期出版的一些相关著作分析了他的命运：

可弗拉索夫身上究竟发生了什么？苏军侦察员和游击队员们四处寻找，力图帮助他穿越前线，但他消失不见了。给人的印象是，这位集团军司令员最终丧失了理智，并不急于返回。这是为何？

这个问题的答案可以在T.托卡列夫的回忆录中找到，他是弗拉索夫的“官方传记作者”。斥责弗拉索夫时，这位记者提到一个有趣的细节。原来，德国人6月25日封闭缺口后，梅列茨科夫发出了一道逮捕弗拉索夫的密令，显然是想让他充当替罪羊，承担突击第2集团军惨败的罪责。

一个合乎情理的疑问随之而来：梅列茨科夫真的下达过这样的命令吗？我们来解释一下他当时的处境。就在6个月前，斯大林仁慈地将梅列茨科夫从NKVD的地牢中释放出来。他对方面军辖内部队的指挥很不理想。他牢牢记住了西方面军司令员巴甫洛夫的悲惨结局——伟大卫国战争开始后没多久，斯大林下令枪决了作战失利的巴甫洛夫。而让弗拉索夫出任突击第2集团军司令员的建议，正是梅列茨科夫本人提出的。那段艰难的日子里，仅凭一道命令，斯大林便可以宣布成千上万名将士是叛徒，梅列茨科夫当然也可以下达逮捕弗拉索夫的命令，以挽救自己的声誉。

如果弗拉索夫获悉梅列茨科夫的命令，他自然明白自己的职业生涯乃至性命都处于危险中。他心惊胆战，对是否现身犹豫了很长一段时间。根据军事法庭审理他这起案件时提交的证据，直到7月11日，也就是说他在森林里徘徊了两个多星期后，弗拉索夫才向敌人投降，并踏上了叛国之路。此时，突击第2集团军主力已覆灭，部分部队杀开血路突围。弗拉索夫的叛变对该集团军的最终命运没有任何影响。[36]

德军报告，6月中旬在米亚斯诺伊博尔走廊东段共俘虏1.5万名红军士兵，到6月28日又俘虏了3.3万人。俄罗斯官方资料表明，1942年1月7日至4月30日，柳班进攻战役期间，红军损失308367人，5月和6月救援行动期间又折损94367人（参见表3）。其中弗拉索夫突击第2集团军阵亡、失踪或被俘人数超过6.6万。

待苏联和俄罗斯分析人士和历史学家们正式承认柳班灾难的存在后，他们为谁该对此负责挠头不已。赫鲁晓夫时期做出的初步评估将责任平等地归咎于最高统帅部大本营和战场指挥员们。霍津在战争结束后提出的批评，同样适用于冬季战役期间红军几乎所有的作战行动：

表 3：1942 年柳班战役期间，苏军在沃尔霍夫战线的损失

	1月7日—4月30日	5月13日—7月10日*
苏军投入战斗的士兵	325700	231906
不可归队的减员	95064	54774
卫生减员	213303	39977
总损失	308367	94751

* 即解救被围的突击第 2 集团军的行动。
※ 资料来源：G.F. 克里沃舍夫. 揭秘：苏联武装力量在战争、作战行动和军事冲突中的损失 [M]. 莫斯科：军事出版社，1993：224—225。

谈及列宁格勒、沃尔霍夫方面军发起的冬季攻势未获成功的原因，仅仅提及最高统帅部大本营并不完全正确。这些失败在很大程度上归咎于方面军、集团军和兵团指挥员，也归咎于参谋人员和部队所接受的训练。集团军和师指挥部对作战行动的组织、指挥控制也不够。

失败的主要原因之一是，我们在夏秋季战役失利后，我们的国家和武装力量所面临的整体严峻局势。敌人逼近莫斯科，占领了乌克兰、克里木和顿巴斯，夺取了许多对我们国家具有重要经济、战略意义的地区。军工产量急剧下降，坦克和飞机非常少，弹药和燃料不足，就连步枪也不够。这些严酷条件迫使我们将缺乏足够训练和凝聚力的预备兵团及部队投入战斗……

客观地讨论最高统帅部在1941年年底至1942年年初的冬季战役期间的作用，必须指出，他们当时处在非常困难的情况下：必须将敌人驱离莫斯科，打破列宁格勒遭受的封锁，防止希特勒分子窜犯高加索。莫斯科保卫战期间，最高统帅部集结起预备力量，沿深具决定性的方向对德国法西斯军队发起打击。面对困难，最高统帅部在季赫温和沃尔霍夫发起反攻，彻底击败德寇，使其无法前出至斯维里河并与芬兰军队会合。尽管取得了这些大规模的胜利，但如果不使用其他方面军和最高统帅部大本营预备队的大批部队，根本无法打破列宁格勒封锁圈。当时的敌人正处于其军事力量的巅峰。[37]

据霍津说，一系列结构性问题使这些严峻的战略现实更趋复杂：

部队的编制和指挥员、参谋人员、部队所接受的战役及战术训练存在很大缺陷。我们在战争头几个月遭受了严重损失，加之军事工业从西部和南部地区疏散至东部造成了军工产量下降，导致新组建的兵团缺乏足量的火炮、迫击炮、坦克和其他装备。这就使最高统帅部无法组建步兵师、摩托化师和坦克师。他们不得不建立独立步兵、坦克旅和两连制坦克营（20辆坦克）。没有自行火炮是个很大的缺点。取消军一级指挥机构导致集团军司令员的指挥控制工作更加复杂。沿主要突击方向展开行动的各集团军编有10～15个各种兵团。在现有条件下指挥这么多辖内兵团是一项复杂的任务，对集团军司令员及其参谋人员来说，要照顾辖内所有师和旅并组织起指挥控制，几乎是不可能的。[38]

战役层面的情况也好不到哪里：

部队的作战指导也有错误。在一场与打破列宁格勒封锁圈同样重要的行动中……沃尔霍夫方面军辖内部队以单梯队战役布势执行主要任务，没有强大的方面军预备队。方面军战役布势中根本没有发展突破的集群。N.I.古谢夫将军的骑兵第13军隶属于突击第2集团军，被当作步兵兵团使用。以这种战役布势，方面军既无法加强进攻，也无力抵挡敌人的反冲击。各部队和兵团的战斗队形中，坦克的战术密度太低（每公里正面3～4辆坦克），炮火密度不足，对进攻速度造成不利影响……沃尔霍夫方面军进攻战役的组织和实施上存在一个很大的缺陷，即为突击第2集团军突击群提供的侧翼掩护太弱，最终导致了灾难和整个进攻战役的失败。[39]

霍津还对红军的战术提出批评：

士兵和他们的指挥员所接受的战术训练也存在缺点，直接导致我们的干部力量在战争初期损失惨重。仓促组建的步兵部队和兵团在战斗中遭受严重损失，即便他们取得成功，代价也很高。部队遂行进攻战很不熟练。进攻行动经常在夺取敌人第一道堑壕线后戛然而止，因为战士们不知道如何在战壕和交通壕中从事近战。我们也没有掌握好炮兵进攻技术，在各分队、部队和兵团中，没有安排步兵、炮兵、坦克间的协同。这一切都影响到每场战斗，乃至整个战役的结果。我方部队和指挥员只有在战争过程中掌握从事战争的必要技术，他们才能学会如何赢得胜利。[40]

这份对列宁格勒—诺夫哥罗德进攻战役极为坦率的批评出版于1966年，直到20世纪80年代末，仍是唯一一份对该战役表态严肃的评论。

1989年，一篇短文开始了重新发现、重新评估该战役的痛苦过程，这篇短文也反映出戈尔巴乔夫时期新的坦率态度。文章开头处表达出一种沮丧与愤怒混合的情绪，体现了俄罗斯民众对他们的历史和所受苦难的晦涩不明的共同看法：

共青团员和青年人进行的探索考察，已在当年突击第2集团军战斗过的地方进行了数年，那座山谷名叫“多利纳”，简洁，但含义不明。该把它叫做什么呢？也许应称之为“死亡谷”，就像那些设法突出杀戮场和难以逾越的沼泽的苏军士兵对这些地方的称谓。或称之为“遗忘谷”，这也许是这片凄凉地带的正确称谓，因为许多光荣的保家卫国者半个世纪前牺牲于此，至今仍未获得安葬，这使我们所有人背负上沉重的道德负担。称之为“勇气谷”或许更合适，因为苏军战士们从这里穿过，径直冲向列宁格勒。[41]

更加一针见血的是：

长期掩盖我们在伟大卫国战争中遭受的军事失败，企图将我们的痛苦和悲伤隐藏于并不总是合理的伤亡中，在我们的人民和武装力量看来，这些滥用的伎俩已不合时宜。这种沉默被用于掩饰部队指挥方面的严重错误、斯大林的固执和无能以及后勤混乱。同时，它无理地贬低了成千上万名士兵、军官和将领们做出的巨大贡献，例如突击第2集团军那些将士，他们在1942年冬季挽救了列宁格勒，展现出世界上任何一支军队都会为之自豪的勇气。特别可悲而又令人倍感亵渎的是，多年来，由于司令员弗拉索夫将军投敌，突击第2集团军的老兵们一直背负着叛变的污名。[42]

关于这场战役的责任，作者的评论总结了当代对该战役的看法：

事实和亲历者清楚地表明，对于突击第2集团军的悲剧，大部分责任应由斯大林领导的最高统帅部大本营和他最亲信的部下承担。他们错误地判断了1941年年底的军事战略态势，给各方面军下达了不切实际的任务，他们对此难辞其咎。他们应对进攻行动中糟糕的组织和无法令人满意的部队后勤工作负责，首先是沃尔霍夫方面军辖内部队。他们还应对压制指挥员的意志和频繁更换指挥人员的行为负责（仅从1月至6月，突击第2集团军便连续更换了3位司令员、3位军事委员会委员和4位参谋长）。由于他们固执己见，突击第2集团军未能及时撤离杀戮场，最终导致数万名将士毫无必要地牺牲和被俘。

由于斯大林在军事上的无能和错算，除了突击第2集团军的覆灭，我们国家还将在1942年丢失克里木……敌人长驱直入至伏尔加河和高加索。可是，1942年7月28日，斯大林签发了恶名昭著的227号令，这道命令将以往的失败归咎于制造恐慌者和懦夫，并包含了以下不祥的指示：“未经上级指挥员批准便擅自放弃阵地的连、团、师级指挥员和相应的政委及政治工作人员是祖国的叛徒，因此，这种指挥员和政工人员应被视为祖国的叛徒。”虽然据说这道命令是为了恢复军队丧失的坚强，但很容易想象，这道命令又是如何扼杀了指挥员和政工人员的主动性，有多少战斗是在全然不利的情况下进行的，又有多少将士毫无必要地沦为受害者。

显然，突击第2集团军覆灭的悲剧，部分责任应由沃尔霍夫方面军司令员K.梅列茨科夫承担，因为他缺乏勇气，没有坚定捍卫下属部队的利益，也因为他仓促发起这场准备不足的攻势，还因为他对麾下部队控制不力。

突击第2集团军的某些士兵、军官和将领是否也对这场悲剧负有责任？我认为他们不应承担责任。尽管有些人在困难时刻发生了动摇，但他们在沃尔霍夫战斗的烈焰中将功补过……伟大卫国战争史中存在一些悲剧，但突击第2集团军诸多将士经历的严酷考验可谓无与伦比。尽管艰难，该集团军的将士们也履行职责到最后一刻。光荣和荣誉属于他们。愿他们永远活在我们心中。[43]

关于这场悲剧，这场被遗忘的行动，没有什么需要说的了。

德军策划“北极光”行动

随着“蓝色”行动在苏联南部顺利进行，德国人开始策划在列宁格勒地区发起新的攻势。6月30日，屈希勒尔与身处“狼穴”大本营的希特勒会晤，详细介绍了除“北极光”外，他的集团军群能够承担的另一些进攻选择，其中包括列宁格勒地区的两个行动和南面的另外两个行动。列宁格勒地区的第一个行动代号为“沼泽之火”，目标是夺取基里希以西，仍由苏军第54集团军控制的波戈斯季耶突出部，或彻底歼灭沃尔霍夫河以西的所有苏军部队；第二个行动代号为“乞讨棍”，要求歼灭奥拉宁包姆以南的苏军登陆场[44]。

同时，屈希勒尔还打算在南面发起两场行动，代号分别为“架桥”和“攀缘植物”。前者是与“中央”集团军群联合发起的一场进攻，打击苏军位于德军后方奥斯塔什科夫西南的突出部；后者是以一场突击扩大联结杰米扬斯克的拉穆舍沃走廊之北翼。7月1日返回集团军群司令部后，屈希勒尔为拟订中的行动计划添加了更多细节，并命令参谋人员先完成“沼泽之火”和“攀缘植物”计划，尔后再制订“乞讨棍”计划。与此同时，OKH命令几个分别被称为“多拉”“伽马”和“卡尔”的攻城炮兵连于7月2日至23日间从塞瓦斯托波尔调至列宁格勒，协助消灭喀琅施塔得要塞[45]。

7月23日，希特勒在第45号元首令中为德军的夏末攻势提供了修订后的指导[46]。这道训令要求“南方”集团军群（现已拆分为A、B集团军群）遂行“不伦瑞克”行动，肃清顿河大弯曲部的苏军。另外，训令中还包括“北方”集团军群代号为“魔火”的另一场进攻行动，要求该集团军群于9月初之前夺取列宁格勒。为此，希特勒命令曼施泰因第11集团军司令部连同5个步兵师从塞瓦斯托波尔北调，增援第18集团军，一些重型火炮也已调往该地区。1周后，OKH将“魔火”行动更名为“北极光”，在第18集团军内，这项行动的代号为“格奥尔格”。[47]希特勒随后命令屈希勒尔在发起“北极光”行动前立即遂行“攀缘植物”“沼泽之火”和“乞讨棍”行动，9月初之前完成。

由于要将全部行动付诸实施显然超出了“北方”集团军群的能力，屈希勒尔说服希特勒和OKH，将“乞讨棍”行动推延至“北极光”行动顺利完成后。最后，OKH在夏末取消了“沼泽之火”行动，因为当时的情况已经发生了很大变化；另外，由于杰米扬斯克地域的气候条件恶劣，OKH还将“攀缘植物”行动推迟至8月4日。但希特勒坚持要求“北极光”行动按计划进行。8月23日，他把执行“北极光”行动的任务交给曼施泰因，命令他以新锐第11集团军展开行动，只要能与芬兰人会合并“将列宁格勒夷为平地”，他可以采取一切可行措施[48]。为确保命令得到贯彻，希特勒将曼施泰因的部队直属于OKH，而不是纳入“北方”集团军群编成。位于卡累利阿地峡的芬兰集团军将为德军的行动提供炮火支援，并对列宁格勒北部发起一场佯攻。

“北极光”计划要求三个军在一场猛烈的炮火和空中火力准备后，突破苏军设在列宁格勒南部的防御，并前出至城市南郊。一旦突破苏军防御，一个军便从南面封锁列宁格勒，另外两个军转身向东，渡过涅瓦河，歼灭涅瓦河与拉多加湖之间的苏军部队。尔后，这两个军从东面包围列宁格勒以夺取该城，从而不必从事代价高昂的巷战[49]。

红军第二次锡尼亚维诺进攻战役，8月

德国人6月底歼灭突击第2集团军后，苏军最高统帅部大本营和列宁格勒方面军预计德军将于仲夏某个时候在列宁格勒地区重新发起进攻。新上任的列宁格勒方面军司令员L.A.戈沃罗夫炮兵中将已做好准备应对柳班战役失败后的这场危机。戈沃罗夫是一名经验丰富的炮兵，1930年毕业于高级速成班，1933年毕业于伏龙芝军事学院，1938年毕业于总参军事学院，尽管在大清洗时期受到NKVD调查，但他幸免于难，并在战争期间晋升为高级指挥员。战争爆发后，他先后担任西方向炮兵主任（1941年7月）、西方面军炮兵主任（1941年8—10月），之后任第5集团军司令员，在莫斯科保卫战期间表现出色，其间，他率领的集团军为方面军司令员朱可夫夺得莫扎伊斯克。短暂担任列宁格勒军队集群司令员后，戈沃罗夫升任列宁格勒方面军司令员，受提拔的部分原因是基于这样一种判断：他在炮兵方面的经验能使红军在这片坦克效用受限的战场上获益。

得到大本营批准后，戈沃罗夫采取的第一个行动是重建突击第2集团军，7月14日，他以骑兵第13军和该军辖下的骑兵第25、第80、第87师为核心组建该集团军，并派克雷科夫指挥这个集团军的重建工作[50]。7月初，苏军情报部门报告，一股德军集结在锡尼亚维诺和丘多沃地域，可能正准备对沃尔霍

夫发起大举进攻。为防范德军的进攻，并为己方更大规模的进攻行动铺平道路，列宁格勒方面军在7月底和8月初发起几场局部进攻，打击列宁格勒以南的德军部队。

这些进攻行动中的第一场是7月20日尼古拉耶夫第42集团军步兵第109和第85师对旧帕诺沃（Staro-Panovo）发起的进攻，激烈的战斗持续数日，但苏军取得的战果微乎其微[51]。列宁格勒战时日记阐述了这一行动的本质：

7月20日，星期一。第42集团军辖内部队对旧帕诺沃地域的德军支撑点发起进攻，那里离列宁格勒市郊不到10公里。行动的主要目的与1942年夏季的其他作战行动一样，都是为了吸引集结在姆加和托斯诺地域准备对列宁格勒发起突击的部分敌军，并发起还击，同时为打破列宁格勒遭受的封锁创造条件。

几个团受领的当前任务是夺取旧帕诺沃，他们在夜间占据出发阵地。清晨，炮火准备结束后，他们在火炮、坦克和战机的支援下向前推进。多亏获得了这些支援，他们很快夺取了旧帕诺沃。

傍晚前，我方部队的几个战斗群抵达乌里茨克。但是，由于敌人可能发起侧翼反冲击，这份风险迫使这些战斗群后撤，以防被敌人切断。

敌人发起猛烈的反冲击。另外，作为反措施，敌人三次炮击列宁格勒。他们还试图发起空袭，但无济于事。

7月21日，星期二。敌人多次对我方占领旧帕诺沃的部队发起反冲击。法西斯分子们死死抓住每一块土地……

7月23日，星期四。占领旧帕诺沃后，第42集团军力图继续推进。他们设法在乌里茨克东南部夺得一处立足地。巷战正在进行中。[52]

尼古拉耶夫发起进攻后，斯维里多夫第55集团军步兵第268师和坦克第220旅于7月23日在普特罗洛沃和亚姆伊若拉地段投入冲击。列宁格勒战时日记也记录下斯维里多夫这场突击：

7月23日，星期四。第55集团军在科尔皮诺南面发起普特罗洛沃进攻行动。与进攻旧帕诺沃的行动相同，普特罗洛沃进攻行动只具有局部重要性，旨

在吸引敌人准备用于进攻列宁格勒的预备队。

列宁格勒人非常熟悉的S.I.东斯科夫上校的步兵第268师，正为夺取普特罗洛沃进行战斗……经过4小时激战，在坦克第220旅的支援下，步兵第268师攻克了敌人的普特罗洛沃筑垒防御中心……

普特罗洛沃陷落后，敌人不甘心地发起反冲击，重点打击村中心的路口……敌人被击退。

7月25日，星期六。希特勒分子们不甘丢失普特罗洛沃筑垒中心，于当日天亮后发起一场猛烈的反冲击。我军步兵在火炮和坦克的支援下击退了敌人的进攻。可是，敌人强渡伊若拉河的危险并未消除。如果敌人夺取了河上的桥梁，就将从伊若拉河右岸到达左岸并攻入普特罗洛沃。［工兵们不得不将桥梁炸毁。］

7月26日，星期日。敌人再度企图强渡伊若拉河并夺回普特罗洛沃。敌人的进攻被击退。

7月28日，星期二。希特勒分子仍不甘心丢失普特罗洛沃。到今天，我方部队已挖掘了新阵地，他们还是决定对我方部队发起空袭。[53]

列宁格勒以南的战斗严重到足以让哈尔德在7月23日的日记中提及："敌人从列宁格勒西部对耶克尔恩集群和科尔皮诺发起局部进攻。他们还对奥拉宁包姆发起突击。"[54]

虽说事实证明列宁格勒以南的战斗代价高昂且进展不大，但戈沃罗夫直到8月4日才停止第55集团军的行动，而第42集团军的战斗一直持续至8月26日。这两场进攻尽管只夺得德军设在普特罗洛沃和亚姆伊若拉的支撑点，但迫使德国第18集团军将第121、第61步兵师、第5山地师、第12装甲师一部调至受威胁地域。同一时期，西北方面军近乎持续不断地对盘踞在杰米扬斯克和旧鲁萨的德军发起进攻，既为消灭德军突出部，也为降低德军在列宁格勒发起进攻的几率。这些进攻行动陆续发生在5月3日至20日、7月17日至24日、8月10日至21日、9月15日至16日，都没能取得任何进展，但牵制住了德国第16集团军，使其无法采取行动支援列宁格勒的第18集团军[55]。

苏军最高统帅部大本营越来越担心德军即将对列宁格勒发起的进攻，故而要求戈沃罗夫和梅列茨科夫方面军抢在德军有可能发起进攻前实施一场大规模突击，可能的话，打破德国人对列宁格勒的封锁[56]。大本营和两个方面军将拉多加湖南面德军施吕瑟尔堡、锡尼亚维诺、姆加突出部选为打击目标。进攻计划要求，列宁格勒和沃尔霍夫方面军应在波罗的海舰队和拉多加湖区舰队的支援下发起一场向心突击，击败并歼灭突出部内的德军，恢复与列宁格勒的陆地交通。最高统帅部大本营希望这场攻势能够阻止德国人从更东面发起的一切进攻，并将德军预备力量调离斯大林格勒地域。

戈沃罗夫和梅列茨科夫面临的任务绝非易事，因为林德曼第18集团军已在锡尼亚维诺"瓶颈"及其周围构设起强大的、纵深配置的防御。林德曼的集团军主力编有21个步兵师、1个装甲师（第12装甲师）和1个步兵旅，集结在列宁格勒以南和"姆加—锡尼亚维诺"突出部。沃尔霍夫方面军第8集团军对面，德国第26军第227、第223步兵师在突出部东翼据守着洛德瓦至利普卡这一地段。在左翼为其提供掩护的是德国第50军辖下的党卫队"警察"师，该师沿涅瓦河布防，与苏军涅瓦河战役集群对峙，而在右翼提供掩护的是德国第1军第96步兵师。德军第二道防线依托锡尼亚维诺支撑点，第三道防线位于姆加河前方，第12装甲师部分部队和第5山地师驻扎在附近[57]。

德国人的防御由一道密集的支撑点和抵抗枢纽网构成，并获得大范围障碍物保护，与各条战壕相互连接，火炮和迫击炮交错火力提供掩护。德军最重要的支撑点分别设在第七、第八、第四工人新村和托尔托洛沃、波列奇耶村。德军最强大的防线从第四、第八工人新村起，经克鲁格拉亚树林（Kruglaia）、托尔托洛沃、波列奇耶至沃罗诺沃（Voronovo）。锡尼亚维诺高地比周边平坦地带高出150米，控制着整片地区。一片硕大、长满青苔的沼泽掩护着锡尼亚维诺东南接近地，导致坦克无法沿该接近地发起突击。

对苏联人来说更糟糕的是，发起进攻前夕，OKH提醒屈希勒尔，苏军正为进攻行动加紧准备，并命令他将第11集团军准备用于"北极光"行动的第170步兵师从姆加北调，进入瓶颈。OKH还把一些新式虎式坦克交给屈希勒尔，这些坦克正从普斯科夫经铁路线运来[58]。虽然采取了这些预防措施，但踌躇满志的哈尔德8月6日在日记中宣称："暂未发现苏军［在该地域］再度发起大规模进攻的迹象。"[59]8月19日前，哈尔德没有提及苏军为该地域发起进攻所做的任何特殊准备，8月19日，他也只是轻描淡写地写道：“一如既往的局部进攻。”[60]

苏军的进攻计划乍看上去似乎简单而又直接，但戈沃罗夫和梅列茨科夫想要消除先前进攻行动中明显存在的缺陷之意图昭然若揭。列宁格勒方面军作战地带上，斯维里多夫第55集团军和涅瓦河战役集群将攻向托斯诺和锡尼亚维诺，与沃尔霍夫方面军辖内部队会合，歼灭盘踞在突出部内的德军。战役初期，波罗的海舰队的海军步兵和船只将渡过涅瓦河，为列宁格勒方面军主力突击群确保桥梁和渡口。主要突击向东发展时，尼古拉耶夫第24集团军和第55集团军余部将攻向乌里茨克和旧帕诺沃，以牵制德军[61]。

施吕瑟尔堡走廊东面，沃尔霍夫方面军现由F.N.斯塔里科夫少将指挥的第8集团军，将在突出部底部突破德军设在盖托洛沃（Gaitolovo）以西的防御。集团军突击群由S.T.比亚科夫少将的近卫步兵第6军组成，该军编有近卫步兵第3、第19、第24和步兵第265师，负责歼灭锡尼亚维诺之敌，向姆加发展进攻，并与列宁格勒方面军第55集团军会合。加根的近卫步兵第4军部署在斯塔里科夫第8集团军后方的第二梯队，负责加强第8集团军的突击，协助夺取德军锡尼亚维诺支撑点，尔后遂行发展胜利的任务。克雷科夫在柳班覆灭的突击第2集团军刚刚获得重建，该集团军部署在第三梯队，受领的任务是歼灭姆加之德军，在红博尔（Krasnyi Bor）附近与列宁格勒方面军辖内部队会合，并向南发展进攻，直扑托斯诺。

除了这股三梯队突击力量，梅列茨科夫还建立起一支强大的预备队，编有5个步兵师和1个步兵旅，并将其部署在斯塔里科夫深远后方的沃尔霍夫地域。沃尔霍夫方面军的纵深梯队布势，既是为迅速突破德军强大的防御，也是为向敌纵深发展进攻。梅列茨科夫麾下的部队将于8月28日发起突击，而戈沃罗夫的部队将于8月19日率先投入进攻，以夺取涅瓦河对岸的登陆场，再于28日发起主要突击。

与先前的进攻战役不同，梅列茨科夫为斯塔里科夫第8集团军提供了至关重要的坦克和炮兵支援，这样，至少从理论上说，该集团军能够突破德军防御的全纵深并夺取锡尼亚维诺。梅列茨科夫提供的支援包括2个坦克旅、5个独立坦克营、12个炮兵团、9个迫击炮兵团、4个独立迫击炮兵营、3个M-13“喀秋莎”团和7个M-30“喀秋莎”营[62]。梅列茨科夫的第三梯队是克雷科夫突击第2集团军，该集团军将完成歼灭姆加之德军、沿莫斯科夫斯卡亚杜布罗夫卡—红博尔战线与列宁格勒方面军辖内部队会合的任务，尔后向南面的托斯诺发展进攻。

遂行突击期间，第8集团军将投入强有力的掩护部队，突击群向前推进时，为其左右两翼提供掩护。斯塔里科夫将这项任务交给三个师，步兵第128师在右侧掩护第四工人新村—莫斯科夫斯卡亚杜布罗夫卡一线，而步兵第11和第286师在左侧掩护图雷什基诺（Turyshkino）—红博尔一线。梅列茨科夫麾下其他集团军经基里希向南部署至伊尔门湖，遂行辅助突击牵制德军。

虽然戈沃罗夫和梅列茨科夫用了约30天时间来变更部署并为进攻行动加以准备，但5个步兵师、4个坦克旅和许多特别部队仍未能按规定时间完成调动并进入集结区。8月7日至9月17日，变更部署的工作使用了479列火车和233个补给车队[63]。发生延误是因为通入集结区的铁路线运载能力有限、指挥控制不力、变更部署太过缓慢——相关部队必须先撤至后方接受补充，然后再开赴前线。进攻发起时，指定担任梅列茨科夫预备队的部队，只有2个步兵师和1个步兵旅到达沃尔霍夫，遂行突破和发展进攻的第一、第二梯队不得不靠自身力量来掩护自己的侧翼。

尽管如此，进攻准备完成时，第8集团军15公里宽的突破地带上，苏军与对面的德军在兵力上仍占有4∶1的优势。此时，苏军突破地段的战术密度达到每公里正面5个步兵营、超过100门火炮/迫击炮和9辆坦克，突击部队的实力明显优于遂行防御的德军[64]。但是，这场进攻要想取得成功必须迅速发展，因为德国人有6～7个师的战役预备队，包括第11集团军辖内部队，他们可以在战役第8天或第9天以这些部队增援受威胁地段。

8月19日晨，斯维里多夫第55集团军发起进攻，S.I.东斯科夫少将经验丰富的步兵第268师强渡涅瓦河，在伊万诺夫斯科耶和乌斯季托斯诺夺得几座小型登陆场[65]。可是，由于指挥控制不力、炮兵和工程兵支援不足，加之遭到党卫队“警察”师顽强抵抗，东斯科夫步兵第268师未能发展进攻。虽然最终有步兵第43、第70、第136师部分部队为进攻行动提供加强，但第55集团军没能扩大其登陆场。林德曼8月19日以第61步兵师第151团增援党卫队“警察”师，8

月23日又投入第12装甲师第25装甲掷弹兵团。德军娴熟地投入这些援兵，彻底粉碎了斯维里多夫从涅瓦河登陆场向东突破的企图。由于强渡涅瓦河的初步行动未获成功，戈沃罗夫推迟了后续行动，等待梅列茨科夫的部队突破德军设在锡尼亚维诺以东的防御（参见地图13）。

沃尔霍夫方面军作战地带东面，斯塔里科夫第8集团军于8月27日2点10分投入进攻，向德军第227与第223步兵师的结合部发起打击。集团军主力突击群由比亚科夫近卫步兵第6军的4个步兵师组成，遂行方面军的主要突击，右翼获得1个师、左翼获得2个师支援。进攻首日，比亚科夫突击群辖下，P.K.科舍沃伊上校的近卫步兵第24师和B.N.乌申斯基上校的步兵第265师，在德军第227与第223步兵师之间达成突破，并强渡切尔纳亚河（Chernaia）。日终前，比亚科夫的部队已攻克托尔托洛沃，并从南面包围了德军波列奇耶支撑点，将一根3公里深的楔子插入德军防御[66]。次日晨，D.M.巴里诺夫上校的近卫步兵第19师发展友邻师取得的战果，向前推进5～6公里，于夜幕降临前到达锡尼亚维诺东南接近地。

苏军这场突击令德国人猝不及防，因为苏军第55集团军在乌斯季托斯诺的猛烈进攻刚刚失败[67]。12点前不久，林德曼向屈希勒尔报告，苏军正沿铁路线以北的整条战线发起进攻，20辆苏军坦克达成浅近突破，而这明显并不是对方的主要突击[68]。屈希勒尔此时最担心的是“北极光”行动，苏军一场旷日持久的进攻就有可能破坏该行动。因此，他着手将可用预备队悉数调至受威胁地段。

8月28日至30日，面对德军猛烈的反冲击，斯塔里科夫突击群向锡尼亚维诺缓缓推进，最终于8月31日在进攻地段中央到达锡尼亚维诺南接近地。此时，他的战线离涅瓦河河岸仅隔7公里。突击群穿过德军防御缓缓向前时，L.G.谢尔格耶夫上校位于突击群右翼的步兵第128师、I.V.格里博夫上校的步兵第11师及其左侧D.L.阿巴库莫夫上校的步兵第286师，徒劳地试图扩大突破[69]。德军强大的防御依托于苏军突击群两侧的一系列支撑点，不仅牵制住苏军，还削弱了对方向锡尼亚维诺和姆加遂行主要突击的力量。尽管斯塔里科夫麾下部队取得的进展并不大，但激烈的战斗使其遭受严重伤亡和消耗。若想进攻行动取得进一步成功，显然必须为其提供援兵。

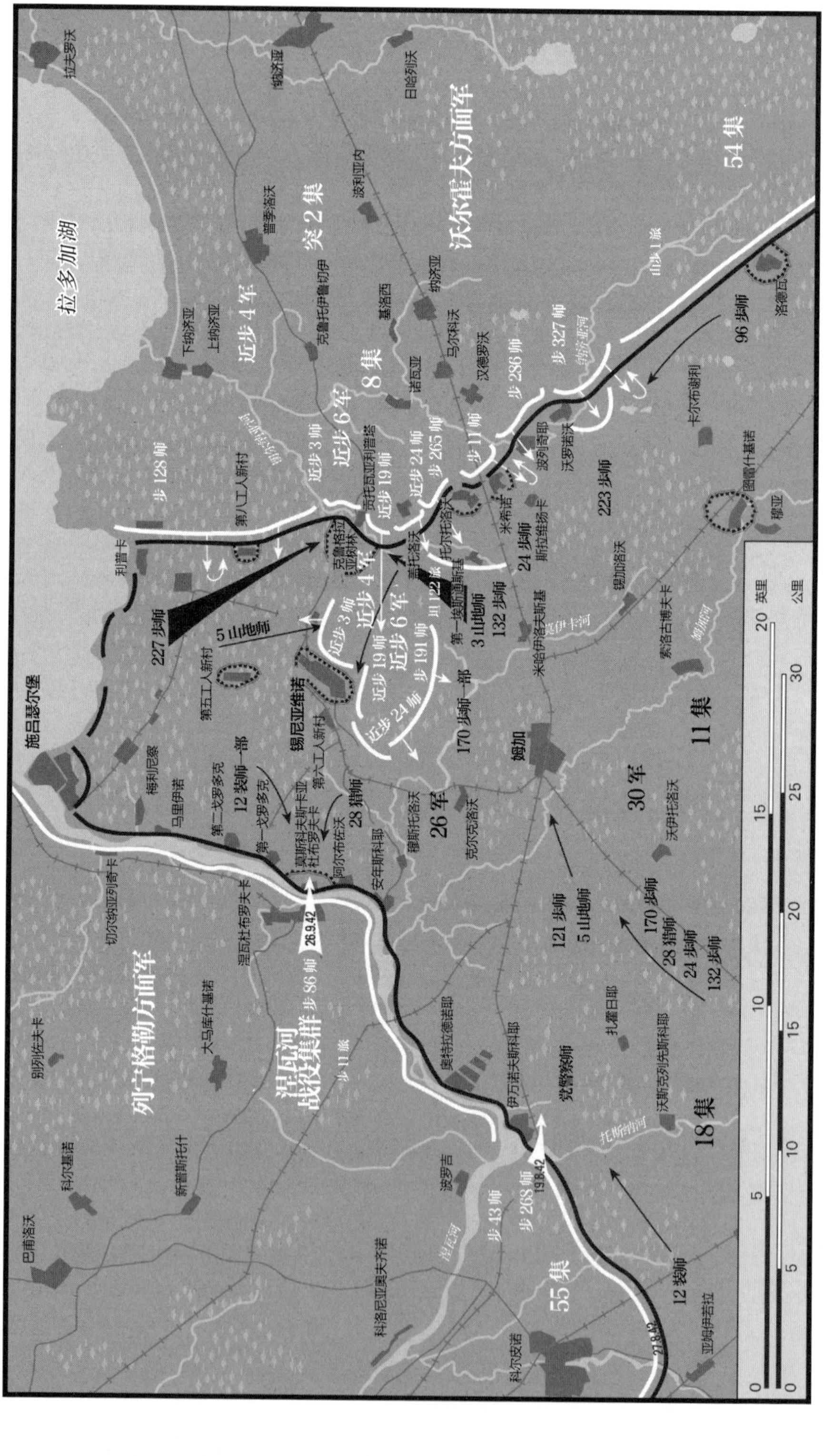

地图13：1942年8月19日—10月15日，苏军第二次锡尼亚维诺进攻战役

屈希勒尔担心进攻中的苏军借道锡尼亚维诺赶往涅瓦河，遂于8月28日命令第5山地师和第28猎兵师从“北极光”行动的集结区赶往姆加。当日晚些时候，希特勒将正从挪威经海路运往芬兰的第3山地师又调往爱沙尼亚的雷瓦尔［塔林］，屈希勒尔抽调第12装甲师掩护涅瓦河战线，并命令第170步兵师加快速度赶往锡尼亚维诺[70]。8月27日至30日，这些部队和第96步兵师一部集结于锡尼亚维诺。8月29日，屈希勒尔将4辆虎式坦克投入锡尼亚维诺高地以南的战斗，但其中2辆几乎立即发生了故障[71]。这些重新部署和投入的部队成功拖缓了沃尔霍夫方面军的进攻，促使林德曼向上级报告，危机已然过去，苏军的突破已被阻挡。

此时，梅列茨科夫已开始将他的第二梯队和预备队耗费在维持第8集团军的推进上。8月30日前，他开始以第二梯队近卫步兵第4军的部分部队支援比亚科夫近卫步兵第6军，远远早于原定计划的要求。此时，加根的近卫步兵第4军编有步兵第259师、步兵第22、第23、第32、第33、第53、第137、第140旅和坦克第98、第122旅[72]。M.F.加夫里洛夫少将的步兵第259师和1个坦克旅在8月29日投入行动，其他步兵旅自8月30日起零散地加入战斗，但为时过晚，无法对突破行动产生影响，因为斯塔里科夫最初的突击群已遭到严重削弱。8月31日晚些时候，该突击群对锡尼亚维诺南接近地的几个德军支撑点发起猛攻，但他们实力不足，无法克服德军激烈而又娴熟的抵抗。

虽然苏军获得援兵，但面对德军第28猎兵师和第170步兵师一部不断发起的猛烈反冲击，9月1日—2日，斯塔里科夫的主要突击终于在锡尼亚维诺南面失败了[73]。谢尔格耶夫位于突击群右翼的步兵第128师，在一场残酷的白刃战中设法包围并夺得了第八工人新村，但推进2～3公里后不得不于9月3日停下脚步。在其左侧，格里博夫步兵第11师夺得了米希诺（Mishino）①德军支撑点，但阿巴库莫夫的步兵第286师没能攻克沃罗诺沃，据守在此的是德军第223步兵师和第12装甲师的一支特遣队。

因此，尽管与顽强抵抗的德军激战了3天，但9月3日，沃尔霍夫方面军的

① 译注：疑为米什基诺（Mishkino）。

辅助突击发生动摇，损失惨重，仅深入德军防御2~3公里。斯塔里科夫突击群此时获得了加根整个近卫步兵第4军的加强，目前位于锡尼亚维诺高地西南方树林内，深入德军防御约10公里，距离涅瓦河仅剩5公里。

越来越沮丧的梅列茨科夫随即采取措施，试图恢复进攻势头。首先，9月5日和6日，他重组了突击部队，把斯塔里科夫遭受严重消耗的近卫步兵第19和第24师调离近卫步兵第6军，从方面军预备队抽调N.I.阿尔捷缅科中校的新锐步兵第191师和A.V.扎济姆科中校的坦克第122旅予以接替。可是，这些新锐部队向前部署时须穿越德军交叉火力网，没等投入战斗，德军猛烈的空中打击便给他们造成重创。这些部队虽然设法于9月7日赶至锡尼亚维诺东南方沼泽地，但他们已遭受的严峻考验削弱了对德军支撑点发起一场可靠突击所需要的力量。

斯塔里科夫突击群为夺取锡尼亚维诺及毗邻高地展开残酷而又徒劳的战斗时，位于其左翼的部队取得了一些战果。N.A.波利亚科夫上校的步兵第327师，会同阿巴库莫夫步兵第286师包围了据守沃罗诺沃支撑点的德军，于9月7日晚些时候攻克该支撑点并掘壕据守[74]。

梅列茨科夫的突击发生动摇之际，9月3日，戈沃罗夫麾下第55集团军和涅瓦河战役集群再度投入进攻，强渡涅瓦河并从东岸登陆场发起突击[75]。斯维里多夫第55集团军以2个步兵师在亚姆伊若拉地段遂行冲击，但没能突破德军防御，主要原因是指挥控制组织不力、战斗支援太弱。与此同时，斯维里多夫集团军辖内其他部队和涅瓦河战役集群在莫斯科夫斯卡亚杜布罗夫卡南北两面发起进攻，试图夺取穆斯托洛沃（Mustolovo），从西面赶往锡尼亚维诺，与梅列茨科夫的突击群会合。两个步兵师设法在安年斯科耶（Annenskoe）至第一戈罗多克这片地带强渡涅瓦河，并楔入党卫队“警察”师的防御。可是，糟糕的指挥控制和虚弱的火力支援再度导致苏军的进攻陷入僵局，最终功亏一篑。苏军最高统帅部大本营承认了失败，并于9月12日批准这些部队撤回出发阵地。

苏军的突击将4个指定用于“北极光”行动的德军师牵制在姆加—锡尼亚维诺瓶颈，而这4个德军师却没能对苏军的攻势造成明显影响，希特勒对此“深感恼火”。他注意到这些“令人震惊的事态发展”，遂命令曼施泰因第11

集团军接管瓶颈地带，“恢复令人不快的局势。”[76]希特勒还命令OKH直接指挥曼施泰因第11集团军司令部，并要求曼施泰因“立即呈报任何一位指挥官犯下的错误”[77]。

与此同时，梅列茨科夫因受到对战况深感不满的最高统帅部大本营的无情申斥而愈发绝望，9月5日，他将克雷科夫突击第2集团军余部投入战斗。可是，斯塔里科夫和克雷科夫集团军都没能取得任何后续进展。更要命的是，德国第26军第121步兵师、第5山地师、第28猎兵师、第223步兵师的联合力量在9月6日至9日的激战中阻挡住苏军的进攻，随即发起反冲击，着手收复失地。

9月6日，德军的初步反冲击击中斯塔里科夫苦战中的突击群之右翼。由于苏军缺乏足够的侧翼掩护，德国人得以夺回克鲁格拉亚树林，这一变故促使梅列茨科夫将近卫步兵第4、第6军转隶克雷科夫突击第2集团军。可是，以一个集团军接替另一个集团军指挥权的做法并不成功，态势仍未能改善。

遏止了苏军向锡尼亚维诺的推进后，曼施泰因集结起第24、第170步兵师和第12装甲师，命令他们于9月10从东南方攻向苏军突破口。但德军这场反冲击几乎立刻发生崩溃，前进中的步兵遭遇猛烈的火炮和迫击炮火力，坦克误入苏军布设的大范围雷区，德军损失惨重。曼施泰因不得不取消了计划于次日发起的进攻，命令第11集团军压制苏军炮火，并准备从南北两侧实施进攻[78]。与此同时，9月4日至20日，德军第121步兵师和第5山地师从北面、第28猎兵师从西面、第170步兵师从南面发起反冲击，将遂行进攻的苏军部队逼入一个紧密突出部，这个突出部从锡尼亚维诺东南面延伸至盖托洛沃。

德军的锡尼亚维诺反突击，9月

暴雨造成3天延误后，9月21日，曼施泰因发起一场精心策划的反突击，以一场钳形攻势从南北两面攻向苏军突破口底部的盖托洛沃。第26军第121步兵师构成这场钳形攻势的北钳，第30军第24、第132、第170步兵师构成南钳，而第3山地师和第28猎兵师负责遏制突破口的苏军部队。打垮对方的殊死抵抗后，9月25日，遂行反冲击的德军部队在盖托洛沃会合，包围了梅列茨科夫第8、突击第2集团军主力。可是，没等曼施泰因在盖托洛沃西面发起扫荡行动，戈沃罗夫辖内部队再次渡过涅瓦河向东发起冲击。

曼施泰因的反突击威胁到梅列茨科夫位于盖托洛沃以东①的突击部队，苏军最高统帅部大本营立即命令梅列茨科夫和戈沃罗夫组织新行动挫败曼施泰因的反扑。9月21日，梅列茨科夫将修改后的行动计划呈交大本营，几乎没有改变原先的目标：

考虑兵力对比和目前位于突破地带两侧的敌军集团，我建议以如下计划遂行后续行动：

1. 当前任务——歼灭敌锡尼亚维诺集团，先后夺取克鲁格拉亚树林和锡尼亚维诺筑垒枢纽，这将扩大突破战线，并为尔后向西或西北方攻往涅瓦河的进攻行动创造更加有利的条件。遂行锡尼亚维诺战役期间，以第8集团军实施坚定防御，防止敌人突入我突击群后方。我认为可以用方面军现有力量实施锡尼亚维诺战役。为此，在锡尼亚维诺湖西北方的左翼掘壕据守的同时，突击第2集团军应变更部署，加强其位于克鲁格拉亚树林地带的集团。另外，突击第2集团军应获得方面军预备队的步兵第376师，以夺取克鲁格拉亚树林。还应以方面军预备队的步兵第372师加强突击第2集团军，以夺取锡尼亚维诺地域。

2. 战役后续阶段应设法突破伸向莫斯科夫斯卡亚杜布罗夫卡的战线，前出至涅瓦河东岸，肃清拉多加湖南岸地域之敌。

为实施这场战役，我请求您：

a. 将步兵第314、第256师和第73旅调至前线，待夺取锡尼亚维诺后投入行动。

b. 以3个歼击航空兵团加强正面航空兵力量。

c. 提供100辆重型和中型坦克。

d. 再配发一个弹药基数。这些要求今晚呈交总参谋长。

梅列茨科夫、科切特科夫、斯捷利马赫[79]

大本营于9月24日1点10分批准了梅列茨科夫的计划，并授权他在从锡尼

① 译注：应为以西。

亚维诺冲向涅瓦河期间使用步兵第314、第256师和步兵第73旅，但推迟了为战役提供额外空中支援的一切决定[80]。当日晚些时候，戈沃罗夫告知大本营，只要收悉命令，他的部队就准备强渡涅瓦河，午夜时，华西列夫斯基转达了斯大林的意见，批准戈沃罗夫于9月25日拂晓发起突击[81]。但不知何故，戈沃罗夫将进攻行动推延了24小时。待他发起突击时，曼施泰因在锡尼亚维诺以东的反冲击阻挡住了梅列茨科夫辖内部队的进攻，迫使后者忙于应对德军的突击。因此，戈沃罗夫的部队别无选择，只能独自展开行动。

9月26日凌晨3点，第55集团军和涅瓦河战役集群的突击群强渡涅瓦河，对德军第12装甲师设在安年斯科耶和第一戈罗多克的防御发起打击。A.A.克拉斯诺夫上校步兵第70师、P.S.费多罗夫上校步兵第86师和涅瓦河战役集群独立步兵第11旅，设法在阿尔布佐沃（Arbuzovo）、安年斯科耶和莫斯科夫斯卡亚杜布罗夫卡夺得几座小型登陆场，并将28门火炮、281门迫击炮、12辆坦克调入其中[82]。这些部队对德军防御的进攻行动持续至9月底，尽管付出了高昂代价，但未能扩大登陆场。

雪上加霜的是，9月29日，德军第12装甲师对苏军登陆场发起反冲击，重新夺回了阿尔布佐沃和安年斯科耶。经过1个多星期徒劳的鏖战，10月7日，戈沃罗夫命令第55集团军放弃登陆场并撤过涅瓦河。德军第28猎兵师夺回涅瓦河战役集群在莫斯科夫斯卡亚杜布罗夫卡占据的大半个登陆场，但该集群步兵第70师的一个连扼守着涅瓦河对岸一块小小的立足地，后获得E.V.科济克少将步兵第46师加强，并将这块立足地维持至1943年1月[83]。

戈沃罗夫强渡涅瓦河的行动进展甚微，但迫使曼施泰因将第28猎兵师从锡尼亚维诺调至涅瓦河，从而延误了德军歼灭盖托洛沃包围圈内梅列茨科夫突击群的行动。9月30日至10月15日的激战中，曼施泰因辖内部队有条不紊地缩小包围圈，将先前丢失的所有支撑点悉数夺回，并恢复了原先的战线。但德军也为这场胜利付出了高昂代价，他们在战斗中伤亡2.6万人[84]。苏联方面估计德军损失6万人、200辆坦克、200门火炮、400门迫击炮、730挺机枪和260架飞机，虽说德军的实际损失数据远没有这么高，但也可谓前所未有[85]。更要命的是，这场反突击彻底“耗尽”了指定用于“北极光”行动的几个师，结果，希特勒再也无法下达发起该行动的命令[86]。

9月29日，一道下达给梅列茨科夫的指令姗姗来迟，苏军最高统帅部大本营命令他将麾下部队撤出锡尼亚维诺—盖托洛沃包围圈，这道指令强调了两个指挥部普遍存在的混乱：

数日来，对于盖托洛沃—克尔科洛沃（Kelkolovo）公路以南通道的情况，沃尔霍夫方面军和突击第2集团军司令部一直没有提供准确明白的回答。对相关情况可耻的粗心大意，对虚假情报的自满盲从，导致产生了这样一种错觉：没发生什么特殊状况，部队可以沿盖托洛沃—克尔科洛沃公路以南通道撤离。实际上，位于该通道的部队已经与某些不明“敌小股集团”发生了战斗。另外，由于新锐步兵第314师、步兵第73旅和另外5个师已从西面撤退，这些敌集团不但未被歼灭，反而还继续阻挡住通道，导致突击第2集团军无法后撤。

之所以出现这种状况，完全是部队缺乏指挥控制所致。显然，方面军和突击第2集团军司令部不愿承认切尔纳亚河以西和盖托洛沃西南方通道存在任何严重情况。他们下达的关于突击第2集团军有可能撤至盖托洛沃以东地域的命令与实际情况脱节，却未受惩罚。

最高统帅部大本营特此命令：

1. 1942年9月29日10点前汇报切尔纳亚河以西部队、盖托洛沃西南方瓶颈部通道的真实情况，不得隐瞒。

2. 您和您的参谋人员应立即接管将突击第2集团军撤入盖托洛沃以东地域的指导工作。

1942年9月29日18前呈交后撤计划。

华西列夫斯基[87]

两个集团军的残部逃出包围圈后没过几天，10月1日，不屈不挠的梅列茨科夫指出，德国人继续威胁着列宁格勒，并称他的部队已给德军造成严重破坏，同时要求批准他重新发起“局部”行动消除这一威胁[88]：

1. 目前……敌人正准备继续对列宁格勒采取行动，沃尔霍夫方面军的进攻已迫使敌军将其兵力调至姆加方向。血腥激烈的战斗沿姆加方向肆虐了一个多月。除了防御作战，敌人还发起局部反冲击和一场全面反攻。我方部队在战斗中表现得极为顽强。各种火力给敌人造成严重损失，特别是大规模火炮和近卫迫击炮［喀秋莎］火力。战俘们的交待表明，敌第24、第170、第28、第132步兵师虽在克里木战役后获得精心补充，但在这些战斗中遭到严重消耗，第24、第170和第5步兵师各连队只剩18～20人，第132步兵师的各个连也仅有50～70人。第223和第227步兵师已被我方部队的初期进攻所粉碎。

敌人在整个战役期间的总损失是51700人阵亡或负伤，260架飞机、144门火炮、300门迫击炮、400挺机枪和197辆坦克遭击毁。另外，我方部队还缴获72门各种口径的火炮、105门迫击炮、330挺机枪、7辆坦克、2架飞机和50万发子弹。这些损失清晰地表明，准备进攻列宁格勒的敌集团在与沃尔霍夫方面军交战的过程中遭到严重削弱，在缺乏援兵的情况下，目前无力遂行如此大规模的行动。但是，该集团有足够的力量沿姆加方向实施防御。因此，我认为在不久的将来，沿姆加方向部署的敌军仅限于采取一些局部行动，并将大部分部队撤出战斗加以休整和补充，而后投入争夺列宁格勒的行动。

2. 将我方部分部队撤至切尔纳亚河东岸后，我军应坚守从敌人手中夺回的沃罗诺沃和第八工人新村抵抗枢纽部。经过30多天的战斗，我们的各个师已疲惫不堪。敌人的火炮和重迫击炮火力，特别是大规模轰炸突袭，不仅给我方人员造成伤亡，还使我们的技术装备遭受到相当大的损失。

3. 鉴于列宁格勒和姆加方向目前的态势，我认为沃尔霍夫方面军辖内部队应沿姆加方向保持积极行动。因此，部队休整补充之际，我们必须沿姆加方向遂行局部行动，以牵制敌军，防止他们抽调兵力进攻列宁格勒。另外，夺取个别敌抵抗枢纽部将为我军转入一场总攻创造更有利的出发阵地。

4. 我打算发起局部行动夺取利普卡、克鲁格拉亚树林、米希诺和波列奇耶抵抗枢纽部。指定用于遂行这些局部行动的部队将首先获得补充，并接受冲击抵抗枢纽部的特别训练。

5. 请求您批准这些建议。我将呈交遂行这些局部行动的计划。

梅列茨科夫、扎波罗热茨、科切特科夫、斯捷利马赫[89]

10月3日，大本营断然拒绝了梅列茨科夫的要求："最高统帅部大本营命令，未得到大本营的明确批准，您不得实施局部行动。”[90]不仅如此，大本营还命令他沿切尔纳亚河重新构设新防御，并禁止他发起任何新的行动，直到他给予麾下部队他们明确要求的休整。

锡尼亚维诺进攻战役彻底粉碎了德军发起“北极光”行动并夺取列宁格勒的一切希望，但这场战役也使红军付出了高昂的代价。除导致突击第2集团军在不到1年时间内第二次覆灭外，两个方面军总共投入的19万作战兵力里，累计损失113674人，其中40085人阵亡、被俘或失踪[91]。加上两个方面军在当年早些时候伤亡的近40万人，列宁格勒和沃尔霍夫方面军都迫切需要获得喘息之机。

苏军在战役结束后的坦率批评将第二次锡尼亚维诺进攻战役的失败归咎于各种原因。红军总参谋部在9月15日发给梅列茨科夫的一封电报中，对他的指挥工作正式提出批评：

红军总参谋部已获知一些实情，这些情况在很大程度上影响到个别部队和兵团在贵方面军发起的战役中遂行作战行动的成功。

主要［意见］是：

1. 弹药供应不足。因此，步兵第191师投入战斗时，只有0.2～0.3个基数的地雷和45毫米口径炮弹，而步兵第259师辖内部队加入战斗时没有手榴弹。

2. 战斗中缺乏必要的协同和指挥控制组织。步兵第259师师长失去了对辖内各团的控制，提供的关于各部队的情况均不属实。9月2日至9日，该师步兵第944团团长没有与辖内各营取得联系，一连3天无法找到他的团属迫击炮连。集团军属炮兵第70团和迫击炮兵第117团本应支援步兵第131、第140旅，但没有与这两个旅建立联系，也就谈不上为他们提供炮火支援了。

3. 各坦克旅和坦克营分成小股在整条宽大战线上作战，结果，损失105辆坦克。

4. 第二梯队和突击第2集团军投入战斗零碎而又迟缓，妨碍了战役发展，敌人趁机加强其沿锡尼亚维诺方向的部队并发起反冲击。结果，近卫步兵第19师、近卫步兵第4军辖内部队从锡尼亚维诺和铁路线后撤2～3公里。方面军司令部未向总参谋部汇报这些部队的后撤。

我们要求您就这些事情的本质，以及军事委员会对上述缺陷的具体责任人所采取的处理方法向总参谋部做出汇报。

伊万诺夫、雷日科夫[92]

10月6日，红军总参谋部又提出另一个批评，强调了作战行动中在使用坦克力量时存在的严重误区：

关于在进攻行动中使用坦克部队的根本性缺陷和坦克在战斗中的严重损失，红军总参谋部掌握了一些相关情况。

锡尼亚维诺进攻战役头几天，第8集团军编成内的坦克部队，29辆被烧毁、15辆被炸毁、11辆陷入泥泞、4辆失踪，共损失59辆坦克。

与［第54集团军］步兵第80师协同行动的坦克第124旅，在一天的战斗中，所投入的27辆坦克折损24辆。

在［第8集团军］步兵第286师作战地带，6辆坦克被我们自己的雷区炸毁。

造成坦克损失过高的主要原因是：

1. 坦克沿宽大战线散开，坦克部队的作战编队缺乏梯次配置，致使敌反坦克炮得以较为轻松地对付沿整条战线发起进攻的一批坦克。这种情况妨碍了以各种火力、航空兵和工兵集中伴随坦克突击的工作。

2. 在不适合坦克行动的地带使用坦克（坦克第124旅的大部分坦克陷入沼泽地后被敌人击毁）。

3. 坦克与步兵之间的联系中断（在步兵第286师作战地带，步兵落在坦克后方500米处），这使敌人得以将我军步兵与坦克分隔开。

立即采取措施，消除坦克使用中的上述缺陷。

伊万诺夫、雷日科夫[93]

尽管梅列茨科夫精心准备，但各进攻部队的指挥控制、侦察、集中和协同依然很糟糕。梅列茨科夫和各集团军司令员以零敲碎打的方式投入第二梯队和预备队，通常为时太晚，已无法扭转战场态势。相关批评将这些失败归咎于指挥员和参谋人员经验不足，特别是在排、连级，以及参谋程序过于拙劣。但另一方面，这些批评也指出进攻行动的积极影响——迫使德国人取消了计划中夺取列宁格勒城的进攻，并从南方抽调援兵。这场进攻还严重消耗了德军的实力，削弱了他们的防御，并使红军指挥员和参谋人员掌握了必要的经验，为日后更加成功的进攻行动打下了基础[94]。

10月14日，OKH下达1号作战令，命令“北方”集团军群在即将到来的冬季转入防御，但把“北极光”行动作为一个后续选项[95]。可是，鉴于曼施泰因第11集团军的状况，不久后，别无选择的希特勒只得推迟该行动，并命令曼施泰因以密集炮火粉碎苏军在列宁格勒的防御。曼施泰因在这条沉睡的战线待到11月20日，随后被召至南方，解决斯大林格勒地区日趋严重的危机。10月15日后，列宁格勒战线稳定下来，这种状况一直保持到年底。

与过去相同，红军1942年夏季在列宁格勒周边展开的行动，给德军沿苏德战线其他地段的行动造成了严重后果。最重要的后果是希特勒决定将第11集团军调至列宁格勒地域，在他看来，“北方”集团军群要想在1942年完成夺取列宁格勒的目标，第11集团军的增援不可或缺。可是，这个决定明显具有负面影响，位于苏联南部的德军迫切需要预备力量时，希特勒的决定却使他们丧失了第11集团军这支至关重要的预备队。第11集团军未能夺取列宁格勒，而后OKH又把集团军辖内各师调往南方，但他们到得太晚，已无法阻止1942年秋季降临在该地区德军部队头上的灾难。

虽然大多数苏联方面的著作忽略了1942年的锡尼亚维诺进攻战役，或仅仅一笔带过，但这场战役的重大意义远不止于向参与这场进攻的红军指挥员和参谋人员传授了宝贵的军事经验。更重要的是，这场战役强调了斯大林对进攻的关注，哪怕是在红军于苏联南部面临重大危机之际。锡尼亚维诺进攻战役生动地表明了斯大林继续打破列宁格勒封锁、无论付出怎样代价的决心。

最后，1942年夏季和秋季战役残酷地表明，要想击败德军并粉碎列宁格勒封锁圈，红军指挥员、参谋人员和部队还要学会许多东西。1942年夏季和秋季，两个方面军重复了他们在先前战役中犯下的诸多错误，造成同样的负面影响。指挥方面的失误、参谋工作的错误、部队固有的缺陷……这个问题清单很长，令人不安，但这一切又太熟悉了。

首先，戈沃罗夫和梅列茨科夫没能同时实施他们的进攻，致使德国人得以在受威胁地段之间调动兵力，逐一击败苏军的每一场进攻。苏军无效的初期侦察未能发现德军防御的实质，在很大程度上抵消了精心策划和更大规模炮火、空中火力准备的效用。进攻期间，两个方面军以太过分散的方式部署他们的炮兵，故无法提供有效、集中、灵活的炮兵支援。指挥员未能在进攻前妥善集结他们的力量，没能在进攻前和期间有效控制并协调其步兵、坦克和炮兵力量，也没能在战役期间正确调动他们的部队。他们通常以零散的方式将部队投入战斗，且缺乏足够的侧翼掩护，也没有预料到德军的反冲击，把兵力从辅助突击地段调至主要突击地段过于迟缓。整个进攻战役期间，糟糕的后勤支援导致苏军难以维系进攻行动，调动策划和工程兵支援同样不足，导致坦克过多地损失于敌人布设的地雷。最后，困难的地形条件，加之几乎没有任何合适的道路，要求工程兵在整个进攻战役期间做出更加细致的策划和支援。

两个方面军要想在日后的行动中取得成功，就必须正视并解决这些和其他突出的问题。留给他们的时间并不多，因为1942年10月，斯大林已开始策划在列宁格勒地区发起更大规模的进攻。

本章原注

1. SVIMVOV，第十八期，第257—261页。

2. 同上。

3. 霍津，《关于一场被忽略的行动》，第41页。

4. “列宁格勒方面军司令员发给最高统帅的00695号报告，关于沃尔霍夫方向的行动计划”，收录在：佐洛塔廖夫，《最高统帅部大本营：1942》，第517—518页。

5. “最高统帅部大本营发给列宁格勒方面军司令员的170351号指令，关于军队集群的结构和名称的变化”，收录在：佐洛塔廖夫，《最高统帅部大本营：1942》，第190页。大本营批准了霍津5月9日的建议，新任命的人员中包括斯捷利马赫将军，他担任列宁格勒方面军参谋长。参见：“最高统帅部大本营170370号指令”，收录在：佐洛塔廖夫，《最高统帅部大本营：1942》，第197页。

6. 参见：“大本营1942年5月3日22点30分签发的170352号指令”，收录在：佐洛塔廖夫，《最高统帅部大本营：1942》，第190页。

7. “列宁格勒方面军司令员发给突击第2集团军司令员的00120/OP号作战指令，关于集团军的后撤”，收录在：佐洛塔廖夫，《最高统帅部大本营：1942》，第519—520页。

8. “最高统帅部大本营发给列宁格勒方面军司令员的170379号指令，关于突击第2集团军的后撤”，收录在：佐洛塔廖夫，《最高统帅部大本营：1942》，第202页。

9. “列宁格勒方面军司令员发给最高统帅的00111号报告，关于撤离突击第2集团军的行动阶段”，收录在：佐洛塔廖夫，《最高统帅部大本营：1942》，第520—521页。

10. 参见：“最高统帅部大本营170390号指令”，收录在：佐洛塔廖夫，《最高统帅部大本营：1942》，第205页。

11. “最高统帅部大本营发给列宁格勒方面军司令员的170406号指令，关于沃尔霍夫军队集群的任务和重组”，收录在佐洛塔廖夫的《最高统帅部大本营：1942》，第212—213页。

12. I.T.科罗夫尼科夫少将被任命为近卫步兵第6军军长①，以表彰他先前指挥特别战役集群期间取得的成就。

13. 霍津，《关于一场被忽略的行动》，第42页。

14. 同上，第43页。

15. 同上。

16. 齐姆克，鲍尔，《从莫斯科到斯大林格勒：东线决战》，第257页。

17. 同上。

18.《“北方”集团军群对苏战役，1942年》，“北方”集团军群，75884号，国家档案馆微缩胶片，序列号T-312，第679卷。1942年5月的地图和报告。

19. 齐姆克和鲍尔，《从莫斯科到斯大林格勒：东线决战》，第257页。

20. 霍津，《关于一场被忽略的行动》，第43页。

21. 同上。

---

① 译注：科罗夫尼科夫3—4月任军长，随后出任第59集团军司令员。

22. 同上。

23. “最高统帅部大本营发给列宁格勒方面军和列宁格勒军队集群军事委员会、第33集团军和西方面军司令员、海军人民委员的170450号指令，关于拆分列宁格勒方面军”，收录在：佐洛塔廖夫，《最高统帅部大本营：1942》，第244页。

24. 克利姆丘克，《突击第2集团军和弗拉索夫》，第80页。

25. 同上。

26. 同上。

27. 同上。

28. 霍津，《关于一场被忽略的行动》，第43页。

29. 同上，第44—45页。

30. “致沃尔霍夫方面军司令员，关于将突击第2集团军撤离包围圈的命令”，收录在：V.A.佐洛塔廖夫主编，《伟大卫国战争中的总参谋部：1942年的文献资料》，刊登在：《俄罗斯档案：伟大卫国战争》，第23期（12—2），莫斯科：特拉出版社，1999年，第191页。

31. “致沃尔霍夫方面军参谋长，关于确定突击第2集团军辖内部队的情况”，收录在：V.A.佐洛塔廖夫，《伟大卫国战争中的总参谋部：1942年的文献资料》，第238页。

32. “最高统帅部大本营发给沃尔霍夫方面军司令员的170518号指令，关于将突击第2集团军司令员、参谋长和通讯主任送至方面军后方”，收录在：佐洛塔廖夫，《最高统帅部大本营：1942》，第314页。

33. 克利姆丘克，《突击第2集团军和弗拉索夫》，第80页。

34. 同上。

35. 同上。

36. 同上，第80—81页。

37. 霍津，《关于一场被忽略的行动》，第45页。

38. 同上。

39. 同上，第45—46页。

40. 同上，第46页。

41. 同上，第76页。

42. 同上。

43. 同上，第81页。

44. 齐姆克，鲍尔，《从莫斯科到斯大林格勒：东线决战》，第409—410页。

45. 同上，第411页。除了3个攻城炮兵连，希特勒还下令将另一些拥有240毫米至400毫米口径火炮的炮兵连部署至列宁格勒地区。

46. SVIMVOV，第十八期，第265—267页。

47. 齐姆克和鲍尔，《从莫斯科到斯大林格勒：东线决战》，第412页。

48. 同上，第415页。

49. S.A.格拉德什，《他们抗击敌人，保卫列宁格勒：沃尔霍夫和列宁格勒方面军在拉多加湖以南地域的进攻行动，1942年8—9月》，收录在VIZh，第5期（1998年9—10月），第12页。

50. 佐洛塔廖夫，《最高统帅部大本营：1942》，第309页。

51. 格里布科夫，《荣获列宁勋章的列宁格勒军区史》，第302页。

52. 布罗夫，《日复一日的封锁》，第217—219页。

53. 同上，第219—221页。

54. 哈尔德，《哈尔德战时日记》，第645页。

55. 关于这场在很大程度上被遗忘的杰米扬斯克战役之详情，可参阅：戴维·M.格兰茨，《1941年—1945年，苏德战争中被遗忘的战役（第三册）：夏季战役（1942年5月12日—11月18日）》，宾夕法尼亚州卡莱尔：自费出版，1999年，第174—193页。

56. 例如，红军总参谋部8月6日发给梅列茨科夫的一份报告指出：

完成沃尔霍夫战线的行动后，敌人已开始准备对列宁格勒战线发起进攻。为此，到1942年8月3日（据列宁格勒方面军司令部称），敌人已将第225、第58、第90、第215、第291、第121步兵师和党卫队"警察"师一部从沃尔霍夫调至列宁格勒战线。据俘虏交代，敌人企图将先前曾在列宁格勒遂行过行动的所有师调至列宁格勒，在那里发起一场行动。

我们根据这一情况推测，敌人还将从沃尔霍夫战线抽调另外4个师（可能是第1、第96、第254、第269步兵师）。您必须从战俘处核实这个消息的真实性，并向总参谋部汇报。

伊万诺夫、博科夫

参见："致沃尔霍夫方面军司令员，关于核实敌人向列宁格勒调集部队的报告之真实性"，收录在：佐洛塔廖夫，《伟大卫国战争中的总参谋部：1942年的文献资料》，第276页。

57.《"北方"集团军群对苏战役，1942年》，"北方"集团军群，75884号，国家档案馆微缩胶片，序列号T-312，第679卷。1942年7月—9月的地图和报告。

58. 齐姆克，鲍尔，《从莫斯科到斯大林格勒：东线决战》，第418页。

59. 哈尔德，《哈尔德战时日记》，第654页。

60. 同上，第659页。

61. 苏军的策划详情可参阅：普拉东诺夫，《列宁格勒战役，1941年—1944年》，第162—165页。

62. 同上，第165页。

63. 同上，第164页。

64. 同上。

65. 对这场复杂行动的详细描述，可参阅"在乌斯季托斯诺地域夺取一座登陆场"，收录在：《战争经验研究资料集》，第9期（1943年11—12月），莫斯科：军事出版社，1944年，第103—115页。另可参阅：布罗夫，《日复一日的封锁》，日记中记录下进攻行动的每日进展。

66. 苏军突击行动的详情，可参阅：格拉德什，《他们抵抗敌人，保卫列宁格勒：沃尔霍夫、列宁格勒方面军在拉多加湖以南地域的攻势，1942年8—9月》，第13—61页。

67. 哈尔德在8月26日的日记中写道："北方，俄国人即将对拉多加湖以南地域发起打击的迹象有所增加。"次日他又指出："预期中敌人对拉多加湖以南地域的进攻已然开始"，但对方达成的"轻微突破"被击退。次日，他承认"拉多加湖以南地域的情况令人相当不安"。他在8月31日宣布："北方，敌人在瓶颈取得的突破，大部分似乎已被击退。正准备发起反冲击。”参见：哈尔德，《哈尔德战时日记》，第662—665页。

68. 齐姆克，鲍尔，《从莫斯科到斯大林格勒：东线决战》，第418页。

69. 普拉东诺夫，《列宁格勒战役，1941年—1944年》，第167页；格拉德什，《他们抗击敌人，保卫列宁格勒：沃尔霍夫和列宁格勒方面军在拉多加湖以南地域的进攻行动，1942年8—9月》，第14页。

70. 齐姆克，鲍尔，《从莫斯科到斯大林格勒：东线决战》，第418页。

71. 同上，第419页。

72.《苏军作战编成，第二部：1942年1月至12月》，莫斯科：军事出版社，1966年，第165页。

73. 德军防御和预备队不断变更部署的详情可参阅8月7日—10月15日的一系列地图，这些地图标明了德军的每日部署：《“北方”集团军群对苏战役，1942年》，“北方”集团军群，75884号，国家档案馆微缩胶片，序列号T-312，第679卷。1942年7月—10月的地图和报告。

74. 格拉德什，《他们抗击敌人，保卫列宁格勒：沃尔霍夫和列宁格勒方面军在拉多加湖以南地域的进攻行动，1942年8—9月》，第14页。

75. 普拉东诺夫，《列宁格勒战役，1941年—1944年》，第165—166页。

76. 齐姆克和鲍尔，《从莫斯科到斯大林格勒：东线决战》，第420页。

77. 同上。

78. 同上。

79. “沃尔霍夫方面军司令员发给最高统帅的073/22号报告，关于歼灭敌锡尼亚维诺集团、前出至涅瓦河的战役计划”，收录在：佐洛塔廖夫，《最高统帅部大本营：1942》，第546—547页。

80. 大本营的完整回复，可参阅同上，第397页。

81. 往来电报可参阅：佐洛塔廖夫，《最高统帅部大本营：1942》，第401、547页。

82. 同上，第422页；普拉东诺夫，《列宁格勒战役，1941年—1944年》，第166页。

83. 格里布科夫，《荣获列宁勋章的列宁格勒军区史》，第305—306页。

84. 齐姆克，鲍尔，《从莫斯科到斯大林格勒：东线决战》，第423页。

85. 普拉东诺夫，《列宁格勒战役，1941年—1944年》，第169页。

86. 齐姆克，鲍尔，《从莫斯科到斯大林格勒：东线决战》，第423页。

87. “最高统帅部发给沃尔霍夫方面军司令员的170629号指令，关于将突击第2集团军撤出包围圈”，收录在：佐洛塔廖夫，《最高统帅部大本营：1942》，第405—406页。

88. 梅列茨科夫的建议和大本营尖刻的回复，可参阅：佐洛塔廖夫的《最高统帅部大本营：1942》，第546、第547页。

89.“沃尔霍夫方面军司令员发给最高统帅的032号作战报告，关于态势和沿姆加方向转入局部行动”，收录在：佐洛塔廖夫，《最高统帅部大本营：1942》，第547—548页。

90. “最高统帅部大本营发给沃尔霍夫方面军司令员的170632号指令，关于据守现有阵地”，同上，第409页。

91. 参见：古尔金，《1941年—1945年，苏联武装力量的人员损失：新观念》，第4页。德国人估计苏军的损失为3.6万人阵亡、12370人被俘、244辆坦克被击毁或被缴获。参见：保罗·卡雷尔，《焦土：苏德战争1943年—1944年》，第216页。

92. “致沃尔霍夫方面军参谋长，关于锡尼亚维诺进攻战役中的作战行动组织不当”，收录在：佐洛塔廖夫，《伟大卫国战争中的总参谋部：1942年的文献资料》，第322页。

93.“致沃尔霍夫方面军参谋长，关于坦克部队的使用缺陷”， 收录在：佐洛塔廖夫，《伟大卫国战争中的总参谋部：1942年的文献资料》，第350页。

94. 普拉东诺夫，《列宁格勒战役，1941年—1944年》，第168—169页。

95. 完整的一号作战令可参阅SVIMVOV，第18期，第269—273页。

独立第 7、第 4 集团军司令员、沃尔霍夫方面军司令员 K. A. 梅列茨科夫大将

列宁格勒方面军司令员 L. A. 戈沃罗夫大将（左）和他的政委 A. A. 日丹诺夫（右）

1942 年，列宁格勒战线上的红军狙击手

接受救治的红军伤员

基洛夫工厂修理的坦克开赴前线

1942 年，德军战俘列队走过涅瓦大街

德军的“贝尔莎”攻城炮

苏联的一条“公路”

列宁格勒城内的一座建筑被德军炮火摧毁

一支妇女志愿者部队穿过列宁格勒市区

苏联宣传海报："奋战到底！"（1942 年）

苏联宣传海报：“红军士兵们，救救我们！”（1942 年）

红军的一门高射炮向德军飞机开火射击

1942 年，列宁格勒基洛夫工厂制造的 KV 重型坦克

一座被毁建筑前张贴的苏联海报："屠杀孩子的凶手们，去死吧！"

1942 年夏季，列宁格勒居民经拉多加湖疏散

第八章
持续的围困
1942 年—1943 年

加强列宁格勒的防御

红军1942和1943年竭力打破列宁格勒封锁时，最高统帅部大本营利用在前线其他地段获得的经验逐步加强、深化城市的防御。与此同时，红军总参谋部收集、分析了保卫敖德萨、塞瓦斯托波尔和斯大林格勒期间使用的各项技术，并将这些重要数据提供给列宁格勒方面军。

最终，列宁格勒的防御由数道独立防御地带构成，呈梯次纵深配置，并配以大量防坦克障碍物、相互协同的炮兵发射阵地和一个成熟的交错防空阵地和火力体系。1942年上半年，防御的基干是一道绵亘的战壕体系，连接着各独立营防御地域、筑垒支撑点和另一些次要防线，使之成为一张相互支援的防御网。总的说来，每个营防御地域由一个步兵营、支援武器和一个精心构设的战斗/交通壕体系组成，这些营防御地域构成了每条独立防御地带的战术基础。

1942年下半年至1943年年初，列宁格勒方面军改善了防御力度和弹性，也主要因为他们在防御工作的组织上更加有效。在其监督下，列宁格勒市民们沿城市南部、东南部和北部接近地修筑起更多防御工事，形成了主防御地带和第二防御地带，他们还在第23、第42、第55集团军和涅瓦河战役集群的防御地带构设了一系列拦截阵地和筑垒地域[1]。

截至1942年年年底，这些防御包括150公里防坦克壕、崖壁和断崖、202公里铁丝网、7178个步兵班战壕和627公里交通壕。散布在整片防御体系上的是140个预制钢铁和钢筋混凝土工事、487个装甲发射点、176个坦克和坦克炮塔掩体、1500个锥形防坦克障碍、1395个土制和木制掩体、809个建筑物内发射点、1089个指挥所/观察所或防弹护墙[2]。

1942年下半年，列宁格勒方面军终于围绕这座城市完成了连贯防御地带的整个体系。该体系的核心是围绕城市的三道防御地带和与之相连的一系列中间防线和拦截阵地，几道防御地带上还配有大量工程和筑垒工事。此时，方面军辖内部队得以占据三道纵深配置的防御地带。例如，截至1942年10月，第42和第55集团军位于列宁格勒以南的防御地带包含350公里交通壕；另外，两个集团军的防御地带还配有656个火炮掩体、2094个机枪掩体、536个迫击炮发射阵地、800个反坦克步枪射击阵地、2000个掩体和暗堡、600公里防坦克和防步兵障碍物[3]。

遂行防御的诸集团军，第一、第二梯队和筑垒地域部队据守第一、第二道防御地带，方面军和集团军预备队占据第三道防御地带及中间、拦截阵地，NKVD部队守卫城内阵地。这个完整的防御体系使各集团军得以横向、纵向调动其兵力兵器，改善弹药补给，为防范德军炮击和空袭提供了更好的掩护。到年底时，方面军已拥有足够的资源在野战筑垒地域的基础上组织整个防御，配属的交通工具使他们比早期的战时筑垒地域更具机动性。

列宁格勒方面军、波罗的海舰队和拉多加湖区舰队的炮兵展开组织得更好的对敌炮兵连的斗争，以此协助城市防御。苏军反炮兵火力迫使德国人将其炮兵从前线后撤10~15公里，并削弱了德军对列宁格勒城频频发起的炮击。波罗的海舰队和拉多加湖区舰队在作战上隶属于列宁格勒方面军，他们集中炮火打击德军部队、交通线和补给线，到1942年年年底，波罗的海舰队已在芬兰湾取得绝对优势。而拉多加湖区舰队掩护着穿越湖泊的补给路线，协助列宁格勒军民囤积冬季维生所需要的补给物资。

一年来，列宁格勒方面军军事委员会下达了一系列命令，几乎将列宁格勒变为一座“军事城”。1942年7月5日发布的一道命令确定了这个词的意思：

列宁格勒方面军军事委员会认为，在最短时间内完成将列宁格勒改造为一座军事城的一切必要措施，是方面军军事委员会、列宁格勒市委、列宁格勒劳动者代表苏维埃执委会最重要、最紧迫的任务。履行这项任务的要求是，只能将最低限度的自主就业居民留在列宁格勒城内［，必须］：

a. 根据列宁格勒方面军和波罗的海舰队的需要生产弹药、武器、通讯设备和物资。

b. 从事列宁格勒的燃料和能源工业及运输工作。

c. 确保产品生产，满足城内剩余居民的基本需求。

d. 市经济委员会、行政、经济和文化教育机构最重要的部门继续从事不间断的工作。

e. 满足地方防空和市区消防安全的需要。

f. 在列宁格勒市区及周边实施必要的防御工作。[4]

这道命令要求当局于7月5日后疏散30万名城内居民，并对留在城内从事各项基本事务的居民人数做出严格限制。7月6日，日丹诺夫签发的一份函件称，履行这些基本职责需要80万人，并大致阐述了生产参数[5]。

1941年间，军事指挥部门和市政府组建了大批武装工人支队，执行市内防御任务。但到1942年年初，列宁格勒方面军已将这些工人支队中的大多数人作为补充兵纳入红军部队。因此，需要付诸重大努力组建新的武装工人支队。党在1942年7月7日签发的一份报告中提出这一需求：

1941年7月和8月组建的工人支队，共计10.2万人。根据方面军军事委员会当年秋季的决定，这些工人支队被解散，以其人员组建起5个独立工人旅和1个预备训练旅……

可是，这些工人旅到1942年春季已不复存在。一个旅完整编入红军，“基洛夫”和“莫斯科”支队（共1000人左右）携带着他们的武器加入红军。根据一项普遍原则，几个民兵单位调离预备队并接受了动员。当时工人支队被撤销，一来是因为工人和他们的工厂要实施大规模疏散，二来也是当年冬季城市遭受封锁的后果……

现在，随着列宁格勒的情况有所改善（首先是食物、饮水和其他产品），重新组建工人支队的工作已经开始。

目前，我们有77个支队，共8482人。其中有些支队已在进行军事训练。最优秀的一些支队部署在基洛夫区，那里有5个支队，1968人；赤卫军区有15个支队，1184人；莫斯科区有12个支队，1200人；斯摩棱斯克区有9个支队，847人；沃洛达尔斯克区有12个支队，850人。我们在瓦西里岛区、维堡区、十月区、彼得格勒区、滨海区的工作尚未展开。不过，这些区的工人支队可以用市内剩余工厂的工人、未满服役年龄者和一些妇女加以组建。

这些支队可以用城内现有的和星期六工人们（subbotniki）超计划生产的武器和弹药来武装。几个区的工人支队已拥有强有力的武器。例如，基洛夫区各支队有1100支步枪、1挺马克西姆机枪、71支冲锋枪、51支自动武器、5000枚手榴弹、10000个燃烧瓶、552支猎枪和183支小口径步枪。

整个市区，工人支队拥有1953支各种作战训练用步枪、6挺作战训练用马克西姆机枪、8挺DT机枪、85支作战训练用冲锋枪、57支自动武器、33800枚手榴弹（各种型号）、11.9万个燃烧瓶、9325支猎枪和8000支小口径步枪……

组建和装备工人支队的所有工作，特别是他们现在规模更大的军事训练工作，根据列宁格勒市委办公室的具体决定加以执行。

巴甫洛夫[6]

1942年间，列宁格勒的武装工人力量实际上有所增加，工人营的数量到年底时上升至52个，共计26897人，其中包括过万名妇女[7]。1943年年初，列宁格勒卫戍部队司令员向列宁格勒方面军提出建议，以现有机枪—火炮营的模式组建12个工人营，另建40个类似于红军自动武器营的工人营，以此加强城市防御。戈沃罗夫4月18日批准了这项建议，并加以实施[8]。

红军1943年1月打破德国人的封锁，并建立起一条狭窄的陆地走廊将列宁格勒与祖国其他地区联结起来后，苏军最高统帅部大本营命令列宁格勒和沃尔霍夫方面军掘壕据守，保护这条走廊并加强城市防御[9]。列宁格勒方面军对此的应对是构设更深、组织得更好的防御，并将第42集团军的最终防线改造成一条钢筋混凝土防御地带，由卫戍部队加以据守。这项措施将原先主要由防坦克障碍物、装甲和木制工事构成的防线打造成一系列永备筑垒地域。戈沃罗夫还沿第一、第二戈罗多克村北面的涅瓦河东（左）岸构筑起新的防御工事和拦截阵地。东面，梅列茨科夫的沃尔霍夫方面军依托大量支撑点和障碍物，建立起绵亘、纵深梯次配置的防御，右翼纵深为80公里，左翼纵深35 ~ 50公里[10]。此举消除了德军威胁锡尼亚维诺以北走廊或沃尔霍夫市的一切可能性。

严酷的考验仍在继续

经历了1941年年底至1942年年初那个冬季可怕的饥馑后，列宁格勒市军政领导人忙得不可开交，竭力消除饥饿的影响，并恢复一座遭受围困的城市所能期望的最正常的状态。但与此同时，他们必须对城市防御加以准备，以应对预期中的德军夏季突击。这就意味着他们必须在城市防御的需求，特别是战士们的需要，与城内幸免于难的市民的需求之间加以细致地平衡。

除了食物供应不足，列宁格勒面临的最严重的问题是城内令人触目惊心的居住条件和春季化冻导致的传染病。1942年2月11日，市党委成立了一个特别委员会，在P.S.波普科夫指导下研究预防或对付流行病的方法[11]。3月31日，波普科夫委员会发布了一份报告，详细说明了导致市内居民死亡的主要原因。这份报告确认，营养不良和波普科夫所说的“初期营养不良”是造成市内约70%人死亡的直接原因。一份可怕的数据表总结了他的发现，并减轻了传染病对受困民众的影响（参见表4）[12]。

4月2日，NKVD发布了一份1942年第一季度城内死亡人数的总结报告，按照日期和死者的年龄进行了分类（参见表5）[13]。

表 4：列宁格勒居民死于传染病的人数，1942 年 1 月—3 月

	1月		2月		3月	
	1941年	1942年	1941年	1942年	1941年	1942年
斑疹伤寒	99	24	34	31	61	269
伤寒	137	30	74	77	101	131
痢疾	2225	1982	2202	3688	1489	4270
麻疹	5527	451	3789	149	1831	90
猩红热	1245	32	1198	25	700	34
白喉	695	100	734	134	450	105
百日咳	1662	207	1400	83	784	48
合计	11640	2826	9431	4187	5416	4917

※ 资料来源：A.P. 德泽尼斯克维奇. 被围困的列宁格勒 [M]. 圣彼得堡：俄罗斯面貌出版社，1995：297—298。

表 5：列宁格勒城内居民的死亡人数，1942 年 1 月—3 月

		1月（占比）	2月（占比）	3月（占比）
时期				
	第一个五天	11217	17610	14530
	第二个五天	16860	19686	12751
	第三个五天	15073	17660	12984
	第四个五天	16963	17192	15275
	第五个五天	17172	14556	12253
	第六个五天	19466	9311	13714
	合计	96751	96015	81507
性别				
	男性	70853（73.2%）	57990（60.4%）	38664（47.4%）
	女性	25898（26.8%）	38025（39.6%）	42843（52.6%）
	合计	96751（100%）	96015（100%）	81507（100%）
年龄（岁）				
	≤1	7267（7.5%）	5949（6.2%）	3696（4.5%）
	1—4	2953（3.0%）	5022（5.3%）	4840（5.9%）
	5—9	1833（2.0%）	2955（3.1%）	3132（4.0%）
	10—14	2487（2.5%）	3977（4.0%）	4477（5.5%）
	15—19	5146（5.4%）	6699（7.0%）	5359（6.6%）
	20—29	5506（5.7%）	5967（6.2%）	5572（6.8%）
	30—39	12642（13.1%）	12302（13.0%）	10150（12.4%）
	40—49	16683（17.3%）	14513（15.1%）	11725（14.4%）
	50—59	18853（19.4%）	14693（15.3%）	11815（14.4%）
	≥60	20362（21.0%）	17590（19.0%）	15924（19.5%）
	年龄不明	3019（3.1%）	6348（5.7%）	4817（6.0%）
	合计	96751（100%）	96015（100%）	81507（100%）

※ 资料来源：A.P. 德泽尼斯克维奇. 被围困的列宁格勒［M］. 圣彼得堡：俄罗斯面貌出版社，1995：298。

春季化冻将冬季被冰块包裹的大批尸体、垃圾和残骸袒露出来，繁殖出大量啮齿动物和其他害虫。这种情况促使波普科夫的组织立即采取措施，竭力降低疾病给列宁格勒剩余居民造成重创的可能性。由于他和党政机关相关部门付出的努力，加之当局采取了一系列严格的卫生防疫措施，整个1942年，这座城市并没有爆发大规模传染病。1942年3月27日至4月15日，市政府和党、工厂组织发起一场大规模公众活动，清理市内各街道、地下室、住宅、建筑物、下水道的所有害虫和垃圾。30多万人参加到这场轰轰烈烈的卫生运动中，清扫了1.6万栋建筑、300万平方米街道小巷和广场，还清理了100万吨废弃物和垃圾[14]。

尽管为环境卫生工作付出了巨大努力，但1942年5月11日，日丹诺夫接到列宁格勒卫戍司令卡巴诺夫中将的一封来信，称这场卫生清理工作失败了，并强调了问题的严重性：

> 列宁格勒极其严峻的卫生防疫状况要求采取特别措施，以制止传染病在城内居民中继续传播。
>
> 与去年相比，4月份患各种疾病的人数大幅度上升。根据对1000名居民的统计，今年4月份患痢疾和伤寒的人数比去年4月增加了5～6倍，斑疹伤寒增加了25倍……由于帮助公寓楼内患者的组织工作欠佳，诊所的救助也不够，斑疹伤寒的集中发生地确定得太晚，妨碍了消除传染病的工作。
>
> 在一座座公寓楼内搜寻了数万名居民后发现，相当一部分人已被感染，在某些地区感染率甚至高达30%。目前，许多居住空间仍不干净，只有6%～7%的公寓楼有自来水，仍能使用下水道的公寓楼仅为9%。由于卫生的下水道系统无法使用，相当一部分居民将垃圾丢入废弃物收集坑内。
>
> 没有自来水，下水道又无法使用，这就使一些家庭无法定期清扫公寓，导致居住空间进一步受到污染。很少有人去洗衣店洗衣服，因为洗衣店也没有水，下水道同样失修。城内65座浴室仍在经营，其中约半数经常停业。14个急救点只有6个尚在运行，但也不时中断。
>
> 市卫生局采取的预防性卫生措施和医疗工作远不足以扭转市内的卫生防疫状况，并消除居民中传染病的爆发。
>
> 目前，城内卫戍部队中出现了斑疹伤寒的个别病例，源自战士与市内居民的密切接触。列宁格勒近郊舒什马雷车站和雷巴茨基村的居民中爆发了斑疹伤寒，这种传染病也将出现在驻扎于这些居民点的部队中。在这种情况下，传染病会在整个警备部队中渗透并大规模传播，这是个真正的威胁。
>
> 卡巴诺夫中将
>
> 列宁格勒卫戍司令[15]

显然，3月和4月采取的措施并不足以消除疫情传播的威胁。数份报告强调了1942年夏季随之而来的疫情席卷列宁格勒后造成的令人沮丧的后果。例如，第一砖厂于1942年12月9日报告，3月7日至12月1日，厂里的炉子火化了117300具尸体[16]。更令人触目惊心的是市统计局于1943年2月发布的一份详细报告，这份报告以表格的形式逐月记录下整个1942年列宁格勒全部15个区的传染病例数[17]：

伤寒	1939	脑膜炎	160
副伤寒	211	流行性脑膜炎	5
痢疾	31648	小儿麻痹症	2
斑疹伤寒	3516	传染性黄疸	498
麻疹	1401	坏血病	814
猩红热	621	疟疾	113
白喉	2380	流行性感冒	64233
百日咳	5201		

这些统计数据相当可怕，唯一令人稍感安慰的是，死于传染病的人数远远少于死于营养不良的人。

平民大量死去，其中一个自然而又悲惨的副产品便是无家可归、无人照料的孩童迅速增多。1943年7月28日市苏维埃执委会呈交人民委员会副主席A.I.柯西金的一份报告总结了这个问题：

列宁格勒遭封锁后，失去父母或暂时失去家长监管的儿童数量激增……

1941年12月，列宁格勒市苏维埃执委会做出一项决定，扩大儿童之家的收容能力并开放两个新的儿童之家。1942年1月，我们将进入儿童之家的孩子增加了2725人，并开放了23个新的儿童之家，总收纳能力为5550名孩子。到1942年3月，儿童之家的孩子人数达到14300人……

1942年2月，NKVD在每个区设立了儿童接收—转送点，在组织失去父母的孩子方面取得巨大成就。自儿童接收—转送点投入运作以来，到1942年年底，共26250名儿童获得疏散。这些儿童接收—转送点由专人负责，配备了教师、医疗和技术人员，配有必要的物资储备和厨房器具。

1942年3月份下半月，儿童之家的孩子数量激增，必须把他们送走，因为那里不可能提供适当的生活条件，也无法保证孩子们的安全。疏散孩子们的孤儿院于1942年3月开始运作。春季和夏季，儿童之家的38080名孩子陆续撤离列宁格勒。[18]

饥饿、传染病、德军炮击和空袭的综合影响导致死亡率不可阻挡地激增，城内人口相应骤减。1943年10月13日列宁格勒市配给卡办公室提交的一份报告称，列宁格勒城内居民人数为621000人，其中575400人有配给卡，16000人在医院，30600人没有配给卡[19]。1943年和1944年提交的多份报告也记录下了城内居民遭受的苦难。

冬季结束后，市内重现了一些生机。1942年春季，市内交通系统再次开始运营，居民们重返劳动岗位，当局和广大民众疯狂地展开工作，竭力改善列宁格勒市依然稀缺的食物供应。电车、供水、运河和许多工厂于4月15日开工，市政府呼吁市民们将每一处空地变成菜园。市内每一座公园和空置地都被分配给居民们种植蔬菜。最后，20多万列宁格勒人种植了2000公顷菜地[20]。

各座工厂也恢复了生产，尽管较慢，特别是那些武器生产厂，政府部门将重要资源优先分配给了他们。军工厂的产量从4月份的5挺机枪、649支冲锋枪、67900枚炮弹和地雷增加到5月份的150挺机枪、2875支冲锋枪、150700枚炮弹和地雷[21]。国防工业提交的一份报告阐述了整个1942年的军火生产，其中也包括重型武器，特别是坦克[22]：

KV-1坦克	46
T-26和SU-26坦克	14
修理KV-1坦克	108
修理各种型号的坦克	262
装甲列车和装甲炮台	3
修理装甲列车和装甲炮台	4
舰炮系统	9
修理舰炮系统	74
76毫米火炮，1927型	692
修理地面火炮系统	285
修理铁道炮	23
海军炮台	65
多用途车辆火炮底盘	310
160毫米迫击炮	3
50毫米和82毫米迫击炮	1555
修理50、82、107、120毫米迫击炮	555
马克西姆机枪	2692
DP机枪	139
PPD冲锋枪	34936
PPS冲锋枪	620
纳甘左轮手枪	70
步枪刺刀	21699
机枪弹链	9164
碉堡	1439
火箭发射器	386
探雷器	4708
发射和轰炸瞄准具	1483
战壕潜望镜	10200
钢盔	1704
50、82、120毫米迫击炮弹	861300
M-28、M-30、M-32火箭弹	5765
反坦克、反步兵地雷	955700
假地雷	4500
45~406毫米炮弹	827155
20~100公斤航空炸弹	22230
各种型号的爆炸物	3235660
手榴弹	1260820
各种型号的引信	5630000
雷管	115102300
起爆管	3554000
TB-2坦克歼击车机械装置	36000
KV-4坦克避震器	980000
专用子弹	831000

由于煤炭和其他燃料依然供不应求，各工厂和企业只能以木柴和泥煤充当燃料。当局再次动员全体居民付诸努力，他们在夏季收集了100万立方米燃料。由于这个量还是不够，当局便下令拆除所有无法居住的建筑，将拆下的木材充当燃料。

1942年秋季，随着围困下第二个冬季的临近，城内全体居民和士兵、水手们一同从事过冬准备。每个身体健壮的男女都开始修葺建筑物，并收集了包括7.6万吨蔬菜在内的食物，此举大大减轻了夏季和初秋跨越拉多加湖的运输要求。劳动支队维修了81531平方米屋顶和4.8万个炉子，清理了22万个烟囱，并对55万平方米烟道、墙壁和窗户加以封闭或配装玻璃。他们还修理了5万个消防栓、489688米水管和其他管道。入冬前，这些劳动支队还使6131座建筑恢复到可居住状态[23]。

为协助解决燃料短缺的问题，GKO（国防委员会）命令红军工程兵布设了一条焊接而成的输油管，从拉多加湖底部穿过。这条35公里长、深达12米的输油管于6月18日投入使用，每天将300吨燃料输入列宁格勒。9月份，沃尔霍夫发电站通过跨越拉多加湖的水下电缆开始为列宁格勒输送电力[24]。

1942年夏季的再补给

全体军民竭力确保列宁格勒的安全和自给自足时，列宁格勒方面军和拉多加湖区舰队在夏季怀着同样的决心努力扩大进入城市的运输能力。1942年4月9日，GKO批准了一项新运输计划，该计划为船只将食物、弹药、军用装备、燃料、润滑油运入城市并把疏散人员和一些货物运出城市建立起每日目标。这些目标规定，每天将2500吨食物、300吨弹药、100吨军用装备、100吨煤炭和燃油、300吨润滑油运入城内，再用船只把城里的1000吨货物和3000人疏散至苏联后方[25]。

拉多加湖区舰队负责这项运输工作的组织和管理。该舰队和波罗的海舰队人员在冬季对船只进行了修理；列宁格勒造船厂为湖区制造了14艘金属驳船、31艘拖曳式木船、118艘小型机动船；渔民们提供了17艘机动船和4艘拖船。类似工作也在扩大规模的泊船设施中展开[26]。

跨越拉多加湖的航行开始于1942年5月22日，“水利工程师”号汽船拖着一串驳船从东岸的科博纳驶向西岸的奥西诺韦茨（Osinovets）。很快，其他船只开始跨越150公里航程从戈斯季诺波利（Gostinopol'）经新拉多加行至奥西诺韦茨，或者穿行29公里航程从科博纳抵达奥西诺韦茨。第一支满载货物的船队5月28日驶离新拉多加。1942年5月至12月31日，总承载能力达32000吨的200多艘船只毫不间断地穿梭于湖区，运送了779586吨货物。这些货物中，食物占50%、煤炭占15.4%、润滑油占16.7%，另外17.9%是武器和其他军用物资。食物品类主要是面粉、谷物、通心粉、黄油、脂肪、肉、糖、果酱和巧克力。另外，列宁格勒还获得4186只绵羊/山羊、7723头小牛、4388匹马、41638立方米木材、5967吨各类商品和1300吨医疗用品[27]。

拉多加湖上航线投入运行后，疏散工厂设备和重要技术人员的工作骤然加快。当年夏季，船队和相关湖上运输工具将539597人和292900吨工厂设备撤过湖区。返航时，他们又为列宁格勒方面军送来31万名战斗补充兵，将该城变为一座巨大的兵营[28]。这些船运极大改善了列宁格勒的食物供应，避免了1942年年底的冬季再度发生饥荒，并恢复了城内工业的生产。

整个1942年，列宁格勒一直处在德军紧密围困下，保卫补给线依然是个重要需求，尤其需要防范敌人的空袭。夏季，为配合预期中对列宁格勒发起的“北极光”行动，德国人试图切断运入城市的补给流，主要手段是轰炸港口设施、拉多加湖上交通线、列宁格勒与奥拉宁包姆之间的芬兰湾补给线。4月4日，德国人发起空中战役，对波罗的海舰队和拉多加湖区舰队的舰船实施猛烈攻击。他们在4月24日、25日、27日反复发起攻击，并对列宁格勒的港口设施展开猛烈炮击。例如5月28日，约100架德军战机空袭科博纳港，据说苏军高射炮兵击落了19架敌机[29]。

但是，德国人最猛烈的空袭发生在1942年初秋，希特勒命令曼施泰因以空袭和炮击迫使列宁格勒屈服。仅9月份，德军战机便在数次空袭中对科博纳地域、邻近港口和转运设施投下120枚炸弹。整个秋季，德国人共发起122次白昼、15次夜间空袭，每次投入80～130架战机，共向市区投掷了6400枚炸弹[30]。不过，红军遂行防空任务的高射炮兵和航空兵给德国空军造成的损失也越来越大，使对方的空袭规模和次数急剧下降。最后，这些空袭仅能给苏军的运输和再补给造成微不足道的影响，货物运输量只减少了0.4%，据估计，德国人为此付出的代价是损失160架飞机[31]。

1943年1月中旬，拉多加湖南岸和东、西岸接近地的地面防御对保卫水上补给线依然至关重要，因为德军战线仍紧贴着湖区南岸，危险地靠近列宁格勒城。整个1942年，拉多加湖区舰队据守着施吕瑟尔堡对面的奥列舍克要塞（Oreshek），以此防御拉多加湖西南岸，并在苏霍岛（Sukho）上派驻了一支海军部队，以掩护湖区东南岸。列宁格勒和沃尔霍夫方面军守卫着这些路线的地面接近地，特别是新拉多加与沃尔霍夫之间重要的铁路和公路线。列宁格勒方面军涅瓦河战役集群（后改编为第67集团军）辖下的步兵第55旅和第16筑垒地域，为水上交通线、陆地接近地和湖泊冻结后的冰上道路提供了保卫部队。尽管风暴、汹涛、德军的空袭和炮击不断给航行增添困难，但整个1942年拉多加湖水上交通线基本运行顺利，这主要归功于苏军卓有成效的防御。

德国人无力阻止，甚至无法减缓至关重要的补给流运过湖区，他们对此深感沮丧，几次试图发起直接行动切断湖上交通线。例如，1942年4月和5月，他们说服芬兰人将一支小规模海军和两栖部队部署至拉多加湖。这股力量由4艘意大利鱼雷艇、4艘德国快艇、7艘机动两栖突击舟、12艘机动登陆驳船、1艘指挥船、1艘医疗船和4艘运输船组成[32]。次月，苏军情报部门发现这些船只和3000人组成的登陆部队出现在索尔塔瓦拉（Sortavala）、拉赫坚波希亚（Lakhdenpokh'ia）、因皮拉赫季（Impilakhti）港。

另外，德国人8月份还将一支登陆驳船支队部署至克克绍尔姆，并于9月底在湖上实施侦察和牵制行动。9月27日，他们在湖区航行路线上布设了磁性水雷，9月和10月以小股力量登陆苏霍岛，以切断该岛以西的交通。戈沃罗夫对此的应对是，于5月至9月间加强对湖泊及其岛屿的防御，派100名士兵组成的海军支队携带3门100毫米火炮进入苏霍岛防御阵地。

不久后的10月初，芬兰人组建起一支拥有23艘船只和7艘快艇的两栖部队，配备88门37毫米火炮和22毫米机关炮，准备于10月13日在岛上登陆。不过10月9日，苏军战机发现并重创了这支小型舰队，迫使对方推迟行动。列宁格勒战时日记描述了这场战斗：

*10月9日，星期五。*敌人显然企图在拉多加湖实施一场两栖行动。10月1日

晚，我军发现他们的17艘登陆艇位于北戈洛韦什卡河（Severnaia Goloveshka）岸边。我方舰艇将他们逼退。10月9日夜间，敌人的16艘驳船和7艘快艇再次出现在科尼韦茨岛（Konivets）东面。两艘“海上猎手”的艇员们发现了这支舰队，尽管敌人占有优势，但他们还是朝对方开火射击……

我们的两艘快艇与敌舰队展开不对等的战斗。V.Iu.普斯滕尼科夫中尉指挥的MO–175号快艇很快被击毁，MO–214号快艇也陷入包围，艇员们继续战斗至弹药耗尽……［我方战机迅速赶至，对敌人发起打击。］

敌人仓皇撤退。他们损失了一艘两栖驳船，许多船只受损。[33]

10月22日，芬兰人以湖上风暴为隐蔽，再次从索尔塔瓦拉发起新的登陆尝试。两艘苏军巡逻艇又一次及时发现了对方的行动，苏联守军击退进攻，击沉芬兰人17艘船，击落14架敌机，并抓获61名俘虏。这场小小的胜利彻底粉碎了芬军在湖上展开行动的一切企图[34]。

1942—1943年冬季和1943年夏季的再补给

1942年年底冬季降临时，据守城市以东姆加—锡尼亚维诺突出部的德军仍牢牢控制着通入市区的所有陆地交通线。这个即将到来的冬季，列宁格勒人似乎又一次不得不依靠冰上道路作为他们的生命线。列宁格勒人很难忘记去年冬季可怕的饥馑，因此，他们和政府部门加倍努力，以免去年降临在他们头上的灾难再度重现。

可是，四个（最终是五个）因素的结合缓解了局势。第一个因素有些不幸，由于上一年大批居民死去，加之夏季的疏散，1942年11月时列宁格勒的人口数量远远低于去年同期。此时，城内只有70万居民和约42万名士兵需要供食。第二，列宁格勒人在1942年囤积的储备物资远多于1941年。第三，这一年冬季远不及上一年冬季寒冷。直到1942年年底，冰期才姗姗来迟，这使湖上的船运工作持续至1942年11月27日，而湖区北部甚至持续到1943年1月7日，那里的冰层冻结得更晚。第四，尽管冰期来迟，但当局开辟冰上道路的经验更加丰富。第五，红军最终在1943年1月中旬打破了封锁。

湖面最终冻结后，列宁格勒方面军和拉多加湖区舰队利用他们去年冬季获得的经验对冰上道路进行改进，并开始修建铁路线，以补充现有的公路运输线。将货物从火车车厢转至船只的工作既耗时又费力，而增加对铁路的依赖将减轻一部分负担。红军工程兵从东西两面同时开始修建铁路线，到1月中旬，他们已铺设了15公里铁轨，跨过湖泊西端。不过，1943年1月红军重新打开列宁格勒的陆地走廊后，尽管这条陆地走廊依然相当狭窄，还不断遭到德军持续炮火袭击，但工程兵们还是停止了湖上路线的修建工作，并把铁路线改为一条穿过走廊的陆地交通线。修建冰上铁路线的工作于1月19日彻底停止，但构建冰上公路的工作仍在继续，跨越湖面的车辆运输也不曾中断。

虽然冰面结冻较晚，且频频发生化冻，致使冰上道路的修建工作更趋复杂，但这条道路最终在12月19日开通。第一支车队于12月20日驶过冰面，共160辆汽车，每辆只装载300公斤货物。12月27日，一支更大规模的车队驶过湖区，车队由300辆嘎斯–AA卡车组成，每辆载有1吨物资；1月8日，由143辆吉斯–5卡车组成的车队驶过冰面[35]。1月8日后，由于冰层太薄，车队停止了运行。1月12日后，冰上公路交通恢复，但到3月30日再度停止，由于又一场化冻到来，列宁格勒方面军被迫关闭了冰上公路。整个冬季，冰上公路只有在12月20日至3月30日间的101天可供通行，而适合大规模运输的日子只有97天。

在此期间，卡车运送了214539吨货物，主要是食物和弹药，以及20多万人员和疏散者[36]。1942年年底至1943年年初，这个冬季经冰上公路运抵列宁格勒的物资包括111813吨食物、54355吨弹药和18603吨煤炭。另外，这条冰上公路还将12368匹马、1431辆汽车和133144名援兵运入城内，并把10126吨货物和88932名疏散者运离列宁格勒[37]。即便穿越施吕瑟尔堡走廊的铁路线已经通车，对列宁格勒方面军来说，冰上公路仍是一条可靠的交通线。整个冬季，德国人继续轰炸冰上公路，哪怕红军已重新打开通入列宁格勒的狭窄陆地联结。尽管共发起140次空袭并投下280多颗炸弹，但他们仍没能中断冰路上的交通。1月，红军夺得一条陆地走廊后，德军停止了对冰上公路的炮击，这让冰路守军松了口气。

1月份完成“火花”行动后，列宁格勒方面军积极展开工作，力图恢复列宁格勒与苏联后方地区之间可靠的陆地交通。根据国防委员会1月18日的训令，列宁格勒方面军军事委员会于次日开始策划沿拉多加湖南岸修建一条铁路线的方案，以实现从施吕瑟尔堡通往波利亚纳[38]。铁道兵和专业建设兵团于1月21日开始了铁路线的修建工作。铁路路基穿过崎岖地带，距离锡尼亚维诺前线仅6～8公里，在严冬条件下冒着持续不断的炮火和空袭构建而成。尽管遇到种种困难，军事建筑部队还是成功建起一条33公里长的铁路线，从沃尔霍夫河畔的沃尔霍夫斯特罗伊起，经波利亚纳至施吕瑟尔堡，并于2月6日开通[39]。此后，这条铁路线和拉多加湖上的交通线不断为列宁格勒军民提供所需补给。从载运量的角度看，这条铁路线远比跨越拉多加湖的水上交通线更加重要。

春季临近前，建筑部队继续改善铁路通行能力，于隆冬时节在涅瓦河上架起一座铁路桥。3月18日通车后，这座铁路桥使整条铁路线成为直达交通。可是，德军持续的炮火不断造成严重伤亡，迫使建筑部队反复修理、恢复铁路线。铁路线维修期间，拉多加湖水上交通线便承担起运输任务。1943年5月，建筑部队建起第二条铁路线，与第一条铁路线相平行，但更靠近湖区，从而提高了穿过施吕瑟尔堡走廊的铁路运输的效率、运载量和安全性[40]。起初，沿两条铁路线进行的所有铁路运输工作都在夜间按具体时间表实施单向和双向通行。到6月底，所有铁路交通都采用双向通行，几乎毫不停顿。

德国人以持续不断的炮火和空袭打击铁路路基、桥梁和其他铁路设施，竭力破坏或中断苏军铁路运输。德国人认为，摧毁沃尔霍夫河上的桥梁便能切断列宁格勒和沃尔霍夫方面军的补给，因此，5月和6月，他们对这些桥梁发起猛烈空袭，每次投入多达100架轰炸机和40架战斗机。虽然他们在6月1日成功炸毁了一座桥梁，但苏军建筑部队和工程兵在5天内搭起了一座木桥，6月19日前又建起一座金属桥，替代了被炸毁的桥梁。德军战机于6月19日将木桥炸毁，6月21日又将金属桥炸毁，但这两座桥梁分别在6月23日和7月2日再次恢复通行[41]。随后，施吕瑟尔堡—沃尔霍夫斯特罗伊铁路线又为补给列宁格勒军民发挥了巨大作用。从1943年2月至1944年3月6日该路线通行期间，共计5334列货运列车挂着225859节车皮驶过陆地通道，将各种物资运至列宁格勒[42]。

1943年春季和夏季，随着通入列宁格勒的新陆地交通线有效运行，为这座城市提供补给和保卫补给线的工作变得更加容易。另外，货物运输的内容也发生了很大变化，列宁格勒方面军利用湖上交通线运送的主要是木材和木制品。515500吨物资总运输量中，木材超过一半。春夏季的运输量中包含运入列宁格勒的78109吨木材、52886吨食物、4436吨燃料、12532吨煤炭和运出列宁格勒的41300吨货物[43]。

1943年9月，列宁格勒方面军将拉多加湖东、西岸的所有泊位、港口和货运装置移交给民用西北河流轮渡局，拉多加湖上的补给线渐渐失去其军事重要性。列宁格勒遭受封锁期间，拉多加湖水上交通线共运送2275000吨货物，其中运入城内的货物达1870000吨[44]。

1942年的游击运动

虽然列宁格勒地区的游击运动在1942年和1943年间显著增加，但其军事重要性依然相对有限。据估计，到1942年1月1日，主要活动在该地区西北部、西部和南部的男女游击队员共1994名。其中规模最大、最成功的游击活动发生在城市遥远南面的游击区。这些游击力量松散地编为列宁格勒、瓦尔代、沃尔霍夫战役集群，每个集群辖几个独立支队。列宁格勒战役集群由在托斯诺和柳班地域行动的游击支队组成，编为两个营，分别由E.F.图瓦洛维奇和K.I.沃洛维奇指挥；瓦尔代战役集群由位于列宁格勒地区西南端和南端的旧鲁萨、波洛夫斯克（Polovsk）、扎卢奇耶、莫尔沃季齐地域的游击支队组成；第三个战役集群则在沃尔霍夫方面军作战地带内行动[45]。

尽管游击支队的数量越来越多，但各个支队实力较弱，组织欠佳，加之冰天雪地的气候条件，严重妨碍了他们的行动。因此，列宁格勒游击运动司令部试图在冬季改善他们的组织、指挥控制和火力。例如，1942年3月，司令部将列宁格勒、沃尔霍夫战役集群交给A.A.古泽耶夫统一指挥，以改善指挥控制。4月，司令部又把瓦尔代战役集群的游击支队改编为A.V.格尔曼指挥的游击第3旅和A.P.卢钦指挥的游击第4旅[46]。

1941年年底至1942年年初的冬季期间，游击队的战力虚弱，行动时断时续，与前线作战行动只保持松散的协同。例如，沃尔霍夫方面军遂行柳班进攻战役期间，托斯诺和柳班游击支队向德军交通线发起打击，但效果相当有限。更南面，当年1月和2月，为配合西北方面军的杰米扬斯克进攻战役，格多夫地域的游击队切断了普斯科夫与格多夫、格多夫与金吉谢普之间的德军交通线。另外，在奥斯特罗夫、德诺、波尔霍夫、索希欣（Soshikhin）、别列别尔卡附近活动的游击队，也为西北方面军在杰米扬斯克和霍尔姆周围的作战行动提供了协助。这些游击队取得的标志性胜利是他们协助红军于1月18日收复霍尔姆、2月5日夺取亚斯基（Iasski）、2月22日攻克杰多维奇。但在每一个例子中，德军发起的救援进攻最终都迫使游击队和红军部队放弃这些城镇[47]。

与此同时，在游击区及其周边活动的各个游击队也在设法收集食物，并运至列宁格勒，1942年2月25日，他们通过一条迂回路线首次将食物运抵列宁格勒[48]。各游击支队还派代表和代表团往来于列宁格勒，接受列宁格勒方面军的指示，并配合其作战。

虽说整个冬季的活动较少，但游击运动和与其密切相关的地下党组织却在逐步扩大。到1942年4月，50个新游击支队组建而成，开始在列宁格勒地区展开行动。地下党在格多夫、普斯科夫、卢加、奥列杰日（Oredezh）、普柳萨（Pliussa）、斯特鲁戈克拉斯年斯克（Strugokrasnensk）、金吉谢普和其他地域组建并投入了25个特别游击群，每个游击群由7～9人组成，与游击支队建立起地下交通站、联络和基础设施[49]。这段时期，苏联方面的记录表明，游击队的行动使德军损失1.5万人，并炸毁114座铁路和公路桥、26座仓库、69辆坦克、500辆汽车和13架飞机[50]。

1942年夏季和秋季，游击队的组织和作战效能有所提高，主要因为党、国防委员会和红军对游击队的组织和行动实施了更有效的集中控制。1942年5月30日，联共（布）和国防委员会建立起游击运动中央司令部，对所有游击组织和支队加以集中领导[51]：

1. 在最高统帅部大本营设立游击运动中央司令部，目的是统一指导敌后游击运动，并使该运动获得进一步发展。

2. 在各方面军军事委员会设立以下游击运动司令部，直接领导各游击支队：

a. 乌克兰游击运动司令部

b. 布良斯克游击运动司令部

c. 西部游击运动司令部

d. 加里宁游击运动司令部

e. 列宁格勒游击运动司令部

f. 卡累利阿—芬兰游击运动司令部

上述各司令部隶属于游击运动中央司令部。

3. 指导游击运动的实际行动时，游击运动中央司令部必须明确这样一个前提，即游击运动的主要任务是给敌人的后方地域造成破坏，应当：

a. 破坏敌交通线（炸毁桥梁、破坏铁路线、颠覆列车、袭击敌人的汽车卡车运输）。

b. 破坏敌通讯线路（电话、电报和电台）。

c. 破坏敌仓库（弹药、给养、燃料和食物）。

d. 袭击敌后方地域的指挥部和其他部队设施。

e. 破坏敌机场设施。

f. 将敌人的部署、实力和动向告知红军部队。

4. 游击运动中央司令部成员包括：参谋长P.K.波诺马连科〔白俄罗斯联共（布）中央委员会书记〕、他的副手V.T.谢尔吉恩科（NKVD）、情报部主任T.F.科尔涅耶夫（国防人民委员会情报局）。

5. 各方面军游击运动司令部包括以下同志：

a. 乌克兰游击运动司令部——司令员斯特罗卡奇（NKVD）；参谋长斯皮瓦克〔乌克兰联共（布）中央委员会〕；维诺格拉多夫（西北方面军情报部长）。

b. 布良斯克游击运动司令部——司令员马特韦耶夫（奥廖尔州委执委会书记）；参谋长戈尔什科夫（NKVD）；切尔马佐夫（布良斯克方面军情报部长）。

c. 西部游击运动司令部——司令员别利琴科（NKVD）；参谋长加里宁〔联共（布）中央委员会〕；伊利尼茨基（西方面军情报部长）。

d. 加里宁游击运动司令部——司令员拉岑科（NKVD）；参谋长雷日科夫〔联共（布）中央委员会〕；阿列申（加里宁方面军情报部长）。

e. 列宁格勒游击运动司令部——司令员尼基京；参谋长叶夫斯季格涅耶夫（列宁格勒方面军情报部长）。

f. 卡累利阿—芬兰游击运动司令部——司令员韦尔希宁（NKVD）；参谋长霍罗沙耶夫（卡累利阿—芬兰苏维埃社会主义共和国中央委员

会）；阿尔马佐夫（NKVD）和波韦特金（卡累利阿方面军情报部长）。

I.斯大林[52]

新司令部建立起一套精密的指挥控制机关层级，从莫斯科到各方面军再到德军后方的各游击运动司令部，派红军和NKVD官员组建新的游击力量，并对所有游击行动加以掌握。新结构提高了游击战的效能，将游击行动置于更有效的集中控制下，并使游击战和红军作战行动得到了更好的协同。

在列宁格勒，戈沃罗夫根据游击运动中央司令部7月2日下达的命令，于1942年7月设立了列宁格勒游击运动司令部。中央司令部这道命令要求在各主要下属司令部内设立具体的作战指挥组：

根据国防人民委员部1942年6月16日下达的00125号指令，我命令：

列宁格勒游击运动司令部应在第23、第54、第59、第4、第52、第11、第53、突击第1、独立第7集团军和列宁格勒方面军滨海军队集群军事委员会内建立作战指挥组。

我正在为各指定集团军军事委员会组建游击运动作战指挥组，包括一名作战组组长、一名作战代表和一名司机。

波诺马连科、铁木辛哥[53]

截至1943年7月3日，列宁格勒游击运动司令部掌握着58个游击支队，共5024名游击队员[54]。

列宁格勒游击运动司令部对列宁格勒地区所有游击力量实施指挥和控制，司令部的任务是对该地区的游击战加以统一策划和指挥。统一的新游击战计划建立新的游击支队和牵制小组，派遣这些游击力量破坏、消灭德军守备部队、设施和交通，袭击德军指挥部、补给站、机场和通讯中心，并提出情报收集优先的既定要求，协助方面军实施地面作战行动[55]。

列宁格勒地区的游击力量，其实力和活动范围在1942年夏季急剧扩增。1942年全年，游击旅的数量和在德军后方活动的游击队员人数，从2个游击旅、30个虚弱的游击支队和2000名游击队员增加到4个游击旅、大批独立游击支队和

3000名游击队员[56]。游击第2旅在德诺东南方行动，游击第3旅在奥波奇卡车站以南战斗。A.I.亚库莫夫、M.I.什丘罗夫、L.P.杜雷金、D.A.沙赫林斯基、F.S.马卡罗夫领导的游击支队和数十个牵制小组在普斯科夫以东的森林中行动。B.M.普罗霍罗夫、T.Ia.佩恰特尼科夫、S.A.谢尔格耶夫、G.F.博利绍夫、A.A.扎别利纳、G.I.波格丹诺夫率领的游击支队和游击第1旅及另外数十个支队在格多夫东北方活动。最后是游击第4旅，他们在列宁格勒地区南部展开行动[57]。

虽然这些游击队主要从事低强度破坏和牵制行动，但这些行动令德国人大伤脑筋，促使他们发起反游击战予以回击。在1942年8月18日下达的第46号元首令中，希特勒宣布："在东线，丑恶的土匪行径已达到令人无法容忍的程度，对前线补给和对占领区的经济利用构成了严重威胁。"[58]希特勒派海因里希·希姆莱负责铲除游击活动，派OKH总参谋长负责领导反游击战，并命令补充军完成训练后作为反游击力量投入部署。

随后，德国人对游击队发起数次行动，但主要针对游击区。他们以第218步兵师、第4封锁团、保安部队和讨伐支队组成扫荡力量，共6000人，发起了一场肃清游击区的大规模行动。在这场持续至9月10日的战斗中，德军夺取别列别尔卡、杰多维奇村、波德多尔斯克（Poddorsk）地域的村庄，对村庄、农场和建筑加以破坏，残害当地居民，将游击区变为"一片荒漠"[59]。

德军的清剿行动给游击队造成重大伤亡，迫使游击运动将有生力量转移到安全处，以免遭受危险。出于自我保护，游击第2、第3旅转移至奥斯特罗夫、斯拉夫科维奇（Slavkovichi）和新勒任斯克（Novorzhensk）地域；游击第1、第4旅疏散到格多夫和斯兰齐（Slantsy）；其他支队迁至诺夫哥罗德、索利齐、乌托尔戈希（Utorgosh'）和卢加地域[60]。可是，德军清剿行动的怒火却引发了一场反弹，导致相关地域几乎所有居民都投身游击运动。遭到破坏前，游击区已平安无事地存在了约一年，据苏联方面的资料称，在此期间，游击队击毙约9000名德寇，摧毁130辆汽车、18座仓库和37列火车[61]。

游击运动中央司令部10月31日撰写的一份报告总结了1942年列宁格勒地区游击力量的实力和活动：

该地区有73个游击支队和133个牵制小组，共5129名游击队员。游击队员们身处敌后方，在困难条件下展开行动。

1941年年底至1942年年初的冬季，他们熟练地获取弹药和衣物。游击队员们弄到了食物，甚至为列宁格勒提供给养。他们将一些支队撤至苏联后方地区进行短暂休整，然后再把他们派回敌后方从事作战行动。

当地居民当年的粮食资源已经被德寇征用耗尽。相当一部分居民已被疏散或遭杀害，剩下的人正经历食物短缺。因此，游击支队无法在冬季依赖当地资源生存。除了通过破坏火车夺取食物外，活动在敌后方的游击支队也得到了列宁格勒、沃尔霍夫和西北方面军提供的帮助。补给工作可由霍尔姆地域的西北方面军和加拉宁方面军执行，也可通过空投提供。

有必要在冬季将瓦西里耶夫、奥尔洛夫和其他人率领的大旅分散为支队。[62]

虽然消灭了游击区，但整个后方地区的反抗却被激发起来，游击行动不减反增，德国人陷入了恶性循环。对德国人来说更糟糕的是，列宁格勒及其周边，以及南面杰米扬斯克周围近乎持续不断的激烈战斗，迫使“北方”集团军群减少了后方地区安保部队的规模和数量，游击队的士气为之大振。

1943年的游击运动

整个1943年，列宁格勒地区的游击运动显著增强，也比过去组织得更好。列宁格勒地区登记在册的游击队员数量，从1943年1月1日的2993人增加到8月1日的4203人，11月1日已上升至14358人[63]。牵制、侦察和地下活动的规模同样如此。到1943年1月1日，列宁格勒州党委已在奥斯特罗夫、普斯科夫、德诺、斯特鲁戈克拉斯年斯克、杰多维奇、格多夫、金吉谢普、卢加、奥列杰日、诺夫哥罗德和波尔霍夫建立起11个地区地下党中心[64]。每个中心由一名第一书记领导，并辅以相关工作人员，负责协调各地区所有游击小组、游击支队和地下组织的活动，并把这些力量整合为更大、更具效力的兵团。1943年5月1日，游击兵团编有5个游击旅、1个独立游击团、数十个游击支队和小组。

K.D.卡里茨克领导的游击第5旅，于1942年年底至1943年年初的冬季在斯拉夫科维奇地域以旧鲁萨、杰多维奇游击支队组建而成。A.D.孔德拉季耶夫领导的游击第4旅，1943年中期以游击第5旅改编而成，在列宁格勒地区南部行动。游击第11旅先由A.P.卢钦指挥，后改为N.A.布列德尼科夫指挥，以奥列杰日、诺夫哥罗德、巴泰斯克（Bataisk）支队和在列宁格勒与沃尔霍夫方面军结合部活动的其他支队组建而成。A.V.格尔曼的游击第3旅继续在奥斯特罗夫和索希欣地域活动。N.G.瓦西里耶夫的游击第2旅先后由M.I.季莫欣、A.N.拉奇科夫、N.I.西涅利尼科夫指挥，1943年夏季从诺夫哥罗德重新部署至普斯科夫地域。另外，在列宁格勒地区展开行动的还有数个独立游击团和支队。到8月1日，5个游击旅、1个独立游击团和数十个游击支队活动于整个列宁格勒地区，共计4203名游击队员[65]。

1943年8月1日后，另一些游击兵团组建而成。V.P.奥比耶德科夫领导的游击第6旅当年9月以游击第2旅改编而成；A.V.阿列克谢耶夫和L.B.钦琴科分别指挥游击第7、第8旅，他们都接受普斯科夫、奥斯特罗夫、波尔霍夫地区党委领导。N.G.斯韦特洛夫指挥的游击第9旅，当年秋季组建于格多夫、斯兰齐、利亚德、奥西米诺（Os'mino）、卢加地域。T.A.诺维科夫的游击第10旅组建于德诺、斯特鲁加（Struga）地域。A.A.因吉年的游击第12旅也于秋末以金吉谢普的游击支队组建而成。最后成立的是A.V.尤尔采夫领导的游击第13旅，1944年1月11日组建于杰多维奇地域南部。到12月1日，这些游击力量共有35000名战士和数千名辅助人员[66]。

新组建的游击旅将游击支队、地下党基层组织、共青团员和另一些反法西斯小组合并为一个精心构设的组织，隶属于地区党委和跨地区组织。扩大后的游击队和地下组织建立起地方政府机构，并出版地下报纸和宣传手册，以此展开宣传战。同时，他们还加强了侦察和牵制活动，支援红军的作战行动。

除了频频实施低水平的牵制和破坏行动外，1943年中期，各游击旅和游击支队开始对德军交通线和军事设施发起协同一致的大规模袭击和进攻。例如，1943年8月1日，游击队发起“铁路战”行动，在游击运动中央司令部和最高统帅部大本营的领导下，对整个苏德战线上的德军铁路交通线发起了协调一致的进攻[67]。作为游击队这场总攻的组成部分，在列宁格勒地区，游击第3旅8月21日对普斯科夫—波尔霍夫铁路线发起多重进攻，导致这条铁路线中断了8天。9月份，几个游击旅又对卢加—普斯科夫铁路线发起“大型音乐会”行动。据苏联方面资料称，1943年1月1日至9月1日，游击队击毙约1.7万名德寇，摧毁或破坏了大批德军技术装备[68]。

游击队的这些行动相当成功，列宁格勒地区的游击力量对即将到来的胜利充满信心，以至于在9月便公开谈论红军即将解放整片地区，并加快了破坏德军后方设施的活动。例如，游击第2旅袭击了列宁格勒—普斯科夫铁路线上的普柳萨车站，炸毁一座桥梁，摧毁一列火车，解放了一些苏军战俘，据称还打死136名德寇。同样是在9月，游击第5旅的775名游击队员，在其活动地域内的多个村庄组织起民众起义，其他地域的游击活动也有所加剧，结果导致整个列宁格勒地区10月份掀起一场大规模民众起义。与此同时，游击第5旅占领了普柳萨镇和卢加、巴泰斯克地域南部，防止德国占领当局抢夺农业收成或将大部分居民运往德国或德占区的奴工营[69]。

10月初，游击第9旅在格多夫、斯兰齐、利亚德、奥西米诺和金吉谢普地域发起类似破坏行动，他们与游击第12旅相配合，在乌托尔戈希、普柳萨、卢加、格多夫、斯兰采夫（Slantsev）、奥西米诺、利亚德、沃洛索沃和其他地方组织起义。很快，这场起义波及佩科韦茨地域（Pekovets），游击第2、第3旅在那里展开行动。游击队反抗活动的规模和激烈度对德军控制相关地域造成极其不利的影响，促使希特勒做出决定，批准“北方”集团军群先构设，然后撤至“豹”防线[70]。

起初，德国人对游击队的活动不屑一顾，将对方比喻为“德国人衣服里的虱子”，仅能造成些许不适感，但最终，游击战给他们的军事行动造成了严重的不利影响。德国人能够、也确实将游击队发起的数百起骚扰性进攻视为无关紧要，但这些小规模行动累积起来，便实实在在地削弱了德军的力量。他们至少在前线急需兵力时牵制住越来越多的德军保安部队。他们还戳穿了德国人关于被占领土未来政治、经济和社会组织的谎言，德方的宣传全然无效。

从另一个较为无形的方面，似乎更能说明游击战对德国人造成的影响：游击行动的规模从纯粹的骚扰，扩大到协同一致的进攻，并给德国人造成真正的麻烦，破坏了德军赢取胜利的意志。1944年年初，红军发起解放列宁格勒地区的大规模突击时，游击运动夺取的地盘准确地反映出他们的同胞在列宁格勒这座“监狱”3年囚禁期间遭受的巨大痛苦。

本章原注

1. 德泽尼斯克维奇，《被围困的列宁格勒》，第105—112页。1943年1月3日签发的这份报告描述了1942年完成的防御工事之规模和当地居民在这项工作中发挥的作用。这本著作提供了列宁格勒防御和城内日常生活方方面面的详细文献，包括关于工业生产、运输和供应、犯罪和民众士气、健康和文化问题的报告。

2. 普拉东诺夫，《列宁格勒战役，1941年—1944年》，第99页。

3. 同上，第192页。

4. “列宁格勒方面军军事委员会指令，关于将列宁格勒打造成一座军事城的必要措施”，收录于：德泽尼斯克维奇，《被围困的列宁格勒》，第84—85页。

5. 同上，第88—89页。

6. 同上，第95—96页。

7. 普拉东诺夫，《列宁格勒战役，1941年—1944年》，第186页。

8. 同上。

9. 这两道命令可参阅：V.A.佐洛塔廖夫主编，《最高统帅部大本营：1943年的文献资料》（Stavka VGK: Dokumenty i materialy 1943，此后简称《最高统帅部大本营：1943》），刊登在：《俄罗斯档案：伟大卫国战争》，第16期（5—3），莫斯科：特拉出版社，1999年，第111—112页。

10. 普拉东诺夫，《列宁格勒战役，1941年—1944年》，第279页。

11. 德泽尼斯克维奇，《被围困的列宁格勒》，第289—290页。

12. 同上，第297—298页。

13. 同上，第298页。

14. 普拉东诺夫，《列宁格勒战役，1941年—1944年》，第214—215页。

15. 德泽尼斯克维奇，《被围困的列宁格勒》，第307—308页。

16. 同上，第316页。

17. 同上，第317—318页。

18. 同上，第344—346页。

19. 同上，第346—348页。这份报告还将城内居民按年龄分组，60岁或60岁以上的人降至4%。

20. 普拉东诺夫，《列宁格勒战役，1941年—1944年》，第215页。

21. 同上。生产数量的详情也可参阅：德泽尼斯克维奇，《被围困的列宁格勒》，第152—153、第163—166页。

22. “GK VKP (B)国防工业部的报告，关于列宁格勒1942年军用装备和弹药的生产”，收录于：德泽尼斯克维奇，《被围困的列宁格勒》，第167—169页。

23. 普拉东诺夫，《列宁格勒战役，1941年—1944年》，第216页。

24. 同上。

25. 同上，第217页。关于运输的具体详情，可参阅：德泽尼斯克维奇，《被围困的列宁格勒》，第230—237页。

26. 普拉东诺夫，《列宁格勒战役，1941年—1944年》，第217页。

27. 同上，第218页。

28. 同上。

29. 同上，第219页。关于德军轰炸强度和影响的报告，可参阅：德泽尼斯克维奇，《被围困的列宁格勒》，第363—373页，以及布罗夫的《日复一日的封锁》，1942年4月和5月的逐日记录。

30. 普拉东诺夫，《列宁格勒战役，1941年—1944年》，第219页。

31. 同上。

32. 同上。

33. 布罗夫，《日复一日的封锁》，第252—253页。这部著作以逐日记载的方式准确记录下所有作战行动。

34. 普拉东诺夫，《列宁格勒战役，1941年—1944年》，第220—221页。

35. 同上，第222页。

36. 同上，第223页。

37. 同上。

38. 同上，第286页。修建铁路线的初步建议，可参阅：德泽尼斯克维奇，《被围困的列宁格勒》，第246—248页。

39. 普拉东诺夫，《列宁格勒战役，1941年—1944年》，第287页。

40. 同上。

41. 同上。

42. 同上，第288页。

43. 同上，第223页。

44. 同上，第224页。关于货物运送量的文件，可参阅：德泽尼斯克维奇，《被围困的列宁格勒》。

45. 普拉东诺夫，《列宁格勒战役，1941年—1944年》，第152页。

46. 同上。

47. 同上，第153页。

48. 同上，第154页。

49. 同上，第155页。

50. 同上。

51. 同上，第173页。

52. “国防委员会1837ss号指令，关于在最高统帅部大本营内成立游击运动总司令部”，收录于：V.A.佐洛塔廖夫主编，《1941年—1945年，伟大卫国战争中的游击运动：文件和资料》，刊登在：《俄罗斯档案：伟大卫国战争》，第20（9）期，莫斯科：特拉出版社，1999年，第114—115页。国防人民委员部的执行令于1942年6月16日下达。

53. “游击运动中央司令部司令员的命令，关于在各集团军军事委员会建立游击运动司令部作战指挥组”，收录在：佐洛塔廖夫，《1941年—1945年，伟大卫国战争中的游击运动：文件和资料》，第118页。

54. 佐洛塔廖夫，《1941年—1945年，伟大卫国战争中的游击运动：文件和资料》，第119页。

55. 普拉东诺夫，《列宁格勒战役，1941年—1944年》，第173页。

56. 同上，第174页。

57. 同上。关于1942年8月—9月，游击队在列宁格勒和沃尔霍夫方面军作战地带展开行动的详细报告，可参阅：佐洛塔廖夫，《1941年—1945年，伟大卫国战争中的游击运动：文件和资料》，第137—138页。

58. 厄尔 · F.齐姆克，《从斯大林格勒到柏林：德国在东线的失败》，华盛顿特区：美国陆军军事历史办公室，1968年，第105页。

59. 普拉东诺夫，《列宁格勒战役，1941年—1944年》，第175—176页。

60. 同上，第176页。

61. 同上。

62. "联共（布）中央委员会游击运动中央司令部的报告，关于苏联暂时被占领土上的游击运动"，收录于：佐洛塔廖夫，《1941年—1945年，伟大卫国战争中的游击运动：文件和资料》，第162—163页。

63. 普拉东诺夫，《列宁格勒战役，1941年—1944年》，第283—284页。游击运动中央司令部1943年1月的一份报告指出，60个游击支队、2756名游击队员在列宁格勒地域活动，其中17个支队与苏联后方保持着无线电或信使联络。佐洛塔廖夫，《1941年—1945年，伟大卫国战争中的游击运动：文件和资料》，第263页。

64. 普拉东诺夫，《列宁格勒战役，1941年—1944年》[①]。

65. 同上。

66. 同上。

67. 与这些大规模行动相关的一些文件，可参阅：佐洛塔廖夫，《1941年—1945年，伟大卫国战争中的游击运动：文件和资料》，第300—312、第402—420页。

68. 苏联方面的资料称，游击队摧毁或破坏了156列火车、133个火车头、2452节/个车厢、站台和水塔、19座铁路桥、151座公路桥、72020条电话、电报线、12辆坦克、26门火炮、50座仓库、37个小股守备部队或警戒部队哨所。普拉东诺夫，《列宁格勒战役，1941年—1944年》，第285页。

69. 同上，第286页。

70. 德方视角的详情可参阅：齐姆克，《从斯大林格勒到柏林：德国在东线的失败》，第203—204、第261、第264、第304—308页。

---

① 译注：未注明页数。

第九章
打破封锁
1943年1月—4月

1943年1月的态势

1942年年底，苏德战线最重要的地段当属苏联南部，那里的战斗结果将对整个战争的后续进程和结果造成根本性影响。希特勒将大规模军团派往苏联南部，夺取苏联最重要的经济地区，但面对重整旗鼓并获得加强的苏联红军，这些军团遭受到前所未有的挫败。6月底，向东顺利推进后，2个德国集团军群和4个卫星国集团军击败红军，渡过顿河，将伏尔加河畔那座以斯大林的名字命名的城市夺取大半，与此同时，他们向南疾进，到达高加索山区顶峰。11月，红军在最痛苦的时刻遂行反击，分别在斯大林格勒地域和莫斯科以西的勒热夫发起代号为“天王星”和“火星”的大规模反攻[1]。

虽然苏军对莫斯科以西勒热夫突出部内德国军队发起的“火星”反攻以失败告终，但“天王星”行动取得了成功，包围并歼灭了3个轴心国集团军，令希特勒和德国国防军震惊不已，对此完全无法置信。苏军最高统帅部力图扩大斯大林格勒的胜利，而德国人则竭力避免崩溃，并设法遏止苏军进攻大潮，导致汹涌的战火又在顿河和顿巴斯地区肆虐了几个月。当然，发生在苏联中部和南部的重大战略行动更加耀眼，使东线其他地段的作战行动黯然失色。

1943年1月，斯大林和最高统帅部大本营认为，他们手上掌握着一个良机，可以利用轴心国军队的失败将红军的攻势扩大到几乎涵盖整条苏德战线。可以理解的是，大本营将列宁格勒地区包纳到作战计划中，一是因为列宁格勒军民面对着封锁下第二个严酷的冬季，二是考虑到德军也许有所减弱但依然持续存在的进攻威胁。故大本营决定在列宁格勒地区发起一场重大进攻，时间与红军在苏联南部扩大的攻势相一致。最初的目标只是粉碎列宁格勒遭受的封锁，但1943年2月，最高统帅部大本营又希望决定性地击败“北方”集团军群，将其部队彻底逐出整个列宁格勒地区。此时，列宁格勒地区的进攻行动仅仅是一个更加宏大的计划的组成部分，这个计划旨在击败东线的3个德国集团军群，将他们逐至纳尔瓦—维捷布斯克—基辅—第聂伯河一线。1941年年底至1942年年初的冬季，红军未能实现这一目标。

1943年1月1日，红军在列宁格勒地区的战略态势依然严峻，但已不再像原先那般严重。去年，苏军最高统帅部大本营为打破列宁格勒遭受的封锁，两次发起大规模进攻，但都以失败告终。在此过程中，突击第2集团军两次遭受被围歼的耻辱，数万名红军士兵不是阵亡就是被德国人俘虏。虽然德军对列宁格勒发起大举进攻的威胁有所下降，但他们仍从三个方向包围着这座城市，芬兰军队也从北面构成威胁。战线就在城市南面4公里、西北和东南方30公里处。

戈沃罗夫的列宁格勒方面军守卫着城市以西遭孤立的奥拉宁包姆登陆场，以及列宁格勒南部、东南部、东部接近地。这座城市仍与祖国其他地区相隔断，波罗的海舰队被困于芬兰湾东部，德军炮兵继续轰击城内不断减少的居民。东面，梅列茨科夫的沃尔霍夫方面军据守着通往拉多加湖东岸的关重交通线，以及拉多加湖与伊尔门湖之间的宽阔地带。

A.I.切列帕诺夫少将第23集团军沿卡累利阿地峡据守城市西北接近地，抗击芬兰人可能发起的进攻，滨海战役集群（原第8集团军）守卫着城市以西遭到孤立的奥拉宁包姆登陆场。切列帕诺夫集团军编有5个步兵师、1个步兵旅、2个筑垒地域和1个坦克旅，而滨海战役集群编有2个步兵师、2个步兵旅、2个海军步兵旅、2个独立机枪—火炮营和1个独立坦克营[2]。滨海战役集群据守的登陆场以远程炮兵掩护喀琅施塔得接近地，并对列宁格勒以南德军部队之左翼构成威胁。城内卫戍部队和波罗的海舰队喀琅施塔得海军防御地域与第23集团军及滨海战役集群相配合，掩护着列宁格勒海上接近地。喀琅施塔得海军防御地域守卫着芬兰湾的要塞和岛屿，并以飞机和雪橇保持着这些岛屿间的联系。

I.I.马斯连尼科夫上将的第42集团军①和V.P.斯维里多夫中将②的第55集团军守卫着列宁格勒南部、东南部接近地，其防线从芬兰湾的乌里茨克起，经普希金和科尔皮诺延伸至涅瓦河。第42集团军辖5个步兵师、1个筑垒地域、1个坦克旅、1个独立坦克团；第55集团军编有4个步兵师、1个筑垒地域、1个坦克旅。M.P.杜哈诺夫少将指挥的第67集团军于1942年10月以涅瓦河战役集群改编而成，在方面军左翼据守着一条55公里宽的防御地带，沿涅瓦河向北延伸至施吕瑟尔堡。该集团军还守卫着涅瓦河河口以北的拉多加湖西岸。

第67集团军编有3个步兵师、2个步兵旅、1个滑雪旅、1个筑垒地域、2个独立坦克营，外加支援炮兵。集团军辖下的步兵第46师扼守波罗吉（Porogi）—维堡斯卡亚杜布罗夫卡（Vyborgskaia Dubrovka）地段和莫斯科夫斯卡亚杜布罗夫卡附近涅瓦河对岸的一座小型登陆场，步兵第11旅的部署地带从维堡斯卡亚杜布罗夫卡延伸至施吕瑟尔堡以南4公里的甘尼巴洛夫卡河（Gannibalovka）。集团军辖下的第16筑垒地域据守拉多加湖西岸，步兵第55旅与拉多加湖区舰队共同保卫拉多加湖上的冰路，此外施吕瑟尔堡对面的涅瓦河河口处的奥列舍克要塞也驻有一小股守军。杜哈诺夫将近卫步兵第45、步兵第86师和滑雪第35旅留作集团军预备队。第67集团军各个师的兵力从7000至10000人、各个旅从3000至5800人不等，整个集团军共有850门火炮/迫击炮、400具M-30多管火箭发射器和稍稍超过50辆的坦克。集团军的战役密度为每个师据守12公里防区[3]。

戈沃罗夫将步兵第136、第268师、步兵第162、第250旅、滑雪第25旅、第13筑垒地域和坦克第61、第122旅留在列宁格勒地域担任方面军预备队，准备用于卡累利阿地峡。

列宁格勒方面军的空中力量由空军第13集团军和波罗的海舰队航空兵组成，为列宁格勒方面军和海军基地提供掩护。空军第13集团军组建于1942年11月，编有3个航空兵师（歼击航空兵第275师、轰炸航空兵第276师、强击航空兵第277师）、5个独立航空兵团（歼击航空兵第196、第286、近卫轰炸航空兵

---

① 译注：1943年1月时，第42集团军司令员应是尼古拉耶夫中将。马斯连尼科夫是1943年12月接任的。

② 译注：1943年8月斯维里多夫才晋升为中将。

第23、轰炸航空兵第897、侦察航空兵第13团）和仍在组建中的混成航空兵第12团。该集团军拥有150架作战飞机，由波罗的海舰队3个航空兵旅的235架战机为其提供加强[4]。

列宁格勒防空集团军和拉多加湖师级防空地域守卫着列宁格勒及其周边，防范敌人的空袭。列宁格勒防空集团军的歼击航空兵第7军和高射炮、高射机枪团拥有550门高射炮和150挺大口径高射机枪，并获得拉多加湖师级防空地域180门高射炮和60挺大口径高射机枪加强。列宁格勒防空集团军编有歼击航空兵第7军（该军的80架战机在作战上隶属于空军第13集团军）、6个中口径、1个小口径高射炮兵团和1个大口径机枪—火炮团[5]。

波罗的海舰队仍隶属于列宁格勒方面军，掌握有：喀琅施塔得海军基地和毗邻的要塞；伊佐尔斯克和奥斯特罗夫筑垒地带；列宁格勒海军基地，该基地负责维修驻扎于喀琅施塔得和列宁格勒的舰队舰艇、分舰队舰艇和潜艇；拉多加湖区舰队、海岸防御和航空兵部队。波罗的海舰队多项任务并行，以掩护列宁格勒海上接近地和至关重要的拉多加湖补给线。首先，该舰队与第23集团军、滨海战役集群、城内卫戍部队相配合，防止德军发起冰上突击夺取芬兰湾的科特林岛和其他岛屿，并掩护列宁格勒海上接近地。其次，该舰队还保护着跨越芬兰湾的冰上道路，并以海岸炮兵和拉多加湖区舰队的船只协助守卫拉多加湖西岸及湖上冰路，还扼守着湖东岸的新拉多加[6]。

从拉多加湖至伊尔门湖，梅列茨科夫的沃尔霍夫方面军以6个集团军守卫着300公里防区。斯塔里科夫第8集团军在方面军右翼据守50公里宽的防区，从新拉多加运河延伸至基洛夫铁路线，并获得V.Z.罗曼诺夫斯基中将突击第2集团军支援，后者部署在第二梯队，正为新的进攻行动进行准备。第8集团军编有8个步兵师、1个步兵旅、1个坦克团和2个独立坦克营；突击第2集团军辖2个步兵师、2个步兵旅、1个海军步兵旅、2个坦克旅和4个独立坦克营，外加支援炮兵。第54、第4、第59、第52集团军分别由A.V.苏霍姆林中将、N.I.古谢夫少将、I.T.科罗夫尼科夫中将、V.F.雅科夫列夫中将指挥，部署地域从基洛夫铁路线南延至伊尔门湖。

沃尔霍夫方面军第8和突击第2集团军防区的战役密度为每个师据守4公里正面。第8集团军辖内各师的兵力为3800～9500人不等（平均每个师6400

人），突击第2集团军各师兵力为6500～7000人不等。两个集团军共有1700门火炮/迫击炮、约130具“喀秋莎”和100多辆坦克[7]。梅列茨科夫将步兵第71师和滑雪第37、第39旅留作方面军预备队。1942年7月组建的空军第14集团军为沃尔霍夫方面军提供空中支援，该集团军拥有200多架战机，编为3个航空兵师和7个独立航空兵团。

德军在苏联南部遭遇挫败后，OKH不得不稳定南部态势，推延了列宁格勒地区的后续行动。与此同时，OKH命令屈希勒尔的“北方”集团军群转入防御，10月份又把第11集团军转隶“中央”集团军群，严重削弱了“北方”集团军群的实力。另外，1942年10月和11月期间，OKH还将第18集团军的9个师调至前线其他地段[8]。

1943年1月1日，从波罗的海至伊尔门湖，林德曼第18集团军辖下的26个师部署在一条450公里长的战线上，与红军列宁格勒、沃尔霍夫方面军对峙。兵力的严重短缺迫使林德曼几乎将麾下所有师部署在前线，每个师据守的正面约为17公里。遂行防御的每个德军师保留1～2个营的战术预备队，林德曼将2个师（第96步兵师、第5山地师）的部分兵力留在姆加和红村以西地域，充当集团军预备队。OKH把第10空军野战师调给林德曼，试图以此弥补兵力的欠缺，12月1日，该师已在从金吉谢普赶往赤卫军城的途中。另外，芬兰集团军的5个师对苏军第23集团军设在列宁格勒以北的防御构成威胁。德国空军第1航空队对列宁格勒发起次数有限的侦察和轰炸，以此为林德曼集团军提供空中支援。10月1日至12月31日，第1航空队以4700个轰炸架次空袭列宁格勒，每次投入3～6架战机[9]。

第18集团军编成内的第50军以第225、第215步兵师、第9空军野战师和党卫队第2师据守列宁格勒以南地带，其防区从奥拉宁包姆登陆场西部边缘延伸至普希金。东面，第54军以西班牙第250“蓝色”师、党卫队“警察”师和第5山地师守卫从普希金至涅瓦河畔安年斯科耶这片地带。第26军在施吕瑟尔堡南面的姆加—锡尼亚维诺突出部守卫从安年斯科耶至沃罗诺沃以南的防御工事。该军第170步兵师和第227步兵师的1个团沿涅瓦河布防，正面朝西，第227步兵师余部和第1、第223步兵师的防区正面朝北、东，从施吕瑟尔堡延伸至沃罗诺沃。第1军第69、第132、第61、第11、第217、第21步兵师据守的防线从沃罗波诺沃以南延伸至基里希以南的沃尔霍夫河。最后是沿沃尔霍夫河南延伸至伊尔门湖的防线，由第28军第24、第121步兵师、第28猎兵师、第38军第254、第212步兵师和第1空军野战师据守。第285保安师保护着集团军群的整个后方地域。

德军在施吕瑟尔堡—锡尼亚维诺瓶颈的防御最为强大，在此设防的是第26军第1、第227、第170步兵师，第54军党卫队“警察”师、第5山地师一部，以及担任第18集团军预备队的第96步兵师。5个经验丰富的德军师，每个师编有10000～12000人，在这片遍布森林和沼泽的地带坚守着强大的筑垒防御。涅瓦河（冬季部分冻结）的深度和宽度，加上姆加—锡尼亚维诺突出部内近乎无法通行的森林和沼泽地带，以及突出部内遍布石材建筑的村落，从整体上看，这有利于德军实施防御并维持封锁。一直到1943年年初，希特勒仍将该突出部视为对冰上公路、从东面对列宁格勒发起后续突击的重要出发阵地，也是实施封锁的重要环节，因为该突出部截断了列宁格勒与沃尔霍夫方面军之间的联系[10]。

因此，德国人在突出部内构设了三道强大的防线，每道防线都由三道战壕线构成，他们还构筑了防御地域和依托诸多筑垒村庄的大型防御枢纽部。德国人在第一、第二工人新村、施吕瑟尔堡和锡尼亚维诺建起防御地域。设在施吕瑟尔堡、第一戈罗多克、第二戈罗多克、阿尔布佐沃和安年斯科耶的五个防御枢纽部面对着苏军第67集团军，设在洛巴诺沃（Lobanovo）的另一个防御枢纽部掩护着通往姆加车站的铁路线。另外，设在利普卡、第八工人新村、贡托瓦亚利普卡（Gontovaia Lipka）、托尔托洛沃、米希诺、波列奇耶的六个防御枢纽部面对着苏军第8集团军。最后，德国人还依托纵深处的第一、第五工人新村和锡尼亚维诺，构设起纵深防御阵地和诸多后方防线[11]。突出部内这些强大的防御代表着一个个硬核桃，苏军要想打破列宁格勒遭受的封锁，就必须将它们粉碎。

策划“火花”行动

1942年11月底至12月初，红军在苏联南部发起一场大规模冬季攻势，着手扩大斯大林格勒的胜利，与此同时，在最高统帅部大本营代表伏罗希洛夫的监督下，戈沃罗夫和梅列茨科夫开始策划打破列宁格勒封锁圈的进攻行动。起初，戈沃罗夫于11月18日提出建议，发起两场独立进攻[12]。第一个行动是施吕瑟尔堡进攻战役，旨在突破封锁圈，恢复拉多加湖以南的铁路交通线；第二个行动是乌里茨克进攻战役，意图填补滨海战役集群与第42集团军之间的缺口，重新建立起两支部队的联系。在施吕瑟尔堡进攻战役中，列宁格勒方面军第67集团军将突破德军在第二戈罗多克与施吕瑟尔堡之间和沿拉多加湖湖岸设立的防御；同时，沃尔霍夫方面军突击第2、第8集团军应突破德军设在拉多加湖与米希诺之间的防御。两个方面军的突击群将在锡尼亚维诺附近会合，从而打破列宁格勒封锁圈，尔后掩护沿拉多加运河铁路线的重建工作。这样一来，他们便能恢复列宁格勒与祖国其他地区之间的正常陆地交通，并使两个方面军辖内部队获得机动自由。

在乌里茨克进攻战役中，列宁格勒方面军第42集团军将突破德军设在乌里茨克和普希金的防御，并与滨海战役集群会合，重新建立起奥拉宁包姆登陆场与列宁格勒之间的联系。若取得成功，这场进攻将阻止德军炮兵对列宁格勒的炮击，使波罗的海舰队的舰艇获得在列宁格勒与喀琅施塔得之间的机动自由，恢复城市西面的一道绵亘防线，并使列宁格勒南部防御地带得到极大拓宽。按照最初的策划，施吕瑟尔堡进攻战役将于12月下半月发起，乌里茨克进攻战役则于1943年2月中旬展开。虽然两个方面军的参谋人员对这两场进攻都做了详细策划，但发起进攻的最终日期仍取决于涅瓦河和拉多加湖上的冰情。

11月18日，戈沃罗夫请求大本营批准他的计划，4天后，他又提交了遂行这两场进攻的具体建议[13]。由于步兵、炮兵和重型坦克渡过涅瓦河需要冰层冻硬（渡河设备不足），戈沃罗夫建议于1月中旬发起行动。他还指出，他的部队应在第一戈罗多克至施吕瑟尔堡10公里宽的地带突破德军防御，而沃尔霍夫方面军应在姆加铁路线与拉多加湖之间的利普卡—米希诺地带达成突破。两股部队尔后应冲向锡尼亚维诺，防止德军从拉多加湖发起侧翼突击。

戈沃罗夫强调，两个方面军应以强有力的突击群同时发起进攻，避免重演1942年8月他的部队遭遇过的问题。他建议，每个突击群应编有7～8个步兵师，其中4个师位于第一梯队，3个师位于第二梯队，1个师担任预备队，并以大批坦克、炮兵和工程兵部队提供支援[14]。戈沃罗夫打算在行动中投入700多门火炮/迫击炮，使炮兵密度达到每公里正面70门火炮/迫击炮。最后，戈沃罗夫请求大本营以3～4个步兵师加强他的方面军，并让空军第13集团军实现满编。

12月2日，苏军最高统帅部大本营批准了戈沃罗夫的计划，只提出些许修改[15]。具体说来，大本营命令戈沃罗夫和梅列茨科夫于12月1日前完成他们的策划，并把进攻行动的代号定为“火花”。大本营指定罗曼诺夫斯基突击第2集团军担任沃尔霍夫方面军突击群，杜哈诺夫第67集团军担任列宁格勒方面军突击群，并命令现担任沃尔霍夫方面军副司令员的费久宁斯基监督罗曼诺夫斯基的行动，而杜哈诺夫的行动则由戈沃罗夫亲自指导。最后，伏罗希洛夫元帅作为大本营从莫斯科派出的代表，对整个作战行动加以协调。

最高统帅部大本营12月8日给各方面军下达了具体任务[16]。两个方面军突击群的当前任务是消灭盘踞在施吕瑟尔堡—锡尼亚维诺瓶颈（利普卡、盖托洛沃、莫斯科夫斯卡亚杜布罗夫卡、施吕瑟尔堡地域）的德军部队，突破列宁格勒封锁圈，1月底前前出至莫伊卡河（Moika）—米哈伊洛夫斯基（Mikhailovskii）—托尔托洛沃一线，并在那里掘壕据守。成功完成施吕瑟尔堡进攻战役后，两个方面军应于2月份上半月发起新行动，歼灭姆加地域之敌，肃清基洛夫铁路线，月底前前出至沃罗诺沃—沃斯克列先斯科耶（Voskresenskoe）—锡加洛沃（Sigalovo）—沃伊托洛沃（Voitolovo）一线。这样一来，两个方面军便能打开一条通往列宁格勒的陆地走廊，从而与该城建立起更加可靠的联系。

针对戈沃罗夫先前的请求，大本营12月间为他和梅列茨科夫提供了大批援兵。戈沃罗夫方面军获得步兵第224师、步兵第102、第123、第138、第250、第142旅、高射炮兵第7师和3个雪橇营。梅列茨科夫方面军获得调自莫斯科的步兵第18、第147、第239、第364、第379师、工程工兵第53旅，调自阿尔汉格尔斯克的滑雪第11、第12、第13旅，外加4个雪橇营。

NKO（国防人民委员部）还为两个方面军提供了必要的装备，以组建大编制炮兵和坦克兵部队，包括沃尔霍夫方面军的4个炮兵师、10个迫击炮兵团、2个高射炮兵团、1个坦克团，列宁格勒方面军的1个炮兵师、1个炮兵旅、3个炮兵团、5个近卫迫击炮兵营、3个迫击炮兵团、1个坦克团和4个独立坦克营。这些增援使沃尔霍夫方面军的兵力增加了22%、火炮增加了20%、迫击炮增加了30%，列宁格勒方面军的兵力也增加了10%[17]。

虽然两个方面军设法在1月1日前完成了进攻准备，但12月27日涅瓦河糟糕的冰冻情况迫使戈沃罗夫提出推延进攻。大本营批准了戈沃罗夫的请求，并把进攻发起日期推延至1月10日—12日。根据最终确定的进攻计划，两个突击群将歼灭据守施吕瑟尔堡—锡尼亚维诺突出部的德军，打破列宁格勒封锁圈。尔后，他们将于2月初向南发起突击，歼灭姆加地域之敌，建立一条通往列宁格勒的宽大陆地走廊，从而恢复与列宁格勒的可靠陆地交通。第二阶段的确切任务是肃清基洛夫铁路线之敌，月底前到达沃罗诺沃—沃斯克列先斯科耶—锡加洛沃—沃伊托洛沃一线。

杜哈诺夫第67集团军担任戈沃罗夫的突击群，负责在莫斯科夫斯卡亚杜布罗夫卡与施吕瑟尔堡之间13公里地带突破德军防御，击败突出部西部之敌，与沃尔霍夫方面军突击群会合，恢复列宁格勒的陆地交通线。杜哈诺夫突击群将沿马里诺—锡尼亚维诺方向发起突击，消灭德军设在涅瓦河左岸的支撑点，夺取阿尔布佐沃、第二工人新村和施吕瑟尔堡。随后，杜哈诺夫将投入他的第二梯队，攻克德军设在安年斯科耶、穆斯托洛沃、第六工人新村、锡尼亚维诺、第五、第一工人新村的防御枢纽部。尔后，他的部队将转身向南，沿莫伊卡河占据从涅瓦河河口至克尔科洛沃的新防御。杜哈诺夫集团军编有8个步兵师、5个步兵旅、2个滑雪旅、3个坦克旅、1个筑垒地域、22个炮兵和迫击炮兵团、15个工程工兵和舟桥营及另外一些专业部队，这些部队编为两个梯队，以加强进攻力量。该突击群将于1月10日晨发起进攻，行动不分昼夜，以便在3～4天内打破列宁格勒封锁圈[18]。

罗曼诺夫斯基突击第2集团军担任梅列茨科夫的突击群，负责在利普卡至盖托洛沃这片12公里地域突破德军防御，歼灭盘踞在突出部东部的德军部队，与列宁格勒方面军会合，同时在防线其他地段实施严密防御。罗曼诺夫斯基的当前任务是以强大的左翼部队歼灭利普卡、克鲁格拉亚树林、盖托洛沃地域之敌，夺取第一、第五工人新村的德军支撑点和锡尼亚维诺的德军防御枢纽部，从而破坏德军的整个防御。尔后，该集团军将掘壕据守，掩护施吕瑟尔堡方向和自己的左翼，并与列宁格勒方面军第67集团军会合。罗曼诺夫斯基集团军辖11个步兵师、1个步兵旅、2个滑雪旅、4个坦克旅、2个工程工兵旅、37个炮兵和迫击炮兵团和另一些专业部队，集团军将这些部队部署为两个梯队，并为各部队分配了负责夺取的具体目标[19]。

斯塔里科夫第8集团军部署在罗曼诺夫斯基左侧，负责在盖托洛沃和米希诺地域突破德军防御，向西、西南方推进至克尔科洛沃—米哈伊洛夫斯基—米希诺一线，掩护突击第2集团军左翼，并与第67集团军相配合，在姆加西北方构设新防御。尽管梅列茨科夫计划于1月7日发起进攻，但大本营还是将他的行动推延至1月12日。

12月27日，伏罗希洛夫批准了戈沃罗夫和梅列茨科夫协调突击行动的计划，该计划要求两个方面军的两个突击群沿穿过第二、第六工人新村的一条战线会合。这份协同计划比以往的任何协同计划更加详细，就行动的各个方面对两个突击群做出指示，并为参谋人员策划工作的各个方面制定了详细的指导方针[20]。

没等获得方面军正式下达的训令，杜哈诺夫和罗曼诺夫斯基便根据两个方面军的预先号令完成了大部分策划工作，并于1月1日前将他们的计划呈交戈沃罗夫和梅列茨科夫。杜哈诺夫的计划要求他的突击群跨过涅瓦河冰面，在莫斯科夫斯卡亚杜布罗夫卡与施吕瑟尔堡之间突破德军防御。他的突击群随后将攻往锡尼亚维诺，歼灭施吕瑟尔堡和锡尼亚维诺的德军，夺取阿尔布佐沃、22.4里程碑、第六工人新村、锡尼亚维诺、第一工人新村和施吕瑟尔堡的德军支撑点。尔后，他的突击群将与沃尔霍夫方面军突击群会合，恢复拉多加湖南面一道绵亘防线，并向东南方发起进攻，夺取莫伊卡河一线。与此同时，他的步兵第46师、步兵第55旅、滑雪第35旅、第16筑垒地域负责守卫涅瓦河西岸和拉多加湖上冰路。波罗的海舰队以23个固定和铁路炮兵连加强第67集团军，其中包括调自舰队训练场的88门130～356毫米口径远程火炮、4个扫雷中队和3艘部署在涅瓦河的炮舰[21]。

罗曼诺夫斯基的计划要求他的突击群突破利普卡与盖托洛沃之间的德军防御，歼灭利普卡、第八工人新村、克鲁格拉亚树林、盖托洛沃地域之敌，夺取第一、第五工人新村和锡尼亚维诺。尔后，突击群一边掩护右翼（防止德军从施吕瑟尔堡发起进攻）和左翼（防止德军从克尔科洛沃发起进攻），一边前出至涅瓦河，与列宁格勒方面军突击群会合。遂行突击期间，集团军辖下的步兵第22旅应掩护利普卡以东的拉多加湖南岸。罗曼诺夫斯基左侧，斯塔里科夫第8集团军计划以2个步兵师、1个步兵旅在盖托洛沃和米希诺地域突破德军防御，向姆加推进，以掩护突击第2集团军左翼，同时在防线其他地段遂行防御[22]。

在极其困难的地形和天气条件下，对拥有强大防御的德军发起如此复杂的进攻行动，需要细致、有效的指挥控制，并对炮兵、航空兵、坦克兵、工程兵和后勤支援组织起庞大而又彻底的整合和协调。两个方面军对仅隔13～15公里的目标发起对进突击，这使协调工作既必要又困难。事实的确如此，因为过去的进攻战役多次表明，在类似情况下，有哪些事是不能做的。因此，方面军和集团军参谋人员特别注意对作战和作战勤务支援的组织和协调工作。

战争这一阶段，有效的炮兵、航空兵火力是进攻发起前和进攻期间削弱敌人预有准备的防御的关键，对成功发展、最终巩固胜利至关重要。苏军早期的进攻行动失败，主要原因之一就是缺乏准确的目标选定和有效炮火。因此，戈沃罗夫和梅列茨科夫计划在进攻发起前和进攻期间为他们的突击群提供大规模炮火支援。戈沃罗夫在进攻发起前大规模变更部署了他的炮兵力量，最后将1873门火炮和迫击炮（76毫米或以上）集中在第67集团军突击地域。这就使炮兵密度达到每公里正面144门火炮和迫击炮。他还把3个近卫迫击炮兵团和12个近卫迫击炮兵营部署在突破地段，以此加强上述炮兵力量，提高炮火准备的有效性。他还组建起远战炮兵群和特定用途炮兵群，负责消灭德军炮兵，打击敌防御纵深的重要目标。另外还有一个近卫迫击炮兵群，为投入突破口的第二梯队提供支援。最后，为改善对步兵的支援，戈沃罗夫还在遂行进攻的每个师里组建起反迫击炮兵群，以加强常规步兵支援群的火力[23]。

戈沃罗夫计划在突击发起前实施140分钟炮火准备。最初，这涉及对1公里纵深同时发起的弹幕射击。密集射击结束后，炮兵将实施持续的集中射击，并在距离涅瓦河岸200～250米处投下一个密集的最终掩护火力区，以此保护前进中的步兵。步兵发起冲击前至冲击期间，每公里正面的22门火炮将实施大规模直瞄火力射击，防止德国人炸塌涅瓦河上的冰层。方面军为第67集团军分配了3个炮兵弹药基数，在方面军和集团军仓库保留1.5～5.0个基数，并计划在突破阶段对5公里纵深使用3.3～5个炮兵弹药基数[24]。这个数字远远超过以往进攻行动分配的弹药量。

梅列茨科夫在他的突击地段集结起2885门火炮和迫击炮，战术密度达到每公里正面180门火炮和迫击炮，还不包括2个重型炮兵旅和4个近卫迫击炮兵旅，并以2206门火炮和迫击炮支援突击第2集团军。与戈沃罗夫一样，梅列茨科夫也组建起炮兵群，打算在突击第2集团军冲击地带实施140分钟炮火准备，在第8集团军进攻地段实施160分钟炮火准备，组织方式与列宁格勒方面军相同。他的炮火准备也依赖于每公里正面部署的18门火炮沿阵地前沿倾泻的猛烈直射火力。方面军为突击第2集团军提供2～2.5到5个不等的弹药基数，并命令所有团属、师属火炮必须安装在滑雪板或雪橇上，重机枪搭载在滑雪板或雪车上，以提高这些武器的机动性[25]。

分配给两个方面军的战机，主要任务是支援地面突击、轰炸德军后方的关键目标。S.D.雷巴利琴科空军少将的空军第13集团军，在波罗的海舰队航空兵、列宁格勒防空集团军歼击航空兵第7军和分配给各集团军的4个混成航空兵师加强下，以414架战机（主要是歼击机）支援戈沃罗夫的进攻[26]。由于轰炸机和强击机所占的比例相对较小，因此，火力准备期间，雷巴利琴科的战机主要用于打击前沿目标；地面部队突击期间，他的战机则打击敌预备队和炮兵发射阵地。尔后，小股战机将为前进中的部队提供支援，并在地面部队迫切需要时，随叫随到予以协同。歼击机的主要任务是夺取空中优势，并为地面部队提供空中掩护。

I.P.茹拉夫廖夫空军少将的空军第14集团军，在歼击航空兵第2军、强击航空兵第232师和分配给诸集团军的3个混成航空兵团支援下，以395架战机（主要是强击机和歼击机）支援梅列茨科夫的进攻[27]。由于强击机所占的比例较大，这使茹拉夫廖夫的空军集团军可以在地面部队进攻德军支撑点时为其提供更有效的对地支援。

与以往的进攻行动相同，大型坦克编队无法在列宁格勒周围崎岖、遍布森林和沼泽的地带使用，另外，突击群与目标之间的距离较短，坦克部队没有足够的机动空间。因此，两个方面军将坦克旅、团和独立营分配给他们的突击群只是为了支援步兵推进。戈沃罗夫以轻型坦克第152、第220、第61旅和独立坦克第189、第119营支援第67集团军，共222辆坦克和37辆装甲车[28]。他把这些坦克部队和伴随坦克行动的战斗工兵平均分配给第一、第二梯队步兵部队，利用轻型坦克的优势越过涅瓦河冰面。

梅列茨科夫将坦克第16、第98、第122、第185旅、近卫突破坦克第32团、独立坦克第500、第501、第503和第507营分配给突击第2集团军，共217辆坦克。另外，独立坦克第25团和独立坦克第107、第502营的92辆坦克为第8集团军的辅助突击提供支援。雪橇第32和第44营配有轻型装甲机枪雪橇，将在德军后方实施侦察和突袭。罗曼诺夫斯基把坦克旅和坦克营主力部署在突击群左翼，以确保迅速夺取德军至关重要的锡尼亚维诺防御枢纽部，因此，在集团军中央地带遂行冲击的步兵第372、第256、第191步兵师，没有得到任何坦克力量支援[29]。

鉴于德军防御强大，加之地形条件复杂、可用道路匮乏，大规模工程兵支援对进攻行动能否取得成功至关重要，尽管这种支援在过去的行动中不太有效。列宁格勒方面军工程兵部队将协助突击部队渡过涅瓦河，在缺乏道路的地带修筑通行路线，还要准备出发和突击阵地。戈沃罗夫以15个工程工兵、舟桥和其他工程兵营、7个渡河场、伪装和水利技术连支援第67集团军。进攻发起前，工兵和工程兵对现有战壕加以扩大和深化，并在距离河岸400～600米处精心构设了一片战壕网，以掩护突击部队从铁路线进入沿河设立的出发阵地[30]。他们还构筑了一个大规模指挥所和观察点体系，大批荫蔽火炮发射阵地，特别是朝河对岸实施直接射击的火力点，以及可供取暖、休息的掩体和覆盖着防水帆布、可供整个步兵排使用的小屋。

集团军为进攻行动变更部署时，工程兵们构筑了50公里冬季道路，这样，每个师可以得到两条路线进入其出发阵地，并以特制的空中炸药在雷区炸开通道。进攻期间，他们冒着德军火力在涅瓦河上设立起承载力达60吨的木制渡口，以便中型和重型坦克渡河。不过，他们做出的最重要的战斗贡献则是投入了专用于摧毁德军支撑点的强击群和破坏群，以及障碍设置营和地雷工兵营，以强化占领线并掩护侧翼。

梅列茨科夫把2个完整的工程工兵旅、1个独立地雷工兵营和1个摩托化工程兵营交给突击第2集团军，并以1个工程地雷工兵旅和1个独立最高统帅部预备队摩托化工程兵营支援斯塔里科夫第8集团军。除了提供渡河支援，这些工程兵部队遂行的任务与列宁格勒方面军工程兵部队的基本相同。进攻准备期间，沃尔霍夫方面军工程兵部队构筑了20公里的接近道路，搭建了许多渡口和桥梁跨越冰冻的河流和小溪，并排除地雷，以每个突击连1条的比率在雷区打开通道[31]。

由于侦察工作一直是以往进攻行动的严重弱点，因此，两个方面军实施了广泛的观察、袭击和“抓舌头”，每天检查涅瓦河冰层，并在进攻发起前从空中拍摄敌军阵地。发起突击时，除了侧翼的炮兵发射阵地，列宁格勒方面军情报部已经掌握了德军防御阵地的可靠情况。

与以往作战行动相比，对空防御任务较为容易，这是因为除了少数例外情况，空军第13和第14集团军能够在相对受到限制的战场上方保持空中优势。列宁格勒方面军以400架歼击机为其突击群提供空中掩护。另外，该方面军还以1个满编高射炮兵师、1个防空炮兵团、6个独立高射炮兵营、2个铁路炮兵连提供高射炮支援。第67集团军将这些火炮编为一个高射炮兵群，在突击部队上空组织起三层防空火力。沃尔霍夫方面军将2个防空高射炮兵师、2个高射炮兵营、1个高射炮兵连编为两个实力相当的高射炮兵群，呈前后部署，提供多层防空火力，以此支援方面军突击群[32]。

以往战役中苏军所欠缺的另一项能力是在进攻和发展胜利期间组织起有效的反坦克防御，特别是在面临德军反冲击时。这一次，两个方面军虽然和去年一样使用反坦克炮，但他们加强了反坦克防御，并为此给炮兵安排了直射任务，还为他们的突击群调拨额外的反坦克歼击炮兵团以增加直射武器数量。

物资和技术支援匮乏仍是个严重的问题，对列宁格勒方面军来说尤为如此，该方面军仍受到封锁的不利影响和恶劣地形、气候的妨碍。具体说来，列宁格勒方面军缺乏足够的仓库系统，运输车辆、燃料和医疗用品不足。沃尔霍夫方面军也遇到补给和运输方面的困难，这是因为他们距离基地太远，而主要补给来源位于苏联腹地。

尽管面临这些挑战，两个方面军还是绞尽脑汁设法囤积起所需要的物资储备。进攻发起时，列宁格勒方面军第67集团军拥有22天食物、饲料补给和3个燃料补充基数。各兵团和集团军运输部队配备的车辆，沿分配给各第一梯队师的道路执行再补给和疏散任务。除了集团军自己的医院和床位，方面军还有一个医院基地，共7所医院和8000张床位。沃尔霍夫方面军突击第2集团军有20天食物补给、58天饲料补给，每辆战车拥有2～3个燃料补充基数。该集团军掌握着4条土路，另为每个第一梯队步兵师构筑了1条冬季道路。方面军共有260辆可供使用的卡车，各道路运输部队的车辆数为规定编制的20%～85%。方面军的医院基地有12000张床位，被认为适合这种规模的作战行动[33]。

两个方面军在进攻发起前采取了严格的保密措施。只有少数高级指挥员参与行动的策划工作，书面文件篇幅保持在最小限度，与部队变更部署相关的所有调动均在夜间或恶劣气候条件下进行，并遵守严格的灯光纪律制度。1942年12月16日至1943年1月11日，苏军前线部队以直射火力摧毁德国人沿涅瓦河设置的障碍物，该行动在一条宽大正面实施，以掩盖计划中的突击地段。另外，沃尔霍夫方面军司令员在姆加东南方30～35公里处假装实施进攻准备，试图迷惑德国人，使对方弄不清苏军进攻行动的真实目标。德国人虽然知道苏军无疑正对进攻加以准备，但苏军的种种措施使他们无法确定苏军发起突击的确切日期。

为加强保密措施，改善以往进攻战役中存在大问题的指挥控制工作，两个方面军通过集团军和师指挥员，再到下级部队，将所有部队的指挥控制权严格集中到方面军司令员手中。两个方面军依靠口头下达的预先号令、在个别指挥员中召开的会议，以及会后下达的更加详细的书面命令实施指挥。集团军层面的主要作战文件是战斗命令和图上战斗计划表。

进攻准备期间，两个方面军对行动所需要的作战技能加以专门训练，例如跨过涅瓦河冰面发起突击，对特定支撑点发起突击。他们还针对具体目标加以进攻演练，在后方地域对每个进攻目标的细致模型进行了多次战斗演习。

进攻发起前夕，方面军突击群的变更部署和集结，逐渐对隐瞒进攻发起的确切地点和时间起到帮助作用。炮兵在1月5日前占据前进发射阵地，步兵师于1月11日前进入出发阵地，第一梯队的坦克于1月12日进入其突击阵地。

朱可夫的“火花”行动：第三次锡尼亚维诺进攻战役，1月

列宁格勒和沃尔霍夫方面军的第三次锡尼亚维诺进攻战役发生在苏联南部的红军扩大其冬季攻势这一背景下。由于朱可夫过去曾在列宁格勒指挥过作战行动，因此，进攻发起前不久的1月10日，最高统帅部大本营把他作为大本

营代表派至列宁格勒协调作战事宜。不到一个月前，朱可夫协调了“火星”行动，在那场战役中，西方面军和加里宁方面军意图粉碎德国“中央”集团军群在勒热夫突出部内的防御，但未获成功[34]。朱可夫督导了“火花”行动的最后准备和1月12日至24日的进攻行动。“火花”行动结束后，当年2月，朱可夫制订了更具雄心的“北极星”行动计划[35]。

“火花”行动进行之际，红军正沿着或正准备沿整条苏德战线发起大规模进攻。南方向上，顿河方面军正歼灭被困于斯大林格勒的德国第6集团军，沃罗涅日方面军和西南方面军正将德军从顿河逐向西面，南方面军正冲向罗斯托夫。西南方向上，布良斯克方面军准备对盘踞在沃罗涅日的德国第2集团军发起打击。西方向上，加里宁方面军正同大卢基附近的德军交战。这些进攻行动同时发生，是最高统帅部大本营整体计划的组成部分，这个计划旨在打垮德军位于东线的防御，并于1943年夏季前前出至第聂伯河一线。

1月12日晨，列宁格勒和沃尔霍夫方面军辖内部队同时发起进攻。前一天晚上，苏军夜间轰炸机打击了德军部队、炮兵阵地、指挥所、机场和通讯中心（参见地图14）。1月12日9点30分，戈沃罗夫的近2000门火炮和“喀秋莎”发起炮火准备。苏军炮兵以间接瞄准射击轰击距离河岸200米或以上的德军阵地，以免破坏涅瓦河上的冰层，同时以直瞄火力打击靠近河岸的德军目标。就在以震耳欲聋的“喀秋莎”齐射来结束这场炮火准备的5分钟前，11点50分，苏军第67集团军4个步兵师的大批步兵，在坦克支援下，利用炮火造成的破坏向前冲去，并跨过涅瓦河。当日天气晴朗，黎明时的温度为零下23摄氏度。德方一本著作描述了这一令人敬畏的场景：

施吕瑟尔堡、利普卡与锡尼亚维诺之间只有硝烟和火焰。涅瓦河与沃尔霍夫前线的沼泽和茂密的森林再次被炮弹翻了一遍。俄国人的4500门火炮将飓风般的炮火卷向德军阵地，炮击强度是东线北段这片战场迄今从未经历过的……

4500门火炮！列宁格勒和沃尔霍夫方面军这些火炮，对德军只有9英里宽的两处防区狂轰滥炸。这意味着每隔20英尺便有1门火炮。涅瓦河防线上，钢铁飓风呼啸、闪烁、爆炸，持续了整整2小时20分钟，而在这片瓶颈地带东端，炮击持续了1小时45分钟。

翻译：小小冰人
原著：【美】戴维·M. 格兰茨

列宁格勒会战

THE BATTLE FOR LENINGRAD

1941—1944

（下册）

“东线文库”总策划：王鼎杰

台海出版社

版贸核渝字（2017）第186号

图书在版编目（CIP）数据

列宁格勒会战：1941—1944 / (美) 戴维 · M.格兰茨著；小小冰人译. -- 北京：台海出版社, 2018.3
书名原文: The Battle for Leningrad,1941–1944
ISBN 978-7-5168-1788-9

Ⅰ. ①列… Ⅱ. ①戴… ②小… Ⅲ. ①列宁格勒保卫战(1941–1942) – 史料 Ⅳ. ①E195.2

中国版本图书馆CIP数据核字(2018)第041368号

列宁格勒会战：1941—1944

著　　者：[美] 戴维 · M. 格兰茨　　译　　者：小小冰人

责任编辑：俞滟荣　　策划制作：指文文化
视觉设计：舒正序　　责任印制：蔡　旭

出版发行：台海出版社
地　　址：北京市东城区景山东街20号　　邮政编码：100009
电　　话：010 – 64041652（发行，邮购）
传　　真：010 – 84045799（总编室）
网　　址：www.taimeng.org.cn/thcbs/default.htm
E – mail：thcbs@126.com

经　　销：全国各地新华书店
印　　刷：重庆共创印务有限公司
本书如有破损、缺页、装订错误，请与本社联系调换

开　　本：787mm × 1092mm　　1/16
字　　数：740千　　印　　张：47
版　　次：2018年5月第1版　　印　　次：2018年5月第1次印刷
书　　号：ISBN 978-7-5168-1788-9

定　　价：189.80元（全二册）

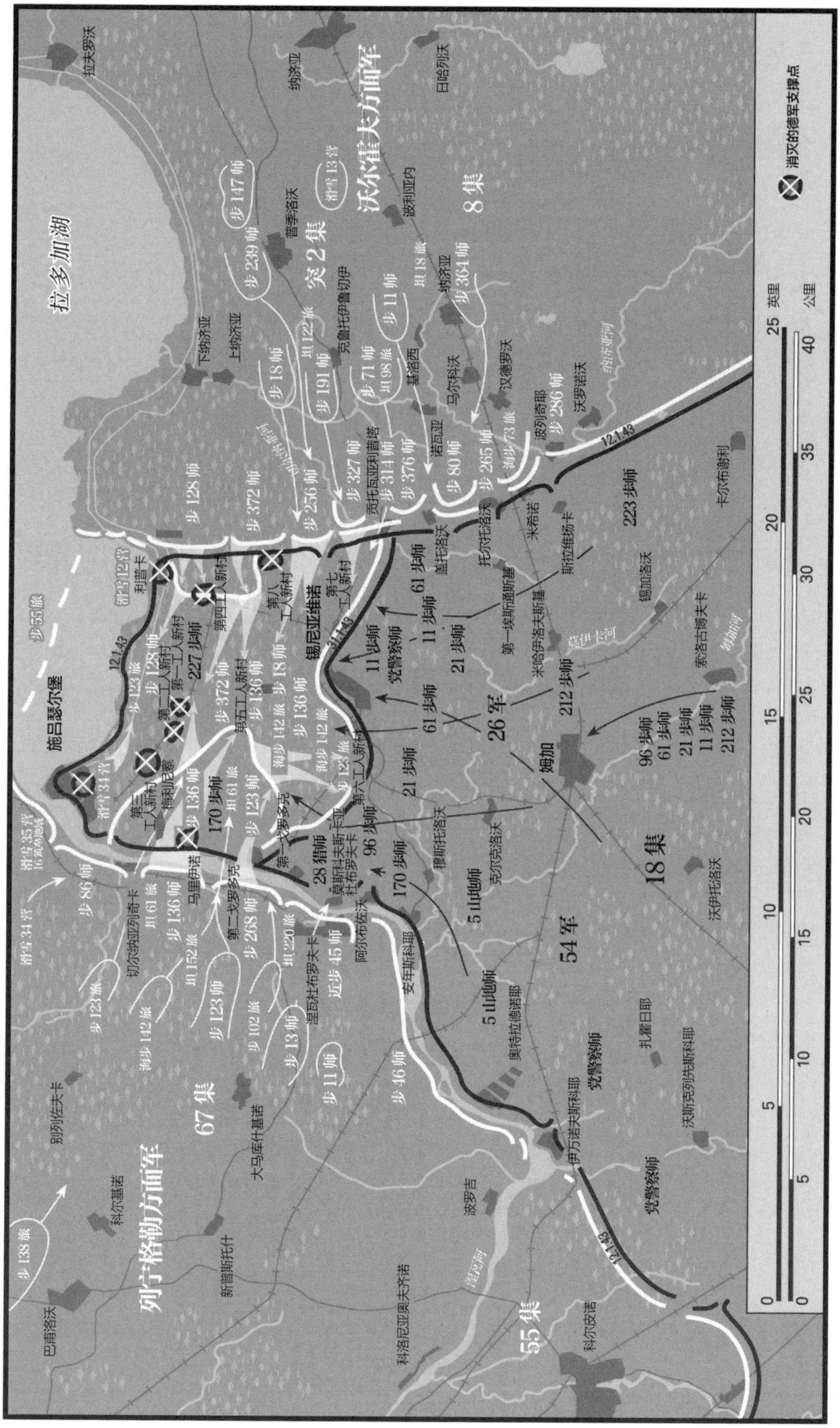

地图 14：1943 年 1 月 12 日—24 日，苏军的“火花”行动

“他们这次可不是在开玩笑。”掩体、散兵坑、支撑点和战壕内的德军士兵们说道……随后，苏军发起进攻。炮火渐渐向前延伸，苏军士兵紧随其后，向德军阵地冲来。随之而来的还有对地攻击机。[36]

在特别突击组率领下，利用第16筑垒地域的士兵们投下的火炮和机枪火力“飓风”，V.A.特鲁巴切夫上校的步兵第86师发起冲击，在施吕瑟尔堡南面跨过涅瓦河。南面，N.P.西蒙尼亚克少将的步兵第136师和S.N.博尔什切夫上校的步兵第268师，在随行坦克和炮兵的支援下，夺得了德军设在马里诺与第一戈罗多克之间涅瓦河岸边的防御阵地，提供掩护的炮火渐渐向纵深处延伸。尽管中午时分阴云密布并伴有降雪，但苏军强击机在进攻首日共出动了100多架次，以支援前进中的步兵。

西蒙尼亚克和博尔什切夫的部队在进攻首日便夺得德军第一道防御阵地，在施吕瑟尔堡与第二戈罗多克之间的涅瓦河对岸占领一座5公里宽、3公里深的登陆场。苏军这场成功的突击，切断了德军第170与第227步兵师结合部之间的防御，重创了德军第170步兵师右翼团。西蒙尼亚克的步兵向前冲去，从德军第170步兵师手中夺得佩利纳亚梅利尼察（Pyl'naia Mel'nitsa）和马里诺，日终前在别利亚夫斯科耶沼泽（Beliavskoe）以北的树林中战斗。18点，苏军工兵在马里诺南北两侧的涅瓦河上架起桥梁，以便西蒙尼亚克第二梯队的重型坦克通过。博尔什切夫的步兵也顺利冲过涅瓦河，在德军第170步兵师防区达成1.5～2公里深的突破，开始从东北方迂回德国人设在第一、第二戈罗多克的防御[37]。

可是，杜哈诺夫突击群在侧翼取得的战果不尽如人意。右翼，A.A.克拉斯诺夫少将的近卫步兵第45师发起冲击，穿过步兵第46师已位于莫斯科夫斯卡亚杜布罗夫卡登陆场的部队，一举夺得德军第一道战壕线，但很快又受德军随即发起的猛烈反冲击所阻。这表明德国人显然已预料到了这场进攻。左翼，特鲁巴切夫步兵第86师遭遇德军猛烈火力，只有2个营冲过河去。当日晚些时候，他的师变更部署，从南面步兵第136师的作战地带渡河，开始向施吕瑟尔堡缓慢推进。冬夜降临后，战斗平息下来，双方变更部署并加强各自的部队，次日又恢复了更加激烈的厮杀。一份德方记述生动地描述了红军引人注目的突击：

戈罗多克的情况怎样？那可是德军涅瓦河防御的重点所在。吕尔森下士在狭窄的战壕中毫发无损地躲过了炮击。炮火向前延伸后，他站起身，抖落覆盖在身上的泥土和积雪，爬出战壕。

随即，他看见向前冲来的苏军——这是步兵第13［第136］和第268师的几个团。他们排成密集队形，冲过涅瓦河积雪覆盖的平坦冰面，士兵与士兵之间的距离不到1码。冲在最前方的是些名副其实的巨人——他们是红旗波罗的海舰队的水兵，特为戈罗多克和马里诺而集结。和他们在一起的是手持探雷器的扫雷组，他们迅速向前冲来……

克拉斯诺夫将军的3个近卫步兵团冲至德军支离破碎的第一道战壕。但他们的战果仅限于此。在纵深和主防区错综复杂的战壕中，俄国人被使用手榴弹、工兵铲和冲锋枪的贴身白刃战击退……

但在马里诺，伊尔勒上尉第240侦察营与第401掷弹兵团第2营的结合部，俄国人付出死伤3000人的重大代价后，以第五波次的进攻突入德军阵地，并在戈罗多克北部乡间别墅附近夺得一处立足点。

苏军第67集团军司令员杜哈诺夫少将发觉机会来了，立即将手中的一切投入突破口。他把步兵第86师残部从施吕瑟尔堡撤下，并将他们投入马里诺。在那里，他集结起3个师的主力，再加上匆匆调来的坦克旅，向南、向北、向东呈扇形散开。[38]

德国第26军辖内部队据守着施吕瑟尔堡突出部，军长卡尔·希尔珀特将军尽管手头没有值得一提的预备队，但他还是对苏军的进攻迅速做出应对。获得林德曼批准后，希尔珀特将第96步兵师的5个营从姆加调至第二戈罗多克和戈罗多克以东森林。在第36高射炮团1个88炮连、1个150毫米榴弹炮连和第502重装营1个虎式装甲连（4辆坦克）的支援下，这股陷入困境的混编力量为第170步兵师左翼将溃的防御提供加强[39]。与此同时，来自友邻第5山地师的一个连级战斗群加强了莫斯科夫斯卡亚杜布罗夫卡以南的防御。部分破碎的第170步兵师沿第一戈罗多克以西一线巩固辖内部队，发生动摇的第227步兵师将支离破碎的左翼撤至第二、第三工人新村正面朝南的新防御。第96步兵师的另一个战斗群在第一工人新村附近占据防御，试图堵住第227步兵师左翼和后方的缺口。

夜间变更部署并对辖内部队进行补充后，经过一场短暂的炮火准备，杜哈诺夫于1月13日沿整条战线恢复进攻。西蒙尼亚克的步兵第136师，在V.V.赫鲁斯季茨基中校轻型坦克第61旅支援下，从北面将德军第96步兵师右翼包围在别利亚夫斯科耶沼泽，并向东缓慢推进了4公里。与德军第96步兵师激战后，苏军先遣营到达第五工人新村以西1.5公里，在推进中的突击第2集团军西面4～5公里处，形成了一个深深的突出部。与此同时，西蒙尼亚克步兵第136师身后的特鲁巴切夫步兵第86师取得1～1.5公里进展，逼近第三工人新村和普列奥布拉任斯科耶高地（Preobrazhenskoe），这是德军掩护施吕瑟尔堡南接近地的主要支撑点，这股苏军随后被德军第227师的猛烈抵抗所阻滞。

与前一天的情况相同，苏军第67集团军的进攻再度受挫。在西蒙尼亚克右翼发起冲击的博尔什切夫步兵第268师未能驱散德军第170步兵师据守第一、第二戈罗多克的部队，在此过程中遭受严重损失。更要命的是，16点15分，德军第96步兵师在15辆坦克支援下，发起一场出人意料的反冲击，导致博尔什切夫师惊慌失措地后撤了2公里[40]。博尔什切夫右侧的莫斯科夫斯卡亚杜布罗夫卡附近，克拉斯诺夫的近卫步兵第45师又一次未能取得进展，实际上，该师已被德军第5山地师发起的反冲击逼退。夜幕降临时，杜哈诺夫命令麾下遂行进攻的各个师击退德国人的反冲击，并准备于次日晨投入集团军第二梯队。

东面，1月12日9点30分，梅列茨科夫以2000多门火炮发起炮火准备，其中300门火炮对德军前沿防御实施直瞄射击。炮火准备给德军防御造成严重破坏时，苏军的特别狙击手群消灭了一些德军军官和士兵。炮火准备结束的40分钟前，空军第14集团军的轰炸机和强击机对第四、第五、第七工人新村、锡尼亚维诺及其周边的德军支撑点发起打击。与此同时，苏军工兵在德国人布设的雷区打开通道。地面和空中的炮击、轰炸破坏了德军的防御。第227步兵师第366步兵团一名被俘的中士描述了战场的情形：

简直是场噩梦！早上，俄国人以各种口径的火炮开火射击。一发发炮弹准确命中我们的掩体。没等俄国人发起进攻，第10连就死伤了许多弟兄。连长德赫尔中尉和他的上士、中士悉数阵亡。士兵们陷入恐慌。俄国人刚一逼近，这些待在战壕里的人便高高地举起了双手。[41]

11点15分，在最后一轮炮火齐射和空中打击的掩护下，从利普卡至盖托洛沃，罗曼诺夫斯基5个第一梯队步兵师跨过整片地带发起冲击。斯塔里科夫第8集团军右翼2个师的突击群也于11点35分投入进攻。面对激烈抵抗，遂行突击的苏军步兵和支援步兵的坦克突破德军第227步兵师防御前沿，猛攻利普卡、第八工人新村和克鲁格拉亚树林的德军支撑点。右翼，F.M.帕尔霍缅科少将的步兵第128师突破了德军第一道战壕线，但面对德军第96步兵师第287团第2营的凶猛火力，该师在利普卡以南停顿下来。这个德军营最近才获得第227步兵师加强，在毗邻苏军步兵第128师右翼的一座山丘上据守着公墓里积雪覆盖的暗堡，降雪导致苏军进攻部队未能发现这些暗堡。苏联方面后来所做的评论指出，步兵第128师遂行冲击的几个营没有实施正确的机动，也没有利用他们的重武器、集中直射火力或与提供支援的坦克妥善协同[42]。

罗曼诺夫斯基的中央地段，P.I.拉德金上校的步兵第372师和A.P.巴拉博什金上校的步兵第256师突破德军第227步兵师前沿防御，在第八工人新村南北两侧推进了2公里。此过程中，拉德金师打垮了德军第374步兵团第1营（该团一直隶属于第227步兵师），但随后遭遇第八工人新村射出的猛烈火力，据守该新村的是德军第374步兵团第2营。步兵第372师反复发起冲击，却没能攻克这个支撑点，反而使自身遭受了严重损失。南面，尽管第八工人新村和克鲁格拉亚树林射出猛烈的侧射火力，但巴拉博什金的右翼团设法楔入两个支撑点之间，不过，面对德军的猛烈火力，他们无法取得更大进展[43]。

随着中央地段的突击发生动摇，罗曼诺夫斯基提出请求并获得梅列茨科夫批准，于1月13日晨将M.N.奥夫钦尼科夫少将的步兵第18师从第二梯队投入战斗，坦克第98旅为其提供支援。这支新锐力量将从南面绕过第八工人新村，攻向第五工人新村，在那里与第67集团军推进中的部队会合。虽然投入很及时，但这些援兵显然不足以从南北两面迂回第八工人新村。令情况变得更加糟糕的是，大雪和狂风扰乱了支援炮火和坦克的进攻，导致罗曼诺夫斯基新发起的突击以失败告终。

与此同时，南面，N.A.波利亚科夫上校的步兵第327师在重型坦克第32团和坦克第507营的支援下，于1月12日拂晓攻向克鲁格拉亚树林，经过一场往往会演变为激烈白刃战的激战，苏军在日终前攻克该树林。但是，德军第227

步兵师第366团在苏军突破口左侧拼命坚守第七工人新村的防御工事，并获得第28猎兵师第83猎兵团的增援。合兵一处后，一连数日，这股德军成功守住工人新村，有效阻挡住苏军向锡尼亚维诺的推进[44]。突击第2集团军最左翼，N.E.阿尔古诺夫少将的步兵第376师，以及斯塔里科夫第8集团军步兵第80、第265师、海军步兵第73旅突破德军防御前沿，但随即被德军第1步兵师的猛烈火力阻遏。苏军一再试图恢复该地段的进攻，但面对德军反复发起的反冲击，这番尝试也以失败告终[45]。

1月12日夜间和13日晨，希尔珀特命令第1步兵师组建一个战斗群发起反冲击，意图重新夺回克鲁格拉亚树林和掩护锡尼亚维诺公路的支撑点。梅列茨科夫的应对方式是以N.M.扎米罗夫斯基少将的步兵第71师加强步兵第376师，后者正向锡尼亚维诺推进。战火肆虐之际，恶化的气候条件和茂密的森林妨碍了苏军炮兵以协调一致的准确炮火提供支援。1月12日，空军第14集团军投入了550飞行架次，但次日，恶劣的气候使他们未能再投入任何飞行架次。

1月13日日终时，罗曼诺夫斯基的突击第2集团军沿利普卡与盖托洛沃之间10公里的战线，从两个地段突破德军防御。他的2个师将一根3公里深的楔子插入德军第227步兵师位于第五工人新村东南方的防御，另外2个师在利普卡以南取得小规模突破。进攻方几乎包围了利普卡和第八工人新村，夺得大半个克鲁格拉亚树林，几乎已前出至第四、第五工人新村，德军第227和第1步兵师在那里竭力避免陷入包围。

面对苏军这场下定决心、显然组织得更好的进攻，屈希勒尔决定不惜一切代价据守施吕瑟尔堡瓶颈，阻止苏军遂行突击的两个方面军取得会合。为此，他命令驻扎在基里希的第61步兵师加强第六工人新村、第一、第二戈罗多克的防御，又命令第5山地师一部和党卫队“警察”师强化锡尼亚维诺的防御。与此同时，梅列茨科夫把第二梯队新锐力量也投入了战斗。

1月14日晨，戈沃罗夫命令杜哈诺夫将第67集团军第二梯队投入战斗，加强第一梯队的进攻，与沃尔霍夫方面军辖内部队会合，并夺取第一、第二戈罗多克。拂晓时，A.P.伊万诺夫上校的步兵第123师、P.I.平丘克上校的坦克第152旅、F.F.希绍夫上校的步兵第123旅在西蒙尼亚克步兵第136师左右两侧投入战斗。南面，V.P.亚库托维奇上校步兵第13师的一个团和A.V.巴特卢克中校完整的步兵第102旅率先增援博尔什切夫步兵第268师，亚库托维奇师余部和科什奇恩科中校的海军步兵第142旅随后加入其中。戈沃罗夫命令这些部队彻底粉碎德军在第一、第二戈罗多克的抵抗。

另外，戈沃罗夫还命令Ia.F.波捷欣中校的滑雪第34旅支援特鲁巴切夫步兵第86师对施吕瑟尔堡的进攻。可是，为加强已然耗尽力量的部队，在如此宽大的战线上零碎投入第二梯队显然是个错误，实际上，此举减缓了第67集团军的进展。两位方面军司令员又一次忽视了以往的教训[46]。

尔后，从1月14日起，杜哈诺夫的部队一点点啃噬着德军防御，并在此过程中遭受严重损失。历时4天的苦战中，西蒙尼亚克步兵第136师、赫鲁斯季茨基坦克第61旅的步兵和坦克向前推进2.5公里，1月17日晚些时候到达第五工人新村西郊。南面，希绍夫步兵第123旅逼近第一、第二、第三工人新村，1月17日攻克第三工人新村，但他们的进攻在另外两个工人新村郊外发生动摇。随着气候得到明显改善，空军第13集团军在1月14日和15日共投入919飞行架次。

尽管空中支援有所加强，博尔什切夫的步兵第268师也获得了增援，但德军预备队还是导致该师未能攻克第一、第二戈罗多克。经过4天激战，伊万诺夫步兵第123师和巴特卢克步兵第102旅夺得第二戈罗多克以东的树林，但除此之外一无所获。杜哈诺夫左翼，1月15日15点，特鲁巴切夫的步兵第86师终于冲上普列奥布拉任斯科耶高地，经过激战，于次日中午12点杀入施吕瑟尔堡城区南部。接下来2天，特鲁巴切夫的步兵与刚刚接到后撤令的德军第227步兵师后卫部队展开激烈巷战[47]。

与此同时，东面，罗曼诺夫斯基的部队在激战中的进展慢似蜗牛，主要是因为他和梅列茨科夫重复了戈沃罗夫的错误，将力量分散在宽大正面，还零敲碎打地投入第二梯队和预备力量。1月13日，根据梅列茨科夫的命令，罗曼诺夫斯基将奥夫钦尼科夫的步兵第18师和V.N.费多罗夫上校的步兵第71师①投入战斗，Z.G.帕普金中校的坦克第98旅提供支援。1月14日，P.A.波帕波夫②上校

① 译注：上文称步兵第71师师长是扎米罗夫斯基。
② 译注：原文作波帕波夫（Popapov），但此处应为波塔波夫（Potapov）。

的步兵第191师投入战斗，打击克鲁格拉亚树林以北的德军防御。最后，P.N.切尔内舍夫少将的步兵第239师、I.V.格里博夫上校的步兵第11师、滑雪第12、第13旅、Ia.A.达维多夫上校的坦克第122旅在接下来3天中先后投入战斗[48]。

尽管投入得零零碎碎，但巴拉博什金的步兵第256师还是在1月14日夺得波德戈尔内车站（Podgornyi），并将其正面转向西南方，对锡尼亚维诺接近地的德军阵地发起冲击。夜间变更部署后，次日晨拉德金步兵第372师夺得第八工人新村，德国守军损失惨重，残部杀开血路向西突围。拉德金的部队乘胜追击，1月17日晚些时候到达第一工人新村。与此同时，奥夫钦尼科夫步兵第18师杀至第五工人新村郊外。此时，德国人的防御正面已被撕裂，戈沃罗夫和梅列茨科夫的部队仅隔1.5～2公里，构成包围施吕瑟尔堡突出部德军部队的威胁。

1月17日晚些时候，“北方”集团军群司令屈希勒尔和第18集团军司令林德曼都很清楚他们所面临的危险局面。显然，苏军如再发起一场果断突击，就将切断并歼灭施吕瑟尔堡地域的德军部队。此时，德军第61步兵师师长许纳尔中将率领2个团级战斗群，从锡尼亚维诺和第五工人新村向北推进，试图与陷入包围的第227、第96步兵师、第5山地师重新建立联系。但“许纳尔”战斗群的力量太过虚弱，无法保持走廊畅通，并守卫施吕瑟尔堡包围圈内剩下的东西。因此，获得屈希勒尔批准后，林德曼命令“许纳尔”战斗群坚守第五工人新村，尔后与党卫队“警察”师相配合，向位于第五工人新村附近的苏军第67集团军右翼发起进攻，穿过锡尼亚维诺以北遍布森林的狭窄走廊向南突围[49]。

突围行动要想取得成功就必须速战速决，因为苏军即将切断“许纳尔”战斗群的南撤路线。实际上，1月18日9点30分，第67集团军伊万诺夫步兵第123师和突击第2集团军拉德金步兵第372师的先遣部队在第一工人新村东面取得会合。没过1个小时，击退德军一场强有力的反冲击后，西蒙尼亚克的步兵第136师攻克第五工人新村。北面，11点45分，该师步兵第269团与突击第2集团军步兵第18师第424团会师。在新村南面，苏军也于当日中午取得会合[50]。苏联方面的一本著作描述了争夺第五工人新村时的激烈战斗：

步兵第136师辖内部队两次突入第五工人新村，但都无法获得立足地。1月16日夜间，突击第2集团军步兵第18师的几个团从东面对新村发起三次冲击，均未获成功。该师几个分队［营］距离敌筑垒阵地仅有15或20米，但一次次被迫后退。德国人以源自绝望的勇气投入战斗，但他们的处境变得越来越令人绝望。次日夜间，师里的几个团在坦克第61旅的支援下到达新村东部边缘，开始为争夺每一座房屋而战。1月18日晨，争夺第一、第五工人新村的战斗再度爆发，而且更加激烈。苏军部队继续从东西两面进攻新村。德国第18集团军司令从防线其他地段匆匆抽调了几个营和另一些部队，从行进间投入战斗，竭力试图阻止苏军的进一步推进……

由于尚未被完全切断，敌施吕瑟尔堡—锡尼亚维诺集团的北部部队从拉多加湖沿岸的森林和沼泽中出现，多次试图穿过新村附近的狭窄走廊。清晨，这条狭窄的走廊依然存在，他们再度试图由此穿过，逃向南面的第18集团军主力。但为时已晚。苏军切断了这条走廊。击退敌人最后一次绝望的反冲击后，1月18日，列宁格勒方面军步兵第136师和坦克第61旅的部队紧跟在溃败之敌身后冲入第五工人新村，当日中午，他们在那里与沃尔霍夫方面军步兵第18师辖内部队会合。[51]

德军试图拼死逃出围绕施吕瑟尔堡和利普卡的包围圈，而苏军部队则力图将其歼灭，双方的激战达到了高潮。经过激烈巷战，1月18日14点，杜哈诺夫集团军辖下的特鲁巴切夫步兵第86师攻克施吕瑟尔堡，尔后着手肃清散布在拉多加湖以南森林中的德军部队。与此同时，罗曼诺夫斯基集团军编成内的帕尔霍缅科步兵第128师和拉德金步兵第372师夺得利普卡，并将第一工人新村东北方森林中的德军部队肃清。“许纳尔”战斗群被困在苏军第67集团军与突击第2集团军先遣部队之间，冒着交叉火力穿过第五工人新村和波德戈尔内车站向南突围，1月19日和20日终于到达相对安全的锡尼亚维诺。交战双方都为这场突围付出了高昂的代价。

天亮后，许纳尔将军终于下令位于第五工人新村的战斗群撤离。苏军在夜间持续的白刃战中遭受严重伤亡，这多少降低了许纳尔突围的风险。撤退的危险性比这位将军所担心的要稍小些。德军的侧翼掩护仍在坚守。俄国人的坦克只是犹犹豫豫地尾随在身后……

1月20日，许纳尔的部下跌跌撞撞地进入德军拦截线。第151和第162掷弹兵团的各个连队只剩30～40人。第162掷弹兵团第1连，1月15日投入战斗时的兵力是128人，现在只剩44人。[52]

会师后，杜哈诺夫和罗曼诺夫斯基将集团军主力转向南面，命令他们夺取锡尼亚维诺和第一、第二戈罗多克。而林德曼则以党卫队“警察”师和第21步兵师加强锡尼亚维诺的防御，不久后又投入第11步兵师，同时，他还命令第28猎兵师驰援戈罗多克地域。

朱可夫深感不耐，在他的驱使下，从1月20日起，第67和突击第2集团军沿着从第一、第二戈罗多克经锡尼亚维诺至贡托瓦亚利普卡这条宽大正面一次次对德军防御发起进攻。战斗激烈度和为之付出的代价与日俱增。戈沃罗夫命令杜哈诺夫第67集团军沿现有战线掘壕据守，同时向南面的锡尼亚维诺扩大突破。他随后把第16筑垒地域从第二戈罗多克部署至第五工人新村，并在那里迅速构筑营防御地段，势必坚守刚刚夺取的通往列宁格勒的走廊。

杜哈诺夫集团军于1月20日向南攻往第一、第二戈罗多克东面，试图夺取穆斯托洛沃，切断锡尼亚维诺通往姆加的公路和铁路线，并从西面迂回锡尼亚维诺。与此同时，集团军编成内的海军步兵第142旅和步兵第123旅攻向锡尼亚维诺，而步兵第102、坦克第220旅和步兵第123师则对德军设在第一戈罗多克的防御发起猛攻。虽然苏军向穆斯托洛沃的进击经过激烈战斗后失败，但进攻锡尼亚维诺的苏军部队克服德军激烈抵抗，向南推进2公里，切断了第一戈罗多克东南方铁路线，并将锡尼亚维诺西面的第六工人新村拿下。但是，杜哈诺夫的部队未能打垮德军设在锡尼亚维诺镇内的防御。

罗曼诺夫斯基也没能成功发展他的后续突击。以人员和物资的巨大损失为代价，他的部队设法在第七工人新村以南的德军防御上插入一根楔子，但未能达成明确突破。手头兵力耗尽后，戈沃罗夫和梅列茨科夫的进攻于1月31日发生崩溃[53]。双方的战线随后沿第一、第二戈罗多克北面和东面—第六工人新村南面，以及波德戈尔内—贡托瓦亚利普卡一线稳定下来。

“火花”行动是红军赢得胜利的一个明确迹象。就军事战果而言，战役期间，苏军部队在7天内突破德军防御深达15公里，收复了施吕瑟尔堡、马里诺、利普卡、第一、第二、第三、第四、第五、第六、第七、第八工人新村和波德戈尔内车站。虽然苏军未能攻克锡尼亚维诺，但他们成功地将德军驱离了拉多加湖南岸，并在列宁格勒与祖国其他地区之间打开一条8～10公里宽的走廊。这场成功的进攻战役极大改善了苏军沿西北战略方向的战略态势，消除了德国人与芬兰军队会合的可能性，加强了列宁格勒方面军与沃尔霍夫方面军的协同。对列宁格勒军民来说最重要的是，这场胜利打通了苏联其他地区与列宁格勒及列宁格勒守军之间的补给线。鉴于他们为胜利做出的贡献，国防委员会将近卫步兵第63、第64师的荣誉番号授予西蒙尼亚克步兵第136师和波利亚科夫步兵第327师，赫鲁斯季茨基中校的坦克第61旅改称近卫坦克第30旅，赫鲁斯季茨基晋升为上校[54]。但令朱可夫担心的是，锡尼亚维诺和毗邻的锡尼亚维诺高地这两个重要目标仍控制在德国人手中。

尽管锡尼亚维诺进攻战役是一场胜利，但交战双方都为此付出了高昂的代价。遂行进攻的苏军部队共投入302800人，伤亡115082人，其中33940人阵亡、被俘或失踪，81142人负伤[55]。伤亡人员中包括几位苏军高级指挥员，梅列茨科夫的副手费久宁斯基便在1月20日被迫击炮火炸成重伤，梅列茨科夫的装甲坦克兵主任N.A.博洛特尼科夫坦克兵少将则于1月26日死于德军空袭[56]。德国人的损失也很惨重，他们承认阵亡1.2万人，受伤人数更多，这种损失是第18集团军难以承受的[57]。

1月18日，戈沃罗夫辖内部队解放施吕瑟尔堡的同一天，斯大林擢升朱可夫为苏联元帅。朱可夫指挥作战的特点是作风粗暴，遭受的损失也极其严重。这里有一则未经证实的记录，记叙了朱可夫与第67集团军步兵第136师师长西蒙尼亚克的一番交流，倒是生动体现了朱可夫的指挥风格：

苏军将领之间爆发争吵。苏联元帅格奥尔吉·朱可夫，这位莫斯科保卫战的英雄，斯大林格勒的英雄，被派来在沃尔霍夫方面军与莫斯科之间进行“协调”。他用保密线路拨通了步兵第136师师长西蒙尼亚克将军。西蒙尼亚克为什么不对锡尼亚维诺高地发起进攻？纳粹设在高地上的阵地正阻挡住突击第2集团军。

“和突击第2集团军不对高地发起进攻的原因一样，”西蒙尼亚克回答道，“高地接近地穿过一片沼泽。损失会很大，战果却很小。”

“托派分子！消极革命者！”朱可夫喊道：“您手下都是些懦夫！谁不愿参加战斗就把他赶出去！”

西蒙尼亚克愤怒地回答道，第67集团军没有谁是懦夫。

“机灵鬼，”朱可夫厉声说道，“我命令您夺取高地！”

“元帅同志！”西蒙尼亚克回答道：“我们的集团军由列宁格勒方面军司令员戈沃罗夫将军指挥，我接受他的命令。”

朱可夫挂断了电话。西蒙尼亚克没有接到进攻锡尼亚维诺高地的命令。[58]

虽说胜利的代价很高，但这场进攻战役打破了列宁格勒遭受的封锁，可也仅限于此。苏联得以恢复与这座城市的陆地交通，但这些交通线依然脆弱，而且易遭到德军炮兵的拦截。接下来的日子里，苏联人构筑了一条穿越走廊的铁路线，从施吕瑟尔堡至波利亚内（Poliany），2月6日，列宁格勒与苏联境内其他地区的常规铁路开通。尽管构筑了新铁路线，但这条走廊只有8～10公里宽，德军的炮火拦截意味着走廊的承载能力依然很低。姆加车站是列宁格勒通往沃尔霍夫这条旧有的主铁路线上的重要地点，目前仍在德国人手中，德军集结的重兵仍对这条脆弱的走廊构成威胁。

虽然第三次锡尼亚维诺进攻战役是苏军庞大的冬季攻势中一个相对较小的组成部分，但这场战役更具象征意义。例如，从内部和外部发起大规模进攻，打破一座大型城市和港口遭受的围困，这在现代尚属首次。这番壮举更令人钦佩的是，进攻部队必须跨过500～600米宽的冰面，朝德军设在对岸预有准备的防御发起冲击。

红军步兵在这场战役中发挥了最重要的作用，这是因为地形和气候条件限制了坦克及其他重型武器的大规模应用。炮兵也发挥了至关重要的作用，为步兵突破德军强大的防御创造了必要条件。1月12日至18日，仅突击第2集团军便发射了63万发火炮、迫击炮炮弹，波罗的海舰队也加入其中，摧毁德军14个支撑点、43个发射点和8个炮兵连[59]。虽然与前线其他地段的作战行动相比还相对较弱，但个别坦克旅、坦克团乃至独立坦克营在地形和气候条件困难的情况下为步兵提供了至关重要的支援。例如，赫鲁斯季茨基坦克第61旅为步兵第

136师提供支援，战果卓著，达维多夫坦克第122旅在支援突击第2集团军的过程中同样表现出色。但在大多数情况下，糟糕的步坦协同导致坦克损失过大。

战斗工程兵和工兵支援强渡涅瓦河、排除地雷、突破德军预有准备的防御、消灭德军支撑点，也在战役中发挥了重要作用。整个战役期间，恶劣的气候条件妨碍了航空兵的投入。尽管如此，1月12日至18日间，空军第13集团军还是出动910架次，朝德国人投掷/发射了13700枚炸弹和火箭弹[60]。

朱可夫的“北极星”行动，2月

第三次锡尼亚维诺进攻战役不过是红军在列宁格勒地区一场更具雄心的攻势之前奏。到1943年2月初，红军已粉碎顿河以西、以南的德国B集团军群和“顿河”集团军群，并迫使德国A集团军群从高加索地区全面后撤。1943年2月和3月，苏军最高统帅部大本营已着手策划扩大其冬季攻势，所涉及地区从北面的勒热夫至南面的哈尔科夫，很快还将策划向维捷布斯克地域和第聂伯河的进军行动，作战地幅从戈梅利跨至黑海。这是最高统帅部将列宁格勒地区纳入其进攻计划的唯一合理解释。

苏军最高统帅部认为，第三次锡尼亚维诺进攻战役为发起一场更大规模的攻势创造了有利条件。锡尼亚维诺周围的激战，迫使德国第18集团军将其部队集结在该地域，削弱了其他地段的力量。例如1943年1月31日，从普希金至列宁格勒以南的伊万诺夫斯科耶，只有西班牙第250“蓝色”步兵师的2个团据守，与列宁格勒方面军第55集团军对峙。同时，沃尔霍夫方面军第54集团军对面，只有第69、第132、第81步兵师守卫着100公里宽的防区。更糟糕的是，第18集团军过度拉伸，只有2个保安师担任预备队，由于其最强的力量面对着苏军第67和突击第2集团军，德军锡尼亚维诺—姆加突出部的侧翼显得非常脆弱。

“火花”行动赢得胜利后，苏军最高统帅部大本营仔细评估了列宁格勒地区德国军队的优势和劣势。戈沃罗夫和梅列茨科夫都提出，以他们的部队从姆加以南对德军突出部脆弱的侧翼发起向心突击，切断、包围并歼灭整个德军姆加—锡尼亚维诺集团，从而击败德国“北方”集团军群。但是，大本营非常清楚单从列宁格勒邻近地域发起一场进攻时所存在的难题。以往进攻战役的经验表明，在如此困难的地形条件下，要克服德军强大的防御是多么艰难。

已接替库罗奇金担任西北方面军司令员的苏联元帅S.K.铁木辛哥，无意间提供了解决这一难题的办法，1月14日，他建议以他的方面军发起一场新攻势，歼灭杰米扬斯克和旧鲁萨地域的德军部队[61]。朱可夫立即意识到，这是彻底击败德国“北方”集团军群，打破列宁格勒封锁圈的机会，可以从杰米扬斯克、旧鲁萨地域和列宁格勒城发起进攻，对“北方”集团军群实施一场宽大的合围。

就这样，根据朱可夫的建议，最高统帅部大本营决定扩大进攻行动的规模，彻底击败德国“北方”集团军群，解放整个列宁格勒地区。在朱可夫的指导和密切监督下，大本营制订了“北极星”行动计划，这场攻势由多个方面军遂行，目标无外乎是彻底歼灭德国“北方”集团军群。该行动的发起日期与加里宁方面军、西方面军、布良斯克方面军、中央方面军向布良斯克和斯摩棱斯克，沃罗涅日方面军、西南方面军、南方面军向第聂伯河一线发起大规模进攻的日期相一致。“北极星”行动要求西北方面军从杰米扬斯克地域遂行突击，经德诺和卢加冲向普斯科夫和芬兰湾的纳尔瓦。与此同时，列宁格勒和沃尔霍夫方面军应对列宁格勒周围的德国第18集团军展开进攻，最后与西北方面军辖内部队会合，包围列宁格勒以南几乎整个“北方”集团军群（参见地图15）。

苏联官方战争史准确地描述了“北极星”行动的性质和意图：

沿西北方向，最高统帅部大本营打算以列宁格勒、沃尔霍夫和西北方面军歼灭“北方”集团军群。根据“北极星”行动计划，西北方面军左翼将朝普斯科夫和纳尔瓦这个总方向发起主要突击。最初的意图是从南北两面实施向心突击，切断所谓的拉穆舍沃走廊，歼灭敌杰米扬斯克集团。同时，列宁格勒和沃尔霍夫方面军辖内部队将消灭姆加突出部。M.S.霍津将军的特别集群编有坦克第1、第68集团军和另外一些兵团及部队，负责执行这项关键任务。该集群将从突击第1集团军作战地带的突破口投入，任务是向西北方疾进，前出至卢加、红斯特鲁吉（Strugi Krasnye）、波尔霍夫、德诺地域，从而切断敌列宁格勒—沃尔霍夫集团的交通线，并防止附近的敌军部队增援其杰米扬斯克和列宁格勒—沃尔霍夫集团。尔后，在西北方面军各兵团增援下，该集群将以部分力量向金吉谢普和纳尔瓦发展胜利，其主力与沃尔霍夫、列宁格勒方面军相配

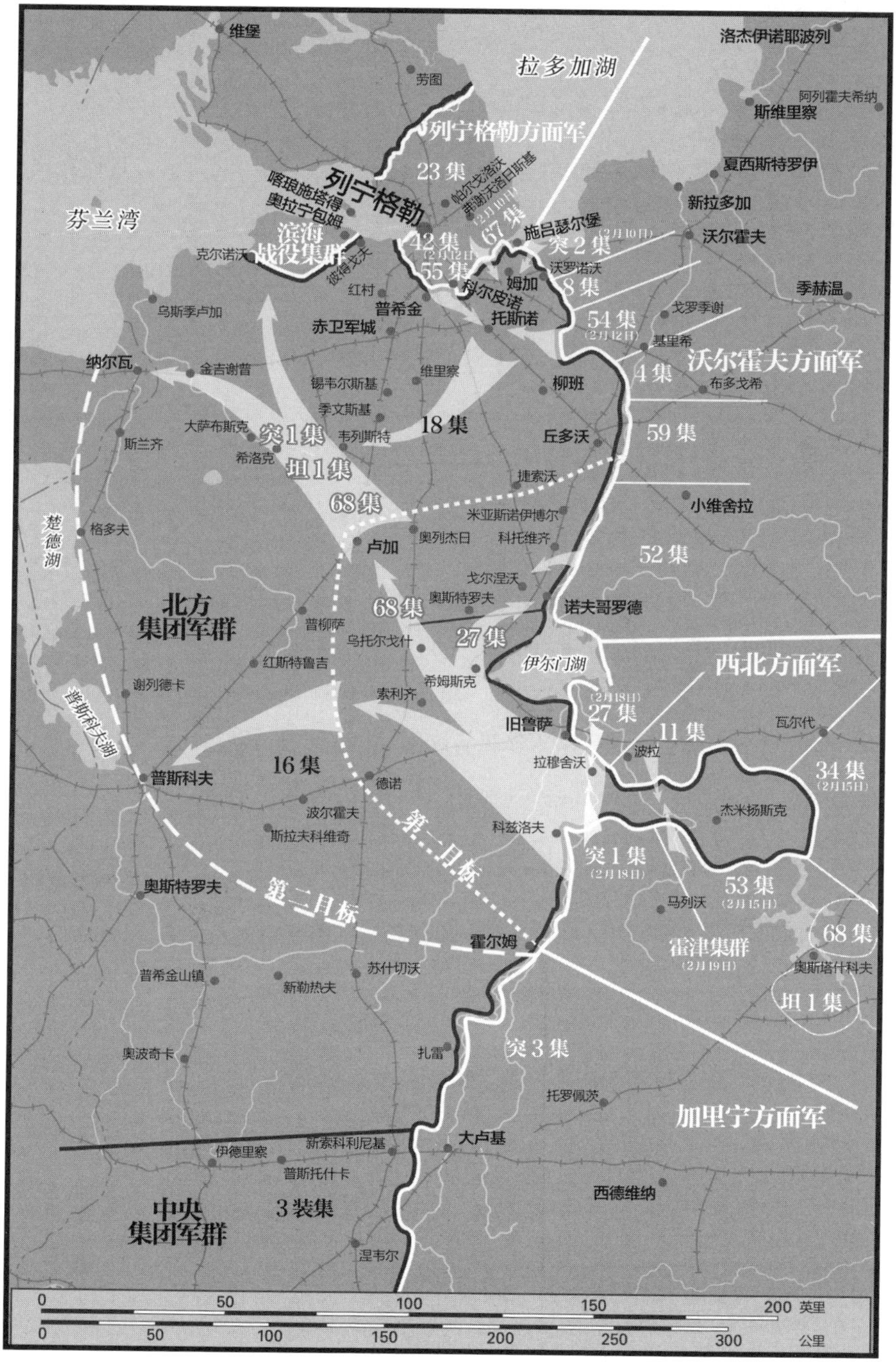

地图15：1943年2月—3月，苏军的“北极星”行动

合，围歼敌沃尔霍夫和列宁格勒集团。苏联元帅G.K.朱可夫负责协调西北方向诸方面军的行动。[62]

可是，朱可夫在回忆录中对这场行动保持沉默，仅用两段话谈及他在作战行动中的任务，对“北极星”行动或战役的宏大意图只字未提：

当时，作为最高统帅部大本营代表，我在铁木辛哥元帅指挥的西北方面军中。方面军辖内部队已到达洛瓦季河，正进行渡河准备。

大约在3月13日或14日，斯大林给西北方面军指挥所打来电话。

我向最高统帅汇报了洛瓦季河的情况，告诉他由于出现过早解冻的现象，该河已无法通行，显然，西北方面军辖内部队不得不暂时停止进攻一段时间。[63]

实际上，整个2月份和3月份的半数时间，朱可夫积极参加到西北方面军进攻行动的策划和监督中。根据朱可夫的计划，戈沃罗夫和梅列茨科夫的方面军应于2月初发起“北极星”行动，将德国人的注意力吸引到北面的列宁格勒，远离杰米扬斯克地域。铁木辛哥方面军将于2月中旬发起切断拉穆舍沃走廊的突击，不久后，霍津集群将向普斯科夫和纳尔瓦发展胜利。随后，三个方面军的联合力量将歼灭德国“北方”集团军群，打破列宁格勒的封锁。

铁木辛哥的西北方面军将在“北极星”行动中发挥主要作用，负责歼灭盘踞在杰米扬斯克突出部的德国第2军，经旧鲁萨和德诺向普斯科夫、纳尔瓦推进。2月6日1点40分，最高统帅部大本营给铁木辛哥下达了进攻行动的最终训令：

为歼灭敌杰米扬斯克集团，最高统帅部大本营命令：

1. 突击第1集团军编有8个步兵师、1个坦克旅、4个坦克团、1个炮兵师、7个最高统帅部预备队炮兵团、5个迫击炮兵团和1个近卫迫击炮兵师，应于1943年2月19日在绍托沃（Shotovo）和奥夫钦尼科沃（Ovchinnikovo）地带突破敌军防御。向北、东北方攻击前进，前出至奥努夫里耶沃（Onufrievo）和索科洛沃（Sokolovo）地域。

2. 第27集团军编有7个步兵师、5个步兵旅、4个坦克团、3个滑雪旅、2个坦克旅、1个炮兵师、2个最高统帅部预备队炮兵团、2个迫击炮兵团和1个近卫迫击炮兵旅，应于1943年2月19日在片诺（Penno）和博里索沃（Borisovo）地带突破敌军防御。向南、东南方攻击前进，前出至奥努夫里耶沃和索科洛沃地域，在那里封闭合围敌杰米扬斯克集团的包围圈。

3. 封闭包围圈后，突击第1集团军应以第27集团军转隶的两个步兵师向东发起进攻，歼灭部署在拉穆舍沃走廊的敌军。

4. 突破敌防御后，以部分力量向南、东南方进攻的同时，第27集团军主力应转向东面，包围旧鲁萨，任务是围歼敌旧鲁萨集团。歼灭旧鲁萨地域之敌后，第27集团军将转隶霍津上将指挥的特别军队集群。

5. 歼灭拉穆舍沃走廊之敌，并迅速变更方面军兵力和兵器部署后，方面军司令员应歼灭被围的敌杰米扬斯克集团。

6. 突击第1集团军突破敌军防御后，应支援霍津集群向德诺车站推进。

7. 西北方面军承担对霍津军队集群的物资支援。

8. 确认收悉，并于1943年2月10日汇报你们的决定。

I.斯大林、G.朱可夫[64]

西北方面军左翼编有第27、第11、第34、突击第1、第53集团军，将穿过旧鲁萨向卢加和德诺，遂行铁木辛哥的主要突击。行动第一阶段，这些集团军将切断联结德国第2军与第16集团军的拉穆舍沃走廊，歼灭杰米扬斯克地域之敌。尔后，M.S.霍津上将指挥的一个特别战役集群（编有1个坦克集团军和1个诸兵种合成集团军）将向西北方推进，夺取普斯科夫和纳尔瓦，与列宁格勒、沃尔霍夫方面军协同，切断并歼灭德国第18集团军：

最高统帅部大本营命令：

1. 1943年2月16日日终前，在马列沃（Marevo）、乌萨季巴（Usad'ba）、斯劳季诺（Slautino）地域完成军队集群的集结工作，该集群编有坦克第1、第68集团军和预备队集群。1943年2月18日日终前将该集群投入雷托（Ryto）、第二尼库利诺（Nikulino 2）、库尔斯科（Kursko）和大奥斯特罗夫（Bol'shoi Ostrov）地域的突破口。还应做好1943年2月19日晨将该集群投入霍德基

（Khodyki）和斯卢奇诺（Sluchino）地段突破口的准备。

2. 该集群的主要任务是前出至卢加、红斯特鲁吉、波尔霍夫、德诺地域，切断敌列宁格勒—沃尔霍夫集团的交通线，并防止邻近之敌支援其杰米扬斯克、列宁格勒—沃尔霍夫集团。

以一个军队集群夺取并坚守普斯科夫城，该集群应编有2个步兵师、2个滑雪旅、2个坦克团、2个最高统帅部预备队炮兵团和1个工程兵旅。

3. 歼灭旧鲁萨地域之敌后，第27集团军应转隶特别军队集群司令员麾下，会同第68集团军对卢加发起进攻。但第27集团军应以部分力量协同沃尔霍夫方面军第52集团军夺取诺夫哥罗德。

4. 夺得卢加和红斯特鲁吉一线后，该特别集群应以部分力量夺取金吉谢普和纳尔瓦一线，从而切断敌人退入爱沙尼亚的后撤路线。

军队集群主力应与沃尔霍夫、列宁格勒方面军相配合，围歼敌列宁格勒和沃尔霍夫集团。

5. 确认收悉，并于1943年2月16日前汇报执行情况。

I.斯大林、G.朱可夫[65]

霍津特别军队集群，辖内部队和指挥员都经过大本营的精挑细选，编有M.E.卡图科夫坦克兵中将新组建的坦克第1集团军和F.I.托尔布欣中将的新锐第68集团军。西北方面军将于2月15日发起进攻。从委派朱可夫、铁木辛哥、卡图科夫和托尔布欣来策划或参与“北极星”行动这一事实可以看出，大本营对这场进攻极为重视。

最高统帅部大本营于2月1日23点55分向列宁格勒、沃尔霍夫方面军下达了进攻令：

到目前为止，锡尼亚维诺地域的正面进攻未能取得理想战果，鉴于此，有必要组织沃尔霍夫和列宁格勒方面军辖内部队从侧翼发起额外进攻行动。

最高统帅部大本营特此命令：

1. 沃尔霍夫方面军应于1943年2月8日投入方面军援兵的6个步兵师，在马卡里耶夫斯卡亚普斯特尼（Makar'evskaia Pustyn'）、斯梅尔德尼亚、科罗德尼亚（Korodynia）地域突破敌防御，朝瓦西基内尼维和沙普基方向攻击前进，前出至敌锡尼亚维诺集团后方。

以部分兵力切断柳班地域的公路和铁路线。

2. 列宁格勒方面军应于1943年2月8日投入方面军援兵的5～6个步兵师，从伊万诺夫斯科耶和罗日杰斯特韦诺（Rozhdestveno）地域向姆加车站发起进攻，前出至敌姆加—姆斯托洛夫斯克集团后方。

3. 不必等待这些进攻发起，沃尔霍夫和列宁格勒方面军应继续歼灭敌军，以包围锡尼亚维诺高地和第一、第二戈罗多克地域的方式，夺取锡尼亚维诺和第一、第二戈罗多克。

4. 完成这些任务后，与侧翼突击相配合，歼灭敌姆加—锡尼亚维诺—沙普基集团，前出至乌利亚诺夫卡（Ul'ianovka）—托斯诺—柳班一线。

5. 分界线保持不变。确认收悉。汇报行动的发起。

I.斯大林、G.朱可夫[66]

斯大林格勒方面军作战地域内，斯维里多夫第55集团军将沿从科尔皮诺地域穿过红博尔至托斯诺的十月铁路线攻向东南方，向东跨过托斯诺河，与沃尔霍夫方面军第54集团军会合。与此同时，苏霍姆林第54集团军将从斯梅尔德尼亚地域穿过沙普基向西突击，尔后冲向托斯诺，与斯维里多夫集团军会合。两副铁钳将包围姆加—锡尼亚维诺地域的所有德军部队，拓宽通往列宁格勒的陆地走廊，之后充当铁锤，砸向在南面推进的西北方面军形成的铁砧，粉碎德国“北方”集团军群主力。另外，第54集团军将以部分力量进攻柳班，分散德国第18集团军的注意力，牵制其兵力。

第55、第54集团军向托斯诺遂行钳形机动时，列宁格勒方面军第67集团军和沃尔霍夫方面军突击第2集团军将攻向第一、第二戈罗多克和锡尼亚维诺，夺取姆加和列宁格勒—沃尔霍夫铁路线。行动发起前，大本营将突击第2集团军及其位于锡尼亚维诺以北的防区交给沃尔霍夫方面军，以实施更加统一的指挥和控制[67]。列宁格勒和沃尔霍夫方面军将于2月8日发起进攻，比西北方面军的进攻行动早一周，以便将德国“北方”集团军群预备队吸引至北面的列宁格勒，使其远离西北方面军的主要突击地域。

斯维里多夫第55集团军构成列宁格勒方面军的钳臂，编有8个步兵师、2个步兵旅、2个滑雪旅和1个独立坦克团[68]。斯维里多夫计划以第一梯队的近卫步兵第45、第63、步兵第43师和滑雪第34旅率领进攻，坦克第31团提供支援，这股力量约3.3万人和30辆坦克。待他的第一梯队粉碎红博尔地域的德军防御后，滑雪第35和坦克第122旅组成的一个快速集群将在I.M.柳博夫采夫少将率领下沿十月铁路线推进，夺取乌利亚诺夫卡车站，并带领向托斯诺的进军。斯维里多夫的部队面对的是德国第50军西班牙第250“蓝色”步兵师和党卫队“警察”师，这股德军据守着32公里宽的防区，从红博尔延伸至科尔皮诺以东的涅瓦河。面对苏军第55集团军的主要突击，埃斯特班·因凡特斯将军的西班牙师有1个加强团和3个步兵营，共4500人，没有坦克[69]。

沃尔霍夫方面军的钳臂是苏霍姆林第54集团军，该集团军编有10个步兵师、3个步兵和2个坦克旅，总兵力为7万人，外加60辆坦克[70]。苏霍姆林的部队将对德国第28军第96步兵师的防区发起进攻，部署在该师左侧的是第69步兵师，第132步兵师位于其右侧。内尔德兴将军的第96步兵师在锡尼亚维诺高地先前的战斗中遭受重创，因而被部署至这片较为“平静”的地带。

尽管从纸面上看显得很强大，但列宁格勒方面军指定用于进攻第一、第二戈罗多克、锡尼亚维诺的第67和突击第2集团军，经过1月份的战斗后，实力依然严重不足。不过，他们投入进攻是基于这样一种假设，第55和第54集团军作战地域内的战斗将把德军预备队调离锡尼亚维诺地域。罗曼诺夫斯基的突击第2集团军编有12个实力不济的步兵师、1个步兵旅、1个滑雪旅、2个坦克旅、1个坦克团和4个独立坦克营，共约6万人和50辆坦克。杜哈诺夫第67集团军编有6个步兵师、8个步兵旅、2个滑雪旅、4个坦克旅、2个坦克团、2个独立坦克营和1个筑垒地域，共约4万人和30多辆坦克[71]。德国第26军（“希尔珀特”集群）以第28猎兵师和第21步兵师据守着围绕第一、第二戈罗多克的突出部，以第11和第61步兵师据守锡尼亚维诺地域，总兵力约为3.5万人。

2月10日晨，约1000门火炮/迫击炮实施2个小时的炮火准备后，斯维里多夫第55集团军沿科尔皮诺、红博尔、托斯诺方向发起进攻。德国人被打得措手不及，12点，西蒙尼亚克的近卫步兵第63师夺取红博尔，当日晚些时候，A.A.克拉斯诺夫少将的近卫步兵第45师攻克米什基诺（Mishkino）。

尽管西班牙人实施了激烈抵抗，但斯维里多夫的第一梯队还是在日终前取得4～5公里进展，夺得红博尔、米什基诺、旧梅扎（Staraia Myza）、切尔内舍沃（Chernyshevo）、斯捷潘诺夫卡（Stepanovka）和波波夫卡车站（Popovka）。列宁格勒战时日记描述了当日的行动：

2月10日，星期三。早晨，在红博尔附近据守阵地的敌人被一阵剧烈的爆炸声惊呆了。经过2个小时的炮火准备，列宁格勒方面军第55集团军辖内部队从科尔皮诺地域发起进攻。中午时，我方部队已将红博尔村拿下。前进数公里后，他们又在当日夺取了旧梅扎、切尔内舍沃村、波波夫卡车站和斯捷潘诺夫卡郊区。[72]

斯维里多夫对这一进展感到满意，故而在2月10日晚将他的快速集群投入战斗，以扩大近卫步兵第45师的战果。可是，德军的激烈抵抗和一场意想不到的化冻，妨碍了滑雪旅在道路以外的作战行动，也使快速集群的进攻在距离目标不远处停顿下来。斯维里多夫的坦克和步兵与沿伊若拉河和红博尔以南狭窄道路遂行防御的西班牙部队展开了一场白刃战。行动后期阶段，德国人从丘多沃和乌里茨克地域抽调了第212、第215步兵师几个团级战斗群来增援西班牙守军。

斯维里多夫左翼部队的进展稍好些。Ia.P.辛克维奇上校的步兵第43师和滑雪第34旅在2天的激战中推进3～4公里，迫使党卫队“警察”师辖内部队退往托斯诺河。可是，德国人再次以第24步兵师、党卫队第2摩托化步兵旅一部、“佛兰德斯”志愿者军团，以及先前在锡尼亚维诺的战斗中遭受重创的第11、第21、第227步兵师残部加强防御。这些援兵将苏军的推进阻挡在距离其目标很远处。截至2月13日，斯维里多夫的部队沿一条14公里宽的战线取得4～5公里进展，但已无力继续前进，在激战中伤亡约1万人，坦克折损大半。实施英勇防御的西班牙第250步兵师伤亡3200人，其燧发枪手营损失了近90%的兵力[73]。

斯维里多夫的部队在红博尔实施徒劳无获的进攻时，2月10日晨，苏霍姆林第54集团军在斯梅尔德尼亚和季戈达河以北地段投入战斗，其突击目标是托斯诺以南的铁路线。苏霍姆林以步兵第166、第198、第311、第378师、步兵第

14、第140、海军步兵第6和坦克第124旅对德军第96步兵师的防御发起冲击。尽管投入了压倒性力量，但在历时3天的激战中，苏霍姆林的突击群沿一条5公里宽的战线只取得3～4公里进展。德国人分别从锡尼亚维诺的第61步兵师，从调自沃尔霍夫河前线的第121、第217步兵师，从毗邻的第132步兵师抽调团级战斗群，用以加强第96步兵师，从而阻挡住苏军的进攻。

利用德国第18集团军从锡尼亚维诺地域抽调部队来加强遭受攻击地段这一事实，苏军第67和突击第2集团军于2月12日晨加入进攻。杜哈诺夫突击群进攻德军第28猎兵师和第21步兵师之际，罗曼诺夫斯基的突击群也对锡尼亚维诺城东西两侧的德军防御发起突击。列宁格勒战时日记记录下了这场激烈而又血腥的战斗：

*2月13日，星期六。*锡尼亚维诺方向的战斗再度爆发。即便在打破列宁格勒封锁圈后，为夺取锡尼亚维诺付出了那么多鲜血，可这座城市仍在德国人手中。偏西处，敌人设法阻挡住第67集团军右翼，形成了一个伸入我方部署的突出部。沃尔霍夫方面军突击第2集团军和列宁格勒方面军第67集团军辖内部队发起冲击——从锡尼亚维诺沼泽西延至涅瓦河，从涅瓦河（从莫斯科夫斯卡亚杜布罗夫卡）东延至锡尼亚维诺沼泽，试图切断该突出部。[74]

经过6天激战，杜哈诺夫的部队成功夺得已成废墟的第一、第二戈罗多克，并向南推进数公里，赶往阿尔布佐沃郊外：

*2月14日，星期日。*沿列宁格勒周围的锡尼亚维诺方向，争夺鲜为人知的阿尔布佐沃村和更加不为人知的第一、第二戈罗多克的战斗正激烈展开。那里的敌人死死坚守每一寸土地，不得不将他们逐出每一座防御工事。希特勒分子利用各种机会发起反击。今天的反冲击尤为激烈……

*2月17日，星期三。*第67集团军右翼兵团已将第一、第二戈罗多克和第八水电站附近地域之敌歼灭。第55集团军在红博尔地域发起的进攻帮了大忙，敌人已将大批兵力调往那里。利用这个机会，第67集团军步兵第102、第138、第142旅对所谓的戈罗多克防御枢纽部成功发起冲击。

2月20日，星期六。1周前发起的战斗的结果是，我军成功切断了锡尼亚维诺以西伸入我方防御的突出部。实际上，我军部队在阿尔布佐沃北郊——那里曾有过一座村庄——掘壕据守，我们的前线已经拉直。向南发起后续进攻的条件已然存在。可是，我们没能实现拓宽走廊的愿望，这条走廊是突破封锁期间形成的。[75]

虽然最终切断了德军在涅瓦河东岸危险地指向施吕瑟尔堡的小型突出部，但杜哈诺夫辖内部队太过疲劳，已无法取得更大进展。而东面，罗曼诺夫斯基辖内部队对锡尼亚维诺和毗邻的锡尼亚维诺高地的突击，刚刚发起便遭到失败，损失惨重。苏军第四次锡尼亚维诺进攻战役，以锡尼亚维诺支撑点仍牢牢掌握在德军手中而告终。

出于各种熟悉的原因，列宁格勒和沃尔霍夫方面军的托斯诺、锡尼亚维诺进攻战役失败了。苏联方面的评论将失败归咎于敌人强大的筑垒防御、己方侦察不力、各级指挥层糟糕的指挥控制、坦克力量的拙劣使用（总是与步兵脱离）和炮兵支援不力。最高统帅部大本营在2月27日下达的一道训令中指出："根本性缺点在于，第67和突击第2集团军分别展开行动……他们分散了兵力……遭受到不合理的伤亡。"[76]实际上，戈沃罗夫和梅列茨科夫的部队已在先前的战斗中遭到严重消耗，缺乏足够的实力和耐力实现大本营过于雄心勃勃的目标。

北面的辅助突击虽然已告失败，但朱可夫决定利用他们达成的牵制效果发起西北方面军的主要突击。可是，2月11日至14日，铁木辛哥麾下诸集团军忙着完成进攻行动的最后准备，恶化的气候却导致突击第1、第53集团军和霍津集群无法按时完成集结，朱可夫别无选择，只得推延行动。他刚刚批准推延行动，苏军情报部门便发现德军正准备撤离杰米扬斯克突出部。因此，朱可夫命令铁木辛哥以手头现有兵力发起进攻。此后，这场过早展开的进攻以零零碎碎的方式进行，其结果可想而知。

2月15日，分别由库罗奇金和E.P.茹拉夫廖夫少将指挥的第11和第53集团军对拉穆舍沃走廊侧壁发起突击，而A.I.洛帕京中将的第34集团军则开始对德军位于杰米扬斯克东北方的阵地实施骚扰性进攻。初期突击失败后，2月23日，经大本营批准，朱可夫将S.G.特罗菲缅科中将的第27集团军和G.P.特罗特科夫中将①的突击第1集团军投入战斗，前者位于旧鲁萨南面，后者位于走廊底部。可是，德国人已构设起强有力的防御，掩护其部队撤离杰米扬斯克突出部，苏军两个集团军的进攻发生了动摇。

实际上，德国人已发起“齐滕”行动，计划于2月19日将其部队撤离杰米扬斯克突出部，到2月23日，这项行动几乎已完成，在此过程中彻底破坏了朱可夫的“北极星”行动[77]。在朱可夫的督促下，2月27日，第27和突击第1集团军试图恢复进攻，但再度失利，损失惨重。严重的伤亡和有限的战果激怒了斯大林，他于2月27日停止进攻，命令朱可夫在3月份重新组织一场战役。这场失败导致朱可夫和铁木辛哥投入的327600名士兵伤亡33663人，其中10016人阵亡、被俘或失踪[78]。

“北极星”行动之后，3月—4月

只要苏联中部和南部的红军部队仍在顺利推进，朱可夫和最高统帅部大本营就不打算放弃进攻。因此，根据朱可夫的建议，大本营命令西北方面军、沃尔霍夫方面军、列宁格勒方面军于3月初发起“北极星”行动的一个缩减版，行动目标保持不变[79]。这一次，进攻将以交错的方式发起，西北方面军从3月4日投入进攻，沃尔霍夫和列宁格勒方面军则自3月14日加入[80]。朱可夫将第34、第53、第68和坦克第1集团军转隶霍津集群，并命令第27和突击第1集团军夺取旧鲁萨，前出至波利斯季河。如果后两个集团军夺取该镇，霍津的全部力量就将向普斯科夫和纳尔瓦发展胜利。

最高统帅部大本营再次命令列宁格勒、沃尔霍夫方面军在列宁格勒地区发起辅助突击，这一次不对锡尼亚维诺实施正面进攻，而是对姆加以北的德军部队展开一场浅近合围。这个决定是基于情报部门得到的消息：德国第18集团军在锡尼亚维诺附近集结了重兵，意图从普希金对苏军第55集团军，同时从锡尼亚维诺对第67和突击第2集团军发起侧翼突击，恢复封锁圈。最高统帅部大本营3月7日4点下达的命令，勾勒出这场浅近合围的特点：

---

① 译注：应为少将。

为歼灭敌姆加—锡尼亚维诺集团，最高统帅部大本营特此命令：

1. 沃尔霍夫方面军司令员应以10个步兵师、4个步兵旅的力量，沿沃罗诺沃和洛德瓦战线突破敌军防御，夺取索洛古博夫卡（Sologubovka）和姆加地域。切断该地域敌人沿土路设立的交通线后，应向敌姆加—锡尼亚维诺集团后方发展进攻。与列宁格勒方面军辖内部队在沃伊托洛沃地域会合，以便向北攻入姆加地域，包围敌姆加—锡尼亚维诺集团，将其歼灭或俘获。

突击第2集团军前线暂时转入防御。

2. 列宁格勒方面军司令员应以8个步兵师、3个步兵旅的力量，沿红博尔和波谢洛克佩斯昌卡（Poselok Peschanka）战线突破敌军防御。朝乌利亚诺夫卡方向发起进攻，在乌利亚诺夫卡和姆加地域切断铁路和公路交通线后，向敌姆加—锡尼亚维诺集团后方的沃伊托洛沃发展进攻。

与沃尔霍夫方面军辖内部队在沃伊托洛沃地域会合，会同沃尔霍夫方面军包围敌姆加—锡尼亚维诺集团，将其歼灭或俘获。

第67集团军前线暂时转入防御。

3. 两个方面军的行动应于1943年3月14日发起。完成歼灭敌姆加—锡尼亚维诺集团的行动不得迟于1943年3月25日。

4. 方面军司令员梅列茨科夫同志负责指挥沃尔霍夫方面军的行动，大本营代表伏罗希洛夫同志待在列宁格勒方面军。

5. 大本营代表伏罗希洛夫同志负责协调沃尔霍夫、列宁格勒方面军的协同事宜。

I.斯大林[81]

在列宁格勒地区，列宁格勒方面军第55集团军和沃尔霍夫方面军第8集团军，将与朱可夫对旧鲁萨的突击相配合，歼灭锡尼亚维诺和姆加地域的德军部队。与此同时，沃尔霍夫方面军第52集团军将对诺夫哥罗德发起一场目标有限的进攻，目的是协助西北方面军对旧鲁萨的突击，并吸引德国第18集团军部分兵力，使其远离列宁格勒。为加强指挥和控制，最高统帅部大本营一周前已将突击第2集团军转隶列宁格勒方面军，这样，该集团军便可以会同第67集团军沿一个方向发起推进[82]。

根据新进攻计划，斯维里多夫第55集团军将以8个步兵师、3个步兵旅从红博尔突出部发起进攻。突破德军防御后，该集团军应夺取乌利亚诺夫卡，切断乌利亚诺夫卡和姆加地域的铁路、公路交通线，并与第8集团军会合。斯塔里科夫第8集团军将以10个步兵师、4个步兵旅对沃罗诺沃—洛德瓦地域发起进攻，突破德军防御，夺取索洛古博夫卡和姆加，与第55集团军在沃伊托洛沃会合。这一次，疲惫不堪的第67和突击第2集团军留在锡尼亚维诺对面的防御阵地上，若上述行动取得成功，他们也将投入战斗。伏罗希洛夫负责监督列宁格勒地区的行动，要求在3月25日前完成行动目标。

遂行"北极星"行动的第二次尝试从一开始便发生了动摇，沮丧不已的大本营和朱可夫竭力取得一些战果，战斗零零碎碎地展开。西北方面军第27和突击第1集团军于3月5日（推延了1天）发起进攻，但几乎未取得任何进展。此后，为应对德军在哈尔科夫地区成功发起的反攻，3月7日，苏军最高统帅部大本营命令朱可夫和铁木辛哥将卡图科夫坦克第1集团军向南调往库尔斯克地域，并把"北极星"行动的目标限制在夺取旧鲁萨、消灭姆加突出部[83]。

尽管坦克第1集团军调离，但特罗菲缅科第27集团军还是于3月14日再次对旧鲁萨以东的德军防御发起进攻，而库罗奇金第11集团军、洛帕京第34集团军和茹拉夫廖夫第53集团军则对拉穆舍沃以南的德军防御遂行突击。后者设法向列季亚河（Red'ia）推进数公里，但这番突击很快以失败告终，损失惨重，而该地域的其他进攻行动都遭到惨败。又一番激烈而又徒劳的后续战斗后，3月17日，大本营命令朱可夫停止行动，飞赴库尔斯克，设法恢复红军在该地区恶化的态势。很快，西北方面军辖内许多精锐部队也随朱可夫一同南调[84]。

这些引人注目的事件在南面西北方面军作战地域发生，与此同时戈沃罗夫和梅列茨科夫发起了他们的姆加进攻战役。3月14日，V.F.雅科夫列夫中将的第52集团军在诺夫哥罗德地域展开牵制行动。他的集团军规模较小，只编有4个步兵师、1个滑雪旅、2个机动雪橇营和1个筑垒地域，没有坦克，就在进攻发起前，梅列茨科夫以2个步兵师加强该集团军[85]。雅科夫列夫辖内部队跨过诺夫哥罗德南面的沃尔霍夫河，对德国第38军第1空军野战师的防御发起打击，战斗持续至3月27日，苏军只取得有限进展。不过，这场牵制行动还是达成了目的，因为林德曼别无选择，只能从基里希地域和杰米扬斯克抽调第217

和第58步兵师增援诺夫哥罗德地段。

为完成进攻准备，斯维里多夫的第55集团军耽误了两天，3月19日才从红博尔以南发起进攻，打击德国第54军党卫队“警察”师，该师已获得“佛兰德斯”志愿者军团加强，右翼得到第24步兵师、左翼获得西班牙第250“蓝色”步兵师支援。博尔什切夫步兵第268师和步兵第55旅位于斯维里多夫的第一梯队，他们突破了党卫队“警察”师的防御，日终前向萨布利诺（Sablino）郊区推进3公里。列宁格勒战时日记记录下了这场徒劳无获的行动：

*3月19日，星期五。*第55集团军辖内部队在红博尔东南方恢复进攻。突破敌军防御后，我方部队遭遇敌人顽强抵抗。

*3月21日，星期天。*步兵第268师和步兵第55旅从红博尔东南方攻向乌利亚诺夫卡，突破敌防御后取得3公里进展。步兵第952团的2个营在A.I.克柳卡诺夫中校的率领下，前出至萨布利诺西北郊。但敌人以强有力的反冲击阻挡住他们的推进。战斗激烈。

*3月25日，星期四。*红博尔东南方，敌人一次次发起反冲击，企图夺回他们丢失的地盘。[86]

可是，“佛兰德斯”志愿者军团在88毫米高射炮和第502重装营几辆虎式坦克支援下发起反冲击，将斯维里多夫的部队逐回出发阵地。一连8天，斯维里多夫徒劳地试图重新发起进攻，但均以失败告终。艰苦却毫无战果的战斗持续至4月2日，苏军最高统帅部大本营命令戈沃罗夫方面军放弃后续进攻行动。此时，交战双方都遭受了严重损失。例如，“佛兰德斯”志愿者军团最初有500人，此时只剩45人[87]。

与第55集团军从红博尔向姆加发起进攻同一时刻，斯塔里科夫第8集团军也从沃罗诺沃以南地段向姆加发起突击。斯塔里科夫集团军编有9个步兵师、2个步兵旅、2个独立坦克旅和4个独立坦克团。他把步兵第286、第256、第378、第374、第265师集结在第一梯队，坦克第35、第25、第33、第50团提供支援。步兵第239、近卫步兵第64、步兵第364师、坦克第122、第185旅位于第二梯队，步兵第372师和步兵第58旅担任预备队。梅列茨科夫以方面军大部分炮兵支援斯塔里科夫集团军。第8集团军面对的是德国第18集团军第26军第1、第223、第69步兵师，他们据守的防线从姆加铁路线以北的贡托瓦亚利普卡延伸至波戈斯季耶，为其提供支援的只有第285保安师[88]。

3月19日晨，经过一场持续135分钟的炮火准备，斯塔里科夫集团军发起冲击。头3天激战中，集团军第一梯队师沿一条7公里宽的战线，在德军第1与第223步兵师防区结合部达成3～4公里突破。斯塔里科夫随即投入一个小股快速集群，该集群编有近卫步兵第64师近卫步兵第191团和坦克第122旅一个营，奉命切断姆加—基里希铁路线，尔后转向西北方的姆加车站。该快速集群冒着大雨向前推进，而这场大雨也导致空军第14集团军无法提供任何空中支援，这支快速集群设法赶至图雷什基诺车站东面的姆加—基里希铁路线，随后被德军援兵所阻。尽管天气恶劣，但林德曼还是从第21、第61、第121步兵师匆匆抽调出几个战斗群派往受威胁地段，在那里，他们阻挡住斯塔里科夫的推进，但非常勉强。

尽管遭遇到初步失利，但朱可夫坚持要求斯塔里科夫在3月份剩下的日子里继续进攻。4月1日，朱可夫命令他投入预备队F.F.科罗特科夫上校的步兵第14师和独立步兵第1旅，支援N.A.波利亚科夫少将近卫步兵第64师，对姆加—基里希铁路线东面卡尔布谢利（Karbusel'）周围德军防御进行进攻。德军第121步兵师击退了苏军的冲击，并给进攻方造成严重损失。4月2日，苏军最高统帅部大本营批准斯塔里科夫停止进攻并转入防御[89]。4月3日，相对的平静降临在列宁格勒地区战线上。

大本营命令两个方面军结束姆加进攻战役，部分原因是他们的部队甚至没能削弱列宁格勒以南的德军防御，而且，春季化冻开始到来。列宁格勒战时日记总结了失利的原因，并指出这场进攻的益处：

*4月2日，星期五。*春季也影响到作战行动：3月19日开始的化冻使我方部队沿乌利亚诺夫卡方向的进攻趋于复杂。但是，这不是我们今天停止进攻行动的唯一原因。列宁格勒方面军第55集团军和沃尔霍夫方面军第8集团军的行动遭遇敌人激烈抵抗。敌人决定削弱其他作战地段的力量，将兵力集中到这片地域。化冻只是进一步妨碍了我们的进攻。

虽然我们没能完成主要任务（歼灭敌姆加—锡尼亚维诺集团，拓宽与列宁格勒的陆地交通线），但这场战役和2月份实施的红博尔战役，其重要性无论怎样评估也不为过。敌人被迫转入防御，已无法考虑对列宁格勒发起任何进攻。他们也无法将预备力量从列宁格勒调至南方，我军将在那里继续成功地发展进攻。[90]

可是，最高统帅部大本营停止姆加进攻战役的实际原因是“北极星”行动已失败，而这场行动为列宁格勒的进攻提供了意义和背景。另外，就连大本营也无法再允许将巨大的人力继续浪费在本地区徒劳无获的进攻行动中。不过，尽管以失败告终，这场进攻行动还是彻底终止了德国人攻占列宁格勒的一切企图，并牵制住30个德国师，其中部分师本来可以帮助OKH稳定西方向和西南方向的态势，从而为大本营的整体努力做出了重大贡献。[91]

1943年1月，红军在锡尼亚维诺赢得“火花”行动的胜利，收复部分失地，但其重要意义远不止如此。自1941年12月列宁格勒方面军在季赫温挫败德国“北方”集团军群从东面包围列宁格勒的大胆企图以来，苏军最高统帅部大本营还没有在该地区取得过值得庆祝的战果。红军1月份从德国人手中夺得狭窄的陆地走廊，结束了过去12个月反复遭受的令人尴尬甚至震惊的失败。

但令人沮丧的是，“火花”行动并未完成，大本营对此心知肚明。至关重要的锡尼亚维诺支撑点、锡尼亚维诺镇和毗邻高地仍在德国人手中，大本营知道，只要德军继续控制这些要点，列宁格勒的防御和从东面通入城内的补给线就无法得到彻底保证。这一事实使1月份的锡尼亚维诺争夺战成为一个前奏，而非尾声。自尊心和战略需求迫使大本营命令其部队不惜一切代价尽快夺取锡尼亚维诺和锡尼亚维诺高地。因此，“北极星”行动不可避免地紧随“火花”行动而来。

鉴于苏军最高统帅部大本营在1942年冬季雄心勃勃的战略目标，“北极星”行动和列宁格勒地区的相关进攻战役理所当然地代表了红军由南至北、跨越整条苏德战线一系列旷日持久的攻势的高潮。可是，由于红军能力不足，和其他进攻行动一样，“北极星”行动失败了。这是因为红军的能力尚不足以赢得这样的胜利，特别是在列宁格勒地区如此困难的地形条件下，大规模坦克力量无法在此发挥作用。此后，苏军最高统帅部大本营更加清醒，更加现实，选择交战地点和时机时也更为谨慎，只有在胜利有望的前提下才发起进攻。尽管行事趋于谨慎，但锡尼亚维诺依然是红军的眼中钉，直到夏季，最高统帅部大本营仍无法抗拒其致命的诱惑。

与先前的行动一样，“火花”和“北极星”行动使参与其中、力图克服最困难地形和气候条件的数十万红军将士付出了高昂的代价。虽然尚不掌握1943年第一季度苏军完整的伤亡数据，但已公布和估计的那些数字生动强调了这些行动的实际代价是多么高昂。

据苏联官方统计，列宁格勒和沃尔霍夫方面军在“火花”行动中共投入302800人，折损115082人，其中33940人阵亡、被俘、失踪[92]。苏军2月份的进攻行动投入25万人，3月份又投入超过15万人，这些行动至少给苏军造成15万人伤亡，其中3.5万人阵亡[93]。西北方面军的情况也好不到哪里去。发起“北极星”行动时，面对10万名德军士兵，该方面军投入327600人。2月15日至28日间，西北方面军损失33663人，其中10016人阵亡、被俘或失踪，23647人负伤或患病[94]。指定参加“北极星”行动的所有部队集结完毕后，1943年3月1日，西北方面军的兵力升至401190人。在3月份的进攻行动中，该方面军损失103108人，其中31789人阵亡、被俘或失踪，71319人负伤或患病[95]。这样算来，该方面军的总兵力约为40万人，伤亡总数高达13万，包括4万多不可归队减员。德方资料证实了苏军惊人的伤亡，称红军仅在锡尼亚维诺周围的战斗中便损失27万人[96]。

虽然德军伤亡数字远远低于红军，但同样在艰苦的战斗中遭受到严重损失，而且他们无法为蒙受损失的部队提供补充。到1943年7月，“北方”集团军群的兵力已降至76万人。更糟糕的是，1943年年初的战斗严重削弱了第18集团军辖内几乎每一个师，这是因为，与1916年位于凡尔登的法国陆军一样，第18集团军的每个师都在锡尼亚维诺或其周围血战。为遏制苏军的每一次打击，林德曼四处搜罗新锐力量，被迫将集团军辖内几乎每一个师在各作战地带来回调动。1943年1月后，“北方”集团军群几乎已没有战役预备队，因此不得不依靠团、营级战斗群的快速机动遏止苏军的进攻。集团军群辖内各师一直从事着防御和战斗，损失相当惨重。例如西班牙第250步兵师，在2月份的战斗中损失3200人，相当于该师总兵力的30%，其他师蒙受的损失同样严重。鉴于这种持续不断的消耗，加之补充兵减少，“北方”集团军群再也无法阻挡苏军大潮——这仅仅是个时间问题。

最后需要指出的是，“火花”和“北极星”行动清楚地表明了苏军最高统帅部大本营在列宁格勒赢得胜利的决心，一直以来，许多战争历史著作忽略了这一点。同时，这两个行动也表明这项任务是多么艰难。有了这种认识后，又用10个月时间加以准备，最高统帅部大本营这才沿西北方向发起新的战略行动。届时，大本营将把解放列宁格勒列为1944年最优先的战略任务。

本章原注

1. 相关背景可参阅：戴维·M.格兰茨，《巨人的碰撞：红军是如何阻止希特勒的》，劳伦斯：堪萨斯大学出版社，1995年；戴维·M.格兰茨，《朱可夫最大的败仗：红军1942年“火星”行动的惨败》，劳伦斯：堪萨斯大学出版社，1999年；戴维·M.格兰茨，《1941年—1945年，苏德战争中被遗忘的战役（第三册）：夏季战役（1942年5月12日—11月18日）》，宾夕法尼亚州卡莱尔：自费出版，1999年；戴维·M.格兰茨，《1941年—1945年，苏德战争中被遗忘的战役（第四册）：冬季战役（1942年11月19日—1943年3月21日）》，宾夕法尼亚州卡莱尔：自费出版，1999年。

2. 列宁格勒和沃尔霍夫方面军1月1日的作战序列，可参阅：《苏军作战编成，第三部：1943年1月至12月》，莫斯科：军事出版社，1972年，第8—10页。

3. 普拉东诺夫，《列宁格勒战役，1941年—1944年》，第230—231页。

4. 同上，第231页。

5. 同上。

6. 同上，第131—132页。

7. 同上，第232页。

8. 德军在列宁格勒地区的部署情况，可参阅：普拉东诺夫，《列宁格勒战役，1941年—1944年》，第232—234页，以及《“北方”集团军群对苏战役，1942年》，“北方”集团军群，75884号，国家档案馆微缩胶片，序列号T-312，第679卷。1943年1月1日至12月31日的地图和报告。

9. 普拉东诺夫，《列宁格勒战役，1941年—1944年》，第233页。

10. 齐姆克，《从斯大林格勒到柏林：德国在东线的失败》，第111页。

11. 普拉东诺夫，《列宁格勒战役，1941年—1944年》，第234页。

12. 同上，第235—237页。

13. 戈沃罗夫的完整建议，可参阅：“列宁格勒方面军司令员发给最高统帅的报告，关于施吕瑟尔堡和乌里茨克进攻战役的计划”，收录在：佐洛塔廖夫，《最高统帅部大本营：1942》，第560—563页。戈沃罗夫11月22日的报告，可参阅：“列宁格勒方面军司令员发给最高统帅的报告，关于1943年冬季作战行动的计划”，收录在：佐洛塔廖夫，《最高统帅部大本营：1942》，第563—565页。

14. 具体说来，戈沃罗夫建议投入2个滑雪旅、2个坦克旅、14个炮兵团、4个舰队炮兵营、4个高射炮兵营、2个防空炮兵团、2个高射炮兵连、9个近卫迫击炮兵营、1个工程工兵旅、4个舟桥营和3个道路营为进攻行动提供支援。参见：普拉东诺夫，《列宁格勒战役，1941年—1944年》，第236页。

15. 大本营的完整回复，可参阅：“最高统帅部大本营发给沃尔霍夫、列宁格勒方面军司令员的170696号指令，关于批准‘火花’行动计划”，收录在：佐洛塔廖夫，《最高统帅部大本营：1942》，第458页。

16. 大本营的完整指令，可参阅：“最高统帅部大本营发给沃尔霍夫、列宁格勒方面军司令员的170703号指令，关于突破列宁格勒封锁圈期间的任务和姆加战役的准备工作”，收录在：佐洛塔廖夫，《最高统帅部大本营：1942》，第464页。

17. 普拉东诺夫，《列宁格勒战役，1941年—1944年》，第238页。

18. 同上，第238—239页。

19. 同上，第239页。

20. 协同计划的详情可参阅同上，第240页。更多策划详情可参阅：S.M.博伊措夫、S.N.博尔什切夫，《“火花”行动》，列宁格勒：列宁出版社，1973年。

21. 普拉东诺夫，《列宁格勒战役，1941年—1944年》，第240—241页。

22. 同上，第241页。

23. 炮兵火力的策划详情可参阅同上，第241—242页。

24. 一个炮兵弹药基数相当于支援规定日期的作战行动所需要的炮弹数量。

25. 同上，第242—243页。

26. 空军第13集团军的414架战机包括52架轰炸机、85架强击机、242架歼击机和35架其他类型飞机，大多数用于主要突击方向。参见：普拉东诺夫，《列宁格勒战役，1941年—1944年》，第243页。

27. 同上，第243—244页。这395架战机包括35架轰炸机、174架强击机、163架歼击机和23架侦察机。

28. 同上，第244页。列宁格勒遭封锁期间所有坦克作战行动的细节，可参阅：V.I.巴拉诺夫主编，《列宁格勒战役中的坦克部队：回忆、短文和文件》，列宁格勒：列宁出版社，1987年。

29. 同上，第244页。

30. 工程兵营的规模稍大些，因而比工兵营更具能力。

31. 同上，第245—246页。

32. 同上，第246页。

33. 同上，第247页。

34. “火星”行动就是第三次勒热夫—瑟乔夫卡进攻战役。第一次进攻战役发生在1942年2月—3月，是红军冬季战役的组成部分；第二次进攻战役可谓“火星”行动的预演，发生在1942年8月和9月。这三次进攻都试图击败德国“中央”集团军群，但均告失败。

35. 朱可夫战时工作安排，可参阅：伊萨耶夫，《前路的里程碑》，第25页。

36. 保罗·卡雷尔，《焦土：苏德战争1943年—1944年》，第219页。

37. 每日作战行动的详情可参阅：普拉东诺夫，《列宁格勒战役，1941年—1944年》，第252—255页；布罗夫，《日复一日的封锁》，第297—308页；D.K.热列博夫、I.I.索洛马欣《一月份的七天：突破列宁格勒封锁圈，1943年1月12日至18日》，列宁格勒：列宁出版社，1987年。

38. 保罗·卡雷尔，《焦土：苏德战争1943年—1944年》，第220—223页。

39. 同上，第226页；普拉东诺夫，《列宁格勒战役，1941年—1944年》，第255—256页。

40. 普拉东诺夫，《列宁格勒战役，1941年—1944年》，第258页。

41. 同上，第259页。

42. 同上，第260页；保罗·卡雷尔，《焦土：苏德战争1943年—1944年》，第229页。另参阅涵盖战役发展的5幅详细态势图，《“北方”集团军群对苏战役》。

43. 普拉东诺夫，《列宁格勒战役，1941年—1944年》，第261页；保罗·卡雷尔，《焦土：苏德战争1943年—1944年》，第229页。

44. 保罗·卡雷尔，《焦土：苏德战争1943年—1944年》，第229页。

45. 指挥步兵第80和第265师的分别是N.V.西蒙诺夫上校和B.N.乌申斯基上校。

46. 普拉东诺夫，《列宁格勒战役，1941年—1944年》，第263—264页。

47. 同上，第265—266页。

48. 同上，第264页。

49. 保罗·卡雷尔，《焦土：苏德战争1943年—1944年》，第234页。

50. 普拉东诺夫，《列宁格勒战役，1941年—1944年》，第267—268页。

51. Iu.P.彼得罗夫主编，《1941年—1945年，苏联伟大卫国战争史（全六册）》，莫斯科：军事出版社，1961年，第137—138页。

52. 保罗·卡雷尔，《焦土：苏德战争1943年—1944年》，第238页；另可参阅：普拉东诺夫，《列宁格勒战役，1941年—1944年》，第267—268页。

53. 布罗夫，《日复一日的封锁》，第303—308页，提供了1月20日后的一些作战详情。

54. 格里布科夫，《荣获列宁勋章的列宁格勒军区史》，第323页。

55. 克里沃舍夫，《揭秘：苏联武装力量在战争、作战行动和军事冲突中的损失》，第184—185页。

56. 马斯洛夫，《陨落的苏军将领》，第82页。

57. 苏联方面称毙伤1.9万名德军官兵，俘虏1275人，摧毁272门火炮、120挺机枪和300门迫击炮。参见：格里布科夫，《荣获列宁勋章的列宁格勒军区史》，第323页。

58. 索尔兹伯里，《列宁格勒被困九百天》，第548页。

59. 普拉东诺夫，《列宁格勒战役，1941年—1944年》，第273页。

60. 同上，第274页。

61. 铁木辛哥的计划，参阅："西北方面军司令员发给最高统帅的0080号报告，关于围歼敌杰米扬斯克集团的作战计划"，收录在：佐洛塔廖夫，《最高统帅部大本营：1943》，第268—270页。最高统帅部大本营于1月17日批准了他的计划。原西北方面军司令员库罗奇金改任第11集团军司令员。

62. A.A.格列奇科主编，《第二次世界大战史，1939年—1945年（全十二册），第六册》，莫斯科：军事出版社，1976年，第142页。

63. G.K.朱可夫，《回忆与思考，第二册》，莫斯科：进步出版社，1985年，第145页。

64. "最高统帅部大本营发给西北方面军司令员的30042号指令，关于歼灭敌杰米扬斯克集团的顺序"，收录在：佐洛塔廖夫，《最高统帅部大本营：1943》，第72—73页。

65. "最高统帅部大本营发给特别军队集群司令员的30039号指令，关于歼灭敌列宁格勒—沃尔霍夫集团"，收录在：佐洛塔廖夫，《最高统帅部大本营：1943》，第70—71页。

66. "最高统帅部大本营发给列宁格勒、沃尔霍夫方面军司令员的30034号指令，关于对敌锡尼亚维诺集团发起进攻"，收录在：佐洛塔廖夫，《最高统帅部大本营：1943》，第56—57页。

67. 普拉东诺夫，《列宁格勒战役，1941年—1944年》，第276页。

68. 第55集团军辖近卫步兵第45、63、步兵第43、第46、第56、第72、第131、第268师、步兵第56、第250、滑雪第34、第35、坦克第222旅和坦克第31团，参见《苏军作战编成，第三部：1943年1月至12月》，第57页。

69. 保罗·卡雷尔，《焦土：苏德战争1943年—1944年》，第246页。

70. 第54集团军辖第115、第166、第177、第198、第281、第285、第294、第311、第374、第378师和步兵第14、第140、海军步兵第6、坦克第122和第124旅，参见：《苏军作战编成，第三部：1943年1

月至12月》，第58页。

71. 1943年2月1日，突击第2集团军辖近卫步兵第64、步兵第11、第18、第71、第128、第147、第314、第364、第376、第379师、步兵第72、海军步兵第73、坦克第16、第98旅、近卫坦克第32团、独立坦克第501、第503、第507营。第67集团军辖步兵第13、第46、第90、第142、第189、第224师、步兵第11、第55、第56、第102、第123、第138、第142、第250、坦克第1、第61、第152、第220旅、近卫坦克第31、第46团、独立坦克第86、第118营和第16筑垒地域。参见：《苏军作战编成，第三部：1943年1月至12月》，第32页。

72. 布罗夫，《日复一日的封锁》，第312页。

73. 保罗·卡雷尔，《焦土：苏德战争1943年—1944年》，第246—247页。

74. 布罗夫，《日复一日的封锁》，第314页。

75. 同上，第316—317页。

76. “最高统帅部大本营发给列宁格勒、沃尔霍夫方面军司令员的30057号指令，关于巩固既有阵地并为进攻行动加以准备”，收录在：佐洛塔廖夫，《最高统帅部大本营：1943》，第82—83页。2月27日22点40分签发的完整指令如下：

---

1. 由于我们以科罗特科夫突击第1集团军从南面，洛帕京第11集团军和特罗菲缅科第27集团军从北面，朝韦列夫基诺（Verevkino）和利亚霍诺沃（Liakhnovo）地域发起主要突击，敌人已将集团主力撤离，正以他们抗击科罗特科夫，并在旧鲁萨地域实施抵抗。敌人在中央地带保持着一个较为虚弱的集团，也就是第11集团军右翼地段和第53集团军右翼的拉穆舍沃、切连奇齐（Cherenchitsy）和奥努夫里耶沃地域。显然，这片地域是其北部、南部集团的结合部。

2. 考虑到现有的土路、铁路线的接近度、地形特点造成的行动困难性，我决定以托尔布欣第68集团军迅速赶往北面的瓦西利耶夫希纳（Vasil'evshina）、戈季洛沃（Godilovo）、科洛马（Koloma）地域，沿穿过奥努夫里耶沃和索科洛沃至列奇涅科齐（Rechnye Kotsy）这一总方向对拉穆舍沃和切连奇齐地域之敌发起一场楔形进攻，从西面切断旧鲁萨。

变更部署和进攻准备需要四天时间。因此，我们可以在1943年3月13日晨发起进攻。

3. 在此期间，库罗奇金第34集团军将变更部署至洛瓦季河以西的小戈雷（Malye Gory）和博里索沃地域，该集团军应从那里朝西面的奥热多沃（Ozhedovo）总方向发起进攻，尔后冲向伊万诺夫斯科耶和大谢洛（Velikoe Selo）。

第27集团军应将所有兵力兵器集结于片诺地域，以便与第34集团军充分协同，从南面和西南面发起进攻，包围旧鲁萨。

我命令方面军司令员以两个步兵师加强第34集团军。

科罗特科夫和茹拉夫廖夫［第53集团军］沿原方向遂行赋予他们的任务。

近卫步兵第14军的任务是掩护通往霍尔姆和波德多里耶（Poddor'e）的方向。

4. 如果您没有异议，我现在就进行进攻准备。托尔布欣将于今晚向新地域开拔。我已给他下达了一道初步命令。

康斯坦丁诺夫［朱可夫］

“最高副统帅发给最高统帅的1496号报告，关于歼灭旧鲁萨地域之敌计划的变更”，收录在：佐洛塔廖夫，《最高统帅部大本营：1943》，第283—284页。

斯大林毫不犹豫地批准了朱可夫的新计划，并于3月8日21点50分下达一道实施令，命令中指出：“我批准您的行动计划。立即着手对您的部队实施必要的再部署。变更部署期间不要停止突击第1和第27集团军的炮击，以荫蔽您的机动。”参见：“最高统帅部大本营发给大本营代表的指示，关于批准歼灭旧鲁萨地域之敌的计划”，收录在：佐洛塔廖夫，《最高统帅部大本营：1943》，第91页。

81. “最高统帅部大本营发给沃尔霍夫、列宁格勒方面军司令员和大本营代表的30066号指令，关于歼灭敌姆加—锡尼亚维诺集团”，收录在：佐洛塔廖夫，《最高统帅部大本营：1943》，第89—90页。

82. “最高统帅部大本营发给列宁格勒、沃尔霍夫方面军司令员和大本营代表的30056号指令，关于突击第2集团军的转隶”，收录在：佐洛塔廖夫，《最高统帅部大本营：1943》，第89页。

83. 曼施泰因的“南方”集团军群对顿巴斯、哈尔科夫、别尔格罗德地域的苏军发起反攻，苏军最高统帅部大本营不得不做出应对。

84. 苏军在杰米扬斯克、旧鲁萨的作战详情，以及最高统帅部大本营向南抽调部队的指令，可参阅：戴维·M.格兰茨，《1941年—1945年，苏德战争中被遗忘的战役（第四册）》，第382—429页。

85. 第52集团军辖步兵第65、第225、第229、第310步兵师、滑雪第38旅、雪橇第34、第53营和第150筑垒地域。进攻发起前，该集团军获得步兵第229和第310师加强。参见：《苏军作战编成，第三部：1943年1月至12月》，第58页。

86. 布罗夫，《日复一日的封锁》，第327—329页。

87. 保罗·卡雷尔，《焦土：苏德战争1943年—1944年》，第247页；普拉东诺夫，《列宁格勒战役，1941年—1944年》，第278—279页。

88. 德军和预计的苏军部署，可参阅：《“北方”集团军群对苏战役》，1943年3月的每日作战态势图和情报图。

89. 普拉东诺夫，《列宁格勒战役，1941年—1944年》，第278页。

90. 布罗夫，《日复一日的封锁》，第333页。

91. 希特勒的想法是，若德军在库尔斯克赢得胜利，就在列宁格勒地区发起新的进攻。但德军在库尔斯克的失败彻底结束了这种希望。

92. 克里沃舍夫，《揭秘：苏联武装力量在战争、作战行动和军事冲突中的损失》，第184—185页。

93. 官方数据表明，列宁格勒方面军1943年伤亡390794人，其中88745人阵亡、被俘或失踪。这个伤亡人数的三分之一（13万人，3万人阵亡）发生在当年第一季度。同一时期，沃尔霍夫方面军损失321404人，其中77904人阵亡、被俘或失踪。这个伤亡人数的半数（16万，3.8万人阵亡）发生在当年第一季度。

94. 克里沃舍夫，《揭秘：苏联武装力量在战争、作战行动和军事冲突中的损失》，第226页。

95. 古尔金，《1941年—1945年，苏联武装力量的人员损失：新观念》，第7页。

96. 保罗·卡雷尔，《焦土：苏德战争1943年—1944年》，第247页。

列宁格勒方面军司令员 L. A. 戈沃罗夫大将（左）和他的政委 A. A. 日丹诺夫（右）

（从左至右）沃尔霍夫方面军军事委员会成员：政委 T. F. 什特科夫、司令员 K. A. 梅列茨科夫、参谋长奥泽罗夫；空军第 14 集团军司令员 I. P. 茹拉夫廖夫

沃尔霍夫方面军副司令员 I.I. 费久宁斯基中将

步兵第 136 师师长 N.P. 西蒙尼亚克少将

1943 年 1 月，炮火准备中的“喀秋莎”火箭炮

一月攻势发起前，位于前进观察所的红军指挥员

步兵第 86 师的士兵们冲上普列奥布拉任斯科耶高地

1943 年 1 月，德国人构设的筑垒工事和障碍物

1943 年 1 月，位于出发阵地的红军士兵和坦克

1943 年 1 月，红军缴获的一门德军重型火炮

1943 年 1 月，列宁格勒方面军的士兵们对一座德军暗堡发起进攻

1943 年 1 月，列宁格勒和沃尔霍夫方面军辖内部队会师（油画）

1943 年 1 月，一列德国油罐车被游击队炸毁

1943 年 1 月，打破列宁格勒封锁后，红军的一部装甲列车

列宁格勒，担任高射炮兵观察员的一名红军女兵

第十章
僵持
1943 年 5 月—11 月

1943年春季和夏季的态势

红军1943年2月和3月未能完成最高统帅部赋予他们的任务后，一段相对平静的时期降临在整个苏德战线。苏军的大规模冬季攻势和随后曼施泰因策划的“南方”集团军群发起的反攻，使红军丢失了冬季赢得的一些战果，也使前线恢复了某种程度的稳定，但也导致交战双方疲惫不堪。双方部队在春季化冻的泥泞中挣扎，历时3个月的战役间歇降临前线，希特勒和斯大林积极展开策划，力图在夏季夺回战略主动权。

最后，希特勒和OKH决定再度发起夏季攻势，但这一次的作战范围和目标更加有限。他们将库尔斯克突出部选为目标，这个巨大的突出部在“中央”集团军群与“南方”集团军群之间向西伸出，对苏联人来说，它标志着红军去年冬季取得的战果，而在德国人看来，这是个诱人的目标。打击库尔斯克突出部，歼灭突出部内的大批红军部队，希特勒希望借此抵消德军在去年冬季遭受的重创，并恢复东线德军的好运。

苏联一方，斯大林和最高统帅部大本营力图扩大红军在冬季赢得的胜利，发起大规模夏季攻势，完成红军去年冬季未能实现的目标，同时赢取更大的胜利。基于以往的经验和从过去的失败中培养出来的谨慎态度，斯大林决定先削弱德军的夏季攻势，然后再发起自己的大规模夏季攻势。大本营的计划是，待击败德军进攻后（大本营正确地判断出德军将对库尔斯克发起进攻），红军就将发起多个进攻行动，先打击库尔斯克地区德军部队之侧翼，尔后将进攻行动扩展至整条战线。因此，最高统帅部大本营决定，以库尔斯克突出部预有准备的防御拉开红军夏季攻势的帷幕。

苏军在库尔斯克实施防御，尔后发起反攻期间，列宁格勒地区的苏军部队继续实施防御，只遂行目标有限的进攻，以此支援红军在南方更大规模的进攻行动。因此，库尔斯克战役前，最高统帅部大本营悄悄将大批部队向南调入库尔斯克地区，包括西北方面军编成内的第11、第27、第53、第68集团军和许多规模较小的兵团[1]。大部分兵力被抽调后，沿西北方向行动的3个苏军方面军暂时推延了所有进攻行动，而且，与过去的做法截然不同，他们在整个春季和夏季对辖内部队进行了休整和补充。戈沃罗夫将杜哈诺夫第67集团军的9个步兵师、1个坦克旅和2个坦克团调入方面军预备队接受休整补充。与此同时，梅列茨科夫也把4个步兵师、3个坦克旅和1个坦克团撤入方面军预备队，并命令辖内诸集团军各自组建1～2个师的预备队[2]。

7月初红军在库尔斯克击败德军后，大本营命令恢复沿西北方向的进攻行动。但这一次，这些进攻行动的目标仅限于改善列宁格勒周围的战役态势，并把德国人的注意力从更加重要的前线地段引开。据苏军情报部门评估，截至7月初，列宁格勒方面军与德军的兵力对比为2：1，沃尔霍夫方面军则为1.3：1[3]。德方评估证实了苏军所占的这一优势。据东线外军处估计，1943年7月20日，“北方”集团军群的兵力为76万人，编为43个步兵师，而他们面对的是73.4万名苏军士兵，对方还获得49.1万名预备队人员的支援。这份报告指出，“北方”集团军群有49辆坦克和2407门火炮/迫击炮，而对面的苏军拥有209辆坦克、2793门火炮/迫击炮，预备队的843辆坦克和1800门火炮/迫击炮为其提供支援[4]。在苏军最高统帅部看来，这股力量足以发起一场新的进攻。

红军的第五次锡尼亚维诺进攻战役，7月—8月

红军刚刚遏止德军在库尔斯克发起的进攻，最高统帅部大本营便命令列宁格勒和沃尔霍夫方面军准备发起一场新的进攻[5]。两个方面军的任务是彻底消灭德军发起进攻，旨在恢复列宁格勒封锁圈的一切企图，粉碎德国第18集团

军，并为最终歼灭该集团军创造必要的条件（参见地图16）。与此同时，两个方面军还应牵制德军，防止他们增援其他战线。列宁格勒战时日记阐述了列宁格勒方面军的任务：

*7月12日，星期一。*自7月1日以来，我们的炮兵一直沿锡尼亚维诺方向集结。今天，他们开始筹划摧毁敌工程工事，并压制对方的炮兵和迫击炮兵连。这仿佛是个序曲，而即将发起的进攻行动，主要任务是破坏敌人企图恢复列宁格勒封锁圈的可能性。拓宽我们在年初时突破德军防御打通的走廊，掩护列宁格勒与祖国其他地区之间的铁路运输，这两项任务同样重要。敌炮兵仍在对新建的铁路支线实施轰击。[6]

大本营命令戈沃罗夫和梅列茨科夫方面军以第55、第67、第8集团军从三个方向对姆加突出部的德军防御发起进攻，从而完成这些任务。斯维里多夫第55集团军将渡过涅瓦河，向东面的姆加发起进攻，与杜哈诺夫第67集团军在涅瓦河与锡尼亚维诺之间展开的突击相配合，而斯塔里科夫第8集团军将从盖托洛沃和洛德瓦地段攻向西面的姆加。若取得成功，这场进攻将夺取姆加和锡尼亚维诺，歼灭德国第26军，并为随后歼灭德国第18集团军创造有利条件。杜哈诺夫集团军将从涅瓦河至锡尼亚维诺这片狭窄地段遂行戈沃罗夫的主要突击，斯维里多夫集团军则渡过涅瓦河发起一场辅助突击。东面，梅列茨科夫方面军辖下的斯塔里科夫集团军，将从盖托洛沃—洛德瓦地段发起冲击，突破德军防御，切断姆加—基里希铁路线，从东面攻往姆加。整个行动的目的是夺取姆加，从西北面和东面包围德军锡尼亚维诺支撑点，进而攻克该镇，这样一来便可以拓宽列宁格勒通往苏联后方的走廊，并削弱德国第18集团军。

杜哈诺夫第67集团军将以新组建的近卫步兵第30军从涅瓦河以东的第二戈罗多克实施突击，指挥该军的是原步兵第136师师长，近期晋升为军级指挥员的西蒙尼亚克将军。西蒙尼亚克的近卫步兵军编有近卫步兵第45、第63、第64师，并获得近卫步兵第30、坦克第220旅和近卫坦克第29、第31团支援，奉命夺取阿尔布佐沃，并从北面攻向姆加。东面，杜哈诺夫集团军辖下的步兵第90、第268、第43、第123师由西向东部署，将在锡尼亚维诺和锡尼亚维诺以东

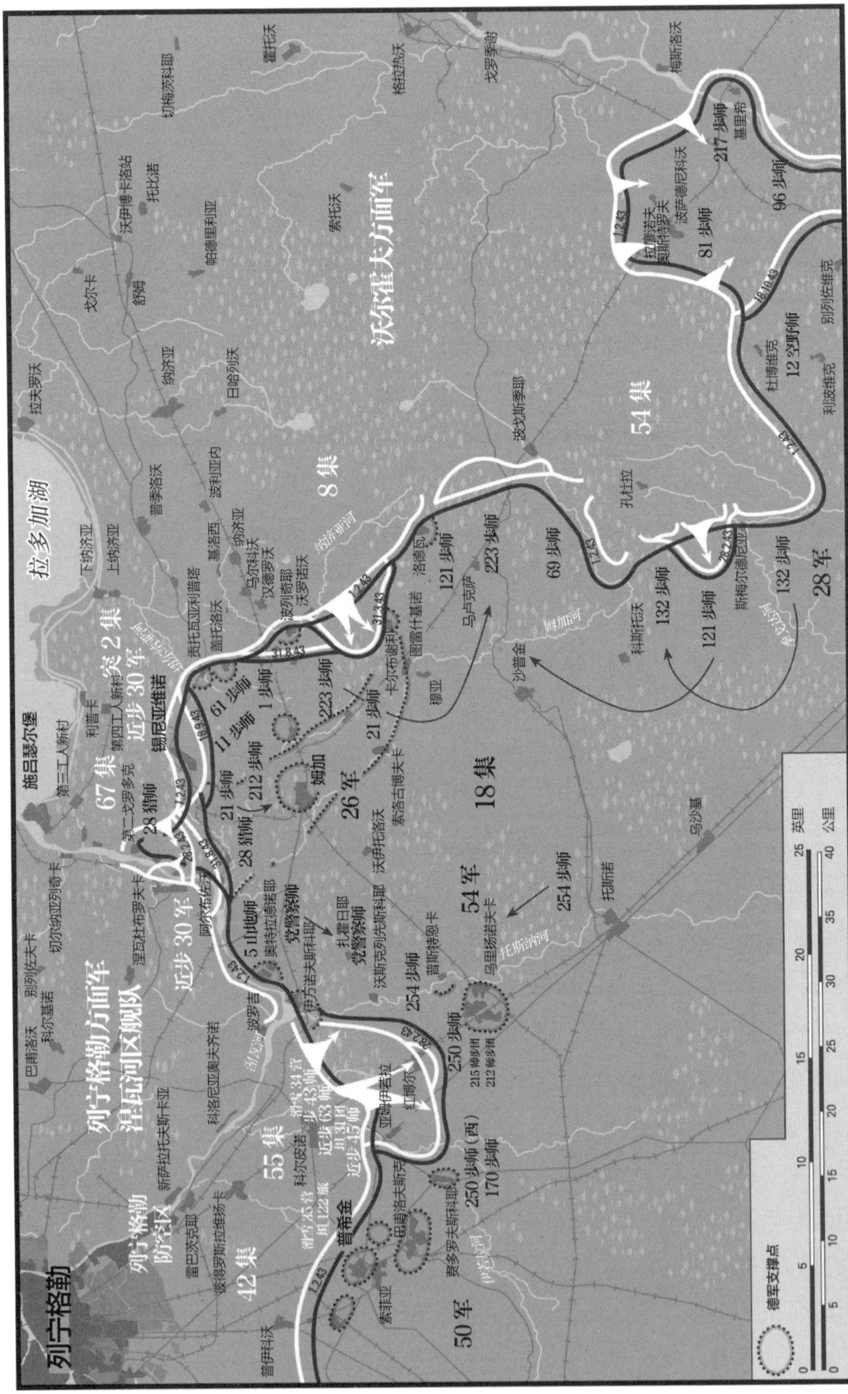

地图16：1943年5月—11月，苏军在列宁格勒地区的作战行动

的贡托瓦亚利普卡地段遂行突击，牵制据守锡尼亚维诺的德军部队。德国第26军第121、第23、第11、第290步兵师扼守着阿尔布佐沃与贡托瓦亚利普卡之间的防御。这股德军的兵力约为3.5万人，而他们面对的苏军，不仅兵力超过7.5万人，还有120辆坦克[7]。如果杜哈诺夫的突击取得成功，斯维里多夫第55集团军将在涅瓦河以南发起规模较小的进攻，以此支援杜哈诺夫的推进。

姆加东面，斯塔里科夫第8集团军将从沃罗诺沃地域一片13.6公里宽的地带发起主要突击，突破德军防御并发展胜利，在姆加附近与从北面而来的第67和第55集团军会合。集团军当前任务是前出至托尔托洛沃—卡尔布谢利一线，尔后发展进攻，与第67集团军辖内部队在姆加会合，同时，至少派2个步兵师和1个坦克旅从南面对锡尼亚维诺发起打击。斯塔里科夫集团军还接到命令，从姆加—基里希铁路线上的波戈斯季耶以北地域向卡尔布谢利和图雷什基诺发起一场支援性进攻，掩护主力突击群之左翼[8]。

为成功突破德军强大的防御，斯塔里科夫将他的集团军编为两个突击群，每个突击群分成两个梯队，对姆加铁路线南北两侧发起进攻。北突击群，第一梯队编有步兵第18、第378师，第二梯队编有步兵第379、第239师；南突击群，第一梯队编有步兵第256、第364师，第二梯队编有步兵第165和第374师。斯塔里科夫为每个第一梯队师配备了1个坦克团，并把坦克第16和第122旅纳入第二梯队，命令他们发展进攻[9]。他还命令步兵第265、第382师和步兵第1、第22旅在左侧发起支援性进攻，而步兵第372师掩护集团军右翼，并将步兵第286师和步兵第58旅留作预备队。

斯塔里科夫的北突击群面对的是德军第5山地师主力，该师横跨在姆加—沃尔霍夫铁路线上；南突击群面对的是德军第5山地师余部和第69步兵师左翼团。在波戈斯季耶以北地域遂行支援性进攻的部队面对的是德军整个第132步兵师。通过这种部署，斯塔里科夫获得加强的集团军共投入8万人左右，并获得超过250辆坦克的支援，与遂行防御的德军相比，占有2～5倍优势。仅在主要突击地段，斯塔里科夫至少部署了5万人和超过150辆坦克，与德国守军相比，兵力优势几乎达到5：1，坦克力量的优势甚至更大，但在辅助进攻地段，苏军所占的优势比较小[10]。

7月22日晨，经过一场150分钟的炮火准备，杜哈诺夫第67集团军投入进攻。西蒙尼亚克近卫步兵第30军辖下A.F.舍格洛夫上校和S.M.普季洛夫上校的近卫步兵第63、第45师担任先锋，攻向德军第121、第23步兵师设在阿尔布佐沃的防御。Ia.P.辛克维奇少将的步兵第43师对德军第11步兵师位于锡尼亚维诺以西的防御发起冲击。空军第13集团军和列宁格勒防空区近卫歼击航空兵第2军在进攻首日出动了540飞行架次支援地面突击[11]。

虽然舍格洛夫的近卫步兵师设法完成了首日的目标，但德国第26军迅速加强了整条锡尼亚维诺防线的防御，将战斗演变为如一名苏军参战士兵所说的“对我们的腹部发起的进攻”。列宁格勒战时日记记录下了战斗的激烈度：

*7月22日，星期四。*锡尼亚维诺周围的战斗再度爆发开来。4点30分，伴随着第一道曙光，我方炮兵发起炮火准备。轰炸机和强击机随后出现在战场上空。步兵们于6点05分向前推进。他们从位于潮湿低地的一个个满是泥泞、散发着臭气的散兵坑爬起身子向敌人冲去，对方据守在锡尼亚维诺高地上。

战斗激烈而又血腥，但这无法避免。部队接到的任务是改善其阵地，消除敌人对列宁格勒发起冲击的可能性。另外，牵制希特勒分子的预备队时，列宁格勒守军还要阻止敌人向库尔斯克突出部调派援兵，敌人在那里的情况正变得越来越危急。

根据战俘的交代，人们可以判断出我军今日对锡尼亚维诺高地之敌展开进攻的效力。一名战俘说：“7月22日，我在师里的惩戒排，我们排被派至阵地最前沿。俄国人实施炮火准备，没过几分钟，我们排只剩5～6个人，其他人都被炸死了。”

德军第11步兵师第23团第1连的一名下士提供了更详细的说明：“俄国人的炮兵摧毁、粉碎了第1营防御地段上的一切。几乎所有活物都被消灭了。炮火准备结束后，战壕已被夷平。整片地带被炸得乱七八糟，很难确定哪里是战壕。我找不到连里的任何人。有些人被埋入土中，还有些人被落下的炮弹炸死了。”

除了炮兵，战机也为我方部队提供了支援……尽管如此，面对我军突击部队，敌人还是实施了顽强抵抗，他们已在锡尼亚维诺高地上修筑起纵深梯次配置的强大防御。

*7月23日，星期五。*锡尼亚维诺地域的激烈战斗仍在继续。

*7月24日，星期六。*敌人在锡尼亚维诺周围遭受到严重损失，但一如既往，他们实施了顽强抵抗。他们在高地上的阵地已得到强化。在那里，每前进一步都要经过激烈的战斗。我方炮兵摧毁了敌人许多暗堡，可是，机枪火力突然从无人知晓的隐蔽射口喷射而出……

昨天，近卫步兵第63师第192团在阿尔布佐沃地域夺得敌人第一道战壕线。今天早上又夺取了第二道战壕线。第三道战壕线位于沙质高地的山坡上，仍有待攻克。丢失这道阵地将给德国人造成严重威胁。他们正发起反冲击……

*7月25日，星期日。*锡尼亚维诺高地的激烈战斗正继续进行……

*7月27日，星期二。*苏联新闻社在今日的新闻中提及列宁格勒战线的态势："我军部队一直在姆加北面和东面从事具有局部重要性的战斗，在此过程中，他们改善了自己的阵地。"人们都在谈论锡尼亚维诺方向的战斗。

*7月31日，星期六。*今天，沿锡尼亚维诺方向是个艰难的日子。敌人不惜一切代价坚守该地域，又把另一个师投入战斗。他们在坦克支援下将我方部队稍稍击退。列宁格勒守军对敌人发起反击，以堪称楷模的英勇和无私从事着战斗……

*8月1日，星期天。*昨晚在锡尼亚维诺将我军部分分队逼退500米后，敌人企图扩大战果。今天，他们在空中的行动活跃起来，但我方歼击机掩护着战场……

*8月4日，星期三。*关于列宁格勒方面军，苏联新闻社仅提及双方在姆加北面和东面以火炮和迫击炮展开的炮战。人们仍在谈论锡尼亚维诺周围的战斗。虽然我们没能在那里夺取地盘，但战斗带来了明显的好处。列宁格勒战线的战斗将敌人的几个预备队师吸引至该地域，无疑协助了我方部队在库尔斯克突出部的奋战。战斗当然也造成了痛苦，一如以往，锡尼亚维诺对列宁格勒守军来说仍是块绊脚石。[12]

杜哈诺夫发起初步突击后的几天里，德国人先后抽调第58步兵师、第28猎兵师和第126步兵师，在坦克支援下投入锡尼亚维诺附近的战斗。因此，杜哈诺夫的突击很快沦为一场混战，进展只有几十米。激烈的战斗持续至8月22日，以锡尼亚维诺仍掌握在德军手中而告终，苏军伤亡惨重，战果微乎其微。

杜哈诺夫的失利也促使戈沃罗夫取消了斯维里多夫的支援性进攻。

7月22日6点35分，斯塔里科夫第8集团军的两个突击群，对德军第5山地师在沃罗诺沃北面和南面沿姆加—沃尔霍夫铁路线构设的防御展开突击。进攻发起前的6天里，他的炮兵猛轰德军防御，尽可能多地摧毁对方筑垒阵地，而工程兵们构筑了新的战壕线，部队利用这些战壕，在分隔交战双方部队700～800米宽的中间地区发起突击。在无法构筑新战壕的地段，遂行突击的步兵跟在徐进弹幕后缓缓向前推进，穿过德军前沿战壕线。

虽然斯塔里科夫做了精心准备，他的突击部队也夺取了德军前沿战壕，但随后他们便遭遇到对方的顽强抵抗和猛烈的空中打击，这使他们的进展慢似蜗牛。更糟糕的是，为斯塔里科夫提供支援的许多坦克，不是陷入沼泽地带，就是被敌人的地雷或反坦克炮炸毁/击毁。进攻陷入停滞，7月底，斯塔里科夫以M.V.西蒙诺夫上校的步兵第379师和V.I.莫罗佐夫上校的步兵第165师加强两个突击群，把M.N.奥夫钦尼科夫少将的步兵第18师和F.K.费季索夫少将的步兵第256步兵师撤出战斗接受休整和补充。可是，这些援兵未能改善战场态势。此时，德国第18集团军司令林德曼从阿尔布佐沃地段抽调第121步兵师接替击退苏军所有进攻的第132步兵师，派第132步兵师增援陷入困境的第5山地师。第132步兵师在关键时刻赶到，遏止了灾难的发生。

8月9日，斯塔里科夫的突击群发现了德军防御上他们认为的一个薄弱处，就在纳济亚河东岸一座小型登陆场周围。据守该登陆场的是德军第5山地师，这个师在前几周的战斗中遭受过极其严重的损失。斯塔里科夫迅速命令新锐部队集结在登陆场对面。8月11日晨，他投入费季索夫步兵第256步兵师、V.Ia.波波夫上校的步兵第374师和近卫坦克第35、第50团，支援已在该地域战斗的步兵第378、第364、第165师。虽然获得加强的突击群几乎包围了遂行防御的德军，费季索夫师也夺得了波列奇耶支撑点，但随着德军第132步兵师投入战斗，德军的猛烈火力再度导致苏军的进攻停滞不前。一名德军参战者描述了战场的情形：

第132师到达前线前几天，战场上还比较平静，可是，8月11日，敌人发起一场大规模进攻。他们以团级规模的兵力攻向波列奇耶登陆场，成功突破德军薄弱的防线，但随后又被我们发起的反击所击退，遭受到惨重损失。苏军又在夜间发起第二次进攻，我们在重炮火力支援下再度将其击退……

8月12日9点整，沿着整条战线，敌人倾其全力发起新的进攻。在炮兵、坦克和具有压倒性优势的空中力量大力支援下，无数个棕色步兵波次朝我们的阵地涌来。

他们以连级、营级、团级兵力一次次发起进攻，但不是被残酷的白刃战击退，就是被所有可用手段的组合所打垮，激战持续了一整天。对方的零星渗透被我们集结起的预备队消灭。但在第437掷弹兵团据守的地段，敌人成功突破至登陆场前沿，并向南渗透了300米。面对敌人猛烈的炮火支援和推进中的坦克，预备队发起的反冲击全然无效。[13]

8月13日，沮丧不已的梅列茨科夫将最后的预备力量——B.A.弗拉基米罗夫上校的步兵第311师和独立坦克第503营投入血腥的近战，最后一次绝望地试图突破德军防御。比德曼描述了随之而来的血腥激战：

8月13日凌晨4点30分，俄国人再次对德军防线发起进攻，起初成功逼退了德国守军，但未能在德军残部据守的防线上达成进一步突破。清晨6点，我们发起反击，占据兵力优势的敌军获得猛烈的拦截炮火支援，我们没能取得进展，无法恢复先前的防线。我们的反击陷入停顿时，敌人调集起新锐力量，再度发起进攻，在猛烈炮火支援下突破我军防御。双方在被炸得支离破碎的森林和沼泽中来回拉锯，俄国人一路向南推进，占领了波列奇耶东北方地带。

我们团再次投入进攻。激烈的战斗持续了一整天，下午5点，我们终于成功遏止了苏军的推进，并重新夺回波列奇耶地带。遭受惨重伤亡后，俄国人沿一道山脊停顿下来，这道山脊被标为54.1，位于巴尔斯科亚湖南面约200米处。这场反击动用了我们最后的预备队和物资储备，经过一下午的激战才取得成功。[14]

反复发起的进攻和反冲击使进攻方和防御方的部队都遭到重创，斯塔里科夫的进攻行动因彻底耗尽力量而崩溃。德国人于8月14日晚至15日凌晨撤离，而后斯塔里科夫集团军占领了波列奇耶登陆场，但距离姆加尚远[15]。

8月16日晨，德国人以新锐第1、第254步兵师接替遭受重创的第132步兵师，用比德曼的话来说，第132步兵师“因伤亡和疲惫造成的减员已极为严重”[16]。比德曼描述了战斗的激烈程度：

在这场战斗中，敌人投入了以下部队：步兵第364师，辖3个团；步兵第374师，辖2个团；步兵第165师，辖2个团；步兵第378师，辖2个团；步兵第311师，辖1个团；步兵第256师，辖1个团；坦克第503营，14辆坦克；坦克第35团，15辆坦克；坦克第50团，15辆坦克；另外还包括独立工程兵第77营。

据报，苏军的14个营，12个被歼灭。24辆坦克被击毁，其中10辆是在近战中被轻武器击毁。在这场试图突破我军防线的战斗中，俄国人付出了极为高昂的代价。随着我们师的撤离，拉多加湖以南的战斗宣告结束。[17]

8月22日14点40分，苏军最高统帅部大本营终于承认这场进攻已然失败，命令两个方面军停止进攻行动：

鉴于列宁格勒和沃尔霍夫方面军的现状，并考虑到战役过程中方面军辖内部队吸引了敌人大批战役预备队，给其部队造成严重挫败，同时完成了方面军受领的部分任务，最高统帅部大本营特此命令：

1. 8月22日后停止后续进攻。

2. 在方面军所有作战地段转入顽强防御，任务是牢牢据守已占领的所有阵地。方面军应以自身资源对各兵团和部队加以补充，沿主要方向组建预备队，为进攻行动准备力量。同时展开积极的侦察，确定敌军之意图。

I.斯大林、A.安东诺夫[18]

锡尼亚维诺早已成为红军士兵的墓地，列宁格勒和沃尔霍夫方面军第五次锡尼亚维诺进攻战役显然加强了这一说法。两个方面军在进攻中共投入253300人，伤亡79937人，其中20890人阵亡、被俘或失踪[19]。损失如此高昂，也许有人认为苏军最高统帅部大本营最起码会在一段时间内暂时停止后续进攻，但情况并非如此。

红军的第六次锡尼亚维诺进攻战役，9月

仿佛是被磁力吸引至锡尼亚维诺支撑点，红军7月和8月锡尼亚维诺进攻战役的篇章还有后续，9月中旬，戈沃罗夫和梅列茨科夫辖内部队再度试图将德军驱离锡尼亚维诺。根据大本营的指示，两位方面军司令员命令他们的部队发起进攻，夺取姆加突出部“鼻子”处的锡尼亚维诺和锡尼亚维诺高地，将德军驱往南面，使其炮火射程无法到达穿过拉多加湖以南走廊至关重要的补给动脉。这一次，戈沃罗夫的部队将从北面直接进攻锡尼亚维诺和毗邻的高地，而梅列茨科夫的部队将从盖托洛沃和沃罗诺沃地段向西发起突击，从东南面包围锡尼亚维诺。鉴于进攻布势和方向，以及突击部队的编成，苏军的意图很可能是只夺取姆加突出部东半部[20]。

戈沃罗夫将冲击锡尼亚维诺高地这项艰巨任务赋予他最出色的指挥员和最具经验的部队——西蒙尼亚克的近卫步兵第30军。9月13日时，西蒙尼亚克的近卫步兵军编有舍格洛夫近卫步兵第63师、普季洛夫近卫步兵第45师和特鲁巴切夫近卫步兵第64师，至少获得3个坦克旅或坦克团支援[21]。8月份进攻战役结束后，西蒙尼亚克步兵军一直在列宁格勒以东地域休整补充，9月13日和14日，该军调至施吕瑟尔堡以南地段，在那里暂时转隶杜哈诺夫第67集团军，该集团军将为他的进攻提供支援。

此时，杜哈诺夫集团军编有A.I.安德烈耶夫少将的步兵第43军（辖步兵第11、第128、第314师）、步兵第43、第124、第196、第268师、步兵第55、海军步兵第73旅、第16筑垒地域、坦克第98和第264团，外加提供支援的炮兵和工程兵[22]。杜哈诺夫将以额外两个突击群在西蒙尼亚克左右两侧发起进攻，以此支援西蒙尼亚克的突击。在西蒙尼亚克左翼遂行进攻的突击群编有辛克维奇步兵第43师和A.P.伊万诺夫少将的步兵第123师，位于西蒙尼亚克右侧的突击群编有A.V.巴特卢克上校的步兵第120师、M.D.帕普琴科上校的步兵第124师和P.F.拉托夫少将的步兵第196师。另外，V.I.什克利上校的步兵第11师和N.D.索科洛夫上校的步兵第268师，也将穿过近卫步兵第39军的作战地段发起进攻，在战役后期为突击行动提供支援。

截至9月中旬，德国第18集团军以第26军据守从涅瓦河向东穿过锡尼亚维诺至盖托洛沃这片防区。该军辖下的第58、第126、第11、第290、第254步兵

师和第5山地师由西向东守卫着防区，并获得第28猎兵师支援，该师在锡尼亚维诺以南担任预备队。第11和第290步兵师在锡尼亚维诺镇和毗邻的高地掘壕据守[23]。

戈沃罗夫和杜哈诺夫命令西蒙尼亚克军“突破敌人强化筑垒、纵深梯次配置的防御并夺取锡尼亚维诺高地”[24]。为此，除了提供支援的步兵力量，杜哈诺夫和戈沃罗夫还以大批坦克、工程兵和集团军、方面军炮兵主力支援西蒙尼亚克的突击部队。根据以往的经验，苏军极大地改变了他们的炮兵支援模式，以使炮火支援更加有效：

过去发生在这里的战斗表明，进攻行动要想取得成功，仅凭压制、摧毁敌火力点并达成火力优势是不够的。必须彻底摧毁敌人的战壕和交通壕，使对方无法利用这些战壕实施机动。炮火准备的刻板方式必须加以改变。敌军士兵通常会待在散兵坑或掩体内，炮火向防御纵深延伸时，他们便匆匆返回前沿战壕，以有组织的火力抵抗进攻方。[25]

为纠正这种一成不变的模式，戈沃罗夫和他的炮兵主任下令在9月份的突击中采用一种全新的炮火准备方式。他们的目标是确保炮火落在德军防御前沿，待苏军步兵逼近后才能停止。实际上，方面军炮兵主任下令将炮兵进攻两个截然不同的时节（冲击的炮火准备时节和冲击的炮火支援时节）合并为一个时节。其结果是，随着步兵的推进，炮火渐渐向敌防御纵深延伸，敌人觉察不到两个时节的间隔，故而无法在炮火准备过程中在各条防线调动兵力。

西蒙尼亚克步兵军从北面对锡尼亚维诺遂行冲击时，斯塔里科夫第8集团军将从盖托洛沃和沃罗诺沃地段，以4～8个步兵师的兵力向西发起猛烈突击。此时，斯塔里科夫集团军编有步兵第18、第265、第286、第364、第372、第374、第379师、步兵第1、第22、第58、坦克第16、第122旅、近卫坦克第50、坦克第25、第185团。自行炮兵第1443团、5个独立坦克营和指定的炮兵、工程兵部队为他们提供支援[26]。

斯塔里科夫组建起两个突击群实施这场进攻。第一个突击群编有拉德金步兵第372师、西蒙诺夫步兵第379师、B.N.乌申斯基上校的步兵第265师和步兵第58旅，将对姆加铁路线以北，盖托洛沃附近德军第290与第254步兵师的防御结合部发起进攻。第二个突击群编有M.阿布萨利亚莫夫少将的步兵第18师、A.I.别洛夫上校的步兵第378师、A.G.科济耶夫上校的步兵第256师和弗拉基米罗夫的步兵第311师，负责对铁路线与沃罗诺沃之间德军第5山地师的防御发起进攻。

新的炮火准备程序显然已在戈沃罗夫的命令下按计划实施。9月15日晨，西蒙尼亚克的3个近卫步兵师发起冲击，舍格洛夫近卫步兵第63师和普季洛夫近卫步兵第45师位于第一梯队，特鲁巴切夫近卫步兵第64师位于第二梯队。苏军更加有效的炮火的确阻止了德军以常见的密集步兵火力抗击进攻方。在一场30分钟的猛烈冲击中，3个苏军步兵师一举夺得过去付出大量牺牲却一直未能攻克的高地。列宁格勒战时日记描述了这场突击：

*9月15日，星期三。*尽管司令部仍在制订歼灭德国第18集团军的计划，但总体计划中的一小部分已在战场上执行。9月15日，N.P.西蒙尼亚克将军指挥新组建的近卫步兵第30军，以近卫步兵第45和第63师再次对盘踞在锡尼亚维诺高地上的敌人发起进攻。他们的冲击给敌人造成不可抗拒的打击。希特勒分子的主支撑点设在锡尼亚维诺高地上，7月和8月时，我方部队没能攻克该高地，但这一次只用了30分钟便将其夺取。

这一胜利归功于步兵和炮兵实施的新的协同……

夺取这些高地，不仅改善了我方阵地，还使敌炮兵连无法纠正他们轰击铁路线的炮火，自1943年冬季以来，这条铁路线便将列宁格勒与祖国东部地区联结起来。

近卫军士兵们冲击锡尼亚维诺高地赢得了胜利，航空兵同样功不可没。他们在一天内投入721飞行架次，不仅协助粉碎了敌人的抵抗，还给赶来增援的敌预备队造成严重损失。[27]

虽然左侧和右侧获得了4~5个步兵师支援，但经过3天激战，杜哈诺夫的突击陷入停滞，9月18日，最高统帅部大本营批准戈沃罗夫停止进攻："将敌人驱离锡尼亚维诺高地，在高地上据守，我方部队已停止进攻，以便为发起决定性打击进行准备。”[28]

德军战术预备队迅速做出应对，在高地上阻挡住杜哈诺夫和西蒙尼亚克的突击部队，使其无法向位于南面低地的姆加实施突破。德国人从第18集团军其他防御地段抽调第28猎兵师、第215和第61步兵师抗击西蒙尼亚克的进攻，从而防止了一场更大的破坏。这场短暂而又激烈的突击使进攻方又伤亡了1万人。

西蒙尼亚克的部队冲击锡尼亚维诺高地时，斯塔里科夫的突击群也在东面投入战斗，但在3天激战中进展甚微。北突击群的进攻彻底失败，南突击群稍稍突破了德军防御，但随即被遏止。关于苏军在盖托洛沃附近发起的进攻，德方一份饶有趣味但残缺不全的记述证实了苏军第8集团军的突击，还提及苏联人使用坑道爆破技术协助摧毁德军防御支撑点：

1943年8月底，德军［第254步兵师］第474步兵团第2营调至盖托洛沃地域……盖托洛沃周围的地形被许多小小的高地和山脊弄得崎岖不平，这些高地和山脊很容易通过地下挖掘的方式穿行。德国人在这片地带占领了许多俄国人的暗堡和掩体。其中一座掩体被称为“奥尔加”支撑点，位于一座小山脊上，比俄国人构设阵地的沼泽地高出20英尺。这座山脊面向苏军阵地的山坡非常陡峭，占据支撑点的德军部队看不到山脊底部的情况。在这里，德国人和俄国人的阵地相距55码，中间地带有一些俄国人放弃的战壕。据守“奥尔加”支撑点的E连经常对中间地带进行侦察，但没有发现异乎寻常的情况。

9月15日5点15分，俄国人对支撑点发起猛烈炮击。由于俄国人施放了烟雾，地面上浓烟弥漫，E连无法观察中间地带的情况。5点20分，苏军步兵离开出发阵地，悄然越过中间地带。炮火持续至5点25分。就在苏军步兵即将对“奥尔加”支撑点发起冲击时，突然传来一阵剧烈的爆炸声，震颤着整片地区的德军士兵，“奥尔加”支撑点化为齑粉，除了13名目瞪口呆、浑身是血的幸存者，E连将士悉数阵亡。爆炸发生前过于逼近德军阵地的100多个俄国人也被埋在废墟下。

毗邻防御地段的指挥官立即集结部下，迅速赶往“奥尔加”支撑点所在处，刚好赶上另一波次苏军步兵越过山脊顶。在随后的战斗中，德国人成功击退苏军的三次进攻。俄国人没有想到爆破后还会遭遇如此顽强的抵抗，由于损失惨重，他们被迫退回出发阵地。[29]

德国人随后进行的调查表明，爆炸是俄国人布设的炸药所致，可能是近卫地雷工兵第8营执行的行动，他们将高爆炸药布设在德军阵地下方。

一段相对平静的时期仁慈地降临在列宁格勒以南战线上。屈希勒尔认为苏军肯定会发起另一场猛烈进攻，因而利用这段喘息之机抓紧对防御加以准备。屈希勒尔最严重的问题是，他完全没有起码的预备力量去应对苏军新发起的任何突击。为拼凑出至关重要的预备队，他不得不缩短防线。可是，他刚提及这个必要之举便激怒了希特勒。尽管如此，经过激烈讨论，9月底，希特勒批准屈希勒尔和林德曼放弃基里希突出部，这个突出部沿丘多沃北面的沃尔霍夫河伸向东北方。

随后，德军撤离基里希突出部，腾出第18集团军据守突出部的第12空军野战师、第81、第132、第96步兵师，以便将这些部队用于防线其他地段。10月1日—2日，4个德国师开始撤离突出部，在此期间占据了预先安排的绵亘防线。梅列茨科夫的第4集团军（目前由N.I.古谢夫中将指挥）试图组织一场仓促的追击，但这股德军毫发无损地逃脱，并沿季戈达河构设起新防御。

德军第132步兵师的比德曼在回忆录中强调指出，德军成功躲开了苏军的追击：

10月1日晚至2日凌晨，随着第2连的撤离，疏散行动正式发起，第437掷弹兵团被指定担任登陆场预备队……疏散行动执行得完美无瑕，没有遭到敌人的破坏，人员和物资未遭受任何损失……

不过，我们并未发现敌人有什么大规模动作，直到10月5日下午，我们才看见塞满步兵的苏军卡车驶入伊尔萨杜布罗沃地区，他们立即遭到炮火轰击。10月2日晚至3日凌晨，最后一批疲惫的德军士兵跨过沃尔霍夫河后，早已布设好的炸药被引爆，将铁路桥彻底炸毁，从而使敌人无法使用该桥。

10月5日午夜，我们师在库辛卡占据新阵地，并完成了防御准备。随着第437掷弹兵团和第132燧发枪手营最后一批后卫部队于10月6日清晨撤离，“胡伯特狩猎日”行动告一段落。[30]

虽然夸大了突出部此时的重要性，但列宁格勒战时日记记录下了德军丢失基里希登陆场的重要意义：

*10月3日，星期天。*敌人开始放弃所谓的基里希突出部。虽说这片土地隶属于沃尔霍夫战线，但这里发生的事情与列宁格勒存在直接关系。对希特勒分子来说，基里希是一座登陆场，他们可以借此向季赫温和沃尔霍夫发起进攻。若取得成功，他们就将彻底包围列宁格勒。

我军在苏德战线南翼赢得的胜利迫使敌人放弃了进攻列宁格勒的一切企图。他们匆匆拉直防线，腾出有生力量，现在很明显，他们的兵力不足。发现敌人退却后，我军迅速发起追击。[31]

一如既往，苏联宣传部门抓住这个机会打击后撤德军的士气。正如德军第132步兵师的比德曼描述的那样，“这个月，我们从红军那里收到了更多的传单。”传单上写道：

致第132步兵师第437步兵团第7连的士兵们！

德军将士们！

希特勒已将你们带入一场灾难中。为掩盖这个事实，你们的统帅部说什么“灵活防御”和“缩短防线”……

法西斯独裁者们过去说，你们必须为“闪电战”的最终胜利牺牲自己。他们现在又说，为取得“灵活防御”的成功，你们必须战斗到最后一兵一卒。

你们很容易辨别出这是法西斯分子们的谎言。可是，你们还要继续付出怎样的代价呢？这里有几个贵连悲惨经历的例子：

……

1942年9月，贵连重组，在沃尔霍夫前线遭受的损失得到了补充，随后投入姆加河畔盖托洛沃的战斗中。经过这场战斗，你们的100名士兵只剩15名。

1943年10月11日，已经后撤的第7连又匆匆奉命支援第12空军野战师。你们的指挥官将你们投入一场反击，不仅徒劳无获，还毫无必要地遭受到严重损失。第7连被击退，至少三分之一的士兵倒在战场上。

德军将士们！

你们在为希特勒流血，你们的牺牲不是为了你们自己，也不是为了德国人民。没有什么能将你们从这场杀戮中拯救出来。逃离这支希特勒政权压迫者的军队吧，否则，你们将面临没顶之灾……

尽快做出抉择，否则就太迟了！[32]

苏军最高统帅部大本营在列宁格勒地区发起的夏秋季战役，其过程和结果的确令人非常失望。虽说红军的行动使列宁格勒更加安全，并粉碎了德军在该地区发起后续进攻的一切可能性，但红军反复发起的进攻大败亏输，未能显著拓宽锡尼亚维诺以北的走廊。不过，尽管苏军伤亡总数超过15万，但德国人的实力也遭到了严重削弱。“北方”集团军群的总兵力从7月中旬的76万人降至10月14日的60.1万人，同一时期，苏军兵力却从73.4万人及49.1万预备队增加到89.3万人，外加6.6万①预备队[33]。

对屈希勒尔来说更要命的是，南面的态势自10月初起开始恶化，迫使他把列宁格勒地区第18集团军的大批部队调拨给涅韦尔地域的第16集团军。10月份的涅韦尔进攻战役中，苏军加里宁方面军在屈希勒尔第16集团军与毗邻的“中央”集团军群之间插入一根楔子。“北方”集团军群的处境极其危险，因此，德国陆军总司令部于9月初下令在“北方”集团军群深远后方构筑一道新防线，从纳尔瓦经普斯科夫至奥斯特罗夫，也就是所谓的“豹”防线。另外，屈希勒尔集团军群开始在“豹”防线前方精心构设一道中间阵地，以便撤离列宁格勒地区时使用。德国占领军征用数千名当地居民修筑这些工事。

德军准备撤往“豹”防线

1943年9月8日，德国人开始构筑他们的“豹”防线，这条防线沿纳尔瓦河延伸，经楚德湖、普斯科夫湖和奥斯特罗夫至涅韦尔以南。这段防线仅仅是德国人大肆吹嘘的“东墙”壁垒的一部分，“东墙”完工后，将从纳尔瓦向南

---

① 译注：原文如此，疑为66万的笔误。

延伸，沿第聂伯河直至黑海。“豹”防线北半部依托的是诸如纳尔瓦河、楚德湖和普斯科夫河这些天然屏障；南半部向东伸出，掩护普斯科夫、奥斯特罗夫的主要公路和铁路中心，并与“中央”集团军群位于涅韦尔以南的防线相连。占据这道防线后，“北方”集团军群的防御长度将缩短25%。

除了“豹”防线，“北方”集团军群还在主防线前方构设了一系列离前线距离不等的中间防线，分阶段占据这些防线将使集团军群辖内部队向西有序后撤。从德军现有防线向西南方延伸，最重要的中间阵地是姆加、库辛卡、铁路线、第二沃尔霍夫、奥列杰日、印格尔曼兰和卢加阵地。一些主要支撑点融入这些防线，例如赤卫军城、丘多沃、诺夫哥罗德、卢加、金吉谢普和纳尔瓦。到1943年年底，“豹”防线的修筑工作进展顺利。5万人组成的修建队（其中包括从当地平民中征用的数千人）改善了通往里加和德文斯克①的交通线，构建了6000座暗堡（其中800个是混凝土结构），铺设了125英里铁丝网，挖掘了25英里长的战壕和防坦克陷阱。11月和12月期间，建筑物资以每天100车皮的量运来[34]。

“北方”集团军群9月份开始策划撤至“豹”防线的“蓝色”行动。具体实施时，该计划要求集团军群辖内部队逐步穿过一系列中间防线实施后撤。集团军群策划者面临的最严重的两难抉择是，遂行后撤时必然涉及居住在相关地域的约90万名当地居民的命运，一旦红军到达这些地区，肯定会从他们当中征募新兵。10月初，德国人试图将这些居民迁回德国，结果“引发了诸多混乱、苦难和敌意，屈希勒尔不得不命令后方地域司令部采用不那么麻烦的办法”[35]。此后，德军强行将男性居民（约25万人）迁入立陶宛和拉脱维亚，直到无法安排住处为止。

“北方”集团军群最初计划从1944年1月中旬至春季分阶段完成后撤。但12月22日，德国陆军总司令部通知各集团军司令，称希特勒不会批准实施“蓝色”行动，除非苏军发起一场新攻势迫使他这样做。希特勒认为，红军在乌克兰损失了大批人员，他们无力承担在其他地方发起的大规模进攻。

---

① 译注：德文斯克是陶格夫匹尔斯的旧称。

很显然，列宁格勒依然是整个1943年军事行动的次要战区，但红军在这一时期沿西北战略方向展开的行动，为苏军沿苏德战线其他地段的进攻做出了重大贡献。1月攻势部分打破了列宁格勒遭受的封锁，2月和3月的进攻战役严重削弱了“北方”集团军群的实力。列宁格勒方面军加强了城市的防御工事，红军7月和8月的进攻战役，加之德军随后弃守基里希突出部，消除了德军夺取列宁格勒的一切威胁。9月份红军攻克锡尼亚维诺高地，标志着德国人竭力维持对列宁格勒的封锁这一企图纯属徒劳。

列宁格勒和沃尔霍夫方面军以持续不断的进攻行动牵制住德军，甚至在夏季迫使德国人将一些预备力量调回列宁格勒地区，这给红军在其他关键地段发起的进攻起到极大的帮助。红军在南部遂行的夏秋季攻势吸引了“北方”集团军群大批部队，促使德国人开始拟制撤往“豹”防线的计划，为红军1月份发起大规模新攻势铺平了道路。早在10月6日，苏军最高统帅部大本营便命令戈沃罗夫和梅列茨科夫着手拟制新计划，以一场大规模攻势将德军彻底逐出列宁格勒地区，这绝非巧合。

与以往的行动一样，第五、第六次锡尼亚维诺进攻战役使两个方面军付出了高昂的代价。1943年间，列宁格勒、沃尔霍夫和西北方面军的伤亡人数超过100万，其中255447人阵亡、被俘或失踪。列宁格勒方面军伤亡390794人，其中88745人阵亡、被俘或失踪；沃尔霍夫方面军伤亡321404人，其中77904人阵亡、被俘或失踪。但最终结果是，德国“北方”集团军群气数殆尽。屈希勒尔、林德曼和一大批德国军、师级指挥官都很清楚，一旦红军在该地区发起另一场果断进攻，“北方”集团军群将为击退对方承受严峻的压力。

本章原注

1. 佐洛塔廖夫，《最高统帅部大本营：1943》，第94—127页。

2. 普拉东诺夫，《列宁格勒战役，1941年—1944年》，第278页。

3. 同上，第280页。

4.《东线外军处，截至1943年7月20日的敌我力量对比》，国家档案馆微缩胶片（NAM），序列号T-78。

5. 普拉东诺夫，《列宁格勒战役，1941年—1944年》，第280页。

6. 布罗夫，《日复一日的封锁》，第373—374页。

7. 格里布科夫，《荣获列宁勋章的列宁格勒军区史》，第329页。

8. 详情可参阅：A.I.巴宾主编，《在沃尔霍夫战线上，1941年至1944年》，莫斯科：科学出版社，1982年，第221—222页。德方对此的证实，可参阅相关作战和情报描述，《“北方”集团军群对苏战役》，1943年7月和8月的地图及报告。

9. 第8集团军编有独立坦克第32、第33、第35、第25、第185和近卫坦克第50团，但这些坦克团在战斗中的隶属关系尚不明确。

10. 这些数字是作者根据双方部队现有状况所做的估测。

11. 格里布科夫，《荣获列宁勋章的列宁格勒军区史》，第329页。

12. 布罗夫，《日复一日的封锁》，第377—384页。

13. 戈特洛布·赫伯特·比德曼，《致命打击：一名德军士兵的苏德战争回忆录》，德里克·S.赞布罗翻译、编辑（劳伦斯：堪萨斯大学出版社，2000年），第177—178页。

14. 同上，第178—179页。

15. 对后续战斗和登陆场疏散的生动描述，可参阅同上，第179—180页。

16. 同上，第181页。

17. 同上。

18.“最高统帅部大本营发给沃尔霍夫、列宁格勒方面军司令员的30175号指令，关于转入防御”，收录在：佐洛塔廖夫，《最高统帅部大本营：1943》，第195页。

19. 克里沃舍夫，《揭秘：苏联武装力量在战争、作战行动和军事冲突中的损失》，第226页。

20. 俄罗斯人尚未公开最高统帅部大本营和方面军司令部关于这场进攻战役的指示和命令。因此，只能通过德国和俄罗斯方面零零星星的资料加以重现。

21. 为该军提供坦克支援的力量可能包括赫鲁斯季茨基上校的近卫坦克第30旅、V.L.普罗特先科中校的坦克第220旅和近卫坦克第31、第46、第49团。参见：《苏军作战编成，第三部：1943年1月至12月》，第213、第243页。

22. 同上。

23.《“北方”集团军群对苏战役》，1943年9月的地图及报告。

24. 格里布科夫，《荣获列宁勋章的列宁格勒军区史》，第333页。

25. 同上。

26.《苏军作战编成，第三部：1943年1月至12月》，第213、第243页。

27. 布罗夫，《日复一日的封锁》，第400页。

28. 同上，第401页。

29. “陆军部20-269号手册”，收录于《历史研究：德国侵苏战争中小股部队的作战行动》，华盛顿特区：陆军部，1953年，第165—167页。

30. 比德曼，《致命打击：一名德军士兵的苏德战争回忆录》，第197—198页。

31. 布罗夫，《日复一日的封锁》，第407—408页。

32. 比德曼，《致命打击：一名德军士兵的苏德战争回忆录》，第198—199页。

33.《东线外军处，敌我力量对比》。

34. 更多详情可参阅：齐姆克，《从斯大林格勒到柏林：德国在东线的失败》，第249页。

35. 同上。

第三部
胜利

第十一章
解放
1944 年 1 月

1944年1月1日的态势

到1943年年底，红军已在整个苏德战线夺得战略主动权。他们赢得了库尔斯克战役，在苏联中部和南部将德军逐至索日河和第聂伯河，开始进入白俄罗斯和乌克兰展开行动。此时，红军在前线中央和南部地段的几个地方突破了德国人大肆吹嘘的“东墙”，也就是“豹”防线。对德国人来说更糟糕的是，红空军彻底掌握了战场上方的制空权，德军后方的游击运动与日俱增，苏联工业为其部队生产和装备了大量各种型号的新式坦克、火炮和飞机。

年底时，苏军最高统帅部大本营着手策划一系列大规模战略进攻行动，旨在肃清苏联领土上的所有敌军，并开始解放纳粹占领的欧洲。这些进攻战役已于秋季发起，打击盘踞在白俄罗斯和乌克兰的德军，冬季将扩大至所有三个战略方向。与轴心国军队相比，苏军占有两倍军事优势，这似乎是成功的保证。据苏联方面估计，德国武装部队1944年1月1日的兵力为1068万人，其中700万人编为野战部队，余者为预备力量。苏联人称，德军地面部队目前拥有439.9万人，其中274万人（63%）编为198个师又6个旅，部署在苏德战线[1]。另一方面，德方记录表明，德国军队1943年10月14日在东线共计249.8万人，编为151个步兵师和26个装甲师。另外，芬兰、匈牙利和罗马尼亚军队共计50万人，这使轴心国军队总兵力达到306.8万人。同一份记录还指出，这些部队面对的是616.5万苏军部队[2]。至少，苏军的兵力优势迫使德国人在几乎所有地段转入战略防御。

沿西北方向，截至1944年1月1日，列宁格勒和沃尔霍夫方面军已恢复了至列宁格勒的交通，粉碎了德军对这座城市发起后续进攻的一切机会，并为彻底击败德国“北方”集团军群创造了条件。屈希勒尔的集团军群仍在列宁格勒附近占据防御，能够以炮兵和空中力量不受反击地对这座城市及其交通线发起打击。但是，东线其他地段恶化的态势排除了OKH为屈希勒尔提供援兵的可能性。因此，苏军最高统帅部大本营决定，1944年的首要任务是解放列宁格勒和整个列宁格勒州。

1944年1月1日，独立第7集团军、列宁格勒和沃尔霍夫方面军，在波罗的海舰队和拉多加湖区舰队的支援下，面对着部署在列宁格勒以北的芬兰军队和在城市南面展开行动的德国军队。拉多加湖与奥涅加湖之间遍布密林和湖泊的地带上，A.N.克鲁季科夫中将的独立第7集团军与芬兰“奥洛涅茨”战役集群对峙。仍由戈沃罗夫大将指挥的列宁格勒方面军，面对着卡累利阿地峡的芬兰军队和列宁格勒城南面、东面的德国军队。戈沃罗夫方面军编成内，A.I.切列帕诺夫中将第23集团军据守的防线横跨卡累利阿地峡，从芬兰湾至奥涅加湖，位于列宁格勒以北不到30公里处；突击第2集团军再度交由费久宁斯基指挥，控制部署在城市以西奥拉宁包姆登陆场内的所有部队。突击第2集团军已于1943年11月替代了滨海战役集群，12月15日，大本营撤销第67集团军，将第55集团军领率机关改编为新的第67集团军，12月30日生效[3]。

第42集团军和新组建的第67集团军分别由I.I.马斯连尼科夫上将和斯维里多夫中将指挥，自1943年12月起据守列宁格勒东、东南接近地，其防区囊括从芬兰湾至锡尼亚维诺以东地域，面对着德国第18集团军左翼。特里布茨海军上将的波罗的海舰队仍隶属列宁格勒方面军，驻扎在列宁格勒和喀琅施塔得，保卫列宁格勒与奥拉宁包姆登陆场之间的海上交通线。

德国第18集团军右翼对面，梅列茨科夫的沃尔霍夫方面军以斯塔里科夫第8集团军、罗金斯基第54集团军、科罗夫尼科夫第59集团军据守从锡尼亚维诺以东至伊尔门湖的防御，还在诺夫哥罗德以北50公里的沃尔霍夫河西岸占据一座8公里宽的登陆场[4]。大本营11月撤销了第4集团军，将其部队转隶毗邻诸集团军，以改善方面军的指挥控制。位于南面的是M.M.波波夫大将1943年

10月20日由波罗的海沿岸方面军改编而成的波罗的海沿岸第2方面军，以第22、突击第1、第3、近卫第6和空军第15集团军据守从伊尔门湖南延至涅韦尔以北的防区。该方面军当面之敌是德国“北方”集团军群第16集团军[5]。波波夫左翼，I.M.奇斯佳科夫上将①的近卫第6集团军和N.E.奇比索夫上将的突击第3集团军对德军发起追击，后者正从涅韦尔向北撤往新索科利尼基（Novosokol'niki）以西的新防御阵地。

按照这种配置，截至1944年1月14日，列宁格勒方面军的兵力为417600人，沃尔霍夫方面军为26万人，波罗的海沿岸第2方面军突击第1集团军拥有54900人，加上波罗的海舰队的89600人，这就意味着共计82.2万人将投入即将发起的进攻行动。另外，13个游击旅编成内的3.5万名游击队员在“北方”集团军群后方展开活动[6]。

德国“北方”集团军群第16和第18集团军以44个步兵师据守从芬兰湾南延至涅韦尔地域的防线，其中包括一个装甲掷弹兵师，总兵力约为50万人[7]。列宁格勒以北，芬兰军队的卡累利阿地峡集群以4个步兵师和1个骑兵旅在列宁格勒方面军第23集团军对面占据防御。城市南面，林德曼大将指挥的第18集团军据守从芬兰湾至伊尔门湖的防御，与列宁格勒和沃尔霍夫方面军对垒。9月至12月，7个师调往其他地段后，第18集团军获得1个师（党卫队“诺德兰”装甲掷弹兵师）和2个旅（党卫队“尼德兰”装甲掷弹兵旅、1000人的西班牙志愿者军团）的援兵。

据苏联方面统计，截至1944年1月1日，林德曼集团军编有14个步兵师、5个空军野战师、1个装甲掷弹兵师、1个师级战斗群、3个步兵旅和1个装甲掷弹兵旅。另外，该集团军还组建了2个炮兵群，一个部署在红村以北，对列宁格勒实施炮击，另一个位于姆加以北，用于封锁通往列宁格勒的交通线。第18集团军以2950门火炮/迫击炮、200辆坦克/突击炮和第1航空队的200架战机为其步兵力量提供火力支援[8]。伊尔门湖以南，布施大将的第16集团军编有18个步兵师、1个空军野战师、1个步兵旅和“艾肖尔姆”混编集群（17个营），面对

① 译注：此时是中将。

着波波夫的波罗的海沿岸第2方面军。

德方记录指出，1943年10月14日，“北方”集团军群编有44个师（包括芬兰北部的部队），总兵力为60.1万人、146辆坦克和2389门火炮/迫击炮，他们面对的苏军约有95.9万人、650辆坦克和3680门火炮/迫击炮。去掉芬兰北部的部队，从芬兰湾至涅韦尔以北地域，第16和第18集团军以50万左右兵力抗击苏军约80万人[9]。通过集结兵力，红军将不到2：1的战略优势提高至4：1的战役优势，战术优势甚至超过8：1。对屈希勒尔来说更糟糕的是，他的预备力量寥寥无几。“北方”集团军群将辖内所有师部署为单梯队防御，预备队只有3个保安师和1个教导师。这些实力不济的预备队还被持续不断地卷入消灭苏联游击队的清剿行动中。另外，第18集团军有1个预备队师，第16集团军有3个步兵师担任预备队。

德国人依托“豹”防线构筑起纵深配置的强大防御工事，以此弥补他们在列宁格勒地区的兵力劣势[10]。德军防御最虚弱处位于奥拉宁包姆登陆场对面，最强处则在列宁格勒南面和东面。德国人在苏军奥拉宁包姆登陆场周围构设了一条防御地带，由两道防御阵地和几个强化支撑点构成，据守在此的是党卫队“警察”师的1个团、党卫队“诺德兰”装甲掷弹兵师和第10、第9空军野战师。德军最强大的防御位于列宁格勒方面军第42集团军、沃尔霍夫方面军第59集团军对面，德国人在那里构筑的强化主防御地带深达4～6公里，并获得后方8～12公里处第二条防御地带的支援。

德国人沿防御前沿和浅近纵深处加强了几乎每一个村镇，把多个支撑点组成较大的防御枢纽部。最强大的防御枢纽部位于乌里茨克、旧帕诺沃、新帕诺沃、大比托洛沃（Bol'shoe Bittolovo）、亚历山德罗夫卡、普希金、红村、172.3高地（沃罗尼亚高地）、姆加、波德别列济亚（Podberez'ia）、胡季尼（Khutini）、基里洛夫斯科耶莫纳斯捷雷（Kirillovskoe Monastery）和诺夫哥罗德[11]。1944年的冬季较为温和，经常发生化冻，气候条件有利于防御。河流和湖泊上的冰层可以支撑卡车和团属火炮，但无法承载重型武器或坦克，沼泽只是部分冻结，很难通行。

1943年秋季，根据东线外军处的情报报告，屈希勒尔得出初步结论，红军正策划在列宁格勒和诺夫哥罗德周围发起一场大规模进攻，包围并有可能消灭第18集团军。因此，他谨慎地决定先行发起进攻，并分阶段将辖内部队撤至“豹”防线。但希特勒不会批准这种行动。

1944年1月初，苏军发起大规模进攻的威胁似乎有所减弱。虽然苏军在奥拉宁包姆登陆场的明显集结令屈希勒尔和他的参谋人员深感不安，但他们得出结论，列宁格勒方面军仅仅通过征募列宁格勒居民来为其部队提供新兵补充，他们认为，这不足以发起或维持一场大规模进攻行动。另外，红军正在维捷布斯克和南方其他地段遂行大举进攻，这些进攻行动似乎消耗了列宁格勒和沃尔霍夫方面军发起全面进攻所需要的预备力量。最后，第18集团军司令林德曼将军大胆断言，他的部队能够击退苏军发起的一切进攻[12]。因此，12月29日至1月4日，OKH将第18集团军的3个师调给第16集团军，协助解决涅韦尔以西和维捷布斯克的危机。

根据屈希勒尔和林德曼相当乐观的评估，希特勒命令“北方”集团军群不惜一切代价坚守既有阵地。尽管林德曼信心十足，希特勒也下达了坚守令，但整个12月，屈希勒尔还是悄悄拟制了将第18集团军撤离列宁格勒地区的计划，并在爱沙尼亚建起新补给基地。在此期间，德军靠前部署的部队挖掘了更深的阵地，相信自己可以坚守。1月10日，“北方”集团军群情报部门再次做出评估，认为苏军集结在奥拉宁包姆登陆场和诺夫哥罗德以东地域的兵力并不强大，特别是其预备队。德军情报部门得出的结论是，没有预备力量，红军的进攻就无法深入，他们从奥拉宁包姆登陆场和诺夫哥罗德发起的攻势“很可能”发生动摇。

德军指挥部充满信心，锡尼亚维诺的战斗仍在继续，9月9日，戈沃罗夫向大本营提交了他的态势评估，并建议以他和梅列茨科夫的方面军发起一场具有决定性意义的新攻势。他的初步计划要求列宁格勒和沃尔霍夫方面军遂行两场连续的进攻战役，夺取卢加，包围并歼灭德国第18集团军。在第一场进攻中，他麾下的第42集团军和滨海战役集群将从列宁格勒城和奥拉宁包姆登陆场向南攻往红村，会合后在列宁格勒以南形成一道连贯的防线。收复红村后，第67集团军将加入进攻，夺取赤卫军城，而第42集团军和滨海战役集群将攻向金吉谢普。这两场进攻战役的目的都是为了将德军驱离列宁格勒，切断第18集团军向西退却的路线[13]。9月14日，梅列茨科夫向大本营提出一个类似计划，建议以他的沃尔霍夫方面军从诺夫哥罗德以北地域攻向卢加，包围并歼灭第18集团军主力，防止对方向西撤往卢加或“豹”防线。

但是，苏军最高统帅部大本营并不相信这两个方面军有能力实施如此雄心勃勃的进攻行动。另一方面，越来越多的情报表明，德国人可能正计划从列宁格勒地区展开有序后撤，大本营和两个方面军对此担心不已。这种担心促使红军总参谋部于9月29日晨命令列宁格勒、沃尔霍夫和西北方面军采取积极措施，阻止德军后撤的一切企图：

> 根据谍报人员获得的有待证实的情报，敌人正准备将部署在列宁格勒、沃尔霍夫和西北方面军对面的部队撤离。
>
> 针对这种可能性：
>
> 1. 加强各种侦察，确定敌人的意图。
>
> 2. 提高各部队的警惕性和战备状态。
>
> 3. 沿敌人有可能实施后撤的方向组建突击群，以便沿敌后撤路线发起追击。
>
> 4. 在第一梯队部队内组建快速追击支队，若敌人后撤，便发起积极追击。
>
> 遂行追击的同时，广泛使用航空兵对后撤之敌发起打击。
>
> 报告所采取的措施。
>
> 安东诺夫[14]

没过两个星期，10月12日，红军总参谋部正式接受了戈沃罗夫的初步计划，并称：“我们不反对您以列宁格勒方面军发起行动的计划。若敌人后撤，应迅速将该计划付诸实施。”[15]

稍稍加强戈沃罗夫和梅列茨科夫方面军后，大本营命令戈沃罗夫将突击第2集团军调入奥拉宁包姆登陆场，准备从列宁格勒和奥拉宁包姆登陆场发起两场强有力的向心突击，包围彼得戈夫和斯特列利纳地域的德军部队[16]。大本营修订后的计划要求两个方面军辖内部队歼灭列宁格勒以南的德国第18集团军，打破列宁格勒遭受的封锁，解放整个列宁格勒州。起初，他们将从列宁格勒西南方和诺夫哥罗德地域同时发起进攻，粉碎德国第18集团军侧翼，然后歼灭整个第18集团军，并前出至金吉谢普与卢加之间的卢加河。尔后，他们将攻向纳尔瓦和普斯科夫，肃清列宁格勒州南部之敌，着手解放波罗的海诸共和国。与此同时，波罗的海沿岸第2方面军将对德国第16集团军位于涅韦尔以北的右翼发起进攻，牵制该集团军辖内部队，防止对方增援列宁格勒地区的德国军队。

没等获得最高统帅部大本营批准，戈沃罗夫便于10月6日开始对即将发起的进攻加以策划。列宁格勒战时日记描述了这场战役的形式和意图：

*10月6日，星期三。*制订将列宁格勒从封锁中解放出来的计划的同时，方面军司令员并未排除敌人开始将其部队撤离的可能性，并为此准备了两个不同方案，分别命名为涅瓦河1号和2号计划。涅瓦河1号计划是基于希特勒军队为逃避打击先行实施撤退这种情况，为此，列宁格勒方面军军事委员会于1943年10月6日下达作战训令，命令辖内部队坚定而又持续地对敌防御发起试探，必要时为立即投入进攻做好准备。同时，根据涅瓦河2号计划的设想，做好全面突破德军防御的准备。[17]

策划列宁格勒—诺夫哥罗德战略进攻

将突击第2集团军调入奥拉宁包姆登陆场后，11月初，戈沃罗夫开始策划他的初步进攻，代号为“涅瓦河2号”行动。最终确定的进攻企图要求突击第2和第42集团军，突破德军沿奥拉宁包姆登陆场东翼和在列宁格勒西南方普斯科夫构设的防御，在罗普沙会合，包围并歼灭红村、罗普沙、斯特列利纳地域之敌。与此同时，第67集团军应牵制列宁格勒南面和东面的德军部队，防止他们增援突击第2、第42集团军作战地域内的友军。完成初始目标后，突击第2和第42集团军将攻向西南方的金吉谢普，向南攻往赤卫军城，而第67集团军将穿过姆加和乌利亚诺夫卡，从东北方攻向赤卫军城。

11月6日至12月23日，戈沃罗夫为参加罗普沙进攻战役的3个集团军分配了具体任务。为迷惑德国人，突击第2集团军将比第42集团军提前1天发起进攻。空军第13集团军、近卫歼击航空兵第2军（防空部队）和波罗的海舰队部分航空兵力量将为戈沃罗夫的突击群提供炮兵和物资支援[18]。

经验丰富的费久宁斯基指挥的突击第2集团军构成戈沃罗夫的第一个

突击群。该集团军编有2个步兵军、7个步兵师、1个步兵旅、2个海军步兵旅、1个坦克旅、1个筑垒地域和3个坦克团[19]。费久宁斯基的任务是以A.I.安德烈耶夫少将的步兵第43军和P.A.宰采夫少将的步兵第122军从奥拉宁包姆登陆场向东发起冲击，夺取罗普沙，与第42集团军会合，协助歼灭红村和罗普沙地域的德军部队。若费久宁斯基的初步突击失利，第二梯队M.F.季霍诺夫少将的步兵第108军和A.Z.奥斯科茨基上校的坦克第152旅将加强突击，攻向红村和杜杰尔戈夫。另一方面，若集团军第一梯队与第42集团军成功会合，第二梯队步兵军将向南发起追击，夺取列宁格勒西南方至关重要的德军后撤路线。根据这份计划，费久宁斯基集团军将在5～6天内向前推进17～21公里[20]。

但是，戈沃罗夫发起进攻前面临着一项复杂而又艰巨的任务：必须把整个突击第2集团军从列宁格勒调入奥拉宁包姆登陆场。于是，他使用波罗的海舰队辖内部队将突击第2集团军经芬兰湾的冰上道路运入登陆场。整个过程从11月5日持续至1月21日，进攻发起时仍在进行中。届时，突击第2集团军司令部、5个步兵师（步兵第11、第43、第90、第131、第196师）、13个最高统帅部预备队炮兵团、2个坦克团、1个自行炮兵团、1个坦克旅、700辆装有弹药和其他物资的大车已进入登陆场。在此期间，方面军将辖内大部分炮兵变更部署，从姆加—锡尼亚维诺地段调入奥拉宁包姆登陆场和第42集团军作战地带[21]。

戈沃罗夫的第二股突击力量是第42集团军，由同样经验丰富的原NKVD军官马斯连尼科夫指挥，编有3个步兵军、10个步兵师、1个筑垒地域、2个坦克旅和5个坦克团。集团军辖下的近卫步兵第30、步兵第109和第110军分别由西蒙尼亚克少将、I.P.阿尔费罗夫少将、I.V.哈佐夫少将指挥，负责在利戈沃车站至列宁格勒西南方大库济米诺这片17公里地段突破德军防御，并夺取红村。尔后，G.I.阿尼西莫夫少将的步兵第123军将从第二梯队发起进攻，与突击第2集团军在罗普沙会合，协助歼灭该地域的德军。与此同时，编有V.I.沃尔科夫上校坦克第1旅、V.L.普罗岑科中校坦克第220旅和2个自行炮兵团的快速集群从南面包围红村，率领集团军向罗普沙推进。马斯连尼科夫将2个步兵师留作预备队。虽然他的计划要求第42集团军辖内部队推进20～25公里，但没有设定时间限制[22]。

戈沃罗夫以80%的方面军炮兵、波罗的海舰队的舰炮、航空兵主力支援第42和突击第2集团军突击群。计划在冲击发起前以160分钟炮火准备粉碎德军防御，与此同时第67集团军也实施炮火准备，让德国人弄不清苏军主要突击的准确地段。空军第13集团军的653架战机提供空中支援和掩护，对付德国第18集团军约140架战机。

和以往作战行动一样，戈沃罗夫的坦克力量相对较少，编有550辆坦克和自行火炮。德军强大的防御、困难的地形和难以克服的调动问题迫使戈沃罗夫将大部分坦克力量的行动限制在仅为推进中的步兵提供加强。另一方面，戈沃罗夫非常依赖工程兵和工兵的支援，他们将协助步兵克服德军强大的防御、遍布沼泽密林的地形和严冬气候条件造成的障碍[23]。

梅列茨科夫命令科罗夫尼科夫第59集团军遂行两场突击：主要突击从诺夫哥罗德以北30公里的沃尔霍夫河西岸登陆场发起，辅助突击在诺夫哥罗德南面跨过伊尔门湖实施。两股突击力量将在诺夫哥罗德以西会合，包围并歼灭德国第38军，夺取诺夫哥罗德。尔后，第59集团军将向西、西南方发展胜利，夺取卢加，切断托斯诺和丘多沃地域德军部队的后撤路线。与此同时，斯塔里科夫第8集团军和罗金斯基第54集团军将攻向托斯诺、柳班和丘多沃，防止德军向诺夫哥罗德抽调兵力，包围并歼灭托斯诺和丘多沃地域之敌。若第59集团军发起突击后，德军开始撤离托斯诺和丘多沃地域，第8和第54集团军应首先肃清盘踞在托斯诺与丘多沃之间铁路线和筑垒工事的德军部队。完成这项任务后，他们应攻向卢加，协助列宁格勒方面军和第59集团军歼灭德国第18集团军。10月中旬至12月31日，梅列茨科夫为麾下诸集团军分配了具体任务[24]。

梅列茨科夫麾下规模最大的军团是科罗夫尼科夫第59集团军，也是他的主要突击力量，该集团军编有3个步兵军、9个步兵师、1个步兵旅、3个坦克旅和4个坦克团。S.P.米库利斯基少将的步兵第6军和P.A.阿尔秋申科少将的步兵第14军将在诺夫哥罗德以北50公里处突破德军防御，切断德军从西面进入诺夫哥罗德的交通线。城市南面，集团军以一个加强旅为核心组建的南部（伊尔门）战役集群，将跨过伊尔门湖上的冰面，与主力突击群在诺夫哥罗德西面会合，并协助夺取诺夫哥罗德，歼灭城内守军。南部战役集群由科罗夫尼科夫的副手T.A.斯维克林少将指挥，编有步兵第58旅、步兵第299团、步兵第225师的1个滑雪营、雪橇第34和第44营，为执行他们极为棘手的任务，这些部队都接受过特别训练。尔后，科罗夫尼科夫集团军攻向西面的卢加，协助歼灭德国第18集团军[25]。

科罗夫尼科夫集团军将在3～5天内推进30公里，并解放诺夫哥罗德。方面军将整个战役深度规定为雄心勃勃的110～120公里。梅列茨科夫也以80%的炮兵和大部分航空兵力量支援第59集团军，并计划在地面突击发起前实施170分钟炮火准备。他打算以空军第13集团军的257架战机和大本营提供的4个远程航空兵军的330架夜间轰炸机支援这场突击。这股力量大大超过德军可在该作战地段调集起的约103架战机。梅列茨科夫共有231辆坦克和25辆自行火炮，与戈沃罗夫的坦克力量一样，主要遂行支援步兵的任务。分配给沃尔霍夫方面军的工程兵，除执行与列宁格勒方面军工程兵相同的任务外，还必须在沃尔霍夫河和其他河流及伊尔门湖上构设诸多渡口，为此，梅列茨科夫给第59集团军调拨了额外的工程兵力量[26]。

最后需要指出的是，戈沃罗夫和梅列茨科夫都采取了严格的战役保密措施和欺骗计划，使德国人无法弄清进攻发起的时间和地点，戈沃罗夫沿金吉谢普方向摆出进攻姿态，梅列茨科夫则在姆加附近实施佯动，并假装在丘多沃附近集结。针对苏军的欺骗，德国人将“尼德兰”装甲掷弹兵旅从南斯拉夫调至列宁格勒地区。苏军的欺骗行动非常有效，就连红军内部很多人也认为突击将在该地域发起。

苏军投入进攻前，德国人也重新部署了他们的力量，尽管新的部队配置并不有利于对列宁格勒地区的有效防御。OKH把第96和第254步兵师从第18集团军调至“南方”集团军群。从1月10日起，为应对苏军的欺骗计划，第18集团军将第61步兵师从姆加调往赤卫军城以北地域，又把党卫队“尼德兰”装甲掷弹兵旅部署在苏军突击第2集团军右翼对面。南面，布施第16集团军将担任预备队的第290步兵师调往希姆斯克、乌托尔戈什、索利齐地域，支援德军位于第16与第18集团军结合部的防御[27]。

另外，戈沃罗夫和梅列茨科夫还把游击行动彻底整合到进攻中，在这场战争中尚属首次。11月，列宁格勒游击运动司令部命令游击队发起大规模破坏和牵制行动，支援红军即将发起的进攻：

1. 扩大游击第2、第5、第7、第9旅行动地域内各居民区的起义。在列宁格勒州北部的沃洛索沃、金吉谢普、奥西米诺、赤卫军城、奥列杰日、托斯诺地域，以及列宁格勒州南部的波尔霍夫、波热里维茨克（Pozherivitsk）、斯拉夫科维奇、索希欣、奥斯特罗夫地域发动民众起义。

2. 发展起义的过程中，彻底摧毁占领当局的地方机关，例如大型、中型和小型城镇的管理机构，并在武装游击队保护下建立苏维埃行政机关。解救当地居民，使其免遭杀害或被运往德国，也使德军指挥部无法利用这些居民为其修建防御工事。保卫居民点，使其免遭破坏，同时破坏敌人将粮食、牲畜、衣物和其他物资运往德国的运输。

3. 以你们掌握的一切手段加强各游击旅、游击支队和游击小组对敌交通线（铁路和公路）的作战行动。尽可能使赤卫军城—卢加—普斯科夫、赤卫军城—金吉谢普—纳尔瓦、普斯科夫—斯兰—韦马里（Veimari）、旧鲁萨—德诺—波尔霍夫—普斯科夫、普希金—德诺—奇哈切沃（Chikhachevo）铁路线长时间无法使用，彻底瘫痪敌作战部队人员、装备和弹药的运输，特别是在列宁格勒、沃尔霍夫和波罗的海沿岸第2方面军进攻战役期间。[28]

根据这一总体指示，列宁格勒游击运动司令部为参加游击行动的各游击旅、游击支队和游击小组分配了具体任务。

进攻准备工作完成时，两位方面军司令员通过集结兵力创造出对当面之敌的压倒性数量优势。戈沃罗夫将72%的步兵、68%的炮兵、全部坦克和突击炮集中于突击第2和第42集团军作战地带。同样，梅列茨科夫也把48%的步兵、55%的炮兵、几乎所有“喀秋莎”火箭炮和80%的坦克力量集中在第59集团军作战地带。两个方面军的战术集结又将这一优势扩大了2~3倍。戈沃罗夫的步兵是德国人的3倍，炮兵为4倍，坦克和自行火炮达到6倍，梅列茨科夫的步兵和炮兵优势超过3倍，坦克和自行火炮甚至高达11倍[29]。

准备工作完成后，戈沃罗夫和梅列茨科夫的突击部队在进攻发起前的2~3个晚上占据了最终出发阵地。其余部队和支援武器在突击发起前的昼间和夜间进入进攻阵地。提供支援的坦克在炮火准备期间向前部署。

列宁格勒方面军的罗普沙—红村进攻战役，1月14日—20日

1月13日晚至14日凌晨，尽管整条战线普降大雪，苏军109架夜间轰炸机还是在当夜轰炸了德军阵地。拂晓时，戈沃罗夫部署的大规模炮兵，在一场65分钟电闪雷鸣的炮火准备中将10.4万发炮弹雨点般砸向党卫队第3装甲军第9、第10空军野战师的防御。尖啸的"喀秋莎"齐射结束这场毁灭性炮火飓风时，率领安德烈耶夫步兵第43军和宰采夫步兵第122军突击行动的步兵第48、第90和第131师大群步兵冲入德军防御阵地。费久宁斯基和戈沃罗夫在突击第2集团军设在科洛科利尼亚高地（Kolokol'nia）上的指挥所观察着突击行动。遂行冲击的3个步兵师迅速克服德军前沿防御，日终前沿10公里宽的战线楔入支离破碎的德军前沿防御3公里。奥斯科茨基上校的坦克第152旅和坦克第22、第204团为费久宁斯基的步兵提供了至关重要的坦克支援。

列宁格勒战时日记描述了当日的战事：

*1月14日，星期五。*清晨雾色弥漫。航空兵已做好对敌人发起大规模打击的准备，但笼罩地面的雾气太浓，什么也看不清。幸亏远程航空兵已于前一晚实施行动，对敌重型炮兵连和未遭受破坏的炮兵群最为集中的地区展开猛烈轰炸。

第一梯队步兵团在夜间占据出发阵地。工兵们在雷区打开通道，并排除了敌人埋在铁丝网下的炮弹……

9点35分，炮兵发起炮火准备。轰击敌人的不仅仅是突击第2集团军的团属炮兵，还包括喀琅施塔得、谢拉亚洛沙季角（Seraia Loshad'）和红戈尔卡要塞的大威力火炮，以及海军的舰炮……

敌人并不怀疑我军会发起进攻，知道我们试图将列宁格勒从封锁中解放出来，但他们不知道我军将于何时发起进攻。现在，威力强大的炮火准备开始时，敌人仍在猜测我军将在何处发起主要突击。

诺夫哥罗德北面，沃尔霍夫方面军也开始了强有力的炮火准备。第42集团军辖内部队从普尔科沃射出猛烈火力。第67集团军的炮兵摧毁了敌人设在拉多加湖南面的发射阵地。

法西斯指挥部晕头转向。不过，65分钟的炮火准备结束后，一切都清楚了。我军从奥拉宁包姆登陆场发起冲击，与此同时，沃尔霍夫方面军也沿诺夫哥罗德方向投入进攻。

雪崩般的炮火向敌防御纵深延伸，紧接着突击第2集团军步兵第48、第90和第131步兵师便从奥拉宁包姆登陆场展开进攻。此时是10点40分。红旗很快出现在敌军阵地上方，仿佛是一条条火舌……

在坦克的支援下，步兵们从行进间夺得敌人第一道战壕。炮兵继续轰击前进路线。尽管气候条件不佳，但我方战机开始出现在战场上空……

部队向前推进，一举夺取波罗日基（Porozhki）、佩列列西耶（Pereles'e）和兹列基诺（Zrekino）……

傍晚前，我军在敌防御阵地所取得的突破，宽度已达10公里。争夺戈斯季里齐（Gostilitsy）的战斗尤为激烈，敌人已将其打造成一个强大的筑垒防御枢纽部。敌人从最初的措手不及中恢复过来，开始把预备队投入战斗。戈斯季里齐西北郊爆发了几场白刃战。攻克该村后，我方部队楔入希特勒分子的第二道防御阵地……

此时，官方尚未报道关于发起进攻的正式消息，城内居民只能根据一阵阵异乎寻常的炮击猜测相关情况。后来许多列宁格勒人说，他们在炮声的激励下满怀热情地投入工作。[30]

1月14晚至15日凌晨，N.G.利亚什琴科上校的步兵第90师和P.L.罗曼年科上校的步兵第131师，在坦克第2、第204团和奥斯科茨基坦克第152旅的支援下，深入德军第二道防御阵地4公里。推进期间，独立火炮—机枪第130营向前部署后掘壕据守，掩护突击群右翼。整个白天和夜间，第42集团军炮兵部队以毁灭性火力打击普尔科沃高地上的德军阵地，第67集团军炮兵部队也对姆加以北和锡尼亚维诺的德军防御实施炮击，迷惑视听，使对方弄不清苏军将于何时、何处发起下一场进攻[31]。次日上午11点，德国人的怀疑消失了，苏军再度实施炮火准备后，突击第2和第42集团军同时投入进攻。

1月15日晨，苏军从西面发起冲击，安德烈耶夫步兵第43军和宰采夫步兵第122军的先遣师担任费久宁斯基集团军的先锋，他们冲入德军防御阵地，一举粉碎党卫队第3装甲军第10空军野战师残部。空军野战师崩溃时，党卫队第3装甲军投入3个建设营和党卫队“诺德兰”装甲掷弹兵师1个营，力图遏止苏军的进攻，但未能取得明显效果。费久宁斯基集团军在战役首日取得6公里进展，当日晚些时候投入第二梯队师，经过激战后夺得索库利（Sokuli），但在罗普沙以西被德军猛烈火力所阻[32]。

东面不到20公里处，苏军炮兵将超过22万发炮弹射向德军阵地后，马斯连尼科夫第42集团军11点对普尔科沃附近的德军防御发起冲击。炮兵弹幕向纵深延伸时，西蒙尼亚克的近卫步兵第30军冲入德军阵地。

1月15日，星期六。新一天的进攻行动值得纪念，炮击甚至比昨日更加猛烈……今天，第42集团军各兵团正遂行进攻。在步兵推进前，超过22万发火炮和迫击炮炮弹（不含火箭弹）射向敌军防御。从乌里茨克到普希金，2300门火炮沿一条17公里长的战线展开炮击……

出乎敌人意料的炮火风暴肆虐了1小时40分钟。11点整，步兵投入冲击。N.P.西蒙尼亚克将军的近卫军士兵们从中央地带的普尔科沃高地发起进攻。汉科的英雄和突破封锁圈的英雄现在注定成为彻底解放列宁格勒的英雄。所不同的是，西蒙尼亚克1941年指挥着一个旅，1943年冬季指挥着一个师，现在，他率领编有3个师的一个军投入战斗。

近卫军士兵们向前坚决推进，粉碎了敌人的防御……德国人把他们设在列宁格勒的防线称为“北墙”，的确很强大。不过，第42集团军进攻首日，近卫步兵第30军作战地域中央地段的突破已达4.5公里，两翼也取得了约1.5公里进展。

沃尔霍夫方面军也发起一场炮火准备，辖内部队战果可观。今天，他们切断了诺夫哥罗德—丘多沃铁路线……

在列宁格勒，没人怀疑普尔科沃的战斗是一个非常重要的开端。[33]

可是，在西蒙尼亚克侧翼遂行突击的阿尔费罗夫步兵第109军和哈佐夫步兵第110军辖内各师，很快遭遇到德军激烈抵抗。随后与德国第50军第126、第170、第215步兵师的战斗迅速演变成一场典型的激战，苏军步兵持续发起代价高昂的冲击，一点点突破德军的密集防御[34]。

日终前，西蒙尼亚克步兵军沿一条5公里长的战线取得4公里深的突破，但仅限于此。苏军战后报告将进展缓慢归咎于两个集团军侦察不力、指挥控制欠佳，特别是突击第2集团军。另外，两个集团军的重武器没能跟上步兵，而德国第50军炮兵部队的反击火力卓有成效地削弱了第42集团军的地面突击。另外，突击第2集团军坦克第204团穿越敌方雷区时损失19辆坦克，5辆坦克损失在敌军战壕，另外4辆损失在渡过切尔纳亚河期间。第42集团军坦克第260团在一道防坦克壕前陷入停顿，随后被德国人的地雷炸毁6辆KV坦克[35]。尽管存在这些问题，戈沃罗夫还是在次日加强了突击，费久宁斯基的先遣师突破了德军主防御带全纵深；马斯连尼科夫辖内部队艰难地取得3～4公里进展，主要是在西蒙尼亚克近卫步兵军的作战地段。

1月16日，苏军继续遂行更加激烈的突击：

1月16日，星期日。1月15日晚至16日凌晨，我方部队在坦克支援下沿主要突击方向遂行进攻，他们的果断突击攻克了亚历山德罗夫卡，与普希金仅隔一个车站。

早上，我军切断了普希金—红村公路。

不得不沿几个方向实施防御的敌人又遭到另一场进攻的打击——沃尔霍夫方面军第54集团军投入了进攻。该集团军的突击方向是柳班。可是，敌人的抵抗仍未被打垮，他们继续坚守每一块土地，并频频发起反冲击。克服敌人的顽抗需要相当的勇气和无私精神。[36]

1月16日日终前，费久宁斯基的部队突破德军主防御带全纵深，而马斯连尼科夫辖内部队又向前艰难推进了3～4公里，主要是在西蒙尼亚克近卫步兵军的作战地段。费久宁斯基对这种进展极不满意，于1月17日晨将一个小股快速集群投入战斗，该集群编有奥斯科茨基坦克第152旅，外加1个自行炮兵团、1个搭乘卡车的步兵营、1个轻型炮兵营和3个搭乘卡车的工兵营。奥斯科茨基接受的命令简单明了——不惜一切代价夺取并坚守罗普沙[37]。可是，德国人发起的反冲击将这支小股坦克特遣队阻挡在赶往目的地的半途：

1月17日，星期一。从奥拉宁包姆登陆场发起进攻的步兵第90师突入佳特利齐（Diatlitsy）。坦克第152旅的坦克兵继续向东推进，日终前夺得格利亚季诺村（Gliadino）。距离罗普沙的公里数屈指可数。从列宁格勒发起进攻的部队正逼近红村。

据守罗普沙以北地域和红村的敌集团面临被包围的威胁。为控制撤离作战部队和技术装备所需要的公路，敌人不断发起反冲击。

敌人的处境愈发恶化，不仅仅发生在列宁格勒。今天早上，沃尔霍夫方面军第59集团军辖内部队攻克了敌人设在波德别列济耶（Podberez'e）的支撑点。进攻箭头指向诺夫哥罗德。

袭击也发生在敌后方地域。1月17日夜间，游击第12旅炸毁了金吉谢普与季科皮锡（Tikopis'）之间铁路线的数段铁轨。从1月15日起，一连3天，游击第5旅使维捷布斯克铁路线的数个地段无法使用。1月17日，他们在索利齐—乌托尔戈希地带袭击了敌人的交通。[38]

费久宁斯基将奥斯科茨基的快速集群投入行动时，马斯连尼科夫命令阿尼西莫夫位于第二梯队的步兵第123军，在西蒙尼亚克近卫步兵第30军右翼投入战斗，扩大该军取得的战果。当日中午，他还把集团军快速坦克群投入战斗，该坦克群编有沃尔科夫的红旗列宁格勒坦克第1旅和普罗岑科的坦克第220旅，受领的任务是从西面包围杜杰尔戈夫和红村，并夺取德军支撑点。可是，德国人发现该快速坦克群正向前部署，没等他们投入进攻，德军便以卓有成效的反冲击对其实施打击，该坦克群损失惨重，被迫撤往普尔科沃[39]。虽然两个快速集群都未能达成他们的目标，但日终前，费久宁斯基和马斯连尼科夫的步兵先遣部队仅隔18公里。面对即将遭到包围的险恶前景，德军第126步兵师和第9空军野战师死守红村以北日趋萎缩的突出部，并准备将其部队撤往南面。

1月16日，尽管态势危急，但林德曼将军依然充满信心。他告诉麾下各位军长，俄国人已投入所有力量，他还告诉屈希勒尔，他可以在较为平静的防区稍稍冒些风险，从而赢得这场战斗。但此时，林德曼已投入了最后的预备队（第61步兵师），支援支离破碎的第10空军野战师，力图拖缓突击第2集团军的推进[40]。

次日，越来越担心的屈希勒尔通知OKH，情况正在恶化，并请求希特勒批准将部队从姆加突出部撤至“军用公路”防线，这样他便可以腾出两个师，用于抗击苏军在列宁格勒西南方的突击。“军用公路”防线位于列宁格勒至丘多沃至关重要的铁路、公路线前方，并与之平行。希特勒对此不置可否，反而建议屈希勒尔放弃奥拉宁包姆与列宁格勒之间的防线。屈希勒尔对此表示反对，他认为这样一来会使苏军部队取得会合，并发起一场更加强大的进攻。不顾希特勒的禁令，林德曼以撤离姆加和丘多沃的第225、第21步兵师部分力量加强红村以北的防御，他还投入了党卫队“诺德兰”师和第11步兵师，但无济于事[41]。

希特勒、屈希勒尔和林德曼还在为第18集团军的命运争论不休，而费久宁斯基和马斯连尼科夫已经替他们做出了决定，他们把第二梯队军投入战斗，导致德国人别无选择，只能将其部队撤至红村。1月18日，费久宁斯基整个集团军向前疾进。当日晨，阿尔费罗夫步兵第108军①以两个步兵师投入行动，集团军坦克预备队和宰采夫少将步兵第122军次日夺得罗普沙。与此同时，安德烈耶夫少将的步兵第43军攻克沃洛索沃，随即转入防御，掩护突击群右翼。没过几小时，1月19日21点，步兵第108军步兵第168师第462团与第42集团军快速集群工程兵第54营在罗普沙南面会合。次日晨，两个集团军的主力沿整条突破战线会师，砰然合上了包围圈，将仍在北面苦战的德军部队困住[42]。

东面，西蒙尼亚克的近卫步兵军于1月19日恢复进攻，又于当日晚些时候将红村拿下，就此切断了德军从斯特列利纳经红村至赤卫军城的后撤路线：

1月18日，星期二。红村的战斗打响了。斯特列利纳—红村—赤卫军城公路被切断，仍盘踞在列宁格勒近郊的希特勒分子，包括他们毫发无损的炮兵群，最终命运已定。

1月19日，星期三。赤卫军城的激烈战斗取得了胜利！自1941年9月12日以来，侵略者便盘踞于此，他们将该镇打造成一座他们认为坚不可摧的堡垒。但

---

① 译注：步兵第108军军长应是季霍诺夫，而阿尔费罗夫指挥的是步兵第109军。

第42集团军辖内部队攻克了这座堡垒。实际上，镇子已不复存在，但重要的交通路口已落入我们手中。

西面不远处，突击第2集团军解放了列宁格勒郊区另一个镇子，罗普沙。

莫斯科当日21点鸣放20响礼炮，向列宁格勒方面军辖内部队致敬。

与此同时（一个重要的巧合），突击第2和第42集团军先遣部队在红村西南方俄罗斯维索茨科耶（Russko-Vysotsky）附近和罗普沙东南方会师。率先实现这一兄弟般拥抱的是从奥拉宁包姆发起进攻的步兵第168师第462团的侦察兵和伴随第42集团军快速坦克群的工程兵第54营的工兵。

后来，从普尔科沃和奥拉宁包姆发起进攻的坦克部队也取得会合。包围敌彼得戈夫—斯特列利纳集团的铁环已然封闭。但是，希特勒分子今天仍向城区发射了23发大口径炮弹。

一条直达公路从红村延伸至赤卫军城。今天，心怀鬼胎的德军第11步兵师师长在训令中写道："敌人妄图突破至赤卫军城。我们必须挫败这一企图。我们务必不惜一切代价坚守既有防线。"

所以，德国人的命令是不惜一切代价坚守沃罗尼耶高地（Voron'e）。尽管如此，近卫步兵第190团的冲锋枪手们在弗拉基米尔·马萨利斯基上尉的率领下，一举攻克该高地。这是一场激烈的战斗。虽然多次负伤，但马萨利斯基上尉继续指挥对沃罗尼耶高地的冲击，他知道，如果不拿下这座高地，就无法向红村推进。1月19日晨，沃罗尼耶高地被我军攻克。[43]

1月19日晚至20日凌晨，马斯连尼科夫的快速坦克群开着大灯从红村向西突击，一举击败正从彼得戈夫、斯特列利纳和乌里茨克向南退却的德军。该集群与突击第2集团军辖内部队在罗普沙以南会合，包围了仍在北面扼守彼得戈夫和斯特列利纳地域的德军残部。但此时取得会合的仅仅是侦察兵和坦克部队，两个集团军的主力步兵部队仍远远落在后面。因此当夜，斯特列利纳和乌里茨克地域的许多德军部队分成小股向南突围，设法穿过苏军漏洞百出的封锁线，从而逃离覆灭的厄运。1月20日，苏军肃清了未能成功逃脱的德军部队。列宁格勒战时日记当日写道："今天早些时候，突击第2和第42集团军遂行进攻的部队终于在罗普沙地域取得会合。彻底陷入包围的敌彼得戈夫—斯特列利纳集团被粉碎。俘虏1000多名敌官兵。战斗中还缴获敌人265门火炮，其中包括85门大口径（152～400毫米）火炮。这就是敌人炮击列宁格勒的武器。”[44]

1月18日晨，林德曼终于报告屈希勒尔，他位于列宁格勒西南方和诺夫哥罗德附近的防线正发生崩溃。屈希勒尔再次请求希特勒和OKH批准将林德曼的部队撤至姆加河和“军用公路”防线，但又一次遭到拒绝。当日下午红村陷落后，屈希勒尔下定决心，命令弃守姆加阵地，并把这一决定告知OKH。蔡茨勒告诉希特勒，他已命令屈希勒尔后撤，希特勒这才在午夜时不情不愿地批准了屈希勒尔的决定。不管怎样，后撤令下达得太晚，已无法挽救扼守彼得戈夫和斯特列利纳突出部的几个师，只有小股部队得以逃脱[45]。

在历时6天近乎持续不断的激战中，费久宁斯基和马斯连尼科夫集团军突破了德军预有准备的防御，向前推进25公里，在罗普沙会师，恢复了一条连贯的战线和列宁格勒方面军位于城市南面和西面各部队之间的联系。这场胜利也改善了方面军的指挥控制、后勤支援和机动能力。在此过程中，他们歼灭2个德军师，重创另外5个师，抓获1000多名俘虏，严重削弱了德国第18集团军。据列宁格勒方面军报告，他们还缴获265门火炮（85门重炮）、159门迫击炮、30辆坦克和18个弹药仓库[46]。罗普沙进攻战役的胜利，为红军向赤卫军城和金吉谢普的后续进攻行动铺平了道路。

沃尔霍夫方面军的诺夫哥罗德进攻战役，1月14日—20日

费久宁斯基和马斯连尼科夫集团军粉碎列宁格勒西南方的德军防御时，尽管恶化的气候导致作战行动异常艰难，但科罗夫尼科夫第59集团军还是对德国第18集团军位于诺夫哥罗德地域的右翼发起打击。炮火准备期间以13.3万发炮弹粉碎德军防御后，10点50分，科罗夫尼科夫第一梯队各步兵营的突击支队发起地面进攻。科罗夫尼科夫右翼，米库利斯基少将的步兵第6军从沃尔霍夫河西面的登陆场投入冲击，D.A.卢基亚诺夫少将的步兵第2师在右侧提供掩护。N.V.罗戈夫上校的步兵第310师和A.Ia.奥尔达诺夫斯基上校的步兵第239师率领米库利斯基的推进，而米库利斯基准备以K.O.乌尔瓦诺夫上校的坦克第16旅支援他们的突击。南面，阿尔秋申科少将的步兵第14军将A.R.别洛夫上校的步兵第378师、I.N.布拉科夫斯基少将的步兵第191师、P.I.奥利霍夫斯基上校

的步兵第225师由北至南部署在列利亚维诺（Leliavino）至诺夫哥罗德这片地带。最后，斯维克林的战役集群在诺夫哥罗德南面跨过伊尔门湖北部。后方，F.Ia.索洛维耶夫少将的步兵第112军，与I.D.巴恰卡什维利中校的坦克第29旅和D.M.萨沃奇金少校的坦克第122旅留在集团军第二梯队。R.I.帕宁少将的步兵第7军担任科罗夫尼科夫的预备队。

虽然实施了猛烈的炮火准备，但米库利斯基步兵第6军的突击只楔入德军第一道防御阵地1公里，随即停滞不前。突击失利的主要原因是支援步兵的坦克到达得太晚，由于侦察兵和工程兵的工作欠佳，许多坦克沦为弹坑和沼泽的受害者。不过，工兵们夜间在沃尔霍夫河上搭设起一座能承载坦克的桥梁。对科罗夫尼科夫来说幸运的是，南面，步兵第14军步兵第378师的1个团，利用炮火准备期间德军弃守前沿防御这一情况，先斩后奏地提前发起进攻，一举夺取了德军部分防御。相邻的步兵第1254团也投入进攻，两个团克服了德军前两道战壕，在小沃德斯科耶（Malovodskoe）的皮季巴河（Pit'ba）对岸夺得一座小型登陆场[47]。

诺夫哥罗德南面，斯维克林的南部战役集群未实施炮火准备便跨过伊尔门湖冰面，德国守军猝不及防，苏军在湖区东岸夺得一座6公里深、4公里宽的登陆场。德国人担心希姆斯克与诺夫哥罗德之间的交通线遭切断，第38军遂派第290步兵师第503团和“北方”骑兵团堵截苏军在诺夫哥罗德南面的推进，诺夫哥罗德北面，第24步兵师从姆加发起同样的行动。

1月15日，科罗夫尼科夫也加强了他向前推进的部队。援兵包括第二梯队的1个步兵师和从预备队抽调的1个步兵旅，以发展诺夫哥罗德南面取得的战果。在北面，他首先投入乌尔瓦诺夫的坦克第16旅和1个自行炮兵团，用以支援步兵第6军。不久后，他又从索洛维耶夫步兵第112军第二梯队抽调G.E.卡利诺夫斯基上校的步兵第65师和巴恰卡什维利的坦克第29旅，以此增援米库利斯基步兵第6军[48]。

获得加强后，米库利斯基步兵军冒着德军的激烈抵抗向前推进了7公里，包围并击败了德军第28猎兵师一部。当日晚些时候，乌尔瓦诺夫坦克第16旅、巴恰卡什维利坦克第29旅和奥尔达诺夫斯基步兵第239师逼近丘多沃—诺夫哥罗德公路，与德军第24步兵师一个团展开激战，德国第38军派后者据守至关重要的铁路线。虽然德军派来援兵，但米库利斯基步兵军还是于次日切断了铁路线。而阿尔秋申科的步兵第14军已将南面的菲涅夫卢格—诺夫哥罗德公路切断，到1月16日晚些时候，两个遂行突击的步兵军已在德军主防御带撕开个20公里宽的缺口。

在诺夫哥罗德北面突破德军防御的同时，梅列茨科夫还命令罗金斯基第54集团军冲出基里希以南的沃尔霍夫河登陆场，并从波戈斯季耶南面发起突击，从而加大对德军已摇摇欲坠的防线的压力。罗金斯基的任务是夺取柳班，防止德国人增援诺夫哥罗德的防御，并协助第59集团军歼灭据守柳班和丘多沃地域的德国第28、第38军。罗金斯基起初以步兵第80师和S.B.科扎切克少将步兵第115军步兵第281、第285师遂行突击，但1月17日晨又投入步兵第44师，对季戈达河以南地域发起冲击[49]。虽然罗金斯基集团军到1月20日只取得5公里进展，但他的进攻导致德国第38军无法抽调任何部队缓解苏军对诺夫哥罗德地域施加的压力。

诺夫哥罗德南面，科罗夫尼科夫以奥利霍夫斯基步兵第225师和P.I.拉德金上校步兵第372师加强斯维克林的南部战役集群，该集群已冲出登陆场，切断了诺夫哥罗德以西的希姆斯克—诺夫哥罗德铁路线。面对整个诺夫哥罗德集团遭包围的可能性，林德曼从姆加抽调第24和第21步兵师部分兵力，从索利齐抽调第250步兵师，再加上第8猎兵师，以这些兵力加强诺夫哥罗德地域的德军。1月16日，党卫队“北方”骑兵团在诺夫哥罗德以南投入行动，1月17日，第121步兵师从诺夫哥罗德北面的托斯诺加入战斗[50]。

可是，科罗夫尼科夫集团军继续推进，缓慢但无可阻挡，从南北两面包围了诺夫哥罗德的德军。苏军的战后总结指出，集团军和各军欠佳的指挥控制、德军强大的筑垒工事、恶劣的地形和突如其来的化冻妨碍了第59集团军的推进，并使德军得以调集新锐预备队[51]。虽说辖内部队面临着持续不断的问题，但科罗夫尼科夫仍坚信自己能取得成功。因此，他于1月18日将索洛维耶夫步兵第112军和萨沃奇金坦克第122旅从第二梯队投入战斗，掩护集团军右翼，并与第54集团军辖内部队相配合，歼灭柳班和丘多沃地域的两个德国军。科罗夫尼科夫投入新锐力量，导致扼守诺夫哥罗德的德军陷入危机，林德曼将军并未忽视这一事实：

18日晨，林德曼报告，奥拉宁包姆以东和列宁格勒以西的防线正发生崩溃。诺夫哥罗德的情况同样如此，苏军在那里几乎已完成包围，集团军所能投入的几个营甚至不足以长时间确保逃生路线的畅通。亲身了解到前线部队的实力几乎消耗殆尽后，屈希勒尔请求上级批准他撤至“军用公路”防线，但再次遭到拒绝。[52]

林德曼迅速命令第38军弃守诺夫哥罗德，沿仅剩的一条道路向西撤退，在巴捷茨基占据新防御，并从东面掩护卢加接近地。

可是，恶劣的气候、遍布沼泽和密林的地形，加之缺乏运输工具，拖缓了第59集团军向诺夫哥罗德以西的推进。例如，沃尔霍夫方面军独立汽车第52团所需要的卡车缺48%，第11团的车辆缺82.3%。两个运输团所需要的车辆共缺666辆[53]。尽管如此，在工兵的协助下，米库利斯基步兵第6军竭力穿过冰冻的沼泽，终于在1月19日晚些时候切断了诺夫哥罗德—巴捷茨基铁路线。南面，斯维克林的南部战役集群已于前一天将希姆斯克—诺夫哥罗德铁路切断，但阿尔秋申科步兵第14军从北面向诺夫哥罗德发起的包围进攻进展甚微，表面原因是侦察工作组织不力。就在后者准备次日晨对诺夫哥罗德发起冲击时，据守该城的德军第28猎兵师和第1空军野战师部分部队、2个独立营和党卫队“北方”骑兵团辖内部队已经开始撤离他们的支撑点，并未受到严重阻碍。德方相关记述描绘了这场悲惨的逃窜：

1月19日夜间，被围于诺夫哥罗德的第28轻装师［猎兵师］接到突围的命令。重伤员不得不留在废墟内，一些医务人员自愿留下护理他们。所有能携带武器的人，包括尚能行走的伤员都力图在夜色掩护下撤离。东北方向上的部队冒着敌人猛烈的炮火后撤，苏联空军还对所有撤退部队实施轰炸和扫射。德军兵团和部队混成一团，作战部队中夹杂着许多散兵游勇、休假人员和后勤人员。所有人饱受雨淋之苦，又困又饿。若非补给纵队指挥官尽最大努力与部队保持联系，物资的补充也会中断。空军野战师溃不成军，有些步兵师几乎所有团、营级指挥官非死即伤。师级步兵人数降至500人。危言耸听的谣言在前线传播，还发生了一些惊慌失措和逃跑事件。[54]

当最后一批撤离的德军士兵炸毁沃尔霍夫河上的桥梁后，1月20日9点30分，阿尔秋申科步兵第14军步兵第191、第225师和帕宁步兵第7军步兵第382师兵不血刃地夺得了诺夫哥罗德[55]。但对德国人来说，失去诺夫哥罗德并非毫发无损。次日，米库利斯基步兵第6军和南部战役集群的拉德金步兵第372师在城市以西地域包围并最终歼灭了德军第28猎兵师和第1空军野战师一部、2个独立营和党卫队“北方”骑兵团部分部队[56]。

1月19日午夜过后，屈希勒尔请求希特勒批准将他所说的被“8个苏军师”包围的“5个德军营”经诺夫哥罗德以西的沼泽后撤。虽然仍坚称诺夫哥罗德具有“特殊的象征意义”，但希特勒还是同意了屈希勒尔的请求，不过他要求屈希勒尔的部队必须坚守“军用公路”防线以东地域。15分钟后，希特勒批准后撤，但希望屈希勒尔保证能够守住“军用公路”防线。1月20日，屈希勒尔评估了态势，并告知OKW（德国国防军最高统帅部），在诺夫哥罗德和列宁格勒西南方遭受战术挫败是因缺乏预备队和防线过度拉伸所致。由于这些问题未得到解决，他要求将撤至“军用公路”防线作为全面后撤至“豹”防线的第一步，因为通过后撤腾出的3个师很快也将在激烈的战斗中消耗殆尽。[57]

历时7天的战斗中，科罗夫尼科夫集团军突破敌人强大的防御，解放了诺夫哥罗德，并向西推进20公里，将突破口扩大至50公里。行动期间，他们歼灭或重创了2个德军师、1个团、4个独立营和另外一些规模较小的部队，还抓获了3000名俘虏。苏方资料称，红军摧毁或缴获了182门火炮、120门迫击炮、263辆汽车、21辆拖车和28个补给物资仓库[58]。但德国人弃守的诺夫哥罗德几成废墟，2500座住房被摧毁2460座，大部分相关设施和教堂也被夷平，城内只剩50名居民，余者均被运往德国。

虽然戈沃罗夫和梅列茨科夫方面军成功粉碎了德国第18集团军两翼，并以从芬兰湾至伊尔门湖的一场全面攻势对该集团军构成威胁，但最高统帅部大本营仍对其进展不甚满意。大本营正式指出突击第2、第42和第59集团军作战行动中存在的一些缺点，并要求他们予以改正。这些问题中最严重的是：未实施机动绕过或包围敌支撑点、缺乏夜间战斗、对德军防御侦察不力、指挥和控制（特别是集团军和军一级）欠佳[59]。

尽管不太满意，但有个事实还是使大本营获得些许安慰：列宁格勒和沃尔霍夫方面军猛攻德国第18集团军之际，屈希勒尔的南翼面临着一场新的危机。红军在那里发起的新攻势，构成了破坏“北方”集团军群在列宁格勒地区整体防御的威胁[60]。屈希勒尔已于12月底命令在涅韦尔北面遭受攻击的布施第16集团军，开始撤往新索科利尼基以西的新防御。M.M.波波夫将军的波罗的海沿岸第2方面军发起追击，于1月7日到达德军新防线，又于1月12日以奇比索夫突击第3集团军和A.V.苏霍姆林中将指挥的近卫第10集团军发起进攻。两天后，波波夫又以V.A.尤什克维奇中将的第22集团军加强进攻。奇比索夫突击第3集团军向普斯托什卡发起的进攻失败后，波波夫将该集团军向西变更部署，扩大近卫第10集团军的战果。经过数日混乱而又激烈的战斗及数次变更部署，1月18日，第22集团军在列宁格勒—涅韦尔铁路线上夺得一片狭窄地段，1月20日，该集团军就地转入防御[61]。

虽然没能取得引人注目的胜利，但波罗的海沿岸第2方面军的突击牵制了德国第16集团军，使其无法增援在列宁格勒和诺夫哥罗德陷入困境的第18集团军。实际上，苏军的进攻还迫使屈希勒尔派两个保安师和第290步兵师主力驰援第16集团军[62]。对德军而言更糟糕的是，苏军通过夺取新索科利尼基—德诺铁路线，第22集团军切断了德国人的主要侧交通动脉，危及新索科利尼基和旧鲁萨地域的德军部队。这将成为屈希勒尔做出决定的重要因素，因为他很快会面临一场新的危机，第18和第16集团军的防御都将遭受到严重威胁。

列宁格勒方面军冲向卢加，1月20日—30日

“涅瓦河”行动（罗普沙进攻战役）和诺夫哥罗德进攻战役的消退阶段，戈沃罗夫和梅列茨科夫向大本营提交了继续进攻的修订计划。他们的新目标是歼灭德国第18集团军主力，彻底解放列宁格勒州整个南部。新计划要求列宁格勒方面军诸集团军夺取赤卫军城和托斯诺，沃尔霍夫方面军诸集团军夺取丘多沃，将德国第28和第38军包围并歼灭在姆加、托斯诺、柳班地域。若取得成功，这场联合行动将结束列宁格勒遭受的封锁，击败德国第18集团军，并肃清列宁格勒州南半部之敌。

戈沃罗夫命令马斯连尼科夫第42集团军夺取赤卫军城、普希金、斯卢茨

克和托斯诺，从而切断列宁格勒南面和东南面的德军，费久宁斯基突击第2集团军向南发起进攻，掩护马斯连尼科夫的右翼。梅列茨科夫计划继续攻往卢加，切断普希金—德诺和赤卫军城—卢加—普斯科夫铁路线，与戈沃罗夫的部队相配合，包围并歼灭姆加、柳班和丘多沃地域之敌。他命令科罗夫尼科夫第59集团军攻向卢加和奥列杰日，打击德国第38军并掩护方面军左翼。与此同时，罗金斯基第54集团军应夺取柳班，从北面包围德国第28军，5个游击团将配合他的进攻，并协助夺取奥列杰日、巴捷茨基、乌托尔戈什和希姆斯克。

两个方面军自1月21日恢复进攻，列宁格勒方面军突击第2和第42集团军攻向赤卫军城，沃尔霍夫方面军第59集团军攻向卢加。德国第18集团军第50军竭力据守赤卫军城周边防御时，1月21日晚些时候，屈希勒尔飞赴元首大本营，希望从希特勒处获得些机动自由。次日清晨，屈希勒尔告诉希特勒，除非批准他弃守普希金和斯卢茨克，否则，赤卫军城肯定会陷落。希特勒断然拒绝了屈希勒尔的请求，称："我反对一切后撤。无论我们在何处，都存在危机。谁也无法保证我们在'豹'防线就不会遭到突破。如果我们主动后撤，他们［俄国人］绝不会只以半数力量赶至那里。必须让他们在途中耗尽实力。战斗必须尽可能远离德国边境。"[63]屈希勒尔反驳说，若集团军群的实力太过虚弱，即便撤至"豹"防线，也无法实施有效防御。

但希特勒态度坚决。他把前线出现的缺口归咎于各集团军群司令官的利己主义，并坚称务必让俄国人为夺取每一寸土地付出最高的代价，他要求坚守"军用公路"防线，并把屈希勒尔打发回去。俯首听命的屈希勒尔将他的部队从姆加和锡尼亚维诺撤至"军用公路"防线，派第227步兵师和第225步兵师一部加强赤卫军城的防御。OKH显然比希特勒更担心恶化的态势，从"中央"集团军群抽调第12装甲师派给屈希勒尔，又以第16集团军辖下的第502重装营增援赤卫军城的防御[64]。

希特勒和屈希勒尔在元首大本营会晤时，1月21日晚些时候，列宁格勒方面军情报处发现德军从姆加和锡尼亚维诺部分撤离，戈沃罗夫立即命令斯维里多夫第67集团军发起追击，歼灭姆加地域的德军。虽然斯维里多夫的部队没能追上后撤中的德国人，但他们于1月21日17点收复了卢加。这个消息令列宁格勒军民欢欣鼓舞：

1月21日，星期五。姆加获得解放！莫斯科向列宁格勒和沃尔霍夫方面军辖内部队致敬，他们以祖国的名义解放了迄今为止鲜为人知的姆加车站。

列宁格勒军民期盼这一解放已太久！最后一列驶向列宁格勒的火车于1941年8月27日经过姆加。两天后的8月29日，列宁格勒的两列疏散列车经姆加向东而去。8月30日，姆加陷落，失去最后一条铁路线的列宁格勒处于岌岌可危的状况下。此后，我军多次试图解放姆加，并为此付出了高昂的代价，但未能成功。

姆加已被法西斯分子打造成一个强大的防御支撑点，但现在，她获得了自由。通往东面的直达铁路线畅通了！[65]

尽管斯维里多夫集团军取得成功，但苏军战后总结却批评V.K.帕拉姆津少将的步兵第118军反应迟缓，称该军先遣部队追击后撤之敌时“缓慢、犹豫不决”[66]。次日，戈沃罗夫命令斯维里多夫夺取托斯诺，肃清“军用公路”防线上的所有敌军。1月23日晨，林德曼将军终于承认了“军用公路”防线已无法据守的事实，他命令麾下部队开始从普希金和斯卢茨克疏散，并向OKH报告：“要么接受他的决定，要么派另一位将领接替他。”[67]可是，第18集团军辖内部队完成从姆加向南撤往“军用公路”防线时，苏军已在几个地段突破了这条防线。

德国人撤过“军用公路”防线的决定迫使戈沃罗夫和梅列茨科夫对他们的计划做出大幅度修改，以便发起一场总攻，并沿芬兰湾至伊尔门湖的整条战线展开追击。1月22日晨，他们把修改后的计划呈报最高统帅部大本营[68]。由于不再需要马斯连尼科夫第42集团军夺取托斯诺，戈沃罗夫遂命令费久宁斯基突击第2集团军和马斯连尼科夫集团军攻向金吉谢普和大萨布斯克，1月30日前前出至卢加河。与此同时，斯维里多夫第67集团军应向南、向西发起突击，歼灭普希金和托斯诺地域的德军部队，与右翼两个集团军保持同步。若取得成功，戈沃罗夫这场进攻将迫使德国人向南撤过卢加北面的森林、沼泽地带，直接落入梅列茨科夫从东面攻向卢加的部队之打击范围。深感不耐的大本营没有浪费时间，稍事修改后便于当日晚些时候批准了戈沃罗夫的计划[69]。

梅列茨科夫的计划为戈沃罗夫拟定的方案做出补充[70]。梅列茨科夫命令科罗夫尼科夫第59集团军夺取卢加，迄今为止只受领次要任务的斯塔里科夫第8

集团军负责夺取托斯诺，并肃清“军用公路”防线剩余地段的德军部队。尔后，斯塔里科夫将把麾下部队转隶罗金斯基第54集团军，并将领率机关迁至方面军左翼，接掌第59集团军进攻卢加的部分部队。夺取柳班后，罗金斯基第54集团军应协助攻克托斯诺和乌沙基（Ushaki），并向西南方发起攻击，支援斯维里多夫第67集团军，同时向东南方攻往奥列杰日，打击从丘多沃向西退却的德国第38军之左翼。1月22日，大本营批准了梅列茨科夫的计划，命令他于1月23日—24日前夺取柳班，1月29日—30日前攻克卢加[71]。

面对德军后卫部队娴熟的迟滞行动，1月21日，费久宁斯基突击第2集团军发起追击。由于麾下各级指挥员经常对德军支撑点发起正面突击，完全不懂得如何实施机动，费久宁斯基对这场追击行动深感不满，发出一连串申斥，力图纠正错误，激励麾下部队奋起直追。例如，他在1月23日一道措辞严厉的训令中写道：

你们没有完成1944年1月23日的任务。尽管我一再下达命令，可集团军辖内兵团仍在已遭受重创的敌军部队前方原地踏步，未遭受严重伤亡，但也没有取得决定性战果。一如既往，各军级指挥员行动迟缓，作战指挥不力，没有指挥各军实施机动并果断向前推进。以小股力量掩护部队后撤的敌军，正利用我们的迟缓，将其主力从赤卫军城和叶利扎韦季诺（Elizavetino）撤往南面和西南面。[72]

马斯连尼科夫第42集团军也遇到许多同样的问题，他也对麾下指挥员们发出类似的申斥，例如，他在2月22日①晨严厉批评道：

1. 基本上，各步兵军指挥员没有以火力或预备队左右战斗进程。他们显然以令人无法接受的方式对军属各兵团加以指挥控制……

2. 大部分火炮和迫击炮没有参加战斗，甚至未投入部署，而是以行军队

① 译注：疑为1月22日。

形排列在道路上。因此，各步兵军指挥员仅以步兵遂行受领的任务，这一点令人无法容忍。[73]

尽管对存在的问题大加斥责，但马斯连尼科夫还是于1月22日13点命令集团军主力突击群，在实施15分钟炮火急袭后，对赤卫军城周围的德军防御发起进攻。此时，德国第50军正以第11、第170步兵师和第126、第61、第215、第225步兵师部分力量扼守赤卫军城，以第215步兵师和第24步兵师一部据守普希金和斯卢茨克。德军的重型火炮部署在赤卫军城东南方，第12装甲师和第502重装营正在该镇南面和西南面集结[74]。

阿尼西莫夫少将的步兵第123军，以及刚刚从方面军预备队投入战斗的V.A.特鲁巴切夫少将步兵第117军，向赤卫军镇发起进攻，哈佐夫步兵第110军冲向东南方，打算从西面包围普希金和斯卢茨克。截至1月23日晚些时候，马斯连尼科夫的部队从三个方向包围了普希金和斯卢茨克的德国守军，但他们无法将德军驱离赤卫军城支撑点。尽管如此，列宁格勒战时日记还是欢欣鼓舞地描述了进攻行动取得的进展：

1月23日，星期日。我军对金吉谢普的进攻正跨过一条宽大战线向前发展。我方部队从三个方向包围了据守普希金和巴甫洛夫卡地域的敌集团。沃尔霍夫方面军辖内部队攻向托斯诺、柳班和丘多沃。科尔皮诺不再是位于前线的城镇。可是，敌人的一发炮弹在伊若尔斯克厂内炸开，可能是落下的8942发炮弹中的最后一枚。

1月24日，星期一。I.V.哈佐夫中将步兵第110军的进攻目标是巴甫洛夫卡，该军绕过普希金。据守普希金的敌人已陷入半包围。希特勒分子无法承受我方部队从前方和后方同时发起的进攻。很快，普希金、巴甫洛夫卡和另外40多个居民点获得解放。

获得解放……这句话真令人欢欣鼓舞！可我们为此付出了多少令人难以置信的痛苦，多少鲜血，多少勇气和无私精神啊！

前线离列宁格勒越来越远。轰鸣的炮火已无法触及列宁格勒。由于“炮击期间街道这一侧最为危险”而张贴在建筑物外墙上的禁止通行标志已成历史。[75]

东面，斯维里多夫第67集团军攻占姆加，但没能夺取乌利亚诺夫卡、托斯诺和“军用公路”防线位于两镇之间的地段。沮丧的戈沃罗夫申斥他的集团军和军级指挥员们行动太过迟缓，指挥控制不力，采取的线性战术不切实际。

德军指挥层也出现了相互指责的现象，屈希勒尔责怪林德曼12月底对苏军预备力量的评估错误百出，林德曼承认犯了些“错误”[76]。在这番交流期间，一个个坏消息令这些德军高级指挥官们不知所措，俄国人到达赤卫军城郊区，他们已冲过卢加东南方的卢加河河曲部。虽然林德曼试图投入后方梯队加强防线，但1月24日日终时，他勉强承认他的右翼已与第16集团军失去联系，赤卫军城也将在24小时内陷落。当晚，屈希勒尔再次请求希特勒批准至少将部队撤至卢加防线，但蔡茨勒冷淡地告诉屈希勒尔，希特勒的命令是坚守角柱，部队必须战至最后一人。由于目前无计可施，蔡茨勒建议集团军群司令部在短时间内“稍稍无情些”[77]。

1月24日，费久宁斯基突击第2集团军辖内部队继续沿赤卫军城—金吉谢普铁路线推进，但面对德军的坚决抵抗，他们取得的进展微不足道。当天，戈沃罗夫对其部队加以调整，从费久宁斯基突击第2集团军抽调季霍诺夫步兵第108军，用以加强马斯连尼科夫第42集团军，并把哈佐夫步兵第110军从第42集团军调至斯维里多夫第67集团军。接下来两天里，在费久宁斯基右翼遂行突击的安德烈耶夫步兵第43军和阿尔费罗夫步兵第109军向前推进16公里，在费久宁斯基左翼行动的宰采夫步兵第122军和季霍诺夫步兵第108军夺得叶利扎韦季诺，切断了赤卫军城—金吉谢普铁路线。到达铁路线后，1月27日，费久宁斯基集团军转向西面，开始向金吉谢普追击德国第26军。当日晚些时候，他把宰采夫步兵第122军转隶马斯连尼科夫第42集团军。

周边防御土崩瓦解之际，1月27日，屈希勒尔在希特勒的要求下在东普鲁士柯尼斯堡出席国社党领导人会议。希特勒发表演讲，激励众人对事业保持信心，以此作为赢得最终胜利的保证，其间，屈希勒尔再次告诉希特勒，如果不批准实施一场全面后撤将会导致怎样的危险局面。希特勒断然禁止实施任何主动后撤，并保留下达撤退令的权力。第二天，屈希勒尔告诉与会者，第18集团军伤亡4万人，辖内部队已付诸全力。希特勒刻薄地做出回应，称屈希勒尔的说法“并不完全正确”[78]。希特勒补充道，他听说集团军群并未怀着坚定信念在各处从事战斗。身心俱疲的屈希勒尔一无所获地返回了司令部。他知道自己的部队必须后撤，但这位屈从于元首淫威的指挥官对部下们所能说的，却只是要展示出更大的决心，并发起进攻——可用什么发起进攻，没人知道。

屈希勒尔显然已无能为力，他的参谋长埃伯哈德·金策尔中将决定自行其是，并告诉林德曼的参谋长时机已到。撤退令必须下达，但希特勒禁止集团军群下达这种命令。因此，第18集团军应根据口头而非书面命令采取行动。金策尔负责对总参谋部隐瞒集团军的行动[79]。1月29日，金策尔说服屈希勒尔，至少向希特勒报告第18集团军已分成三块，无法据守卢加河前方的任何防线。

按照金策尔的计划，林德曼于1月27日晚至28日凌晨开始撤离其主力，留下后卫部队掩护后撤行动。各团各营留下营、连级后卫力量，在炮兵和坦克的支援下，沿各条道路和各座村庄实施迟滞行动。德国人炸毁了撤离地域内的所有桥梁，并在道路上埋设了地雷。德军后卫部队最激烈的抵抗发生在第18集团军左翼，沿着通往金吉谢普的铁路线展开[80]。

趁德军后撤之际，1月27日，费久宁斯基辖内部队加快追击步伐，以每日10~15公里的速度向前推进，30日到达卢加河，并在河流南岸夺得几座小型登陆场。与此同时，面对敌人日趋衰弱的抵抗，马斯连尼科夫第42集团军的阿尼西莫夫步兵第123军和特鲁巴切夫步兵第117军将德军逐往赤卫军城。马斯连尼科夫左翼，哈佐夫步兵第110军和第79筑垒地域夺得普希金和斯卢茨克，还在安特罗普希诺车站（Antropshino）缴获一列载有德军坦克的火车。林德曼随后将部队从赤卫军城调往西面，力图保持通往金吉谢普的后撤路线畅通。

赤卫军城争夺战开始于1月25日晨，10分钟炮火急袭后，马斯连尼科夫第42集团军的突击部队对德军防御发起冲击。德军第126、第225、第9空军野战师的战斗群和第11、第215步兵师守卫着德军支撑点的接近地[81]。日终前，季霍诺夫步兵第108军和普罗岑科坦克第220旅取得5公里进展，切断了赤卫军城西面的铁路线，但遭遇到德军1个步兵营，该营配有15门反坦克炮和1个虎式装甲连，导致苏军的推进戛然而止。列宁格勒战时日记记录下了这场激烈的战斗：

*1月25日，星期二。*激战中，我方部队攻往赤卫军城。据守在那里的希特勒分子遭到东西两面的包围。战火在镇郊肆虐……

通过德军第11步兵师第11工兵营一名排长的交待，不难判断据守赤卫军城的德国人作何感受：“1月25日晨，俄国人对我们的侧翼发起强有力的进攻。组织一场有计划防御的企图失败了。士兵们开始四散奔逃。我想把部下们召集起来，可没人听我的。他们都惊慌失措地逃窜了，就剩我一个。”[82]

变更部署后，季霍诺夫的部队恢复进攻，一路杀入镇子西北部，特鲁巴切夫步兵第117军辖下A.V.巴特卢克上校的步兵第120师从北面而来，突入镇子东北部。经过一场彻夜战斗，巴特卢克的部队于次日上午10点攻克赤卫军城：

1月26日，星期三。赤卫军城争夺战彻夜未停。守卫该镇的敌第11步兵师已被歼灭。11点，A.V.巴特卢克上校的步兵第120师，与F.A.布尔米斯特罗夫上校的步兵第224师和另一些部队相配合，彻底肃清了赤卫军城的侵占者。

解放赤卫军城并非当日唯一值得欢庆的胜利。我方部队还将敌人逐出了托斯诺，并前出至诺夫哥罗德西北方的十月铁路线和诺夫哥罗德以西的列宁格勒—德诺铁路线。[83]

接下来几天，德军的抵抗越来越弱，马斯连尼科夫集团军继续推进，夺得德国人设在沃洛索沃至关重要的补给基地，而德军实施了娴熟的迟滞行动。向前推进50公里后，1月30日，马斯连尼科夫的先遣部队到达卢加河，并在南岸夺得数座登陆场。与此同时，戈沃罗夫再次调整部队。1月27日16点，他把宰采夫步兵第122军从突击第2集团军调至第42集团军，将特鲁巴切夫步兵第117军从第42集团军调至第67集团军[84]。

费久宁斯基和马斯连尼科夫集团军从北面冲向卢加河时，在戈沃罗夫列宁格勒方面军左翼，面对德军的顽强抵抗，斯维里多夫第67集团军攻向普希金、斯卢茨克和托斯诺。帕拉姆津步兵第118军于1月24日晚些时候夺得乌利亚诺夫卡，而哈佐夫的步兵第110军夺取普希金和斯卢茨克后，前出至伊若拉河。可是，斯维里多夫在这里暂时停止了前进，浪费了围歼德国第54军的绝佳良机，该军目前仍盘踞在斯卢茨克东南方。德国人加快了向南撤退的速度，第67集团军这才继续前进，于1月25日—26日夺得托斯诺和曾经强大的“军用公路”防线的西部。

1月26日晚些时候，戈沃罗夫再次批评他的集团军司令员们追击缓慢，同时对辖内部队加以调整，并下达了新命令。戈沃罗夫和苏军战后总结都批评斯维里多夫集团军，“由于指挥控制欠佳，未能履行方面军司令员歼灭普希金、斯卢茨克、乌利亚诺夫卡、托斯诺地域之敌，并于1月26日前到达维里察（Vyritsa）—利希诺科尔普斯（Lisino–Korpus）一线的命令。”[85]1月26日晚，戈沃罗夫再度提醒几位集团军司令员：“尽管敌人已没有连贯的防线，其指挥控制也已支离破碎，但我们几个集团军的行动依然异常缓慢。敌人没有被围歼，而是继续后撤。各集团军正在重复先前指出过的同样错误。”[86]申斥完斯维里多夫，并把特鲁巴切夫步兵第117军从第42集团军调至第67集团军后，戈沃罗夫将A.N.阿斯塔宁中将的步兵第116军和P.S.费杰罗夫上校的步兵第13师调离斯维里多夫集团军，转入方面军预备队。

戈沃罗夫将修订后的命令发给斯维里多夫，要求他的集团军攻向锡韦尔斯基和卢加，掩护第42集团军右翼，并协助东南方沃尔霍夫方面军辖内部队在柳班、丘多沃地域歼灭德国第28和第38军。斯维里多夫集团军于1月27日恢复追击，但特鲁巴切夫步兵第117军立即在赤卫军城东南方遭到激烈抵抗，德国第50军和第12装甲师在那里掩护第54、第26和第28军撤离斯卢茨克、托斯诺、柳班地域。

东面，哈佐夫步兵第110军和帕拉姆津步兵第118军于1月28日夺得维里察、考什塔（Kaushta）和利希诺科尔普斯这几个指定目标，1月29日获得第14筑垒地域接替后，帕拉姆津步兵军在普希金转入方面军预备队。尽管极为困难，但哈佐夫和特鲁巴切夫步兵军最终打垮了德军的顽强抵抗，1月30日晚些时候又夺得锡韦尔斯基。由于这两个军刚刚转隶第67集团军，辖内部队的指挥控制、与集团军司令部的协同较差。经验丰富的德军第12装甲师和第50、第54军第212、第126、第11步兵师残部，在赤卫军城东南方至锡韦尔斯基一线占据防御阵地，苏军经过3天激战才把他们逐出城镇[87]。

尽管战斗激烈，红军进展缓慢，但戈沃罗夫的3个集团军还是于1月30日前到达西起卢加河、东至锡韦尔斯基以南一线。此时，德国第18集团军左翼和中央已全线后撤，南面80公里处至关重要的卢加镇进入戈沃罗夫的视线。但是，戈沃罗夫赶至这个诱人的目标，并在此过程中困住德国第18集团军主力的愿景，很大程度上取决于东面梅列茨科夫辖内部队的进展。不过，戈沃罗夫和最高统帅部大本营都未对梅列茨科夫部队的进展抱以厚望。

沃尔霍夫方面军攻向卢加，1月20日—30日

戈沃罗夫诸集团军向西南方攻往金吉谢普、向南冲向卢加之际，梅列茨科夫的3个集团军也从东面和东北面奔卢加而去。1月21日晨，斯塔里科夫第8集团军对后撤中的德国第26军发起追击，与第67集团军在姆加会合，1月24日晚些时候逼近托斯诺和“军用公路”防线的乌沙基地段。可是，德军一个步兵师导致该集团军主力部队的推进在姆加河迟滞了数小时。斯塔里科夫的参谋人员不知道的是，德国第26军一直沿姆加河设防的、经验丰富的第227步兵师已调往赤卫军城，只剩第212步兵师的7750人据守该军整个防区。斯塔里科夫的2个步兵师又1个步兵旅，兵力只有13167人，无法打垮据守强大防御的德军师[88]。这个机会白白错失后，1月24日晚至25日凌晨，斯塔里科夫把他的部队和防区转交第54集团军，并将集团军领率机关迁至方面军左翼，又于1月26日在那里接手指挥第59集团军左翼部队。

斯塔里科夫左侧，斯梅尔德尼亚与斯帕斯卡亚波利斯季之间，罗金斯基第54集团军1月20日前的战果乏善可陈，面对敌人的顽强抵抗，只取得3～5公里进展。第54集团军当面之敌是德国第28军第121和第21步兵师、西班牙志愿者军团和党卫队“警察”师、第12和第13空军野战师战斗群。1月20日晚至21日凌晨，第28军开始后撤其左翼，将党卫队“警察”师派往南面抗击苏军第59集团军，而第21步兵师和第13空军野战师继续在丘多沃附近沿沃尔霍夫河设防，与第54集团军左翼对峙[89]。接下来4天，罗金斯基的右翼部队向南朝柳班推进20公里，但遭到德军沿“军用公路”防线的顽强抗击。

为对付德军日益增强的抵抗，1月25日，梅列茨科夫将斯塔里科夫第8集团军的大部分兵力重新编为新组建的步兵第119军，由F.K.费季索夫少将指挥，并把该军交给罗金斯基集团军。当日夜间，罗金斯基获得加强的集团军恢复推进，一举夺取托斯诺和乌沙基，前出至柳班东南方铁路线。次日，林德曼将西班牙志愿者军团从柳班撤至卢加，并命令已遭到三个方向包围的第121步

兵师弃守柳班。1月29日收复丘多沃后，罗金斯基的部队控制了整个十月铁路线，这是莫斯科与列宁格勒之间的主要交通联结。德国第28军担心柳班和丘多沃失守后遭苏军包围，故而在苏军第54集团军追击下加快了撤往卢加的速度。这是个明智之举，因为第54与第59集团军成功会合后，原本可把德国第28和第38军包围在卢加东北方。

值此关键时刻，科罗夫尼科夫仍在沃尔霍夫河西面苦战的第59集团军，对德国第28和第38军构成最大的威胁，但前提是该集团军到达卢加，并切断两个德国军的后撤路线。夺取诺夫哥罗德并变更部署后，科罗夫尼科夫于1月21日恢复进攻，在大批工程兵支援下穿越困难的地形。第59集团军的任务是抢在德军援兵赶到前突破德军第二道防御地带，夺取巴捷茨基，从东面前出至卢加。为协助克服复杂地形，穿越卢加以东缺乏道路、遍布密林和沼泽的整片地带，科罗夫尼科夫为步兵第6、第7、第112军提供了大量工程兵援助[90]。

根据梅列茨科夫发给科罗夫尼科夫的新指示，米库利斯基步兵第6军将向西穿过巴捷茨基攻向卢加，右侧获得索洛维耶夫步兵第112军支援。部署在科罗夫尼科夫左翼的阿尔秋申科步兵第14军，将向西南方攻往希姆斯克。原先部署在第二梯队的帕宁步兵第7军，将填补步兵第6与第14军之间的缺口，并朝卢加东南方列宁格勒—德诺铁路线上的佩列多利斯卡亚车站（Peredol'skaia）发展胜利。梅列茨科夫提醒科罗夫尼科夫，他的部队必须果断推进，方能切断并歼灭正从托斯诺、柳班、丘多沃和诺夫哥罗德地域后撤的两个德国军。可是，尽管梅列茨科夫一再命令，科罗夫尼科夫的推进还是迅速陷入僵局。

之所以发生这种状况，是因为屈希勒尔清楚自己面临的危险，便迅速从集团军群其他地段抽调一些战斗群，加强了布施第16集团军与林德曼第18集团军结合部的防御。例如，1月21日日终前，"舒尔特"战斗群扼守斯帕斯卡亚波利斯季至塔季诺车站这段防区，并掩护菲涅夫卢格方向，第28军正沿该方向撤离柳班—丘多沃地域。"舒尔特"战斗群编有党卫队第2旅、第28猎兵师和第24、第121、第21步兵师残部。"舒尔特"战斗群右侧，从扎波利耶（Zapol'e）至瓦什科沃（Vashkovo），由第1空军野战师和党卫队"北方"骑兵团一部组成的"施佩特"战斗群据守着沼泽地之间的隘路。第8猎兵师守卫着伊佐里（Izori）至连季耶沃（Lent'evo）的防区，第290步兵师和党卫队"北方"骑兵团主力组成的“福伊古特”战斗群沿诺夫哥罗德至希姆斯克的铁路线设防[91]。

梅列茨科夫认为，这些德军援兵很可能实力虚弱且残破不全，若果断采取行动，科罗夫尼科夫第59集团军应该能够轻松克服德军防御。可是，米库利斯基的步兵第6军，虽然仍获得巴恰卡什维利坦克第29旅支援，却未能做到这一点。相反，该军的推进在1月24日发生严重动摇，进展微乎其微。苏军战后总结称，由于先前从事的战斗，步兵第6军已疲惫不堪，实力严重不足，为其提供支援的坦克第29旅只有8辆可用的坦克，而且，米库利斯基部队奉命在化冻条件下突破敌人预有准备的防御[92]。更糟糕的是，帕宁的新锐步兵第7军未沿巴捷茨基方向投入，科罗夫尼科夫命令该军向南攻往希姆斯克和佩列多利斯卡亚车站，这个决定使他的集团军过度拉伸，最终导致卢加方向的进展极其缓慢。

之后，科罗夫尼科夫的进军演变为困难地形条件下的一场混战，部队在齐腰深的水中向前跋涉，提供支援的坦克和炮兵远远落在后面。越来越烦躁的梅列茨科夫要求科罗夫尼科夫集中兵力，务必于1月29日—30日前夺取卢加，尽管梅列茨科夫一再督促，但米库利斯基步兵第6军沿巴捷茨基—卢加铁路线激战4天，几乎未取得任何进展。梅列茨科夫为第59集团军的缓慢推进严厉申斥科罗夫尼科夫，称步兵第112和第6军没能正确实施机动，几乎未使用他们的滑雪营，不注意实施充分的侦察，遭遇德军支撑点时，经常付诸于正面突击。投入第二梯队后，1月26日晚些时候，米库利斯基步兵军终于突破德国人的第二道防线并到达卢加河[93]。

米库利斯基步兵军以蜗牛般的速度赶往卢加时，第59集团军左翼的步兵第7和第14军取得的进展显然更大些。科罗夫尼科夫赋予帕宁步兵第7军的任务是在步兵第6与第14军之间发起进攻，突破德军防御，夺取佩列多利斯卡亚车站，从而切断卢加与希姆斯克之间的德军交通线。在B.I.什内杰尔少将近卫坦克第7旅（该旅刚刚从方面军预备队投入战斗）的支援下，帕宁步兵军辖下A.G.科济耶夫上校的步兵第256师迅速穿过沼泽地，于1月27日晚些时候到达佩列多利斯卡亚车站郊区。整个推进期间，科济耶夫的部队与附近的游击第5旅进行了密切协同。

与此同时，科济耶夫左侧，P.N.切尔内舍夫少将的步兵第382师从德军第8猎兵师手中夺得梅德韦季（Medved'），切断了卢加—希姆斯克公路。南面，阿尔秋申科的步兵第14军和乌尔瓦诺夫的坦克第16旅肃清了伊尔门湖西岸之敌，于1月26日晚些时候到达希姆斯克郊区。此时，帕宁步兵军已突破德国人的整个第二防御地带，在5天内向西、西南方推进35公里，并构成在佩列多利斯卡亚地域切断列宁格勒—德诺铁路线的威胁。

梅列茨科夫没有料到南面会取得如此深远的进展，他立即派第150筑垒地域接防希姆斯克地段，命令阿尔秋申科步兵第14军转向东北方，部署至米库利斯基右翼，加强步兵第6军对卢加的突击。为解决越来越复杂的指挥控制难题，梅列茨科夫命令斯塔里科夫第8集团军接管第59集团军左翼和方面军左翼的所有部队[94]。根据这一新配置，斯塔里科夫集团军编有步兵第7、第14军、近卫坦克第7、坦克第122、第16旅和第150筑垒地域。因此，第59集团军1月27日恢复对卢加的进攻时，只编有步兵第6、第112军和坦克第29旅。

戈沃罗夫①命令科罗夫尼科夫夺取巴捷茨基和北面的奥列杰日，尔后攻克卢加，不得迟于1月29日—30日。他又命令卢基亚诺夫步兵第2师为其右翼提供掩护。与此同时，科罗夫尼科夫左侧，斯塔里科夫第8集团军负责夺取佩列多利斯卡亚车站、乌托尔戈什和普柳萨，从南面和东南面包围卢加，与第59集团军的突击相配合，夺取卢加。虽然斯塔里科夫第8集团军变更部署的目的是大幅度缩短第59集团军的战线，并缓解指挥控制问题，但此举并未取得成效。

1月27日，科罗夫尼科夫恢复进攻，米库利斯基步兵第6军在卢加河对岸夺得一座小型登陆场，但随后在巴捷茨基东面彻底停滞不前。与此同时，在3天的激战中，索洛维耶夫步兵第112军杀开血路渡过卢加河，1月30日时距离奥列杰日已不到18公里。可是，在索洛维耶夫右侧推进的卢基亚诺夫步兵第2师却没有足够的力量跟上这一前进步伐。由于缺乏预备力量来加强该师，科罗夫尼科夫使德国第28军得以逃离丘多沃地域。不过，苏军步兵第112军仍有可能堵住德军的后撤，前提是索洛维耶夫军及时夺取奥列杰日，这是因为游击队已将附近铁路线炸毁，德国第28军后撤时不得不使用奥列杰日—卢加公路[95]。

科罗夫尼科夫未能到达并夺取卢加，这就意味着进军卢加的成败现在取

---

① 译注：应为梅列茨科夫。

决于斯塔里科夫的第8集团军。可是，遂行梅列茨科夫赋予的任务前，斯塔里科夫必须夺取佩列多利斯卡亚车站，这不是一项轻而易举的任务。虽然帕宁的步兵第7军和游击第5旅已于1月27日晨夺得佩列多利斯卡亚车站，但德国人随即投入新锐预备队，激战中，车站三易其手。德国人首先投入第285保安师，尔后又把第12装甲师一部投入佩列多利斯卡亚车站的战斗，迫使斯塔里科夫将所有预备力量投入其中[96]。更要命的是，米库利斯基步兵第6军远远落在后面，导致帕宁步兵第7军不得不守卫自己过度拉伸的右翼，这就削弱了他进攻佩列多利斯卡亚车站的力量。虽然帕宁军设法于1月30日向西推进数公里，并将列宁格勒—德诺铁路线切断，但斯塔里科夫集团军未能完成其主要任务，卢加仍牢牢掌握在德国人手中。

由于第59和第8集团军向卢加的推进太过缓慢，对切断并歼灭卢加北面和东面所有德军部队的整体计划产生严重影响，最高统帅部大本营因而要求梅列茨科夫的部队务必在1月30日—31日前切断卢加南面的铁路、公路线。为此，1月29日24点，大本营给梅列茨科夫下达了一道指令：

位于列宁格勒方面军左翼、沃尔霍夫方面军右翼前方的敌集团，正撤往卢加和普斯科夫。同时，沃尔霍夫方面军主力突击群沿卢加方向实施的进攻进展缓慢，大本营提出的1月29日—30日攻克卢加的要求未得到履行。

最高统帅部大本营特此命令：

1. 指挥方面军主力尽快夺取卢加。各快速部队务必于1月30日—31日前切断卢加南面的铁路、公路线。方面军左翼部队应沿乌托尔戈什和希姆斯克一线构设牢固防御，掩护主力部队进攻卢加。

2. 攻克卢加后，预计会从卢加和希姆斯克地域向普斯科夫发起一场进攻。

3. 汇报所下达的所有命令。

I.斯大林、A.安东诺夫[97]

没过几个小时，大本营又给梅列茨科夫发去一道命令："不要卷入争夺希姆斯克和索利齐的战斗，这不是你们的主要任务。掩护该方向即可。你们的主要任务是尽快夺取卢加。攻克卢加后便可沿两个方向攻往普斯科夫。"[98]

大本营随后以1.5万名补充兵和130辆坦克加强梅列茨科夫方面军。尽管获得加强，但梅列茨科夫的部队还是没能完成新任务。红军总参谋部后来把梅列茨科夫的失败归咎于该方面军未能集中兵力、地形和气候条件太糟糕、补给线过度拉伸、由于气候恶劣导致有效空中支援不足、炮兵无法跟上步兵、坦克损失过大。这方面的一个例子是，梅列茨科夫提供支援的4个坦克旅和4个自行炮兵团，至2月2日时只有19辆坦克和4辆自行火炮可用，7个独立坦克团和5个独立坦克营的情况也差不多[99]。

戈沃罗夫和梅列茨科夫的部队竭力攻往金吉谢普和卢加时，波波夫的波罗的海沿岸第2方面军正准备对据守在“北方”集团军群右翼的第16集团军发起一场新攻势，以支援北面梅列茨科夫的突击。1月中旬对新索科利尼基北面和西面的进攻中止后，波波夫重新部署了他的部队，准备发起一场新攻势。他把近卫第10集团军调至新索科利尼基西南方的新阵地，准备以近卫第6、第10集团军和第22集团军一部实施进攻[100]。可是，德国第16集团军发现了苏军的进攻准备，于1月30日撤离新索科利尼基，在西北方占据新防御。第22和近卫第10集团军发起追击，但在德军新防御阵地前停下脚步。波罗的海沿岸第2方面军不甚积极、虚弱无力的追击使第16集团军得以向第18集团军右翼调派援兵，协助阻止苏军第8、第59集团军向卢加推进。这些援兵包括第8猎兵师、第21空军野战师一部、第32和第132步兵师的两个营、第303突击炮营和第58步兵师，这些部队都调自第16集团军右翼[101]。

1月27日的列宁格勒战时日记正式地庆祝了列宁格勒获得彻底解放：

1月27日，星期四。列宁格勒已从敌人的封锁中彻底解放出来！

敌人沿整条战线被击退65～100公里。

莫斯科向列宁格勒的伟大胜利致敬。列宁格勒军事委员会，而不是最高统帅部，签署了关于致敬的命令……

20点，5天前还有敌军炮弹落入街道的城内，324门火炮鸣放24响礼炮。尽管仍在执行灯火管制纪律，但空中闪耀着焰火礼花。

列宁格勒礼炮的轰鸣唤出全世界数百万人内心的喜悦。

英文版《红星报》指出：“所有自由的人和所有被希特勒分子奴役的人

都知道，消灭列宁格勒周围的德国军队为削弱纳粹力量发挥了怎样的作用。长期以来，列宁格勒已成为这场战争的英雄城市之一。列宁格勒的战斗给德国人发出警告，让他们意识到自己只是巴黎、布鲁塞尔、阿姆斯特丹、华沙、奥斯陆的临时主人。”

《纽约时报》写道：“列宁格勒军民在如此漫长的时期内展现出非凡的耐力，这几乎是史无前例的。他们的功绩将作为他们自己的英雄神话永载史册……列宁格勒体现了俄罗斯民族的无畏精神。”[102]

在两个多星期的激烈战斗中，戈沃罗夫和梅列茨科夫的部队，沿芬兰湾至伊尔门湖的整条战线突破德军防御，给德国第18集团军造成一场严重挫败。与此同时，他们将德军向列宁格勒南面和西南面逼退100公里，迫使对方从诺夫哥罗德向西退却80公里，并肃清了盘踞在莫斯科与列宁格勒之间主铁路线上的德军部队。但是，梅列茨科夫的部队未能在1月30日前夺取卢加，因此，林德曼得以将第50、第54、第26军相对完整地撤离列宁格勒和姆加地域，并把第28和第38军平安撤出丘多沃、柳班、诺夫哥罗德地域。虽然屈希勒尔成功设立起一道新防线，掩护卢加和通往普斯科夫至关重要的后撤路线，但红军彻底打破了列宁格勒遭受的封锁，并使整个第18集团军处于危险态势下。

罗普沙、诺夫哥罗德进攻战役和向卢加发起初步推进期间，红军完成了几项值得注意的壮举。首先，他们将突击第2集团军悄然调入奥拉宁包姆登陆场，没有引起德国人的注意。尔后，他们在相隔200公里处同时发起进攻，打击德国第18集团军两翼，彻底粉碎了林德曼位于列宁格勒城以南的防御。这些战役的初始阶段，红军在一条400公里长的战线上发起两场进攻，16天内向前推进100公里，平均速度为每天6.2公里。各突击群集中在战线10%～12%的地段实施突破，两个方面军还使用了第二梯队和预备队，并频繁变更部署，以便在战役纵深维持进攻势头。

戈沃罗夫和梅列茨科夫的进攻虽然实现了他们的初步目标，但战役进行得相当艰难，他们没能完成最终目标。他们的部队受到各种问题的困扰，妨碍了红军在该地域的进攻行动。尽管防御能力出众，但戈沃罗夫和梅列茨科夫的部队都对实施纵深突击行动不太习惯。他们从以往的失败中学到许多经验教训，这使他们能够发起一场成功的突破行动；但是，达成突破后，各级指挥员发现，组织恰当的指挥控制，组织步兵、炮兵、坦克兵、工兵间的协同和足够的后勤支援非常困难。公平地说，许多困难源自戈沃罗夫和梅列茨科夫为进攻行动故意选择的困难地形和恶劣的气候条件。

总而言之，尽管进展缓慢，红军的进攻还是给德国“北方”集团军群第18集团军套上了绞索。在过去两年多时间里，红军的进攻大潮多次被德国人的防御成功抵御，但到1944年1月，这股洪流终于冲破了他们的防御，并将他们彻底席卷。鉴于“北方”集团军群随后遭受破坏的程度，该集团军群不太可能阻挡住这股越来越猛烈的红潮。苏军最高统帅部也不会给屈希勒尔和林德曼任何时间来考虑这种前景。戈沃罗夫和梅列茨科夫的部队未做任何停顿，1月31日恢复进攻，苏军最高统帅部大本营的意图是将德军驱离列宁格勒州，进入波罗的海诸国。

本章原注

1. 普拉东诺夫，《列宁格勒战役，1941年—1944年》，第291页。

2.《东线外军处，敌我力量对比》。

3. 相关指令可参阅：佐洛塔廖夫，《伟大卫国战争中的总参谋部：1942年的文献资料》，第414、第449—450页。

4. 1943年3月，S.V.罗金斯基中将接替苏霍姆林担任第54集团军司令员。

5. 波罗的海沿岸第2方面军的前身是波罗的海沿岸方面军，10月1日以原布良斯克方面军改编而成，部署在西北方面军与加里宁方面军之间。1943年10月16日，大本营下令波罗的海沿岸方面军改称波罗的海沿岸第2方面军，加里宁方面军改为波罗的海沿岸第1方面军，10月20日生效。11月15日，大本营撤销西北方面军，11月26日生效，方面军防区和突击第1集团军防区转隶波罗的海沿岸第2方面军。参见：佐洛塔廖夫，《最高统帅部大本营：1943》，第214、第225、第236—237页。

6. 克里沃舍夫，《揭秘：苏联武装力量在战争、作战行动和军事冲突中的损失》，第199页。

7. 德军的部署可参阅：《"北方"集团军群对苏战役》，1943年12月31日的地图和报告。1944年1月1日后的变更，可参阅：《"北方"集团军群辖内部队态势图，1944年1月至7月的作战日志》，"北方"集团军群，85540号，国家档案馆微缩胶片，序列号T-311。

8. 普拉东诺夫，《列宁格勒战役，1941年—1944年》，第295页。

9.《东线外军处，敌我力量对比》，考虑到自1943年10月14日部队的后撤。

10. 德军筑垒工事、支撑点、防御枢纽和防线的图示，可参阅："第18集团军作战地带的后方阵地，截至1943年12月31日"，收录在《"北方"集团军群对苏战役》。

11. 普拉东诺夫，《列宁格勒战役，1941年—1944年》，第296页。

12. 德军的策划详情可参阅：齐姆克，《从斯大林格勒到柏林：德国在东线的失败》，第248—251页。

13. 普拉东诺夫，《列宁格勒战役，1941年—1944年》，第299—300页。

14. "致列宁格勒、沃尔霍夫、西北方面军司令员，关于在敌人后撤的情况下对其发起追击的命令"，收录在：佐洛塔廖夫，《伟大卫国战争中的总参谋部：1942年的文献资料》，第348页。

15. 同上，第371页。

16. 当时，最高统帅部大本营正在白俄罗斯和乌克兰同时实施进攻行动，可调用的援兵较少。不过，大本营还是为沃尔霍夫方面军调派了额外的远程航空兵力量和1个自行炮兵团，为列宁格勒方面军调拨了4个自行炮兵团、坦克预备队和1个突击工程工兵旅。

17. 布罗夫，《日复一日的封锁》，第408—409页。

18. 列宁格勒方面军的策划详情，可参阅：普拉东诺夫，《列宁格勒战役，1941年—1944年》，第302—303页。

19. 1943年年底，为改善指挥控制，红军重新引入军指挥部，以此作为集团军与辖内各师之间的主要指挥层级。此时，大多数集团军编有2～4个步兵军。由于大部分步兵师的兵力从3000至6000人不等，步兵军一般编有3个步兵师，其实力相当于1个加强编制步兵师，或德国、美国、英国1个标准满编步兵师。

20. 普拉东诺夫，《列宁格勒战役，1941年—1944年》，第305—306页。

21. 突击第2集团军变更部署和作战行动的详情，可参阅：V.A.库兹涅佐夫主编，《列宁格勒战役中的突击第2集团军》，列宁格勒：列宁出版社，1983年；A.拉基茨基，《进攻列宁格勒》，VIZh，第1期（1974年1月），第26—36页。

22. 普拉东诺夫，《列宁格勒战役，1941年—1944年》，第305—306页。

23. 同上，第306—317页。

24. 同上，第306页。

25. 第59集团军的作战详情，可参阅集团军司令员I.T.科罗夫尼科夫的详细记述：《诺夫哥罗德—卢加战役：第59集团军的进攻行动，1944年1月—2月》，莫斯科：军事出版社，1960年；以及更加细致，原先为保密级的《诺夫哥罗德进攻战役》，收录在《战争经验研究资料集》（Sbornik materialov po izucheniiu opyta voiny，此后简称为SMPIOV），第12期（1944年5—6月），莫斯科：军事出版社，1944年，第30—53页。

26. 普拉东诺夫，《列宁格勒战役，1941年—1944年》，第306—317页。

27. 德军部署的变化，可参阅：《“北方”集团军群辖内部队态势图，1944年1月至7月的作战日志》。

28. 普拉东诺夫，《列宁格勒战役，1941年—1944年》，第304页。

29. 同上，第330页。

30. 布罗夫，《日复一日的封锁》，第450—451页。

31. 普拉东诺夫，《列宁格勒战役，1941年—1944年》，第332页；库兹涅佐夫，《列宁格勒战役中的突击第2集团军》，第234—235页。

32. 普拉东诺夫，《列宁格勒战役，1941年—1944年》，第333页。

33. 布罗夫，《日复一日的封锁》，第452页。

34. 德军部署的变化，可参阅《“北方”集团军群辖内部队态势图，1944年1月至7月的作战日志》，1944年1月的态势图。

35. 普拉东诺夫，《列宁格勒战役，1941年—1944年》，第336页。

36. 布罗夫，《日复一日的封锁》，第453页。布罗夫援引了许多例子来说明他的观点。

37. 普拉东诺夫，《列宁格勒战役，1941年—1944年》，第337页。

38. 布罗夫，《日复一日的封锁》，第454页。

39. 普拉东诺夫，《列宁格勒战役，1941年—1944年》，第339页。

40. 齐姆克，《从斯大林格勒到柏林：德国在东线的失败》，第253页。

41. 《“北方”集团军群辖内部队态势图，1944年1月至7月的作战日志》，1944年1月17日—19日的态势图。

42. 普拉东诺夫，《列宁格勒战役，1941年—1944年》，第338—339页。

43. 布罗夫，《日复一日的封锁》，第454—455页。

44. 同上，第455页。

45. 齐姆克，《从斯大林格勒到柏林：德国在东线的失败》，第253—254页。

46. 普拉东诺夫，《列宁格勒战役，1941年—1944年》，第344页。

47. 同上，第345页。详情可参阅：科罗夫尼科夫，《诺夫哥罗德—卢加战役：第59集团军的进攻行动，1944年1月—2月》，第73—74页。支援步兵第6军的39辆坦克，只有11辆进入德军前沿阵地。

48. 普拉东诺夫，《列宁格勒战役，1941年—1944年》，第346页。科罗夫尼科夫早些时候已计划以乌尔瓦诺夫的坦克第16旅在集团军主要突击地段担任发展胜利的力量。

49. 同上，第346—347页。

50.《“北方”集团军群辖内部队态势图，1944年1月至7月的作战日志》，1944年1月17日—19日的态势图。

51. 普拉东诺夫，《列宁格勒战役，1941年—1944年》，第347页。另可参阅SMPIOV，第12期。

52. 齐姆克，《从斯大林格勒到柏林：德国在东线的失败》，第253页。

53. 普拉东诺夫，《列宁格勒战役，1941年—1944年》，第348页。

54. 艾伯特·西顿，《苏德战争，1941—1945》，纽约：普雷格出版社，1971年，第411页。

55. 苏军的战后总结批评步兵第14军军长阿尔秋申科侦察工作组织不力，对诺夫哥罗德的突击怯懦不前。

56. 普拉东诺夫，《列宁格勒战役，1941年—1944年》，第348页。

57. 齐姆克，《从斯大林格勒到柏林：德国在东线的失败》，第254—256页。

58. 普拉东诺夫，《列宁格勒战役，1941年—1944年》，第349页。

59. 最高统帅部大本营的训令可参阅：V.A.佐洛塔廖夫主编，《最高统帅部大本营：1944年—1945年的文件和资料》，刊登在：《俄罗斯档案：伟大卫国战争》，第16期，5（4），莫斯科：特拉出版社，1999年，第37页。

60. 从许多方面看，最高统帅部大本营的计划类似于朱可夫早先的“北极星”行动计划。

61. 不久后，大本营派波波夫的副手M.I.卡扎科夫指挥近卫第10集团军。与戈沃罗夫一样，卡扎科夫也是一名炮兵指挥员，这种背景使大本营相信他适合于进攻德军强大的防御。

62.《“北方”集团军群辖内部队态势图，1944年1月至7月的作战日志》，1944年1月的态势图。

63. 齐姆克，《从斯大林格勒到柏林：德国在东线的失败》，第256页。

64. 普拉东诺夫，《列宁格勒战役，1941年—1944年》，第355—356页。

65. 布罗夫，《日复一日的封锁》，第456页。

66. 普拉东诺夫，《列宁格勒战役，1941年—1944年》，第356页。

67. 齐姆克，《从斯大林格勒到柏林：德国在东线的失败》，第256页。

68. “列宁格勒方面军司令员的762号报告，关于向托斯诺和卢加发展进攻”，收录在：佐洛塔廖夫，《最高统帅部大本营：1944—1945》，第262页。

69.“最高统帅部大本营220012号指令，关于批准向托斯诺和卢加发起进攻的计划”，收录在：佐洛塔廖夫，《最高统帅部大本营：1944—1945》，第36页。

70. “沃尔霍夫方面军司令员的87号报告，关于发展诺夫哥罗德—卢加进攻战役的计划”，收录在：佐洛塔廖夫，《最高统帅部大本营：1944—1945》，第263页。

71. “最高统帅部大本营发给沃尔霍夫方面军司令员的220013号指令，关于批准发展诺夫哥罗德—卢加进攻战役的计划”，收录在：佐洛塔廖夫，《最高统帅部大本营：1944—1945》，第37页。

72. 普拉东诺夫，《列宁格勒战役，1941年—1944年》，第359页。

73. 同上。

74.《“北方”集团军群辖内部队态势图，1944年1月至7月的作战日志》，1944年1月的态势图。

75. 布罗夫，《日复一日的封锁》，第456—457页。

76. 齐姆克，《从斯大林格勒到柏林：德国在东线的失败》，第256页。

77. 同上。

78. 同上，第256—257页。

79. 同上，第257页。

80. 普拉东诺夫，《列宁格勒战役，1941年—1944年》，第361页。

81.《“北方”集团军群辖内部队态势图，1944年1月至7月的作战日志》，1944年1月的态势图。

82. 布罗夫，《日复一日的封锁》，第458页。

83. 同上。

84. 普拉东诺夫，《列宁格勒战役，1941年—1944年》，第362—363页。

85. 同上，第367页。

86. 同上。

87. 同上，第367—368页。

88. 同上，第369页。

89.《“北方”集团军群辖内部队态势图，1944年1月至7月的作战日志》，1944年1月的态势图。

90. 科罗夫尼科夫，《诺夫哥罗德—卢加战役：第59集团军的进攻行动，1944年1月—2月》，第104—105页。科罗夫尼科夫为每个步兵军配备了1个满编工程—工兵旅，并把摩托化工程兵第109营交给米库利斯基步兵第6军。

91.《“北方”集团军群辖内部队态势图，1944年1月至7月的作战日志》，1944年1月的态势图。

92. 普拉东诺夫，《列宁格勒战役，1941年—1944年》，第373页。

93. 同上，第374页。

94. 之所以出现指挥控制难题，是因为整个沃尔霍夫方面军只有4个有线通讯连。

95. 普拉东诺夫，《列宁格勒战役，1941年—1944年》，第376页。

96.《“北方”集团军群辖内部队态势图，1944年1月至7月的作战日志》，1944年1月的态势图。

97. “最高统帅部大本营发给沃尔霍夫方面军司令员的220015号指令，关于解放卢加”，收录在：佐洛塔廖夫，《最高统帅部大本营：1944—1945》，第38页。

98. 普拉东诺夫，《列宁格勒战役，1941年—1944年》，第379页。

99. 同上，第380页。

100. 同上，第380—381页。

101.《“北方”集团军群辖内部队态势图，1944年1月至7月的作战日志》，1944年1月的态势图。

102. 布罗夫，《日复一日的封锁》，第459页。

沃尔霍夫方面军司令员 K. A. 梅列茨科夫（左），方面军参谋长 F. P. 奥泽罗夫和方面军炮兵主任 G. E. 杰格佳列夫，为方面军 1944 年的一月攻势制定计划

（从右至左）波罗的海沿岸第 2 方面军司令员 A. I. 叶廖缅科、方面军参谋长 L. M. 桑达洛夫、方面军政治部主任 A. P. 皮古罗夫、方面军军事委员会委员 V. N. 博加特金在方面军指挥所内

第 59 集团军军事委员会成员（从左至右）：参谋长 N. P. 科瓦利丘克、政治委员 Ia. G. 波利亚科夫、司令员 I. T. 科罗夫尼科夫、政委 P. S. 列别杰夫、政治部主任 A. G. 科罗列夫

1944 年 1 月，列宁格勒方面军遂行进攻的坦克

1944 年 1 月，第 42 集团军步兵第 123 军对红村的德军防御发起突击

1944 年 1 月攻势发起前，近卫步兵第 30 军军长 N. P. 西蒙尼亚克少将（左二）在他的观察所里

1944 年 1 月，突击第 2 与第 42 集团军辖内部队在罗普沙附近会师

1944 年 1 月，德国人在普希金破坏了叶卡捷琳娜宫的大厅

1944 年 2 月，列宁格勒方面军的冲锋枪手冲入卢加郊区

1944 年 1 月，列宁格勒方面军的士兵们烧毁了德国人的一幅路牌

第十二章
冲向纳尔瓦、卢加和“豹”防线
1944年1月31日—4月18日

1944年1月31日的态势

红军1944年1月在列宁格勒南部和诺夫哥罗德赢得的胜利，对阿道夫·希特勒和他陷入困境的国防军而言是个不祥之兆。红军将再度发起规模庞大的冬季攻势，这一点也不奇怪，因为，基于1941年年底至1942年年初，以及1942年年底至1943年年初的经历，红军的确“拥有”冬季。令德国人深感不安的事实是，苏军的进攻跨过如此宽大的战线向前发展，正取得如此显著的战果。

尽管红军力图取得更大战果，但在过去几个冬季，他们只能沿一个战略方向赢得战略性成功，尔后在春季被迫将收复的土地再还给发起反击的德军。1941年年底至1942年年初的冬季，加里宁方面军、西方面军和西南方面军将德军驱离莫斯科接近地，给德国“中央”集团军群造成一场真正的危机。但到2月底，这场危机已然消退，德军稳定住防线，甚至准备在夏季发起一场新的战略攻势。在苏军最高统帅部大本营看来更糟糕的是，冬末，遂行防御的德军能够遏止苏军沿次要方向发起的打击，并给进攻中的苏军部队造成严重损失，特别是在列宁格勒地区。

1942年年底至1943年年初的冬季，红军沿南方向赢得胜利，重创轴心国军队，先是在斯大林格勒歼灭3个轴心国集团军，而后又在顿河以南消灭2个轴心国集团军。虽然红军取得了显著的初期胜利，但1943年2月和3月最高统帅部大本营试图将苏联南部的进军发展成沿整条苏德战线的全面进攻时，这番冒险失败了，主要因为曼施泰因在苏联南部实施了一场出色的反攻。

与前两个冬季的情况不同，1943年年底至1944年年初的冬季，苏军最高统帅部大本营沿整条战线策划、组织了战略性进攻。列宁格勒和沃尔霍夫方面军猛攻“北方”集团军群第18集团军，并打破列宁格勒遭受的封锁时，波罗的海沿岸第1方面军、西方面军和白俄罗斯方面军，北起涅韦尔以西和维捷布斯克、南至博布鲁伊斯克以东，对德军设在白俄罗斯的防御发起猛烈突击。与此同时，乌克兰第1、第2方面军冲出第聂伯河对岸的战略规模登陆场，迫使德军撤过日托米尔和基洛沃格勒，退往文尼察和克里沃罗格接近地。到1月30日，遂行进攻的苏军诸方面军包围并准备歼灭科尔孙—舍甫琴柯夫斯基突出部内的德军，这股德军沿第聂伯河扼守着他们自吹的东墙防御之残余地段。同时，乌克兰第3、第4方面军反复进攻德军在第聂伯河大弯曲部顶端尼科波尔南北两面过度拉伸的防御。

1月底，苏军最高统帅部大本营命令诸方面军发起无情的进攻，再次试图彻底打垮德军在东线的防御[1]。沿主要战略方向展开行动的乌克兰第1、第2、第3方面军，将粉碎德军在乌克兰的防御，前出至波兰和罗马尼亚边境线，而乌克兰第4方面军和北高加索方面军负责解放克里木。北面，波罗的海沿岸第1和白俄罗斯方面军将解放明斯克，并彻底收复白俄罗斯。最后，与以往的冬季不同，列宁格勒地区的苏军有充分的理由相信，他们的进攻能够彻底解放列宁格勒州，甚至突破德国人在波罗的海地区的防御。能否遏止红军的攻势，德国人对此毫无信心，在这场战争中尚属首次。德国人也没能从1月份的灾难性事件与红军2月份行动之间的任何战役间歇获得好处。

双方的计划和莫德尔的“盾与剑”理论

1月底，列宁格勒方面军突击第2和第42集团军沿卢加河排列，准备攻向纳尔瓦，那是从东面进入波罗的海地区的门户，从北面和西北面而来的第67集团军已位于列宁格勒至卢加的中途。沃尔霍夫方面军第59和第8集团军从东面对卢加构成威胁，第54集团军正从东北方赶往奥列杰日和卢加。对两个方面军来说，这真正是个包围并歼灭盘踞在卢加北面和东北面的德国第18集团军主力的机会（参见地图17）。

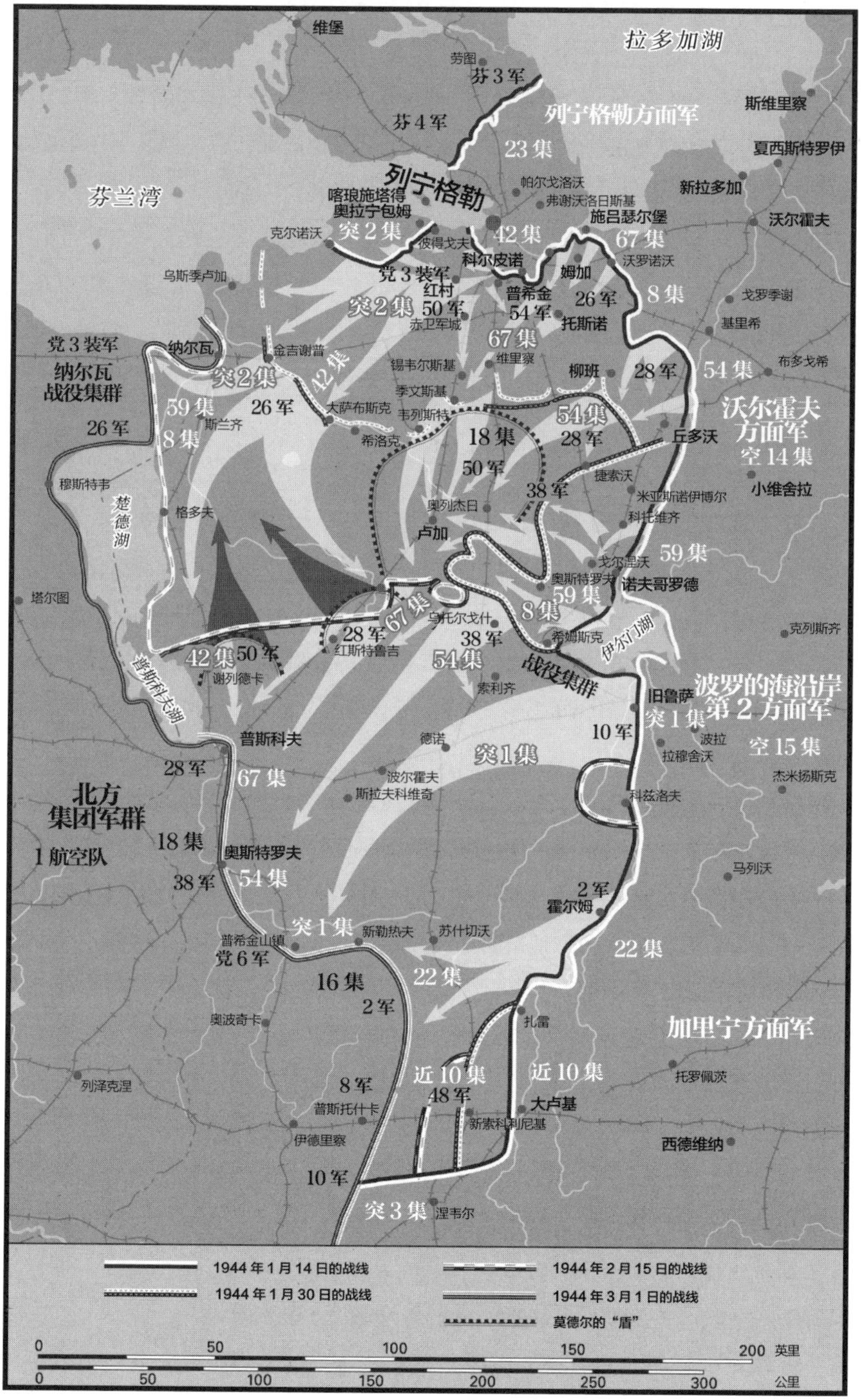

地图 17：1944 年 1 月—4 月，苏军列宁格勒—诺夫哥罗德进攻战役

面对即将到来的灾难，仍担任“北方”集团军群司令的屈希勒尔于1月30日再度赶赴东普鲁士元首大本营，终于获得希特勒批准，将林德曼第18集团军撤至卢加河防线。但是，希特勒以他惯有的固执命令焦虑不安的屈希勒尔坚守卢加防线，与第16集团军重新恢复被梅列茨科夫的部队切断的联系，并封堵防线上的所有缺口。屈希勒尔将这些要求告知他的作战参谋，后者立即向OKH作战处提出抗议，称这些命令根本无法执行。他说，集团军群防线上的一个缺口宽达50公里，俄国人已在卢加西北面的斯塔里察（Staritsa）渡过卢加河。蔡茨勒后来同意告诉希特勒，第18集团军无法坚守卢加防线。

次日中午，希特勒解除了屈希勒尔的指挥权，取而代之的是陆军元帅瓦尔特·莫德尔。担任过装甲师师长、装甲军军长和集团军司令的莫德尔，1942年年初曾协助将“中央”集团军群从合围中挽救出来，长期担任希特勒的“救火队员”，一次次在看似无法挽回的局势下处理过各种危机。这位坚强的斗士发电报给他的新司令部：“未得到我的明确批准，不得后退一步。我今天下午飞赴第18集团军。告诉林德曼将军，我请他相信我。以前我们曾共事过。”[2]

强势的莫德尔没有意识到，第18集团军的实力已遭到严重消耗。1月份最后几天被逼退相当一段距离后，该集团军的防线已摇摇欲坠，辖内部队的消耗速度急剧攀升。莫德尔手头相对完整的师只有1月底返回该地区的第12装甲师，以及正从南面搭乘火车赶来的第58步兵师。集团军群1月29日报告，截至1月10日，第18集团军的战斗步兵为57936人。从那以后，该集团军遭受到3.5万人负伤、1.4万人阵亡的损失，就算加上新赶到的援兵，第18集团军目前也仅有1.7万名战斗步兵[3]。正如厄尔·齐姆克指出的那样：

> 作为一名即兴大师，莫德尔获得了展示自己才华的良机，他怀着夸张的热情投入工作，这种热情虽然未能改变战术态势，但迅速消除了一直笼罩着集团军群的绝望和受挫感。他的另一个优势是，希特勒往往会给予新任命者更大的自主行事权（至少是暂时的），特别是对他所青睐的将领。

莫德尔首先采取的举措，既涉及军事方面，也关乎心理方面。为消除他所说的“豹”防线心理依赖症，莫德尔禁止提及“豹”防御阵地，并废除了这个名称。以往经历表明，身处逆境时，那些有命名的防线，特别是其名称代表着力量时，对部队和指挥官具有一种强大的吸引力。另一方面，鉴于第18集团军目前的状况，莫德尔无法强制执行他最初下达的“不得后退”令。

相反，他引入了新的“盾与剑”理论，其中心思想是，如果打算沿相同或不同方向实施反击，那么，后撤是可以容忍的——先击退敌人，尔后实施进攻。这个理论显然是希特勒的最新构想。事实证明，实施后撤以获得兵力据守新防线时，新防线太过虚弱，无法坚守。而在他看来，该理论正是解决这个问题的一剂良药。

莫德尔对这一理论的过度信任也许值得怀疑。他是个彻头彻尾的现实主义者，深知后撤通常是可行的，但反击却并非如此。另一方面，他非常了解希特勒的脾气，知道让后撤行动看上去像是实施进攻的第一阶段总是有利的。[4]

苏军最高统帅部大本营并不打算给予莫德尔集团军群急需的喘息之机。相反，大本营分别于1月29日和2月1日命令戈沃罗夫和梅列茨科夫，粉碎德军沿卢加河的抵抗，彻底歼灭第18集团军：

位于列宁格勒方面军左翼、沃尔霍夫方面军右翼前方的敌集团，正撤往卢加和普斯科夫。同时，沃尔霍夫方面军主力突击群沿卢加方向实施的进攻进展缓慢，大本营提出的1月29日—30日攻克卢加的要求未得到履行。……

最高统帅部大本营特此命令：

1. 指挥方面军主力尽快夺取卢加。各快速部队务必于1月30日—31日前切断卢加南面的铁路、公路线。方面军左翼部队应沿乌托尔戈什和希姆斯克一线构设牢固防御，掩护主力部队进攻卢加。

2. 攻克卢加后，预计会从卢加和希姆斯克地域向普斯科夫发起一场进攻。

3. 汇报所下达的所有命令。

I.斯大林、A.安东诺夫[5]

最高统帅部大本营特此命令：

1. 2月1日24点前在列宁格勒与沃尔霍夫方面军之间建立以下分界线：丘多沃、恰夏车站、姆申斯卡亚（Mshinskaia）、沃洛索沃、佐夫卡（Zovka）、切尔纳亚河河口、佩利瓦（Pel'va）、艾纳日（Ainazhi），以上各地点均由列宁格勒方面军据守。

2. 立即将第54集团军左翼的步兵第124军从沃尔霍夫方面军转隶列宁格勒方面军。步兵第124军的转隶包括步兵第18、第80、第17师、所有军直部队和现有预备队。沃尔霍夫方面军应为该军提供补给至2月5日。

3. 列宁格勒方面军最当前的任务是迅速开赴并夺取姆申斯卡亚车站地域，尽快攻克卢加，以此协助沃尔霍夫方面军之右翼。夺得姆申斯卡亚车站地域后，将第67集团军撤入沃洛索沃和金吉谢普地域的方面军预备队。

4. 汇报该军的转隶和到达情况。

I.斯大林、A.安东诺夫[6]

与此同时，大本营还把部署在波罗的海沿岸第2方面军右翼旧鲁萨地域的奇比索夫突击第1集团军转隶梅列茨科夫方面军，以此为他向卢加发起的进攻集结兵力：

关于沃尔霍夫方面军左翼部队的推进，最高统帅部大本营特此命令：

1. 将突击第1集团军，连同4个步兵师、1个步兵旅和该集团军所有加强部队、后勤机构及单位、现有预备队从波罗的海沿岸第2方面军转隶沃尔霍夫方面军，1944年2月2日24点生效。

2. 从此时起，在沃尔霍夫与波罗的海沿岸第2方面军之间建立以下分界线：博洛戈耶、莫尔沃季齐、古比诺（Gubino）、多尔加亚（Dolgaia）、热姆丘戈瓦（Zhemchugova）、索科洛沃、索罗季河河口（Sorot'）、季尔扎（Tilzha）、西德维纳河畔的普利亚维纳斯（Pliavinas）。除博洛戈耶，上述各点均由沃尔霍夫方面军据守。

3. 汇报该集团军转隶和到达情况。

I.斯大林、A.安东诺夫[7]

据此，1月29日，戈沃罗夫命令费久宁斯基突击第2集团军和马斯连尼科夫第42集团军强渡卢加河，肃清芬兰湾南部海岸之敌，前出至纳尔瓦河，并在河西岸夺取登陆场。斯维里多夫第67集团军应向南发起突击，与沃尔霍夫方面军协同夺取卢加。尔后，戈沃罗夫之主力将集结于楚德湖以北，着手攻入爱沙尼亚。

可是，梅列茨科夫迟迟未能攻克卢加，沃尔霍夫方面军辖内部队也没能向西攻往普斯科夫，迫使戈沃罗夫更改了方面军的任务。2月1日，他命令马斯连尼科夫第42集团军，在第67集团军右侧向南赶往卢加以西，防止德国人从普斯科夫和卢加方向抽调兵力增援纳尔瓦。掩护费久宁斯基集团军左翼的同时，马斯连尼科夫还应向南攻往楚德湖以东，支援沃尔霍夫方面军从东北面和东面对卢加的突击。沃尔霍夫方面军和第67集团军辖内部队攻克卢加，向西攻往普斯科夫后，马斯连尼科夫的部队应彻底肃清楚德湖以东之敌，并做好从楚德湖与普斯科夫湖之间向西发起突击的准备[8]。

争夺纳尔瓦和卢加，1月31日—2月15日

争夺纳尔瓦的第一场战斗

至少在最初阶段，费久宁斯基的突击第2集团军向西面的纳尔瓦迅速取得了进展。一场15分钟的炮火准备后，阿尔费罗夫步兵第109军发起冲击，于2月1日夺得金吉谢普。与此同时，集团军编成内的步兵第43和第122军冲向纳尔瓦河，在纳尔瓦南北两侧强渡该河，纳尔瓦是一座至关重要的堡垒，控制着进入爱沙尼亚的狭窄入口。2月1日，安德烈耶夫位于纳尔瓦以北、突击第2集团军右翼的步兵第43军，在纳尔瓦河对岸夺得两座登陆场，两天后，宰采夫的步兵第122军在城市南面夺得另外两座登陆场。

2月3日，对费久宁斯基迅速夺取纳尔瓦河对岸登陆场深感满意的戈沃罗夫，将西蒙尼亚克的近卫步兵第30军调拨给突击第2集团军[9]。同时，戈沃罗夫还命令费久宁斯基集团军拓宽、加深纳尔瓦河对岸登陆场，突破河西岸的德军防御，从南北两面包围纳尔瓦，尔后做好深入爱沙尼亚的准备。戈沃罗夫随后命令特里布茨的波罗的海舰队支援费久宁斯基的推进，要求他以海军步兵第115和第260旅在纳尔瓦西北方实施一场两栖登陆，夺取城市西面的铁路线，并

坚守至突击第2集团军辖内部队赶来接替。

在此期间，莫德尔于2月1日给第18集团军下达了第一道“盾与剑”指令。这道命令要求林德曼将其主力撤至一条缩短的防线，从北面和东面掩护卢加，并以第12装甲师填补第18与第16集团军之间的缺口。之后，第12装甲师、第58步兵师和其他所能集结起来的部队将赶往卢加以西地域，沿卢加河攻往西北方，与孤立在纳尔瓦的两个德国军恢复联系。莫德尔的命令使第18集团军的防御正面缩短了三分之二，从而腾出部分兵力实施反攻，至少从理论上说，这柄“剑”可用于发起反击，并将战线向西拓展80公里[10]。

但实际上，“盾与剑”理论不太可能用于第18集团军左翼，因为第54军和党卫队第3装甲军目前都由步兵上将奥托·施蓬海默（第54军军长）指挥，已从奥拉宁包姆包围圈撤至纳尔瓦河防线，若他们继续后撤，势必危及整个“豹”防线的生存。

2月2日，莫德尔视察了党卫队第3装甲军的防线，施蓬海默麾下各师正撤至河西岸和纳尔瓦对面河东岸的一座小型登陆场。当日日终前，俄国人已在河对岸夺得几座小型登陆场。从“中央”集团军群抽调的“统帅堂”装甲掷弹兵师一部和第58步兵师的1个团刚刚赶来加强纳尔瓦以南防线。所有人都告诉莫德尔，部队耗损严重，但莫德尔要求他们忍耐。实际上，正如齐姆克指出的那样：“第18集团军1月底几近崩溃，产生了一种暂时脱离战斗的影响，至少在某些地方是这样，例如纳尔瓦河。莫德尔封闭卢加周围防线的决定，使该集团军获得了机动和喘息之机。”[11]

但第18集团军获得的机会仅仅是暂时的。费久宁斯基获得加强的突击第2集团军，实力几乎是原先的两倍，用一周时间竭力歼灭掩护纳尔瓦的德军部队，并设法拓宽河对岸的登陆场。与此同时，费久宁斯基重新部署了他的部队，准备发起一场总攻，突入爱沙尼亚。若苏军成功进入爱沙尼亚，除了从北面迂回“豹”防线外，还将对西面仅距32公里，位于爱沙尼亚海岸至关重要的页岩炼油厂构成严重威胁。

稍作修改后，戈沃罗夫批准了费久宁斯基的进攻计划，但2月11日，突击第2集团军几乎未取得任何进展。对城市西北面发起突击的安德烈耶夫步兵第43军沿4公里宽的战线向前推进2公里，随即被党卫队第3装甲军第227步兵师和党卫队“尼德兰”装甲掷弹兵旅的激烈抵抗所阻。城市西南方，阿尔费罗夫步兵第109军和宰采夫步兵第122军在历时5天的激战中向西、西北方推进12公里，但也被党卫队“诺德兰”师、第170步兵师和“统帅堂”装甲掷弹兵师阻挡住。

不过，西蒙尼亚克经验丰富的近卫步兵第30军取得了更大战果，该军于2月15日切断了纳尔瓦通往约赫维（Iykhvi）的铁路和公路线，又于2月17日夺取奥韦雷（Auvere）。但“统帅堂”装甲掷弹兵师发起反冲击后，该军也停下了脚步。奥韦雷北面的海岸上，海军步兵第115和第260旅部分力量在2月13日晚至14日凌晨实施的雄心勃勃的两栖登陆也告失败，设法登上海岸的432名海军步兵失去了与舰队的联系，也就谈不上获得火力支援了。德军“贝尔林”“卢奇内”战斗群随后在历时四天的战斗中将这支小股两栖部队歼灭[12]。但在这场战斗中，德国人的“斯图卡战机……轰炸了一个德军指挥部，并击毁数辆虎式坦克”。莫德尔本人将这场行动描述为“不够漂亮”[13]。苏军的突击非常猛烈，但徒劳无获，2月8日，戈沃罗夫批评突击第2集团军侦察工作不完善，炮火支援计划欠佳，军和师级作战兵团组织不力，坦克、工程兵、防空部队和后勤支援组织欠佳。该地域尔后的战斗表明，费久宁斯基的指挥部一直没能真正矫正这些缺点[14]。

2月14日23点35分，对战事进展明显失望不已的最高统帅部大本营要求戈沃罗夫不惜一切代价夺取纳尔瓦，不得迟于2月17日：

我方部队必须攻克纳尔瓦，不得迟于1944年2月17日。这是出于军事和政治方面的要求，是目前最为重要的事情。

我要求您采取一切必要措施，务必在规定时间内解放纳尔瓦。

I.斯大林[15]

费久宁斯基恪尽职守地将宰采夫步兵第122军变更部署至纳尔瓦南面的登陆场，并以V.F.达姆别尔格少将的步兵第124军（戈沃罗夫刚刚从方面军预备队抽调该军加强突击第2集团军）和额外的坦克力量为其提供增援。随之而来的战斗异常激烈，双方都为此付出了高昂的代价，但苏军的进攻再度失利。2

月13日的激战中，士气一向低落的党卫队“爱沙尼亚人”旅刚刚靠近前线便四散奔逃[16]。当晚，施蓬海默告诉莫德尔，若没有援兵，他无法坚守纳尔瓦。莫德尔对此的应对是命令第58步兵师（缺三分之一兵力和所有重装备）经过3天休整后赶赴纳尔瓦。早在2月14日，施蓬海默报告他已没有机动空间，也没有兵力封闭缺口，态势已趋无望后，莫德尔便请求OKH批准“疏散纳尔瓦以东仍在坚守的小型登陆场，以获得3个营兵力。蔡茨勒予以批准，并从挪威抽调一个新锐步兵师提供增援”[17]。

突击第2集团军进攻失利的主要原因是德军迅速而又显著地加强了他们在纳尔瓦构设的防御。彻底集结后，德国人把他们位于纳尔瓦的部队称为“施蓬海默”集群，以党卫队第3装甲军军长的名字命名①。“施蓬海默”集群编有党卫队“诺德兰”“统帅堂”装甲掷弹兵师、党卫队“尼德兰”装甲掷弹兵旅、1个步兵旅、第26军第61、第225、第227步兵师残部（这些残部现在的称谓是“师级集群”）、第170步兵师部分力量和另一些小股部队[18]。2月23日，该集群更名为“纳尔瓦”战役集群②。利用纳尔瓦周围和沿纳尔瓦河预有准备的强大筑垒防御、恶劣的气候和地形条件，加之自身付出的巨大努力，这股德军得以在整个冬季和随之而来的春季阻遏住苏军此次和随后数次夺取纳尔瓦的企图。和以往一样，苏军战后总结将费久宁斯基的失利归咎于该集团军克服德军强大防御时表现欠佳、空中支援不力和指挥控制混乱。

莫德尔的反突击和卢加的陷落

费久宁斯基集团军徒劳地力图克服德军设在纳尔瓦的防御时，东南方，马斯连尼科夫第42集团军于1月31日跨过冰冻的卢加河，开始沿金吉谢普—纳尔瓦、锡韦尔斯基—卢加公路向南、西南方追击德国第50军辖内部队。由于德军几乎未实施抵抗，马斯连尼科夫的部队在先遣支队的率领下，以每日15～20公里的速度向前推进，直至2月4日。2月4日，P.F.拉托夫少将的步兵第196师和季霍诺夫步兵第108军夺得楚德湖东岸的格多夫（Gdov）。东面，阿尼西

① 译注：原文如此。
② 译注：纳尔瓦集团军级支队。

莫夫步兵第123军辖下S.P.杰米多夫上校的步兵第86师夺得普柳萨河畔的利亚德，而博尔什切夫的步兵第46师消灭了被围于萨拉戈拉（Sara-Gora）的小股守军。第42集团军在这里停顿了两天，以便前调炮兵和补给物资。

由于沃尔霍夫方面军向西攻往卢加的进展太过缓慢，大本营决定加强梅列茨科夫的推进，将第42集团军的进军方向调整至向东赶往卢加西北接近地。因此，2月1日，最高统帅部命令戈沃罗夫将马斯连尼科夫集团军转向东南方，以该集团军切断卢加—普斯科夫铁路线，夺取姆申斯卡亚车站，协助沃尔霍夫方面军攻克卢加。同时，大本营还把达姆别尔格的步兵第124军从沃尔霍夫方面军第54集团军转隶列宁格勒方面军第67集团军，以加强该集团军从北面向卢加的推进[19]。

以这些命令做出调整后，戈沃罗夫决定以马斯连尼科夫第42集团军左翼兵团和斯维里多夫获得加强的第67集团军夺取卢加。他命令马斯连尼科夫第42集团军辖下的季霍诺夫步兵第108军和阿尼西莫夫步兵第123军于2月6日—7日在楚德湖东面掘壕据守。阿斯塔宁位于集团军第二梯队的步兵第116军从利亚德向东南方发起突击，2月9日前夺取普柳萨和红斯特鲁吉，切断卢加—普斯科夫铁路线，与第67集团军协同歼灭卢加地域之敌。2月6日，戈沃罗夫将帕拉姆津步兵第118军交给马斯连尼科夫集团军，以构成该集团军新的第二梯队。

第42集团军的突击的确对据守卢加地域的德军部队（第50、第28、第38军）之侧翼和后方构成了致命威胁，德国人对此心知肚明。早在2月4日，“北方”集团军群司令部便告诉OKH，梅列茨科夫已将“一股强大的力量和200辆坦克集结在诺夫哥罗德西南方，戈沃罗夫将另一股力量集结于萨姆布罗湖以东，距离第18集团军左翼30英里”[20]。在德军指挥部看來，很明显，俄国人正重新部署其部队，意图将第18集团军主力包围在卢加地域。

仍打算向西北方发起反击的莫德尔，为德军有可能发起的反突击提出不同形式的“大”“小”解决方案[21]。“大”解决方案包含的反突击，将使德军沿整条卢加河的防线西延至纳尔瓦东面。“小”解决方案是一场较弱的反突击，将其防线从卢加河向西北方延伸至楚德湖北端。但在目前情况下，鉴于苏军的部署和优势，这两种解决方案显然都存在很大问题。不过，无论德国人采用哪种解决方案，至少都能让他们积极防御，只要实施机动就有可能改善他们摇摇欲坠的防御之连贯性。

一反常态，希特勒对莫德尔提出的反突击缺乏热情。他起初表示持严重保留态度，甚至担心丢失纳尔瓦，苏军有可能从楚德湖与普斯科夫湖之间向西推进，最后，希特勒指示莫德尔，如果上述风险果真发生的话，他（莫德尔）应正式提出撤至“豹”防线的请求[22]。

莫德尔把希特勒的反应当作批准他采取行动的许可，故命令林德曼第18集团军堵截苏军在卢加以西的一切推进，并保持与普斯科夫交通线的畅通。林德曼将从卢加防御的北部和东部抽调几个师构设一道坚实防线，从卢加向西延伸，跨过普柳萨河，向西南方延伸至楚德湖南岸。留下第38军第11、第212、第215步兵师据守卢加城的同时，他命令第13空军野战师部署至第38军左翼，以填补卢加以西至普柳萨湖德军防御上的缺口。

与此同时，第50军第24、第58、第21步兵师将部署至普柳萨河以西，而第26军第12装甲师和第126步兵师应占据楚德湖以东的阵地，并做好向北发起反击的准备。上述所有部队都应在2月4日至11日间到达指定位置。就位后，第38和第50军应实施防御，抗击苏军从西面对卢加发起的冲击，构成莫德尔的“盾”，第26军将沿楚德湖东岸向北发起进攻，担任莫德尔的“剑”。[23]

2月7日为这场反突击的第一阶段下达最终指示后，莫德尔为集结必要的力量采取了特别措施。林德曼将卢加北面和东面的防线后撤，以腾出9个师，更准确地说，是9个“师级集群”。短暂的再部署期间，随着掉队者、休假归来者和伤愈人员返回各自的师，集团军的实力有所上升。另外，莫德尔命令5%的后方梯队人员立即转入前线部队[24]。2月5日至10日，在莫德尔的密切监督下，林德曼将麾下各师调入指定位置，但这项工作相当困难，因为游击队的行动迟滞了数个师的调动。

从2月7日起，马斯连尼科夫第42集团军与莫德尔遂行“盾与剑”计划的部队爆发了一场典型的混乱遭遇战，前者正向南赶往卢加—普斯科夫铁路线，后者正进入卢加西南方和楚德湖以东的指定出发阵地。从普柳萨河以西至楚德湖东岸，马斯连尼科夫集团军编成内的步兵第116、第123、第108军向南齐头并进。

楚德湖东面，马斯连尼科夫集团军右翼的季霍诺夫步兵第108军于2月7日中午到达热利巴河畔（Zhel'ba）的亚姆车站（Iamm）。在这里，面对新赶到的德军第207步兵师的防御，季霍诺夫步兵军停下了前进的步伐。第207步兵师的任务是遏止苏军在楚德湖以东的一切推进，并掩护第26军军部部署至该地域，莫德尔在楚德湖以东地域的反突击由该军部指挥。第26军遂行反突击的力量包括第126步兵师、第12空军野战师和第12装甲师，这些部队将从楚德湖向东北方延伸至普柳萨河这片地段向北发起突击。2月9日，第26军军部、第126步兵师、第12空军野战师和第12装甲师开始到达指定地域。

东面，阿尼西莫夫步兵第123军和阿斯塔宁步兵第116军在2月6日至8日变更部署，准备向东南方攻往卢加—普斯科夫铁路线。可是，两个步兵军在2月9日拂晓发起进攻时，一头撞上莫德尔遂行“盾与剑”的部队，幸运的是，大多数德军师此时尚未到达遂行防御或进攻的指定位置。抢在苏军的猛烈突击到来前，第13空军野战师设法赶至并占据了卢加与普柳萨河之间的指定位置。可是，位于第13空军野战师左翼的第58步兵师，遭遇到正在步兵第116与第123军结合部向前推进的布尔米斯特罗夫步兵第224师和杰米多夫步兵第86师。两个苏军步兵师立即发起冲击，没等倒霉的第58步兵师占据防御便将其打垮。这场猛烈的突击还导致第13空军野战师的左翼转向，迫使该师疲惫的士兵们在普柳萨河以南仓促占据防御，左翼彻底暴露在外[25]。第50军第24和第21步兵师，本应在第58步兵师向前推进时掩护其左右两翼，但他们到次日才到达该地域，导致第58步兵师为自身的生存抗击着占据压倒性优势的苏军部队。两个德军步兵师终于赶到时，第58步兵师正遭到阿斯塔宁步兵军辖内其他师的猛烈打击。

与此同时，卢加以西、普柳萨河以南和卢加—普斯科夫铁路线以西的遭遇战愈演愈烈，担任莫德尔“剑”的德军反突击部队一头撞上马斯连尼科夫遂行进攻的第42集团军。这场激烈大戏的第一幕于2月10日晨开演，德军第12装甲师如期发起计划中的反突击。投入冲击后，该师直接遭遇到季霍诺夫步兵第108军辖下的步兵第196、第128师和阿尼西莫夫步兵第123军编成内的步兵第168师，这些苏军部队正力图从东面包围扼守亚姆车站的德军部队。虽然第12装甲师阻挡住试图包围其右翼的P.K.洛斯库托夫上校的步兵第128师，但激烈的战斗也使第12装甲师的推进停滞不前[26]。因此，莫德尔的反突击刚刚开始便发生了动摇。

雪上加霜的是，与第26军展开激战的同时，季霍诺夫的右翼部队继续向前推进。他们打垮了德军的抵抗，将对方驱往南面，于2月11日夺得波德博罗维耶（Podborov'e），随即向西发起突击，又于2月12日跨过楚德湖与普斯科夫湖之间的狭窄地段，在楚德湖西岸夺得一座小型登陆场，希特勒的担心不幸言中。

2月10日，德军第58步兵师位于东面的防区，态势发生恶化。除遭到阿尼西莫夫步兵第123军、阿斯塔宁步兵第116军辖下杰米多夫步兵第86师和布尔米斯特罗夫步兵第224师的攻击外，V.K.宰翁奇科夫斯基少将的步兵第291师也加入到阿斯塔宁的进攻中。苏军对第58步兵师位于普柳萨河以南的正面和侧翼发起新一轮突击，打垮了德军第21和第24步兵师的防御，这两个师正试图沿第58步兵师左右两翼设防。在粉碎了3个德军师在扎鲁季尼耶（Zarudin'e）、别列济察（Berezitsa）和奥列霍夫诺（Orekhovno）地段的防御后，遂行突击的3个苏军师包围了第58步兵师第154步兵团。接下来几天，步兵第116和第123军的3个师竭力歼灭遭包围的德军步兵团，并向南、西南方推进。德方一份记述描绘了第50军作战地带岌岌可危的态势：

俄国人的部队从［第58步兵师］两翼穿过，其他［德军］师不得不发起进攻，以封闭防线。此举殊为不易，因为每个师只有4个实力不足的营，而敌人的力量每个小时都在增强，其部队从东北方源源不断地开来。沼泽地带也是个问题，但从另一方面看，这大概是列宁格勒方面军未能更加迅速地将其全部力量投入战斗的主要原因。

截至2月10日，第58步兵师已被切为两段，1个团陷入包围。第24步兵师试图封闭第58步兵师右侧的缺口，但毫无进展，当日大部分时间艰难确保着卢加—普斯科夫铁路线的畅通。虽然第18集团军次日再度试图与第58步兵师恢复联系并封闭防线上的缺口，但这一前景迅速恶化。空中侦察发现，800～900辆卡车组成的车队正从萨姆布罗湖向东南方开来。[27]

莫德尔立即对普柳萨河以西的挫败做出应对，命令第12装甲师和第13空军野战师派遣部队救援陷入困境的第58步兵师，该师第220步兵团目前也被包围在佐夫卡地域。第12装甲师将第5装甲掷弹兵团派往东北方解救被围的第

220团，而第13空军野战师设法营救第154步兵团。可是，德军刚刚发起救援行动，阿尼西莫夫便命令A.A.叶戈罗夫少将的步兵第168师在德军第12装甲师与第58步兵师之间的缺口投入进攻。同时，阿斯塔宁步兵第116军辖下的杰米多夫步兵第224师①拦截并击败了第13空军野战师的救援部队。

2月11日和12日，阿尼西莫夫和阿斯塔宁的部队继续向前推进，力图歼灭德军支离破碎、部分遭到包围的部队，同时击退德军救援企图。阿尼西莫夫步兵军辖下的杰米多夫、宰翁奇科夫斯基的步兵第224和第291师，以及阿尼西莫夫步兵军编成内的布尔米斯特罗夫步兵第86师②，2月12日将德军第58步兵师主力和第12装甲师第5装甲掷弹兵团歼灭在扎鲁季尼耶地域。苏联方面对这场战斗的记述如下：

2月13日，德军第58步兵师第220步兵团和第12装甲师第5摩托化团各分队试图从切尔诺耶湖（Chernoe）西北地域向红斯特鲁吉突围，但这一企图失败了。敌人丢下作战武器和物资，于2月15日夜间跨过切尔诺耶湖冰面逃生。

2月8日至15日的战斗中，第42集团军左翼军歼灭了德军第58步兵师超过1个团的兵力和第12装甲师第5装甲掷弹兵团一部，这股德军一直试图沿普柳萨河的中间防线阻挡我军部队。敌人将师属炮兵团和两个预备队重型炮兵营的所有技术装备丢弃在战场上。[28]

一份德方记述指出了这场苦战的深远影响：

第18集团军次日下午［2月11日］报告，战斗发生了危险的逆转。第24步兵师停滞不前。苏军坦克出现在战场上。第58步兵师两个团遭包围，不得不杀开血路突围。他们能否将重武器顺利带回值得怀疑。黄昏后，林德曼告诉莫德尔，获得足够兵力封闭左翼缺口的唯一办法是，将整条防线撤至楚德湖南端与伊尔门湖之间最短的防线上。戈沃罗夫的右钳已伸向楚德湖岸边，正向南攻

① 译注：指挥步兵第224师的应是布尔米斯特罗夫。
② 译注：原文这一段错误较多，请读者自行辨别。

往普斯科夫。他已将一些部队派至南面足够远的地方，“从后方钳制第12装甲师。”莫德尔很不情愿地同意第18集团军实施后撤。[29]

就在这时，噩耗接踵而至：

次日［2月12日］传来更多坏消息。俄国人在纳尔瓦扩大了他们的登陆场，又在城市北面构设起另一座登陆场。戈沃罗夫在楚德湖与普斯科夫湖之间投入了足够的兵力，构成突破“豹”防线的威胁。若莫德尔打算在楚德湖与伊尔门湖之间构设一道防线，就必须为之奋战。12日晚，莫德尔告诉OKH，他仍打算占据并坚守这道防线，想知道希特勒是否会批准。OKH的回复表明，包括希特勒在内的所有人都不赞同这个想法。他们一致认为，在两湖间构设这样一道防线已为时过晚，目前更重要的是为纳尔瓦腾出一个师，为楚德湖与普斯科夫湖之间的隘路腾出另一个师。OKH作战处长补充道，希特勒一再重申，他不想承担“豹”防线前沿遭受包围的任何风险。午夜前1个小时，施蓬海默报告，纳尔瓦南北两面遭突破。北面，党卫队第3装甲军设法封闭了防线，甚至取得些许进展，但在纳尔瓦南面，“统帅堂”师没有足够的力量实施有效抵抗。[30]

不久后，第18集团军报告，苏军滑雪部队出现在隘路以北的楚德湖西岸：“［第285］保安师报告，该师的爱沙尼亚士兵‘回家了’。此后，莫德尔告诉OKH，他将于2月17日开始撤往‘豹’阵地，3月1日晨完成撤退。他将在接下来几天扫荡楚德湖西岸，并以腾出的两个师掩护湖岸。”[31]

莫德尔的“剑”实施的反突击已告失败，他别无选择，只得于2月12日命令林德曼第18集团军弃守卢加。不久后，斯维里多夫第67集团军辖下哈佐夫步兵第110军和特鲁巴切夫步兵第117军尾随撤离的德军占领卢加，并向南追击后撤之敌。2月17日后，苏军加快了追击速度，因为莫德尔命令第18集团军开始全面撤往“豹”防线，德军这场后撤将于3月1日前完成。

放弃卢加后，林德曼的部队向东南方撤往普斯科夫，同时，他们力图坚守至关重要的卢加—普斯科夫铁路线，双方为此展开激烈的战斗。林德曼一直在加强集团军位于红斯特鲁吉、普柳萨地域和卢加—普斯科夫铁路线以西的左翼，以遏止苏军第42集团军持续不断的进攻。为支援林德曼的后撤，莫德尔把守卫普斯科夫湖以东地段的任务交给第24军，并以遭受重创但仍具战斗力的第12装甲师加强该军。

与此同时，歼灭被围德军并重新部署辖内部队后，马斯连尼科夫命令阿尼西莫夫步兵第123军和阿斯塔宁步兵第116军继续向南、东南方遂行冲击，试图切断卢加—普斯科夫铁路线。虽然两个步兵军设法夺得什奇尔（Shchir）并前出至普柳萨郊区，但他们无法克服德军的抵抗并攻占红斯特鲁吉和普柳萨。卢加—普斯科夫铁路线依然保持畅通，这使林德曼第18集团军能够较为平安地从卢加撤至普斯科夫。但能否完成这番后撤，取决于他们是否能有效抗击列宁格勒方面军第67集团军和沃尔霍夫方面军第54集团军的部队，这些苏军正从北面和东面朝卢加地域扑来。

马斯连尼科夫第42集团军在卢加西面和西南面与莫德尔的"剑"激战时，斯维里多夫第67集团军从北面攻向卢加城，梅列茨科夫方面军辖下的罗金斯基第54、科罗夫尼科夫第59、斯塔里科夫第8集团军则从东面和东南面对第18集团军发起打击。这些地段的战斗同样激烈，但远不及卢加西面和西南面的战斗更具决定性。面对德军的顽强抗击，斯维里多夫的部队向南缓缓推进，而梅列茨科夫辖内部队取得的进展较大，德军强有力的反击导致其先遣部队遭受重创，未能取得更大进展。

德国第18集团军第28和第38军守卫着卢加城北部和东部接近地，第10军扼守着向东南方延伸至伊尔门湖的防线。由于遂行防御的大部分德军师在先前的战斗中遭到严重损失，大多以战斗群的形式从事战斗，并占据支撑点构成的防御，掩护着苏军有可能突入该地域的所有方向。遂行防御的3个德国军编有第121步兵师、第12和第13空军野战师、4个师级集群（第215、第212师及"施佩特""波尔"集群）、4个步兵师残部（第126、第11、第9空军野战师及"舒尔特"战斗群）、2个步兵旅和1个OKH预备队装甲营[32]。

戈沃罗夫赋予斯维里多夫第67集团军的任务是，以第14筑垒地域据守左翼诺温卡（Novinka）至柳班这片地带，并以左侧哈佐夫步兵第110军和右侧特鲁巴切夫步兵第117军经姆申斯卡亚和托尔马切沃（Tolmachevo）攻往卢加。

两个步兵军将与沃尔霍夫方面军辖内部队从东面发起的突击相配合，2月5日前攻克卢加[33]。斯维里多夫的部队于2月2日发起冲击，但面对德军娴熟的抵抗，只取得微不足道的进展。在卢加北面和东北面激战后，2月8日，斯维里多夫左翼的哈佐夫步兵第110军与罗金斯基第54集团军科扎切克步兵第115军在奥列杰日以北会合。斯维里多夫随后接管了科扎切克步兵军，以便对卢加发起最后的突击。西面，特鲁巴切夫的步兵第117军于2月11日在卢加北面到达并强渡卢加河。

德国人撤离卢加当日，留下后卫部队迟滞苏军的推进。2月12日，斯维里多夫辖内部队彻底包围卢加，并将其夺取，而科罗夫尼科夫第59集团军步兵第112军步兵第377师的先遣支队正从东南方逼近这座城市。解放卢加后，第67集团军辖下步兵第110、第115军继续追击，3天内取得30～45公里进展。2月15日，集团军右翼部队到达普柳萨郊区，作为斯维里多夫集团军的第二梯队，特鲁巴切夫步兵第117军留在卢加整顿。

沃尔霍夫方面军和波罗的海沿岸第 2 方面军的推进

在此期间，梅列茨科夫的沃尔霍夫方面军到达巴捷茨基东面的卢加河上游后，于2月2日恢复向卢加推进。鉴于斯塔里科夫第8集团军在梅列茨科夫左翼取得的出色进展，最高统帅部大本营前1天以突击第1集团军加强梅列茨科夫左翼，这样他便可以扩大对德国第18集团军右翼的进攻。根据大本营的新指示，梅列茨科夫决定以G.P.科罗特科夫中将的突击第1集团军突破德国第16集团军位于旧鲁萨以南的防御，而方面军主力负责围歼扼守卢加的德军部队。科罗特科夫集团军应穿过沃洛特（Volot）向西攻往德诺，与第8集团军左翼部队会合，包围并歼灭德国第16集团军左翼位于旧鲁萨地域和伊尔门湖西南方的部队[34]。

梅列茨科夫命令第54、第59、第8集团军从三个方向朝卢加发起向心突击。罗金斯基第54集团军目前只编有科扎切克步兵第115军和I.A.沃罗比耶夫上校的步兵第44师，该集团军将从东北方攻向卢加地域。与此同时，科罗夫尼科夫第59集团军将穿过奥列杰日和巴捷茨基攻向卢加，而斯塔里科夫第8集团军则从东南方冲向卢加。梅列茨科夫赋予后者的任务最为艰难，也最具雄心。斯塔里科夫第8集团军应一路向西，切断卢加—普斯科夫公路和铁路线，同时与在南面展开行动的游击队建立联系。在这个关键时刻，罗金斯基第54集团军将把位于卢加东北地域的部队调至第8集团军左翼，并与突击第1集团军建立联系，后者正从旧鲁萨以南向西攻击前进。

梅列茨科夫的新进攻计划可谓难上加难，因为第59集团军严重滞后于友邻部队，这就要求斯塔里科夫在向西推进期间留下部分力量掩护自己的右翼。为协助斯塔里科夫遂行这项棘手的任务，梅列茨科夫派A.S.格里亚兹诺夫少将的新锐步兵第99军加强第8集团军，该军刚刚从最高统帅部预备队调来。另外，他还给斯塔里科夫调拨了2个坦克团和1个自行炮兵团，并以另外2个坦克团加强步兵第99军。游击运动中央司令部也命令8个游击旅（第2、第3、第7、第1、第10、第13、第4、第8），共1.7万名游击队员配合梅列茨科夫推进中的部队[35]。

1月31日，罗金斯基第54集团军对德国第38军第121步兵师、第12和第13空军野战师发起追击。科扎切克步兵第115军在9天内推进了75公里，2月8日从北面和西面发起进攻，一举攻克了奥列杰日。次日，集团军将科扎切克步兵军转隶斯维里多夫第67集团军，罗金斯基的集团军领率机关变更部署至方面军左翼的诺夫哥罗德，2月11日在那里接管了B.A.罗日杰斯特文斯基少将的步兵第111军和F.K.费季索夫少将的步兵第119军。这番再部署完成后，梅列茨科夫命令罗金斯基集团军突破希姆斯克以西的德军防御，与斯塔里科夫第8集团军、科罗特科夫突击第1集团军相配合，歼灭德军旧鲁萨和乌托尔戈什集团。尔后，罗金斯基集团军将向西南方冲往波尔霍夫。

2月初，科罗夫尼科夫第59集团军恢复了向西攻往卢加的进攻，但2月8日前取得的进展微乎其微，这是因为索洛维耶夫步兵第112军和米库利斯基步兵第6军遭遇到德国第38军激烈抵抗。不过，第54集团军自2月8日攻克奥列杰日后，德国人开始将其部队撤往巴捷茨基，以应对左翼面临的越来越严重的威胁。米库利斯基步兵军发起追击，但再度被敌人设在巴捷茨基车站的强大防御所阻，直至2月12日。5天内只取得了25公里进展，越来越沮丧的科罗夫尼科夫将部队调往南面协助斯塔里科夫集团军，后者过度拉伸的部队目前被遂行反冲击的德军所包围。2月15日，第59集团军的救援力量与第8集团军陷入困境的部队取得会合[36]。

第8集团军的困境迫使科罗夫尼科夫停止了向卢加的推进，而前者遭遇的危险是梅列茨科夫的决定所致，他派斯塔里科夫集团军一路向西，朝普柳萨发起大胆但颇具风险的推进。1月31日，以帕宁步兵第7军为先锋，斯塔里科夫辖内部队向西进击。A.G.科济耶夫上校的步兵第256师起初取得了惊人的进展，夺得数座村庄，并与当地游击队成功会合。2月1日，科济耶夫师夺得奥克柳日耶（Okliuzh'e），离卢加—普斯科夫公路仅隔10公里。可是，本应掩护第8集团军和步兵第7军右翼的第59集团军辖内部队远远落在后面。更要命的是，位于步兵第7军左翼的阿尔秋申科步兵第14军也没能向前推进，导致帕宁步兵军南翼大开，极易遭受攻击。

德国人立即对这一情况加以利用。实际上，他们也别无选择。如果有机会将沃尔霍夫方面军的部队阻挡在距离卢加—普斯科夫公路不远处，并挽救第18集团军位于卢加地域的主力，他们必须采取行动。2月1日，由2个步兵营和15辆坦克组成的“卡罗”战斗群对拉德金位于步兵第7军右（北）翼的步兵第372师发起打击，迫使该师混乱退却，导致步兵第256师右翼暴露在外。与此同时，第8猎兵师从南面发起进攻，迫使在科济耶夫左（南）翼行动的步兵第14军辖下I.N.布拉科夫斯基少将的步兵第191师向北退却。没过多久，第12装甲师也加入“卡罗”战斗群的反冲击，并成功突破至距离第8猎兵师先头部队不到8公里处[37]。

尽管帕宁步兵军面临遭包围的严重危险，但科济耶夫步兵第256师没有理会这一威胁，继续向西攻击前进。2月2日，科济耶夫的2个团在扎普柳西耶（Zaplius'e）附近跨过卢加—普斯科夫公路。次日，德军第12装甲师和第8猎兵师的战斗群在梅尔科维奇（Melkovichi）西南方会合，将整个步兵第256师和步兵第372师的2个团与步兵第7军主力隔开。起初，梅列茨科夫要求斯塔里科夫以A.R.别洛夫上校的步兵第378师歼灭遂行包围的德军部队，该师刚刚击退德军对佩列多利斯卡亚车站以南铁路线的进攻。事实证明这项计划无法实施后，2月4日，梅列茨科夫批准了斯塔里科夫提出的新计划。

斯塔里科夫的新计划要求格里亚兹诺夫少将位于集团军第二梯队的步兵第99军向西发起突击，攻往卢加—普斯科夫铁路线上的乌托尔戈什和红斯特鲁吉，切断德军撤离卢加的路线。同时，阿尔秋申科的步兵第14军，将在一个步兵师加强下攻往索利齐，掩护步兵第99军的左翼。但是，斯塔里科夫的“大解决方案”未能直接援助步兵第256师，并以失败告终。格里亚兹诺夫步兵军于2月7日发起进攻，一举夺得6个德军支撑点，但随即遭到第8猎兵师的顽强抗击（该师已获得坦克和战机加强），2月8日被迫放弃4个支撑点。接下来几天，该军未能取得任何战果[38]。虽然卢加西南方的战斗迫使林德曼在2月6日将第12装甲师西调，并以第121步兵师接替该师，但2月15日前，斯塔里科夫的进攻仍未取得任何进展。

2月6日至15日，德军“卡罗”“弗赖斯内尔”战斗群力图歼灭科济耶夫的被围部队[39]。激战期间，科济耶夫搭乘一架波–2飞机围绕包围圈飞行，指挥陷入困境的部队。2月2日至8日，斯塔里科夫为该师空投了21644公斤物资，包括2500公斤食物和19000公斤弹药。截至2月9日，科济耶夫师400多人受伤，大多数伤员被转移至游击第5旅的医院。该师与外界保持着一些联系，2月7日派一名军官和几名游击队员外出，2月8日，两个小组（每组25人）携带着弹药和医疗用品进入包围圈。与此同时，德军虽然将科济耶夫师驱离卢加—普斯科夫公路，但无法歼灭该师。2月13日晚至14日凌晨，苏军飞机继续为步兵第256师提供食物和弹药。最后，从北面发起进攻的第59集团军辖内部队和从南面遂行突击的第8集团军，2月15日将科济耶夫的被围部队救出[40]。

苏军的战后总结称，格里亚兹诺夫步兵第99军未能完成受领的任务是因为接敌行进期间遭到德军猛烈打击，该军没有料到，也无法克服遭遇到的激烈抵抗。该军的指挥控制、协同和作战发生崩溃。另外，步兵第99军未实施适当的侦察，因而无法确定前沿的实际位置，也没能集中炮兵力量支援解围进攻[41]。

虽然第18集团军暂时挫败了斯塔里科夫第8集团军，但莫德尔面临的困难继续增加。2月1日晨，沃尔霍夫方面军新获得的突击第1集团军和波波夫的波罗的海沿岸第2方面军投入这场越来越不对等的战斗，沿旧鲁萨以南一条宽大的战线向东①发起突击。科罗特科夫突击第1集团军遂行的突击，旨在切断旧鲁萨—霍尔姆公路，但面对第21空军野战师的抵抗，该集团军只取得4公里进

① 译注：应为向西。

展。实际上，突击第1集团军缺乏必要的力量发展进攻，因为该集团军在100公里宽的作战地带上只有4个步兵师和1个步兵旅。另外，德国人于2月2日以毗邻的第30步兵师部分部队加强第21空军野战师，2月3日提供两个突击炮营，2月8日和9日又投入党卫队第15拉脱维亚师[42]。

遵照梅列茨科夫的命令，科罗特科夫于2月5日恢复进攻，但到2月25日只向前推进了4公里，部队疲惫不堪，进攻行动最终崩溃。波波夫的波罗的海沿岸第2方面军也以第22和近卫第10集团军攻向新索科利尼基北面和西面，尽管实施了大规模变更部署，但到2月25日，这些进攻也告失败，只取得10～20公里进展。

因此，2月份上半月近乎持续不断的战斗中，列宁格勒、沃尔霍夫和波罗的海沿岸第2方面军击败卢加地域之敌，解放了列宁格勒州北半部。2月15日，费久宁斯基的突击第2集团军已到达纳尔瓦河，并在河左岸夺得几座相当大的登陆场。但是，苏军未能驱离扼守纳尔瓦筑垒城的德军。南面，列宁格勒和沃尔霍夫方面军第42、第67、第59、第8、第54集团军，将德军逼退至从楚德湖东南岸起，经普柳萨延伸至伊尔门湖西端的希姆斯克一线。面对最复杂的气候和地形条件，苏军在没有大规模坦克力量支援的前提下完成了这番壮举。红军沿纳尔瓦方向向西推进50公里，沿普斯科夫方向向西南方推进120公里，沿卢加方向推进50～100公里，进军速度平均每日6～7.5公里。

苏军向卢加及之后的推进并非轻而易举，主要因为莫德尔的顽强抵抗和持续发起的反冲击，导致戈沃罗夫和梅列茨科夫的部队前进步伐缓慢。苏军最高统帅部大本营对他们的进展很不满意。实际上，这种缓慢的进展促使大本营要求三个方面军在春季到来前彻底歼灭“北方”集团军群，突破德国人大肆吹嘘的“豹”防线。

列宁格勒州南半部的解放，2月16日—3月1日

苏军的计划

2月12日解放卢加后，最高统帅部大本营立即对其部队进行重组，以便向普斯科夫和奥斯特罗夫发起后续进攻。2月13日24点，大本营撤销了梅列茨科夫的沃尔霍夫方面军，并将第59、第8、第54集团军及其进攻地段，方面军预

备队的步兵第65和第310师，以及空军第14集团军悉数转隶列宁格勒方面军，2月15日生效。同时，突击第1集团军重新返回波罗的海沿岸第2方面军[43]。

2月15日，戈沃罗夫的列宁格勒方面军面临着及其复杂的指挥控制问题，因为其部队正沿纳尔瓦至伊尔门湖这条宽大战线展开行动。使戈沃罗夫的问题趋于复杂的是，莫德尔2月17日下达命令，将其部队撤往“豹”防线，这场后撤将于3月1日前完成。已在楚德湖与普斯科夫湖之间狭窄地段西端夺得一座小型登陆场的苏军并未试图扩大其登陆场，莫德尔立即采取措施遏止苏军。2月17日，他把守卫湖区的任务交给第50军军部，并着手将第12装甲师调至该地域。

与此同时，纳尔瓦地域的态势稳定下来，双方都未能取得优势。遵照最高统帅部2月14日的指令，费久宁斯基的突击第2集团军试图恢复纳尔瓦南北两面的进攻，但徒劳无获。费久宁斯基辖内部队面对的是“施蓬海默”战役集群（党卫队第3装甲军和第54军），该集群目前编有党卫队“诺德兰”装甲掷弹兵师、4个师级集群、2个步兵旅和1个装甲掷弹兵旅，另外还掌握着1个装甲掷弹兵师、1个空军野战师、1个装甲营的残余力量，以及1个原步兵师的残部。

东面，沿普斯科夫和奥斯特罗夫方向，列宁格勒方面军第42、第67、第8、第54集团军继续在卢加以南遂行追击，但遭到第18集团军第26、第28和第38军的抗击，这些德军现在编为“弗赖斯内尔”战役集群。据苏联方面估计，这股德军编有8个步兵师、2个空军野战师、2个保安师、1个装甲师、1个步兵旅、3个师级集群、2个空军野战师残部。弗赖斯内尔的临时性集群于2月6日以党卫队第6军军部组建而成，编有第18集团军第38军和第16集团军第10军。2月22日，该集群改称“赫尔佐克”战役集群。2月17日后，弗赖斯内尔的部队开始沿中间防线缓缓后撤，试图退守“豹”防线上依托普斯科夫—奥斯特罗夫筑垒地域的新防御阵地[44]。

2月中旬，苏军最高统帅部大本营赋予戈沃罗夫获得扩充的方面军的总体任务是，沿普斯科夫和奥斯特罗夫方向进军，同时继续设法夺取纳尔瓦，防止德国人构筑新防御，并协助波罗的海沿岸第2方面军的进攻。2月17日，戈沃罗夫将他的战役构想提交大本营批准。他建议以两股相互支援的力量向普斯科夫和奥斯特罗夫发起进攻，第一股力量编有第42和第67集团军，第二股力量由第8和第54集团军组成。与此同时，季霍诺夫位于第42集团军右翼的步兵第108

军，应跨过楚德湖与普斯科夫湖之间的狭窄水道（捷普洛耶湖）发起一场辅助突击。

戈沃罗夫的计划要求费久宁斯基突击第2集团军攻克纳尔瓦，突破纳尔瓦湾与楚德湖之间的德军防御，向西南方的派尔努发起主要突击，歼灭新近在爱沙尼亚获得整顿的第18集团军并夺取塔林。与此同时，马斯连尼科夫第42集团军和斯维里多夫第67集团军应沿普斯科夫方向发起突击，歼灭敌军，收复普斯科夫和奥斯特罗夫，向里加发起主要突击，为尔后攻往西德维纳河下游的行动创造有利条件。

马斯连尼科夫和斯维里多夫集团军将于2月13日晚恢复进攻，防止德国人沿中间防线构筑防御，务必于2月17日前前出至谢列德卡（Seredka）—红斯特鲁吉—卢多尼（Ludoni）—大兹瓦德（Bol'shoi Zvad）一线。尔后，防止德军预备队歼灭其掩护部队的同时，两个集团军应夺取普斯科夫、卡拉梅舍沃（Karamyshevo）和波尔霍夫支撑点，不得迟于2月25日—28日。与此同时，前出至谢列德卡—红斯特鲁吉—卢多尼一线后，马斯连尼科夫的右翼部队应在捷普洛耶湖西面的梅希科尔马地域（Mekhikorma）夺取一座登陆场，并于2月25日前攻克敌普斯科夫防御枢纽部。东面，斯塔里科夫第8集团军和罗金斯基第54集团军应于2月19日前包围并歼灭乌托尔戈什、索利齐、梅德韦季地域之敌。在此期间，科罗夫尼科夫第59集团军和随后加入的斯塔里科夫第8集团军应变更部署至纳尔瓦方向，加强突击第2集团军[45]。

争夺纳尔瓦的第二场战斗

2月15日后，费久宁斯基的突击第2集团军在纳尔瓦南北两面恢复进攻。虽然德军实施了强有力的抵抗，并频频发起反冲击，但到2月底，突击第2集团军还是将纳尔瓦河对岸的登陆场扩大至35公里宽、15公里深。费久宁斯基相信，他的进攻已为日后进军爱沙尼亚创造了有利条件，但大本营和戈沃罗夫却认为突击第2集团军进展不足。2月23日，科罗夫尼科夫第59集团军加入费久宁斯基突击第2集团军对纳尔瓦的进攻，在城市以南的斯兰齐登陆场占据阵地。根据戈沃罗夫的指示，费久宁斯基将穆斯塔亚河（Mustaia）河口至楚德湖北岸这片地段交给科罗夫尼科夫集团军，同时转隶了特鲁巴切夫步兵第117军和宰采夫步兵第122军。科罗夫尼科夫的任务是扩大登陆场，准备向爱沙尼亚发起纵深突击，切断并歼灭敌纳尔瓦集团，并经拉克韦雷（Rakvere）向塔林发展胜利。步兵第43、第109和第6军很快重新加入第59集团军。但正如一位评论者指出的那样，新增兵力并未显著改善态势：“不幸的是，集团军的编成频繁发生变化……这使指挥和控制趋于复杂；但各个军的战备状况要求将各兵团和部队撤入方面军预备队接受休整和补充。”[46]

一份德方记述为2月纳尔瓦周围的激烈战斗提供了一个略有不同的观点：

> 北面，沿纳尔瓦战线，德国人到当月月底已获得足够的兵力使态势变得对他们稍稍有利。2月24日，曾在第16与第18集团军结合部的战斗中证明过自己能力的步兵上将约翰内斯·弗赖斯内尔，接掌了施蓬海默的指挥权，该集群随后改称“纳尔瓦”集团军级支队。此时，第214步兵师的部队开始到达。该师仍需要锻炼，但可以在较为平静的防御地段接替那些经验丰富的部队。投入他所说的“镶嵌工作”后，弗赖斯内尔对纳尔瓦南面的登陆场顶端发起打击，将那里的敌人逼入两个小小的口袋。虽然俄国人无视猛烈的炮火和轻武器火力，不断涌过口袋的开口部，但他们进抵海岸的危险已被消除。[47]

列宁格勒方面军攻向普斯科夫和奥斯特罗夫

马斯连尼科夫将部分部队留在楚德湖和普斯科夫湖东岸，以掩护自己的侧翼，之后，季霍诺夫步兵第108军和阿尼西莫夫步兵第123军向南攻往普斯科夫，东面，阿斯塔宁步兵第116军冲向普柳萨和红斯特鲁吉。结果，马斯连尼科夫推进中的各步兵军间出现了一个40公里宽的缺口，迫使阿斯塔宁步兵军与斯维里多夫第67集团军之右翼部队紧密协同。德国第26军以第126步兵师、第12装甲师和第9空军野战师支离破碎的残部，沿从洛奇基纳河（Lochkina）上游经柳博杰日（Liubotezh）至格里季诺（Gridino）的中间防线顽强据守。

对莫德尔的防御来说幸运的是，他仓促集结在第50军辖下的部队打破了马斯连尼科夫右翼构成的威胁，这股苏军已在楚德湖与普斯科夫湖之间的缺口西端占据登陆场。经过激战，德军第11步兵师和“冯·克罗克”战斗群于2月16日将苏军第42集团军步兵第128、第90师和滑雪第5旅驱离楚德湖西岸登陆场，2月24日又把他们逐离附近的皮里萨尔湖（Pirissar）。在此期间，N.P.亚库宁少将的步兵第98军（戈沃罗夫将该军交给马斯连尼科夫，构成他的第二梯队）2月20日在第42集团军左翼投入战斗，将德军逼退7～8公里。

2月22日，深感不耐的最高统帅部大本营给戈沃罗夫下达了新训令，批准了他在几天前提交的计划，并命令他加快进攻：

最高统帅部大本营批准您的126/sh号战役计划，并命令：

1. 突破楚德湖以北地峡的敌防御后，编有3个集团军的方面军右翼（除爱沙尼亚步兵军和1个坦克军外，不得少于9个步兵军），应以1个集团军向派尔努发展进攻，切断敌塔林集团的后撤路线，并以2个集团军向南攻往维尔扬迪（Vil'iandi）、瓦尔加（Valga）、塔尔图和维鲁（Vyru）。

2. 应命令编有3个集团军（9个步兵军）的方面军左翼主力，从北面包围普斯科夫并强渡韦利卡亚河，从而收复奥斯特罗夫地域。尔后应朝里加这一总方向发展进攻。考虑到敌旧鲁萨集团的后撤，与波罗的海沿岸第2方面军突击第1集团军建立的联系，不必派强大的集群从南面掩护主力部队之左翼。

I.斯大林、A.安东诺夫[48]

大本营还把I.A.沃夫琴科少将的近卫坦克第3军调给戈沃罗夫方面军，以加快他的进军步伐。可是，由于莫德尔精心策划的后撤行动，苏军的进展异常缓慢，以至于戈沃罗夫根本没能将沃夫琴科坦克军投入战斗。2月23日，戈沃罗夫进一步完善了马斯连尼科夫的任务，命令该集团军彻底突破德军中间防线，2月25日日终前到达拉兹戈沃罗沃（Razgovorovo）—杜布尼基（Dubniki）—托波希诺（Toposhiino）—波德博罗维耶一线。尔后，马斯连尼科夫集团军应与斯维里多夫第67集团军相配合，夺取普斯科夫筑垒地域北部和普斯科夫城。

马斯连尼科夫第42集团军2月24日恢复进攻，克服了德军防御，一举夺得谢列德卡，这是攻往普斯科夫主要突击方向上一个重要的德军支撑点。接下来3天，该集团军向前推进25公里，2月28日晚些时候到达戈沃罗夫规定的战线。2月29日中午前，马斯连尼科夫的部队已到达普斯科夫—奥斯特罗夫筑垒地域这条敌主防御带的北面，德军加强抵抗，阻挡住马斯连尼科夫在该方向的推进。

东面，将特鲁巴切夫步兵第117军交还给列宁格勒方面军预备队，并获得阿斯塔宁步兵第116军后，斯维里多夫第67集团军于2月16日恢复进攻。其任务是“于2月17日前夺取红斯特鲁吉—卢多尼—兹瓦德一线，尔后夺取卡拉梅舍沃—波尔霍夫铁路地段，前出至沃尔科瓦（Volkova）—奥利索沃（Olisovo）—达尼尔基纳（Danilkina）—扎列奇耶（Zarech'e）一线，不得迟于2月25日—28日”[49]。第67集团军对面，德国第28军第12、第13空军野战师和第24步兵师顽强守卫着普柳萨以南铁路线的接近地，并开始向普斯科夫发起计划中的后撤。一连3天，斯维里多夫辖内部队对德军设在普柳萨的防御发起冲击，但未能取得显著战果。2月18日，哈佐夫步兵第110军辖下的博尔什切夫步兵第46师会同游击第6、第7旅，终于从第13空军野战师手中夺得普柳萨。

为协助斯维里多夫的推进，2月17日，罗金斯基第54集团军恢复进攻，次日，波罗的海沿岸第2方面军突击第1集团军夺得旧鲁萨。旧鲁萨轻而易举地失陷，标志着德军沿逐道防线向西南方实施一场有计划的全面后撤的开始。虽然德国人已决定实施后撤，但斯维里多夫的进攻依然进展缓慢。直到2月19日，第28军将第13空军野战师撤至普斯科夫湖以东的新防御阵地后，斯维里多夫的追击速度才得以恢复。尽管如此，斯维里多夫集团军左翼和中央部队取得6～8公里进展时，他的右翼部队却没能取得任何值得一提的战果。

2月20日，戈沃罗夫严厉批评了斯维里多夫辖内部队的拙劣表现，称：“您集团军的当面之敌，只以掩护部队投入战斗。集团军进展缓慢是因为将力量平均分散在整条战线上，根本没有形成突击‘拳头’，也没有利用步兵第116军右翼的态势包围在集团军对面设防的敌军。”[50]

因此，戈沃罗夫命令斯维里多夫将另一个步兵军调至他的右翼，并以该军沿诺沃谢利耶（Novosel'e）、特萨佩利卡（Tsapel'ka）、亚姆基诺（Iamkino）方向发起进攻，与罗金斯基第54集团军相配合，包围并歼灭后撤中的德军部队。斯维里多夫集团军应于2月23日前夺取诺沃谢利耶—马亚科沃（Maiakovo）一线，2月25日前占领大扎戈里耶（Bol'shoe Zagor'e）—亚姆基诺公路。若及时完成这项任务，该集团军便能切断在其左翼前方后撤之敌。

可是，斯维里多夫集团军没能完成这项任务，迫使戈沃罗夫做出进一步调整。2月23日，这位方面军司令员命令帕宁步兵第7军从斯塔里科夫第8集团军转隶斯维里多夫第67集团军，2月24日24点生效，并把第67集团军步兵第115军撤入方面军预备队。另外，他还命令斯维里多夫集团军2月24日包围、夺取红斯特鲁吉德军支撑点，前出至诺沃谢利耶—阿列克谢耶夫卡（Alekseevka）军用公路。尔后，该集团军应在其左翼发展进攻，前出至卡尔梅舍沃（Karmyshevo）—希什洛瓦（Shishlova）一线，不得迟于2月29日。尔后，第67集团军的任务是与第42、第54集团军协同夺取普斯科夫—奥斯特罗夫筑垒地域中央部分，并强渡韦利卡亚河[51]。

面对苏军毫不松懈的压力，林德曼第18集团军别无选择，只能于2月23日弃守其中间防线，继续撤往普斯科夫。夺得红斯特鲁吉后，斯维里多夫集团军再度发起追击。2月24日，德国第28军力图沿诺沃谢利耶—特萨佩利卡—阿列克谢耶夫卡一线阻挡第67集团军的推进，但经过2天激战，该军被迫放弃这条防线，撤往西面的新防御。2月23日至29日，斯维里多夫集团军在这6天内向前推进了65～90公里。在此期间，哈佐夫步兵第110军和帕宁步兵第7军从行进间强渡切列哈河（Cherekha），尔后切断了普斯科夫—奥波奇卡铁路线。3月初，第67集团军逼近普斯科夫—奥斯特罗夫筑垒地域东北和东部边缘，立即着手准备突破德军强大的防线。

马斯连尼科夫和斯维里多夫集团军将德国第18集团军第26、第28军向西逐往普斯科夫和奥斯特罗夫之际，列宁格勒方面军左翼诸集团军以一种交错的顺序恢复进攻。将科济耶夫的步兵第256师从包围圈内救出后，斯塔里科夫第8集团军于2月15日向西南和南面发起追击，但罗金斯基第54集团军没有参与此次进攻，因为该集团军正对进攻行动加以准备。

“弗赖斯内尔”集群编成内的第28猎兵师，利用该地域的沼泽地形，顽强而又巧妙地抗击着第8集团军的推进，试图阻止斯塔里科夫的部队切断卢加东南方至关重要的梅德韦季—尼古拉耶沃军用公路。第28猎兵师一次次发起反冲击，激烈的战斗在军用公路接近地的大乌托尔戈什（Bol'shoi Utorgosh）和尼古拉耶沃地段持续了5天。2月20日晚，戈沃罗夫下达新命令，要求斯塔里科夫前出至希姆斯克和维多尼（Vidoni）一线，不得迟于2月23日。斯塔里科夫第8集团军于2月27日晚些时候完成了这项任务，但完全是因为德军“赫尔佐克”集群迅速将其部队撤往西南方所致。斯塔里科夫集团军发起追击，3天内取得了20～25公里进展。由于集团军推进期间的作战地段缩窄，戈沃罗夫便把帕宁步兵第7军转隶斯维里多夫第67集团军，并把斯塔里科夫第8集团军撤入方面军预备队，2月24日24点生效。戈沃罗夫的意图是将斯塔里科夫集团军调至纳尔瓦地域，加强费久宁斯基的突击第2集团军。

完成整顿和进攻准备后，2月17日，罗金斯基第54集团军在列宁格勒方面军最左翼恢复进攻。罗金斯基的任务是以其主力沿韦什基和索利齐方向遂行突击，2月19日前夺取乌托尔戈什—索利齐—希姆斯克一线，从而掩护斯塔里科夫的右翼[52]。若取得成功，第54集团军的推进将对撤离旧鲁萨的德国第10军构成威胁，后者已于当日发起后撤。但是，尽管罗金斯基付诸全力，德国第10军还是在有序撤离其主力的同时，沿姆沙加河和舍隆河一连阻挡了第54集团军辖内部队3天之久。但在后撤期间，第10军的部队不得不沿旧梅德韦季（Staryi Medved'）至戈罗季谢（Gorodishche）的公路行动，冒着夹射火力穿越游击第5旅的活动地域，该旅对德国人的一切举动加以骚扰，使其后撤延误了数小时。

2月20日，戈沃罗夫给罗金斯基集团军下达新命令，要求该集团军朝索利齐和波尔霍夫这个总方向推进，务必于2月25日前夺取大帕维（Bol'shie Pavy）—博罗维奇—德诺一线。尔后，第54集团军将在其右翼推进，赶在2月28日前到达扎克利尼耶（Zaklin'e）—波尔霍夫—德诺一线。一连追击4天，取得60公里进展后，罗金斯基的部队与科罗特科夫突击第1集团军辖内部队相配合，于2月24日晨攻克德诺。

罗金斯基的部队继续追击，一路向西赶往波尔霍夫，试图与斯维里多夫第67集团军相配合，夺取奥斯特罗夫和普斯科夫—奥斯特罗夫筑垒地域南部，尔后强渡韦利卡亚河。打垮德军沿舍隆河部署的掩护部队后，第54集团军于2月26日晨夺得波尔霍夫，经过3天战斗，该集团军又向前推进65公里，前出至德军“豹”防线东部边缘。

2月份下半月，列宁格勒方面军缓慢推进期间，空军第13集团军为其提供了大量空中支援。15天内，该集团军出动3200多飞行架次，而德国空军只投入500架次。同一时期，前线航空兵声称击落38架德军战机，2月26日对塔尔图机场发起空袭，又击毁、击伤26架敌机[53]。

16天内，列宁格勒方面军突击第2、第42、第67、第8、第54集团军克服了德军沿预有准备的防线和困难地形上实施的抵抗，向前推进50~160公里，给德国第18集团军造成严重损失。但是，在大本营和戈沃罗夫本人看来，诸集团军的进展太过缓慢，未能实现他们的优先目标。具体说来，费久宁斯基突击第2集团军没能突破德军沿纳尔瓦河构设的防御，夺取纳尔瓦并发起解放爱沙尼亚的行动。马斯连尼科夫第42集团军、斯维里多夫第67集团军和斯塔里科夫第8集团军没能从行进间突破普斯科夫和奥斯特罗夫筑垒地域。而罗金斯基第54集团军也没能扰乱德国第10军从旧鲁萨向西实施的后撤。

戈沃罗夫辖内部队没能完成他们的任务，原因很多。虽说地形条件起到主要作用，但德国人娴熟的殊死抵抗，以及苏军自身一系列常见问题，例如指挥控制欠佳、各部队协同不力、火力和后勤支援不足，同样造成了影响。但在战役这一阶段，苏军指挥员在这三个方面的表现得到显著改善。除去这些熟悉的问题，影响红军取得成功的最主要因素是，在困难地形和恶劣的冬季气候条件下持续45天、近乎接连不断的战斗，导致各部队疲惫不堪，实力严重下降。各兵团作战力量遭到严重削弱，坦克部队的实力逐渐下降，弹药供应经常不足，指挥员们不得不在准备欠佳的前提下对敌人预有准备的防御发起进攻，而突破这些防御往往需要更加细致的准备。截至2月底，戈沃罗夫的大多数步兵师，兵力已降至2500~3500人[54]。

德方战役记述准确总结了戈沃罗夫的问题和他在两周内取得的战果：

> 在普斯科夫湖以东的沼泽和密林中，列宁格勒方面军的部队遭遇到一些问题，但2月24日，他们开始对［普斯科夫］城北面施加沉重的压力，并跨过湖区发起试探性进攻。据情报部门报告，斯大林打电话给戈沃罗夫，亲自命令他夺取普斯科夫。2月26日，普斯科夫和第16集团军右翼遭受的威胁使希特勒极为紧张，故而要求莫德尔加快后撤速度。[55]

波罗的海沿岸第2方面军攻向伊德里察

给焦头烂额的莫德尔雪上加霜的是，列宁格勒方面军从卢加向普斯科夫的成功推进，为波波夫波罗的海沿岸第2方面军打击德国第16集团军创造了良机，2月17日后，该集团军被夹在苏军两个方面军之间的突出部内。苏军最高统帅部大本营显然意识到了眼前的机会，因此，2月17日4点，大本营命令波罗的海沿岸第2、第1方面军做好准备，在毗邻列宁格勒方面军左翼处发起一场进攻：

最高统帅部大本营命令：

1. 波罗的海沿岸第2方面军应以两个集团军（不少于20个步兵师）突破扎德罗湖（Zhadro）和波德列奇耶地段（Podrech'e，含）的德军防御，对韦利卡亚河以西发起主要突击，夺取奥波奇卡和济卢佩（Zilupe）一线，并在伊德里察（Idritsa）北面渡过韦利卡亚河。尔后，占领雷泽克内并攻往卡尔萨瓦（Karsava），与列宁格勒方面军左翼部队相配合，歼灭敌奥斯特罗夫集团……

……

3. 将两个集团军（不少于16～17个步兵师）变更部署至斯维布洛湖（Sviblo）和亚兹诺湖（Iazno）地域后，波罗的海沿岸第1方面军应突破敌人布设在波德列奇耶和格卢霍夫卡（Glukhovka）地段的防御，朝谢别日这一总方向发起主要突击，夺取帕谢涅（Pasiene）—利斯诺湖（Lisno）—克利亚斯季齐（Kliastitsy）一线。尔后向达格德（Dagdy）发起进攻，在德文斯克（Dvinsk）和德里萨（Drissa）地段前出至西德维纳河……

……

5. 2月28日—29日开始进攻……

I.斯大林、A.安东诺夫[56]

截至2月17日，波波夫的部队面对着德国第16集团军第10、第2、第44[①]和第8军，德军据守的阵地，从伊尔门湖南岸向南延伸至涅韦尔以西苏军占据的突出部之西端。更南面，I.Kh.巴格拉米扬大将的波罗的海沿岸第1方面军，面对着德国第16集团军右翼（第1军）和第3装甲集团军左翼，这股德军扼守的防

① 译注：应为第43军。

区从涅韦尔突出部西端向东南方延伸至维捷布斯克。第16集团军辖有12个步兵师和2个师级集群，主力面对着波波夫的波罗的海沿岸第2方面军。

不过，“北方”集团军群司令莫德尔预料到波波夫的进攻，并做出了相应部署：

2月19日，“北方”集团军群突然而又清醒地意识到，一种旧有的危险一直潜伏在上个月所发生的危机之背景下。当日，几个月来的第一次，苏军对第3装甲集团军位于维捷布斯克周边防御的进攻停顿下来；空中侦察发现，2000或3000辆卡车组成的车队开拔，大多驶向北面和西北面。“北方”集团军群情报部门估计，苏军两个集团军可以在几天内调至第16集团军右翼。莫德尔预见到两个可能性。可能性最大的是第一个，在涅韦尔—普斯托什卡地区加强已经很强大的兵力集结后，波罗的海沿岸第2方面军企图突入普斯托什卡下方的“豹”防线，趁第16集团军来不及在那里站稳脚跟前向北卷击。第二个可能性，德国人称之为“大解决方案”，苏军有可能径直穿过德文斯科攻向里加，将“北方”集团军群切断在波罗的海诸国。[57]

除了分析苏军最高统帅部大本营的意图外，莫德尔还预料，苏军在第16集团军右翼展开活动，可能是苏军大本营对包围第18集团军的企图变得心灰意冷的一个标志。可是，苏军随后在北面发起的行动迅速打消了莫德尔的这种想法。莫德尔采取了他所能采取的唯一恰当的措施。2月17日，他命令第16集团军着手将其部队后撤，首先撤离旧鲁萨地域苏军对面的守军。

苏军情报部门发现德国人准备撤离旧鲁萨时已为时过晚，来不及采取任何相应措施。第10军撤退后，科罗特科夫突击第1集团军于次日发起追击，以其先遣支队与后撤中的德军后卫部队展开战斗。2月18日占领旧鲁萨后，科罗特科夫集团军攻向德诺和杰多维奇。2月19日，部署在科罗特科夫左翼，德国第2军对面的V.A.尤什克维奇中将的第22集团军，加入科罗特科夫的追击行动。尤什克维奇集团军辖下M.N.克列什宁少将的步兵第44军，从霍尔姆西南方45～55公里处的阿维诺沃（Avinovo）和伊格纳托沃（Ignatovo）发起推进。尤什克维奇右翼，K.G.切列帕诺夫上校的步兵第26师刚刚从科罗特科夫集团军转隶第22集团军，也于2月20日2点投入行动，攻向霍尔姆以西地域。克列什宁步兵军的任务是突破敌防御，向北推进，切断霍尔姆以西之敌与撤离旧鲁萨的德军之间的联系[58]。

就在仍隶属于“弗赖斯内尔”集群的第10军从旧鲁萨地域向西实施棘手的后撤时，第2军正竭力抗击苏军第22集团军的突击，并掩护第10军之南翼。科罗特科夫突击第1集团军对第10军第30步兵师、党卫队第15拉脱维亚师、第21空军野战师发起追击，到2月20日晚些时候取得25～45公里进展，最终与罗金斯基位于列宁格勒方面军左翼的第54集团军取得联系。此时，第22集团军辖下的克列什宁步兵第44军已克服德国第43军第218和第331步兵师的防御，向前推进6～7公里。德国人实施了巧妙的迟滞行动，投入营级战斗群，在坦克和飞机支援下阻挡克列什宁的推进。克列什宁步兵军并未停止追击，于2月21日晨切断霍尔姆—洛克尼亚（Loknia）公路。北面，切列帕诺夫步兵第26师从德国第2军第218步兵师一个团手中夺得霍尔姆[59]。

接下来几天，德国人迅速向西退却，并在各支撑点和中间防线实施临时性阻击，以掩护部队后撤。德方记述称：

梅列茨科夫2月17日试图［以斯塔里科夫第8集团军］在伊尔门湖以西的希姆斯克取得突破。一连3天，第16集团军侧翼部队撤离旧鲁萨时，维持两个集团军之间联系的战斗摇摆不定。20日，两个集团军［第16和第18集团军］开始撤离伊尔门湖时，［将两个集团军隔开的］危机已然过去。[60]

莫德尔位于旧鲁萨以西最主要的中间防线，沿南北向铁路线从德诺延伸至纳斯瓦（Nasvy）。莫德尔深知德诺的重要性，因而将第8猎兵师、第21空军野战师的1个团和2个保安团集结在城内，又把第30步兵师部署在南面。2月23日晚些时候，科罗特科夫突击第1集团军辖下P.A.斯捷潘年科少将的近卫步兵第14军和罗金斯基第54集团军编成内的罗日杰斯特文斯基步兵第111军，对德军围绕德诺的防御发起向心突击，但被德军猛烈的反冲击所击退。次日，近卫步兵第14军步兵第182师、步兵第137旅、坦克第37团和步兵第111军步兵第288、第44师、坦克第16旅再度发起突击，一举攻克该城。2月24日在该地域夺得另一些村庄后，科罗特科夫集团军（包括尤什克维奇第22集团军部分部队）于2月24日晚至25日凌晨夺取了重要的区域中心杰多维奇[61]。

2月26日，波波夫波罗的海沿岸第2方面军继续扩大战果。科罗特科夫集团军辖下的斯捷潘年科近卫步兵第14军和V.K.切斯诺科夫上校的步兵第208师，在杰多维奇西北方强渡舍隆河，粉碎了德军在河西岸的抵抗，并向前推进12公里，夺得波尔霍夫—奇哈切沃公路上的洛戈维诺（Logovino）—新克里韦茨（Novyi Krivets）地段。遂行防御的德军第30步兵师和第21空军野战师别无选择，只得迅速向西退却。与此同时，科罗特科夫左翼，A.D.季莫申科上校的步兵第391师对党卫队第15拉脱维亚师发起攻击，迫使该师后撤，并歼灭了奇哈切沃的小股守军。科罗特科夫左侧，与德军后卫部队激战2天后，尤什克维奇第22集团军突破了德国第43军设在苏什切沃（Sushchevo）与洛克尼亚之间的中间防线，并沿整条战线向前推进了10～20公里。当天，E.F.布克什特诺维奇少将位于第22集团军左翼马耶沃车站地域（Maevo）的步兵第100军，与毗邻的卡扎科夫近卫第10集团军辖下P.P.巴赫拉梅耶夫少将的步兵第93军一起加入突击。第22集团军辖内部队迅速从后撤的德国第43军手中夺得别扎尼齐（Bezhanitsy）、洛克尼亚、苏什切沃车站、马耶沃和扎别利耶（Zabel'e）[62]。

如果说莫德尔尚能应付苏军对第16集团军扩大的进攻，那么，2月26日奇比索夫突击第3集团军辖下F.A.祖耶夫少将步兵第79军加入战斗，在近卫第10集团军左侧向北发起的进攻不啻为雪上加霜。不过，面对德军第329步兵师的顽强抵抗，祖耶夫步兵军进展甚微。虽然近卫第10和突击第3集团军正对部队进行整顿，但两个集团军都投入了进攻。2月26日日终前，波罗的海沿岸第2方面军第22、近卫第10、突击第3集团军持续施加的压力将德军彻底驱离德诺—新索科利尼基铁路线和新索科利尼基—马耶沃—扎别利耶铁路线地段。德国第16集团军第43军无计可施，只得撤往西面的新防御阵地。

波罗的海沿岸第2方面军追击期间，2月27日，突击第1和第22集团军向前推进10～22公里，近卫第10集团军取得5～18公里进展，重要的普斯托什卡镇和毗邻的许多村镇都落入波波夫前进中的部队手中。由于德军连续后撤，苏军最高统帅部大本营于2月27日命令波罗的海沿岸第2方面军继续追击德军，不必改变进军方向，也不必变更部署。大本营命令波波夫，只有遭遇到敌筑垒防线时才应实施炮火准备，同时掩护他向雷泽克内和卡尔萨瓦进军的部队之南翼。

可是，波波夫的部队无法完成大本营的命令。德国第8军加入后，第43军辖内部队加强了沿苏军突击第1和第22集团军对面防线的抵抗，并将其部队向西后撤，顺利退过韦利卡亚河[63]。虽然2月29日日终前，科罗特科夫突击第1集团军取得40公里进展，并将普斯科夫—奥波奇卡铁路线切断，尤什克维奇第22集团军向前推进12公里，并夺得新勒热夫（Novorzhev），但位于波波夫左翼的突击第3和近卫第10集团军没能取得任何进展。遭遇德军顽强抵抗后，突击第1集团军也于3月初转入防御。

波罗的海沿岸第2方面军2月份下半月未能完成受领的任务，原因之一是该方面军在追击期间缺乏足够的空中支援。例如，2月17日至3月1日这14天内，空军第15集团军实施空中侦察，为游击队运送补给物资，轰炸、扫射敌军部队，也为苏军地面部队提供空中掩护，共出动了1200飞行架次[64]。但是，这种支援并不足以支持大本营设想的那种推进。尽管如此，追击期间，波罗的海沿岸第2方面军的右翼部队从旧鲁萨至韦利卡亚河，向前推进了180公里，位于中央的部队从霍尔姆至新勒热夫，取得125公里进展，其左翼部队从马耶沃至普斯托什卡，向前推进了30公里。虽然波波夫方面军给德国人造成了一些损失，但未能完成大本营赋予的任务。在此过程中，据官方统计，1月14日至2月10日，突击第1集团军共投入54900人，伤亡5012人，其中1283人阵亡、被俘或失踪，3759人负伤或患病；2月10日至3月1日，波罗的海沿岸第2方面军共伤亡29710人，其中6659人阵亡、被俘或失踪，23051人负伤或患病[65]。

大多数苏联历史和战役研究称，列宁格勒方面军和波罗的海沿岸第2方面军3月初在德军纳尔瓦、普斯科夫—奥斯特罗夫筑垒地域前方转入防御：“3月份头几天，列宁格勒和波罗的海沿岸第2方面军辖内部队在既有阵地转入防御，开始为解放苏联波罗的海地区的后续作战行动加以准备。”[66]

可是，这个简单的陈述虽然不能说不诚实，但颇具误导性。与先前许多次战略进攻行动一样，最高统帅部大本营不愿承认红军的进攻势头已衰退。因此，整个3月和4月大多数日子里，从纳尔瓦至奥斯特罗夫，两个方面军沿这条宽大战线对德军防御发起猛烈突击。

苏军力图突破德军“豹”防线，3月1日—4月18日

纳尔瓦争夺战

2月底，戈沃罗夫和波波夫的部队逼近德军“豹”防线时，苏军最高统帅部大本营下达了一系列指令，命令红军发起进攻，抢在德国人大肆吹嘘的防线获得彻底加强前将其突破。于是，北起纳尔瓦，南至奥斯特罗夫，红军沿整条战线发起进攻。

在2月22日签发的一道训令中，大本营批准了戈沃罗夫的总体计划，投入费久宁斯基突击第2集团军、科罗夫尼科夫第59集团军、斯塔里科夫第8集团军（待其到达后），彻底粉碎德军设在纳尔瓦的防御。可是，缓慢的部署变更，加之费久宁斯基损失严重的部队必须进行必要的整顿，导致新进攻行动推延至3月初。戈沃罗夫的进攻构想是以3个集团军扩大登陆场，夺取纳尔瓦，将攻势拓展至爱沙尼亚：

沿原方向一路向北前出至纳尔瓦湾并进一步扩大登陆场的行动，成功的前景不大，因为敌人已在这片12公里宽的狭窄地段投入2个师〔党卫队“统帅堂”装甲掷弹兵师［应为党卫队“诺德兰”装甲掷弹兵师、“统帅堂”装甲掷弹兵师、党卫队“尼德兰”装甲掷弹兵旅］和第170步兵师〕，构设起一道连贯的防御。为击败敌人集结在纳尔瓦周围的强大军队集群，有必要从已占领的登陆场沿一条宽大战线展开行动，这需要投入额外的力量和补充、整顿部队的时间。

因此，我已决定：

1. 暂时停止沿纳尔瓦方向的进攻，着手对后续行动加以准备。

2. 为发展后续行动，扩大已夺取的登陆场：

a. 从登陆场东面的奥韦雷向纳尔瓦拓展，任务是向东北方扩大登陆场，前出至纳尔瓦—沃达瓦（Vodava）公路。

b. 从登陆场西面的锡尔加拉（Sirgala）—克里瓦索（Krivaso）一线展开行动，任务是前出至约赫维—库尔米亚耶（Kurmiae）—丘拉（Kiula）公路，肃清纳尔瓦河之敌（从克里瓦索至该河上游）。

c. 沿登陆场北面，从奥韦雷车站至克里库丘拉（Kiriku–Kiula）的铁

路地段暂时掘壕据守，掩护东面和西面扩大登陆场的行动。待沿这些方向的行动发展后，前出至纳尔瓦湾海岸。

3. 第59集团军应以两个步兵军从登陆场西面发起进攻，以第三个步兵军发展突破。

突击第2集团军应以两个步兵军从登陆场东面发起进攻。沿该方向粉碎残敌，同时消灭纳尔瓦突出部后，第59集团军向西发展进攻时，突击第2集团军应从第59集团军右翼后方朝约赫维发展进攻。

编有两个步兵军和领率机关的第8集团军，应于2月24日—25日从普斯科夫变更部署至纳尔瓦方向，克服楚德湖以北地峡后，应做好从第59集团军左翼后方朝西南方发展进攻的准备。

到达金吉谢普地域后，近卫坦克第3军应实施集结，遂行相同的任务。

4. 向东北方扩大登陆场的必要准备工作完成后，我将在第59集团军展开行动前2～3天以突击第2集团军发起进攻，以此掩护第59集团军的突击，并荫蔽总体行动概念。

5. 进攻行动准备就绪的日期将受到整顿部队的必要性之限制。

突击第2集团军可于2月25日向东发起进攻，第59集团军2月28日投入行动。

戈沃罗夫、日丹诺夫、古谢夫[67]

不出戈沃罗夫所料，这些问题迫使他将进攻推延至3月1日。第59集团军战史描述了戈沃罗夫赋予科罗夫尼科夫和费久宁斯基的部队在行动中的任务：

集团军各兵团的主要力量［在2月底］奉命拓宽登陆场，可是，在一系列地段实施的单独进攻未取得成功。因此，根据方面军司令员的命令，3月初，集团军试图以步兵第43和第109军朝北面的拉斯捷科洛宁（Lastekolonin）方向发起一场集中突击，那是敌人位于芬兰湾的支撑点。两个步兵军的任务是突破敌防御，切断纳尔瓦—塔林铁路线，前出至扼守纳尔瓦敌集团后方的海岸。与此同时，突击第2集团军辖内部队将攻向纳尔瓦。[68]

3月1日晨，费久宁斯基和科罗夫尼科夫集团军按计划发起进攻。突击第2

集团军遂行突击的两个步兵军在进攻首日只取得有限战果，但3月2日，戈沃罗夫再度命令费久宁斯基集团军“夺取纳尔瓦，歼灭纳尔瓦筑垒地域之守军”[69]。尽管如此，经过3天激战，费久宁斯基的突击发生动摇。科罗夫尼科夫第59集团军辖下的安德烈耶夫第43步兵军和阿尔费罗夫步兵第109军也于3月1日拂晓投入行动，20分钟炮火准备后，他们从锡尔加拉以东3公里—米特列茨基（Mitretskii）—拉兹别盖（Razbegai）—梅察瓦赫特（Metsavakht）一线的阵地发起进攻。由于炮火准备明显不足，进攻部队遭遇德军猛烈抵抗，特别是在锡尔加拉和普特基（Putki）地段，致使进展极为有限。面对德军猛烈的反冲击、炮火和空中打击，科罗夫尼科夫试图在3月1日晚些时候和3月2日恢复进攻，但无济于事。之后，3月4日至6日，德军对科罗夫尼科夫辖内部队发起猛烈反冲击，第59集团军作战地带的激战持续至4月8日，丝毫没有减退。

尽管先前遭遇了挫败，但3月18日费久宁斯基的突击第2集团军又恢复了进攻，以刚刚从斯塔里科夫第8集团军转隶而来的米库利斯基步兵第6军率领这场突击。该军辖下的步兵第256师仍由科济耶夫指挥，从奥韦雷—欣季努尔加（Khindinurga）一线发起进攻，力图扩大纳尔瓦河西面的登陆场，并在纳尔瓦以西的塔林—纳尔瓦铁路线夺得一小片地段。夺取至关重要的铁路路段后，3月24日，戈沃罗夫请求大本营批准将纳尔瓦地域的进攻行动暂停3～4周，以便为一场新攻势进行更彻底的准备[70]。虽然不清楚大本营是否批准了戈沃罗夫的请求，但德军随后发起的反突击使这一请求变得无关紧要。

第59集团军战史坦率评估了列宁格勒方面军命运多舛的纳尔瓦进攻战役的结果，这份评估明显夸大了德军遭受的伤亡，却对己方损失只字不提。实际上，苏军的伤亡可能相当严重：

> 血腥的战斗在整个3月和4月初持续进行。第59集团军辖内部队多多少少拓宽了登陆场的正面和纵深。但此举只有战术重要性，部队未能前出至纳尔瓦河以西的沼泽地带。
>
> 3月1日至4月8日的战斗中，第59集团军辖内部队给敌人造成重创。敌人损失2万多名官兵、82架飞机、63辆坦克、140门火炮、256门迫击炮、630挺机枪、5000多支步枪和大批其他装备。[71]

3月26日，德军“纳尔瓦”集群突然发起一场反突击，意图恢复沿纳尔瓦河的防御。该集群以第227和第11步兵师遂行突击，穿过第170和第58步兵师的防区发起进攻。据苏联方面的一份记述称，德军这场反突击仅仅拉直了防线而已，除此之外一无所获：

法西斯指挥部决定恢复铁路线，为此于3月26日发起一场反突击。两周内，敌人一次次投入进攻。敌人以重大损失为代价，设法楔入苏军部队的防御，但其部分部队遭围歼，余部撤回出发阵地。从4月12日起，敌人开始集中兵力肃清奥韦雷登陆场。[72]

击退德军反突击后，4月10日，第59集团军遵照戈沃罗夫命令将其作战地带交给斯塔里科夫第8集团军，并占据了新防御阵地，这片阵地从纳尔瓦河源头起，沿楚德湖东岸向南延伸。费久宁斯基突击第2集团军也于4月12日转入防御。

但是，莫德尔将苏军逐过纳尔瓦河的企图并未偃息。4月19日，经过一场30分钟的炮火准备，党卫队第3装甲军和第54军发起另一场大规模进攻，代号为“纳尔瓦”行动，意图肃清奥韦雷登陆场内的苏军部队[73]。虽然斯塔里科夫遂行防御的部队据称在4月19日击退德军17次进攻，但在随后5天的激战中，德国人的反突击迫使他的部队放弃了奥韦雷车站与瓦纳梅扎（Vanamyiza）之间的部分阵地。

德军大胆但徒劳无获的进攻给戈沃罗夫留下了深刻印象。德国人的反突击结束后，4月23日，戈沃罗夫开始在纳尔瓦东面沿卢加河东岸构设一道预备防线，并派刚刚赶来的爱沙尼亚步兵第8军据守这道新防线[74]。4月底，纳尔瓦地域的战线稳定下来，直到1944年7月，戈沃罗夫的列宁格勒方面军才再度发起攻克纳尔瓦的进攻行动。

普斯科夫、奥斯特罗夫和伊德里察争夺战

戈沃罗夫右翼诸集团军竭力粉碎纳尔瓦的德军防御时，他的左翼诸集团军和波波夫波罗的海沿岸第2方面军辖内诸集团军，对德军设在普斯科夫与伊德里察之间的“豹”防御阵地频频发起猛攻。

2月底未能从行进间克服德军防御后，戈沃罗夫于3月2日命令马斯连尼科夫第42集团军和斯维里多夫第67集团军，“解放普斯科夫和奥斯特罗夫，不得迟于3月10日，尔后强渡韦利卡亚河”[75]。俄罗斯方面对后续作战行动的记述差别较大。最新一份记述称，3月2日至17日间，从普斯科夫至奥斯特罗夫，第42和第67集团军对德军防御发起一连两周的猛烈进攻，但未能给德军防御造成破坏。这份记述认为这场进攻毫无意义，并称戈沃罗夫在3月17日命令两个集团军转入防御[76]。但是，较早的历史记述却提供了一幅截然不同的画面：

将兵力集结在左翼后，3月9日，列宁格勒方面军发起一场进攻，意图夺取普斯科夫，并牵制德军部队。从第一天起，激烈的战斗便沿普斯科夫方向肆虐，直至4月初才平息下来。方面军辖内部队突破了敌人设在普斯科夫以南强大的筑垒防御，向前推进13公里，切断了普斯科夫至奥斯特罗夫的公路和铁路线。这场突击牵制住“北方”集团军群的预备队，导致德军指挥部无法从这里向南抽调兵力，南面的德军态势已岌岌可危。[77]

南面，波波夫波罗的海沿岸第2方面军突击第1、第22、近卫第10、突击第3集团军也对奥斯特罗夫与伊德里察之间的“豹”防御阵地发起进攻。俄罗斯各方面对这场战斗的相关记述再次出现很大的不同，有的极不准确，还有的完全不正确。20世纪70年代的一份记述指出：

波罗的海沿岸第2方面军左翼，近卫第10和突击第3集团军于2月26日恢复进攻，截至3月1日，会同列宁格勒方面军辖内部队前出至奥斯特罗夫以东—新勒热夫—普斯托什卡一线。

根据最高统帅部大本营的命令，1944年3月1日，各部队在既有阵地转入防御，为新的进攻行动加以准备。[78]

近年来的一份记述简单地指出：“波罗的海沿岸第2方面军［2月29日后］试图突破［德军位于奥斯特罗夫以东、新勒热夫、普斯托什卡的防御］未取得成功。因此，沿西北方向的进攻戛然而止。”[79]

彻底研究得到公认的零星资料，包括新近公开的一些文件，就能发现1944年整个3月和4月大多数日子里，从奥斯特罗夫至伊德里察的整条战线确实发生了激烈的战斗。实际上，最高统帅部大本营和总参谋部派至波罗的海沿岸第2、第1方面军的代表S.K.铁木辛哥元帅和S.M.什捷缅科上将，3月3日向大本营提交了一份有关歼灭奥斯特罗夫与伊德里察之间德军部队的设想。这份电报包含了他们对波罗的海沿岸第2方面军在进攻行动中所发挥作用的建议：

1. 仔细研究态势，并对前两天的作战行动加以分析后，我们和马尔科夫、赫里斯托费罗夫同志一致得出结论，沿伊德里察方向的狭窄地段展开行动，在短时间内无法达成预期结果，只会导致大量人员伤亡，还将消耗大量弹药。

敌人已沿我军主要突击方向投入3个步兵师和1个装甲师，正在有利地形上展开行动。

我们认为有必要扩大进攻正面，以驱散敌军，并为两个方面军的进攻行动选择更有利的突击方向，从而完成大本营赋予的任务。

基于上述原因，我们提出以下进攻任务：

a. 波罗的海沿岸第2方面军：

总体任务——歼灭敌新勒热夫—伊德里察集团，夺取奥波奇卡这一重要交通中心，前出至韦利卡亚河，可能的话，沿其上游强渡该河。

方面军左翼部队应与波罗的海沿岸第1方面军协同夺取伊德里察。

为实现这项计划，我们将以下任务赋予诸集团军：

科罗特科夫突击第1集团军应以3个步兵师和1个步兵旅沿普斯科夫—伊德里察铁路线攻往普希金山镇（Pushkinskie Gory）和奥波奇卡。

留下1个步兵师和1个步兵旅掩护列宁格勒方面军之左翼。

尤什克维奇第22集团军应以4个步兵师突破新勒热夫以南的敌防御，会同突击第1集团军沿新勒热夫—奥波奇卡公路发起进攻，夺取奥波奇卡地域，并前出至沿新勒热夫和普斯托什卡一线设防之敌的后方，以此协助方面军左翼部队。

卡扎科夫近卫第10集团军应以9个步兵师在别列兹诺（Berezno）和塔拉瑟（Tarasy）地段发起进攻，并沿克拉斯诺耶（Krasnoe）和奥波奇卡方向遂行主要突击。

奇比索夫突击第3集团军应以9个步兵师沿塔拉瑟（含）和旧普斯托什卡（Staraia Pustoshka）一线突破敌防御，并向西、西南方发起主要突击，攻往普斯托什卡—伊德里察铁路线以北地域，协助波罗的海沿岸第1方面军夺取伊德里察。

尔后将朝卢德祖（Ludzu）这一总方向展开行动。

b. 波罗的海沿岸第1方面军……

2. 各分界线……

3. 方面军快速兵团（近卫骑兵第3军和坦克第5军）应沿伊德里察方向集结，根据具体情况，遵照相关命令发展胜利。

4. 变更部署应秘密进行，只有在进攻发起前一天才能替换部队……

进攻准备需要不少于4天时间；因此，1944年3月7日—8日可以发起进攻……

铁木辛哥、什捷缅科[80]

大本营于次日凌晨2点批准了铁木辛哥和什捷缅科的计划，但稍做修改，以便沿一条宽大的正面战线保持压力：

你们在5号加密报告中提交的战役计划会导致我们的部队过度集中，会削弱列宁格勒方面军与波罗的海沿岸第2方面军结合部的力量，这对我们似乎不太有利。

最高统帅部大本营特此命令：

1. 主要任务是以波罗的海沿岸第2方面军主力前出至伊德里察北面的韦利卡亚河左岸，并以波罗的海沿岸第2、第1方面军相协同，歼灭敌伊德里察集团。在任何情况下都不能削弱与列宁格勒方面军的结合部。

2. 为完成这项任务：

a. 科罗特科夫突击第1集团军应沿现有方向继续攻往沙尼诺（Shanino）和克拉斯诺戈尔斯科耶（Krasnogorodskoe），并与列宁格勒方面军左翼部队协同。

b. 尤什克维奇第22集团军应沿奥波奇卡这一总方向遂行突击，在那里强渡韦利卡亚河，同时向西南方和南方发展进攻。

c. 卡扎科夫近卫第10集团军和奇比索夫突击第3集团军也应发起进攻，任务是在拉兹里亚季诺（Razriadino，奥波奇卡以南17公里）地段及其南面前出至韦利卡亚河，强渡该河，到达敌伊德里察集团后方。突击第3集团军应以部分力量沿韦利卡亚河左岸攻往伊德里察，与加利茨基近卫第11集团军相配合，夺取伊德里察……

4. 务必于1944年3月7日—8日展开行动……

I.斯大林、A.安东诺夫[81]

3月初至4月18日，列宁格勒方面军和波罗的海沿岸第2方面军辖下的6个集团军，对德国第18和第16集团军第28、第38、党卫队第6、第2、第43、第8、第10军的防御发起近乎持续不断的进攻[82]。但是，微不足道的战果与戈沃罗夫和波波夫辖内部队遭受的严重伤亡毫不相称。这段时期的特点是，苏军频频变更部署，大本营一再督促加快进攻速度，苏军分别于3月6日、12日和4月7月发起大规模进攻[83]。不过，3月17日大本营批准了戈沃罗夫麾下第42和第67集团军暂时转入防御，因为这两个集团军的实力已彻底耗尽，根本无力破坏德国人依托普斯科夫和奥斯特罗夫筑垒地域构设的防御。两个集团军于4月7日再度投入进攻，但并未产生不同结果。

虽然苏联方面粗略描述了3月和4月间，沿纳尔瓦南延至奥斯特罗夫这条宽大战线发生的激烈战斗，但德方记述生动强调了这场战斗真正的激烈度，这是苏方历史资料普遍忽略的：

3月1日，"北方"集团军群终于退入"豹"防御阵地，但俄国人表明，他们绝不会让对方在那里得到休整。普斯托什卡北面，两个苏军集团军对第8军的防线发起打击。该镇南面，另外两个苏军集团军打击德国第10军。列宁格勒方面军将两个集团军集结在普斯科夫南面，并调遣更多部队涌过纳尔瓦河，冲出登陆场攻往北面、西北面和西面。历时1周的激战波及整个集团军群的防线。除局部遭受轻微损失外，德军守住了防线。3月9日，波罗的海沿岸第2方面军加大了对第16集团军右翼的压力，竭力达成突破……

月中，波罗的海沿岸第2方面军仍在猛攻第16集团军侧翼，而列宁格勒方面军试探着普斯科夫和纳尔瓦周围的缺口。但气候变得对俄国人不利。暖冬（对俄国人而言）过后，春季化冻早早到来。湖上的冰层覆盖着1英尺深的水。第16集团军报告，泥浆有时会淹没苏军坦克的炮塔。面对德军虚弱的防线，俄国人可能会继续推进，就像他们在乌克兰所做的那样，但“东墙”残存的“豹”防御阵地达到了德国人的期望。[84]

苏军最高统帅部大本营最终承认，波罗的海地区门前的诸方面军的确已是强弩之末，无法取得更大战果，4月18日午夜过后不久，斯大林命令戈沃罗夫和波波夫停止一切进攻行动：

最高统帅部大本营命令：

1. 鉴于进攻行动未获成功，收到这一指令后，波罗的海沿岸第2方面军应在前线所有地段转入坚定的防御。

2. 组织防御的同时，应特别留意新勒热夫和普斯托什卡方向。应在韦利卡亚河西岸登陆场构筑强有力的防御。

3. 准备纵深梯次防御。在前线地带构设不少于三道防线，总纵深应达到30～40公里。

4. 报告所下达的所有命令。

I.斯大林、A.安东诺夫[85]

虽然斯大林曾期盼列宁格勒和波罗的海沿岸第2方面军粉碎“豹”防线并奔向里加，但这份希望落了空。戈沃罗夫和波波夫的部队缺乏足够的力量彻底击败莫德尔“北方”集团军群。但斯大林并未浪费时间，而是竭力寻找完成此项任务的新战机。命令部队转入防御的第二天，他下令组建波罗的海沿岸第3方面军，以便更好地控制沿普斯科夫和奥斯特罗夫方向展开行动的红军部队。这个新方面军以第20集团军领率机关为基础组建而成，编有戈沃罗夫的第42、第67和第54集团军，斯大林将该方面军交由马斯连尼科夫指挥。随着列宁格勒州整个南部几乎得到彻底解放，斯大林已为日后发起大规模攻势进入波罗的海地区和芬兰卡累利阿铺平了道路[86]。

列宁格勒、沃尔霍夫和波罗的海沿岸第2方面军的列宁格勒—诺夫哥罗德进攻战役极其重要。首先，列宁格勒的解放提高了苏联人民的士气，激励了苏联的盟友，并给德国人的士气造成破坏性影响。另外，虽然这场进攻战役只代表红军冬季攻势的第一阶段，但它与红军沿西战略方向进入白俄罗斯、沿西南战略方向进入乌克兰的大规模进攻同时进行，并为后者提供了支援。

45天内，3个方面军粉碎了敌人在过去两年里构筑的纵深梯次防御，击败“北方”集团军群第18集团军及第16集团军一部，彻底打破了列宁格勒遭受的封锁。截至2月底，红军解放了列宁格勒州整个南部和加里宁州部分地区，并进入苏维埃爱沙尼亚，在此过程中将数百万苏联公民从德寇的奴役或更糟糕的情况下解救出来。这场进攻打通了莫斯科—列宁格勒铁路线，使波罗的海舰队获得了行动自由，并为将芬兰逐出战争创造了先决条件。

在这场进攻战役中，3个苏联方面军给德国第18和第16集团军造成严重损失，彻底歼灭3个德军师，重创第18集团军的12个师、第16集团军的5个师。列宁格勒和沃尔霍夫方面军报告，1月14日至2月14日间，他们共缴获180辆坦克、1800门火炮、4660挺机枪、2.2万支步枪和冲锋枪、181万发炮弹、1700万发子弹、2648辆汽车、615节火车车皮、353座仓库，还俘虏7200名德军士兵[87]。

列宁格勒—诺夫哥罗德进攻战役第二阶段，红军完成了一些值得关注的壮举。虽然在战役第一阶段未能歼灭德国第18集团军，但在第二阶段，红军迫使该集团军退至纳尔瓦，经卢加撤至“豹”防线。红军到达纳尔瓦、普斯科夫和奥斯特罗夫时，已在47天内沿400公里长的战线向前推进了300公里，各部队平均每天前进6.5公里。

从整个战役看，奉命遂行主要突击的各集团军，组成两个梯队步兵军的战役布势，并以大量炮兵群提供火力支援。突击第2和第42集团军组建起反坦克预备队、坦克预备队和快速障碍设置支队，第42集团军还组建了一个强大的快速坦克群和一支诸兵种合成预备队。这样一支预备队的存在，使近卫步兵第30军得以采用单梯队布势遂行突击。各集团军辖内的步兵军，根据具体情况采用一个、两个或三个梯队队形，一般说来，各步兵师采用单梯队战斗队形，并留有一支预备队，以达成最大突击势头。

不过，有些集团军未能及时或以有效的方式投入其第二梯队，从而削弱了遂行主要突击的力量。例如，突击第2集团军在两天时间内投入第二梯队的步兵第108军（1月18日—19日投入步兵第196师，1月19日投入步兵第168师）。再例如，第42集团军将诸兵种合成预备队投入战斗时，每次一个团，结果导致指挥控制工作失败。这一错误，加之侦察工作糟糕、炮兵和工程兵支援不足、指挥控制不力，破坏了快速坦克群的效能。另外，沃尔霍夫方面军第59集团军沿次要方向投入其第二梯队的步兵第112军，结果削弱了集团军的效力，拖缓了该集团军的进军步伐。

苏军集团军司令员们通常没有利用他们的炮兵、坦克兵、工程兵和航空兵提供支援，试图攻克德军支撑点和筑垒地域时忽略了实施机动。结果，步兵穿过沼泽和密林的推进，其进展沦为一点点“噬啃”德军连贯的防线。步兵们通常不得不在没有足够炮兵、坦克兵和工程兵支援的前提下向前推进。面对这些状况，前运弹药和食物、后撤伤员的工作变得相当困难。虽然炮兵在支援突破德军强大防御、削弱敌支撑点时很有价值，但事实证明，作战行动穿越复杂地形期间，炮兵的作用大为下降，这是因为他们落在步兵部队后方20～25公里处。气候条件恶劣和轰炸机不足也限制了航空兵的支援力度，尽管远程航空兵稍稍缓解了这一窘况。

红军总参谋部后来发现了进攻行动中的重大缺陷，这些缺陷在复杂地形上对作战行动造成了相当妨碍[88]。工兵侦察工作糟糕和工程兵力量不足，导致坦克和火炮难以实施机动，有时候甚至包括步兵。由于纵向机动往往比横向机动更容易些，因此，快速支队沿寥寥无几的道路展开行动的价值急剧上升。遍布沼泽和密林的道路，即便冻结，也会限制有效交通的建立。恶劣的地形和各部队沿不同方向的频繁调动，导致苏军无法使用有线通讯，迫使推进中的各部队不得不依靠数量不足的无线电台。

红军总参谋部发现的许多其他缺陷，在以往作战行动中也表现得非常明显。例如，情报部门对地形和德军防御没有加以充分侦察，这给炮火准备和火力支援的有效性造成不利影响。指挥员们倾向于分散自己的力量，显然试图在各处发起冲击并赢得胜利，经常忽略沿主要突击方向集结足够的兵力，以取得决定性突破和推进。行动中，指挥员们对辖内部队的指挥控制较弱，要么彻底忽视夜间行动，要么实施得全然无效。更糟糕的是，坦克和火炮经常落在后方很远处，这就导致步兵在最需要的时候却得不到坦克和火炮支援。最后一点，战役期间，补给物资不是到得太迟，就是数量不足，迫使各部队不得不在缺乏必要的弹药、燃料和食物的情况下展开行动。寻找食物不可避免地导致各部队的战斗力进一步下降。这些问题严重降低了红军的前进速度，使他们无法围歼许多脆弱不堪的德军部队。最重要的是，事实证明，方面军、集团军和军级参谋人员缺乏指挥大规模进攻战役的经验。

这些常态中，一个明显的例外是游击队在行动中发挥的积极作用。游击旅、团、支队和小组在苏军进攻准备期间实施了广泛的侦察和牵制行动。例如，列宁格勒游击运动司令部报告，1944年1月14日至3月1日，列宁格勒州的2.2万名游击队员击毙21556名德国人，炸毁58563节铁轨、51条铁路、247座公路桥、136列火车、509公里电报线路、1620辆汽车、811辆大车、28座仓库、33辆坦克和4架飞机[89]。

尽管苏军指挥员在列宁格勒—诺夫哥罗德进攻战役期间遇到了许多问题，完成这场战役所需要的时间远远超过大本营的预料，但3个方面军完成了他们的主要任务。到3月1日，他们已将德国“北方”集团军群驱离列宁格勒州南部。虽说他们没能攻克纳尔瓦、奥斯特罗夫和普斯科夫，也没有突破“豹”防线，但这种情况并非独一无二。与以往的战略进攻一样，苏军最高统帅部大本营经常试图随时随地发展进攻，根本无视其部队的状况。这种做法在1944年冬季在列宁格勒地区失败的同时，其他作战地段也迅速证明此举行不通。积极的一面是，大本营借此更加清楚地了解到，红军日后沿西北方向展开后续行动会有多么困难，从而对相应的计划和兵力做出调整。

列宁格勒—诺夫哥罗德进攻战役实现了战略目标，但对参与其中的各部队来说，付出的代价相当高昂。1944年1月14日至3月1日，参与进攻的3个方面军共投入822100人，伤亡高达313953人。这个可怕的伤亡总数中，阵亡、被俘或失踪者达76886人，237267人负伤或患病[90]。不过，与以往作战行动相比，以苏联人的标准看，这些损失可以承受。但是，官方统计的这一损失数据，并不包括3月和4月力图突破“豹”防线期间遭受的伤亡，而这一伤亡很可能高达20万[91]。

德国“北方”集团军群也遭受了严重损失。从1943年10月底至1944年5月1日，其实力从61万名士兵、146辆坦克（108辆可用）和2389门火炮下降至57.8万人（包括2.9万名辅助人员）、432辆坦克（203辆可用）和2040门火炮。同一时期，德军东线外军处估计，对面的苏军力量从95.9万人、650辆坦克和3680门火炮/迫击炮增加至131.8万人、2200辆坦克和7500门火炮/迫击炮[92]。这就意味着苏军的兵力优势从1.5∶1增加到近3∶1，坦克力量优势从4.5∶1上升至5∶1，火炮数量优势从3∶1升至3.6∶1。鉴于这种对比，德国“北方”集团军群的彻底失败仅仅是时间问题而已。

本章原注

1. 最高统帅部大本营的相关指令，可参阅：佐洛塔廖夫，《最高统帅部大本营：1944—1945》，第27—38页。

2. 屈希勒尔、希特勒、OKH之间的交流，详情可参阅：齐姆克，《从斯大林格勒到柏林：德国在东线的失败》，第256—257页。

3. 同上，第258页。

4. 同上。

5. “最高统帅部大本营发给沃尔霍夫方面军司令员的220015号指令，关于解放卢加”，收录在：佐洛塔廖夫，《最高统帅部大本营：1944—1945》，第38页。大本营于1月29日24点给梅列茨科夫下达了这道训令。

6. “最高统帅部大本营发给列宁格勒和沃尔霍夫方面军司令员的220016号指令，关于步兵第124军转隶和发起解放卢加的作战行动”，收录在：佐洛塔廖夫，《最高统帅部大本营：1944—1945》，第39页。这封电报于2月1日17点15分发出。

7. “最高统帅部大本营发给沃尔霍夫、波罗的海沿岸第2方面军司令员和大本营代表的220017号指令，关于突击第1集团军的转隶”，收录在：佐洛塔廖夫，《最高统帅部大本营：1944—1945》，第39页。这封电报于2月1日17点35分发出。大本营代表是N.N.沃罗诺沃。

8. 普拉东诺夫，《列宁格勒战役，1941年—1944年》，第382页。

9. 同上，第383页。详情可参阅：库兹涅佐夫，《列宁格勒战役中的突击第2集团军》，第256页。

10. 齐姆克，《从斯大林格勒到柏林：德国在东线的失败》，第259页。

11. 同上。

12. 普拉东诺夫，《列宁格勒战役，1941年—1944年》，第385页。

13. 齐姆克，《从斯大林格勒到柏林：德国在东线的失败》，第263页。

14. 普拉东诺夫，《列宁格勒战役，1941年—1944年》，第385页。

15. “最高统帅部大本营发给列宁格勒方面军司令员的220025号指令，关于解放纳尔瓦的期限”，收录在：佐洛塔廖夫，《最高统帅部大本营：1944—1945》，第44页。

16. 齐姆克，《从斯大林格勒到柏林：德国在东线的失败》，第262页。

17. 同上。

18. 德军部署和兵力编成详情，可参阅：《“北方”集团军群辖内部队态势图，1944年1月至7月的作战日志》，1944年2月的态势图。

19. 普拉东诺夫，《列宁格勒战役，1941年—1944年》，第386页。

20. 齐姆克，《从斯大林格勒到柏林：德国在东线的失败》，第259页。

21. 同上，第260页。

22. 同上。

23. 同上，第261页。另可参阅：《“北方”集团军群辖内部队态势图，1944年1月至7月的作战日志》，1944年2月的态势图。

24. 齐姆克，《从斯大林格勒到柏林：德国在东线的失败》，第261页。

25. 苏军部署和后续行动的详情，可参阅：普拉东诺夫，《列宁格勒战役，1941年—1944年》，第387页。

26. 同上。

27. 齐姆克，《从斯大林格勒到柏林：德国在东线的失败》，第261页。

28. 普拉东诺夫，《列宁格勒战役，1941年—1944年》，第388页。

29. 齐姆克，《从斯大林格勒到柏林：德国在东线的失败》，第261页。

30. 同上，第261—262页。

31. 同上，第263页。

32. 德军2月—3月的编成和部署详情，可参阅：《"北方"集团军群辖内部队态势图，1944年1月至7月的作战日志》，以及1944年2月22日—6月15日的敌情一手绘图，收录在："北方"集团军群司令部作战日志75131/49号，国家档案馆微缩胶片，T-311。

33. 普拉东诺夫，《列宁格勒战役，1941年—1944年》，第389页。

34. 同上，第391—392页。

35. 同上，第392—393页，阐述了各游击旅接受的具体任务。

36. 同上，第393—394页。

37. 同上，第394—395页，以及"北方"集团军群司令部作战日志，1944年2月22日—6月15日的敌情一手绘图。

38. 普拉东诺夫，《列宁格勒战役，1941年—1944年》，第395页。

39. 步兵第256和第372师在包围圈内战斗的详情，可参阅：F.N.乌坚科夫，《步兵第256和第372师在包围圈内的作战行动》，VIZh，第2期（1988年2月），第76—80页。

40. 普拉东诺夫，《列宁格勒战役，1941年—1944年》，第396页。

41. 同上，第395页。

42. 德军的再部署可参阅："北方"集团军群司令部作战日志，1944年2月22日—6月15日的敌情一手绘图。

43."最高统帅部大本营发给列宁格勒、沃尔霍夫方面军司令员的220023号指令，关于撤销沃尔霍夫方面军"，收录在：佐洛塔廖夫《最高统帅部大本营：1944—1945》，第43页；发给波罗的海沿岸第2方面军的相关指令，收录在：佐洛塔廖夫，《最高统帅部大本营：1944—1945》，第43—44页。指令中写道：

最高统帅部大本营特此命令：

1. 沃尔霍夫方面军辖内部队的转隶2月15日24点生效：

a. 转隶列宁格勒方面军：

·第59集团军，编有步兵第112军（辖步兵第2、第277师）、步兵第6军（辖步兵第286、第239师、步兵第24旅）；

·第8集团军，编有步兵第7军（辖步兵第372、第256、第378、第191师、步兵第58旅）、步兵第99军（辖步兵第311、第229、第265师）、步兵第14军（辖步兵第382、第225、第285师）、第2和第150筑垒地域；

·第54集团军，编有步兵第111军（辖步兵第44、第28师、步兵第1旅）、步兵第119军（辖步兵第198、第364师），以及方面军预备队的步兵第65和第310师。

b. 转隶波罗的海沿岸第2方面军：

·突击第1集团军，编有近卫步兵第14军（辖近卫步兵第23、步兵第208师、步兵第137旅）、步兵第391师和步兵第14旅。

2. 诸集团军的转隶包括所有加强部队、后勤部队、设施和预备队。

3. 沃尔霍夫方面军后勤司令部、部队及机构留在原地，暂时由列宁格勒方面军司令员指挥。

4. 沃尔霍夫方面军诸集团军完成转隶后，鉴于方面军撤编，方面军领率机关暂时留在诺夫哥罗德，隶属于最高统帅部大本营预备队。

5. 列宁格勒方面军与波罗的海沿岸第2方面军应建立以下分界线，1944年2月15日24点生效：舍隆河河口、德诺、奥斯特罗夫、普利亚维纳斯，尔后沿西德维纳河至里加（上述各点均由列宁格勒方面军据守）。

6. 汇报执行情况。

I.斯大林、A.安东诺夫

---

44. 普拉东诺夫，《列宁格勒战役，1941年—1944年》，第398页。

45. 同上，第398—399页。

46. 科罗夫尼科夫、列别杰夫、波利亚科夫，《在三条战线上：第59集团军的征途》，第149—150页。

47. 齐姆克，《从斯大林格勒到柏林：德国在东线的失败》，第264—265页。

48. “最高统帅部大本营发给列宁格勒方面军司令员的220035号指令，关于在楚德湖地域发起进攻”，收录在：佐洛塔廖夫，《最高统帅部大本营：1944—1945》，第50页。戈沃罗夫最初的提案可参阅：佐洛塔廖夫，《最高统帅部大本营：1944—1945》，第267—268页。在这道指令中，戈沃罗夫的优先目标是夺取纳尔瓦。

49. 普拉东诺夫，《列宁格勒战役，1941年—1944年》，第401页。

50. 同上。

51. 同上。

52. 同上，第402页。

53. 同上，第403页。

54. 同上。

55. 齐姆克，《从斯大林格勒到柏林：德国在东线的失败》，第264页。

56. “最高统帅部大本营发给波罗的海沿岸第1、第2方面军司令员的220026号指令，关于沿伊德里察和谢别日方向发展进攻”，收录在：佐洛塔廖夫，《最高统帅部大本营：1944—1945》，第44—45页。

57. 齐姆克，《从斯大林格勒到柏林：德国在东线的失败》，第264页。

58. 普拉东诺夫，《列宁格勒战役，1941年—1944年》，第404页。

59. 同上。另可参阅：“北方”集团军群司令部作战日志，1944年2月22日—6月15日的敌情一手绘图。

60. 齐姆克，《从斯大林格勒到柏林：德国在东线的失败》，第264页。

61. 普拉东诺夫，《列宁格勒战役，1941年—1944年》，第405页。

62. 同上；以及："北方"集团军群司令部作战日志，1944年2月22日—6月15日的敌情一手绘图。

63. 普拉东诺夫，《列宁格勒战役，1941年—1944年》，第406页；另可参阅："北方"集团军群司令部作战日志，1944年2月22日—6月15日的敌情一手绘图。

64. 普拉东诺夫，《列宁格勒战役，1941年—1944年》，第406页。

65. 克里沃舍夫，《揭秘：苏联武装力量在战争、作战行动和军事冲突中的损失》，第199页。

66. 普拉东诺夫，《列宁格勒战役，1941年—1944年》，第406页。

67. "列宁格勒方面军司令员的126号报告，关于沿纳尔瓦方向发起进攻的计划"，收录在：佐洛塔廖夫，《最高统帅部大本营：1944—1945》，第267—268页。

68. 科罗夫尼科夫、列别杰夫、波利亚科夫，《在三条战线上：第59集团军的征途》，第151—152页。这里几乎没有提及突击第2集团军3月和4月在纳尔瓦周边战斗中发挥的作用。

69. 佐洛塔廖夫主编，VOV，第30页。

70. 同上，第31页。

71. 科罗夫尼科夫、列别杰夫、波利亚科夫，《在三条战线上：第59集团军的征途》，第152页。

72. K.A.奥尔洛夫主编，《1941年—1945年，伟大卫国战争期间苏联波罗的海地区的战斗（全三册），第一册》，里加：杰斯马出版社，1966年，第120页。

73. 第8集团军的防御详情，可参阅：格拉德什，《关于一场鲜为人知的防御行动》，第28—36页。斯塔里科夫集团军当时编有步兵第112、第122、第117、第6军，从左至右部署在纳尔瓦以南登陆场内。据守该登陆场的苏军共计10个步兵师。

74. 奥尔洛夫，《1941—1945，伟大卫国战争期间苏联波罗的海地区的战斗》，第121页。

75. 佐洛塔廖夫主编的VOV，第30页。

76. 同上，第31页。

77. D.F.乌斯季诺夫主编，《第二次世界大战史（全十二册），第八册》，莫斯科：军事出版社，1977年，第129页。

78. 奥尔洛夫，《1941年—1945年，伟大卫国战争期间苏联波罗的海地区的战斗》，第31页。

79. 佐洛塔廖夫主编的VOV，第31页。

80. "大本营和总参谋部代表的5号报告，关于歼灭敌伊德里察集团的计划"，收录在：佐洛塔廖夫，《最高统帅部大本营：1944—1945》，第276—277页。这份电报于3月3日15点10分发出。

81. "最高统帅部大本营发给大本营代表和波罗的海沿岸第2、第1方面军司令员的220045号指令，关于歼灭敌伊德里察集团"，收录在：佐洛塔廖夫，《最高统帅部大本营：1944—1945》，第55—56页。

82. 德军每日部署的详情，以及表明红军微弱进展的示意图，可参见："北方"集团军群司令部作战日志，1944年2月22日—6月15日的敌情一手绘图。

83. 关于苏军进攻行动的更多详情，可参阅：G.I.别尔德尼科夫，《突击第1集团军：突击第1集团军在伟大卫国战争中的征途》，莫斯科：军事出版社，1985年，第158—163页；P.K阿尔图霍夫主编，《难忘的道路：近卫第10集团军的征途》，莫斯科：军事出版社，1974年，第107—112页；V.K.皮亚特科夫，《突击第3集团军：突击第3集团军的征途》，莫斯科：军事出版社，1976年，第91—92页。大本营4月1日、4日、12日、18日签发的相关训令，可参阅：佐洛塔廖夫，《最高统帅部大本营：1944—1945》，第67—68、第71、第73、第75页。

84. 齐姆克，《从斯大林格勒到柏林：德国在东线的失败》，第265页。

85. “最高统帅部大本营发给波罗的海沿岸第2方面军司令员的220081号指令，关于转入防御”，收录在：佐洛塔廖夫，《最高统帅部大本营：1944—1945》，第75页。

86. “最高统帅部大本营发给列宁格勒方面军司令员和副司令员的220082号指令，关于组建波罗的海沿岸第3方面军”，收录在：佐洛塔廖夫，《最高统帅部大本营：1944—1945》，第75—76页。

87. 普拉东诺夫，《列宁格勒战役，1941年—1944年》，第408页。

88. 同上，第412—413页；另可参阅：《诺夫哥罗德进攻战役》，第30—53页。

89. 普拉东诺夫，《列宁格勒战役，1941年—1944年》，第416页。

90. 克里沃舍夫，《揭秘：苏联武装力量在战争、作战行动和军事冲突中的损失》，第199页。

91. 例如，列宁格勒方面军在整个1944年折损665827人，包括列宁格勒—诺夫哥罗德进攻战役期间损失的227440人，卡累利阿进攻战役期间（7—8月）损失的30029人，在肃清爱沙尼亚德军期间又损失28776人，共计286245人。另外38万人伤亡发生在其他作战行动中，包括突破“豹”防线的作战行动。波罗的海沿岸第2方面军的情况与之类似。参见：克里沃舍夫，《揭秘：苏联武装力量在战争、作战行动和军事冲突中的损失》。

92.《东线外军处，敌我力量对比》。

第十三章
列宁格勒州北部地区的解放
1944 年 6 月—8 月

1944年6月的态势

大本营命令红军于1944年1月发起的进攻波次，是苏军不断扩大的进攻大潮之序幕，这场攻势最终席卷了整个苏德战线。其中包括列宁格勒、沃尔霍夫和波罗的海沿岸第2方面军打击德国“北方”集团军群的进攻，波罗的海沿岸第1和白俄罗斯方面军打击德国“中央”集团军群的攻势，以及乌克兰第1、第2、第3、第4方面军对德国“南方”集团军群发起的打击。

虽然“中央”集团军群在整个冬季顽强守卫着大部分防区，但德军的战略侧翼遭到重创。苏军沿西北方向持续不断的攻势迫使德军退守“豹”防线和波罗的海诸国边境。最令德国人惊愕的是，沿西南方向，红军四个乌克兰方面军继续进攻，春季也未暂停其攻势，解放了乌克兰大部和克里木，1944年4月初到达波兰、罗马尼亚边境线。德国人没能在春季到来前遏止苏军的进攻，在这场战争中尚属首次。

1944年年初，苏联的军事—经济生产基地已足以维持红军蔚为壮观的进军，这在战争中同样是首次。除了在激烈消耗战中遭受到惊人损失外，对德国人来说更加糟糕的是，苏联军工业生产出越来越多的先进武器，足以媲美德国的军工生产能力。看似无穷无尽的现代化武器大潮在战场上淹没德国军队时，红军继续以相当快的速度投入或变更部署其战略预备队，以实施连续，甚至是同时发起的战略攻势。红军各级指挥员也在策划和执行复杂的进攻战役中变得越来越老练。

希特勒和OKH沿三个战略方向实施战略防御，依靠一系列强化筑垒防线和地域竭力阻挡苏军的多重打击。他们在西北方向遂行的防御尤为如此。德军在那里依托获得强化的“豹”防线阻挡红军的后续进攻，至少从理论上说，“北方”集团军群继续从南面对列宁格勒构成威胁，并顽强据守波罗的海诸国、东普鲁士和波罗的海南岸。

鉴于这种战略态势，斯大林和最高统帅部大本营1944年的主要军事—政治目标是：沿巴伦支海至黑海的整条战线击败并歼灭德国军队，彻底收复苏联领土，并着手解放纳粹在东欧和东南欧的占领区。与此同时，斯大林还希望迫使芬兰、罗马尼亚、保加利亚和匈牙利退出战争，从而加快纳粹集团的分裂，并在重要地区取得对其盟友的战后优势。

为实现这些战略目标，斯大林和大本营沿整个苏德战线依次发起一系列大规模进攻战役[1]。列宁格勒—诺夫哥罗德进攻战役是这些进攻行动中的第一场，迫使“北方”集团军群辖内部队退至纳尔瓦、普斯科夫和奥斯特罗夫，成功消除了德军对列宁格勒构成的一切威胁。可是，虽然红军赢得了胜利，但列宁格勒仍不安全，因为大股芬兰军队仍盘踞在卡累利阿地峡，离列宁格勒北郊仅距30公里。芬兰人还控制着南卡累利阿和基洛夫铁路线，这条重要的铁路线联结着列宁格勒与苏联的北方港口。

因此，1944年夏季，红军在北部战区最优先的军事行动是击败卡累利阿地峡和南卡累利阿的芬兰军队，解放芬兰人占领的苏联领土，可能的话，夺取芬兰首都赫尔辛基，迫使芬兰退出战争。为此，苏军最高统帅部大本营命令戈沃罗夫的列宁格勒方面军沿维堡方向击败芬兰军队，命令梅列茨科夫指挥的卡累利阿方面军在南卡累利阿沿斯维里河—彼得罗扎沃茨克方向击败芬兰军队。

1944年夏季，卡累利阿地峡的形势已相当紧张。红军1944年年初赢得的胜利促使芬兰政府于1944年2月与苏方人员接触，商谈相关条件，以便尽可能降低战争对芬兰的伤害。芬兰政府的和平试探发生在苏联空军对芬兰城市（包括赫尔辛基）发起空袭，芬兰新闻界呼吁和平的压力与日俱增的背景下[2]。芬兰政府派前总理、前驻苏联公使尤霍·K. 巴锡基维前往斯德哥尔摩，从苏联驻斯德哥尔摩公使A.M.柯伦泰夫人处获取苏联提出的和平条款。历时两周的秘密谈判进行期间，苏联空军继续轰炸芬兰，2月27日甚至以300架战机对赫尔辛基发起空袭。2月28日，苏联正式公布了他们的和平条款[3]。

虽然苏联政府对苏芬和约提出的条件相当苛刻，但这源自德国人在芬兰的悄然支持下，对苏联，特别是对列宁格勒和列宁格勒军民所造成的伤害。斯大林要求芬兰政府与德国断绝关系，扣留盘踞在芬兰北部的德国地面及海军力量（第20山地集团军）。芬兰应恢复1940年的苏芬和约，并把芬兰军队撤至1940年的边境线。芬兰还应将关押在芬兰战俘营或劳工营的苏联士兵及平民立即遣返苏联，之后还应返还从苏联窃取的所有财产。最后，芬兰人应把佩萨莫地区（佩琴加）交还苏联，支付战争赔款（具体额度日后确定），并根据后续谈判确定部分或全部遣散芬兰军队[4]。

芬兰人无法接受斯大林的最后通牒，3月8日，芬兰政府拒绝了苏方提出的变更边境线、释放战俘这些停战先决条件。他们还拒绝扣留德国第20山地集团军，他们认为这无论在政治上还是在军事上都难以做到，因为希特勒肯定不会接受这一点。可能是受到德军沿“豹”防线阻挡住红军推进的鼓舞，3月18日，芬兰人再次拒绝了苏联提出的条款，但并未关闭后续谈判的大门。双方在整个3月继续进行谈判，但芬兰人于4月18日再度拒绝了这些条款。5月13日，苏联、美国和英国政府向德国诸卫星国发出呼吁，警告他们不要站在德国一方继续从事战争。芬兰政府对此置若罔闻，反而决定继续进行战争，保卫既得战果，并把苏军牵制在卡累利阿和波罗的海地区。因此，苏军最高统帅部大本营准备对芬兰发起进攻行动。

1944年5月，大本营准备在卡累利阿展开行动时，芬兰军队对面的两个红军方面军位于卡累利阿地峡，沿一条宽大战线部署，该战线从拉多加湖起，向北延伸至科拉半岛和摩尔曼斯克以西的巴伦支海海岸。指挥卡累利阿方面军的是梅列茨科夫，1944年2月底，他从沃尔霍夫方面军调至卡累利阿方面军，该方面军部署在巴伦支海与拉多加湖之间。梅列茨科夫方面军辖下，F.D.戈列连科中将的第32集团军和A.N.克鲁季科夫少将①的第7集团军部署在南卡累利阿，从乌赫特（Ukhty）至拉多加湖，当面之敌是芬兰“奥洛涅茨”战役集群

① 译注：应为中将。

第2、第6军的8个芬兰师和3个旅[5]。

列宁格勒方面军位于拉多加湖以南防区内，A.I.切列帕诺夫中将第23集团军守卫着横跨卡累利阿地峡的地段。切列帕诺夫集团军编有步兵第108军（指挥该军的是2月底晋升为中将的季霍诺夫）和科扎切克少将的步兵第115军①，每个军各辖3个步兵师，以及独立步兵第142旅②、第17和第22筑垒地域。另外，切列帕诺夫集团军还编有1个坦克旅、1个坦克团、4个加农炮兵团、7个迫击炮兵团、4个反坦克歼击炮兵团和1个高射炮兵师。季霍诺夫和科扎切克的步兵军都是经验丰富的兵团，列宁格勒—诺夫哥罗德进攻战役期间经历过许多作战行动。

切列帕诺夫集团军的防御部署为两个梯队，科扎切克步兵第115军和G.L.松尼科夫上校的步兵第142师位于第一梯队，季霍诺夫步兵第108军③部署为第二梯队。I.I.亚斯特列博夫少将的步兵第72师和N.P.亚库宁少将的步兵第98军④领率机关担任方面军预备队。步兵第115军辖步兵第10、第92、第314师，步兵第108军辖步兵第46、第90、第372师。集团军各步兵师的兵力从6400至7000人不等[6]。

芬兰第3、第4军编有6个步兵师、1个装甲师、2个海岸防卫旅，在第23集团军对面据守防御。第3军辖第15步兵师、第19步兵旅，第4军辖第2、第10步兵师。芬兰第2、第3海岸防卫旅分别守卫波罗的海北部海岸和拉多加湖西岸。第3、第18步兵师、“拉古斯”装甲师和第1骑兵旅担任预备队[7]。

列宁格勒南面，戈沃罗夫方面军辖下的斯塔里科夫第8集团军、费久宁斯基突击第2集团军、科罗夫尼科夫第59集团军和I.A.佩恩中将的爱沙尼亚步兵第8军，在纳尔瓦地域及其西部占据阵地。精锐的近卫步兵第30军辖3个步兵师，经验丰富的步兵第109军辖5个步兵师，分别由西蒙尼亚克和阿尔费罗夫指挥，两人都已晋升为中将。这两个军部署在列宁格勒西南方，担任方面军预备

---

① 译注：第23集团军辖步兵第98军和第115军，季霍诺夫步兵第108军是方面军预备队。

② 译注：疑为第142师。

③ 译注：此处应为亚库宁的步兵第98军。

④ 译注：此处应为季霍诺夫的步兵第108军。

队。S.D.雷巴利琴科空军中将指挥的空军第13集团军拥有400架作战飞机，遂行为列宁格勒方面军提供空中支援的任务[8]。

部署在卡累利阿方面军左翼和列宁格勒方面军第23集团军对面的芬兰军队共15个师又9个旅，每个师的兵力为1.1万～1.2万人。据苏联方面统计，这股力量共计26.8万人、2350门火炮/迫击炮、110辆坦克、约250架战机（包括德军派出的约70架战机）。但据芬兰方面的记述，芬兰军队共计50万人，约半数部署在卡累利阿地峡，但该地区的陆军技术装备数量远远少于苏方的估计。1944年5月，双方的步兵力量大致相当，但苏军空中力量对芬兰军队占有优势，两个方面军和波罗的海舰队共有1500架战机，而芬兰人只有350架战机（苏方的估计）。6月初，苏军这一优势得到显著加强[9]。

尽管苏军明显占有数量优势，但卡累利阿半岛的复杂地形和筑垒防御工事有利于芬兰军队的防御。芬兰人守卫着强大的曼纳海姆防线，这道防线沿1939年的苏芬边境构设，自1941年来，芬兰人已在边境线前方精心部署了防御，特别是在苏军实施斯大林格勒反攻后。这些防御由维堡以南的三条防御地带组成，总纵深达120公里。第一防御地带距离列宁格勒北郊35～40公里，纵深3～5公里，由一系列支撑点和防御枢纽部构成，并以错综复杂的战壕和交通壕加以连接。第二防御地带位于第一防御地带后方15～25公里，已完成70%～80%，纵深也为3～5公里，比第一防御地带更强大。第三防御地带尚未完工，位于列宁格勒西北方战线60～65公里处[10]。

维堡的防御工事由内部和外部防御圈组成，被纳入芬兰军队的第四防御地带，即VKT（维堡—库帕尔萨里—泰帕列）防线，该防御地带距离前线70～90公里。另外，自1944年6月起，芬兰人开始在维堡西北方部分构筑防御地带，以掩护维堡—赫尔辛基方向。这些防线多多少少都由大量战壕体系、筑垒地域、防御枢纽部和精心准备、通常以混凝土浇灌的防御工事和阵地构成。

最后，苏军最高统帅部大本营命令梅列茨科夫和戈沃罗夫的部队彻底击败盘踞在卡累利阿、奥涅加—拉多加地峡的芬兰军队，消除敌人从北面对列宁格勒构成的威胁，解放列宁格勒州北半部和南卡累利阿，恢复1940年的苏芬边境线，将芬兰逐出战争。大本营试图以列宁格勒方面军、卡累利阿方面军左翼部队、波罗的海舰队和拉多加湖、奥涅加湖区舰队的连续进攻达成这些目标，首先沿列宁格勒—维堡方向发起突击，尔后沿斯维里河—索尔塔瓦拉方向展开行动。除了辖内部队的数量优势，最高统帅部大本营主要依靠出其不意打垮芬兰军队的强大防御。

列宁格勒方面军将在特里布茨的波罗的海舰队配合下实施维堡战役。戈沃罗夫将沿芬兰湾北部海岸，朝旧别洛奥斯特罗夫（Staryi Beloostrov）、维堡、拉彭兰塔（Lappenranta）这一总方向发起主要突击，歼灭芬兰军队主力，前出至维堡以西、西北方地域，对芬兰南部的主要人口中心构成威胁。梅列茨科夫的卡累利阿方面军将在拉多加湖和奥涅加湖区舰队支援下发起斯维里河—彼得罗扎沃茨克进攻战役。梅列茨科夫将沿拉多加湖湖岸遂行主要突击，歼灭芬兰"奥洛涅茨"集团，肃清南卡累利阿的芬兰军队，并做好威胁芬兰中部地区的准备。

为了给戈沃罗夫提供足够的力量实施这场大规模进攻，4月28日，大本营以D.M.古谢夫上将的第21集团军领率机关加强列宁格勒方面军，该集团军司令部刚刚从大本营预备队调至罗普沙地域[11]。不久后，戈沃罗夫将古谢夫集团军变更部署至卡累利阿地峡。起初，第21集团军编有步兵第124和第97军，分别由I.F.尼基京少将和M.M.布萨罗夫少将指挥。前者辖步兵第281、第286、第177师，后者辖步兵第178、第358、第381师。大本营还从预备队为戈沃罗夫方面军调拨了2个突破炮兵师、1个加农炮兵旅、2个军属炮兵团、5个大威力炮兵营（280、305毫米榴弹炮）、2个坦克团、7个自行炮兵团、1个突击工程—工兵旅和1个工程兵车场。

另外，6月1日，大本营将哈佐夫经验丰富的步兵第110军（辖步兵第168、第265、第268师）和独立步兵第13、第382师从波罗的海沿岸第3方面军转隶列宁格勒方面军。哈佐夫近期也擢升为中将。尔后，大本营又以轰炸航空兵第334、第113师和强击航空兵第281师加强空军第13集团军[12]。

到1944年6月10日，列宁格勒方面军在卡累利阿地峡共部署了188800人，卡累利阿方面军在拉多加湖以北投入202300人，苏军为这场即将发起的进攻共投入451500人（包括舰队和区舰队的60400人）。这股步兵力量获得的支援是约1万门火炮和迫击炮、800辆坦克和自行火炮、1547架作战飞机。据苏方计算，这使红军的兵力优势达到1.7：1，火炮优势达5.2：1，坦克力量为

7.3：1，战机为6.2：1[13]。但是，考虑到突击发起前的常规集结，红军在主要突击地段的实际优势很可能接近于步兵5：1、坦克和火炮10～15：1、作战飞机15：1。

列宁格勒方面军的计划

根据大本营的指示，1944年5月3日，戈沃罗夫下达命令，阐述了进攻战役的概念，并为诸集团军、波罗的海舰队和提供支援的各兵种分配了任务。根据芬兰军队的部署配置，他决定投入第21和第23集团军，以单梯队布势突破芬兰人的防御，2个步兵军和4个独立步兵师担任预备队。

古谢夫第21集团军将投入3个步兵军，在方面军预备队加强下，从谢斯特罗列茨克（Sestroretsk）西北方地域发起方面军的主要突击。这股力量应在107.4高地与芬兰湾之间突破芬兰人的防御，歼灭芬兰第3、第4军，在进攻发起后的第九至第十一天夺取维堡。古谢夫的3个军突破芬兰人的前沿防御并前出至谢斯特拉河（Sestra）后，切列帕诺夫第23集团军的两个步兵军将加入古谢夫的进攻，并扩大突破。尔后两个集团军应共同突破芬兰军队的第二、第三防御地带，向前推进并攻克维堡。这场进攻战役的计划深度为110～120公里，预计进军速度为每日12公里[14]。

古谢夫第21集团军编有西蒙尼亚克近卫步兵第30军、布萨罗夫步兵第97军、阿尔费罗夫步兵第109军和第22筑垒地域。该集团军将朝维堡这一总方向发起突击，突破芬兰人的第一、第二防御地带，连续击败芬兰第4军和敌战役预备队，防止他们退守第三防御地带。尔后，该集团军将朝苏姆马（Summa）发展进攻，同时，沿滨海铁路线赶往科伊维斯托（Koivisto），前出至芬兰人的第三防御地带。

古谢夫的当前任务是在方面军中央地带沿卡尔列洛沃（Kallelovo）和维堡公路发起进攻，突破芬兰军队的第一防御地带，歼灭遂行防御的敌第10步兵师。古谢夫的部队随后应从行进间强渡谢斯特拉河，夺取捷尔莫洛沃（Termolovo）—希列利亚（Khirelia）—亚普皮利亚（Iappilia）—克尔洛米亚基（Kellomiaki）一线，不得迟于行动次日。若芬兰人的战役预备队抢在古谢夫突击群到达前占领谢斯特拉河，第21集团军应停止前进，并组织强渡工作。渡过谢斯特拉河后，集团军应将布萨罗夫的步兵第97军转隶第23集团军，并从方面军预备队获得季霍诺夫步兵第108军，将这个新锐步兵军沿滨海铁路投入战斗。整个集团军尔后应以其主力攻向赖沃拉（Raivola）和基文纳帕（Kivennapa）。

古谢夫在方面军左翼遂行突击之际，切列帕诺夫第23集团军将以科扎切克少将的步兵第115军和第17筑垒地域，在方面军右翼据守从奥赫塔（Okhta）至拉多加湖的阵地。季霍诺夫的步兵第98军①部署在集团军左翼后方的第二梯队。切列帕诺夫辖内部队到达谢斯特拉河时，他的第21集团军②将接掌步兵第97军，以该军和步兵第98军发起进攻，扩大突破并向东卷击芬兰人的防御。辖内部队迫使芬兰人的侧翼扭转时，切列帕诺夫集团军将沿整条战线发起全面突击，攻向瓦尔克湖（Valk–iarvi），突破芬兰军队的第二防御地带。尔后，该集团军应歼灭当面之敌，防止对方退守第三防御地带，并前出至苏万托湖（Suvanto–iarvi）—武奥克萨湖（Vuoksi–iarvi）—亚尤里亚皮扬湖（Iaiuriapian–iarvi）一线[15]。

特里布茨的波罗的海舰队将为进攻提供支援，把所有舰炮和海岸炮兵火力集中于第21集团军进攻地带。出于欺敌目的，该舰队还计划实施数场真实而又明确的两栖突击，以牵制芬兰军队。其中包括以步兵第224师在伊诺（Ino）、塞维亚斯特（Seiviaste）、科伊维斯托地段遂行一场真正的两栖突击，并把5个步兵师从奥拉宁包姆运至列宁格勒西北方的利西诺斯（Lisii Nos），以加强古谢夫的突击。舰队应做好6月3日前实施这些行动的准备。另外，波罗的海舰队还应防范芬兰人以两栖和海上行动打击第21、第23集团军之侧翼。包括近卫歼击航空兵第1师、水鱼雷航空兵第8师、强击航空兵第9、第11师在内的舰队航空兵，应实施海上侦察，并为第21集团军提供空中掩护。此外，6月10日，舰队航空兵派出两个强击航空兵团，以60架伊尔–2战机对旧别洛奥斯特罗夫的敌军防御发起打击，支援地面部队的推进[16]。

---

① 译注：指挥步兵第98军的应是亚库宁。

② 译注：应为第23集团军。

苏军为进攻提供的战斗支援和勤务保障也比以往的行动更加缜密，主要得益于他们从列宁格勒—诺夫哥罗德进攻战役中汲取了经验教训。方面军和集团军炮兵的任务是在准备期间摧毁敌防御工事，支援突击行动，实施反炮兵火力。第21集团军突击地段的炮火准备将持续140分钟，密度达每公里正面220门火炮和迫击炮。雷巴利琴科的空军第13集团军应摧毁敌支撑点和火炮、迫击炮发射阵地，防止敌军向维堡开进，掩护苏军基地，支援第21和第23集团军推进，并对150公里的纵深实施侦察。工程兵部队应协助作战部队占领出发阵地，实施侦察，配合步兵和坦克克服芬兰人的防御和诸多河流障碍，并协助前进中的部队加强已占领的阵地。防空部队应在进攻发起前和实施期间为所有苏军地面和海上力量提供掩护，并为支援进攻行动的海空军基地提供防空掩护。

基于以往的作战经验，戈沃罗夫的进攻计划中有些独到之处。例如，兵力集结的程度前所未有。步兵第109、近卫步兵第30和步兵第97军将投入9个步兵师，在方面军炮兵和航空兵主力支援下，沿18公里宽的作战地带遂行主要突击，尔后沿最直接的方向攻往维堡。单梯队战役布势加强了冲击效果，步兵第110和第108军组成的强大预备队会立即增援初期实施的打击。尔后，第23集团军主力（步兵第98和第115军）将加强第21集团军的突击，并卷击芬兰人的防御。

根据戈沃罗夫5月23日下达的命令，波罗的海舰队应以舰队的舰船将第21集团军从奥拉宁包姆运至利西诺斯，协助地面部队大规模变更部署。进攻和地面突击准备期间，特里布茨还应组织4个海军炮兵群支援第21集团军的突击。总的说来，这些炮兵群的任务是摧毁芬兰人的防御工事，支援地面进攻，阻止敌预备队的调动，并在进攻期间消灭关键性目标。

第一个海军炮兵支援群由铁道炮兵（113至180毫米火炮）组成，第二个炮兵群由喀琅施塔得和伊若拉筑垒地域的海岸炮兵、“彼得罗巴甫洛夫斯克”号巡洋舰、4艘扫雷艇、5艘炮船和加强伊若拉地带的1个铁道炮兵师构成。第三个炮兵群是海军炮兵训练场的火炮，第四个炮兵群则由“十月革命”号战列舰、“基洛夫”号和“马克西姆·高尔基”号巡洋舰组成。总之，波罗的海舰队以175门火炮支援进攻，其中大多是130毫米或更大口径的火炮。另外，整个进攻过程中，海军航空兵将实施侦察，并为海上运输和交通提供掩护[17]。

隶属于波罗的海舰队的拉多加湖区舰队，将以火力支援第23集团军，并在尼库拉亚瑟（Nikulaiasy）和科涅韦茨湖（Konevits）实施一场两栖突击。为此，该舰队将其舰船编为两个支队，第一个支队为第23集团军向前推进的右翼提供支援，第二个支队负责实施一场明确的两栖突击。

戈沃罗夫的策划工作完成后，各集团军着手准备并完善他们的进攻计划。第21集团军司令员古谢夫决定将阿尔费罗夫步兵第109军、西蒙尼亚克近卫步兵第30军和布萨罗夫步兵第97军集结为单梯队布势，从左至右排列在集团军中央地带[18]。三个步兵军的突击地段宽18公里，从110.8高地经旧别洛奥斯特罗夫至胡维拉（Khuvila），他们的任务是突破芬兰第10步兵师的防御，歼灭遂行防御之敌，从行进间强渡谢斯特拉河。渡过该河后，三个步兵军应夺取捷尔莫洛沃—亚普皮利亚—克尔洛米亚基一线，不得迟于行动次日。尔后，第21集团军应向西北方发展胜利，歼灭芬兰人的战役预备队，前出并夺取敌第二防御地带。之后，古谢夫集团军应向苏姆马发展胜利，前出至曼纳海姆防线。

因此，第21集团军应在3～4天内分两个阶段推进35公里。第一阶段，该集团军应在2天内完成其当前任务。在此期间，布萨罗夫位于集团军右翼的步兵第97军应推进10～12公里，西蒙尼亚克和阿尔费罗夫位于集团军中央和左翼的近卫步兵第30、步兵第109军应推进14～16公里。各军第一梯队步兵师应在进攻首日取得4公里进展。第二阶段，各军应在1～2天内推进15～20公里，克服芬兰军队第二防御地带，前出至武奥塔（Vuotta）—基文纳帕—库泰尔塞凯（Kutersel'ka）—梅采屈莱（Metsiakiulia）一线[19]。

第21集团军突破芬兰军队第一防御地带时，切列帕诺夫第23集团军应据守东延至拉多加湖的防线其余地段。切列帕诺夫计划以科扎切克步兵第115军、第17筑垒地域、奥西诺韦茨海军基地、预备队步兵第48团和边防警卫第104团1个营守卫从甘尼巴洛夫卡河河口至哈尔瓦济沼泽（Kharvazi）这片地带[20]。阿尼西莫夫的步兵第98军①留在集团军第二梯队，集结于第21集团军

① 译注：阿尼西莫夫中将接替亚库宁指挥步兵第98军。

右翼后方的阿加拉托沃（Agalatovo）、谢罗洛沃（Serolovo）、拉普波洛沃（Rappolovo）地域[21]。待布萨罗夫步兵第97军到达莱诺亚（Lainoia）和希列利亚并转隶第23集团军后，阿尼西莫夫步兵军也将转入进攻。尔后，阿尼西莫夫军应沿克克罗拉（Kekrola）和卡哈拉（Kakhala）方向推进，布萨罗夫步兵军攻往穆斯塔洛沃（Mustalovo），从西面包围捷尔莫洛沃，并与科扎切克位于右翼的步兵第115军相配合，围歼捷尔莫洛沃和穆斯塔洛沃地域的芬兰军队。歼灭芬兰第2步兵师和赶来增援的所有敌战役预备队后，切列帕诺夫集团军应夺取里赫涅（Rikhne）—卡哈拉—梅采屈莱一线，前出至位于集团军左翼的敌第二防御地带，并从行进间将其攻克。

若芬兰人抢在第23集团军到达前占领第二防御地带，则科扎切克步兵军的2个师和2个火炮—机枪营应停止前进，就地转入防御。切列帕诺夫随后应将科扎切克步兵军余部变更部署至左翼，以集团军主力突破芬兰人的防御并冲向瓦尔克湖[22]。最后，切列帕诺夫将他的集团军部署为两个梯队，5个步兵师位于第一梯队，2个师位于第二梯队，1个师担任预备队。

鉴于第21和第23集团军面对着敌人强大的防御工事和复杂地形，炮兵支援对行动的成功至关重要。因此，第21集团军计划以3000门火炮/迫击炮（包括284门45毫米和57毫米火炮）实施一场持续140分钟的炮火准备，密度达每公里正面120门火炮。这些火炮中，约350门将对芬兰人的阵地实施直接瞄准射击。近卫步兵第30军的主要突破地段上，炮兵密度高达每公里170～200门火炮[23]。

方面军炮兵部署了徐进弹幕射击支援推进中的步兵，并组建起一系列支援炮兵群，每个炮兵群都受领了具体作战任务。这些炮兵群包括：各步兵团的近战群（82、120毫米迫击炮）和直瞄射击群；各个师的步兵支援群；各步兵军的特别炮兵群；集团军一级的远战炮兵群、破坏炮兵群、火箭炮兵群、反迫击炮炮兵群和高射炮兵群；另外还有波罗的海舰队的海军炮兵群。集团军炮兵群进一步细分为“半群”，为遂行突击的每个步兵军提供支援。突破炮兵第3军掌握着破坏炮兵群和反迫击炮炮兵群，第21集团军炮兵司令员指挥着远战炮兵群。戈沃罗夫为第21和第23集团军分配了2.5～3个火炮弹药基数，其中1个基数将用于初期破坏阶段[24]。

空军第13集团军和波罗的海舰队空军力量以741架作战飞机为进攻行动提供支援，包括158架歼击机、298架强击机、265架轰炸机和20架侦察机。空军第13集团军和波罗的海舰队航空兵计划以30分钟的空中火力准备对芬兰人的防御发起初期打击，进攻首日投入883飞行架次[25]。

列宁格勒方面军的工程兵部队，主要任务是在进攻发起前为部队准备出发阵地，修缮道路和桥梁。方面军工程—工兵旅和师的37个工程—工兵营、7个舟桥营、2个配备扫雷犬的扫雷营遂行这项烦琐但至关重要的任务。6月8日，方面军工程兵暂时关闭了谢斯特拉河上的水坝闸门，将谢斯特拉湾的水位降至1.4米。这使他们得以在海湾处设立起5个渡口，也使河流和海湾部的架桥工作变得更加容易。最后，为了让芬兰人弄不清苏军发起进攻的日期和确切地点，方面军参谋人员细心荫蔽了所有部队的调动，并在纳尔瓦摆出进攻姿态[26]。这些欺骗措施，加之苏联方面的外交姿态，确保了这场进攻对芬兰军队高级指挥层达成突然性。

为遂行进攻而变更部署是一项规模庞大而又复杂的任务。其中最具挑战性的是将古谢夫整个第21集团军从列宁格勒西南地域调动65～115公里。为完成这番部署，步兵第97军搭乘火车、近卫步兵第30和步兵第109军（5个师）经海路穿越芬兰湾，其他部队则通过公路、铁路和海运方式赶赴新集结区。波罗的海舰队投入6艘扫雷艇、2艘布雷艇、渡轮、10艘突击舟和5艘驳船，在空军掩护下，沿多条航线经海路运送部队。计划于5月7日至6月7日间完成调动工作。5月7日至23日间，集团军后勤部队和机构变更部署；5月22日至6月3日间，集团军炮兵、迫击炮兵、坦克、自行炮兵团和营调动；6月1日至4日间，团属、营属炮兵和团属迫击炮兵开拔；6月4日至6日间，履带式和轮式车辆调动；6月5日至7日间，各步兵团和步兵师变更部署[27]。

完成这番再部署后，集团军辖内部队接替了防御部队，于6月8日至10日间占据各自的进攻出发阵地。6月7日晚至8日凌晨，三分之一直瞄火炮占领发射阵地。6月8日晚至9日凌晨，每个营的一个步兵连、大多数步兵重武器和其余直瞄火炮进入进攻阵地，接替了步兵第10和第92师所有部队（战斗警戒部队除外）。最后，6月9日晚至10日凌晨，负责接替战斗警戒部队并遂行战斗侦察的其余步兵部队向前部署。6月10日清晨前，戈沃罗夫遂行突击的部队均已进入指定出发阵地[28]。

向前部署进出发阵地后，古谢夫第21集团军遂行突击的3个步兵军构成了22.5公里宽的进攻地段，从107.4高地延伸至芬兰湾。布萨罗夫步兵第97军在集团军右翼占据9.5公里宽地带，将步兵第381和第385师部署在第一梯队，步兵第178师位于第二梯队。西蒙尼亚克的近卫步兵第30军在集团军中央占据6.5公里宽突击地段，近卫步兵第45和第63师位于第一梯队，近卫步兵第64师担任第二梯队。集团军左翼，阿尔费罗夫步兵第109军占据6.5公里宽地带，步兵第109和第72师位于第一梯队，步兵第286师部署在第二梯队。9个步兵师组成的这股庞大力量，获得步兵第98和第108军6个师支援，与遂行防御的芬兰军队相比，占有绝对优势，其当面之敌为芬兰第10步兵师和第2步兵师右翼团。

进攻发起前，切列帕诺夫第23集团军占据107.4高地至拉多加湖的阵地。科扎切克步兵第115军担任集团军第一梯队，该军将步兵第10和第142步兵师部署为第一梯队，步兵第92师位于第二梯队。阿尼西莫夫步兵第98军辖下的步兵第177、第281和第372师担任集团军第二梯队，准备在第21集团军作战地带投入战斗。完成集结后，古谢夫和切列帕诺夫集团军共计15个步兵师、2个筑垒地域、10个坦克和自行炮兵团、220多个炮兵和迫击炮兵团。在这股强大突击力量身后，戈沃罗夫部署了大量预备队，包括：季霍诺夫步兵第108军步兵第46、第90、第314步兵师；格里亚兹诺夫步兵第110军①步兵第168、第265、第268师；步兵第13、第125、第382师；近卫坦克第30和坦克第220旅；4个坦克和自行炮兵团[29]。

列宁格勒方面军的维堡进攻战役，6月10日—20日

突破阶段和强渡谢斯特拉河，6月10日—12日

根据古谢夫于6月7日晚下达的命令，6月9日8点，他的几位军指挥员以火炮和迫击炮对芬兰第10、第2步兵师的防御发起持续10小时的破坏性炮击（参见地图18）。与此同时，苏军战机也对敌防御发起打击。为掩盖主要突击地

---

① 译注：格里亚兹诺夫接替了哈佐夫指挥步兵第110军。

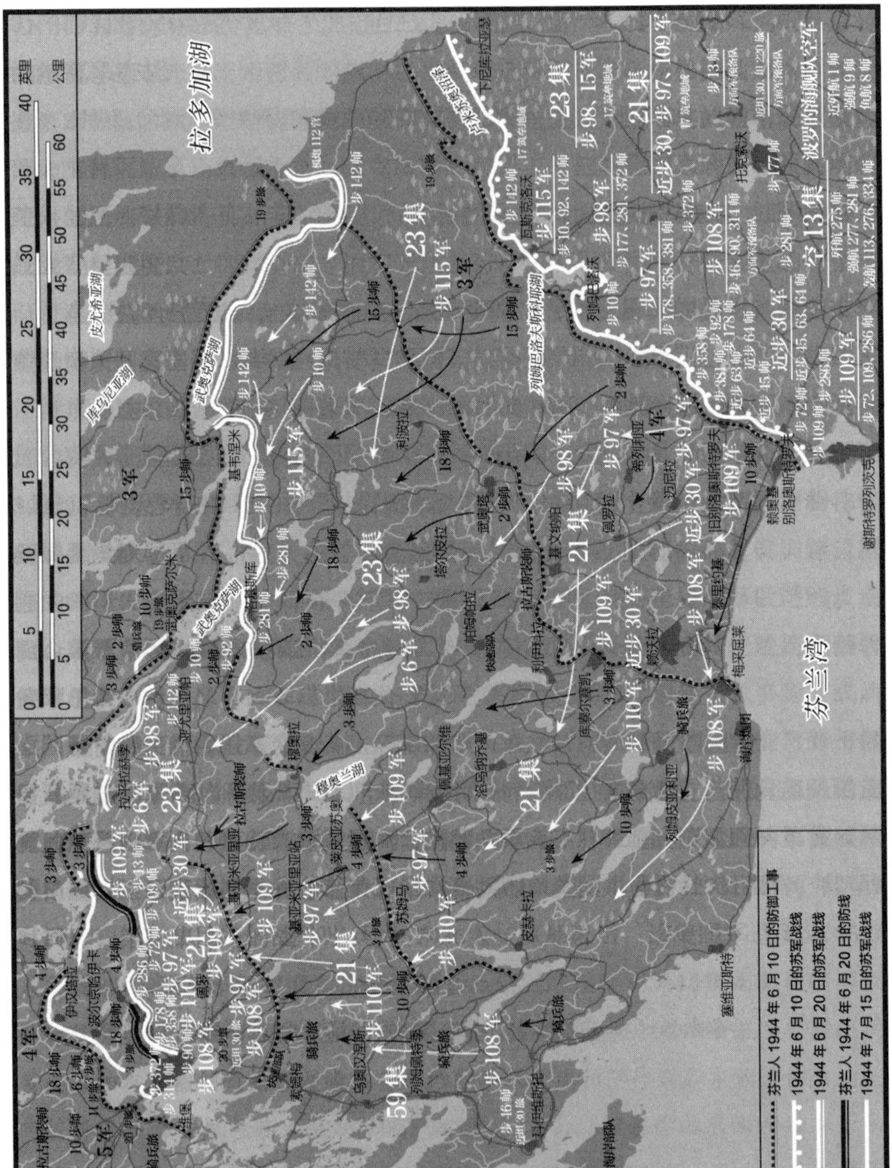

地图 18：
1944 年 6 月—8 月，
苏军维堡进攻战役

域，戈沃罗夫命令切列帕诺夫的炮兵也加入这场炮火准备[30]。一名红军年轻战士在写给母亲的信中记录下一名芬兰战俘对炮击效果的印象：

我这辈子都会记住今天。我不知道我的神经能否承受住这场炮击。无休止的雷鸣从6点30分开始。看上去就像是世界上所有的力量都被调动起来，朝我们狠狠砸下。首先出现的是飞机。它们的数量比我在先前战争期间看到的还要多。俄国人的飞机实施了轰炸和扫射。我们周围的一切都在震颤。随后，炮击开始了，这是一种我们前所未见的力量。炮击持续了一整天。一切都乱了套，没人知道发生了什么事。[31]

6月9日17点45分，古谢夫第一梯队步兵军发起15分钟炮火准备，随后展开战斗侦察，以确定炮火准备给敌军防御造成的破坏。切列帕诺夫集团军也沿其战线实施了类似的战斗侦察，以此让芬兰人弄不清苏军遂行主要突击的确切地点。沿整条战线的11个独立方向，排至营级兵力在3～8辆坦克支援下展开战斗侦察。在他们身后，各步兵师和特别组建的前进支队做好了支援侦察行动的准备，要么发展胜利，若芬兰人后撤，便果断发起追击。

6月10日晨，一场140分钟的炮火准备后，8点20分，在工兵和坦克的支援下，古谢夫第21集团军集结起的步兵发起地面突击。布萨罗夫步兵第97军攻向卡尔列洛沃，西蒙尼亚克近卫步兵第30军沿维堡公路、阿尔费罗夫步兵第109军沿滨海公路向前推进。日终前，他们的突击部队已突破芬兰人的前沿防御，渡过谢斯特拉河，到达拉姆皮湖（Lampi-iarvi）—卡尔列洛沃—哈帕拉（Khapala）—库奥卡拉（Kuokkala）一线，在芬兰人的防御上撕开个20公里宽的缺口。虽然本不应如此，但苏军猛烈的突击将芬兰人打得措手不及，许多前沿阵地没等芬兰军队加以占据便被彻底打垮。进攻首日，空军第13集团军投入900飞行架次支援古谢夫辖内部队，他们称击落了13架芬兰战机。

西蒙尼亚克近卫步兵第30军在进攻首日取得的战果最大。S.M.普季洛夫少将和A.F.舍格洛夫少将的近卫步兵第45和第63师，深入芬兰第10步兵师防区15公里，夺得芬兰军队设在迈尼拉（Mainila）和旧别洛奥斯特罗夫的支撑点。但是，在集团军右翼，布萨罗夫步兵第97军取得的战果并不大，只向前推进了5公里，日终前到达谢斯特拉河南岸。西蒙尼亚克的突击几乎歼灭了芬兰第10步兵师的一个满编团，还在谢斯特拉河对岸夺得一座登陆场，为扩大进攻创造了有利条件。

苏军的初步突击向芬兰人明确表明，他们的力量无法守住第二防御地带前方任何地段。因此，6月10日上午，曼纳海姆将预备队的第3步兵师和第3军的1个团调拨给第4军，命令这些部队实施局部反冲击，同时撤往第二防御地带。与此同时，他还以第1骑兵旅加强第4军，并把"拉古斯"装甲师部署在穆奥拉（Muola）—基文纳帕公路，以便在第4军作战地域发起一场反冲击。

到6月10日中午，苏军第21集团军在芬兰军队第一防御地带达成快速突破，迫使芬兰人命令仍在第二防御地带前方据守的部队后撤。芬兰指挥部判断，若想获得反击之机并恢复他们最初的防御阵地，就必须牢牢坚守第二防御地带。芬兰最高统帅部命令南卡累利阿的第4步兵师和芬兰北部的第3步兵旅部署至地峡。与此同时，第4军应在第二防御地带的基文纳帕组织防御枢纽部[32]。

6月10日23点30分，古谢夫给前进中的各部队下达了新命令，其中包括进一步发展进攻的新任务。具体来说，古谢夫集团军应扩大突破之侧翼，6月11日黄昏前到达捷尔莫洛沃—亚普皮利亚—捷里约基（Teriioki）一线，尔后攻向西北方，集团军主力应于6月12日日终前到达基文纳帕和赖沃拉一线。布萨罗夫步兵第97军应与西蒙尼亚克近卫步兵第30军相配合，向北扩大战果，6月11日攻克卡尔列洛沃。尔后，布萨罗夫军应强渡谢斯特拉河，夺取捷尔莫洛沃和希列利亚，并派先遣支队赶往克克罗拉。

与此同时，西蒙尼亚克军应前出至佩罗拉（Perola）和皮特基亚湖（Pitkia-iarvi）一线，在那里掘壕据守。该军辖下的近卫步兵第64师，现由I.D.罗曼措夫少将指挥，应从该军第二梯队向前部署，对扼守希列利亚的芬兰军队（这股敌军阻挡住步兵第97军的推进）之侧翼和后方发起进攻，并于6月11日日终前夺取希列利亚—佩罗拉一线。西蒙尼亚克军应于7月12日①日终前攻克基文纳帕，这是芬兰人第二防御地带上一个重要支撑点。

① 译注：应为6月12日。

古谢夫左翼，阿尔费罗夫步兵第109军应向西北方发展胜利，6月11日夺取捷里约基，6月12日攻克秋里谢瓦（Tiuriseva），并前出至芬兰人第二防御地带。以V.I.沃尔科夫上校的列宁格勒坦克第1旅为核心组建的快速集群应率领阿尔费罗夫的推进，6月11日从行进间夺取捷里约基，并坚守该镇，直至阿尔费罗夫的主力赶来接替。除了该坦克旅，沃尔科夫的快速集群还编有坦克第98团和自行炮兵第1222团、1个反坦克歼击炮兵营和1个工兵连。夺取捷里约基后，沃尔科夫快速集群应加入步兵第109军，支援该军的后续行动。

6月11日5点，古谢夫集团军恢复进攻，不久后，阿尼西莫夫步兵第98军加入突击，在西蒙尼亚克近卫步兵第30军与布萨罗夫步兵第97军结合部发起进攻。阿尼西莫夫步兵军向前推进时，15点，第23集团军接管布萨罗夫步兵军，而季霍诺夫步兵第108军奉命加强第21集团军。古谢夫把季霍诺夫步兵军部署在阿尔费罗夫步兵第109军后方担任预备队。恶化的气候条件和大雨导致空军第13集团军只出动250飞行架次提供支援，但古谢夫第21集团军和切列帕诺夫第23集团军左翼部队一路向前，势不可挡地逼退了遭受重创的芬兰第4军辖下陷入困境的第10、第2步兵师。这段时间里，拉多加湖区舰队一直对芬兰军队设在梅齐亚皮尔特季（Metsiapirtti）的防御实施突击和炮击，以牵制芬兰人的左翼部队[33]。

7月11日①日终前，布萨罗夫步兵第97军和阿尼西莫夫步兵第98军的部队到达捷尔莫洛沃—希列利亚一线，切列帕诺夫把阿尼西莫夫麾下两个师撤入集团军预备队。西面，西蒙尼亚克近卫步兵第30军辖下的普季洛夫近卫步兵第45师，在近卫坦克第31、坦克第260、自行炮兵第1439团支援下夺得希列利亚和马季尔拉（Matilla），前出至伊科拉（Ikola）郊外，距离芬兰人的第二防御地带已不到10公里。与此同时，舍格洛夫近卫步兵第63师冲向芬兰军队设在基文纳帕的支撑点，前出至敌第二防御地带前沿。西蒙尼亚克左侧，步兵第109军编成内的步兵第72和第286师，在沃尔科夫坦克第1旅、近卫坦克第27、坦克第185和自行炮兵第1222团支援下，一举夺取克尔洛米亚基车站、赖沃拉和捷里

① 译注：应为6月11日。

约基。此时，阿尔费罗夫步兵第109军辖下的步兵第286师也已赶至敌第二防御地带[34]。

因此，到6月11日晚，古谢夫和切列帕诺夫集团军已完成戈沃罗夫赋予他们的任务。其部队在左翼取得的突破深达26公里，在中央达23公里。两个集团军彻底打垮了芬兰第10和第2步兵师的防御，渡过谢斯特拉河，迫使芬兰人全面退守第二防御地带。到目前为止，这场规模庞大的突破行动造成的伤亡很轻微，但戈沃罗夫接下来面临的挑战是，必须抢在芬兰军队加强第二防御地带前将其攻克。

在6月11日晚些时候发给戈沃罗夫的指令中，大本营承认戈沃罗夫取得了初步胜利，但建议他利用自己的明显优势打垮防御中的芬兰军队，应迅速粉碎对方第二防御地带，6月18日—20日前夺取维堡：

> 列宁格勒方面军辖内部队在卡累利阿地峡发起的进攻正顺利发展。敌人狼狈不堪，遭受到严重损失，其抵抗力已减弱。方面军辖内部队在步兵方面对敌拥有三倍优势，在火炮、坦克和战机方面也具有极大优势。这就为进一步发展进攻创造了有利条件。
>
> 1. 继续进攻，对后撤之敌发起猛烈追击，任务是在6月18日—20日前夺取维堡地域。
>
> 2. 采取一切措施，将重型火炮跟随步兵迅速前调，并为部队提供持续不断的物资支援。
>
> 汇报所下达的命令。
>
> I.斯大林、A.安东诺夫[35]

起草发给诸集团军指挥员的命令时，戈沃罗夫尽职尽责地强调了前调重型火炮、确保前进中的部队获得再补给的必要性。

古谢夫第21集团军辖下3个步兵军于6月12日晨恢复进攻，但与前两天不同，这一次他们只取得有限进展。西蒙尼亚克的近卫步兵军沿维堡公路向前推进，对芬兰人设在基文纳帕的支撑点发起冲击，日终前到达梅采屈莱—基文纳帕—孔图（Kontu）一线，但未能突破对方第二防御地带。这主要是因为受到

“拉古斯”装甲师实施的抵抗，该师刚刚赶来加强芬兰军队在这一关键地段的防御。与此同时，古谢夫左翼，阿尔费罗夫步兵第109军克服了芬兰人在滨海地带的抵抗，向前推进7公里，到达对方第二防御地带。但是，该军也没能突破芬兰军队从库泰尔塞凯至芬兰湾的防御地带，主要因为芬兰第3步兵师的顽强抵抗，该师刚刚接替了第4军右翼遭受重创的第10步兵师。古谢夫后方，仍担任集团军预备队的季霍诺夫步兵第108军集结在捷里约基地段。

7月12日[①]，切列帕诺夫第23集团军继续以阿尼西莫夫步兵第98军沿西伊兰米亚基公路（Siiranmiaki）向北推进，并以布萨罗夫步兵第97军一部从西面向东北方包围捷尔莫洛沃。当日，空军第13集团军投入约300飞行架次支援第23集团军的进军。但是，由于芬兰后卫部队娴熟的迟滞行动，切列帕诺夫的进展依然较为缓慢，日终前，他的部队只推进了2～6公里。黄昏时，切列帕诺夫将布萨罗夫步兵军撤入方面军预备队接受休整和补充。

沿维堡方向最初3天的战斗中，古谢夫和切列帕诺夫集团军突破了芬兰军队第一防御地带，取得60公里纵深突破，在卡累利阿地峡西部三分之一处前出至敌第二防御地带。但在那里，面对芬兰军队的激烈抵抗和反复发起的强有力反冲击，戈沃罗夫的推进戛然而止。更能明确证明芬兰军队防御强度的是，戈沃罗夫决定，要想成功突破敌第二防御地带，他必须变更辖内部队部署，更改作战计划，遂行一场正式的突破行动。

戈沃罗夫停止进攻的决定，无声地证明了芬兰军队的抵抗力度。虽然一开始被红军的猛烈突击打得措手不及、混乱不堪，但芬兰指挥部门随即全力加强其防御，并从受威胁较小的其他地段抽调兵力增援卡累利阿地峡。6月13日晨，曼纳海姆请求德国第20山地集团军司令迪特尔将军提供支援：

> 曼纳海姆的参谋长告诉迪特尔，若第二防御地带遭突破，芬兰人就不得不弃守斯维里河和马塞尔卡（Maaselka）防线，在东卡累利阿撤至拉多加湖东北方一条较短的防线，从而为该地峡腾出2～3个师……

---

① 译注：应为6月12日。

迪特尔敦促芬兰人实施计划中的后撤，但又担心他们因不愿放弃东卡累利阿而犹豫太久。后来，他向希特勒提出建议，德国的策略是尽可能多地为芬兰人提供支援，从而将对方绑在德国战车上，同时，应要求对方做出必要的战术牺牲，不能让他们将力量分散在扼守东卡累利阿的企图上。[36]

另外，除了前一天已奉命加强芬兰军队防御的第3步兵师和“拉古斯”装甲师，芬兰指挥部还前调新锐力量，以强化其第二防御地带。这些部队包括第18步兵师，负责增援第3军位于西伊兰米亚基以东的右翼；骑兵旅，负责加强第4军沿滨海公路的右翼；另外还有几个营，部署至“拉古斯”装甲师右翼，苏军第21集团军主要突击方向对面[37]。

突破芬兰军队第二防御地带，向维堡和克克绍尔姆发展胜利，6月14日—17日

6月12日晚，戈沃罗夫命令第21和第23集团军突破芬兰军队第二防御地带。由于芬兰人已将其主力沿维堡公路方向集结在第21集团军近卫步兵第30军对面，戈沃罗夫遂将其主要突击变更至第21集团军左翼的滨海方向。他随后以格里亚兹诺夫步兵第110军和调自纳尔瓦的重型榴弹炮兵第3旅加强古谢夫集团军，这些部队将为古谢夫的主要突击提供支援。

根据古谢夫的计划，季霍诺夫步兵第108和阿尔费罗夫步兵第109军将在库泰尔塞凯和梅采屈莱地段遂行集团军的主要突击。两个步兵军将向苏姆马齐头并进，6月14日晚些时候前出至利伊科拉（Liikola）—瓦梅尔湖（Vammel'-iarvi）—因翁丘利亚（Inonkiulia）一线，这是一场20公里的推进。尔后，古谢夫投入格里亚兹诺夫步兵第110军，阿尔费罗夫和格里亚兹诺夫的步兵军将攻往苏姆马，季霍诺夫步兵军则冲向海边的科伊维斯托。这三个步兵军遂行的进攻，旨在阻止芬兰第4军顺利撤往第三防御地带，突破该防御地带，于6月17日傍晚前夺取列宁格勒—维堡铁路线上的基亚米亚里亚（Kiamiaria）和海边的科伊维斯托。夺取维堡以东芬兰军队最后的防御地带后，古谢夫的部队将攻往西北方，于6月18日—20日前夺取维堡[38]。

古谢夫主要突击的右翼，西蒙尼亚克近卫步兵第30军应掘壕据守，防区从苏拉湖（Sula–iarvi）延伸至基文纳帕以北，以掩护突击群之侧翼。为发起

新攻势而集结必要兵力所进行的大规模变更部署期间，戈沃罗夫不得不命令N.N.日丹诺夫中将的整个突破炮兵第3军在24小时内从基文纳帕地域穿越复杂地形赶至新进攻地段。这意味着约110个炮兵营将在距离敌人较近处实施一场25～40公里的调动[39]。

古谢夫集团军直接攻向维堡之际，切列帕诺夫第23集团军将在西伊兰米亚基以东地段突破芬兰军队第二防御地带。阿尼西莫夫步兵第98军将向北攻往武奥塔和瓦尔克湖，掩护攻往大基尔基亚米亚基（Bol'shie Kirkiamiaki）的右翼，并前出至列姆巴洛夫斯科耶湖（Lembalovskoe）最北端—大基尔基亚米亚基—利波拉（Lipola）—塔尔皮拉（Tarpila）一线。尔后，集团军将向瓦尔克湖和基维涅米（Kiviniemi）发展胜利，前出至从泰帕伦约基河（Taipalen-ioki）至穆奥拉的敌第三防御地带，集团军应在那里停止前进，将部队变更部署至维堡方向。阿尼西莫夫向前推进时，科扎切克步兵第115军应沿列姆巴洛夫斯科耶湖至拉多加湖的第23集团军右翼设防，待阿尼西莫夫的突击成功打垮步兵第115军左翼对面芬兰第15步兵师的防御后，科扎切克军也将转入进攻。空军第13集团军将为古谢夫和切列帕诺夫的突击提供支援，阻止敌人沿第二、第三防御地带之间的公路实施的一切调动，并打击芬兰人的战役预备队，特别是在从维堡发出的铁路线沿线[40]。

6月13日，两个集团军变更部署，准备发起新的突破行动，第23集团军辖内部队紧追后撤中的芬兰部队到达敌第二防御地带。阿尼西莫夫军楔入韦赫迈嫩（Vekhmainen）至霍尔特季拉（Kholttila）的阵地，科扎切克军辖下的步兵第10师对芬兰人设在穆斯塔洛沃的防御发起冲击。到6月13日晚至14日凌晨，古谢夫已在第21集团军20公里宽的突破地段集结起1744门火炮和迫击炮，创造出每公里正面88门火炮/迫击炮的密度，某些地段的火炮密度甚至高达每公里180～200门[41]。

古谢夫和切列帕诺夫集结力量准备恢复进攻时，芬兰第4军将其部队撤至第二防御地带，在那里掘壕据守并获得加强。芬兰指挥部还完成了第18步兵师的前调工作，将该师交给第3军，以填补该军与第4军之间的缺口，并命令第3军撤至第二防御地带。两天前的6月12日，芬兰指挥部已着手将第17步兵师和第20步兵旅从拉多加湖以北的“奥洛涅茨”集群调往卡累利阿地峡。6月13

日，第4步兵师开始在苏拉湖以南集结至第3、第4军结合部后方，从芬兰北部调来的第3步兵旅奉命集结在第4军中央地段后方。另外，曼纳海姆请求德军最高统帅部（OKW）为芬兰提供更多武器和谷物（自3月份以来已禁运），希特勒同意了。到6月13日晚，芬兰人得以在苏军第21和第23集团军突破地段对面集结起6个师又2个旅。另外还有1个师和2个旅正朝该地域开进[42]。

6月14日，陆海军炮兵在第21集团军作战地带实施90分钟，在第23集团军作战地带实施55分钟炮火准备后，古谢夫和切列帕诺夫集团军发起突破芬兰军队第二防御地带的行动。第21集团军突击地域的航空兵火力准备也持续了90分钟。9点30分，第21集团军步兵第108和第109军投入地面突击，10点，第23集团军辖内部队加入进攻。截至当日18点，阿尔费罗夫步兵第109军辖下I.I.亚斯特列博夫少将的步兵第72和N.A.特鲁什金少将的步兵第109师，在沃尔科夫坦克第1旅、自行炮兵第1222团和坦克第98团的支援下夺得芬兰人设在库泰尔塞凯、穆斯塔米亚基（Mustamiaki）和萨哈丘利亚（Sakha–Kiulia）的支撑点。苏军这场突击命中芬兰第3步兵师与第1骑兵旅的结合部，将这两股部队隔开。激战中，沃尔科夫的坦克第1旅穿过穆斯塔米亚基和涅乌沃拉（Neuvola）向前疾进，在列姆皮亚利亚（Lempiialia）到达滨海公路，构成切断季霍诺夫步兵第108军对面之敌后撤路线的威胁。空军第13集团军在6月13日①共投入600多战斗架次支援苏军的推进[43]。

6月14日晚些时候，芬兰第3步兵师发起反击，对步兵第109军夺取库泰尔塞凯的步兵第72师展开猛烈反冲击。在反坦克歼击炮兵第46旅和独立反坦克歼击炮兵第119营支援下，亚斯特列博夫步兵师击退了敌人的反冲击。但是，季霍诺夫步兵第108军对芬兰第1骑兵旅设在万哈萨哈（Vankhasakha）和梅采屈莱的部队发起的初步突击却以失败告终[44]。不过，6月15日早些时候，一场猛烈的炮火准备粉碎芬兰人的防御后，博尔什切夫步兵第46师和N.G.利亚奇申科少将的步兵第90师，最终在坦克第260和自行炮兵第1238团的支援下攻克了芬兰人这两个支撑点。

① 译注：疑为14日。

季霍诺夫迟到的成功使步兵第109军得以沿通往佩尔基亚尔维（Perkiarvi）的铁路线恢复进军。到6月15日晚些时候，阿尔费罗夫步兵军已杀至从苏拉亚尔维湖（Sulaiarvi）南面的库泰尔塞凯至坎涅尔湖（Kannel-iarvi）南岸一线。此时，季霍诺夫步兵第108军辖下M.S.叶尔希诺夫上校的步兵第314师已到达瓦梅尔湖与列斯克湖（Riesk-iarvi）之间的瓶颈地带，利亚奇申科步兵第90师和博尔什切夫步兵第46师正沿伊诺港以西3公里的铁路线战斗。为支援他们的推进，古谢夫在伊诺港附近海湾实施了一场小规模两栖突击。

第21集团军以2个步兵军向维堡发起主要突击时，西蒙尼亚克近卫步兵军守卫着苏拉湖以东的集团军右翼。切列帕诺夫第23集团军发起推进后，6月15日晚些时候，西蒙尼亚克将防区移交给S.N.亚历山德罗夫少将的步兵第13师（该师由戈沃罗夫从方面军预备队抽调，交给第23集团军），近卫步兵第30军转入方面军预备队接受补充和整顿。6月14日和15日，古谢夫第21集团军沿维堡方向突破芬兰人的第二防御地带，沿12公里宽的战线向前推进了15公里。

古谢夫遂行突击的后期阶段，芬兰第4军对辖内部队变更部署，并获得了额外的援兵。6月14日，早些时候撤至后方接受休整和补充的第10步兵师，在瓦梅尔湖与列斯克湖之间占据防御，次日，第4步兵师和第3步兵旅在其后方占据阵地。第4步兵师据守的防御沿维堡铁路线延伸至第3步兵师身后，第3步兵旅则沿洛伊斯托拉（Loistola）以南公路布防[45]。

古谢夫辖内部队突破芬兰军队第二防御地带时，6月14日和15日，切列帕诺夫第23集团军沿克克绍尔姆（Keksholm）方向成功发展进攻。集团军左翼，6月14日早些时候，阿尼西莫夫步兵第98军和科扎切克步兵第115军辖下的步兵第10、第92师，在列姆巴洛夫斯科耶湖和霍尔特季拉地段对芬兰第2、第15步兵师的防御发起冲击。苏军突击部队夺得韦赫迈嫩和西伊兰米亚基，日终前深入敌第二防御带500～600米。次日，在东延至拉多加湖的地段上，科扎切克步兵军辖下的步兵第142师和第17筑垒地域，面对刚刚接到后撤令的芬兰第19旅，向前推进9公里，最终完成了对芬兰军队第一防御地带的突破。

因此，到6月16日晨，戈沃罗夫的两个集团军在历时6天比预计得更为激烈的战斗中，沿一条75公里宽的战线取得40公里深的突破。古谢夫辖内部队发起突破芬兰军队第二防御地带的行动时，切列帕诺夫集团军刚刚逼近这条防御地带。2天的激战中，空军第13集团军投入2600飞行架次，为地面推进提供支援。

面对苏军强大的、持续不断的压力，芬兰人的抵抗并未发生动摇。戈沃罗夫的两个集团军毫不停顿，于6月16日和17日继续进攻，芬兰军队的抵抗甚至更加激烈，这是因为芬兰最高统帅部将新锐预备力量投入战斗。戈沃罗夫的两个集团军都未能取得太大进展。6月16日晨，沿维堡方向推进的古谢夫将格里亚兹诺夫位于第二梯队的步兵第110军投入战斗，加强沿乌西基尔克科（Usikirkko）方向的主要突击。步兵第108、第110、第109军并肩发起突击，向前推进6～15公里，日终前到达佩尔基亚尔维车站—哈洛兰湖（Khalolan-iarvi）—伊乌利斯湖（Iulis-iarvi）东南方的乌西基尔克科—索尔塔瓦拉（Sortavala）一线。可是，不利的气候条件导致空军只出动了182架次，面对新赶到的芬兰第3步兵旅和第4步兵师，古谢夫的推进因缺乏空中支援而停顿下来[46]。

戈沃罗夫右翼，面对芬兰后卫部队娴熟的迟滞行动，切列帕诺夫第23集团军以慢似蜗牛的速度穿过复杂地形。集团军左翼，面对芬兰人第二防御地带的诸多支撑点，阿尼西莫夫步兵第98军没能取得任何进展。不过，在集团军右翼，科扎切克步兵第115军沿克克绍尔姆方向推进了5～12公里，最终到达芬兰人的第二防御地带。

鉴于进展有限，6月17日下午，戈沃罗夫给两个集团军下达了新命令：

第21集团军应全力追击敌军，防止敌人从克克绍尔姆朝维堡方向抽调兵力，夺取敌第三防御地带，前出至辛托拉（Sintola）—基亚米亚里亚车站—胡莫拉（Khumola）—约汉涅斯（Iokhannes）一线，不得迟于6月17日。尔后应以不少于两个步兵军的兵力对维堡发起突击，夺取该城，并前出至该城北面和东北面10～15公里处，不得迟于6月18日—20日。

第23集团军应沿整条战线全力追击敌军，防止他们撤至武奥克萨水系，夺取苏万托湖—武奥克萨湖—亚尤里亚皮扬湖南岸—穆奥拉一线，不得迟于6月18日。在左翼沿武奥塔和瓦尔克耶尔维方向遂行你们的主要突击。将步兵第115军和第17筑垒地域留在苏万托耶尔维和武奥克萨耶尔维一线，将步兵第98军变更部署至左翼，准备向西北方攻往列波拉（Repola），从东北面包围维堡。[47]

戈沃罗夫命令两个集团军投入强有力的先遣部队，在坦克和火炮加强下率领他们的推进。空军第13集团军负责削弱芬兰军队设在维堡和苏姆马地域的防御，掩护地面部队推进，并阻止敌预备队的调动。

曼纳海姆意识到他的部队遭受到巨大压力，沿第二防御地带继续实施抵抗纯属徒劳，于是，他于6月16日命令陷入困境的部队撤至沿维堡—武奥克萨一线构设的新防御阵地[48]。两天前的6月14日，曼纳海姆已将位于地峡的所有部队纳入“卡累利阿地峡”战役集群，由“奥洛涅茨”集群原指挥官埃什中将指挥。6月15日，芬兰最高统帅部命令埃什的部队在后卫力量掩护下撤至VKT（维堡—库帕尔萨里—泰帕列）一线，并将其主力集结在武奥克萨水系西岸[49]。

可是，埃什将军6月15日赶至该地域时，第4军已丢失第二防御地带，不得不撤至库奥列姆湖（Kuolem–iarvi）至考克湖（Kauk–iarvi）、佩尔克湖（Perk–iarvi）至穆奥兰湖（Muolan–iarvi）的新防御阵地。此时，第10步兵师和第3步兵旅的部队仍在这道新防线前方作战。当晚，芬兰人命令第3、第4军撤至VKT一线，并构设一道中间防线，从列姆佩特季（Rempetti）起，穿过伊利亚丘利亚（Iliakiulia）、苏姆马和穆奥兰湖至亚尤里亚皮扬湖。第4军命令辖内部队占据这道防线。但是，苏军第21和第23集团军施加的压力迫使第4军比预定计划更早地弃守了阵地。

第3步兵旅的一名芬兰士兵写道：

> 没错［第3旅搭乘火车赶往卡累利阿地峡］。6月15日在库奥列姆湖车站卸载时，却发现了敌人的奇怪动向。敌军士兵在站台附近潜行。火车立即驶离，我们不得不向苏姆马后撤60公里，在那里，我们停在冬季战争时期的曼纳海姆防线。这些阵地非常脆弱，冬季战争期间遭破坏后一直修缮不力，但现在为时已晚，这是我们的唯一选择。[50]

戈沃罗夫的两个集团军于6月17日恢复进攻。面对芬兰第4军后撤中的第4、第10步兵师和第3步兵旅，古谢夫第21集团军沿维堡方向推进了10～14公里。步兵第13师掩护第21与第23集团军之间的缺口，获得该师增援后，阿尔费罗夫步兵第109军前出至帕姆帕拉（Pampala）—塔佩里（Taperi）—苏拉湖—佩尔基亚尔维湖北岸一线。阿尔费罗夫步兵军左侧，格里亚兹诺夫步兵第110军到达米克克林湖（Mikkelin–iarvi）—洛伊斯托拉—瓦尔普利拉（Varpulila）—皮赫卡拉（Pikhkala）一线。在皮赫卡拉与海岸之间，季霍诺夫步兵第108军夺得库奥列姆湖与卡皮诺兰湖（Kapinolan–iarvi）之间地峡。因此，日终前，步兵第110军左翼师和整个步兵第109军已到达芬兰军队第三防御地带。与此同时，刚刚从切列帕诺夫集团军转隶古谢夫集团军的布萨罗夫步兵第97军，开始在洛乌纳乔基车站（Lounatioki）西南方集结于步兵第109军后方，担任集团军第二梯队[51]。

东面，6月17日，面对芬兰军队依托诸多支撑点实施的激烈抵抗，切列帕诺夫辖内部队在30公里宽的作战地段，沿克克绍尔姆方向推进了5～10公里。科扎切克少将的步兵第115军前出至从劳图车站（Rautu）以南3公里的泰帕伦约基河至苏文米亚基（Suvenmiaki）一线，阿尼西莫夫步兵第98军到达伊乌连捷利亚（Iulentelia）—卡赫卡拉（Kakhkala）—塔尔皮拉一线。空军第13集团军当日共投入850飞行架次，以支援两个集团军。

6月14日至17日，这4天内，古谢夫和切列帕诺夫集团军突破了敌人的第二防御地带，从维堡公路至芬兰湾这片地域向敌第三防御地带发起追击。不过，戈沃罗夫和大本营都不太满意，认为进展太过缓慢。此后，莫斯科发出接二连三的训令，敦促戈沃罗夫麾下部队向维堡进攻。

突破芬兰军队第三防御地带，攻克维堡，6月18日—20日

古谢夫第21集团军于6月18日早些时候恢复了进攻。当日，阿尔费罗夫步兵第109和格里亚兹诺夫步兵第110军，在沃尔科夫坦克第1和A.P.科瓦利斯基上校坦克第152旅的支援下，前出至莱皮亚苏奥（Leipiasuo）和苏姆马以南的敌第三防御地带，这道防线掩护着维堡公路。古谢夫左翼，季霍诺夫步兵第108军辖下的博尔什切夫步兵第46和叶尔希诺夫步兵第314师，以S.A.索科洛夫上校的近卫坦克第30旅为支援，一举突破敌人的第三防御地带，向前推进25公里，夺得科伊维斯托港[52]。

戈沃罗夫位于苏拉湖以北的右翼，切列帕诺夫第23集团军获得I.I.法杰耶

夫少将步兵第6军加强，该军刚刚从纳尔瓦地域调来，经过6月18日一整天的战斗，第23集团军突破敌第三防御地带。日终前，切列帕诺夫辖内部队向前推进了15～20公里，并到达泰帕伦约基河河口—佩季湖（Pet'-iarvi）—穆尔米湖（Murmi-iarvi）—马里亚涅米（Mar'ianiemi），和蓬努斯湖（Punnus-iarvi）—伊斯克湖（Isk-iarvi）北岸—考鲁拉（Kaurula）一线。空军第13集团军当日共投入750飞行架次，以支援两个集团军的推进[53]。

此时，古谢夫决定将布萨罗夫步兵第97军从第二梯队投入战斗，在坦克第1和第152旅支援下突破芬兰人的第三防御地带，加快向维堡的进军速度。布萨罗夫军将在芬兰第4步兵师与第3步兵旅的结合部，苏姆马与马尔克基（Markki）之间，攻破敌第三防御地带，沿苏姆马—维堡公路冲向胡莫拉，在维堡以南地段夺取佩罗（Pero）和利马特塔（Limatta）车站的铁路枢纽。

布萨罗夫右侧，阿尔费罗夫步兵第109军将以其主力据守马尔克基至穆奥兰湖这片地段，并把亚斯特列博夫步兵第72师部署在左翼后方的第二梯队。布萨罗夫军发起突破行动时，亚斯特列博夫步兵师将从西北方包围莱皮亚苏奥车站，并掩护步兵第97军之左翼①。布萨罗夫左侧，格里亚兹诺夫步兵第110军将在芬兰第3步兵旅与第10步兵师结合部的苏姆马附近突破敌防御，沿约汉涅斯公路向北突击，防止芬兰军队沿滨海公路撤往维堡。之后，格里亚兹诺夫步兵军应继续向北，夺取利马特塔车站和胡维拉，尔后攻克维堡。西面，季霍诺夫步兵第108军应沿海岸继续向北推进[54]。

第21集团军计划中的突击涵盖了从穆奥兰湖至伊利亚丘利亚的整条战线，若取得成功，将在芬兰人第三防御地带上撕开个大缺口，打开通往维堡之路。

6月19日晨，古谢夫辖内部队发起进攻，几乎立即取得了成功。从穆奥拉至芬兰湾，遂行冲击的苏军部队在芬兰人的防御上撕开个70公里宽的缺口，面对芬兰人的激烈抵抗，他们在18个小时的激战中向前推进14公里。芬兰第3步兵旅的一名军官对这场近距离的、多呈混乱状的战斗做出了生动描述：

---

① 译注：应为右翼。

敌人实施猛烈的炮火齐射时，我们隐蔽在战壕中，他们随即沿［苏姆马］公路发起密集冲击。敌人拥有大批步兵和坦克。我们期待获得己方炮兵支援，但没见他们射出一发炮弹。敌坦克继续向前，苏军步兵尾随其后。我们没有反坦克武器，但我们继续坚守防线。我们的连长阵亡了，由我接替指挥。我向营长伊科嫩保证，我们能够坚守到［6月18日］午夜，但没办法更久了。午夜时，我们获得接替。换防应当在战壕内进行，每次一个人。由于我们正与敌人发生直接战斗接触，这场换防是个坏主意。结果，接替者和被接替者混杂在一起，所有人都向后撤去。

我待在公路旁的一座混凝土暗堡内，试图与指挥换防连的上尉把情况捋顺。事实证明，这位上尉毫无作战经验；他是一名后方人员，不知出于什么原因被任命为步兵连连长。就在这时，一辆敌坦克驶上暗堡顶部后停了下来。我带着连勤务兵朝暗堡门口走去，就在这一瞬间，一发射向敌坦克的75毫米反坦克炮弹命中暗堡门柱。勤务兵左臂负伤。我把我的冲锋枪交给那名上尉，告诉他不能让敌人冲入暗堡，然后开始为勤务兵包扎伤口。敌坦克的两名幸存车组成员跳入战壕，朝我们的暗堡跑来。刚一看到我们，两个坦克兵便开始摸索随身携带的武器。上尉喊道："Ruki verkh!"（举起手来！）我大喊起来："开枪！"他照办了，但一名敌坦克兵溜之大吉。

然后，我们一致同意应沿战壕撤至一片沼泽地边缘，隶属于我们连的一个马克沁机枪组正在那里朝战壕前方射击。我命令机枪组脱离战斗。部下们开始沿战壕朝山下撤离，敌坦克和步兵就在50米外。战壕在一片沼泽地到头了，我们开始沿这片沼泽后撤。沼泽地太过潮湿，机枪组成员无法携带机枪和三脚架，于是，我们干脆扔掉了机枪。我们在夏夜的昏暗中向北而行，设法归队。我们一直能听见俄国人行进和交谈时发出的各种声响。我们不敢说话，夹杂在俄国人当中沿相同方向继续行进。最后，我们在拂晓时找到了己方部队。[55]

这位芬兰军官随后又对恶化的态势做出深刻的阐述：

在我看来，向从未经历过战争的人阐述俄国人进攻期间所发生的事情非常困难，他们无法理解你的部队与敌人混杂在一起时，任何情况都有可能发生的危险……敌人达成突破后，芬兰士兵们被打散，他们分成一个个小组，试图返回自己的部队，而俄国人正沿同一方向推进。设法归建期间，我的排从事了一场游击战。我们之所以能够顺利突围，是因为我们不得不从后方对前进中的敌人发起袭击，他们被打得措手不及。我们总是设法避开敌人，他们在行进时的动静很大，但我们在必要时也会与他们交火。有几次，在昏暗的夜色中，我们排成单路纵队穿过敌人的防线，几名部下在左右两侧实施警戒。俄国人对其部队的部署并不比我们了解得更多，因为这里没有战线。如果我们在途中遇到失散的芬兰士兵，我就命令他们加入我们的行列，直到返回己方部队。[56]

6月19日日终前，阿尔费罗夫步兵第109军沿铁路线及其东面向前卷击，尔后向东冲往穆奥兰湖北面的黑库里拉（Kheikurila）。M.D.格里申少将的步兵第286师夺得基亚米亚里亚车站，特鲁什金步兵第109师攻克基亚米亚里亚，他们转身向东，逼近黑库里拉，在那里遭遇“拉古斯”装甲师一部，芬兰人将该师从预备队投入战斗。与此同时，布萨罗夫步兵第97军沿维堡公路向北推进，粉碎了芬兰第4军的防御。拉德金步兵第372师一举攻克苏姆马，日终前，担任其先遣支队的科瓦利斯基坦克第152旅，对奥季奥科尔佩拉（Autiokorpela）发起突击。维堡公路西面，格里亚兹诺夫步兵第110军到达卡金萨里（Kakinsari），季霍诺夫步兵第108军辖下的叶尔希诺夫步兵第314师，在维堡—科伊维斯托铁路线上的凯斯拉赫季车站（Kaislakhti）以南地带战斗，季霍诺夫步兵军余部则将科伊维斯托地域的芬兰部队彻底肃清[57]。

苏拉湖东面，切列帕诺夫第23集团军终于跟上了古谢夫前进中的部队，并将芬兰第3军位于武奥克萨湖以南地域的部队肃清。阿尼西莫夫步兵第98和法杰耶夫步兵第6军沿约基斯库（Iokisku）和穆奥兰湖战线突破芬兰人的第三防御地带，P.F.叶菲缅科上校的步兵第382师从芬兰第3步兵师手中夺得穆奥拉支撑点。切列帕诺夫右翼，科扎切克步兵第115军和第17筑垒地域迫使芬兰第15步兵师向北撤往武奥克萨水系北岸的新防线。

就在戈沃罗夫辖内部队即将彻底粉碎芬兰军队位于苏姆马东西两面的防御，并向维堡发起最后冲刺之际，芬兰最高统帅部命令两个军后撤，以免全军覆没。6月19日晚至20日凌晨，芬兰最高统帅部命令第4军，次日清晨6点前须撤至第三防御地带。该军辖下的第10步兵师和“拉古斯”装甲师应在维堡西北方占据预备阵地，而第3、第4步兵师和第3步兵旅应继续扼守军防区。可是，古谢夫对第三防御地带的快速突破，打乱了芬兰人全面实施这场计划中的后撤。第4军在苏军火力打击下竭力退却时，东面，芬兰第3军设法将其部队有序而又完整地撤至武奥克萨水系。早在6月13日，芬兰第3军便已接到实施后撤的预先号令，6月16日后以连贯的方式实施分阶段后撤，6月19日晚些时候占据了新防御阵地[58]。

后撤完成后，芬兰军队据守的新防线从维堡南面的维堡湾起，向东穿过塔姆米苏奥（Tammisuo）、列波拉，至库帕尔萨里（Kuparsari），沿武奥克萨河和武奥克萨湖、苏万托湖、泰帕伦耶尔维河，至拉多加湖。完成集结后，芬兰人设法拼凑起一股10个师又4个旅的力量，尽管先前的战斗导致其中有些部队的实力严重不足。芬兰人设在维堡以东的新防御依托着该地域的河流和诸多湖泊，这些天然障碍提高了其防御的耐久力。对芬兰人来说最重要的是，戈沃罗夫的部队恢复进攻时，再也无法达成出其不意的效果。

部署就位后，已从奥涅加湖—拉多加湖地段调至维堡的芬兰第5军与第4军，以4个步兵师、1个装甲师、2个步兵旅和1个骑兵旅扼守从芬兰湾至武奥克萨河这片地段。刚刚从“奥洛涅茨”集群赶来的第20步兵旅，据守的阵地从维堡南面的帕尔利达涅米角（Cape Pallidaniemi）沿维堡南郊和东郊延伸至科里亚拉（Kor'iala）。在苏姆马遭遇挫败后重新集结起来的第3步兵旅，防区从科里亚拉起，穿过塔姆米苏奥至卡列季良湖（Karetilian–iarvi）。第3步兵旅左侧，第18步兵师据守从卡列季良湖至列波兰湖（Repolan–iarvi）的防区。最后，第4步兵师守卫着诺斯库翁谢利基亚湖（Noskuon–sel'kia）地段，第3步兵师扼守东延至武奥克萨河这片地段。第1骑兵旅占据后方阵地，负责协助守卫海岸。维堡西面，第2海岸旅据守芬兰湾西北海岸，其主力位于尼萨拉赫季（Nisalakhti）和梅兰萨里岛（Melan–sari）、捷伊卡尔萨里岛（Teikar–sari）[59]。

虽说这些防御强大而又绵亘，但据守这些防御的许多部队在先前战斗中已遭受到严重损失。例如，第3步兵旅的一名军官指出，弃守苏姆马阵地几天后，该旅在维堡以东3公里的塔姆米苏奥占据阵地，他补充道：“我们在此期间没有得到任何休整。在这里，我们旅获得了新的反坦克武器——‘铁拳’和‘战车噩梦’。反坦克人员使用了这些武器，并在我们的前线地段击毁28辆敌坦克。”[60]

东面，芬兰第3军以2个步兵师和1个步兵旅守卫武奥克萨河至拉多加湖的防区。第2步兵师沿武奥克萨河北岸至鲁伊斯萨里（Ruissari）设防，但在武奥萨阿尔米（Vuosaalmi）对面的河流南岸保留了一个登陆场。在其左侧，步兵第15师据守东延至哈帕赖嫩（Khaparainen）的50公里防区，第19步兵旅守卫着泰帕列（Taipale）以南，与拉多加湖西岸毗邻的地峡。第3军靠近湖泊的侧翼，第3海岸旅守卫着拉多加湖西岸至亚里谢维扬内梅角（Cape Iarisevian-neime）一线[61]。

芬兰人还竭力组建起一支预备队，以支援他们在维堡的防御。他们把遭受重创的“拉古斯”装甲师和重新集结的第10步兵师部署在维堡北面担任预备队，命令他们支援第5和第4军。第17步兵师从北部赶往卡累利阿地峡，第6和第11步兵师也从南卡累利阿乘火车赶来，这些部队将为基尔佩尼奥基（Kilpenioki）地段的芬兰军队提供支援。另外，6月18日—19日，德国人以20架Ju-87、10架Fw-190战机加强芬兰空军[62]。截至6月20日，部署在卡累利阿地峡的芬兰军队共计7个师又4个旅（不算海岸防卫旅），守卫着一条100公里长的战线，另外3个师正在赶来的途中。

6月19日，曼纳海姆给部队下发一份公告，强调了维堡防御的重要性：

> 随着我军部队沿所谓的VKT防线占据防御，封闭敌人进入我国纵深的突破路线至关重要。因此，我要求你们坚强守卫这道防线。你们应特别注意这样一个事实：若敌人突破这道防线，会严重削弱我们的防御能力，并将我们的国家和人民置于极其危险的境地……我知道，相关防御工作要么没有实施，要么正处于初始阶段，但我相信，在必要情况下，芬兰士兵会利用地形和自身的顽强实现坚不可摧的防御。[63]

6月19日晚至20日凌晨，戈沃罗夫命令第21和第23集团军“向西北方发展进攻，歼灭敌维堡集团，夺取维堡，不得迟于6月20日。6月21日前以［集团军］主力前出至安特列阿（Antrea）和维堡一线，同时沿武奥克萨水系实施防御，可靠掩护突击群之侧翼和后方”[64]。

戈沃罗夫的计划要求古谢夫第21集团军从卡米亚良（Kamiarian）—霍武（khovu）—索姆梅车站（Somme）一线向西北方攻击前进，务必于6月20日前夺取维堡，并前出至卡万察里（Kavantsari）—尤乌斯季拉（Iuustila）—季恩哈拉（Tienkhara）一线，不得迟于6月21日。古谢夫打算以3个步兵军齐头并进，季霍诺夫步兵第108军沿海岸向北突击，布萨罗夫步兵第97军沿铁路线推进，阿尔费罗夫步兵第109军攻向塔利车站（Tali）。待他们成功突破芬兰人的防御后，布萨罗夫和阿尔费罗夫步兵军将从东北方包围维堡的防御。空军第13集团军为地面突击提供支援，阻止敌部队和武器装备从赫尔辛基调往维堡，并消灭后撤之敌。

东面，切列帕诺夫第23集团军将投入法杰耶夫步兵第6和阿尼西莫夫步兵第98军，从丘利亚帕克科拉（Kiuliapakkola）和黑尼奥基 （Kheinioki）一线向西北方发起主要突击，这两个军应于6月21日前到达库考普皮（Kukauppi）和卡万察里车站一线。与此同时，科扎切克步兵第115军沿武奥克萨水系实施防御，掩护突击群之侧翼和后方[65]。

戈沃罗夫的两个集团军于6月20日晨发起突击，却发现芬兰人已在前一天晚上弃守维堡："6月21日，俄国人占领维堡。芬兰人前一天晚上撤离该城。虽然陆军并未打算坚守这座古老的城市，但维堡的丢失对芬兰人的士气是个打击。"[66]负责守卫维堡的是芬兰第20步兵旅，该旅旅长弃守该城的决定引起极大的争议，至今尚存。

不管这个决定正确与否，古谢夫的3个步兵军按计划行事，从维堡防线和VKT防线向北追击芬兰军队。芬兰部队撤往北面和西北面后，季霍诺夫步兵第108军辖下的步兵第314、第90师和布萨罗夫步兵第97军编成内的步兵第372师，在坦克第1和近卫坦克第30旅的支援下，于6月20日19点夺取维堡。日终前，古谢夫的部队前出并占领了从卢克丘利亚（Lukkiulia）西延至塔利以南，向东穿过塔姆米苏奥至维堡北郊和西郊的新阵地。空军第13集团军以950飞行架次支援古谢夫的推进，波罗的海舰队航空兵也出动了600架次。东面，切列帕诺夫第23集团军法杰耶夫步兵第6和阿尼西莫夫步兵第98军向西北方追击芬兰军队，夜幕降临前到达武奥克萨湖西岸的拉平拉赫季（Lapinlakhti）—基安秋米亚（Kiantiumia）—卢克丘利亚一线。他命令步兵第115军沿苏万托湖和武奥克萨湖南岸实施防御[67]。

对维堡发起最终突击期间，苏军最高统帅部大本营下达了一道指令，将列宁格勒方面军司令员戈沃罗夫擢升为苏联元帅，日丹诺夫和古谢夫也晋升上将。虽然红军夺取维堡并前出至武奥克萨河一线基本结束了维堡进攻战役，但并未完成大本营的战略目标。

列宁格勒方面军攻入芬兰，6月21日—7月14日

6月21日的态势和列宁格勒方面军的计划

红军在卡累利阿地峡击败芬兰军队并夺取维堡，给芬兰政府造成一场严重的战略困境。攻克维堡的古谢夫第21集团军，现在威胁到芬兰南部的其他人口中心，包括赫尔辛基和芬兰中部。更糟糕的是，6月21日卡累利阿方面军在奥涅加湖与拉多加湖之间发起的进攻战役加剧了这种威胁。芬兰政府和最高统帅部无法保证他们的部队能够阻止红军进一步侵入芬兰腹地。因此，6月19日，他们请求德国提供6个师，接防东卡累利阿战线，这样一来，芬兰军队便可将其力量集结至卡累利阿地峡。他们还要求为芬兰军队提供更多武器装备。

虽然希特勒知道芬兰人的迫切需求，但他无法提供至关重要的军事支援，主要是因为德国国防军在诺曼底遭到攻击。之后的情况也未得到改善，因为红军6月23日①在白俄罗斯对德国“中央”集团军群发起了一场大规模打击。不过，6月19日，德国人通过鱼雷艇为芬兰提供了9000具“铁拳”（44毫米无后坐力反坦克榴弹发射器），3天后又通过紧急空运交付了5000具“战车噩梦”（88毫米反坦克火箭发射器）。虽然这些和另一些援助是有帮助的，但远远达不到芬兰人所期望的6个师：

> 6月20日，OKW通知曼纳海姆，若芬兰军队下定决心坚守维堡—武奥克萨防线，他们准备为芬兰提供各种支援。除了武器和补给物资，德国人还将提供第122步兵师［调自爱沙尼亚］、1个突击炮旅［第303旅］和空军部队〔一

---

① 译注：应为6月22日。

个战斗机大队、1个对地攻击近距离支援大队［斯图卡］和1个中队］。地面部队调自“北方”集团军群，战机调自芬兰北部的第5航空队和隶属“北方”集团军群的第1航空队。这些飞机立即转场，6月21日出动940飞行架次为芬兰军队提供支援。[68]

第303突击炮旅和第122步兵师分别于6月23日、6月28日到达芬兰。另外，6月22日，德国外交部部长里宾特洛甫访问赫尔辛基，与芬兰总统吕蒂会晤。经过数日会谈，吕蒂签署了一项协议，称芬兰不会同苏联单独媾和，并将这场战争继续下去，以此回报德国的支援。

鉴于芬兰人显而易见的不妥协态度，6月21日2点15分，斯大林命令戈沃罗夫恢复进攻行动：

最高统帅部大本营命令：

1. 列宁格勒方面军在卡累利阿地峡行动之部队应继续进攻，任务是在6月26日—28日前夺取伊马特拉（Imatra）—拉彭兰塔—维罗约基（Viroioki）一线。应以部分部队攻往克克绍尔姆和叶利森瓦拉（Elisenvara），以肃清卡累利阿地峡武奥克萨河和武奥克萨湖东北方之敌。

2. 尔后，方面军主力应发展进攻，任务是夺取科乌沃拉（Kouvola）和科特卡（Kotka）一线，并沿丘明奥伊基河（Kiumin-oiki）东岸据守。掩护你们的主力突击群，防止敌人从北面发起进攻……

I.斯大林、A.安东诺夫[69]

为改善戈沃罗夫方面军的指挥和控制，大本营将科罗夫尼科夫第59集团军领率机关从纳尔瓦匆匆调至卡累利阿地峡，但不包括其辖内部队。截至6月21日，戈沃罗夫的列宁格勒方面军右翼编有第21、第23集团军，辖7个步兵军共21个步兵师，沿一条200公里长的战线展开行动。另外1个步兵军担任戈沃罗夫的预备队。由于持续数周的战斗造成的消耗，古谢夫集团军辖内步兵师，兵力从4000至6500人不等，切列帕诺夫集团军各个师的兵力为4200～6600人。戈沃罗夫两个集团军目前的总兵力约为15万名士兵。

另一方面，扼守地峡的芬兰军队比6月10日战役发起时强大得多，另外，与20天前的情况不同，他们已预料到苏军会发起新的进攻。卡累利阿地峡的芬兰军队共计3个军，14个师或旅，包括7个步兵师、1个装甲师、1个骑兵旅、3个步兵旅和2个海岸旅[70]。芬兰最高统帅部将这些部队纳入6月14日组建的“卡累利阿地峡”集群。

除了这些部队，芬兰第6和第11步兵师正从南卡累利阿开赴地峡，而德国第122步兵师和第303突击炮旅正从爱沙尼亚赶来。芬兰第5、第4军在维堡湾与武奥克萨河之间据守内湖隘路上的诸多强化支撑点，第3军则沿武奥克萨水系北岸占据了有利防御[71]。

6月21日，戈沃罗夫将新进攻计划提交最高统帅部大本营审批。根据这份计划，古谢夫第21集团军和科罗夫尼科夫第59集团军将遂行方面军的主要突击，攻往拉彭兰塔，而后转向西面，前出至拉彭兰塔和苏尔皮亚拉（Surpiala）一线。与此同时，切列帕诺夫第23集团军应在安特列阿和恩索（Enso）地段强渡武奥克萨河并攻向希托拉（Khitola），从北面包围克克绍尔姆。

进攻将分为两个阶段发展，在此期间，戈沃罗夫辖内部队应向西推进50公里。6月22日至24日为第一阶段，期间第21、第23集团军应以5个步兵军的力量（第21集团军3个军，第23集团军2个军）完成方面军的当前任务。古谢夫和切列帕诺夫集团军应从库考普皮、卡万察里车站、尤乌斯季拉和季恩哈拉地段攻向西北方，前出至恩索—努伊亚马湖（Nuiiama-iarvi）—莱涅拉（Lainela）—尼萨拉赫季一线（苏联与芬兰的原边境线），不得迟于6月24日，同时掩护他们沿武奥克萨河的右翼。科扎切克步兵第115军由方面军直接指挥，负责守卫拉平拉赫季至拉多加湖一线。

进攻行动第二阶段将从6月24日持续至25日，3个集团军应向西攻击前进，占领伊马特拉—拉彭兰塔—苏尔皮亚拉一线，不得迟于6月26日。诸集团军的8个步兵军应沿1940年和1941年的边境线夺取芬兰人在防御地带构设的主要支撑点，同时，准备发起一场强有力的进攻，突破敌人强大的防御地带。科罗夫尼科夫第59集团军将以阿尔费罗夫步兵第109和布萨罗夫步兵第97军从片特季拉（Penttila）和莱涅拉一线发起突击，尔后沿拉彭兰塔方向攻击前进。古谢夫第21集团军应投入季霍诺夫、格里亚兹诺夫的步兵第108、第110军和西蒙尼亚克近卫步兵第30军（调自方面军预备队），沿滨海方向遂行集团军的主要突击。第59与第21集团军的分界线从莱涅拉延伸至梅特捷（Mette）。

东面，切列帕诺夫第23集团军将以法杰耶夫步兵第6、阿尼西莫夫步兵第98军在安特列阿—恩索地段强渡武奥克萨河，朝希托拉攻击前进，掩护古谢夫突击部队之右翼。切列帕诺夫右翼，科扎切克步兵第115军将在基维涅米地段强渡武奥克萨河，并与第23集团军余部协同攻往克克绍尔姆[72]。

为执行这一雄心勃勃的计划，戈沃罗夫请求最高统帅部大本营再为他调拨2个步兵军、1个工程—工兵旅、2个摩托化舟桥营、2个特种摩托化营（水陆两栖车辆）、2个NZP舟桥车场和1个扫雷犬营。他还要求大本营提供30辆T-34坦克、30辆SU-76自行火炮，为浮桥和桥梁修建部队提供100辆“斯蒂贝克”卡车，外加1.7万发火箭弹。大本营批准了戈沃罗夫的计划，但没有为他提供额外的2个步兵军，称：“方面军有足够的兵力完成所受领的任务。”[73]

6月21日至22日，列宁格勒方面军开始为进攻加以准备。与此同时，波罗的海舰队发起夺取比约尔克群岛（B'erk Archipelago）的行动，这对控制维堡湾至关重要。

波罗的海舰队针对比约尔克群岛的行动，6 月 21 日—27 日

虽然古谢夫第21集团军已于6月中旬前将科伊维斯托半岛和芬兰湾东岸的芬兰部队肃清，但芬兰人仍占据着附近的比约尔克群岛。该群岛对交战双方至关重要。若仍在芬兰军队控制下，这些岛屿将对第21集团军左翼，以及位于奥尔拉赫季湾（Ollakhti）和赫马利奥基湾（Khmalioki）的临时海军基地构成威胁，并妨碍波罗的海舰队在维堡湾的行动。但如果红军夺得该群岛，就将阻止德国人进入维堡湾，使其无法经海路增援芬兰军队。因此，戈沃罗夫在维堡进攻战役期间将该群岛列入目标。

6月16日，戈沃罗夫命令季霍诺夫步兵第108军夺取比约尔克群岛，并为他提供了1个平底船旅和1个海军步兵营。这些船只和季霍诺夫的1个步兵团负责遂行这项行动。可是，步兵第108军在接下来的3天里未实施有效侦察，尽管该军确定皮萨里岛（Pii-sari）的防御最为薄弱，特别是该岛毗邻比约尔克松德湾（B'erkezund）的海岸。由于芬兰人的防御太过强大，加之季霍诺夫的

部队对实施两栖行动极不熟练，戈沃罗夫取消了步兵第108军的行动，于6月19日命令波罗的海舰队独立完成这些任务，不再投入步兵第108军辖内部队。于是，海军上将特里布茨命令海军中将G.I.列夫琴科指挥的喀琅施塔得海军防御地域遂行这项行动，并为他提供了平底船旅和海军步兵第260旅[74]。

据苏联方面统计，芬兰人此时在芬兰湾东部的科特卡和维堡海军基地集结了70多艘船只和20艘两栖驳船，他们守卫着诸岛屿，并在比约尔克群岛南接近地布设了水雷。6月10日至20日间，芬兰船只布设了60颗水雷。3000名士兵分为小股守军据守诸岛屿，并获得约40门海岸炮加强。由于群岛东北地段的防御最为虚弱，列夫琴科计划在这里发起两栖突击。他选中皮萨里岛东北海岸作为最初目标，这是因为一旦夺取该地段，他的部队便可以迂回皮萨里岛和秋林萨里岛（Tiurin-sari）上的芬兰守军。

列夫琴科的两栖突击开始于6月20日晚至21日凌晨，一支连级规模侦察支队登上皮萨里岛东部海岸，并夺得一座200×200平方米的登陆场。第二个海军步兵连在6月21日晨登陆。芬兰人以夜间登岛的援兵发起反冲击，与此同时，8艘突击驳船和4艘快艇组成的一支芬兰舰队从北面闯入科伊维斯通萨里湾（Koivistonsari），开始炮击苏军两栖部队和支援船只。不过，苏联海军的强击机驱散了芬兰船只，在此过程中还重创几艘敌船。6月21日和22日，列夫琴科的登陆支队击退了芬兰人的进攻，并将敌人逐往岛内，6月22日中午，海军步兵第260旅余部登上皮萨里岛。6月23日晚些时候，该旅将岛内守军肃清，并投入2个营，分别在秋林萨里岛和科伊维斯托岛登陆。6月26日至27日，该旅还夺得鲁翁季岛（Ruonti）和图普兰萨里岛（Tuppuran-sari）。

就这样，到6月27日，列夫琴科的部队已将比约尔克群岛的所有岛屿攻克，波罗的海舰队得以在维堡湾自由行动，戈沃罗夫可以考虑从海上对芬兰军队设在维堡以西的防御发起后续行动。

列宁格勒方面军的持续进攻，6月25日—7月14日

波罗的海舰队忙于完成夺取维堡湾内诸岛屿的行动时，戈沃罗夫麾下第21和第23集团军发起进攻，力图在维堡北面和西面到达并恢复1940—1941年的苏芬边境线，并将芬兰逐出战争。6月25日，古谢夫第21集团军发起进攻，

打击维堡与武奥克萨湖之间的芬兰第4、第5军，与此同时，切列帕诺夫第23集团军试图强渡武奥克萨河，以便迂回芬兰第3军并夺取克克绍尔姆。虽然古谢夫和切列帕诺夫的部队取得了一些进展，但面对妥善准备的芬兰军队，他们的推进迅速演变为一场血腥激战，戈沃罗夫的两个集团军无法完成他雄心勃勃的计划。

根据戈沃罗夫的计划，古谢夫第21集团军应突破芬兰人设在维堡北面和东北面的防御，向西北方挺进，前出至1940—1941年的苏芬边境线，尔后应“攻入芬兰腹地”。他的集团军编有季霍诺夫步兵第108、格里亚兹诺夫步兵第110、布萨罗夫步兵第97、阿尔费罗夫步兵第109军的12个步兵师，从左至右部署在维堡湾至列波拉（诺斯库翁谢利基亚湖东面）以南30公里宽的地带。6月25日，戈沃罗夫将西蒙尼亚克位于方面军预备队的近卫步兵第30军交给古谢夫集团军，该军奉命沿古谢夫的主要突击方向发起进攻。这就使古谢夫掌握的力量达到15个步兵师，以此对付芬兰第5、第4军的4.5个师。

古谢夫辖内部队发起冲击时，芬兰第5和第4军以第20、第3步兵旅、第18、第4、第3步兵师守卫着从维堡至武奥克萨河的防区，总兵力约为5万人，而古谢夫遂行进攻的兵力高达15万。另外，芬兰第3步兵师还面对着苏军第23集团军步兵第6军主力，该军部署在武奥克萨河西岸，从列波拉南面至丘利亚帕克科拉。

古谢夫右侧的卡累利阿地峡东部地段，切列帕诺夫第23集团军已于6月20日前到达武奥克萨水系南岸。此时，该集团军编有法杰耶夫步兵第6、阿尼西莫夫步兵第98、科扎切克步兵第115军和第17筑垒地域，这些部队从左至右部署在100公里宽的作战地带上，从列波拉以南起，经亚尤里亚皮亚（Iaiuriapia）至拉多加湖西岸。第17筑垒地域以6个独立机枪—火炮营守卫拉多加湖至武奥克萨河河口的防区。切列帕诺夫的主力是法杰耶夫步兵第6和阿尼西莫夫步兵第98军的6个师，集结在集团军左翼，从列波拉以南至武奥克萨河西岸的亚尤里亚皮亚。

切列帕诺夫左翼，步兵第6军的3个师面对着芬兰第4军部署在武奥克萨河以西的第3步兵师。切列帕诺夫步兵第98、第115军和第17筑垒地域面对的是芬兰第3军，该军第2、第15步兵师和第19步兵旅沿武奥克萨水系北岸布防。芬兰第2步兵师的1个团守卫着武奥克萨尔米（Vuoksaalmi）西南方一座小型登陆场，位于河流南岸。这个获得强化的、遍布密林的登陆场位于河南岸高地上，并获得一个大股炮兵群支援。切列帕诺夫的兵力约为10万人，面对着约3.5万名芬兰士兵。6月21日，戈沃罗夫命令切列帕诺夫集团军在武奥克萨尔米附近强渡武奥克萨河，歼灭当面之敌，并朝希托拉和克克绍尔姆发展进攻。

古谢夫第21集团军辖内部队于6月22日晨奉命发起冲击。苏军对列波拉（卡尔斯季兰湖东面）以南发起进攻，格里亚兹诺夫步兵第110和布萨罗夫步兵第97军的突击群立即在芬兰第5军与第4军结合部防御处达成2公里突破[75]。两个军反复发起进攻，加之季霍诺夫步兵第108军在左翼、阿尔费罗夫步兵第109军在右翼遂行的冲击，迫使芬兰人在6月24日日终前将其部队撤至依托列波拉防御支撑点构设的新防线。这场战斗中，布萨罗夫和阿尔费罗夫的部队还攻克了芬兰人设在塔姆米苏奥和塔利的支撑点。但是，切列帕诺夫第23集团军辖下法杰耶夫步兵第6军对武奥克萨河以西芬兰第3步兵师发起的冲击，几乎刚一开始便发生了动摇。

由于6月22日至24日间未能取得决定性突破，经大本营批准，戈沃罗夫再次修改了他的计划。他没有把步兵第97和第109军转隶新赶到的第59集团军领率机关，而是将这两个军留在第21集团军辖内。戈沃罗夫随后命令科罗夫尼科夫的领率机关策划一场两栖突击，渡过维堡湾，从西面迂回芬兰人的防御。同时，他命令古谢夫将西蒙尼亚克近卫步兵第30军投入一场新攻势，粉碎芬兰军队的防御，恢复向原苏芬边境线的推进。他选中列波拉地段作为古谢夫新攻势的突破地带[76]。

6月25日，古谢夫第21集团军以格里亚兹诺夫、阿尔费罗夫、西蒙尼亚克步兵军约12个步兵师在列波拉地段发起冲击，进攻发起前获得了猛烈炮火准备的支援。历时24小时的激战中，面对芬兰军队异常猛烈的抵抗，遂行突击的3个苏军步兵军在芬兰人的防区达成5公里深的突破[77]。战斗中，3个军夺得曼尼克科拉（Mannikkola）和利波拉支撑点，并于6月26日晚些时候逼近芬兰军队设在波尔京哈伊卡（Portinkhaika）的支撑点。

芬兰第3步兵旅在古谢夫主要突击地段对面遂行防御，该旅的一名军官描述了列波拉附近的战斗：

问：芬兰官方史称，1944年6月25日上午，敌人对第3步兵旅的防线实施了两个小时的猛烈炮击，从前线到后方的塞马运河（Saimaa）。随后，敌人的重型坦克（JS-2）突破了防线，敌步兵尾随在后。

答：当时的情况很不明确，到处都有小规模交火。我们又一次与己方部队失去了联系，但我们打算向北退却。我们不得不在最窄处渡过卡尔斯季兰湖；在那里，我们遭受了一些伤亡，因为敌人将火力集中于我们不得不穿越的地带。我们看见了"拉古斯"师的一些芬兰坦克，还有德国人的"斯图卡"战机。[78]

尽管面对着古谢夫遂行突击的大批部队并丢失了许多地盘，但经过4天激战，芬兰人还是得以封闭并遏止了苏军的突破。到6月30日，古谢夫的部队已攻克芬兰人设在波尔京哈伊卡和卡里萨尔米（Karisaalmi）的支撑点，并到达伊汉塔拉（Ikhantala）郊区，使其坦克部队得以进入维堡北面更便于推进的地域。行动中，第21集团军在异常困难的地形条件下应对敌人的顽强抵抗，芬兰人月底时加强的空中打击也给他们造成了严重妨碍。因此，古谢夫集团军在历时10天的激战中只取得8~10公里进展，到6月30日，他们所到达的战线从苏奥姆西韦登波希亚湾（Suomsiveden-pokh'ia）东北端起，经卡里萨尔米、伊汉塔拉和波尔京哈伊卡至诺斯库翁谢利基亚湖南岸。

古谢夫集团军于7月初实施的后续突击没能取得显著战果。面对芬兰人的顽强抗击，他的部队只向前推进了1~2公里，芬兰人从南卡累利阿调来第6和第11步兵师，德国人从爱沙尼亚调来第303突击炮营后，古谢夫集团军停下脚步。芬兰第3步兵旅的军官再次总结了他所在的部队所从事的战斗：

自6月25日撤出列波拉的战斗后，我们在文泰拉（Ventela）苦战至7月9日。（据官方史称，敌人的4个师，满编兵力高达4万人，对我们一个损失严重的芬兰旅发起了进攻，这个旅最初兵力为5000人。）7月份，我们旅从文泰拉调至维堡湾，先在维堡附近，后来又部署至凯伊哈斯涅米（Keihasniemi）。[79]

鉴于这些失利，7月12日，戈沃罗夫命古谢夫第21集团军转入防御，7月14日生效。这道命令结束了第21集团军对芬兰的作战行动。

在此期间，东面，尽管战斗非常激烈，但切列帕诺夫集团军取得的战果甚至更小。法杰耶夫步兵第6军于6月22日和23日在武奥克萨湖以西发起冲击，但一无所获，之后阿尼西莫夫步兵第98军于6月底反复发起进攻，但没能破坏芬兰第3军沿河构设的防御，他们在亚尤里亚皮亚的登陆场也完好无损。切列帕诺夫毫不气馁，又于7月初多次发起冲击，特别是从7月4日至11日。在此期间，阿尼西莫夫步兵第98军进抵武奥克萨河，于7月7日肃清了亚尤里亚皮亚登陆场的芬兰部队。切列帕诺夫随即命令科扎切克步兵第115军强渡该河。

科扎切克步兵军辖下，7月9日，I.M.普拉托夫少将的步兵第10师和松尼科夫上校的步兵第142师试图强渡武奥克萨河，松尼科夫的步兵第946、第461团设法在河北岸夺得一块小小的立足地。不久后，该师余部渡过河去，设立起一座7公里宽、2公里深的登陆场。但是，芬兰第3军为第2步兵师提供了加强，先是以第15步兵师和第19步兵旅的部分力量，7月10日又投入第10装甲师猎兵旅一部，后来还投入了第3步兵师部分部队[80]。这些部队随即发起一连串反冲击，意图粉碎苏军占据的登陆场：

> 7月份第二周，芬兰人放弃了沃乌萨尔米（Vousalmi）南面的武奥克萨河右岸。尾随其后的俄国人在北岸夺得一座登陆场。芬兰人的实力太弱，无法消灭这座登陆场，因而力图将其遏制。尽管出现了这一危险的发展和持续的激战，截至11日，芬兰人的伤亡已高达3.2万人，但拉多加湖两侧的战斗开始稳定下来。7月15日，芬兰人发现了这种迹象（几天后予以证实）：虽然苏军在地峡部署的力量增加到26个步兵师和12～14个坦克旅，但最精锐的单位已被驻防部队接替。他们的进攻速度可能会有所下降。[81]

后续战斗从7月9日持续至11日，战斗结束时，科扎切克疲惫不堪的各步兵师仍坚守着他们来之不易的登陆场。但是，由于扩大登陆场的良机显然已消失，戈沃罗夫遂于7月11日命令第23集团军转入防御。

第 59 集团军的两栖突击，7 月 2 日—5 日

由于第21和第23集团军未能粉碎芬兰人设在维堡北面和东北面的防御并向原苏芬边境果断推进，戈沃罗夫故而决定实施一系列两栖行动，从西南方迂回维堡。他打算先对维堡湾的岛屿发起进攻，尔后攻向维堡湾北岸，以此迂回扼守城市西南方的芬兰军队，并为第21集团军的推进提供协助。

戈沃罗夫将这些任务赋予科罗夫尼科夫第59集团军和特里布茨的波罗的海舰队。此时，第59集团军只编有M.D.帕普琴科上校的步兵第124师和布尔米斯特罗夫上校的步兵第224师，这两个师刚刚从方面军预备队转隶该集团军。帕普琴科师集结在涅梅利亚（Niemelia）和凯斯拉赫季地域，布尔米斯特罗夫师正从乌斯季卢吉（Ust'-Lugi）经海路赶往奥尔拉赫季湾。7月2日，戈沃罗夫赋予科罗夫尼科夫的当前任务是，左起普利涅米角（Cape Pulli-niemi）和皮特基亚涅米角（Cape Pitkianiemi），右至维堡和赫耶塔拉（Khietala），肃清芬兰湾内诸岛屿上的芬兰部队。科罗夫尼科夫的部队尔后应在维堡湾北海岸的捷尔沃伊基（Tervoiki）和尼萨拉赫季地段夺取一座登陆场，之后攻克维堡西北面的季恩哈拉。

芬兰人预料到苏军会发起突击，已沿维堡湾北海岸构设起防御，目前正对这些防御予以加强。芬兰第2海岸旅守卫着尼萨拉赫季以南的维堡湾海岸，第5军扼守尼萨拉赫季东北面海岸线。获得加强的第1骑兵旅守卫着维堡湾群岛，第17步兵师坚守季恩哈拉角和基瓦西尔兰萨尔米角（Kivasillansaalmi），刚刚从文泰拉调来的第3步兵旅守卫塞马运河与文捷良谢利卡湖（Venteliansel'ka）之间的陆地地段。担任预备队的第10步兵师集结在季恩哈拉西南方6公里处，第11步兵师和第20步兵旅在赫温马（Khvinma）和尤乌斯季拉以西地域设防。德军第122步兵师在夏克基亚尔维地域（Siakkiiarvi）担任预备队。

由于苏军夺得比约尔克群岛，对维堡湾群岛的威胁越来越大，芬兰人故而布设了更多水雷，在海岸上加强反登陆防御，并在东海湾集结起70艘水面船只、4艘潜艇和30艘两栖船。他们还以80架战机为海岸防御提供支援。苏军情报部门称，芬兰第1骑兵旅和第2海岸旅有31个火炮/迫击炮连，共130门火炮/迫击炮（75～210毫米口径）[82]。

第59集团军最初的两栖突击梯队由布尔米斯特罗夫步兵第224师、1个集

团军加农炮兵旅和1个高射炮兵团组成。为突击行动提供支援的是1个迫击炮兵旅、1个榴弹炮兵旅、1个反坦克歼击炮兵旅、1个海军铁道炮兵旅、1个近卫迫击炮兵团、1个高射炮兵师、1个独立高射炮兵营和1个独立校正航空兵中队。科罗夫尼科夫指挥这场两栖行动，喀琅施塔得海军防御地域指挥官负责海军的行动，但隶属于科罗夫尼科夫。陆海军联合指挥所设在涅梅利亚。海军力量编有84艘快艇和30艘两栖艇，18门85～130毫米火炮、11门海军铁道炮、782架海军战机和1个鱼雷艇师提供支援[83]。

7月2日，科罗夫尼科夫决定于7月4日拂晓发起突击。布尔米斯特罗夫的3个步兵团将同时在捷伊卡尔萨里岛（Teikar–sari）、苏奥尼翁萨里岛（Suonion–Sari）、拉万萨里岛（Ravan–sari）登陆，整个第59集团军辖内部队将通过铁路和海路集结在乌兰萨里岛（Uransari）北端的特兰尊德（Tranzund）。喀琅施塔得海军防御地域指挥官列夫琴科海军上将①计划将他的突击舰船集结在汉努克科拉（Khannukkola）和约汉涅斯，7月3日晚些时候搭载步兵第224师几个团，7月4日10点在捷伊卡尔萨里岛和苏奥尼翁萨里岛登陆。火炮（海岸炮、舰炮）和战机将为海上航行提供支援，登陆时施放一道烟幕作为掩护。登陆部队编为2个两栖支队（每个支队1个团）、2个海军炮兵支援支队、船只支援和预备支队（1个步兵营和9艘KM快艇）。突击的准备工作持续了2天。

炮兵支援包括一场75分钟炮火准备，以对群岛的5分钟炮火急袭开始，接着便是有条不紊的炮击，最后以5分钟火力急袭结束。第59集团军共投入250门火炮支援这场行动。空中支援是在登陆前以142架佩–2和伊尔–2战机实施30～40分钟航空兵火力准备，地面部队登陆后，空军第13集团军和波罗的海舰队的700架战机还将实施持续不断的空中打击。进攻首日计划投入1000飞行架次。荫蔽的初期调动和分配给每个登陆支队的烟幕快艇将为登陆行动提供掩护。

这场两栖行动于7月4日8点准时发起，在20架歼击机的掩护下，各两栖支队离开约汉涅斯湾。与此同时，9艘鱼雷艇和另外5艘猎潜艇组成的掩护支队从普利涅米角出现。炮兵和航空兵火力准备从8点45分开始。各两栖支队逼近

① 译注：列夫琴科于1944年晋升为海军上将。

他们的登陆点，于10点06分开始登陆。苏军两栖支队于10点35分完成在苏奥尼翁萨里岛的登陆行动，14点前占领全岛。芬兰守军撤往耶西萨里岛（Esi-sari）。苏军步兵第143团组成的第二两栖支队于17点前占领耶西萨里岛。步兵第185团组成的第三两栖支队强渡特兰尊德海峡，中午前占领了拉万萨里岛及其村庄。

步兵第160团组成的第一两栖支队，登陆捷伊卡尔萨里岛时遭遇到较大问题。虽然该团11点完成登陆行动，但后续发展令人喜忧参半。登陆后，该团失去了与海岸的联系，这是因为一颗水雷炸毁了载有通讯电台的船只。在岸上，该支队遭到敌人的激烈抵抗，由于通讯中断，他们无法获得任何有效的炮兵或空中支援[84]。尽管如此，该团还是夺取了岛屿南部和中部。16点45分和17点30分，芬兰人派来援兵，他们的船只试图靠岸，但在苏军火力打击下被迫后撤，损失了几艘船只。

19点至24点间，芬兰人设法将一个加强营送上岛去，日终前将苏军步兵第160团驱赶至岛屿南端。该团随后弃守岛屿，留下200人在岛南端坚守。7月4日午夜，科罗夫尼科夫命令帕普琴科担任预备队的步兵第124师派2个步兵营和4辆坦克登岛，7月5日11点，这股部队顺利登上捷伊卡尔萨里岛。通讯终于得以恢复，炮兵和战机开始为岛上的行动提供支援。新赶到的苏军援兵迫使芬兰人向北退却，并开始撤离这座岛屿。增援岛上守军的企图再度受挫后，7月5日21点，芬兰人将该岛丢给帕普琴科的步兵师。

7月5日日终时，第59集团军步兵第224师正在争夺图尔金萨里岛（Turkin-sari）和穆斯塔萨里岛（Musta-sari）。此时，步兵第124师已攻克捷伊卡尔萨里岛和梅兰萨里岛，步兵第43军步兵第80师在凯斯拉赫季车站以东的森林中担任集团军预备队。

科罗夫尼科夫的两栖行动成功夺取了维堡湾内诸多岛屿，与此同时芬兰指挥部迅速采取措施，加强维堡西南方的海岸防御。7月5日，他们把部署在尼萨拉赫季西南方的海岸旅转隶第5军，以便统一指挥所有防御部队。第1骑兵旅的部队已被苏军驱离岛屿，目前据守着马亚波赫维亚（Maiapokhvia）和汉丘利亚（Khankiulia）地段，该旅部分力量和第10步兵师一部调至尼萨拉赫季西南地域加强海岸防御。最后，芬兰指挥部命令德军第122步兵师于7月6日晚些时候赶往尼萨拉赫季和皮斯潘萨阿里（Pispansaari）地段。

同一天，戈沃罗夫命令波罗的海舰队做好准备，于7月12日以第59集团军2个师在维堡湾西海岸实施另一场两栖登陆，随后再以另1个师为其提供加强。舰队将在准备期间把部队送上岛屿，并占领另一些较小的岛。可是，苏军在维堡东北面的进攻行动失利后，戈沃罗夫于7月13日取消了登陆行动。他命令科罗夫尼科夫的部队停止一切进攻，7月14日转入防御，并以2个独立机枪—火炮营加强该集团军。

到7月14日，苏联人和芬兰人都很清楚，戈沃罗夫进入芬兰南部的进攻行动已告失败。卡累利阿方面军在北部的行动也未能给戈沃罗夫在卡累利阿地峡的努力提供重要支援。梅列茨科夫的卡累利阿方面军在拉多加湖与奥涅加湖之间取得了一些战果，但是，除了重新夺回1941年后期被芬兰人占领的大片领土外，他的独立第7集团军同样没能攻入芬兰本土。根据苏联方面的定义，梅列茨科夫于8月10日停止进攻行动，标志着历时3年的列宁格勒会战正式结束。

对于戈沃罗夫试图恢复1940—1941年苏芬边境线并侵入芬兰南部的最终尝试，苏联方面最坦率的评价明确承认，戈沃罗夫没能做到这一点：

> 因此，3个多星期进攻行动（6月21日至7月中旬）的结果是，列宁格勒方面军右翼部队没能完成最高统帅部大本营1944年6月21日的训令所赋予他们的任务。方面军辖内部队未能顺利前出至苏芬边境线，并彻底肃清卡累利阿地峡之敌。芬兰指挥部从卡累利阿地峡侧翼抽调额外兵力，阻挡住了苏军进入芬兰腹地的进攻。[85]

列宁格勒方面军在卡累利阿地峡的进攻行动持续了1个多月。在此期间，方面军实施了维堡进攻战役，在维堡湾展开两栖行动，并发起旨在突入芬兰南部的进攻行动。维堡战役持续了11天，期间，列宁格勒方面军右翼部队向前推进110～130公里，解放了列宁格勒州北部5000平方公里土地和维堡市。这样一来，戈沃罗夫的部队便彻底消除了北面对列宁格勒构成的一切威胁。进攻战役结束时，苏军战线从列宁格勒城向前延伸了150多公里，苏军部队准备发起打击，深入芬兰南部。

维堡战役的胜利，为红军在南卡累利阿、波罗的海地区、芬兰北部的后续行动创造了有利条件，波罗的海舰队也因此获得了更大的行动自由。战役中，列宁格勒方面军突破四道强化防御地带，迫使芬兰人将重兵调至卡累利阿地峡，这就为红军的斯维里河—彼得罗扎沃茨克进攻战役铺平了道路，这场战役开始于7月21日①，梅列茨科夫的卡累利阿方面军攻入卡累利阿中部。虽然戈沃罗夫的3个集团军为实现更具雄心的目标将进攻行动持续至7月中旬，但这些行动收效甚微，最后以失败告终。之后，卡累利阿地峡的战线稳定下来，直至战争结束。为抗击红军在维堡北部和西部遂行的进攻，芬兰军队实施了顽强防御，这使芬兰政府得以将战争持续至1944年9月19日。

戈沃罗夫的部队所拥有的数量优势是他赢得维堡战役的主要原因之一。但就苏军取得的初期胜利而言，他在战略、战役和战术上达成的突然性是一个更加重要的因素。这种突然性使芬兰人无法利用他们设在卡累利阿地峡强大的防御，并导致他们相对较快地撤离、弃守维堡。但是，这种情况在戈沃罗夫的进攻战役后期阶段发生了变化。有所准备的芬兰人在维堡北面、西北面，并沿武奥克萨水系构设起更加强大的防御。失去突然性这个因素后，6月21日，戈沃罗夫后发起的进攻遭遇挫败，再也没能恢复。这番失利，加之红军在白俄罗斯和西乌克兰蔚为壮观的进展，到7月中旬，斯大林和大本营都不愿将宝贵的兵力资源浪费在此时显然已成为军事行动的次要战区之处。因此，戈沃罗夫的进攻行动戛然而止，他的部队开始向南调动，投入波罗的海地区的战斗。

卡累利阿地峡短暂而又激烈的战役给交战双方造成了严重损失。据守该地域的芬兰军队在6月和7月的行动中伤亡3.2万人。而据苏联方面统计，维堡进攻战役期间，戈沃罗夫麾下诸集团军初期共投入188800人，伤亡30029人，其中6018人阵亡、被俘或失踪，24011人负伤或患病[86]。但是，这个数字仅仅是6月10日—20日的伤亡数，并未包括6月21日—7月14日的激烈战斗，在此期间，戈沃罗夫的部队很可能又伤亡了3万人。

---

① 译注：应为6月21日。

本章原注

1. 在斯大林时代，这些进攻战役被称为“九次突击”，具体为：（1）列宁格勒—诺夫哥罗德进攻战役，1944年1月—2月；（2）右岸乌克兰进攻战役，1944年2月至3月；（3）敖德萨和克里木进攻战役，1944年4月—5月；（4）卡累利阿进攻战役，1944年6月；（5）白俄罗斯进攻战役，1944年6月至8月；（6）利沃夫—桑多梅日进攻战役，1944年7月至8月；（7）雅西—基什尼奥夫进攻战役，1944年8月；（8）波罗的海沿岸进攻战役，1944年9月至10月；（9）匈牙利进攻战役，1944年9月至12月。可参阅：S.戈利科夫，《苏联军队在伟大卫国战争中的杰出胜利》，莫斯科：国家政治文献出版社，1954年。

2. 这些谈判的详情可参阅：齐姆克，《从斯大林格勒到柏林：德国在东线的失败》，第268—269页；普拉东诺夫，《列宁格勒战役，1941年—1944年》，第418页。

3. 齐姆克，《从斯大林格勒到柏林：德国在东线的失败》，第269页。

4. 同上。

5. 关于1944年6月前卡累利阿地峡的态势，以及苏军对维堡进攻战役的策划和实施，苏联方面最详尽的记述，可参阅：“维堡战役（1944年6月10日—20日）”，收录在：《战争经验研究资料集》，第16期（1945年1—2月），莫斯科：军事出版社，1945年，第3—28页。这份材料由总参军科院战争经验研究处编撰，原为保密级。普拉东诺夫的《列宁格勒战役，1941年—1944年》一书直接引述了这份资料，但也提供了列宁格勒方面军1944年6月21日后的作战行动详情。

6. 普拉东诺夫，《列宁格勒战役，1941年—1944年》，第420—421页。

7. 同上，第421页。

8. 同上。

9. 同上；“采访许吕先生”，收录在：帕西 · 库斯帕马基主编的芬兰网络历史2.3版（2000年），第1—13页；网址为http://ky.hkkk.fi/~k21206/finhist.html#war，采访网址为http:/www.warlinks.com/memories/hyry.htm。另可参阅：保罗 · 斯约布洛姆的“芬兰没有屈服”，收录在：库斯帕马基的芬兰网络历史。据芬兰资料称，芬兰军队在卡累利阿地峡拥有约40辆坦克，其中包括25辆德制突击炮，还有10余辆缴获的苏制T-34和KV坦克，外加268门火炮，约170架战机提供支援。

10. 普拉东诺夫，《列宁格勒战役，1941年—1944年》，第420—421页。关于芬兰军队的防御详情，可参阅：《工程兵为突破卡累利阿半岛芬兰军队的防御提供的支援》（原为机密级），收录在：SMPIOV，第14期（1944年9—10月），莫斯科：军事出版社，1945年，第180—194页。

11. 1943年夏末，第21集团军在西方面军辖下参加了斯摩棱斯克进攻战役，1943年10月底，该集团军将辖内部队转隶第33集团军，集团军领率机关转入最高统帅部大本营预备队。

12. 普拉东诺夫，《列宁格勒战役，1941年—1944年》，第427页。

13. 同上，第428页。另可参阅：乌斯季诺夫主编，《第二次世界大战史（全十二册）》，第八册，第27页。1944年3月底，列宁格勒方面军的总兵力为765000人，卡累利阿方面军为335000人。参见：“1944年3月12日的GKO命令”，TsPA IMA（马列主义研究所中央党务档案馆），f. 644, op. 1g, l. 218。这些兵力在1944年6月前肯定有所加强。

14. 普拉东诺夫，《列宁格勒战役，1941年—1944年》，第429页。

15. 同上，第429—430页。

16. 同上，第430页。

17. 关于海军支援的详情，可参阅：V.A.卡萨托诺夫主编，《1941年—1945年，苏联人民伟大卫国战争中的红旗波罗的海舰队（全四册），第二册》，莫斯科：科学出版社，1991年。

18. 步兵第109军辖步兵第72、第109、第286师；近卫步兵第30军辖近卫步兵第45、第63、第64师；步兵第97军辖步兵第78、第358、第381师。

19. 普拉东诺夫，《列宁格勒战役，1941年—1944年》，第434—435页。

20. 步兵第115军辖步兵第142、第10、第92师。

21. 步兵第98军辖步兵第372、第281、第177师。

22. 步兵第115军将把步兵第92和第142师留在中央和右翼。

23. 普拉东诺夫，《列宁格勒战役，1941年—1944年》，第436页。

24. 同上，第436—437页。

25. 同上，第437页。

26. 详情可参阅《工程兵为突破卡累利阿半岛芬兰军队的防御提供的支援》。

27. 普拉东诺夫，《列宁格勒战役，1941年—1944年》，第442—443页。

28. 同上，第443页。

29. 同上，第443—444页；另可参阅：格里布科夫，《荣获列宁勋章的列宁格勒军区史》，第376—377页。格里布科夫还提供了后续行动的相关细节。

30. 这场炮火准备的更多详情可参阅：普拉东诺夫，《列宁格勒战役，1941年—1944年》，第444—445页。

31. 同上，第448页。

32. 同上，第449—451页；齐姆克，《从斯大林格勒到柏林：德国在东线的失败》，第298—299页。

33. 普拉东诺夫，《列宁格勒战役，1941年—1944年》，第451页。

34. 同上。

35. “最高统帅部大本营发给列宁格勒方面军司令员的220116号指令，关于发展进攻和解放维堡”，收录在：佐洛塔廖夫，《最高统帅部大本营：1944—1945》，第96页。另可参阅：普拉东诺夫，《列宁格勒战役，1941年—1944年》，第452页。

36. 齐姆克，《从斯大林格勒到柏林：德国在东线的失败》，第299页。

37. 格里布科夫，《荣获列宁勋章的列宁格勒军区史》，第376—377页。

38. 普拉东诺夫，《列宁格勒战役，1941年—1944年》，第454页。

39. 同上，第455—456页。

40. 同上，第456页；格里布科夫，《荣获列宁勋章的列宁格勒军区史》，第377页。

41. 普拉东诺夫，《列宁格勒战役，1941年—1944年》，第456页。

42. 同上，第458页；齐姆克，《从斯大林格勒到柏林：德国在东线的失败》，第299页。

43. 普拉东诺夫，《列宁格勒战役，1941年—1944年》，第459页。

44. 关于卡累利阿的地名，苏联方面的资料使用了各种各样的俄语音译，例如“Metsiakiulia”或“Miatsiakiulia”，这种情况很常见。

45. 格里布科夫，《荣获列宁勋章的列宁格勒军区史》，第376—377页间的地图。

46. 普拉东诺夫，《列宁格勒战役，1941年—1944年》，第462页。

47. 同上，第463页。

48. 齐姆克，《从斯大林格勒到柏林：德国在东线的失败》，第299页。

49. 普拉东诺夫，《列宁格勒战役，1941年—1944年》，第464页。

50. “采访许吕先生”，第9—10页。

51. 普拉东诺夫，《列宁格勒战役，1941年—1944年》，第465页。

52. 同上。

53. 同上，第466页。

54. 同上。

55. “采访许吕先生”，第10页。

56. 同上，第10—11页。

57. 普拉东诺夫，《列宁格勒战役，1941年—1944年》，第466页；格里布科夫，《荣获列宁勋章的列宁格勒军区史》，第376—377页间的地图。

58. 普拉东诺夫，《列宁格勒战役，1941年—1944年》，第467页。

59. 同上。

60. “采访许吕先生”，第11页。

61. 普拉东诺夫，《列宁格勒战役，1941年—1944年》，第468页。

62. 同上；另可参阅“采访许吕先生”，第11页，其中指出，德国人派出“35架Ju-87斯图卡俯冲轰炸机和约35架Fw-190战斗轰炸机组成的一支特遣队”。齐姆克在《从斯大林格勒到柏林：德国在东线的失败》一书第300页指出，德国人提供了“空中部队［1个战斗机大队、1个对地攻击近距离支援大队（斯图卡）和1个中队］”。

63. 普拉东诺夫，《列宁格勒战役，1941年—1944年》，第468页。

64. 同上。

65. 同上，第468—470页。

66. 齐姆克，《从斯大林格勒到柏林：德国在东线的失败》，第301页。

67. 普拉东诺夫，《列宁格勒战役，1941年—1944年》，第470页。

68. 齐姆克，《从斯大林格勒到柏林：德国在东线的失败》，第300页。

69. “最高统帅部大本营发给列宁格勒方面军司令员的220119号指令，关于沿卡累利阿地峡继续进攻”，收录在：佐洛塔廖夫，《最高统帅部大本营：1944—1945》，第97—98页。

70. 这些部队包括第4、第5军的第3、第4、第18步兵师、第20、第3步兵旅，第3军的第2、第15步兵师、第19步兵旅。另外，苏方这一统计还包括第6、第10步兵师、“拉古斯”装甲师、第1骑兵旅，在维堡战役期间经历了10天的战斗后，这些部队仍在接受整顿。

71. 普拉东诺夫，《列宁格勒战役，1941年—1944年》，第475页。

72. 同上，第474页。戈沃罗夫的完整计划，可参阅：“列宁格勒方面军司令员发给最高统帅的8831号报告，关于在卡累利阿地峡发展进攻的计划”，收录在：佐洛塔廖夫，《最高统帅部大本营：1944—1945》，第286—287页。

73. “最高统帅部大本营发给列宁格勒方面军司令员的220121号指令，关于在卡累利阿地峡发展进攻的决定“，收录在：佐洛塔廖夫，《最高统帅部大本营：1944—1945》，第98页。

74. 普拉东诺夫，《列宁格勒战役，1941年—1944年》，第475页。

75. 这个列波拉并非诺斯库翁谢利基亚湖东面的列波拉。

76. 目前尚不清楚戈沃罗夫决定以第59集团军发起一场两栖突击的确切时间，以及大本营何时批准了戈沃罗夫的新计划。很可能是在6月22日—24日突击失利后，或在6月25日的进攻未能达成目标后。实际上，出于显而易见的原因，苏联方面的资料一向不愿透露这些失败行动的诸多细节。

77. 格里布科夫，《荣获列宁勋章的列宁格勒军区史》，第395—396页。

78. “采访许吕先生”，第12页。

79. 同上。苏军4个步兵师此时的兵力可能不到2万人，每个师的平均兵力不到5000人。

80. 格里布科夫，《荣获列宁勋章的列宁格勒军区史》，第399—400页；普拉东诺夫，《列宁格勒战役，1941年—1944年》，第484—485页。

81. 齐姆克，《从斯大林格勒到柏林：德国在东线的失败》，第303页。

82. 普拉东诺夫，《列宁格勒战役，1941年—1944年》，第478页。

83. 同上，第479页。

84. 同上，第482页。

85. 同上，第486—487页。

86. 克里沃舍夫，《揭秘：苏联武装力量在战争、作战行动和军事冲突中的损失》，第201—202页。

红军以重型火炮轰击芬兰军队的防御阵地

红军在曼纳海姆防线上夺得芬兰军队的一个支撑点

红军步兵和炮兵在卡累利阿地峡渡过一条河流

红军部队从一门被摧毁的芬兰火炮旁走过

红军战机在卡累利阿地峡上空实施轰炸任务

苏联最高苏维埃主席团主席、商会中央会议第一秘书长 N. M. 什维尔尼克（左），授予列宁格勒方面军司令员 L. A. 戈沃罗夫（右）苏联元帅军衔

1944 年 6 月，红军士兵沿恢复的苏芬边境线设立起标牌

列宁格勒方面军的士兵们欢庆攻克维堡

第十四章
总结

仅凭这座城市是公认的革命诞生地，代表着社会主义、俄罗斯民族认同的堡垒和具有史无前例规模的英雄气概的一个巨大范例，列宁格勒会战就能在伟大卫国战争中占据传奇性地位。虽然列宁格勒市民在3年围困期间遭受的苦难和命运对其守军和全体苏联人民具有极大的政治重要性，但列宁格勒的成功防御和最终解放对这个国家的士气起到了更大影响。

红军对列宁格勒的防御，包括为打破封锁而进行的多次往往很不幸的尝试，以及1944年年初解放该城，反映并影响了苏联的战时军事战略。1941年战争初期，北（列宁格勒）方面军和西北方面军是红军得以阻挡住德国人看似势不可挡的“巴巴罗萨”大潮的第一支部队。红军在城市接近地实施了顽强但代价高昂的防御，在列宁格勒南郊阻挡住德国军队，虽然这座城市几乎被完全封锁，但红军粉碎了德国人从东面彻底包围列宁格勒的企图。1941年11月，红军在季赫温和沃尔霍夫对德国军队发起战争期间首次成功的反攻。在此过程中，他们消耗了德国“北方”集团军群的有生力量，迫使德国人在整个列宁格勒地区转入防御。这番壮举驳斥了德国人长期以来对红军的士气、斗志和耐力所持的错误看法，打乱了希特勒的“巴巴罗萨”计划。

德军在1941年9月和10月出人意料地未能攻克列宁格勒，这一失败具有深远的战略影响。首先，“闪电战”理论在列宁格勒遭遇挫败，这在第二次世界大战中尚属首次，强化了7月和8月斯摩棱斯克所发生的情况，并预示出当年12月将在莫斯科发生的事。其次，“北方”集团军群未能夺取列宁格勒，迫使希特勒大幅修改了他的“巴巴罗萨”战略。以一场突袭攻克列宁格勒，尔后将部队调往其他方向的策略宣告破产，1941年7月至12月苏军在列宁格勒的殊死抵抗迫使德军以16个师又2个旅增援“北方”集团军群，其中7个师调自“中央”集团军群。此举削弱了德军向莫斯科发起很可能深具致命性的主要突击。在这场战争最为关键的时刻，德军部署在普里皮亚季沼泽以北的部队，其32%的力量，包括几乎两个完整的装甲集群，都被牵制在西北方向或与之毗邻的战斗中。

列宁格勒在苏军最高统帅部大本营1941年12月实施的反攻以及在1941年年底至1942年年初冬季红军首次战略攻势中，地位至关重要，在此期间，大本营把新组建的沃尔霍夫方面军和包括突击第2集团军在内的4个新锐集团军投入列宁格勒地区的战斗。这些部队的主力用于柳班进攻战役，这是红军发起的第一场大规模进攻，意图从沃尔霍夫河向西推进，包围列宁格勒南部的德国军队，并打破敌人的封锁。虽然这场充满戏剧性的进攻表明了大本营粉碎列宁格勒所遭受封锁的决心，但代价高昂的失利使大本营了解到在该地区展开行动是多么困难，而且这种困难还将持续下去。

1942年夏季，为打破敌人对列宁格勒的封锁，最高统帅部大本营采取了一个“小解决方案”：发起进攻，经锡尼亚维诺与列宁格勒建立一条陆地走廊，同时在杰米扬斯克遂行突击，转移德国人的注意力。虽然规模较柳班进攻战役为小，但1942年夏季和秋季沃尔霍夫方面军、西北方面军、列宁格勒方面军在锡尼亚维诺及杰米扬斯克发起的进攻表明，大本营仍决心打破列宁格勒遭受的封锁。虽然这些进攻也以失败告终，却把大批德军调离苏联南部，并牢牢牵制住列宁格勒州的德军，从而影响到其他更重要战区的战事。红军再度发起进攻的威胁，加之希特勒痴迷于攻占列宁格勒，迫使德军在当年8月和9月将曼施泰因第11集团军调至列宁格勒地区，适逢德国人力图但未能在斯大林格勒取得决定性胜利的关键时刻。

1943年年初，最高统帅部大本营意图利用德军在斯大林格勒遭遇的惨败，这再次证明了大本营对列宁格勒的高度重视。1月份，列宁格勒、沃尔霍夫方面军发起“火花”行动，部分打破了列宁格勒遭受的封锁。虽说这场进攻远未达到大本营的预期，但戳穿了德国人关于列宁格勒已是其囊中之物、随时可将其夺取的谎言，并粉碎了敌人以饥饿迫使列宁格勒屈服的一切希望。这场进攻部分打破了封锁并与列宁格勒建立起陆地交通，也使列宁格勒方面军的军事能力大为改善，并为红军沿西北方向实施一系列更加强大、最终更为成功的进攻行动打下基础。

这些进攻行动中，最雄心勃勃的当属朱可夫的“北极星”行动，这是红军第一次试图以“大解决方案”包围并击败德国“北方”集团军群，从而彻底打破敌人对列宁格勒的封锁。2月“北极星”行动的失败标志着苏军最高统帅部大本营试图在1943年赢得胜利这一宏大目标的失败。从更广泛的意义上说，也标志着大本营对日后赢得胜利所需要的条件有了全新的、更加清醒的认识。

1943年夏季和秋季，大规模军事行动在库尔斯克、奥廖尔、斯摩棱斯克、哈尔科夫、第聂伯河，后来在白俄罗斯东部和乌克兰展开时，大本营为打破列宁格勒遭受的封锁重新回到“小解决方案”上。这段时期，该方案依靠的是将红军在苏德战线其他地段的大规模进攻和列宁格勒地区目标有限的进攻相结合，从而粉碎敌人对列宁格勒的封锁。列宁格勒和沃尔霍夫方面军试图围歼姆加、锡尼亚维诺、托斯诺地域之敌并拓宽施吕瑟尔堡走廊的企图以失败告终，只取得有限战果，但他们牵制住了大批德军，并严重削弱了“北方”集团军群。这些激烈的、代价高昂的、在很大程度上徒劳无获的进攻战役导致德国“北方”集团军群的实力严重受损，到1943年秋季，该集团军群显然已无力抗击红军下一场大规模攻势。

苏军最高统帅部大本营清楚“北方”集团军群的实力已是多么虚弱，加之粉碎列宁格勒封锁圈仍是最具优先权的目标，因此，红军1944年冬季战役率先在列宁格勒地区打响，而后才扩展至整个苏德战线。当年1月，列宁格勒和沃尔霍夫方面军发起大规模进攻，波罗的海沿岸第2方面军随后加入，这场战役一直持续到夏季。从1月中旬至2月，列宁格勒、沃尔霍夫和波罗的海沿岸第2方面军击败德国“北方”集团军群，打破列宁格勒遭受的封锁，并收复了列宁格勒州南部。这样，他们便为解放波罗的海地区，以及为1944年夏季在白俄罗斯击败德国“中央”集团军群铺平了道路。尽管行动成功，但所谓的列宁格勒—诺夫哥罗德进攻战役仍是一场艰难、费时、代价高昂的行动，再次强调了严酷冬季期间在如此艰难的战区展开行动固有的困难。

夏季战役中，列宁格勒和卡累利阿方面军再度发起大规模攻势，彻底解放了列宁格勒州，这一次是收复位于卡累利阿地峡和南卡累利阿的列宁格勒州北部地区。虽然红军克服了芬兰大肆吹嘘的曼纳海姆防线并夺得维堡，最终迫使芬兰退出战争，但这场战役同样远未能达到大本营的期望。利用数量优势和出其不意实现初步目标后，红军的进攻陷入僵局，无法实现大本营的最终目标。

整个战争期间，在列宁格勒地区行动的红军牵制了东线轴心国军队15%～20%的力量。同时，沿西北方向展开行动的红军部队也蒙受了苏军战时伤亡的12%～15%。最后，红军在该地区歼灭或重创了50个德国和芬兰师。不过，尽管战斗非常激烈，但出于政治、地理和军事方面的各种原因，苏军最高统帅部大本营并未把西北方向视为战争中最重要的战略方向。这份荣誉属于至关重要的西方向（莫斯科—明斯克—华沙—柏林），有时候也属于西南战略方向（基辅—哈尔科夫—斯大林格勒），与德国人一样，苏军大本营非常清楚，要想赢得战争，就必须在这些方向上取得胜利。因此，德军和红军始终将他们最重要的进攻和防御行动集中于这些战略方向。但是，这种共同的认知导致交战双方都不可能沿西方向赢得胜利，除非他们在其他地方获胜。简言之，德国人在1941年、1942年和1943年都无法夺取莫斯科，除非他们能以其他方向上的成功行动来削弱苏军沿莫斯科方向的防御。反过来看，1941年和1942年在莫斯科、1942年末在勒热夫击败德国“中央”集团军群后，红军也很清楚，他们无法沿西方向赢取胜利，除非能在其他地方获得胜利。

在这种情况下，红军1941年11月在季赫温取得的胜利为当年12月在莫斯科赢得胜利创造了条件，而1942年和1943年胜败参半的进攻对红军沿西方向和西南方向的胜利并未起到促进作用。同样，红军1944年年初在列宁格勒取得的胜利，削弱了德军的整体实力，并腾出大批新锐预备力量投入其他重要方向，从而为红军1944年夏季在白俄罗斯和西乌克兰赢取胜利打下基础。但更重要的是，整个战争期间，列宁格勒象征着苏联和红军的适应力、持久力和赢取最终胜利的意志。

列宁格勒会战对苏联人和俄罗斯人所说的军事艺术的发展做出了重大贡献，既有积极的一面，也有消极的一面，这种军事艺术包括军事战略、战役法和战术范畴。尽管失败的比例极高，人力和物力资源严重短缺，地形和气候条件极其恶劣，但最高统帅部大本营、诸方面军和列宁格勒居民在1941年夏季、秋季和冬季组织起成功的防御。沿列宁格勒接近地顽强地实施代价高昂的、往往令人绝望的防御作战时，大本营也将一定程度的“进攻”融入其防御中——许多战争历史学家长期以来忽视了这一点。

瓦图京1941年7月在索利齐，8月在旧鲁萨，朱可夫1941年8月至9月在红村和姆加组织的短暂但异常猛烈的反突击，为列宁格勒的成功防御发挥了巨大作用。这些反突击和另一些规模较小的反冲击令德国人猝不及防，严重扰乱了他们的进攻计划，迫使德军分散兵力，削弱了他们的突击群，明显改变了他们的进攻方向。另一方面，这些反突击和反冲击拖缓了德国人的前进步伐，为沿关键战役方向构设更强大的防御争取到必要的时间。结果，德军越是逼近列宁格勒，他们遭遇的抵抗就越顽强。虽然德军设法到达拉多加湖南岸，并从陆地封锁了列宁格勒，但他们无法夺取该城。获得动员时间后，列宁格勒的守卫者们挫败了德军攻克该城的每一个企图。

列宁格勒的防御在复杂度上为一座现代大都市的防卫设立起新标准。北方面军和列宁格勒方面军在最困难的情况下巧妙采取行动，沿城市最重要的南、西南接近地构筑起复杂的、纵深梯次配置的防御，将被封锁地域的全纵深和列宁格勒城包纳其中。作为战争期间苏德战线上的首次，防御由多条强化防线组成，包括连贯的战壕线、防御地域、阵地、战线和筑垒地域，不仅坚固可靠，且允许部队实施机动。这些防御还整合了战壕、防御工事（暗堡、掩体等）、大范围障碍物和人员掩壕，在城内还设有防炮兵、防坦克和防空防御。

最重要的是，一座大城市的防御取得了成功，这在20世纪尚属首次。之后，成功保卫列宁格勒的实践经验，对其他城市（斯大林格勒）的防御，以及红军关于城市防御和总体防御技术的大批训令、条例和指令的内容贡献颇多。红军准备征服德军占领的城市，例如波兹南、布雷斯劳、布达佩斯和柏林时，这些经验和技术被证明极具价值。

列宁格勒方面军和沃尔霍夫方面军从封锁圈内部和外部发起对向突击，最终攻克了击败敌大股封锁部队并打破围困的难题，这在近代军事史上也是首次。尽管面临着围困造成的各种匮乏和通常都很恶劣的气候条件，但列宁格勒方面军从城内组织进攻，成功实施突破，在此过程中击败了强大的敌集团。不过，红军是在多次遭遇挫败后，以及在沃尔霍夫方面军从外部发起进攻大力提供协助的情况下，才得以完成这番壮举。这需要从封锁圈内部和外部遂行进攻的两个方面军紧密协同，而两个方面军直到1943年1月才做到这一点。

1943年1月列宁格勒方面军的“火花”行动独特、前所未见，是在严重妨碍部队机动性和再补给的严酷冬季条件下，跨过涅瓦河冰层对敌人精心准备的防御发起的进攻。这场行动的成功直接取决于巧妙地使用、协同炮兵和工程兵以顺利渡河，以及整个行动期间的大规模工程兵支援。列宁格勒方面军1944年1月的涅瓦河行动（罗普沙—红村进攻战役）同样独一无二，遂行初步行动的两支部队从仅隔10～15公里的阵地发起冲击。这场行动要取得成功，要求突击第2和第42集团军以纵深梯次配置他们的力量，才能突破德军的强大防御，并击退德军战术和战役预备队的反击。另外，熟练使用大规模炮兵支援和多个专门配置的突击群，对克服诸多德军防御支撑点非常必要。但是，在这两场进攻战役中，苏军利用其压倒性数量优势取得了初步胜利，之后，两场进攻都沦为残酷的消耗战。

与这些成功的进攻行动形成鲜明对比的是一系列令人尴尬的失败，规模大小不等，共同特点是类似的错误、缺点和红军令人震惊的高伤亡率。1942年冬季的柳班灾难，以及1942年7月突击第2集团军的覆灭，两者在这份毫不光彩的惊人失败名单上高居榜首，紧随其后的是1942年9月的锡尼亚维诺失利，重新组建的突击第2集团军再度覆灭。这些败绩和1941年在锡尼亚维诺[①]，1943年在红博尔、姆加、托斯诺、锡尼亚维诺的另一些失利，凸显了红军在现代战争中进行战时自我训练是多么困难。在这些失败的，甚至在许多成功的军事行动中，红军指挥员经常在侦察、指挥控制、诸兵种协同和支援、可靠后勤支援的复杂事务等方面表现拙劣。最后，他们通过纯粹的意志力、麻木不仁和冷酷无情这种奇特的苏联式组合才得以克服上述缺陷。

当然，列宁格勒和沃尔霍夫方面军是在困难的地形和同样困难的气候条件下实施他们的军事行动。正如德国军队在1941年学到的那样，即便在一年当

① 译注：疑有误。

中最适合发起军事行动的夏季，森林、沼泽、遍布湖泊和河流的地形也给这些行动造成严重妨碍。冬季，温度往往降至零下23摄氏度，加之周期性化冻不时打断严寒期，各种行动，特别是进攻，实施起来非常困难。经验不足的指挥员和部队，在缺乏可靠通讯和充足火炮、坦克支援的情况下，对由世界上训练最佳、最具经验的士兵据守的精心构设的纵深配置防御发起进攻时尤为如此。即便获得充分支援，红军在列宁格勒周围对德军强大防御发起的进攻行动，也经常要求步兵、火炮和坦克在往往很复杂的地形上实施机动，并在诸多大小不一的河川和溪流上从事渡河作业。

与其他战区不同，列宁格勒地区复杂的地形和恶劣的气候条件使坦克和炮兵难以轻而易举地实现机动，也给支援力量和各种补给物资的调动造成严重妨碍，特别是在进攻行动中。这就意味着红军步兵（步兵部队）不得不在防御和进攻战中担任主角。复杂的地形也意味着他们不得不组成一个个彼此相隔的小股群体展开行动。

在这种情况下，炮兵支援对防御和进攻的成功至关重要。列宁格勒及其周边作战行动的结果是，红军的炮兵技术日趋成熟。1941年9月，列宁格勒方面军以其炮兵和航空兵首次实施反准备，协助挫败了德军对列宁格勒城的突击。虽然武器和弹药的严重短缺使苏军无法仅凭炮兵和航空兵击败德军的进攻，但炮火打乱、削弱了敌人的突击，这样一来，苏军步兵和坦克部队便可以坚守下去。炮兵在防御中发挥了重要作用，在突破德军强大防御时同样不可或缺。炮火准备和后来的全面“炮兵进攻”，在步兵和坦克发起冲击前削弱了德军的防御，同时，列宁格勒和沃尔霍夫方面军还大量使用炮兵，以直接瞄准射击模式摧毁特定德军支撑点，并以反炮兵火力打击德军炮兵。红军还把这些经验运用到后续防御和进攻作战中。

整个战争期间，在苏德战线其他地段，苏军坦克力量特别是坦克集团军和坦克、机械化军，为红军赢得胜利发挥了决定性作用。到1943年中期，苏军已形成一种固有模式，即坦克集团军和快速军打到哪里，红军就在哪里；反之，若坦克部队无法前进，红军也无法推进。但这种模式并不适用于列宁格勒地区。在列宁格勒，红军不得不在没有大规模坦克力量支援的前提下展开行动并赢取胜利，这是因为恶劣的地形、气候条件和少之又少的道路限制了坦克力量的使用。虽然小股坦克部队得以在该地区展开行动，但为此付出的代价极高。

列宁格勒和沃尔霍夫方面军投入坦克旅、独立坦克团和独立坦克营，主要以小股坦克群的形式在突破期间为步兵提供支援，或在发展行动期间支援前卫部队及先遣支队这些特定群体[1]。有时候，坦克力量构成快速坦克群的核心，用于完成突破任务，或率领发展行动，但这种例子非常少见。另外，列宁格勒方面军在渡河行动中使用了两栖坦克，例如1943年1月强渡涅瓦河，这在战争期间尚属首次。

由于限制性地形、普遍缺乏可供通行的道路、德军强大的防御，工程兵和工兵部队在构筑防御和支援进攻行动中发挥了至关重要的作用。进攻时，工程兵们在突破行动前和期间修建道路和出发阵地、肃清地雷和障碍物、协助部队渡河、支援突击部队克服敌人强大的防御、帮助部队通过复杂地形。工程兵通常被纳入步兵团和步兵师，以及快速坦克群、先遣支队这种特殊任务特遣队。

列宁格勒防御期间，海军部队（波罗的海舰队和拉多加湖区舰队）、航空兵和防空力量在作战方面均由方面军指挥，这在苏德战争中同样是首次。这就使方面军司令员得以更有效地集中力量，遂行最重要的防御和进攻任务。例如，1941年8月14日，苏军最高统帅部大本营建立了一个特别战役航空兵群，隶属于西北方向总指挥部，两个月后，一个类似的航空兵群交由列宁格勒方面军指挥。这些航空兵群将空中力量集中在方面军司令员指挥下，使他得以更有效地使用它们，并为红军1942年组建的空军集团军提供了样板。普通航空兵，特别是远程航空兵，在防御和进攻行动中发挥了同样重要的作用，尽管飞机数量总是不足。

最后需要指出的是，与任何一场战争中的任何进攻或防御行动一样，后勤被证明是对防御和进攻取得成功的唯一关重制约因素。列宁格勒方面军的情况尤为如此，其部队一直遭到围困，遂行的每一场行动几乎都存在补给不足的问题，这种状况一直持续到1944年1月。从某种程度上说，沃尔霍夫方面军也面临着同样的问题，这是因为该方面军过度拉伸，其补给线经常绕道沃洛格达、莫斯科和苏联后方地区。后勤部队也不得不应对糟糕的道路交通网、恶劣的天气和地形条件。

列宁格勒遭受封锁期间，苏军后勤部队最令人印象深刻的壮举是构筑并维护了跨越拉多加湖，以及列宁格勒、喀琅施塔得、奥拉宁包姆登陆场之间的各条冰上道路。同样令人叹为观止的是，他们在1943年年初修建、维护、保卫了穿过施吕瑟尔堡走廊的脆弱铁路线，这些工作经常是在敌军火力打击下进行的。与此同时，各级指挥部门的数百个后勤组织也竭力为各部队提供维持军事行动所需要的弹药、燃料和食物。即便粉碎敌人的封锁后，情况依然如此，这是因为红军跨过被德国人夷为平地的地区向远方前进。

战后以来，历史学家们往往将围绕列宁格勒的军事行动视为苏德战线其他地段更重要作战行动的附带事件。他们主要关注保卫列宁格勒的象征意义，以及城内居民英勇、坚忍的抵抗。这些因素当然很重要，但发生在该地区的军事行动同样重要，尽管这些行动多次遭遇败绩，与前线其他地段更著名的会战相比缺乏戏剧性。可悲的是，红军在列宁格勒地区遂行的许多军事行动在文献中一直含糊不清，甚至被遗忘，仅仅因为这些行动失败了，且通常败得很惨；另外，出于种种原因，苏联历史学家们不会对任何地段的失败行动加以细述。

与整个苏联的情况一样，联共（布）在列宁格勒遭围困期间对所有政治和军事事务都拥有绝对控制权。日丹诺夫、库兹涅佐夫这些领导人和州、区、市级执委会在动员城内居民和资源、组织防御、加强城内和守军的纪律秩序及士气方面发挥了重要作用。与此同时，他们与军事当局密切配合，有时候甚至主导后者。军事才能欠佳的伏罗希洛夫多次指挥了该地区的作战行动，斯大林刻薄的跟班梅赫利斯在灾难性的柳班进攻战役期间跟随梅列茨科夫左右，这都不是巧合。

从某种意义上说，用严格甚至无情的政治控制来组织起确保城市生存的防御，以对抗自然产生的恐慌、失败主义和破坏事件，是必要的手段，且这已成为列宁格勒在那段最危险日子里的特征。从军事上看，德国人1941年年底至1942年兵临城下，这种状况也要求列宁格勒的保卫者们坚定其决心。朱可夫在当年9月表现出了粗暴和冷酷无情，这在和平时期或战时的西方观察家们看来难以理解，只有一并考虑他的措施带来的结果才更具意义。冷酷的现实是，列宁格勒获救了，部分归功于朱可夫采取的措施，当时包括斯大林在内，很少有人对这座城市获救还抱有希望。

另一方面，对苏军高级指挥员来说，1942年、1943年和1944年已没有足够的借口采用与战争初期挽救这座城市相同的无情措施。1942年柳班和锡尼亚维诺的惨败也许还能归咎于经验不足，但1943年夏季的失败却不能以此为托词。最终，包括戈沃罗夫、梅列茨科夫和许多集团军司令员在内的高级指挥员们学会了如何在进攻期间有效展开行动。有趣的是，他们直到1944年6月对芬兰人发起进攻时才学会如何在夏季遂行突击，尽管如此，他们的战果也很有限。

正如许多作者生动指出的那样，列宁格勒居民为成功保卫这座城市付出了高昂代价。他们充当战士、防空人员和辅助者，他们保卫各座工厂，或仅仅是在这场近代史中最严酷的受围困的险恶条件下勉力求生，以此保卫了列宁格勒。虽然数十万人丧生，但幸存者仍继续坚守岗位，直到最终获得解放。凭借他们的努力，列宁格勒的工业在整个封锁期间继续生产，并为城市防御提供了支援。他们在工业生产方面的紧张工作和补给努力，为1943年1月的进攻行动和1944年解放该城的后续攻势囤积起必要的物资储备。打破敌人的封锁后，列宁格勒的工业生产急剧增加。

但是，从人、物资和文化方面看，为胜利付出的代价高得吓人。虽然可能永远无法确定准确数字，但平民的死亡人数很可能高达100万。负责调查纳粹战争罪行的特别委员会，在战后的纽伦堡战争罪行法庭上提交了调查报告，估计德国人的封锁造成64.2万人丧生，但这个数字代表的是可怕的死亡人数之最低数目。近年来的评估将平民死亡人数列为80万至100万。80万这个数字的来源是，列宁格勒的战前人口为250万，约100万人在战争期间获得疏散，10万人被征入红军，到1943年12月，城内只剩60万人。而100万死亡人数则是把死于封锁期间的64.2万人，与疏散期间死亡或以其他方式消失的40万人相加所得[2]。

红军在列宁格勒及其周边的作战行动中遭受的军事伤亡同样惊人。北方面军存在的两个月里，85459名士兵阵亡、被俘或失踪，62905人负伤或患病，共损失148364名士兵。接替北方面军的列宁格勒方面军，在整个战争的4年中，467525名士兵阵亡、被俘或失踪，1287373人负伤或患病，共损失1755898人。其中三分之二伤亡发生在列宁格勒会战期间。沃尔霍夫方面军存在期间，298623名士兵阵亡、被俘或失踪，667234人负伤或患病，共损失965857人。在近4年的战争中，卡累利阿方面军110435名士兵阵亡、被俘或失踪，309825人负伤，共伤亡420260人。最后是第4、第52和独立第7集团军，存在期间约5.6

万名士兵阵亡、被俘或失踪，9.1万人负伤或患病，共伤亡14.7万人。

战争结束后，根据保守的官方数据，列宁格勒地区的战斗导致红军阵亡、被俘或失踪1017881人，负伤或患病2418185人，共损失3437066名士兵。这些数字分别占红军在战争期间阵亡、被俘或失踪的1000万人的10%，负伤或患病的1820万人的13%，军事伤亡总数2820万的12%[3]。

若从整个西北战略方向着眼，就必须加上西北方面军、波罗的海沿岸方面军、波罗的海沿岸第2方面军的伤亡。1941年至1943年，西北方面军阵亡、被俘或失踪88798人，负伤或患病246653人，总伤亡达335451人。另外，从1943年年底组建至1945年，波罗的海沿岸方面军和后继的波罗的海沿岸第2方面军阵亡、被俘或失踪39579人，负伤或患病152097人，总伤亡达525127人[4]。如果加上列宁格勒会战的损失，这些数字就上升为阵亡、被俘或失踪1146258人，负伤或患病2816925人，西北战略方向的总伤亡为3964193人。这些数字分别占红军阵亡、被俘或失踪总数的11.4%，负伤或患病总数的15.4%，战时伤亡总数的14%。这些百分比反映出西北方向相对于西方向、西南方向和南方向的重要性。

因此，列宁格勒会战期间丧生的军民总数高达160万至200万。这个数字代表的是保卫一座苏联城市的代价，是美国在整个二战期间阵亡总数的6倍。

从物资和文化方面看，红军为列宁格勒的胜利付出的最终代价同样令人咂舌。在900天围困期间的大多数日子里，德军炮兵和空中力量对这座城市狂轰滥炸，不分青红皂白地摧毁军事、经济、民用目标，并将列宁格勒的交通设施夷为平地。尽管居民们付出了巨大的、通常都很英勇的努力，但列宁格勒城内大多数工厂、仓库、发电站和其他类似设施都腾起浓烟和火焰。这种可怕的代价包括约1000个工业企业、170个医疗机构、500所学校和10317座建筑，还包括一些文化和建筑瑰宝，例如庄严的海军部大楼、壮丽的冬宫和深具传奇性的斯莫尔尼大教堂[5]。

同一时期，德国军队也蹂躏了列宁格勒郊区和邻近地域，1944年1月撤离该地区前，他们消耗、征用或干脆摧毁了所有农作物、林木、森林、建筑物、铁路线和车站，以及其他具有军事、经济或文化价值的所有财产和设施。解放该地区的红军部队对敌人的肆意破坏震惊不已：

1月26日，经过激烈的巷战，红军部队进入加特契纳［赤卫军城］。在这些博物馆镇［加特契纳、普希金、巴甫洛夫斯克］，等待苏军部队的是一幅幅凄惨的景象。宫殿遭到掠夺、焚毁，昔日的古迹被破坏。曾经壮丽的公园里，树木几乎被砍伐殆尽。到处都是战争的疤痕和废墟。面对这种可怕的景象，战士们更加坚定地攥紧他们手中的冲锋枪并加快了步伐。他们知道，只有消灭纳粹破坏者，才能将苏联的土地从这种亵渎中拯救出来。[6]

俄罗斯人的情感最后所遭受的侮辱是，德军撤退前夕和期间，德军工兵系统性地炸毁或烧毁了列宁格勒郊区许多宝贵的皇宫。希特勒对列宁格勒人肆无忌惮的最后侮辱是烧毁波罗的海岸边的彼得霍夫宫，普希金壮丽的叶卡捷琳娜宫也沦为废墟：

宏伟的叶卡捷琳娜宫的外观尚算完整，但建筑物内已成一片废墟。大厅不见了，琥珀屋也不见了。琥珀已消失，一同消失的还有紫檀、花梨和红木材质的镶木地板。祖博夫斯基侧厅已成为西班牙蓝色师的兵营。伟大的卡梅伦画廊下方安放着一颗500磅的炸弹。幸运的是，这座画廊没有消失。[7]

与普希金的叶卡捷琳娜宫一样，列宁格勒也只剩下一具空壳。不过，遭受重创但仍不愿屈服的居民们从废墟中爬起，最终战胜了列宁格勒的蹂躏者。

从更广泛的意义上说，列宁格勒会战的进程和结果代表着整个伟大卫国战争的缩影。1941年的激烈防御，1941年年底对德军发起的戏剧性反攻，1942年突破封锁的失败尝试，1943年打破封锁圈和1944年明确无误的胜利，均与红军在苏德战线其他地段的壮举相同。但是，红军在整个苏德战线的命运转折点发生于1942年11月的斯大林格勒与1943年7月的库尔斯克之间，而与之不同的是，北方战线的转折点直到1944年1月才到来。这是因为交战双方到1943年时都已明白，这场战争的胜败取决于西方向和西南方向。

归根结底，尽管列宁格勒会战为战争的最终结果发挥了重要作用，但在军事上并不具有决定性。不过，在戏剧性、象征意义和纯粹的人类苦难方面，列宁格勒会战和相关的封锁在伟大卫国战争或现代战争中都是独一无二的。

本章原注

1. 行进或进攻中，前卫部队主要负责侦察或掩护部队主力。他们的任务不是与敌人战斗，而是便于主力的投入。而先遣支队则是作战部队，用于突破敌防御或夺取目标，以便主力部队向前推进，他们的任务是战斗、抢占先机和发展胜利。

2. 关于列宁格勒居民死亡人数的讨论，可参阅：鲁布措夫、卢里耶的《封锁列宁格勒》，第30—33页；索尔兹伯里，《列宁格勒被困九百天》，第514—517页。

3. 克里沃舍夫，《揭秘：苏联武装力量在战争、作战行动和军事冲突中的损失》，第232、第247—250、第253—254、第287—290页。

4. 同上，第233—234、第273—274页。

5. 普拉东诺夫，《列宁格勒战役，1941年—1944年》，第566页。

6. K.梅列茨科夫，《坚不可摧的城市》，莫斯科：进步出版社，1970年，第87页。

7. 索尔兹伯里，《列宁格勒被困九百天》，第567—568页。

附录 A
德国绝密策划文件[①]

第21号指令，“巴巴罗萨”方案，1940年12月18日

元首兼武装力量最高统帅

国防军统帅部／国防军指挥参谋部／国防处一组

第33408/40号绝密文件

德国国防军必须做好准备，在对英国的战争结束之前即以一次快速战役将苏俄击败。

为此，陆军必须做好投入一切可供使用的兵团之准备，但前提条件是必须确保已占领地区免遭突袭……

1. 总企图

装甲先头部队应以快速、深远突破的果敢作战，歼灭部署在俄国西部地区之红军主力，并阻止其作战力尚存的部队撤至俄国纵深地区。

尔后，务必以快速追击形成这样一条战线：从该线出发的俄国空军无法攻击到德意志帝国的领土。作战的最终目标是，大致在伏尔加河—阿尔汉格尔

① 资料来源：苏军总参军科院军事历史部．伟大卫国战争军事和历史资料集（第18册）[M]．莫斯科：军事出版社，1960。“德军统帅部关于战争准备的文件”和“德军统帅部关于从事战争的文件”，保密级。

斯克一线，建立一道针对俄国亚洲部分的防线。日后若有必要，可由空军从这道防线去摧毁俄国残存的乌拉尔工业区。

在此作战过程中，务必迅速夺取俄国波罗的海舰队的基地，从而使其丧失继续战斗的能力。

作战一开始就必须对俄国空军发起强有力的打击，阻止其有效地参战……

2.（略）

3. 作战的实施

a. 陆军（根据我的战役构想）

普里皮亚季沼泽将作战地区分为南半部和北半部。进攻重点应放在北半部。这里将投入两个集团军群。

这两个集团军群中，位于最南面的一个——在整条战线的中央——的任务是，以特别强大的装甲和摩托化兵团从华沙周围及其北部地区实施突击，歼灭白俄罗斯境内的敌军。从而创造条件，使快速部队的强大兵团转而向北，协向从东普鲁士向列宁格勒总方向突击的“北方”集团军群，歼灭波罗的海沿岸地区的敌军。只有完成此项进攻任务继而占领列宁格勒和喀琅施塔得后，方可实施旨在攻占重要交通枢纽和军备工业中心莫斯科的进攻行动。

只有俄国的抵抗力发生异常迅速的崩溃时，才有理由同时进攻两个目标。

希特勒

第33号指令，1941年7月19日

元首兼武装力量最高统帅

国防军统帅部／国防军指挥参谋部／国防处一组

第441230/41号绝密文件

继续在东线进行战争：

1. 随着沿整条战线突破“斯大林防线”，加之各装甲集群的深远推进，东线第二阶段攻势已告结束。“中央”集团军群仍需要较多时间，以消灭仍位于我军各快速兵团之间的敌强大作战集团。

基辅筑垒地域和苏军第5集团军之部队在我军后方的行动，限制了“南方”集团军群北翼部队的积极行动和自由机动。

2. 后续行动的目标应为阻止大股敌军逃入俄国纵深地区，并将其歼灭。为此，应沿以下方向做好［如下］准备：

a. 东线东南地区。当前任务是发起向心突击，歼灭尚在第聂伯河以西的敌第12、第6集团军，同时防止他们撤过该河。

以“中央”集团军群南翼和“南方”集团军群北翼部队密切协同发起进攻，迅速将敌第5集团军彻底歼灭。

“中央”集团军群完成当前任务、保障后勤补给并沿莫斯科方向掩护其侧翼后，除以若干步兵师挥师南下外，还应将新锐兵力，主要是快速部队投入战斗。这些部队的任务是阻止已到达第聂伯河东岸的敌军逃入俄国纵深地区，并将其歼灭。

b. 东线中央地区。消灭被包围的敌大量部队并解决补给问题后，“中央”集团军群的任务是切断莫斯科—列宁格勒交通线，以未派往东南方第聂伯河防线背后的快速兵团掩护向列宁格勒推进的“北方”集团军群之右翼，同时以步兵兵团继续向莫斯科推进。

c. 东线北部地区。只有在第18集团军与第4装甲集群恢复联系，第16集团军掩护其东翼的前提下，方可继续向列宁格勒推进。同时，“北方”集团军群必须竭力阻止仍在爱沙尼亚作战的苏军撤向列宁格勒。希望尽快夺取有可能成为苏联舰队基地的波罗的海诸岛。

d. 芬兰战线。获得德军第163师加强的芬兰主力部队的任务仍然是，以拉多加湖以东为主要方向，向当面之敌发起攻击，与“北方”集团军群辖内部队协同歼灭该敌。第36军级司令部和山地步兵军的进攻目标未变，由于暂时无法得到空军兵团强有力的支援，因而在必要时可以暂时延缓作战行动。

3. 空军最重要的任务是，一旦从战线中央地区腾出兵力，就应支援南部地区沿主要方向推进之部队。通过迅速前调增援部队和变更部署，将所需要的战机和高射炮集中在相应地区。

应尽快以第2航空队的作战部队（暂时以从西线调来的轰炸机提供加强）对莫斯科发起空袭，作为对苏军空袭布加勒斯特和赫尔辛基的“报复”。

4. 海军舰队的任务仍然是在海上和空中的敌情允许的情况下掩护海上交通线，特别是为地面行动提供保护。在可能的情况下，我方舰队应努力威胁敌海军基地，阻止敌舰队之作战力量逃入并被拘押在瑞典的港口。

待波罗的海的海军力量腾出后，应将鱼雷艇和扫雷艇（各编为一支舰队）派往地中海。由于敌人经海路运来增援部队，给德军在芬兰的作战行动增加了困难，为提供支援，应派遣一些潜艇进入巴伦支海。

5. 在西线和北线，所有三个军种均应考虑抗击英军有可能对英吉利海峡群岛和挪威海岸实施的进攻。必须做好从西部地区向挪威所有地区迅速前调空军力量的准备。

希特勒

第33号指令的补充令，1941年7月23日

国防军统帅部参谋长

指挥参谋部参谋长

第442254/41号绝密文件

继1941年7月22日OKW的报告后，我命令［以下内容］为第33号令的补充和扩大：

1. 东线南部地区。必须彻底、全面地歼灭仍盘踞在第聂伯河以西之敌。只要作战情况和物资—技术支援许可，夺取哈尔科夫工业区后，第1、第2装甲集群应转隶第4装甲集团军司令部，各步兵和山地步兵师尾随其后，渡过顿河发起突击，攻入高加索。

诸步兵师主力的首要任务是夺取乌克兰、克里木和直至顿河的俄罗斯领土。这项任务完成后，将委托罗马尼亚部队在布格河西南地域执行占领勤务。

2. 东线中央地区。改善斯摩棱斯克地域和南翼的态势后，“中央”集团军群应以两个集团军辖下足够强大的步兵兵团击败斯摩棱斯克与莫斯科之间的敌军部队，并以其左翼部队尽可能深远地向东推进，夺取莫斯科。

第3装甲集群暂时转隶“北方”集团军群，任务是支援后者之右翼，并包围列宁格勒地域之敌。

3. 东线北部地区。获得第3装甲集群后，“北方”集团军群就能为进军列宁格勒调配大批步兵力量，从而避免将快速兵团消耗于在困难地形展开的正面进攻。

必须歼灭仍在爱沙尼亚行动之敌。行动之际，必须防止他们利用船只疏散，经纳尔瓦逃向列宁格勒。

完成任务后，第3装甲集群必须再次转隶“中央”集团军群。

4. 之后，只要条件允许，OKW的工作重点是将“北方”集团军群辖内部队（包括第4装甲集群）和“南方”集团军群部分步兵力量撤回国内。

与此同时，必须将第4装甲集群的装备和人员调拨给第3装甲集群，以便后者彻底恢复战备。必要情况下，第1、第2装甲集群应合并其兵团，以完成受领的任务。

5. 第33号指令中的指示对海军舰队和空军依然有效。

另外，海军舰队和空军必须缓解山地步兵军的态势。首先，应以海军力量在巴伦支海采取果断行动；其次，待斯摩棱斯克地域的战斗结束后，将几个轰炸机大队调至芬兰作战地区。这些措施也将阻止英国在北冰洋海岸加入战斗的企图。

6. 只有在占领当局采用广泛的恐惧和敬畏而不是以法律审判那些被认定有罪的人，以此消除当局居民一切反抗念头，从而彻底肃清所有抵抗的情况下，派往东部占领地区执行安保勤务的部队才能履行他们的任务。

派适当的指挥部和指挥部辖内部队负责占领地区的秩序。

指挥官们必须采取适当的严厉措施确保占领地区的秩序，不再要求调派新的安保部队。

凯特尔

第34号指令，1941年7月30日

元首兼武装力量最高统帅

国防军统帅部／国防军指挥参谋部／国防处一组

第441298/41号绝密文件

最近几天的事态发展，大股敌军出现在前线，后勤补给状况，给予第2、第3装甲集群10天时间休整部队的必要性，迫使我们临时推迟实现7月19日第33号令和7月23日补充令中提出的目标和任务。

为此，我命令：

Ⅰ. 陆军：

1. 东线北部地区，继续攻向列宁格勒，在伊尔门湖与纳尔瓦之间遂行主要突击，以包围列宁格勒并与芬兰军队建立联系。

伊尔门湖北面，这场进攻必然受到沃尔霍夫地域的限制，在该湖南面，根据需要继续向东深入推进，以掩护攻向伊尔门湖北面的部队之右翼。推进中，恢复大卢基地域的态势。不参与伊尔门湖南面进攻行动的所有部队必须转隶在北翼推进的部队。

各装甲兵团重新做好全面战斗准备前，第3装甲集群不得按原计划对瓦尔代丘陵发起突击。但“中央”集团军群左翼部队必须向东北方推进到足以掩护“北方”集团军群右翼的深度。

第18集团军辖内部队的首要任务是肃清爱沙尼亚的所有敌军，尔后，该集团军各师方可赶往列宁格勒。

2. “中央”集团军群应转入防御，并在作战地域内占据最有利的地形。

你们应为针对俄国第21集团军的后续进攻行动占据有利出发阵地，为此可以实施目标有限的进攻。

一旦情况允许，第2、第3装甲集群应撤出战斗，抓紧时间休整和补充。

3. 在南部战线，目前只以“南方”集团军群的兵力继续作战。这些行动的目标是歼灭第聂伯河以西的大股敌军，并在基辅及其南面夺取登陆场，为第1装甲集群尔后向第聂伯河东岸的进攻创造条件。

应在第聂伯河以西与位于基辅西北沼泽地带的俄国第5集团军展开交战并将其歼灭。必须防止出现该集团军辖内部队渡过普里皮亚季河向北突破的危险。

4. 芬兰战线。应停止向坎达拉克沙方向实施的进攻。山地步兵军应消除来自莫托夫斯基湾的翼侧威胁。第36军级司令部只保留实施防御和制造准备进攻的假象所需要的兵力。

同时，设法在芬兰第3军作战地域切断摩尔曼斯克铁路线，最重要的是沿洛乌希方向，所有适合参加这次进攻的兵力都应调往那里。如果芬兰第3军作战地域内的进攻因地形复杂而失败，就应前调德军部队并将其配属给卡累利阿集团军。这里主要是指摩托化部队、坦克和重型火炮。

将第6山地步兵师和各种运输工具交给山地步兵军。

外交部应确定能否使用瑞典境内的纳尔维克—吕勒奥铁路线。

Ⅱ. 空军：

1. 东线北部地区。空军应将第8航空军主力调给第1航空队，把空中攻击的重点转移到北部地区。这些部队应尽快前调，以便从一开始（8月6日晨）便为“北方”集团军群沿主要突击方向发起的进攻提供支援。

2. 东线中部地段。留给“中央”集团军群的空军部队的任务是沿第2、第9集团军战线提供对空掩护，并支援他们的进攻。对莫斯科的空袭应继续进行。

3. 东线南部地段。任务不变。我们不打算减少“南方”集团军群作战地域内的空中力量。

4. 芬兰战线。第5航空队的主要任务是支援山地步兵军。另外，还应支援芬兰第3军在有希望取得成功的地方实施的进攻。有必要采取相应准备措施支援卡累利阿集团军。

希特勒

第34号指令的补充令，1941年8月12日

国防军统帅部

指挥参谋部

第441376/41号绝密文件

元首已命令采取以下后续行动，以此作为第34号指令的补充。

1. 东线南部地区。乌曼地域决战的结果是，“南方”集团军群已完全取得对敌优势，并获得在第聂伯河一侧实施后续行动的机动自由。一旦其部队在该河东岸站稳脚跟并确保后方地区的交通线，他们便能发起大规模行动，以自身的力量并适当使用联军与罗马尼亚地面部队相配合，完成赋予他们的任务。

该集团军群的任务如下：

a. 防止敌人沿第聂伯河构设防线。为此，必须歼灭位于第聂伯河以西的最大股敌军部队，尽快在该河东岸夺取登陆场。

b. 夺取克里木，作为敌人的空军基地，克里木对罗马尼亚油田的威胁极大。

c. 夺取顿涅茨盆地和哈尔科夫工业区。

2. 夺取克里木的战斗可能需要山地步兵。必须设法渡过刻赤海峡，以便投入向巴统发起的后续进攻。

停止对基辅的进攻。一旦弹药补给情况许可，必须以轰炸的方式摧毁该城。

任务的整个范畴取决于按照顺序执行这些行动，而不是以集结最大兵力的方式同时发起。执行第一个任务时，应投入额外的轰炸机大队，实现兵力的最大集结，以此支援卡涅夫与博古斯拉夫之间地域的作战行动，而后协助在第聂伯河东岸构设一座登陆场。

3. 东线中央地区。该地段的主要任务是消灭敌人伸向西面的侧翼阵地，这些阵地牵制了“中央”集团军群大批步兵力量。中央地区南部，应特别注意根据时间和方向组织“中央”“南方”集团军群的混合侧翼。夺取通往奥夫里奇和莫济里的交通线，使俄国第5集团军丧失作战能力，最终将其歼灭。

中央地区北部，应将快速部队投入战斗，尽快击败托罗佩茨以西之敌。

“中央”集团军群左翼部队应尽力向北推进，这样，“北方”集团军群就不会担心起右翼，并能以其步兵师加强攻往列宁格勒的部队。

无论如何应采取措施将这个或那个师（例如第102步兵师）调给“北方”集团军群担任预备队。

只有彻底消除侧翼遭受的威胁、各装甲集群获得整顿后，方能以纵深梯次配置的侧翼集团跨过一条宽大战线，对敌人为保卫莫斯科而集结起的大股部队发起进攻。

这场进攻的目的是在冬季到来前夺取敌人在莫斯科地区整个复杂的国家经济和交通中心，从而使敌人丧失恢复其被摧毁武装力量的能力，并粉碎其国家控制机构的功能。

沿莫斯科方向发起进攻前，应完成对列宁格勒的行动，并将第2航空队先前转隶第1航空队的空军部队归建。

4. 东线北部地区。在这里实施的进攻必须完成对列宁格勒的包围，并与芬兰军队会合。

在机场允许的情况下，为有效使用航空兵力量，尽可能沿不同方向实施集结至关重要。

一旦情况允许，你们应以陆、海、空军的联合行动消灭达戈岛和耶泽尔岛的敌海空军基地。至关重要的是，消灭敌人可用于对柏林发起空袭的机场。

陆军总司令部（OKH）负责协调采取相应措施。

国防军统帅部参谋长凯特尔

元首令，1941年8月15日

国防军统帅部

指挥参谋部

第441386/41号绝密文件

陆军总司令部（OKH）提交报告后，元首命令：

1. “中央”集团军群应停止向莫斯科继续推进。组织的相关防御应能阻止敌人实施合围行动的一切可能性，并在不需要空中支援的前提下击退敌进攻行动。

2. “北方”集团军群遂行的进攻必须在短时间内取得成功。届时，我们才能考虑恢复对莫斯科的进攻。由于敌骑兵部队出现在第16集团军后方，加之第1军预备队缺乏快速部队，导致险情出现，尽管获得了强有力的空中支援，但这种危险阻止了伊尔门湖以北很有希望的进攻行动。

尽可能多地从霍特将军的装甲集群抽调大批快速兵团（例如，1个装甲师和2个摩托化师）增援“北方”集团军群，不得延误。

指挥参谋部参谋长约德尔

国防军统帅部命令，1941年8月21日

陆军总司令部（OKH）8月18日关于在东线进一步开展行动的考虑并不符合我的意图。我命令：

1. 冬季到来前最重要的任务是夺取克里木和顿河地区的工业、煤炭区，并使俄国人无法从高加索获得石油，在北部包围列宁格勒并与芬兰人会合，而不是夺取莫斯科。

2. 因到达戈梅利和波切普一线而形成的有利战役状况必须立即加以利用，应以“南方”“中央”集团军群相连接的侧翼沿向心方向发起行动。我们的目标不是以第6集团军的局部突击将俄国第5集团军逐过第聂伯河，而是在敌人撤往杰斯纳河—科诺托普—苏拉一线前将其歼灭。

“南方”集团军群实施这一行动的前提条件是，在第聂伯河中游以东地域遂行防御，并以其中央和左翼[①]之部队继续向哈尔科夫和罗斯托夫展开行动。

3. “中央”集团军群应为这一进攻分配足够的兵力，以确保歼灭俄国第5集团军，同时应准备击退敌人对其战线中央地段发起的反击。

“中央”集团军群左翼部队前出至托罗佩茨地域的丘陵并与“北方”集团军群之右翼相连的决定不变。

4. 夺取克里木半岛对保护来自罗马尼亚的石油供应至关重要。因此，必须使用包括快速兵团在内的一切可用手段，在敌人加强其部队前迅速强渡第聂伯河下游。

5. 只有包围列宁格勒、与芬兰人会合、歼灭俄国第5集团军后，我们才能腾出力量，为履行8月12日第34号指令补充令所规定的任务创造先决条件，即，发起一场成功的进攻，歼灭铁木辛哥集团。

希特勒

① 译注：疑为右翼。

第35号指令，1941年9月6日

元首兼武装力量最高统帅

国防军统帅部／国防军指挥参谋部／国防处一组

第441492/41号绝密文件

鉴于对盘踞在“南方”和“中央”集团军群毗邻侧翼之敌的作战行动取得的初期战果，加之包围列宁格勒地区之敌的行动进一步成功，为打击铁木辛哥集团军群的决定性行动创造了先决条件，这股敌军正在“中央”集团军群前方实施不成功的进攻。必须在严冬到来前的有限时间内果断将其歼灭。

为此，我们必须将所有陆军和空军部队集中用于这一行动，包括可从翼侧腾出和能够及时前调的部队。

根据陆军总司令部的报告，我对此次作战的准备和实施下达如下命令：

1. *东线南翼*。

以“南方”集团军群已渡过第聂伯河向北进击的部队与“中央”集团军群南翼的突击部队相配合，歼灭盘踞在克列缅丘格、基辅、科诺托普三角地带之敌。只要情况允许，第2、第6集团军腾出的兵团和第2装甲集群就应为执行新行动重新部署。

位于“南方”集团军群战线上的快速兵团，应在步兵加强和第4航空队沿主要方向提供的支援下，从第17集团军构设的登陆场出发，经卢布内朝西北方发起一场突袭，不得迟于9月10日。与此同时，第17集团军应沿波尔塔瓦和哈尔科夫方向攻击前进。

在第4航空队支援下，继续沿第聂伯河下游向克里木发起进攻。

快速部队从第聂伯河下游向南面的梅利托波尔实施机动，将为第11集团军完成其任务提供极大的帮助。

2. *“中央”集团军群战区*。

尽快做好同铁木辛哥集团军群交战的准备，以便向维亚济马这个总方向发起一场进攻，以部署在敌军侧翼的强大装甲部队实施一场两翼合围，歼灭盘踞在斯摩棱斯克以东地域之敌。

为此，应组建两个突击群：

第一个突击群位于南翼，预计在罗斯拉夫尔东南，突击方向为东北方。编有“中央”集团军群可动用的部队和为完成此项任务而腾出的第5、第2装甲师。

第二个突击群位于第9集团军防区，预计突击方向经过别雷。该集群应编有“中央”集团军群尽可能多的兵团。

在这场决定性合围、歼灭战中消灭铁木辛哥集群之主力后，“中央”集团军群将沿莫斯科方向对敌发起追击，同时掩护位于奥卡河的右翼和位于伏尔加河上游的左翼。第2航空队应为进攻行动提供支援，该航空队将获得其他航空兵团的加强，主要调自前线北部地区。第2航空队应将主力集中在侧翼，并以主要轰炸航空兵团（第8航空军）支援两个遂行侧翼突击的快速兵团。

3. 东线北部地区。

应与攻向卡累利阿地峡的芬兰军队相配合，包围在列宁格勒地区作战之敌（并占领施吕瑟尔堡），这样便可将大批快速部队和第1航空队各兵团，特别是第8航空军，在9月15日前转隶“中央”集团军群。但在此之前应努力将列宁格勒彻底包围，至少从东面将其围困，另外，若天气情况允许，应对列宁格勒实施大规模空袭。炸毁其自来水厂尤为重要。

为协助芬兰军队突破苏芬旧边境沿线工事，也为缩短战线并摧毁敌空军基地，“北方”集团军群辖内部队必须尽快在涅瓦河地段向北实施进攻。应与芬兰人相配合，以水雷障碍和炮兵火力封锁喀琅施塔得，阻止敌海军力量进入波罗的海（汉科、穆胡群岛）。

只要能抽出兵力，就应将列宁格勒作战地区与沃尔霍夫河下游地域隔开。只有歼灭列宁格勒地域之敌后，才可与卡累利阿集团军在斯维里河会合。

4. 在后续实施的行动中，“南方”集团军群应以可用的快速部队组建一个侧翼掩护群，并向东北方攻击前进，以此掩护“中央”集团军群沿莫斯科方向遂行突击的南翼。“北方”集团军群的部队应掩护“中央”集团军群北翼，并沿伊尔门湖两侧推进，与卡累利阿集团军会合。

5. 准备期的缩短和因此而造成的行动开始日期的提前，都应有利于整个作战行动及其准备工作。

希特勒

补充：由于第4航空队没有配备力量支援从第聂伯罗彼得罗夫斯克登陆场发起的进攻，元首认为，所有摩托化师都应加入第1装甲集群从克列缅丘格登陆场发起的进攻。

第198步兵师和意大利或匈牙利部队正坚守该登陆场。

国防军统帅部参谋长

关于封锁列宁格勒，1941年9月21日

作战处

第002119/41号

（要点）

可能性：

1. 以夺取其他俄国大型城市的相同方式攻克该城，在此期间不能承担起为城内居民提供食物补给的责任。

2. 以构设铁丝网、部署机枪火力的方式包围该城。消极方面：城内约200万居民中，最虚弱的一部分很快会被饿死，但另一方面，体力最强的一部分居民会为自己夺取食物，他们能生存下去。还存在传染病波及我方部队的危险，另外，我方士兵是否会对逃离的妇女和儿童开火射击，这一点值得怀疑。

3. 疏散城内的妇女、儿童和老人；留在封锁圈内的人会被饿死。消极方面：虽然从理论上说这是个不错的决定，但疏散行动需要渡过沃尔霍夫河并穿越敌军后方，操作起来难度极大。谁来带领并管理这10万名平民，尔后前往何处的俄军防线？

- 若我们拒绝将俄国平民疏散至后方，会对分散在整个国家的民众之意志产生影响。
- 任何情况下都存在同样的缺点，挨饿的居民留在列宁格勒城内会引发传染病，而那些体格最强健者会在城内生存很长时间。

4. 待芬兰人到达并完成封锁后，［我军］将再度撤过涅瓦河，并把最北部地段交给芬兰人。

芬兰已非正式地宣布，他们的国境线打算沿涅瓦河延伸，不包括列宁格勒。这一决定在政治上是正确的。但是，必须解决列宁格勒人口问题的是我们，而非芬兰人。

结果和建议：

没有令人满意的解决方案。“北方”集团军群司令部必须就这一问题下达合适的命令，尔后再加以执行。

建议：

我们可以向全世界宣布，斯大林正把列宁格勒作为一座堡垒加以坚守。因此，我们不得不将列宁格勒及全体居民视为军事目标。不过，我们可以不这样做。列宁格勒投降后，我们允许讲求人道的朋友罗斯福接收列宁格勒居民（不包括战俘），为他们提供食物，并在红十字会的保护下用中立国的船只把他们运往美国。为此，相关船只获准自由进出港口（当然，这一建议不可能被接受，但有必要将此作为宣传目标）。

最初，我们应（严密）封锁列宁格勒并摧毁该城，可能的话使用炮兵和空军。（一开始，我们只有小股空军力量可用。）

恐怖和饥饿在城内奏效时，我们应打开专门的缺口，允许解除武装的人员通过。可能的话，我们应把他们疏散至俄国腹地，然后根据所在地的情况把剩余人员编入劳工单位。

冬季，“要塞守军”之残部将留在城内。春季，我们将攻入城内（不反对芬兰人抢在我们之前展开行动），将活口送往俄国腹地或加以俘虏，把列宁格勒夷为平地，将涅瓦河以北地区交给芬兰人。

［签名含糊不清］

第39号指令，1941年12月8日

元首兼武装力量最高统帅

国防军统帅部／国防军指挥参谋部／国防处一组

第442090/41号绝密文件

东线的寒冬提前到来，补给困难随之出现，迫使我们不得不立即停止所有进攻行动并转入防御。如何实施这种防御，取决于所要达到的目的，即：

a. 坚守在作战或在国防经济方面对敌人具有重大意义的地区。

b. 休息和补充部队。

c. 为1942年重新发起大规模进攻行动创造必要的条件。

因此，我命令……

Ⅰ. 陆军

4. ……

c. “北方”集团军群应在伊尔门湖以北缩短其东部战线和东南部防线，但不能把从季赫温通向沃尔霍夫斯托伊和科尔恰诺沃的公路和铁路让给敌人，以免敌人恢复、加强、改善他们在拉多加湖以南地域的阵地。这样才能彻底封锁列宁格勒，并与芬兰卡累利阿集团军建立联系。

d. 如果我们确定敌人已将其主力撤离芬兰湾以南的海岸地带，而且不打算在那里实施坚决的防御，那么，我们可以占领那里的海岸，以节约兵力。

国防军统帅部命令，1941年12月16日

国防军统帅部

指挥参谋部

第442182/41号绝密文件

1. 批准“北方”集团军群将第16、第18集团军的内翼撤至沃尔霍夫河防线和从沃尔霍夫车站通往西北方的铁路线。沿该铁路线与第28军右翼建立连贯的联系。

集团军群的任务是坚守该防线至最后一兵一卒，不得后退一步，同时，继续封锁列宁格勒。

我特别提请你们注意加强列宁格勒南面和东南面的对空防御。

第41号指令，1942年4月4日

元首兼武装力量最高统帅

国防军统帅部／国防军指挥参谋部／国防处一组

第55616/42号绝密文件

在俄国的冬季会战行将结束。由于东线官兵表现得特别顽强并具有牺牲精神，德军已取得防御战的巨大胜利。

敌人在人员和物资方面的损失极为严重。这个冬季，敌人在扩大所谓初期战果的努力中，已使其准备用于后续作战的预备队主力受到很大消耗。

一俟天气和地形条件具备，德军指挥官和部队的优势必将再次赢得行动的主动权，并迫使敌人就范。

目标是决定性地歼灭苏军残存的力量，尽可能多地控制、夺取俄国人重要的军事—经济中心。

为此应投入德国国防军和盟军的一切可用力量。但同时，在任何情况下都应采取一切措施确保西欧和中欧占领区的安全，特别是海岸。

Ⅰ．总的企图

“中央”集团军群维持现状时，北面应夺取列宁格勒并与芬兰人会合，南翼应攻入高加索地区，秉承东线战局原定的基本方针。

鉴于冬季会战的后果、可用的兵力兵器和运输能力，我们不能沿整条战线同时完成上述目标，只能在不同地段逐步实现。

首先应把所有可用兵力集中到前线南部主要作战方向，歼灭顿河以西之敌，尔后夺取高加索产油区和穿越高加索山脉的隘口。

待包围地区的形势允许，或从其他地方抽调出足够的兵力，就应最终包围列宁格勒并夺取印格尔曼兰。

Ⅱ．行动的实施

（阐述在南方的进攻行动）

1号作战令，1942年10月14日

元首兼武装力量最高统帅

国防军统帅部／国防军指挥参谋部／国防处一组

第420817/42号绝密文件

除了一些单独的行动仍在继续进行，以及一些意图发起的局部性进攻外，今年的夏季、秋季战役已告结束。已取得重大战果……

我们即将面临一场冬季战役。除了正在进行的或意图发起的进攻行动，东线在此［冬季战役］过程中的任务是不惜一切代价坚守已夺取之阵地，击退敌人达成突破的一切企图，同时，为1943年继续进攻、彻底歼灭最危险之敌创造先决条件……

Ⅰ. 冬季阵地的特点

冬季最终阵地沿以下防线延伸：

c. “北方”集团军群和第11集团军——目前占领的位置（不包括将在普斯特尼地域的战斗中夺取的领土），延伸至拉多加湖和目前的列宁格勒战线，独立于“北极光”行动之外。

第50号指令，1943年9月28日

关于将第20山地集团军撤往芬兰北部和挪威北部的准备工作：

“北方”集团军群的局势已完全稳定，因而不打算将其部队撤离其既有防线。在战役上受威胁最大的大卢基地域已获得加强。尽管如此，为预防局势向不利方向发展（特别是在芬兰境内），目前应在楚德湖和纳尔瓦后方构筑第二道防御地带。

附录 B 苏联策划文件[①]

北方面军的1941防御计划

密：非常重要。副本一

关于保卫［掩护］列宁格勒军区防区内之国境线的说明

为保护列宁格勒军区辖内部队的动员和最终部署，在苏联国防人民委员会1941年5月14日503913/ov/ss号指令的基础上制订了一份计划，以保卫［掩护］列宁格勒军区的国境线。

防御任务

1. 应防范敌人对军区辖地的地面和空中入侵。

2. 沿国境线筑垒地域和野战工事的坚决防御。

a. 应沿维堡和克克绍尔姆方向为列宁格勒提供可靠掩护，这是列宁格勒军区辖内部队的主要任务。

① 资料来源：Iu.A.戈里科夫，Iu.N.谢明．弥天大谎的破灭：在苏联西北地区——西北边境地区1941年的作战计划证明，苏联并未准备进攻德国［J］．军事历史杂志，1996（6）：2—7。

b. 应阻止敌人突破防线并前出至拉多加湖。

c. 应保护基洛夫铁路线的不间断运行，无论如何不能让敌人到达该铁路线。

d. 应与北方舰队协同，控制雷巴奇半岛和斯列德尼半岛，可靠掩护摩尔曼斯克港，并防范敌海军在科拉半岛之海岸（从约坎加至芬兰国境线）实施两栖登陆。

3. 实施动员的第九天起，从波罗的海沿岸特别军区接管爱沙尼亚苏维埃社会主义共和国的海岸（从纳尔瓦湾至马察拉湾），与波罗的海舰队共同对其加以防御，防止敌两栖突击部队在此实施登陆。

4. 守卫爱沙尼亚苏维埃社会主义共和国北部海岸和汉科半岛，协助红旗波罗的海舰队封锁芬兰湾入口，阻止敌海军力量进入。

5. 以军区各种可用的情报手段及时确定敌军集结和编组的性质。

6. 通过积极的空中作战获取空中优势，以强有力的打击摧毁并破坏敌军之集结和部署，主要打击目标为铁路中心、桥梁、集结待命区和部队编组。

7. 防范敌人在军区辖地实施空降突击和牵制活动。

8. 条件有利时，所有遂行防御的部队、集团军和军区预备队应遵照上级部门的命令，做好对敌人发起果断打击的准备。

友邻部队及其任务

右侧——阿尔汉格尔斯克军区，守卫科拉半岛东南部、白海入口及海岸、阿尔汉格尔斯克市。

与该军区的分界线：从列宁角（斯维亚托伊诺斯）经约坎加至波里亚。

左侧——波罗的海沿岸特别军区，守卫波罗的海南海岸，从马察拉湾至立陶宛苏维埃社会主义共和国国境，可靠掩护里加和德维纳方向。

与该军区的分界线：从奥斯塔什科夫经奥斯特罗夫、维鲁（不含）、维尔扬迪至马察拉湾，不包括达戈岛和耶泽尔岛。

部队编成和武器装备

掩护部队包括3个集团军、4个步兵军、2个机械化军、17个步兵师、4个坦克师、2个摩托化师、8个统帅部预备队炮兵团和8个航空兵师，还编有混编部队、7个筑垒地域、1个筑垒阵地和13个机枪营。另外，在军区防区内组建的工程兵部队、通讯部队和防空部队完全隶属于军区。只有支援掩护部队所必需的军用运输和后勤部队隶属于军区。

决定

依靠筑垒地域和野战阵地可靠守卫卡累利阿地峡，彼得罗扎沃茨克、列博尔—乌赫京斯克、坎达拉克沙和摩尔曼斯克方向，雷巴奇半岛、科拉半岛之海岸、芬兰湾有利于敌海军实施登陆的地段。

各指明方向之间的间隙，只以边防部队和航空兵加以监视。

各掩护区的兵力构成和任务

第1掩护区——第14集团军

编成：第14集团军领率机关；步兵第42军军部；步兵第14、第52、104、第122师；坦克第1师；统帅部预备队炮兵第104团；摩尔曼斯克筑垒地域；边防第35、第100、第82、第72、第101支队；北方舰队及其沿海防御。

另外，工程兵部队、通讯部队、后勤部队及机构参见附表（未收录）。第14集团军司令员担任该掩护区负责人，指挥部设在摩尔曼斯克。左侧分界线为旧库泽马（不含）—鲁戈泽罗（不含）—皮斯托（不含）。

任务：

a. 在雷巴奇半岛和斯列德尼半岛、在季托夫卡地域、沿科拉半岛海岸守卫摩尔曼斯克筑垒地域的永备野战工事，可靠保护摩尔曼斯克。

b. 防止敌舰队进入科拉湾和莫托夫斯基湾，封锁乌拉湾、阿帕湾、博利沙亚湾入口和利斯塔西部，防范敌人实施两栖突击登陆。

c. 以科里亚—库奥里亚尔维—武奥亚赖地域和尼亚夏尔维湖—莱赫托瓦拉一线的筑垒防御切实掩护通往坎达拉克沙和洛乌希的基洛夫铁路。

根据所受领的任务在该地区构设五道掩护地带。

航空兵师的任务：

a. 与北方舰队航空兵和摩尔曼斯克、波利亚尔内防空区的防空武器相配合，保卫摩尔曼斯克港和北方舰队位于波利亚尔内的基地。

b. 消灭位于萨尔米耶尔维和佩察莫机场的敌机。

c. 与摩尔曼斯克筑垒地域和北方舰队之部队相配合，歼灭敌海军水面力量，防止其发起两栖突击登陆。

d. 若敌人从佩察莫地域发起进攻，应对敌集结之力量发起强有力的打击，协助步兵第14师将其击退并予以歼灭。

e. 若敌人从米亚尔基亚亚赖地域发起进攻，应支援步兵第42军将敌击退。

第2掩护区——第7集团军

编成：第7集团军领率机关；步兵第54、第71、第169①、第237师；统帅部预备队榴弹炮兵第541团；索尔塔瓦拉筑垒地域、边防第1、第73、第80、第3支队；混成航空兵第55师；工程兵、化学兵和通讯兵部队；附表所列的后勤部队和机构。

第7集团军司令员担任该掩护区负责人，指挥部设在苏奥亚尔维。左侧分界线为普察里—里斯塔尔赫季—克列米亚基—坎加萨赫季群岛。

任务：

a. 沿乌赫塔、雷博勒、彼得罗扎沃茨克方向切实掩护国境线，据守野战工事和索尔塔瓦拉筑垒地域，防止敌军突破防线并前出至拉多加湖。

b. 确保基洛夫铁路线的不间断运行，在任何情况下都不能允许敌人到达该铁路线。

c. 以积极的空中行动确保空中优势，以强有力的空中打击破坏敌军在约恩西、卡里阿尼和库奥皮奥地域集结区内的调动，阻止敌军之集结和部署。

d. 防范敌空中突击（空降）和牵制群在掩护区境内跳伞和降落。

应特别注意沿彼得罗扎沃茨克和索尔塔瓦拉方向部署防坦克防御。若敌坦克沿这些方向达成突破，应将其与敌步兵隔断，再以炮兵、航空兵和步兵的联合行动将其消灭。

---

① 译注：疑为第168师。

关于使用所有后勤部队和NKVD守军的设想是保卫重要的政府目标，与敌空中突击（空降）和牵制群做斗争。

应特别留意的重要方向：伊翁图斯兰塔、乌赫塔；库赫莫、雷博勒；约恩西、彼得罗扎沃茨克；约恩西、索尔塔瓦拉。

根据所受领的任务，第2掩护区应构设四道掩护地带……

第3掩护区——第23集团军

编成：第23集团军领率机关；步兵第19和第50军军部；机械化第10军军部；步兵第142、第115、第43、第123师；坦克第21、第24、摩托化第198师；统帅部预备队榴弹炮兵第101、第108、第519团、加农炮兵第573团；维堡、克克绍尔姆筑垒地域；边防第102、第5、第33支队；航空兵第5师；工程兵、化学兵和通讯兵部队；附表所列的后勤部队和机构。

第23集团军司令员担任该掩护区负责人，指挥部设在库萨。左侧分界线为芬兰湾海岸线，从科伊维斯托至维堡，从维堡至国境线。

任务：

a. 防止敌人经陆地和空中入侵卡累利阿地峡。守卫野战防御工事和克克绍尔姆、维堡筑垒阵地，防止敌人突破防线，以此沿克克绍尔姆和维堡方向切实掩护国境线。

b. 从国境线至维赫米亚拉，会同维堡地域之海岸防御，防范敌人在芬兰湾北海岸实施两栖突击登陆。

c. 防范敌空中突击（空降）和牵制群在掩护区境内跳伞和降落。

d. 切实掩护维堡市、武奥克萨河上的桥梁、掩护区的作战兵团和补给站，使其免遭敌军之空袭。

e. 以积极的空中行动确保空中优势，并对萨沃克里纳、米凯利、科韦拉和哈米纳的敌机场实施空袭。

f. 对科乌沃拉铁路枢纽、丘明约基河上的桥梁及敌兵力编组发起强有力的打击，破坏并阻止敌军的集结和部署。

g. 以各种侦察及时判明集团军防线前方敌兵力集结和编组的性质。

h. 实施主动防御。以各军和集团军预备队发起反击，及时粉碎敌人突破我防御之企图。

i. 应特别注意沿维堡和克克绍尔姆方向部署防坦克防御。若敌坦克沿维堡和克克绍尔姆方向达成突破，应以步兵力量、机械化军和航空兵的联合行动将其击败并歼灭。

j. 关于使用掩护区所有后勤部队和NKVD守军的设想是保卫重要的政府目标，与敌空中突击（空降）和牵制群做斗争。

k. 应特别留意的重要方向：维堡、列宁格勒；伊马特拉、克克绍尔姆。

在有利条件下，掩护区所有作战人员应做好对敌人发起破坏性打击的准备。为履行受领的任务，第3掩护区应构设两道掩护地带……

混成航空兵第6师的任务：

a. 与地面部队相配合，在敌企图突破我防线时将其歼灭。

b. 先后在穆奥拉、库米亚里亚和莱皮亚苏奥地域掩护机械化第10军和步兵第70师的集结区。

c. 确保掩护区内铁路地段的正常运行。

d. 会同红旗波罗的海舰队海岸防御部队，防止敌人在芬兰湾北海岸实施两栖突击登陆。

e. 防范敌空中突击（空降）力量在掩护区内跳伞和降落。

第4掩护区——步兵第65军

编成：步兵第65军（缺军属炮兵团），步兵第11和第16师，附表所列的通讯、后勤部队……

步兵第65军军长担任该掩护区负责人，指挥部设在尼梅（1：100万地图上，塔林以南9公里）。右侧分界线从萨卡小海湾沿楚德湖西岸延伸至普斯科夫；左侧分界线位于沃尔姆西岛和马察拉湾。

任务：防范敌人对爱沙尼亚苏维埃社会主义共和国领土和掩护区发起海空突击。为履行受领的任务，第4掩护区应构设两道掩护地带……

第5掩护区——汉科海军基地

编成：独立步兵第8旅，汉科半岛筑垒地域，歼击航空兵第13团，1个独立侦察航空兵中队，1个潜艇师和1个鱼雷艇旅。汉科海军基地指挥员担任该掩护区负责人，指挥部设在汉科。

任务：

a. 依托地峡、群岛和半岛海岸上的工事实施防御，防范敌人从内陆发起入侵并达成突破，以及从海上实施的突击登陆。

b. 防范敌人在汉科半岛实施空降突击，在敌人着陆期间将其消灭在地面和空中。

c. 以海岸防御与红旗波罗的海舰队、海军和地区航空兵相配合，在敌舰队企图进入芬兰湾期间将其歼灭。

d. 实施对敌防空，可靠掩护汉科半岛上最重要的作战部队。

e. 对汉科半岛之敌实施侦察，以航空兵、地面部队、海岸防御力量判明敌编组情况、炮兵阵地和防御设施体系，并及时发现敌人的两栖突击准备。

为履行受领的任务，第5掩护区应构设两道掩护地带……

列宁格勒军区司令员的直属部队

集结于斯卢茨克和普希金的机械化第1军（欠坦克第1师）将留在该地域，直到接获特别指示；步兵第70师集结于卡累利阿地峡的穆奥拉、黑努奥基车站、基亚米亚里亚车站和雷帕苏奥车站地域。接获特别指令前，步兵第191、第177师留在其动员点。

直属于列宁格勒军区司令员的航空兵及其任务

编成：航空兵第4、第41、第39、第54、第3师（后两个师将用于守卫列宁格勒）。

任务：

a. 歼灭位于科乌沃拉、科特卡、乌特季、谢良皮亚、米凯利、波尔沃、拉赫季、霍洛洛、希图尔斯和波多西奥基机场的敌航空兵。

b. 炸毁科乌沃拉铁路和科里亚的桥梁。

c. 与红旗波罗的海舰队相配合，在敌舰艇和运输船只企图侵入芬兰湾或实施两栖突击登陆期间对其发起打击。

d. 配合第23集团军击退敌人的进攻。航空兵第4和第41师将遂行这些任务。航空兵第3和第54师负责守卫列宁格勒……

保卫重要的政府目标

负责保卫特别重要的工业设施的NKVD部队和民兵应确保军区辖区内特别重要之目标的安全。

NKVD第2师的部队应保卫军区辖区内具有作战重要性的公路和铁路桥。附上一份第2师应加以保护的目标清单……

防空

军区防区和阿尔汉格尔斯克地域构成北防空区。北防空区包括5个旅级防空地域、2个海军防空地域、1个军级防空地域和阿尔汉格尔斯克防空地域。每个防空地域根据相应目的配备的武器标示在附图和北防空区高射炮部队人员名单上。发电站和部队集结区的对空防御由强大的防空部队实施……

列宁格勒军区司令员M.M.波波夫

列宁格勒军区军事委员会委员N.N.克列缅季耶夫（军政委级）

列宁格勒军区参谋长D.N.尼基舍夫少将

两份副本

列宁格勒军区作战处处长季霍米罗夫少将拟制

1号副本呈送红军总参谋部

2号副本交列宁格勒军区作战处

档案引自：TsAMO RF［俄罗斯联邦国防部中央档案馆］，f. 16, op. 2951, d. 242, ll.第46—70页。

附录C
红军作战序列[①]

1941年6月22日

北方面军

第7集团军：F.D.戈列连科中将

步兵第54师：I.V.帕宁少将

步兵第71师：P.I.阿布拉米德泽少将

步兵第168师：A.R.邦达列夫上校

步兵第237师：D.F.波波夫少将

第26筑垒地域（索尔塔瓦拉）

独立高射炮兵第208营

混成航空兵第55师：V.M.菲林上校

独立工兵第184营

① 伏罗希洛夫总参军事学院. 苏军作战编成，第一部：1941年6月至12月[M]. 莫斯科：军事出版社，1963：7，30，39—40；伏罗希洛夫总参军事学院. 苏军作战编成，第二部：1942年1月至12月[M]. 莫斯科：军事出版社，1966：7—8；伏罗希洛夫总参军事学院. 苏军作战编成，第三部：1943年1月至12月[M]. 莫斯科：军事出版社，1972：8—10；伏罗希洛夫总参军事学院. 苏军作战编成，第四部：1944年1月至12月[M]. 莫斯科：军事出版社：8—10，186—187；1941—1945，伟大卫国战争中苏联武装力量的军、师级指挥员[M]. 莫斯科：伏龙芝军事学院，1964。

第14集团军：V.A.弗罗洛夫中将

步兵第42军：G.I.帕宁少将

步兵第104师：S.I.莫罗佐夫少将

步兵第122师：P.S.舍夫琴科少将

步兵第14师：A.A.朱尔巴少将

步兵第52师：N.N.尼基申少将

第23筑垒地域（摩尔曼斯克）

统帅部预备队加农炮兵第104团

坦克第1师（机械化第1军）：V.I.巴拉诺夫少将

混成航空兵第1师：M.M.戈洛夫尼亚上校

校正航空兵第42中队

独立工兵第312营

第23集团军：P.S.普申尼科夫中将

步兵第19军：M.N.格拉索莫夫中将

步兵第115师：V.F.科尼科夫少将

步兵第142师：S.P.米库利斯基上校

步兵第50军：V.I.谢尔巴科夫

步兵第43师：V.V.基尔皮奇尼科夫少将

步兵第70师：A.E.费久宁少将

步兵第123师：E.E.楚卡诺夫上校

第27筑垒地域（克克绍尔姆）

第28筑垒地域（维堡）

军属炮兵第24团

军属炮兵第28团

军属炮兵第43团

加农炮兵第573团

榴弹炮兵第101团

大威力榴弹炮兵第108团（统帅部预备队）

大威力榴弹炮兵第519团（统帅部预备队）

独立迫击炮兵第20营

独立高射炮兵第27营

独立高射炮兵第241营

机械化第10军：I.G.拉扎列夫少将

坦克第21师：L.V.布宁上校

坦克第24师：M.I.切斯诺科夫上校

摩托化第198师：V.V.克留科夫少将

摩托车第7团

混成航空兵第5师：E.E.叶尔雷金上校

轰炸航空兵第41师：I.Ia.诺维科夫上校

校正航空兵第15中队

校正航空兵第19中队

摩托化工程兵第109营

独立工程兵第153营

方面军直属部队

步兵第177师：A.F.马绍申上校

步兵第191师：D.A.卢基亚诺夫上校

独立步兵第8旅：N.P.西蒙尼亚克上校

第21筑垒地域

第22筑垒地域（卡累利阿）

第25筑垒地域（普斯科夫）

第29筑垒地域

榴弹炮兵第541团（统帅部预备队）

榴弹炮兵第577团（统帅部预备队）

防空兵第2军：M.M.普罗茨韦特金少将

高射炮兵第115团

高射炮兵第169团

高射炮兵第189团

高射炮兵第192团

高射炮兵第194团

高射炮兵第351团

维堡旅级防空地域

摩尔曼斯克旅级防空地域

普斯科夫旅级防空地域

卢加旅级防空地域

彼得罗扎沃茨克旅级防空地域

机械化第1军：M.L.切尔尼亚夫斯基少将

坦克第3师：K.U.安德烈耶夫上校

摩托化第163师：I.M.库兹涅佐夫少将

摩托车第5团

混成航空兵第2师：P.P.阿尔汉格利斯基上校

歼击航空兵第39师：B.I.利特维诺夫中校

防空歼击航空兵第3师：S.P.丹尼洛夫上校

防空歼击航空兵第54师：S.Ia.西蒙年科上校

侦察航空兵第311团

校正航空兵第103中队

工程兵第12团

工程兵第29团

舟桥第6团

1941年8月1日

北方面军

第7集团军：F.D.戈列连科中将

步兵第54师：I.V.帕宁少将

步兵第71师：V.N.费多罗夫上校

民兵第3师：V.G.涅特列博上校

海军步兵第3旅

摩托化步兵第9团

摩托化步兵第24团

摩托化步兵第452团

大威力榴弹炮兵第108团（最高统帅部大本营预备队）

独立迫击炮兵第47营

彼得罗扎沃茨克旅级防空地域

坦克第2团

摩托车第7团

混成航空兵第55师：V.M.菲林上校

独立工程兵第18营

第8集团军：I.M.柳博夫采夫少将

步兵第10军：I.F.尼古拉耶夫少将

步兵第10师：I.I.法杰耶夫少将

步兵第11师：N.A.索科洛夫少将

步兵第11军：M.S.舒米洛夫少将

步兵第16师：N.G.苏图林上校

步兵第48师：I.D.罗曼采夫中校

步兵第125师：P.P.博盖丘克少将

步兵第118师：N.M.格洛巴茨基少将

步兵第268师：M.A.恩申少将

NKVD步兵第22师：本科夫上校

军属第47炮兵团

军属第51炮兵团

军属第73炮兵团

独立高射炮兵第39营

独立高射炮兵第103营

独立工兵第29营

独立工兵第80营

第14集团军：V.A.弗罗洛夫中将

步兵第42军：G.I.帕宁少将

步兵第104师：S.I.莫罗佐夫少将

步兵第122师：P.S.舍夫琴科少将

第14步兵师：N.N.尼基申少将

第52步兵师：G.A.韦什切泽尔斯基上校

第23筑垒地域

摩托化步兵第1团（坦克第1师）

榴弹炮兵第104团（最高统帅部大本营预备队）

独立高射炮兵第208营

摩尔曼斯克旅级防空地域

独立坦克营

混成航空兵第1师：M.M.戈洛夫尼亚上校

独立工兵第31营

第23集团军：P.S.普申尼科夫中将

步兵第19军：M.N.格拉西莫夫中将

步兵第115师：V.F.科尼科夫少将

步兵第142师：S.P.米库利斯基少将

步兵第168师：A.L.邦达列夫上校

步兵第43师：V.V.基尔皮奇尼科夫少将

步兵第123师：E.E.楚卡诺夫上校

步兵第367团（步兵第71师）

第27筑垒地域

第28筑垒地域

军属炮兵第24团

军属炮兵第28团

榴弹炮兵第101团（最高统帅部大本营预备队）

榴弹炮兵第577团（最高统帅部大本营预备队）

独立迫击炮兵第20营

独立高射炮兵第27营

独立高射炮兵第241营

独立高射炮兵第485营

摩托化第198师：V.V.克留科夫少将

混成航空兵第5师：E.E.叶尔雷金上校

独立工程兵第53营

独立工程兵第54营

舟桥第40营

舟桥第41营

独立工兵第234营

卢加战役集群：K.P.皮亚德舍夫中将

步兵第41军：I.S.科索布茨基少将

步兵第111师：S.V.罗金斯基上校

步兵第177师：A.F.马绍申上校

步兵第235师：T.V.列别杰夫少将

步兵第1团（民兵第3师）

独立机枪—火炮第260营

独立机枪—火炮第262营

榴弹炮兵第541团（最高统帅部大本营预备队）

卢加旅级防空地域

坦克第24师：M.I.切斯诺科夫上校

独立工兵第259营

金吉谢普防御地域：V.V.谢马什科少将

步兵第90师：I.I.普连金上校

步兵第191师：D.K.卢基亚诺夫上校

民兵第2师：I.M.柳博夫采夫少将

民兵第4师：V.A.兰斯基上校

列宁格勒“基洛夫”步兵学校

第21筑垒地域

坦克第1师：V.I.巴拉诺夫少将

独立第60号装甲列车

方面军直属部队

步兵第265师：I.S.普雷特科夫少校

步兵第272师：M.I.波塔波夫上校

步兵第281师：S.A.舍尔斯托夫上校

近卫民兵第1师：I.M.弗罗洛夫上校

近卫民兵第2师：G.I.绍列夫上校

近卫民兵第3师：V.P.科捷利尼科夫上校

近卫民兵第4师：G.L.松尼科夫上校

步兵第8旅

第22筑垒地域

第29筑垒地域

赤卫军城筑垒地域

防空兵第2军：M.M.普罗茨韦特金少将

斯维里河旅级防空地域

维堡旅级防空地域

防空歼击航空兵第7军：S.P.丹尼洛夫上校

歼击航空兵第39师：B.I.利特维诺夫中校

轰炸航空兵第2师

轰炸航空兵第41师：S.I.涅奇波连科上校

混成航空兵第1旅

1941年9月1日

列宁格勒方面军

第8集团军：普申尼科夫中将

步兵第11师：N.A.索科洛夫少将

步兵第48师：I.D.罗曼采夫中校

步兵第118师：A.I.萨夫罗诺夫上校

步兵第125师：P.P.博盖丘克少将

步兵第191师：D.A.卢基亚诺夫上校

步兵第268师：M.A.恩申少将

拉脱维亚步兵第76团

独立机枪—火炮第266营

军属炮兵第47团

军属炮兵第73团

军属炮兵第1/第24团

独立高射炮兵第39营

独立高射炮兵第103营

第23集团军：M.N.格拉西莫夫中将

步兵第19军：F.N.斯塔里科夫少将

步兵第142师：S.P.米库利斯基上校

步兵第265师：I.S.普雷特科夫少校

步兵第43师：V.V.基尔皮奇尼科夫少将

步兵第123师：E.E.楚卡诺夫上校

步兵第291师：N.A.特鲁什金上校

步兵第708团（步兵第115师）

榴弹炮兵第577团（最高统帅部大本营预备队）

军属炮兵第28团

独立高射炮兵第241营

独立高射炮兵第485营

维堡旅级防空地域
摩托化步兵第198师（欠炮兵团）：V.V.克留科夫少将
歼击航空兵第7团
歼击航空兵第153团
强击航空兵第235团
舟桥第41营
独立工兵第234营
第42集团军：V.I.谢尔巴科夫少将
近卫民兵第2师：F.S.伊万诺夫中将
近卫民兵第3师：V.P.科捷利尼科夫上校
赤卫军城筑垒地域
军属炮兵第51团
反坦克炮兵第690团
混成炮兵团
炮兵第704团（摩托化步兵第198师）
舟桥第42营
摩托化工程兵第106营
第48集团军：M.A.安东纽克中将
山地步兵第138师：Ia.A.伊什琴科少将
步兵第311师：T.S.奥尔连科上校
山地步兵第1旅
独立骑兵第170团
榴弹炮兵第541团（最高统帅部大本营预备队）
坦克第21师：G.G.库兹涅佐夫上校
摩托化工程兵第109营
独立工兵第12营
第55集团军：I.D.拉扎列夫少将
步兵第70师：V.P.亚库托维奇少校
步兵第90师：I.F.阿布拉莫夫上校

步兵第168师：A.R.邦达列夫上校
步兵第237师：V.V.诺斯科夫上校
民兵第1师：V.A.马利宁科夫旅级
民兵第4师：P.I.拉德金上校
步兵第2团（近卫民兵第3师）
斯卢茨克—科尔皮诺筑垒地域
反坦克炮兵第14旅
军属炮兵第24团
独立迫击炮兵第47营
独立坦克第84营
独立坦克第86营
“科波尔”战役集群
近卫民兵第1师：I.M.弗罗洛夫上校
民兵第2师：I.M.柳博夫采夫少将
步兵第522团（步兵第191师）
榴弹炮兵第519团（最高统帅部大本营预备队）
坦克第2团（坦克第1师）
独立工兵第295营
南战役集群
步兵第41军：I.S.科索布茨基少将
步兵第111师：S.V.罗金斯基上校
步兵第177师：A.F.马绍申上校
步兵第235师：T.V.列别杰夫少将
步兵第1团（民兵第3师）
独立机枪—火炮第260营
独立机枪—火炮第262营
独立机枪—火炮第274营
反坦克炮兵团（波格丹诺夫少校）
卢加旅级防空地域

坦克第24师：M.I.切斯诺科夫上校

舟桥第24营

独立工兵第259营

方面军直属部队

步兵第10师：I.I.法杰耶夫少将

步兵第16师：N.G.苏图林上校

步兵第115师：V.F.科尼科夫少将

步兵第281师：G.I.绍列夫上校

近卫步兵第4师：F.P.乌特金上校

NKVD步兵第1师：S.I.东斯科夫上校

步兵第8旅

步兵第3团（民兵第1师）

第22筑垒地域

第29筑垒地域

榴弹炮兵第101团

大威力榴弹炮兵第108团（最高统帅部大本营预备队）

独立迫击炮兵第16营

独立迫击炮兵第20营

独立高射炮兵第27营

防空兵第2军：M.M.普罗茨韦特金少将

斯维里河旅级防空地域

坦克第1师（欠坦克第2团）：A.I.利久科夫上校

独立坦克第48营

防空歼击航空兵第7军：S.P.丹尼洛夫上校

歼击航空兵第8师：N.S.托洛普钦上校

歼击航空兵第39师：B.I.利特维诺夫中校

混成航空兵第2师：P.P.阿尔汉格利斯基上校

独立工程兵第53营

独立工程兵第54营

舟桥第21营

独立第52集团军（最高统帅部大本营直属）：N.K.克雷科夫中将

步兵第267师：Ia.D.泽连科夫旅级

步兵第285师：P.I.基谢列夫上校

步兵第288师：G.P.利连科夫上校

步兵第292师：A.F.波波夫上校

步兵第312师：A.F.瑙莫夫上校

步兵第314师：A.D.舍缅科夫少将

步兵第316师：I.V.潘菲洛夫少将

军属炮兵第442团

反坦克炮兵第881团

1942年1月1日

列宁格勒方面军

第8集团军：A.L.邦达列夫少将

步兵第10师：I.V.罗曼措夫上校

步兵第86师：A.M.安德烈耶夫上校

NKVD步兵第1师

步兵第11旅

海军步兵第4旅

榴弹炮兵第101团

反坦克炮兵第6团

反坦克炮兵第7团

独立迫击炮兵第20营

独立反坦克炮兵第486营

独立第28号装甲列车

独立装甲车营

歼击航空兵第439团

独立工兵第2营

独立工兵第112营

第23集团军：A.I.切列帕诺夫中将

步兵第123师：Ia.A.帕尼奇金上校

步兵第142师：V.K.帕拉姆津上校

步兵第291师：M.A.恩申少将

第22筑垒地域

榴弹炮兵第260团

榴弹炮兵第577团

独立高射炮兵第27营

独立高射炮兵第241营

独立坦克第48营

独立坦克第106营

独立第30号装甲列车

混成航空兵第5团

侦察航空兵第117中队

独立工兵第234营

第42集团军：I.F.尼古拉耶夫中将

步兵第13师：V.P.亚库托维奇上校

步兵第189师：A.D.科尔尼洛夫上校

NKVD步兵第21师

独立机枪—火炮第247营

独立机枪—火炮第291营

独立机枪—火炮第292营

防空炮兵第14旅

炮兵第47团

炮兵第73团

榴弹炮兵第541团

高射炮兵第1团

高射炮兵第2团

高射炮兵第3团

高射炮兵第4团

高射炮兵第5团

大威力炮兵第3营

独立高射炮兵第72营

独立高射炮兵第89营

独立坦克第51营

独立工程兵第29营

独立工程兵第54营

独立工程兵第106营

第55集团军：V.P.斯维里多夫中将

步兵第11师：V.I.什切尔巴科夫少将

步兵第43师：K.A.安东诺夫上校

步兵第56师：I.S.库兹涅佐夫上校

步兵第70师：V.P.亚库托维奇上校

步兵第72师：T.M.帕拉菲尔洛少将

步兵第85师：I.M.柳博夫采夫少将

步兵第90师：A.I.科罗列夫上校

步兵第125师：I.I.法杰耶夫少将

步兵第177师：A.G.科济耶夫上校

步兵第268师：E.V.科济克少将

独立机枪—火炮第261营

独立机枪—火炮第267营

独立机枪—火炮第283营

独立机枪—火炮第289营

独立机枪—火炮第290营

军属炮兵第24团

军属炮兵第28团

反坦克炮兵第690团

大威力炮兵第2营

独立迫击炮兵第47营

独立高射炮兵第198营

独立坦克第84营

独立坦克第86营

独立“人民复仇者”号装甲列车

独立工程兵第2营

独立工程兵第53营

独立工兵第325营

独立工兵第367营

第54集团军：I.I.费久宁斯基少将

近卫步兵第3师：A.A.克拉斯诺夫上校

步兵第80师：B.F.布雷金上校

步兵第115师：I.V.格里波夫上校

步兵第128师：I.F.尼基京少将

步兵第198师：N.M.马尔特恩丘克上校

步兵第281师：I.K.克拉夫措夫少将

步兵第285师：T.A.斯维克林上校

步兵第286师：E.V.科济克少将

步兵第294师：A.A.基奇凯洛夫上校

步兵第311师：S.T.比亚科夫上校

山地步兵第1旅

海军步兵第6旅

独立滑雪第2团

独立滑雪第4营

独立滑雪第5营

炮兵第882团

炮兵第883团

“阿克库克斯”榴弹炮兵团

近卫迫击炮兵第2/第5团

近卫迫击炮兵第4团

坦克第21师：G.G.库兹涅佐夫上校

坦克第16旅：I.N.巴雷什尼科夫上校

坦克第122旅：M.I.鲁多伊中校

独立第60号装甲列车

轰炸航空兵第18团

歼击航空兵第46团

歼击航空兵第563团

侦察航空兵第116中队

独立工程兵第5营

独立工程兵第109营

独立工程兵第135营

独立工程兵第136营

独立工程兵第262营

独立工兵第12营

滨海战役集群

步兵第48师：A.I.萨夫罗诺夫上校

海军步兵第2旅

海军步兵第5旅

波罗的海舰队独立步兵第3团

波罗的海舰队独立步兵第50营

榴弹炮兵第519团

独立迫击炮兵营

独立坦克第286营

独立工兵第295营

方面军直属部队

步兵第168师：P.A.宰采夫少将

步兵第265师：Ia.S.叶尔马科夫上校

步兵第8旅

步兵第9旅

NKVD步兵第20师

NKVD摩托化步兵第13团

独立滑雪第1营

独立近卫迫击炮兵营

坦克第123旅：V.I.巴拉诺夫少将

坦克第124旅：A.G.罗金上校

营（独立坦克旅）

独立坦克第107营

独立“波罗的海舰队水兵”号装甲列车

独立“为了祖国”号装甲列车

独立第26号装甲列车

混成航空兵第2师：V.A.桑达洛夫上校

歼击航空兵第39师：B.I.利特维诺夫中校

歼击航空兵第92师：S.Ia.西蒙年科上校

歼击航空兵第127团

歼击航空兵第286团

混成航空兵第90师师部

混成航空兵第91师师部

舟桥第21营

舟桥第41营

舟桥第42营

沃尔霍夫方面军

突击第2集团军：G.G.索科洛夫中将

步兵第327师：I.M.安秋菲耶夫上校

步兵第22旅

步兵第23旅

步兵第24旅

步兵第25旅

步兵第53旅

步兵第57旅

步兵第58旅

步兵第59旅

独立滑雪第39营

独立滑雪第40营

独立滑雪第41营

独立滑雪第42营

独立滑雪第43营

独立滑雪第44营

炮兵第18团

榴弹炮兵第839团

独立坦克第160营

独立坦克第162营

轰炸航空兵第121营

歼击航空兵第522团

轻型轰炸航空兵第704团

独立工兵第1741营

独立工兵第1746营

第4集团军：P.A.伊万诺夫少将

近卫步兵第4师：A.I.安德烈耶夫少将

步兵第44师：P.A.阿尔秋申克上校

步兵第65师：P.K.科舍沃伊上校

步兵第92师：A.N.拉雷切夫上校

步兵第191师：T.V.列别杰夫少将

步兵第310师：A.T.沃尔奇科夫少将

步兵第377师：K.A.察里科夫上校

掷弹兵第1旅

骑兵第27师：G.T.季莫菲耶夫少将

骑兵第80师：L.A.斯拉莫夫上校

独立滑雪第84营

独立滑雪第85营

独立滑雪第86营

独立滑雪第88营

独立滑雪第89营

独立滑雪第90营

炮兵第881团

近卫迫击炮兵第6营

近卫迫击炮兵第9营

坦克第46旅：V.A.科普措夫少将

独立坦克第119营

独立坦克第120营

独立坦克第128营

预备队航空兵第3集群

歼击航空兵第160团

歼击航空兵第185团

歼击航空兵第239团

强击航空兵第218团

轰炸航空兵第225团

舟桥第159营

独立工兵第248营

第52集团军：N.K.克雷科夫中将

步兵第46师：A.K.奥库利奇中将

步兵第111师：S.V.罗金斯基上校

步兵第225师：K.Iu.安德烈耶夫上校

步兵第259师：A.V.拉普绍夫上校

步兵第267师：Ia.D.泽连科夫旅级

步兵第288师：I.M.普拉托夫上校

步兵第305师：D.I.巴拉班什奇科夫

骑兵第25师：N.I.古谢夫上校

炮兵第442团

炮兵第448团

炮兵第561团

反坦克炮兵第884团

近卫迫击炮兵第44营

近卫歼击航空兵第2团

歼击航空兵第513团

强击航空兵第313团

轻型轰炸航空兵第673团

独立工程兵第3营

独立工程兵第4营

独立工程兵第770营

独立工兵第771营

舟桥第55营

第59集团军：I.V.加拉宁少将

步兵第366师：S.I.布拉诺夫上校

步兵第372师：N.P.科尔金上校

步兵第374师：A.D.维托什金上校

步兵第376师：D.I.乌戈里奇中校

步兵第378师：I.P.多罗费耶夫上校

步兵第382师：G.P.索库罗夫上校

独立滑雪第45营

独立滑雪第46营

独立滑雪第47营

独立滑雪第48营

独立滑雪第49营

独立滑雪第50营

独立近卫迫击炮兵第104营

独立近卫迫击炮兵第105营

独立近卫迫击炮兵第203营

独立坦克第163营

独立坦克第166营

方面军直属部队

骑兵第87师：V.F.特兰京上校

大威力榴弹炮兵第137团

大威力榴弹炮兵第430团

独立高射炮兵第216营

预备队航空兵第2集群

　　轰炸航空兵第138团

　　歼击航空兵第283团

　　歼击航空兵第434团

　　歼击航空兵第515团

　　强击航空兵第504团

歼击航空兵第520团

独立摩托化工程—工兵第539营

1943年1月1日

列宁格勒方面军

第23集团军：A.I.切列帕诺夫中将

步兵第10师：I.D.罗曼措夫上校

步兵第92师：Ia.A.帕尼奇金上校

步兵第142师：A.F.马绍申上校

步兵第291师：V.K.宰翁奇科夫斯基上校

步兵第27旅

第17筑垒地域

第22筑垒地域

集团军属炮兵第260团

加农炮兵第336团

反坦克歼击炮兵第91团

反坦克歼击炮兵第883团

集团军属迫击炮兵第104团

迫击炮兵第532团

独立高射炮兵第73营

独立高射炮兵第618营

坦克第152旅：P.I.平丘克上校

独立第30号装甲列车

混成航空兵第915团

独立工程兵第234营

第42集团军：I.F.尼古拉耶夫中将

步兵第85师：K.V.弗韦坚斯基上校

步兵第109师：N.A.特鲁什金上校

步兵第125师：I.I.法杰耶夫少将

步兵第189师：A.D.科尔尼洛夫上校

第79筑垒地域

集团军属近卫炮兵第14团
集团军属炮兵第73团
反坦克歼击炮兵第289团
反坦克歼击炮兵第304团
反坦克歼击炮兵第384团
反坦克歼击炮兵第509团
反坦克歼击炮兵第705团
反坦克歼击炮兵第760团
迫击炮兵第533团
高射炮兵第631团
独立高射炮兵第72营
坦克第1旅：A.S.博罗金中校
近卫坦克第31团
独立装甲车第1营
独立装甲车第2营
混成航空兵第914团
独立工程兵第54营
独立工程兵第585营

第55集团军：V.P.斯维里多夫中将

步兵第43师：Ia.P.辛克维奇上校
步兵第56师：S.N.布尼科夫上校
步兵第72师：I.I.亚斯特列博夫上校
步兵第90师：N.N.普罗斯库林上校
第14筑垒地域
集团军属近卫炮兵第12团
加农炮兵第126团
反坦克歼击炮兵第690团
迫击炮兵第531团
高射炮兵第474团

独立高射炮兵第71营

坦克第220旅：I.B.什皮尔列尔上校

独立第71号装甲列车

混成航空兵第987团

独立工程兵第325营

独立工程兵第367营

第67集团军：M.P.杜哈诺夫中将

近卫步兵第45师：A.A.克拉斯诺夫少将

步兵第46师：E.V.科济克少将

步兵第86师：V.A.特鲁巴切夫上校

步兵第11旅：S.I.哈里东诺夫上校

步兵第55旅：F.A.布尔米斯特罗夫上校

步兵第123旅：F.F.希绍夫中校

步兵第138旅：M.D.别兹佩尔斯托夫上校

海军步兵第142旅：N.A.科什奇延科上校

滑雪第35旅：V.I.沃尔科夫中校

第16筑垒地域

炮兵师

轻型炮兵第380团

轻型炮兵第596团

轻型炮兵第871团

加农炮兵第311团

加农炮兵第1155团

榴弹炮兵第56团

榴弹炮兵第511团

榴弹炮兵第577团

轻型炮兵第28团

加农炮兵第1106团

大威力炮兵营

反坦克歼击炮兵第882团

集团军属迫击炮兵第127团

集团军属迫击炮兵第134团

集团军属迫击炮兵第144团

迫击炮兵第174团

迫击炮兵第175团

近卫迫击炮兵第5旅

独立近卫迫击炮兵第523营

独立近卫迫击炮兵第524营

独立近卫迫击炮兵第525营

高射炮兵第465团

高射炮兵第632团

独立高射炮兵第89营

独立高射炮兵第108营

独立高射炮兵第613营

独立坦克第86营

独立坦克第118营

独立装甲车第3营

混成航空兵第407团

独立工程兵第53营

滨海战役集群

步兵第48师：A.I.萨夫罗诺夫上校

步兵第168师：A.A.叶戈罗夫上校

步兵第50旅

步兵第56旅

海军步兵第48旅

海军步兵第71旅

独立机枪—火炮第338营

榴弹炮兵第519团

迫击炮兵第184团

独立坦克第287营

独立工程兵第295营

空军第13集团军：S.D.雷巴利琴科空军中将

歼击航空兵第273师：N.D.安东诺夫上校

歼击航空兵第275师：F.M.米什琴科中校

轰炸航空兵第276师：A.P.安德烈耶夫少将

强击航空兵第277师：F.S.哈特明斯基上校

远程侦察航空兵第5中队

歼击航空兵第10中队

校正航空兵第12中队

方面军直属部队

步兵第13师：V.P.亚库托维奇上校

步兵第123师：A.P.伊万诺夫上校

步兵第136师：N.P.西蒙尼亚克少将

步兵第224师：S.I.格拉西缅科上校

步兵第268师：S.N.博尔什切夫上校

步兵第102旅：A.V.巴特卢克中校

步兵第162旅

步兵第250旅

滑雪第34旅：Ia.F.波捷欣中校

第13筑垒地域

列宁格勒城内防御部队

独立机枪—火炮第122营

独立机枪—火炮第123营

独立机枪—火炮第124营

独立机枪—火炮第125营

独立机枪—火炮第130营

独立机枪—火炮第131营

近卫迫击炮兵第38团

近卫迫击炮兵第320团

近卫迫击炮兵第321团

高射炮兵第7师：G.I.博伊丘克上校

高射炮兵第785团

高射炮兵第803团

高射炮兵第970团

高射炮兵第988团

独立高射炮兵第92营

独立高射炮兵第116营

坦克第61旅：V.V.赫鲁斯季茨基中校

坦克第222旅：A.Z.奥斯科茨基中校

营（独立坦克团）

独立雪橇第5营

独立雪橇第17营

独立雪橇第42营

独立第72号装甲列车

特种工程兵第2旅：A.K.阿卡托夫中校

工程—工兵第52旅：A.P.舒宾上校

近卫地雷工兵第7营

舟桥第8营

舟桥第12营

舟桥第14营

舟桥第18营

舟桥第21营

舟桥第41营

舟桥第42营

独立工程兵第106营

独立工程兵第167营

独立工兵第447营

沃尔霍夫方面军

突击第2集团军：V.G.罗曼诺夫斯基中将

步兵第11师：E.I.马尔琴科上校

步兵第18师：M.N.奥夫钦尼科夫少将

步兵第71师：V.N.费多罗夫上校

步兵第128师：F.N.帕尔霍缅科少将

步兵第147师：N.A.莫斯科温少将

步兵第191师：P.A.波塔波夫上校

步兵第256师：F.K.费季索夫上校

步兵第314师：I.M.阿列夫上校

步兵第327师：N.A.波利亚科夫上校

步兵第372师：P.I.拉德金上校

步兵第376师：N.E.阿尔古诺夫少将

步兵第22旅

集团军属炮兵第561团

大威力榴弹炮兵第168团

迫击炮兵第5旅（炮兵第2师）

集团军属迫击炮兵第122团

集团军属迫击炮兵第191团

集团军属迫击炮兵第192团

集团军属迫击炮兵第193团

集团军属迫击炮兵第194团

集团军属迫击炮兵第499团

集团军属迫击炮兵第502团

集团军属迫击炮兵第503团

集团军属迫击炮兵第504团

迫击炮兵第165团

近卫迫击炮兵第20团（欠第211营）

近卫迫击炮兵第29团

高射炮兵第43师：I.G.布尔达耶夫上校

高射炮兵第464团

高射炮兵第635团

高射炮兵第1463团

高射炮兵第1464团

高射炮兵第45师：F.D.什库利欣上校

高射炮兵第1团

高射炮兵第2团

高射炮兵第737团

独立高射炮兵第15营

独立高射炮兵第213营

坦克第16旅：K.I.伊万诺夫上校

坦克第98旅：Z.G.帕普金中校

坦克第122旅：Ia.A.达维多夫上校

坦克第185旅：E.A.尤列维奇上校

近卫坦克第32团

独立坦克第500营

独立坦克第501营

独立坦克第503营

独立坦克第507营

独立雪橇第32营

独立雪橇第44营

独立第22号防空装甲列车

混成航空兵第696团

独立工程兵第136营

独立工程兵第770营

第44集团军：N.I.古谢夫中将

步兵第44师：I.A.沃罗比耶夫中校

步兵第288师：G.S.科尔恰诺夫上校

步兵第310师：N.V.罗戈夫上校

步兵第24旅

步兵第58旅

滑雪第39旅

独立机枪—火炮第206营

集团军属近卫炮兵第8团

近卫迫击炮兵第211营（近卫迫击炮兵第20师）

近卫坦克第7旅：B.I.什内杰尔上校

独立第32号装甲列车

混成航空兵第689团

独立工程兵第365营

第8集团军：F.N.斯塔里科夫中将

步兵第80师：N.V.西蒙诺夫上校

步兵第265师：B.N.乌申斯基上校

步兵第286师：D.L.阿巴库莫夫少将

步兵第364师：F.Ia.索洛维耶夫少将

步兵第1旅

步兵第53旅

海军步兵第73旅

集团军属近卫炮兵第71团

集团军属炮兵第70团

高射炮兵第884团

迫击炮兵第145团（迫击炮兵第5旅）

集团军属迫击炮兵第146团

集团军属迫击炮兵第500团

集团军属迫击炮兵第501团

近卫迫击炮兵第30团

近卫迫击炮兵第318团

独立重型近卫迫击炮兵第509团

独立重型近卫迫击炮兵第512团

高射炮兵第41师：P.V.马姆切姆科夫上校

高射炮兵第244团

高射炮兵第245团

高射炮兵第463团

高射炮兵第634团

独立高射炮兵第177营

独立坦克第25团

独立坦克第107营

独立坦克第502营

独立装甲车第47营

独立装甲车第49营

独立装甲列车第50营

独立第4号防空装甲列车

独立第123号防空装甲列车

混成航空兵第935团

独立工程兵第112营

第52集团军：V.F雅科夫列夫中将

步兵第65师：V.Ia.尼古拉耶夫斯基上校

步兵第165师：V.I.莫罗佐夫上校

步兵第225师：F.I.格拉西缅科上校

滑雪第38旅

第150筑垒地域

集团军属炮兵第448团

集团军属迫击炮兵第506团

近卫迫击炮兵第231营（近卫迫击炮兵第28团）

独立雪橇第34营

独立雪橇第53营

混成航空兵第662团

独立工程兵第109营

独立工程兵第366营

第54集团军：A.V.苏霍姆林中将

步兵第115师：I.M.别洛乌索夫上校

步兵第177师：A.G.科济耶夫上校

步兵第198师：V.D.丹尼柳克上校

步兵第281师：I.K.克拉夫措夫少将

步兵第285师：A.R.别洛夫上校

步兵第291师：V.K.宰翁奇科夫斯基上校

步兵第311师：T.A.斯维克林上校

步兵第140旅

海军步兵第6旅

近卫迫击炮兵第319团

独立高射炮兵第461营

坦克第124旅：A.N.韦切尔丘克上校

独立装甲车第48营

混成航空兵第691团

独立工程兵第364营

第59集团军：I.T.科罗夫尼科夫中将

步兵第2师：D.A.卢基亚诺夫上校

步兵第377师：N.P.科瓦利丘克上校

步兵第378师：I.M.普拉托夫少将

步兵第382师：A.D.维托什金上校

滑雪第37旅

独立机枪—火炮第42营

独立机枪—火炮第47营

独立机枪—火炮第215营

集团军属炮兵第367团

集团军属迫击炮兵第505团

近卫迫击炮兵第28团（欠第231营）

坦克第29旅：E.M.科瓦列夫中校

独立第48号装甲列车

混成航空兵第660团

独立摩托化工程—工兵第539营

独立工程兵第771营

空军第14集团军：I.P.茹拉夫廖夫空军少将

歼击航空兵第2军：A.S.布拉戈韦什琴斯基少将

歼击航空兵第209师：V.M.扎巴鲁耶夫上校

歼击航空兵第215师：G.P.克拉夫钦科空军中将

歼击航空兵第279师：F.N.杰缅季耶夫上校

轰炸航空兵第280师：N.N.布扬斯基上校

强击航空兵第281师：S.E.格列西科夫中校

运输航空兵第844团

远程侦察航空兵第8中队

校正航空兵第28中队

方面军直属部队

步兵第239师：P.N.切尔内舍夫少将

步兵第379师：I.I.波波夫少将

滑雪第11旅

滑雪第12旅：N.A.谢博夫中校

滑雪第13旅

炮兵第2师：V.I.索科洛夫上校

轻型炮兵第20旅

加农炮兵第7旅

榴弹炮兵第4旅

集团军属近卫炮兵第13团

集团军属炮兵第21团

集团军属炮兵第24团

大威力榴弹炮兵第430团

高射炮兵第46师：P.N.韦杰尼切夫上校

　　高射炮兵第21团

　　高射炮兵第22团

　　高射炮兵第23团

　　高射炮兵第24团

高射炮兵第707团（高射炮兵第45师）

独立高射炮兵第168营

独立高射炮兵第216营

独立第23号装甲列车

工程—地雷工兵第1旅

特种工程兵第39旅：R.M.索尔达坚科中校

工程—工兵第53旅

近卫地雷工兵第8营

独立地雷工兵第734营

舟桥第32营

舟桥第34营

舟桥第36营

舟桥第38营

舟桥第55营

独立工程兵第40营

独立工程兵第135营

1944年1月1日

列宁格勒方面军

突击第2集团军：V.G.罗曼诺夫斯基中将

步兵第43军：A.I.安德烈耶夫少将

步兵第48师：A.I.萨夫罗诺夫上校

步兵第90师：N.G.利亚奇申科上校

步兵第98师：N.S.尼卡诺罗夫上校

步兵第122军：N.M.马尔特恩丘克少将

步兵第11师：V.I.什克利上校

步兵第131师：P.L.罗曼年科上校

步兵第168师：A.A.叶戈罗夫少将

步兵第43师：Ia.P.辛克维奇少将

步兵第50旅

海军步兵第48旅

海军步兵第71旅

第16筑垒地域

军属炮兵第116团

军属炮兵第154团

独立重型加农炮兵第533营

独立重型加农炮兵第535营

反坦克歼击炮兵第760团

近卫迫击炮兵第230团

迫击炮兵第144团

迫击炮兵第184团

迫击炮兵第281团

近卫迫击炮兵第30团

近卫迫击炮兵第318团

近卫迫击炮兵第322团

高射炮兵第803团

独立高射炮兵第92营

独立高射炮兵第116营

坦克第152旅：A.Z.奥斯科茨基上校

独立坦克第98团

独立坦克第204团

独立坦克第222团

独立雪橇第17营

独立雪橇第42营

独立装甲车第4营

独立工程兵第295营

独立工程兵第447营

独立工程兵第734营

第23集团军：A.I.切列帕诺夫中将

步兵第10师：A.F.马绍申上校

步兵第92师：Ia.A.帕尼奇金少将

步兵第142师：G.L.松尼科夫上校

第17筑垒地域

第22筑垒地域

军属炮兵第8团

加农炮兵第336团

反坦克歼击炮兵第94团

反坦克歼击炮兵第883团

迫击炮兵第276团

独立高射炮兵第618营

雪橇第5营

独立装甲车第1营

第42集团军：F.I.尼古拉耶夫中将

近卫步兵第30军：N.P.西蒙尼亚克少将

近卫步兵第45师：S.M.普季洛夫少将

近卫步兵第63师：A.F.舍格洛夫上校

近卫步兵第64师：I.D.罗曼措夫少将

步兵第109军：A.S.格里亚兹诺夫少将

步兵第72师：I.I.亚斯特列博夫少将

步兵第109师：N.A.特鲁什金少将

步兵第125师：I.I.法杰耶夫少将

步兵第110军：M.F.布克什特诺维奇少将

步兵第56师：S.M.布尼科夫少将

步兵第85师：K.V.弗韦坚斯基上校

步兵第86师：N.A.波利亚科夫少将

步兵第189师：P.K.洛斯库托夫上校

第79筑垒地域

突破炮兵第18师：B.I.科兹诺夫少将

轻型炮兵第65旅

榴弹炮兵第58旅

重型榴弹炮兵第3旅

重型榴弹炮兵第80旅

大威力榴弹炮兵第120旅

迫击炮兵第42旅

突破炮兵第23师：N.K.罗戈津少将

轻型炮兵第79旅

榴弹炮兵第38旅

重型榴弹炮兵第2旅

重型榴弹炮兵第96旅

近卫大威力榴弹炮兵第21旅

迫击炮兵第28旅

军属炮兵第1157团

加农炮兵第1106团

加农炮兵第1486团

近卫独立重型加农炮兵第52营

反坦克歼击炮兵第304团

反坦克歼击炮兵第384团

反坦克歼击炮兵第509团

反坦克歼击炮兵第705团

反坦克歼击炮兵第1973团

迫击炮兵第104团

迫击炮兵第174团

迫击炮兵第533团

迫击炮兵第534团

近卫迫击炮兵第20团（欠第211营）

近卫迫击炮兵第38团

近卫迫击炮兵第320团

近卫迫击炮兵第321团

高射炮兵第7师：G.I.博伊丘克上校

　　高射炮兵第465团

　　高射炮兵第474团

　　高射炮兵第602团

　　高射炮兵第632团

高射炮兵第32师：V.V.斯纳缅斯基上校

　　高射炮兵第1377团

　　高射炮兵第1387团

　　高射炮兵第1393团

　　高射炮兵第1413团

高射炮兵第631团

独立高射炮兵第72营

坦克第1旅：V.I.沃尔科夫上校

坦克第220旅：V.L.普罗岑科中校

近卫独立坦克第31团

近卫独立坦克第46团

近卫独立坦克第49团

独立坦克第205团

独立坦克第260团

自行炮兵第1439团

自行炮兵第1902团

独立装甲车第2营

独立装甲列车第71营

独立装甲列车第72营

独立工程兵第54营

独立工程兵585营

第67集团军：V.P.斯维里多夫中将

步兵第116军：A.N.阿斯季宁中将

步兵第13师：P.S.费多罗夫上校

步兵第46师：S.M.博尔什切夫上校

步兵第376师：M.D.格里申少将

步兵第118军：V.K.帕拉姆津少将

步兵第124师：M.D.帕普琴科上校

步兵第128师：P.A.波塔波夫上校

步兵第268师：N.D.索科洛夫上校

步兵第291师：V.K.宰翁奇科夫斯基上校

第14筑垒地域

加农炮兵第81旅

近卫加农炮兵第267团

加农炮兵第21团

加农炮兵第260团

加农炮兵第564团

榴弹炮兵第599团

独立重型加农炮兵第532营

反坦克歼击炮兵第289团

反坦克歼击炮兵第690团

反坦克歼击炮兵第882团

反坦克歼击炮兵第884团

迫击炮兵第122团

迫击炮兵第127团

迫击炮兵第134团

迫击炮兵第175团

迫击炮兵第193团

迫击炮兵第504团

迫击炮兵第567团

高射炮兵第970团

高射炮兵第988团

独立高射炮兵第71营

独立高射炮兵第73营

独立高射炮兵第108营

独立高射炮兵第613营

独立装甲列车第14营

独立工程兵第53营

独立工程兵第234营

独立工程兵第325营

独立工程兵第367营

独立喷火器第8营

空军第13集团军：S.D.雷巴利琴科空军中将

轰炸航空兵第276师：A.P.安德烈耶夫少将

强击航空兵第277师：F.S.哈特明斯基上校

歼击航空兵第275师：A.A.马特维耶夫上校

歼击航空兵第283团

侦察航空兵第13团

校正航空兵第12中队

校正航空兵第49中队

校正航空兵第52中队

方面军直属部队

步兵第108军：M.F.季霍诺夫少将

步兵第196师：P.F.拉托夫少将

步兵第224师：F.A.布尔米斯特罗夫上校

步兵第314师：I.M.阿利耶夫少将

步兵第117军：V.A.特鲁巴切夫少将

步兵第120师：A.V.巴特卢克上校

步兵第123师：A.P.伊万诺夫少将

步兵第201师：V.P.亚库托维奇少将

步兵第123军（军部）：G.I.阿尼西莫夫少将

炮兵第3军（军部）

加农炮兵第51旅

近卫加农炮兵第12团

近卫加农炮兵第14团

加农炮兵第73团

加农炮兵第126团

加农炮兵第129团

独立重型加农炮兵第409营

近卫迫击炮兵第4师：F.N.茹科夫上校

近卫迫击炮兵第2旅

近卫迫击炮兵第5旅

近卫迫击炮兵第6旅

独立反坦克歼击炮兵第536营

独立航空气球炮兵观测第1营

独立航空气球炮兵观测第8营

高射炮兵第43师：I.G.布尔达耶夫上校

高射炮兵第464团

高射炮兵第635团

高射炮兵第1463团

高射炮兵第1464团

高射炮兵第785团

独立高射炮兵第758营

近卫坦克第30旅：V.V.赫鲁斯季茨基上校

近卫坦克第17团

独立坦克第261团

自行炮兵第1344团

独立装甲车第3营

特种工程兵第2旅

工程—工兵第52旅

重型舟桥第5团

近卫地雷工兵第7营

独立工程兵第34营

独立工程兵第106营

近卫舟桥第1营

舟桥第21营

舟桥第42营

独立背负式喷火器第175连

沃尔霍夫方面军

第8集团军：F.N.斯塔里科夫中将

步兵第119军：F.K.费季索夫少将

步兵第286师：F.Iu.察列夫上校

步兵第374师：A.A.沃尔科夫上校

步兵第18师：M.阿布萨利亚莫夫少将

步兵第364师：V.A.韦尔日比茨基上校

步兵第1旅

步兵第22旅

轻型炮兵第258团（轻型炮兵第20旅）

近卫加农炮兵第8团

近卫加农炮兵第71团

近卫加农炮兵第223团

迫击炮兵第500团

近卫迫击炮兵第18团

高射炮兵第41师：P.V.马姆切姆科夫上校

高射炮兵第245团

高射炮兵第634团

高射炮兵第1468团

独立高射炮兵第177营

近卫坦克第33团

坦克第185团

独立雪橇第32营

独立装甲车第49营

独立装甲列车第50营

独立第4号装甲列车

独立工程兵第112营

第54集团军：S.V.罗金斯基中将

步兵第111军：B.A.罗日杰斯特文斯基少将

山地步兵第44师：I.A.沃罗比耶夫上校

步兵第288师：G.S.科尔恰诺夫少将

步兵第115军：S.B.科扎切克少将

步兵第281师：G.P.伊萨科夫上校

步兵第285师：B.A.戈罗杰茨基上校

步兵第14旅

步兵第53旅
步兵第80师：D.L.阿巴库莫夫少将
步兵第177师：A.Ia.齐甘科夫上校
步兵第198师：V.D.丹尼柳克上校
第2筑垒地域
加农炮兵第1097团
迫击炮兵第194团
迫击炮兵第499团
近卫迫击炮兵第29团
高射炮兵第244团（高射炮兵第41师）
高射炮兵第463团（高射炮兵第41师）
高射炮兵第1467团
高射炮兵第1469团
独立高射炮兵第15营
独立坦克第124团
独立坦克第107营
独立坦克第501营
独立装甲车第48营
独立装甲列车第32营
独立装甲列车第48营
独立第22号防空装甲列车
近卫特种工程兵第2旅
突击工程—工兵第9旅
近卫地雷工兵第8营
独立工程兵第364营
独立工程兵第539营
第59集团军：I.T.科罗夫尼科夫中将
步兵第6军：S.P.米库利斯基少将
步兵第65师：G.E.卡利诺夫斯基上校

步兵第239师：A.Ia.奥尔达诺夫斯基上校

步兵第310师：N.V.罗戈夫上校

步兵第14军：P.A.阿尔秋申克少将

步兵第191师：I.N.布拉科夫斯基少将

步兵第225师：P.I.拉德金上校

步兵第378师：A.R.别洛夫上校

步兵第112军：F.Ia.索洛维耶夫少将

步兵第2师：D.A.卢基亚诺夫少将

步兵第372师：P.I.拉德金上校

步兵第377师：S.S.萨夫罗诺夫上校

步兵第24旅

第150筑垒地域

炮兵第2师：K.A.谢达什上校

轻型炮兵第20旅

加农炮兵第7旅

近卫榴弹炮兵第10旅

大威力榴弹炮兵第121旅

近卫加农炮兵第13团

加农炮兵第70团

加农炮兵第367团

加农炮兵第448团

加农炮兵第1096团

迫击炮兵第5旅

迫击炮兵第30旅

迫击炮兵第192团

迫击炮兵第505团

迫击炮兵第506团

近卫迫击炮兵第10旅

近卫迫击炮兵第12旅

近卫迫击炮兵第28团

近卫迫击炮兵第319团

近卫迫击炮兵第211营（近卫迫击炮兵第20团）

独立航空气球炮兵观测第3营

高射炮兵第45师：F.D.什库利欣上校

高射炮兵第707团

高射炮兵第737团

高射炮兵第1465团

高射炮兵第1466团

高射炮兵第1470团

独立高射炮兵第213营

独立高射炮兵第461营

坦克第16旅：K.O.乌尔瓦诺夫上校

坦克第29旅：I.D.巴恰卡什维利中校

坦克第122旅：D.M.萨沃奇金少校

近卫独立坦克第32团

近卫独立坦克第35团

近卫独立坦克第50团

独立坦克第25团

自行炮兵第1433团

自行炮兵第1434团

独立坦克第500营

独立坦克第502营

独立坦克第503营

独立雪橇第34营

独立雪橇第44营

独立装甲车第47营

工程—工兵第1旅

近卫独立工程兵第2营

独立工程兵第35营
独立工程兵第40营
独立工程兵第109营
独立工程兵第135营
独立工程兵第365营
舟桥第34营
舟桥第36营
舟桥第55营
独立喷火器第9营
空军第14集团军：I.P.茹拉夫廖夫空军中将
轰炸航空兵第280师：P.M.波德莫吉利内中校
强击航空兵第281师：S.E.格列西科夫上校
歼击航空兵第269师：A.P.尼古拉耶夫上校
歼击—轰炸航空兵第386团
侦察航空兵第742团
运输航空兵第844团
航空兵第4团民用航空队
校正航空兵第44中队
校正航空兵第59中队
方面军直属部队
步兵第7军：R.I.帕宁少将
步兵第256师：A.G.科济耶夫上校
步兵第382师：P.N.切尔内舍夫少将
步兵第58旅
近卫独立高射炮兵第11营
独立高射炮兵第168营
近卫坦克第7旅：B.I.什内杰尔少将
独立第123号防空装甲列车
工程—工兵第123旅
舟桥第38营

1944年7月1日

列宁格勒方面军

突击第2集团军：I.I.费久宁斯基中将

步兵第48师：Ia.I.科热夫尼科夫上校

步兵第131师：P.L.罗曼年科少将

步兵第191师：I.N.布拉科夫斯基少将

第16筑垒地域

加农炮兵第161旅

反坦克歼击炮兵第760团

独立大威力炮兵第328营

近卫迫击炮兵第230团

迫击炮兵第194团

迫击炮兵第499团

近卫迫击炮兵第38团

高射炮兵第863团

独立高射炮兵第116营

独立高射炮兵第432

独立装甲车第4营

独立装甲列车第72营

独立喷火器第175连

第8集团军：F.N.斯塔里科夫中将

步兵第112军：F.Ia.索洛维耶夫少将

步兵第2师：M.I.佩列沃兹尼科夫上校

步兵第11师：V.I.什克利上校

步兵第117军：V.A.特鲁巴切夫少将

步兵第43师：P.V.博里索夫少将

步兵第123师：A.P.伊万诺夫上校

步兵第256师：A.Z科济耶夫上校

步兵第122军：N.M.马尔特恩丘克少将

步兵第98师：N.S.尼卡诺罗夫上校

步兵第189师：P.A.帕塔波夫少将

步兵第124军：I.F.尼基京少将

步兵第196师：P.F.拉托夫少将

步兵第374师：B.A.戈罗杰茨基上校

步兵第377师：S.S.萨夫罗诺夫上校

步兵第120师：A.V.巴特卢克少将

步兵第201师：V.P.亚库托维奇少将

第9筑垒地域

第79筑垒地域

加农炮兵第81旅

军属加农炮兵第154团

近卫加农炮兵第14团

加农炮兵第70团

加农炮兵第126团

加农炮兵第367团

反坦克歼击炮兵第882团

反坦克歼击炮兵第884团

重型加农炮兵第409营

迫击炮兵第104团

迫击炮兵第144团

迫击炮兵第174团

迫击炮兵第184团

迫击炮兵第192团

迫击炮兵第540团

迫击炮兵第505团

近卫迫击炮兵第18团

近卫迫击炮兵第30团

近卫迫击炮兵第322团

高射炮兵第7师：G.I.博伊丘克上校

高射炮兵第465团

高射炮兵第474团

高射炮兵第602团

高射炮兵第632团

高射炮兵第1468团

独立高射炮兵第73营

独立高射炮兵第92营

独立高射炮兵第108营

独立高射炮兵第168营

独立坦克第82团

自行炮兵第806团

自行炮兵第1198团

自行炮兵第1844团

工程—工兵第1旅

舟桥第34营

第21集团军：D.N.古谢夫上将

近卫步兵第30军：N.P.西蒙尼亚克少将

近卫步兵第45师：S.M.普季洛夫少将

近卫步兵第63师：A.F.舍格洛夫上校

近卫步兵第64师：I.D.罗曼措夫少将

步兵第97军：M.M.布萨罗夫少将

步兵第178师：A.L.克洛尼克少将

步兵第358师：P.F.扎列茨基上校

步兵第372师：P.I.拉德金少将

步兵第108军：M.F.季霍诺夫少将

步兵第46师：S.M.博尔什切夫上校

步兵第90师：N.G.利亚奇申科少将

步兵第314师：M.S.叶尔希诺夫上校

步兵第109军：I.P.阿尔费罗夫中将

步兵第72师：I.I.亚斯特列博夫少将

步兵第109师：N.A.特鲁什金少将

步兵第286师：M.D.格里申少将

步兵第110军：A.S.格里亚兹诺夫少将

步兵第168师：A.A.叶戈罗夫少将

步兵第265师：F.I.安德烈耶夫上校

步兵第268师：F.I.沃伊图列维奇上校

近卫重型突破炮兵第5师：V.N.伊万诺夫上校

轻型炮兵第71旅

近卫加农炮兵第17旅

榴弹炮兵第67旅

重型榴弹炮兵第95旅

近卫大威力榴弹炮兵第18旅

迫击炮兵第27旅

突破炮兵第15师：A.A.科洛齐金少将

榴弹炮兵第35旅

重型榴弹炮兵第85旅

大威力榴弹炮兵第106旅

加农炮兵第51旅

加农炮兵第127旅

近卫加农炮兵第8团

加农炮兵第260团

军属加农炮兵第28团

军属加农炮兵第138团

军属炮兵第1157团

反坦克歼击炮兵第94团

独立大威力炮兵第32营

独立大威力炮兵第34营

独立大威力炮兵第40营

独立大威力炮兵第329营

迫击炮兵第276团

迫击炮兵第534团

近卫迫击炮兵第2旅

近卫迫击炮兵第19旅

近卫迫击炮兵第24团

近卫迫击炮兵第40团

近卫迫击炮兵第318团

高射炮兵第32师：V.V.斯纳缅斯基上校

　　高射炮兵第1377团

　　高射炮兵第1387团

　　高射炮兵第1393团

　　高射炮兵第1413团

高射炮兵第716团

独立高射炮兵第177营

近卫坦克第30旅

近卫独立坦克第27团

近卫独立坦克第260团

坦克第27团

坦克第98团

坦克第124团

近卫独立自行炮兵第351团

近卫独立自行炮兵第394团

近卫独立自行炮兵第397团

独立自行炮兵第1222团

独立自行炮兵第1238团

独立装甲车第49营

独立装甲列车第14营

独立装甲列车第23营

突击工程—工兵第17旅

工程—工兵第21旅

工程—工兵第52旅

近卫舟桥第1营

独立喷火器第29营

第23集团军：A.I.切列帕诺夫中将

步兵第6军：I.I.法杰耶夫少将

步兵第13师：V.A.罗季奥诺夫上校

步兵第177师：V.M.勒扎诺夫上校

步兵第382师：A.A.佐洛塔廖夫中校

步兵第98军：G.I.阿尼西莫夫中将

步兵第92师：Ia.A.帕尼奇金少将

步兵第281师：G.I.亚斯科夫上校

步兵第381师：A.V.亚库舍夫少将

步兵第115军：S.B.科扎切克少将

步兵第10师：I.M.普拉托夫少将

步兵第142师：G.L.松尼科夫上校

第17筑垒地域

近卫加农炮兵第47旅

加农炮兵第21团

加农炮兵第151团

加农炮兵第336团

反坦克歼击炮兵第165团

反坦克歼击炮兵第641团

反坦克歼击炮兵第883团

反坦克歼击炮兵第1072团

迫击炮兵第175团

迫击炮兵第456团

迫击炮兵第506团

迫击炮兵第567团

近卫迫击炮兵第70团

高射炮兵第1469团

独立高射炮兵第71营

独立高射炮兵第618营

近卫独立坦克第46团

独立坦克第226团

自行炮兵第938团

自行炮兵第952团

独立装甲列车第71营

工程—工兵第20旅

第59集团军：I.T.科罗夫尼科夫中将

步兵第224师：F.A.布尔米斯特罗夫上校

近卫加农炮兵第34旅

反坦克歼击炮兵第46旅

迫击炮兵第18旅（突破炮兵第15师）

近卫迫击炮兵第29团

高射炮兵第43师：I.G.布尔达耶夫上校

高射炮兵第464团

高射炮兵第635团

高射炮兵第1463团

高射炮兵第1464团

高射炮兵第1470团

工程—工兵第22旅

空军第13集团军：S.D.雷巴利琴科空军中将

轰炸航空兵第113师：M.V.什切尔巴科夫少将

轰炸航空兵第276师：A.P.安德烈耶夫少将

强击航空兵第277师：F.S.哈特明斯基上校
强击航空兵第281师：S.E.格列西科夫上校
歼击航空兵第275师：A.A.马特维耶夫上校
侦察航空兵第13团
校正—侦察航空兵第203团
歼击航空兵第283团
医疗航空兵第212团
独立补给航空兵第199团

方面军直属部队
爱沙尼亚步兵第8军：I.A.佩恩中将
步兵第7师：K.A.阿利卡斯上校
步兵第249师：I.Ia.洛姆巴克少将
步兵第43军：A.I.安德烈耶夫少将
步兵第80师：A.D.科尔尼洛夫上校
步兵第124师：M.D.帕普琴科上校
步兵第125师：V.K.济诺维耶夫上校
第22筑垒地域
独立机枪—火炮第132营
突破炮兵第3军：N.N.日丹诺夫少将
突破炮兵第18师：B.I.科兹诺夫少将
轻型炮兵第65旅
榴弹炮兵第58旅
重型榴弹炮兵第3旅
重型榴弹炮兵第80旅
大威力榴弹炮兵第120旅
迫击炮第42旅
突破炮兵第23师：N.K.罗戈津少将
轻型炮兵第79旅
榴弹炮兵第38旅

重型榴弹炮兵第2旅

重型榴弹炮兵第96旅

近卫大威力榴弹炮兵第21旅

迫击炮第28旅

近卫迫击炮兵第1师：V.G.索洛维耶夫少将

近卫迫击炮兵第2旅

近卫迫击炮兵第5旅

近卫迫击炮兵第6旅

军属炮兵第85团

独立大威力炮兵第330营

独立航空气球炮兵观测第1营

独立航空气球炮兵观测第8营

高射炮兵第785团

近卫独立高射炮兵第11营

坦克第1旅：V.I.沃尔科夫上校

坦克第152旅：A.P.科瓦利斯基上校

坦克第220旅：M.I.拉姆普索夫中校

近卫独立坦克第26团

近卫独立坦克第31团

独立坦克第45团

独立坦克第185团

独立坦克第221团

独立坦克第222团

自行炮兵第1294团

自行炮兵第1495团

独立特种摩托化第283营

独立装甲车第1营

独立装甲车第3营

独立装甲列车第32营

独立装甲列车第48营

独立装甲列车第50营

独立装甲列车第4营

摩托化工程兵第2旅

重型舟桥第5团

独立工程兵第34营

独立工程兵第67营

舟桥第21营

舟桥第36营

舟桥第42营

舟桥第62营

舟桥第159营

独立喷火器第9营

附录D
德军作战序列

"北方"集团军群：里特尔·冯·莱布元帅

第18集团军：格奥尔格·冯·屈希勒尔大将

第26军

第291步兵师

第61步兵师

第217步兵师

第38军

第58步兵师

第1军

第11步兵师

第1步兵师

第21步兵师

第4装甲集群：埃里希·赫普纳大将

第41摩托化军

第1装甲师

第269步兵师

第6装甲师

第36摩托化师

第56摩托化军

第290步兵师

第8装甲师

第3摩托化师

党卫队“髑髅”摩托化师

第16集团军：恩斯特·布施大将

第10军

第30步兵师

第126步兵师

第28军

第122步兵师

第123步兵师

第2军

第121步兵师

第12步兵师

第32步兵师

第253步兵师

集团军群和OKH预备队

第23军（集团军群属）

第254步兵师

第251步兵师

第206步兵师

第50军（OKH属）

第86步兵师

党卫队“警察”步兵师

第207保安师

第285保安师

第281保安师

1941年8月1日

“北方”集团军群：里特尔·冯·莱布元帅

第18集团军：格奥尔格·冯·屈希勒尔大将

第42军

第291步兵师

第217步兵师

第26军

第254步兵师

第61步兵师

第93步兵师

第4装甲集群：埃里希·赫普纳大将

第38军

第58步兵师

第41摩托化军

第1步兵师

第1装甲师

第36摩托化师

第56摩托化军

第269步兵师

第8装甲师

党卫队“警察”步兵师

第3摩托化师

第16集团军：恩斯特·布施大将

第28军

第122步兵师

第121步兵师

党卫队“髑髅”摩托化师

第1军

第11步兵师

第21步兵师

第10军

第30步兵师

第126步兵师

第290步兵师

第2军

第123步兵师

第12步兵师

第32步兵师

第50军（第9集团军指挥）

第251步兵师

第253步兵师

1941年9月1日

“北方”集团军群：里特尔·冯·莱布元帅

第18集团军：格奥尔格·冯·屈希勒尔大将

第42军

第61步兵师

第217步兵师

第254步兵师

第4装甲集群：埃里希·赫普纳大将

第26军

第93步兵师

第38军

第1步兵师

第291步兵师

第41摩托化军

第6装甲师

第1装甲师

第36摩托化师

第50军

第269步兵师

党卫队“警察”步兵师

第8装甲师

第16集团军：恩斯特·布施大将

第39摩托化军

第12装甲师

第20摩托化师

第18摩托化师

第28军

第96步兵师

第121步兵师

第1军

第11步兵师

第21步兵师

第122步兵师

第126步兵师

第10军

第290步兵师

第30步兵师

第56摩托化军

党卫队“髑髅”摩托化师

第3摩托化师

第2军

第123步兵师

第12步兵师

第32步兵师

1942年1月1日

“北方”集团军群：里特尔·冯·莱布元帅

第18集团军：格奥尔格·冯·屈希勒尔大将

第26军

第217步兵师

第93步兵师

第212步兵师

第50军

第58步兵师

党卫队“警察”步兵师

第121步兵师

第122步兵师

第28军

第96步兵师

第1步兵师

第227步兵师

第223步兵师

第269步兵师

第291步兵师步兵团

第12装甲师一部

第1军

第11步兵师

第21步兵师

第291步兵师（缺）

第39摩托化军

第12装甲师

第20摩托化师

第16集团军：恩斯特·布施大将

第38军

第61步兵师

第215步兵师

第126步兵师

西班牙第250步兵师

第10军

第290步兵师

第30步兵师

党卫队“髑髅”摩托化师

第18摩托化师

第2军

第12步兵师

第32步兵师

第123步兵师

集团军群预备队

第8装甲师

第81步兵师

1943年1月1日

“北方”集团军群：格奥尔格·冯·屈希勒尔元帅

第18集团军：格奥尔格·林德曼大将

第50军

- 第225步兵师
- 第9空军野战师
- 第215步兵师
- 党卫队第2步兵师

第54军

- 西班牙第250步兵师
- 党卫队第2“警察”步兵旅
- 第5山地师

第26军

- 第170步兵师
- 第227步兵师
- 第1步兵师
- 第223步兵师

第1军

- 第69步兵师
- 第132步兵师
- 第61步兵师
- 第11步兵师
- 第217步兵师
- 第21步兵师

第28军

- 第24步兵师
- 第121步兵师
- 第28猎兵师

第38军

第254步兵师

第212步兵师

第1空军野战师

第10空军野战师

第96步兵师

第285保安师

第16集团军：恩斯特·布施大将

第10军

第18摩托化师

第5猎兵师

第21空军野战师

“赫内”集群

第8猎兵师

第290步兵师

第225步兵师[①]

第126步兵师

第2军

第122步兵师

第30步兵师

第329步兵师

第32步兵师

第12步兵师

第123步兵师

“蒂曼”集群

第218步兵师

第93步兵师

① 译注：疑似有误。

1944年1月1日

“北方”集团军群：格奥尔格·冯·屈希勒尔元帅

第18集团军：格奥尔格·林德曼大将

党卫队第3装甲军

党卫队“警察”步兵师步兵团

党卫队“诺德兰”装甲掷弹兵师

第10空军野战师

第9空军野战师

第50军

第126步兵师

第170步兵师

第215步兵师

第54军

第11步兵师

第24步兵师

第225步兵师

第26军

第61步兵师

第227步兵师

第254步兵师

第212步兵师

第28军

西班牙志愿者军团

第121步兵师

第2空军野战师

第96步兵师

第21步兵师

第13空军野战师

第38军

党卫队拉脱维亚第2旅

第28猎兵师

第1空军野战师

第16集团军

第10军

第30步兵师

第8猎兵师

第21空军野战师

第2军

第218步兵师

第93步兵师

第331步兵师

第43军和党卫队第6军

第205步兵师

党卫队拉脱维亚第15旅

第83步兵师

第263步兵师

第69步兵师

第1军

第58步兵师

第122步兵师

第290步兵师

第23步兵师

第8军

第329步兵师

第81步兵师

“雅克伦”集群

“瓦格纳”集群（步兵第132师）

附录 E
红军与德军的粗略对比

红军	德军
方面军	**集团军群**
1941年 6月： 4～6个集团军，1～3个机械化/骑兵军 12月： 4～6个集团军，1个骑兵军	1941年 2～3个集团军，1～3个装甲集群
1942年 3～6个集团军，1个坦克集团军，1～2个坦克、机械化或骑兵军	1942年 2～3个集团军，1～2个装甲集团军
1943年 3～6个集团军，1～2个坦克集团军，1个空军集团军，3～5个坦克、机械化或骑兵军，1～2个炮兵师	1943年 2～3个集团军，1～2个装甲集团军
1944年—1945年 6～7个集团军，1～3个坦克集团军，1个空军集团军，1～3个坦克、机械化或骑兵军，1个突破炮兵师	1944年—1945年 2～3个集团军，1～2个装甲集团军
集团军	**集团军（装甲集群）**
1941年 6月： 步兵集团军——2～3个步兵军（6～15个步兵师），1个机械化或骑兵军（6万～8万人，400～700辆坦克） 12月： 步兵集团军——5～6个步兵师或旅，1～2个骑兵师，1～2个坦克旅或营（7万人，20～90辆坦克）	1941年 野战集团军——2～4个步兵军 装甲集群——2～3个摩托化军，1～2个步兵军
1942年 步兵集团军——6～10个步兵师或旅，2～4个坦克旅，1～2个坦克军（8万～10万人，250～450辆坦克） 坦克集团军——2～3个坦克军，1个骑兵军，1～3个步兵或骑兵师，1个坦克旅（3.5万人，350～500辆坦克） 空军集团军——4～12个歼击、轰炸、强击或混成航空兵师	1942年 野战集团军——3～4个步兵军，1～2个摩托化军 装甲集团军——2～3个摩托化军，1～2个步兵军

（续表）

红军	德军
1943年 步兵集团军——3个步兵军（7～12个步兵师），3～4个坦克或自行炮兵旅，1～2个坦克、机械化或骑兵军（8万～13万人，250～450辆坦克） 坦克集团军——2个坦克军，1个机械化军（4.6万人，450～560辆坦克） 空军集团军——2～3个歼击航空兵师，1～2个轰炸航空兵师、1个强击航空兵师（700～1000架战机）	1943年 野战集团军——3～6个步兵或装甲军（军级集群） 装甲集团军——3～5个装甲或步兵军
1944年—1945年 步兵集团军——3个步兵军（7～12个步兵师），1～3个炮兵旅，2～3个坦克或自行炮兵团，1个坦克、机械化或骑兵军（8万～12万人，300～460辆坦克） 坦克集团军——2个坦克军，1个机械化军（4.8万～5万人，450～700辆坦克） 空军集团军——1～5个歼击、轰炸或强击航空兵军或2～5个航空兵师	1944年—1945年 野战集团军——4～6个步兵或装甲军（军级集群） 装甲集团军——3～6个装甲或步兵军（军级集群）
军	军
1941年 6月： 步兵军——2个步兵师（5万人） 机械化军——2个坦克和1个摩托化师（36080人，1031辆坦克） 骑兵军——2个骑兵师（19430人，128辆坦克）； 12月： 步兵军——无 机械化军——无 骑兵军——2个骑兵师，1个轻型骑兵师（1.2万人）	1941年 步兵军——1～5个步兵师 摩托化军——2个装甲师，1个摩托化师，1～2个步兵师
1942年 步兵军——2～3个步兵师（2.5万～3.7万人） 坦克军——3个坦克旅，1个摩托化步兵旅（7800人，168辆坦克） 骑兵军——3个骑兵师（1.4万人）	1942年 步兵军——3～5个步兵师，1个装甲或摩托化师 摩托化军——1～2个装甲师，1～2个摩托化师，1～2个步兵师
1943年 步兵军——3个步兵师（3.7万人） 坦克军——3个坦克旅，1个摩托化步兵旅，1个自行炮兵团（10977人，220辆坦克） 机械化军——3个机械化旅，1个坦克旅，1个自行炮兵团（15018人，229辆坦克） 骑兵军——3个骑兵师，1个自行炮兵团（2.1万人，129辆坦克）	1943年 步兵军——3～5个步兵师，1个装甲或装甲掷弹兵师 装甲军——2～3个装甲或装甲掷弹兵师，1～2个步兵师

（续表）

红军	德军
1944年—1945年 步兵军——3个步兵师，1个炮兵旅，1个自行炮兵团（2万~3万人，21辆坦克） 坦克军——3个坦克旅，1个摩托化步兵旅，3个自行炮兵团（12010人，270辆坦克） 机械化军——3个机械化旅，1个坦克旅，3个自行炮兵团（16442人，246辆坦克） 骑兵军——3个骑兵师，1~2个自行炮兵团（2.2万人，150辆坦克）	1944年—1945年 步兵军——3~6个步兵、装甲或装甲掷弹兵师 装甲军——3~6个装甲、装甲掷弹兵或步兵师
师	**师**
1941年 6月： 步兵师——3个步兵团，2个炮兵团，1个坦克营（14483人，16辆坦克） 坦克师——2个坦克团，1个摩托化步兵团（10940人，375辆坦克） 摩托化师——3个摩托化步兵团（1万人） 骑兵师——4个骑兵团，1个坦克团（9240人，64辆坦克） 12月： 步兵师——3个步兵团，1个炮兵团（11626人） 骑兵师——3个骑兵团（3447~4200人）	1941年 步兵师——3个步兵团（9个步兵营）（1.7万人） 山地师——3个步兵团（1.3万人） 猎兵师——2个步兵团（1.3万人） 装甲师——1个装甲团（2~3个装甲营），2个摩托化步兵团（5个摩步营，其中4个搭载卡车或摩托车）（1.4万人，150~202辆坦克） 摩托化师——2个摩托化步兵团（6个摩步营），1个装甲营（1.6万人，30~50辆坦克） 武装党卫队步兵师——3个步兵团（6个步兵营）（1.4万人） 保安师——2个保安团（1万人）
1942年 步兵师——3个步兵团，1个炮兵团（10386人） 骑兵师——3个骑兵团（4619人） 歼击师——2个歼击旅（4000人） 筑垒地域——4~6个机枪—火炮营（4100人）	1942年 步兵师——3个步兵团（6~9个步兵营）（1.55万~1.7万人） 猎兵师——2个步兵团（1.3万人） 装甲师——1个装甲团（2~3个装甲营），2个摩托化步兵团（5个摩步营，其中4个搭载卡车或摩托车）（1.4万人，150~202辆坦克） 摩托化师——2个摩托化步兵团（6个摩步营），1个装甲营（1.6万人，30~50辆坦克） 武装党卫队步兵师——3个步兵团（6个步兵营）（1.4万人） 武装党卫队摩托化师——与陆军摩托化师相同（1.5万人） 空军野战师——2~3个步兵团（4~6个营）（1万~1.25万人） 保安师——2个保安团（1万人）

（续表）

红军	德军
1943年 步兵师——3个步兵团，1个炮兵团（9380人 1944年—1945年 步兵师——3个步兵团，1个炮兵团（9380人） 骑兵师——3个骑兵团，1个坦克团（6000人，39辆坦克） 筑垒地域——4～6个机枪—火炮营（4100人）	1943年—1945年 步兵师——2～3个步兵团（6个步兵营）（1万～1.25万人） 猎兵师——2个步兵团（1.3万人） 装甲师——1个装甲团（2～3个装甲营），2个摩托化步兵团（5个摩步营，其中4个搭载卡车或摩托车）（1.3万～1.7万人，100～130辆坦克） 装甲掷弹兵师——2个摩托化步兵团（6个摩步营），1个装甲营（1.6万人，30～50辆坦克） 武装党卫队装甲师——与陆军装甲师相同（1.7万人，200～250辆坦克） 空军野战师——2～3个步兵团（4～6个营）（1万～1.25万人） 保安师——2个保安团（1万人）
旅 1941年 6月： 步兵旅——3个步兵营（4500人） 12月： 步兵旅——3个步兵营（4480人） 海军步兵旅——3个营（4334人） 海军陆战旅——4～6个步兵营（4480～6000人） 坦克旅——2个坦克营，1个摩托化步兵营（1471人，46辆坦克） 滑雪旅——3个滑雪营（3800人） 1942年 步兵旅——4个步兵营（5125人） 海军步兵旅——4个步兵营（5125人） 坦克旅——2个坦克营，1个摩托化步兵营（1038人，53辆坦克） 摩托化步兵旅——3个摩步营（3151人） 滑雪旅——3个滑雪营（3800人） 歼击旅——1个反坦克炮兵团，2个反坦克步枪营，1个迫击炮营，1个工程—地雷营，1个坦克营（1791人，32辆坦克） 1943年 步兵旅——4个步兵营（5125人） 海军步兵旅——4个步兵营（5125人） 坦克旅—3个坦克营，1个摩托化步兵营（1354人，65辆坦克） 机械化旅——3个摩步营，1个坦克团（3558人，39辆坦克） 摩托化步兵旅——3个摩步营（3500人） 滑雪旅——3个滑雪营（3800人）	

（续表）

红军	德军
1944年—1945年 步兵旅——4个步兵营（5125人） 坦克旅——3个坦克营，1个摩托化步兵营（1354人，65辆坦克） 机械化旅——3个摩步营，1个坦克团（3354人，39辆坦克） 摩托化步兵旅——3个摩步营（3500人） **独立团和营** 1941年—1945年 雪橇营——3个雪橇连（100人，45部雪橇） 坦克营——4个坦克连（189人，36辆坦克） 坦克团——4个坦克连（572人，39辆坦克） 坦克突破团——4个坦克连（215人，21辆坦克） 坦克工程兵团——4个坦克连（374人，21辆坦克） 机枪—火炮营——4个机枪连（1942年667人，1943年669人） 装甲列车营——1列装甲列车 **NKVD部队** 1941年—1945年 NKVD步兵（摩托化步兵）师——3~5个团，1~2个营（0.8万~1.4万人） NKVD步兵旅——4~8个步兵营（4500人） NKVD团——3个步兵营（1651人）	

注：截至1941年6月22日、1941年12月、1942年7月、1943年7月、1944年12月。

附录 F
苏联的军事伤亡

苏军在历次战役中的军事人员损失统计

历次战役	最初兵力	损失		合计
		阵亡、被俘和失踪	负伤和患病	
列宁格勒战略防御战役，1941年7月10日—9月30日				
北方面军（7月10日—8月23日）	153000	40391	15044	55535
西北方面军（7月10日—9月30日）	272000	96953	47835	144788
列宁格勒方面军（8月23日—9月30日）	—	65529	50787	116316
独立第52集团军（9月1日—9月30日）	—	1721	2389	4110
波罗的海舰队（整个时期）	92000	9384	14793	24177
合计	517000	214078	130848	344926
旧鲁萨进攻战役，1941年8月12日—23日				
北方面军（第48集团军）	约100000	—	—	约33000
西北方面军（第11、第27、第34集团军）	327099	—	—	128550
合计	427099	—	—	158550
锡尼亚维诺进攻战役，1941年9月10日—10月28日				
第54集团军（9月26日转隶列宁格勒方面军），涅瓦河战役集群	71270	22211	32768	54979
季赫温防御作战，1941年10月16日—11月18日				
第54（列宁格勒方面军）、第4、独立第52集团军	135700	22743	17846	40589
季赫温战略进攻战役，1941年11月10日—12月30日				
第54集团军（列宁格勒方面军）	55600	6065	11486	17551
独立第4集团军	62700	8916	16018	24934
独立第52集团军	42660	871	1769	2640
诺夫哥罗德战役集群	31900	2072	1704	3776
合计	192950	17924	30977	48901

（续表）

历次战役	最初兵力	损失		合计
		阵亡、被俘和失踪	负伤和患病	
柳班进攻战役，1942年1月7日—4月30日				
沃尔霍夫方面军，第54集团军（列宁格勒方面军）	325700	95064	213303	308367
突击第2集团军逃离包围圈，1942年5月13日—7月10日				
突击第2、第52、第59集团军	231900	54774	39977	94751
锡尼亚维诺进攻战役，1942年8月19日—10月20日				
列宁格勒方面军（涅瓦河战役集群、第67集团军、空军第13集团军），沃尔霍夫方面军（突击第2、第8集团军、空军第14集团军），波罗的海舰队，拉多加湖区舰队	190000	40085	73589	113674
打破列宁格勒封锁圈（“火花”行动），1943年1月12日—30日				
列宁格勒方面军（第67集团军、空军第13集团军）	133300	12320	28944	41264
沃尔霍夫方面军（突击第2、第8集团军、空军第14集团军）	169500	21620	52198	73818
合计	302800	33940	81142	115082
杰米扬斯克进攻战役（“北极星”行动），1943年2月15日—28日				
西北方面军	327600	10016	23647	33663
旧鲁萨进攻战役，1943年2月4日—19日				
西北方面军	401190	31789	71319	103108
姆加—锡尼亚维诺进攻战役，1943年6月22日—8月22日				
列宁格勒方面军（第67集团军，空军第13集团军），沃尔霍夫方面军（第8集团军，空军第14集团军）	253300	20890	59047	79937
列宁格勒—诺夫哥罗德战略进攻战役，1944年1月14日—3月1日				
列宁格勒方面军（缺第23集团军）	417600	56564	170876	227440
沃尔霍夫方面军	260000	12011	38289	50300
突击第1集团军（波罗的海沿岸第2方面军）（1月14日至2月10日）	54900	1283	3759	5042
波罗的海沿岸第2方面军（2月10日至3月1日）	—	6659	23051	29710
波罗的海舰队	86600	169	1292	1461
合计	822100	76686	237267	313953

（续表）

历次战役	最初兵力	损失		合计
		阵亡、被俘和失踪	负伤和患病	
维堡—彼得罗扎沃茨克战略进攻战役，1944年6月10日—8月9日				
卡累利阿方面军（第7、第32集团军，空军第7集团军）（6月21日至8月9日）	202300	169241	46679	63603
列宁格勒方面军（第21、第23集团军，空军第13集团军）	188800	46679	24011	30029
波罗的海舰队、拉多加湖和奥涅加湖区舰队	60400	732	2011	2743
合计	451500	23674	72701	96375
纳尔瓦进攻战役，1944年7月24日—30日				
列宁格勒方面军（突击第2、第8集团军、空军第13集团军）	136830	4685	18602	23287

资料来源：G.F.克里沃舍夫. 揭秘：苏联武装力量在战争、作战行动和军事冲突中的损失[M]. 莫斯科：军事出版社，1993；1941年—1945年，苏联武装力量的人员损失：新观念[J]. 军事历史杂志，1999（2）：2—13。

苏军诸方面军在不同时期的军事人员损失统计

	阵亡	被俘/失踪	其他原因死亡	合计	负伤	患病	冻伤	合计	总计
北方面军（64天）									
1941年	22334	61537	1588	85459	60271	2634	—	62905	148364
列宁格勒方面军（1353天）									
1941年	62187	74280	8284	144751	165305	17712	1762	184799	329530
1942年	62747	14560	6371	83678	153661	80184	1861	235706	319384
1943年	74473	9841	4431	88745	213602	88263	184	302049	390794
1944年	128999	12231	3872	145102	406153	114094	478	520725	665827
1945年	3653	230	1306	5249	11040	33073	1	44114	49363
合计	332059	111142	24324	467525	949761	333326	4286	1287373	1754898
沃尔霍夫方面军（746天）									
1941年	199	—	—	199	1307	—	542	1849	2048
1942年	117237	82337	8935	208509	326477	53081	4034	383592	592101
1943年	69794	6520	1590	77904	189587	53766	147	243500	321404
1944年	11479	466	66	12011	33343	4939	11	38293	50304
合计	198709	89323	10591	298623	550714	111786	4734	667234	965857
西北方面军（882天）									
1941年	31511	142190	8563	182264	83816	3741	266	87823	270087
1942年	133573	41720	8970	184263	319111	53878	1856	374845	559108
1943年	77763	8531	8531	88798	188234	58230	189	246653	335451
合计	242847	192441	20037	455325	591161	115849	2311	709321	1164646
波罗的海沿岸方面军和波罗的海沿岸第2方面军（539天）									
1943年	22133	1631	553	24317	62428	18814	35	81277	105594
1944年	110710	7831	2823	121364	91302	91302	208	445794	567158
1945年	34396	3656	1527	39579	116847	35190	60	152097	191676
合计	167239	13118	4903	185260	533559	145306	303	679168	864428
独立第4集团军（80天）									
1941年	10946	5390	1407	17743	24468	1117	803	26388	44131
独立第52集团军（81天）									
1941年	3557	9638	564	13759	7435	489	111	8035	21794
波罗的海舰队（1418天）									
1941年—1945年	19836	32709	3345	55890	25509	10193	—	35702	91592

资料来源：G.F.克里沃舍夫. 揭秘：苏联武装力量在战争、作战行动和军事冲突中的损失[M]. 莫斯科：军事出版社，1993：233—234，247—248，253—254，273—274，289—290，301。

附录 G

列宁格勒围困期间的平民损失数（估计）

评估的日期	**估计的损失人数**	**来源**
1943年夏季	642000	纳粹战争罪行特别调查委员会
1945年	642000	纽伦堡审判
1952年	632253	V.M.科瓦利丘克和G.P.索博列夫的《列宁格勒安魂曲》，收录在《历史问题》第12期（1965年12月）。基于：战前人口250万，1943年12月只剩60万，约100万人获得疏散，10万人被征入红军。
1965年	大于800000	城内的损失数（俄罗斯军事百科）
2000年	641000	城内的损失数（俄罗斯军事百科）
	1000000	城内和疏散过程中的损失数（俄罗斯军事百科）

参考文献

原始文献

Boevoi i chislennyi sostav vooruzhennykh sil SSSR v period Velikoi Otechestvennoi voiny (1941–1945 gg.): Statisticheskii sbornik no. 1 (22 iiunia 1941 g.). Moscow: Institute of Military History, 1994.
《苏联武装力量在伟大卫国战争中的作战实力和总实力，1941年—1945年：统计数据集，第一册（1941年6月22日）》，莫斯科：军事历史研究所，1994年。

Boevoi sostav Sovetskoi armii, chast'1 (iiun'–dekabr'1941 goda). Moscow: Voroshilov Academy of the General Staff, 1963.
《苏军作战编成，第一部：1941年6月至12月》，莫斯科：伏罗希洛夫总参军事学院，1963年。

Boevoi sostav Sovetskoi Armii, chast'2 (ianvar'–dekabr'1942 goda). Moscow: Voenizdat, 1966.
《苏军作战编成，第二部：1942年1月至12月》，莫斯科：军事出版社，1966年。

Boevoi sostav Sovetskoi armii, chast'3 (ianvar'–dekabr'1943 goda). Moscow: Voenizdat, 1972.
《苏军作战编成，第三部：1943年1月至12月》，莫斯科：军事出版社，1972年。

Boevoi sostav Sovetskoi armii, chast'4 (ianvar'–dekabr'1944 goda). Moscow: Voenizdat, 1988.
《苏军作战编成，第四部：1944年1月至12月》，莫斯科：军事出版社，1988年。

"Boevye dokumenty po oboronitel'noi operatsii v Litve i Latvii, provodivsheisia s 22 iiunia po 9 iiulia 1941 g. voiskami Severozapadnogo fronta". In *Sbornik boevykh dokumentov Velikoi Otechestvennoi voiny*, issue 34. Moscow: Voenizdat, 1958.
"西北方面军辖内部队1941年6月22日至7月9日在立陶宛和拉脱维亚实施防御行动的作战文件"，收录在：总参军科院战争经验研究处编，《伟大卫国战争作战文件集》，第34期，莫斯科：军事出版社，1958年。保密级。

"Der Feldzug gegen die Sowjet-Union der Heeresgruppe Nord, Kriegsjahr 1942, 1943, and 1944." H. Gr. Nord. National Archives Microfilm (NAM) series T-311.
"北方"集团军群，《"北方"集团军群对苏战役，1942年/1943年/1944年》，国家档案馆微缩胶片，序列号T-312。

"Dokumenty nemetskogo komandovaniia po voprosam podgotovki voiny", and "Dokumenty nemetskogo komandovaniia po voprosam vedeniia voiny". In *Sbornik voennoistoricheskikh materialov Velikoi Otechestvennoi voiny*, issue 18. Moscow: Voenizdat, 1960.
"德军统帅部关于战争准备的文件"和"德军统帅部关于从事战争的文件"，收录在：《伟大卫国战争军事和历史资料集》，第18期，莫斯科：军事出版社，1960年。保密级。

"Dokumenty po ispol'zovaniiu bronetankovykh i mekhanizirovannykh voisk Sovetskoi armii v period s 22 iiunia po sentiabr'1941 g. vkliuchitel'no". In *Sbornik boevykh dokumentov Velikoi Otechestvennoi voiny*, issue 33. Moscow: Voenizdat, 1957.
"1941年6月22至9月（含），苏军使用坦克和机械化部队的文件"，收录在：《伟大卫国战争作战文件集》，第33期，莫斯科：军事出版社，1957年。保密级。

"Feindlage-handskizzen, 22. 2.—15. 6. 44." In *K.T.B. Oberkommmando Heeresgruppe Nord, No. 75131/49*. National Archives Microfilm (NAM) series T-311.
"'北方'集团军群1944年2月22日—6月15日的敌情—手绘图"，收录在"北方"集团军群司令部作战日志75131/49号，国家档案馆微缩胶片，T-311。

"Feindlagenkarten 19 July-1 Sep 1941." *Abtlg. Ic H. Gr. Nord, 75131/47 Box 103.* National Archives Microfilm (NAM) series T-311, roll 92.
"北方"集团军群情报处，《敌军态势图集，1941年7月19日—9月1日》，75131/47 Box 103，国家档案馆微缩胶片（NAM），序列号T-311，92卷。

Gor'kov Iu. A., and Iu. N. Semin. Konets global'noi lzhi: Na sovetskom severozapade—Operativnye plany zapadnykh prigranichnykh okrugov 1941 goda svidetel'- stvuiut: SSSR ne gotovilsia k napadeniiu na Germaniiu. *Voenno-istoricheskii zhurnal* 6 (November-December 1996): 2-7.
Iu.A.戈里科夫，Iu.N.谢明，《弥天大谎的破灭：苏联西北地区——西北边境地区1941年的作战计划证明，苏联并未准备进攻德国》，见：《军事历史杂志》，第6期（1996年11月至12月），第2—7页。

"Inzhenernoe obespechenie armeiskoi nastupatel'noi operatsii", In *Sbornik materialov po izucheniiu opyta voiny no. 9 (noiabr'-dekabr'1943 g.)*. Moscow: Voenizdat, 1944.
"集团军进攻战役中的工程兵支援"，收录在：《战争经验研究资料集》，第9期（1943年11—12月），莫斯科：军事出版社，1944年。保密级。

“Inzhenernoe obespechenie proryva oborony finnov na Karel'skom peresheike” . *Sbornik materialov po izucheniiu opyta voiny no. 14 (sentiabr'–oktiabr'1944 g.)*. Moscow: Voenizdat, 1945.
“工程兵为突破卡累利阿半岛芬兰军队的防御提供的支援”，收录在：《战争经验研究资料集》，第14期（1944年9—10月），莫斯科：军事出版社，1945年。保密级。

Komandovanie korpusnogo i divizionnogo zvena Sovetskykh Vooruzhennykh Sil perioda Velikoi Otechestvennoi voiny 1941–1945. Moscow: Frunze Academy, 1964.
《1941—1945，伟大卫国战争期间苏联武装力量的军、师级指挥员》，莫斯科：伏龙芝军事学院，1964年。

作者采访瓦莲京娜·费奥多罗芙娜·科兹洛娃（Valentina Fedorovna Kozlev）。

“Kraftegegenuberstellung, Stand: 20. 7. 43,” *Fremde Heere Ost (Ic)*. National Archives Microfilm (NAM) series T–78.
“东线外军处，截至1943年7月20日的敌我力量对比”，国家档案馆微缩胶片（NAM），序列号T–78。

“Lagenkarten 8.7.41–1.8.41.” *Heeresgruppe Nord.*
“北方”集团军群，《敌军态势图集，1941年7月8日—8月1日》。

“Lagenkarten of subordinate units of Heeresgruppe Nord, January–July 1944, K.T.B.” *H. Gr. Nord, 85540.* National Archives Microfilm (NAM) series T–311.
“北方”集团军群，《1944年1月—7月，“北方”集团军群作战日志，辖内部队的态势图集》，85540号，国家档案馆微缩胶片（NAM），序列号T–311。

Lomagin, N. V *Tiskakh goloda: Blokada Leningrada v dokumentakh germanskikh spetssluzhb i NKVD*. Saint Petersburg: Evropeiskii Dom, 2000.
N.V.洛马金，《在饥饿的痛苦中：德国和NKVD关于列宁格勒遭封锁的情报》，圣彼得堡：欧洲屋出版社，2000年。

“Nekotorye vyvody po zimnim deistviiam Volkhovskogo fronta” . In *Sbornik materialov po izucheniiu opyta voiny no. 3 (noiabr'–dekabr'1942 g.)*.Moscow: Voenizdat, 1943.
“关于沃尔霍夫方面军冬季战役的一些结论”，收录在：《战争经验研究资料集》，第3期（1942年11—12月），莫斯科：军事出版社，1943年。保密级。

“Novgorodskaia operatsiia” . In *Sbornik materialov po izucheniiu opyta voiny no. 12 (mai–iiun'1944 g.)*. Moscow: Voenizdat, 1944.

"诺夫哥罗德进攻战役"，收录在：《战争经验研究资料集》，第12期（1944年5—6月），莫斯科：军事出版社，1944年。保密级。

"Oborona Leningrada". *Voenno-istoricheskii arkhiv* 4 (1999): 161-170.
"保卫列宁格勒"，收录在《军事历史档案》，第4期（1999年），第161—170页。

"Organizatsiia perepravy chastei Nevskoi operativnoi gruppy Lenfronta 26.09.41-08.10.42 g. na levyi bereg r. Neva", In *Sbornik materialov po opytu boevoi deiatel'nosti Voenno-Morskogo flota SSSR, no. 1*. Moscow: Voenmorizdat, 1943.
"1941年9月26日—1942年10月8日，涅瓦河战役集群渡至涅瓦河左岸的组织工作"，收录在：《苏联舰队作战行动经验资料集》，第1期，莫斯科：出版社，国家海军出版社，1943年）。保密级。

Petrov, B. N. "Oborona Leningrada, 1941 god (Dokumenty i kommentarii)". *Voenno-istoricheskii zhurnal* 4-5 (May-June 1992): 14-18; 6-7 (June-July 1992): 14-19.
B.N.彼得罗夫，《保卫列宁格勒，1941年》，收录在：《军事历史》杂志，1992年5—6月刊第14—18页，1992年6—7月刊第14—19页。

Schematische Kriegsgliederung, *Stand: B-Tag 1941 (22.6) "Barbarossa."*
"战役示意图：截至1941年B日（6月22日），'巴巴罗萨'"，原件。

"State Defense Committee Decree of 11 September 1941." TsPA IML, f. 644, op. 1, d. 9.
"国防委员会1941年9月11日颁布的命令"，马列主义研究所中央党务档案馆藏。

"Vyborgskaia operatsiia (10-20 iiunia 1944 g.)". In *Sbornik materialov po izucheniiu opyta voiny no. 16 (ianvar'-fevral'1945 g.)*. Moscow: Voenizdat, 1945.
"维堡战役（1944年6月10日—20日）"，收录在：《战争经验研究资料集》，第16期（1945年1—2月），莫斯科：军事出版社，1945年。保密级。

Zabaluev, A. A., and S. T. Goriachev. *Kalininskaia nastupatel'naia operatsiia*. Moscow: Voroshilov Academy of the General Staff, 1942.
A.A.扎巴卢耶夫、S.T.戈里亚切夫，《加里宁进攻战役》，莫斯科：伏罗希洛夫总参学院，1942年。保密级。

Zolotarev, V. A., ed. "General'nyi shtab v gody Velikoi Otechestvennoi voiny: Dokumenty i materialy 1941 god". In *Russkii arkhiv: Velikaia Otechestvennaia [voina]. Vol. 23, no. 12 (1)*. Moscow: Terra, 1997.
V.A.佐洛塔廖夫主编，《伟大卫国战争中的总参谋部：自1941年以来的文件和资料》，刊登在：《俄罗斯档案：伟大卫国战争》，第23期（12—1），莫斯科：塔拉出版社，1997年。

Zolotarev, V. A., ed. General'nyi shtab v gody Velikoi Otechestvennoi voiny: Dokumenty i materialy 1942 god. In *Russkii arkhiv: Velikaia Otechestvennaia [voina]*. Vol. 23, no. 12 (2). Moscow: Terra, 1999.
V.A.佐洛塔廖夫主编，《伟大卫国战争中的总参谋部：1942年的文献资料》，刊登在：《俄罗斯档案：伟大卫国战争》，第23册（12—2），莫斯科：特拉出版社，1999年。

Zolotarev, V. A., ed. General'nyi shtab v gody Velikoi Otechestvennoi voiny: Dokumenty i materialy 1943 god. In *Russkii arkhiv: Velikaia Otechestvennaia [voina]*. Vol. 23, no. 12 (3). Moscow: Terra, 1999.
V.A.佐洛塔廖夫主编，《伟大卫国战争中的总参谋部：1943年的文献资料》，刊登在：《俄罗斯档案：伟大卫国战争》，第23册（12—3），莫斯科：特拉出版社，1999年。

Zolotarev, V. A., ed. "Partizanskoe dvizhenie v gody Velikoi Otechestvennoi voiny 1941–1945 gg.: Dokumenty i materialy". In *Russkii arkhiv: Velikaia Otechestvennaia [voina]*. Vol. 20 (9). Moscow: Terra, 1999.
V.A.佐洛塔廖夫主编，《1941年—1945年，伟大卫国战争中的游击运动：文件和资料》，刊登在：《俄罗斯档案：伟大卫国战争》，第20（9）册，莫斯科：特拉出版社，1999年。

Zolotarev, V. A., ed. "Stavka VGK: Dokumenty i materialy 1941 god". In *Russkii arkhiv: Velikaia Otechestvennaia [voina]*. Vol. 16, no. 5 (1). Moscow: Terra, 1996.
V.A.佐洛塔廖夫主编，《最高统帅部大本营：1941年的文献资料》，刊登在：《俄罗斯档案：伟大卫国战争》，第16册（5—1），莫斯科：特拉出版社，1996年。

Zolotarev, V. A., ed. "Stavka VGK: Dokumenty i materialy 1942 god". In *Russkii arkhiv: Velikaia Otechestvennaia [voina]*. Vol. 16, no. 5 (2). Moscow: Terra, 1996.
V.A.佐洛塔廖夫主编，《最高统帅部大本营：1942年的文献资料》，刊登在：《俄罗斯档案：伟大卫国战争》，第16册（5—2），莫斯科：特拉出版社，1996年。

Zolotarev, V. A., ed. "Stavka VGK: Dokumenty i materialy 1943 god". In *Russkii arkhiv: Velikaia Otechestvennaia [voina]*. Vol. 16, no. 5 (3). Moscow: Terra, 1999.
V.A.佐洛塔廖夫主编，《最高统帅部大本营：1943年的文献资料》，刊登在：《俄罗斯档案：伟大卫国战争》，第16册（5—3），莫斯科：特拉出版社，1999年。

Zolotarev, V. A., ed. "Stavka VGK: Dokumenty i materialy 1944–1945 god". In *Russkii arkhiv: Velikaia Otechestvennaia[voina]*. Vol. 16, no. 5 (4). Moscow: Terra, 1999.
V.A.佐洛塔廖夫主编，《最高统帅部大本营：1944—1945年的文献资料》，刊登在：《俄罗斯档案：伟大卫国战争》，第16册（5—4），莫斯科：特拉出版社，1999年。

二手资料

图书

Altukhov, P. K., ed. *Nezabyvaemye dorogi: Boevoi put'10–i gvardeiskoi armii*. Moscow: Voenizdat, 1974.
P.K阿尔图霍夫主编，《难忘的道路：近卫第10集团军的征途》，莫斯科：军事出版社，1974年。

Anfilov, V. A. *Nezabyvaemyi sorok pervyi*. Moscow: Sovetskaia Rossiia, 1989.
V.A.安菲洛夫，《难忘的1941年》，莫斯科：苏俄出版社，1989年。

Anfilov, V. A. Proval "Blitskriga" .Moscow: Nauka, 1982.
V.A.安菲洛夫，《闪电战的失败》，莫斯科：科学出版社，1974年。

Babin, A. I., ed. *Na volkhovskom fronte 1941–1944 gg.*. Moscow: Nauka, 1982.
A.I.巴宾主编，《在沃尔霍夫战线上，1941年至1944年》，莫斯科：科学出版社，1982年。

Baranov, V. I., ed., *Tankisti v srazhenii za Leningrad: Vospominaniia, ocherki,dokumenty*. Leningrad: Lenizdat, 1987.
V.I.巴拉诺夫主编，《列宁格勒战役中的坦克部队：回忆、短文和文件》，列宁格勒：列宁出版社，1987年。

Barbashin, I. P., and A. D. Kharitonov. *Boevye deistvi*ia Sovetskoi armii pod Tikhvin*omv 1941 godu*. Moscow: Voenizdat, 1958.
I.P.巴尔巴申，A.D.哈里东诺夫，《苏军1941年在季赫温的作战行动》，莫斯科：军事出版社，1958年。

Berdnikov, G. I. Pervaia udarnaia: *Boevoi put'1–i udarnoi armii v Velikoi Otechestvennoi voine.* Moscow: Voenizdat, 1958.
G.I.别尔德尼科夫，《突击第1集团军：突击第1集团军在伟大卫国战争中的征途》，莫斯科：军事出版社，1985年。

Berezovsky, N. Iu. "Kronshtadt." In *Voennaia entsiklopediia v vos'mi tomakh*, ed. I. D. Sergeev, 4: 305. Moscow: Voenizdat, 1997.
N.Iu.别列佐夫斯基，"喀琅施塔得"，收录在：《苏联军事百科全书》第四册，莫斯科：军事出版社，1997年，第305页。

Bidermann, Gottlob Herbert. *In Deadly Combat: A German Soldier's Memoir of the Eastern Front*. Trans. and ed. Derek S. Zumbro. Lawrence: University Press of Kansas, 2000.
戈特洛布·赫伯特·比德曼著，德里克·S.赞布罗编译，《致命打击：一名德军士兵的苏德战争回忆录》，劳伦斯：堪萨斯大学出版社，2000年。

Boevye deistviia 42-i armii i oborona putei soobshcheniia v bitve za Leningrad. Moscow: Order of Lenin Red Banner Order of Suvorov, Frunze Military Academy, 1975.
《第42集团军在列宁格勒战役中的作战行动和对交通路线的保护》，莫斯科：伏龙芝军事学院，1975年。

Boitsov, S. M., and S. N. Borshchev. *Operatsiia "Iskra"*. Leningrad: Lenizdat, 1973.
S.M.博伊措夫和S.N.博尔什切夫，《"火花"行动》，列宁格勒：列宁出版社，1973年。

Burdick, Charles, and Hans-Adolf Jacobsen. *The Halder War Diary, 1939-1942. Novato*, Calif.: Presidio, 1988.
弗朗茨·哈尔德著，查尔斯·布尔迪克、汉斯-阿道夫·雅各布森编，《哈尔德战时日记，1939年—1942年》，加利福尼亚州诺瓦托：要塞出版社，1988年。

Burov, A. V. *Blokada den'za dnem: 22 iiunia 1941 goda-27 ianvaria 1944 goda*. Leningrad: Lenizdat, 1979.
A.V.布罗夫，《日复一日的封锁，1941年6月22日至1944年1月27日》，列宁格勒：列宁出版社，1979年。

Bychevsky, B. V. *Gorod-front*. Moscow: Voenizdat, 1963.
B.V.贝切夫斯基，《城内战线》，莫斯科：军事出版社，1963年。

Carell, Paul. *Hitler Moves East 1941-1943*. Boston: Little, Brown, 1963.
保罗·卡雷尔，《东进：苏德战争1941年—1943年》，波士顿：小布朗出版社，1963年。

Carell, Paul. *Scorched Earth: The Russian-German War, 1943-1944*. Boston: Little, Brown, 1966.
保罗·卡雷尔，《焦土：苏德战争1943年—1944年》，波士顿：小布朗出版社，1966年。

Cherniavsky, Iu. G. *Voina i prodovol'stvie: Snabzhenie gorodskogo naseleniia v Velikoi Otechestvennoi voiny 1941-1945 gg.*. Moscow: Nauka, 1964.
Iu.G.切尔尼亚夫斯基，《战争与生产：伟大卫国战争中城市居民的供给》，莫斯科：科学出版社，1964年。

Cherokov, V. S. *Dlia tebia, Leningrad!*. Moscow: Voenizdat, 1978.
V.S.切罗科夫，《为了列宁格勒！》，莫斯科：军事出版社，1978年。

Dzeniskevich, A. R., ed. *Leningrad v osade: Sbornik dokumentov o geroicheskoi oborone Leningrada v gody Velikoi Otechestvennoi voiny*. Saint Petersburg: Liki Rossii, 1995.
A.R.德泽尼斯克维奇主编，《被围困的列宁格勒：伟大卫国战争期间列宁格勒英勇防御的文件资料集》，圣彼得堡：俄罗斯面貌出版社，1995年。

Egorov, P. Ia. *Marshal Meretskov*. Moscow: Voenizdat, 1974.
P.Ia.叶戈罗夫，《梅列茨科夫元帅》，莫斯科：军事出版社，1974年。

Erickson, John. *The Road to Berlin. Boulder*, Colo.: Westview Press, 1983.
约翰·埃里克森，《通往柏林之路》，科罗拉多州博尔德：西景出版社，1983年。

Erickson, John. *The Road to Stalingrad.* New York: Harper & Row, 1975.
约翰·埃里克森，《通往斯大林格勒之路》，纽约：哈珀 & 罗出版社，1975年。

Fediuninsky, I. I. *Podniatye po trevoge*. Moscow: Voenizdat, 1964.
I.I.费久宁斯基，《闻警出动》，莫斯科：军事出版社，1964年。

Fedoruk, A. G., ed. *Na beregakh Volkhova*. Leningrad: Lenizdat, 1967.
A.G.费多鲁克主编，《在沃尔霍夫河两岸》，列宁格勒：列宁出版社，1967年。

Frolov, V. V., ed. *Trudy gosudarstvennogo muzeia istorii Sankt-Peterburga, vypusk V: Materialy k istorii blokada Leningrada*. Saint Petersburg: Gosudarstvennyi muzei istorii, 2000.
V.V.弗罗洛夫主编，《圣彼得堡国家历史博物馆作品，第五期：列宁格勒遭封锁的历史资料》，圣彼得堡：国家历史博物馆，2000年。

Glantz, David M. Forgotten *Battles of the German-Soviet War (1941-1945), volume I: The Summer-Fall Campaign (22 June-4 December 1941)*. Carlisle, Penn.: Selfpublished, 1999.
戴维·M.格兰茨，《1941—1945年，苏德战争中被遗忘的战役，第一册，夏秋季战役（1941年6月22日至12月4日）》，宾夕法尼亚州卡莱尔：自费出版，1999年。

Glantz, David M. *Forgotten Battles of the German-Soviet War (1941-1945), volume II: The Winter Campaign (5 December 1941-April 1942)*. Carlisle, Penn: Self-published, 1999.
戴维·M.格兰茨，《1941—1945年，苏德战争中被遗忘的战役，第二册，冬季战役（1941年12月5日至1942年4月）》，宾夕法尼亚州卡莱尔：自费出版，1999年。

Glantz, David M. *Forgotten Battles of the German-Soviet War (1941-1945), volume III: The Summer Campaign (12 May-18 November 1942)*. Carlisle, Penn.: Self-published, 1999.
戴维·M.格兰茨，《1941—1945年，苏德战争中被遗忘的战役，第三册，夏季战役（1942年5月12日至11月18日）》，宾夕法尼亚州卡莱尔：自费出版，1999年。

Glantz, David M. *Forgotten Battles of the German-Soviet War (1941-1945), volume IV: The Winter*

Campaign (19 November 1942–21 March 1943). Carlisle, Penn: Selfpublished, 1999.
戴维·M.格兰茨，《1941—1945年，苏德战争中被遗忘的战役，第四册，冬季战役（1942年11月19日至1943年3月21日）》，宾夕法尼亚州卡莱尔：自费出版，1999年。

Glantz, David M. *Forgotten Battles of the German–Soviet War (1941–1945), volume V, parts 1 and 2: The Summer–Fall Campaign (1 July–31 December 1943)*. Carlisle, Penn: Self–published, 2000.
戴维·M.格兰茨，《1941—1945年，苏德战争中被遗忘的战役，第五册，第一、第二部，夏秋季战役（1943年7月1日至12月31日）》，宾夕法尼亚州卡莱尔：自费出版，2000年。

Glantz, David M. *Atlas of the Battle of Leningrad: Soviet Defense and the Blockade, July 1941–December 1942*. Carlisle, Penn: Self–Published, 2001.
戴维·M.格兰茨，《列宁格勒战役地图集：苏军的防御及封锁，1941年7月—1942年12月》，宾夕法尼亚州卡莱尔：自费出版，2001年。

Glantz, David M. *Atlas of the Battle of Leningrad: Breaking the Blockade and Liberation, 1 January 1943–15 July 1944*. Carlisle, Penn: Self–Published, 2001.
戴维·M.格兰茨，《列宁格勒战役地图集：打破封锁及解放，1943年1月1日—1944年7月15日》，宾夕法尼亚州卡莱尔：自费出版，2001年。

Golikov, S. *Vydaiushchiesia pobedy Sovetskoi armii v Velikoi Otechestvennoi voine*. Moscow: Gosudarstvennoe izdatel'stvo politicheskoi literatury, 1954.
S.戈利科夫，《苏联军队在伟大卫国战争中的杰出胜利》，莫斯科：国家政治文献出版社，1954年。

Goure, Leon. *The Siege of Leningrad. Stanford,* Calif.: Stanford University Press, 1962.
莱昂·古雷，《列宁格勒的围困》，加利福尼亚州斯坦福：斯坦福大学出版社，1962年。

Grechko, A. A., ed. *Istoriia Vtoroi Mirovoi voiny 1939–1945 v dvenadtsati tomakh*. Moscow: Voenizdat, 1973–1982.
A.A.格列奇科主编，《第二次世界大战史，1939年—1945年（全十二册）》，莫斯科：军事出版社，1973年—1982年。

Grechko, A. A., ed. *Sovetskaia voennaia entsiklopediia v vos'mi tomakh*. Moscow: Voenizdat, 1976–1980.
A.A.格列奇科主编，《苏联军事百科全书（全八册）》，莫斯科：军事出版社，1976年—1980年。

Gribkov, A. I., ed. *Istoriia Ordena Lenina Leningradskogo voennogo okruga*. Moscow: Voenizdat, 1974.
A.I.格里布科夫主编，《荣获列宁勋章的列宁格勒军区史》，莫斯科：军事出版社，1974年。

"Hanko." *Sovetskaia voennaia entsiklopediia,* ed. N. V. Ogarkov, 8: 355–356. Moscow: Voenizdat, 1980.
"汉科"，收录在：N.V.奥加尔科夫主编，《苏联军事百科全书，第八册》，莫斯科：军事出版社，1980年，第355—356页。

Heinrici, Gotthardt. *The Campaign in Russia,* Vol. 1. Washington, D.C.: United States Army G–2, 1954. Unpublished National Archives manuscript in German. Unpublished translation by Joseph Welch.
戈特哈特·海因里奇，《对苏作战》第一册，华盛顿特区：美国陆军情报部，1954年。未出版的国家档案德文手稿（约瑟夫·韦尔奇译）。

Iarukhov, V. M. *Cherez Nevu (67–ia armiia v boiakh po proryvu blokady Leningrada)* . Moscow: Voenizdat, 1960.
V.M.亚鲁霍夫，《渡过涅瓦河：突破列宁格勒封锁圈行动中的第67集团军》，莫斯科：军事出版社，1960年。

Ivanov, V. P. "Baltiiskii flot." In *Voennaia entsiklopediia v vos'mi tomakh,* ed. I. D. Sergeev, 4: 361. Moscow: Voenizdat, 1997.
V.P.伊万诺夫，"波罗的海舰队"，收录在：《苏联军事百科全书（全八册）》第四册，莫斯科：军事出版社，1977年，第361页。

Izmailov, A. A., and V. F. Kon'kov. "Nevskaia Dubrovka" In *Sovetskaia voennaia entiklopediia* ed. N. V. Ogarkov, 4: 565. Moscow: Voenizdat, 1977.
A.A.伊兹迈洛夫和V.F.科尼科夫，《涅瓦杜布罗夫卡》，收录在：《苏联军事百科全书（全八册）》第四册，第565页。

Karasev, A. V. *Leningradtsy v gody blokady 1941–1943.* Moscow: Akademii Nauk SSSR, 1959.
A.V.卡拉谢夫，《1941年—1943年，封锁中的列宁格勒人》，莫斯科：苏联科学院出版社，1959年。

Karpov, V. *Marshal Zhukov: Ego soratniki i protivniki v dni voiny i mir.* Moscow: Voenizdat, 1992.
V.卡尔波夫，《朱可夫元帅：他在战争期间与和平时期的战友及敌人》，莫斯科：军事出版社，1992年。

Kasatonov, V. A., ed. *Krasnoznamennyi Baltiiskii flot v Velikoi Otechestvennoi voine sovetskogo naroda 1941 - 1945 gg. v chetyrekh knigakh, kniga pervaia: Oborona Pribaltiki i Leningrada 1941–1944 gg.*. Moscow: Nauka, 1990.
V.A.卡萨托诺夫主编，《1941年—1945年，苏联人民伟大卫国战争中的红旗波罗的海舰队（全四册），第一册：波罗的海和列宁格勒的防御，1941年至1944年》，莫斯科：科学出版社，1990年。

Kasatonov, V. A., ed. *Krasnoznamennyi Baltiiskii flot v Velikoi Otechestvennoi voine Sovetskogo naroda 1941–1945 gg. v chetyrekh knigakh, kniga vtoraia: Sniatie blokady Leningrada i osvobozhdenie Pribaltiki 1944–1945 gg.*. Moscow: Nauka, 1991.
V.A.卡萨托诺夫主编，《1941年—1945年，苏联人民伟大卫国战争中的红旗波罗的海舰队（全四册），第二册：打破列宁格勒封锁圈和波罗的海的解放，1944年至1945年》，莫斯科：科学出版社，1991年。

Kazakov, K. P. *Ognevoi val nastupleniia*. Moscow: Voenizdat, 1986.
K.P.卡扎科夫，《进攻弹幕》，莫斯科：军事出版社，1986年。

Khorobrykh, A. M. *Glavnyi marshal aviatsii A. A. Novikov.* Moscow: Voenizdat, 1989.
A.M.霍罗布雷赫，《空军主帅A.A.诺维科夫》，莫斯科：军事出版社，1989年。

Kirsanov, N. A. *Po zovu Rodiny: Dobrovol'cheskie formirovaniia Krasnoi Armii v period Velikoi Otechestvennoi voiny*. Moscow: Mysl', 1974.
N.A.基尔萨诺夫，《在祖国的号召下：伟大卫国战争期间红军中的志愿兵团》，莫斯科：思想出版社，1974年。

Kolesnik, A. D. *Narodnoe opolchenie gorodov–geroev.* Moscow: Nauka, 1974.
A.D.科列斯尼克，《英雄城市的民兵》，莫斯科：科学出版社，1974年。

Kolesnik, A. D. *Opolchenskie formirovaniia Rossiiskoi Federatsii v gody Velikoi Otechestvennoi voiny.* Moscow: Nauka, 1988.
A.D.科列斯尼克，《伟大卫国战争中俄罗斯联邦的民兵兵团》，莫斯科：科学出版社，1988年。

Korovnikov, I. T. *Novgorodsko–luzhskaia operatsiia: Nastuplenie voisk 59–i armii (ianvar'–fevral'1944 g.).* Moscow: Voenizdat, 1960.
I.T.科罗夫尼科夫，《诺夫哥罗德—卢加战役：第59集团军的进攻行动，1944年1月—2月》，莫斯科：军事出版社，1960年。

Korovnikov, I. T., N. S. Lebedev, and Ia. G. Poliakov. *Na trekh frontakh: Boevoi put'59–i Armii.* Moscow: Voenizdat, 1974.
I.T.科罗夫尼科夫、N.S.列别杰夫、Ia.G.波利亚科夫，《在三条战线上：第59集团军的征途》，莫斯科：军事出版社，1974年。

Krinov, Iu. S. *Luzhskii rubezh god 1941–i.* Leningrad: Lenizdat, 1987.
Iu.S.克里诺夫，《卢加战线1941》，列宁格勒：列宁出版社，1987年。

Krivosheev, G. F., ed. *Grif sekretnosti sniat: Poteri Vooruzhennykh Sil SSSR v voinakh boevykh deistviiakh i boevykh konfliktakh, Statisticheskoe issledovanie*. Moscow: Voenizdat, 1993.
G.F.克里沃舍夫主编，《揭秘：苏联武装力量在战争、作战行动和军事冲突中的损失》，莫斯科：军事出版社，1993年。

Krupatkin, B. *Batal'ony idut na shturm: Vospominaniia uchastnika tikhvinskoi operatsii 1941 goda*. Leningrad: Lenizdat, 1983.
B.克鲁帕特金，《突击营：1941年季赫温战役参与者的回忆》，列宁格勒：列宁出版社，1983年。

Kuznetsov, V. A., ed. *Vtoraia udarnaia v bitve za Leningrad* . Leningrad: Lenizdat, 1983.
V.A.库兹涅佐夫主编，《列宁格勒战役中的突击第2集团军》，列宁格勒：列宁出版社，1983年。

“Ladozhskaia voennaia flotiliia” . In *Voennaia entsiklopediia v vos'mi tomakh*, ed. I. D. Sergeev, 4:379–380. Moscow: Voenizdat, 1999.
“拉多加湖区舰队”，收录在：《苏联军事百科全书（全八册）》第四册，莫斯科：军事出版社，1999年，第379—380页。

“Leningrad.” In *Sovetskaia voennaia entsiklopediia, tom 4*, ed. N. V. Ogarkov, 4:611. Moscow: Voenizdat, 1977.
“列宁格勒”，收录在：《苏联军事百科全书》第四册，莫斯科：军事出版社，1977年，第611页。

“Leningradskii voennyi okrug.” In *Sovetskaia voennaia entsiklopediia,* ed. N. V. Ogarkov, 4: 614–616. Moscow: Voenizdat, 1977.
“列宁格勒军区”，收录在《苏联军事百科全书》第四册，莫斯科：军事出版社，1977年，第614—616页。

“Leningradskii voennyi okrug.” In *Voennaia entsiklopediia v vos'mi tomakh,* ed. I. D. Sergeev, 4: 422–424. Moscow: Voenizdat, 1999.
“列宁格勒军区”，收录在《苏联军事百科全书（全八册）》第四册，莫斯科：军事出版社，1999年，第422—424页。

Luttichau, Charles V. P. von. *The Road to Moscow: The Campaign in Russia 1941.* Washington, D.C.: Office of the Chief of Military History, 1985. Unpublished Center for Military History Project 26–P.
查尔斯·V.P.冯·吕蒂肖，《通往莫斯科之路：1941年对苏战役》，华盛顿特区：陆军军史部，1985年。军事历史中心未发表的26–P项目。

Manstein, Erich von. *Lost Victories*. Chicago: Henry Regnery, 1958.

埃里希·冯·曼施泰因，《失去的胜利》，芝加哥：亨利·莱格尼里出版社，1958年。

Maslov, A. A. *Condemned Generals: Soviet Generals Repressed by Stalin during the Great Patriotic War*. London: Frank Cass, forthcoming.
A.A.马斯洛夫，《被定罪的将军：伟大卫国战争期间遭斯大林镇压的苏军将领》，伦敦：弗兰克·卡斯出版社，即将出版。

Maslov, A. A. *Fallen Soviet Generals: Soviet General Officers Killed in Battle 1941–1945*. London: Frank Cass, 1998.
A.A.马斯洛夫，《陨落的苏军将领：1941年—1945年，在战斗中阵亡的苏军将领》，伦敦：弗兰克·卡斯出版社，1998年。

Meretskov, K. A. *Na sluzhbe narodu*. Moscow: Politizdat, 1988. [*Serving the People*. Moscow: Progress, 1971.]
K.A.梅列茨科夫，《为人民服役》，莫斯科：政治书籍出版社，1988年。英文版为《为人民服役》，莫斯科：进步出版社，1971年。

Nachal'nyi period Velikoi Otechestvennoi voiny. Moscow: Voroshilov Academy of the General Staff, 1989.
《伟大卫国战争初期》，莫斯科：伏罗希洛夫总参军事学院，1989年。

Oborona Leningrada 1941–1944: Vospominaniia i dnevniki uchastnikov. Leningrad: Nauka, 1968.
《保卫列宁格勒，1941年—1944年：亲身经历者的回忆和日记》，列宁格勒：科学出版社，1968年。

Orlov, K. A., ed. *Bor'ba za Sovetskuiu Pribaltiku v Velikoi Otechestvennoi voine 1941–1945 v trekh knigakh, kniga pervaia: Pervye gody*. Riga: Diesma, 1966.
K.A.奥尔洛夫主编，《1941年—1945年，伟大卫国战争期间苏联波罗的海地区的战斗（全三册），第一册（第一年）》，里加：杰斯马出版社，1966年。

Orlov, K. A., ed. *Bor'ba za Sovetskuiu pribaltiku v Velikoi Otechestvennoi voine 1941–1945 v trekh knigakh, kniga vtoraia: K Baltiiskomu moriu*. Riga: Diesma, 1967.
K.A.奥尔洛夫主编，《1941年—1945年，伟大卫国战争期间苏联波罗的海地区的战斗（全三册），第二册（波罗的海）》，里加：杰斯马出版社，1967年。

Orlov, K. A., ed. *Bor'ba za Sovetskuiu pribaltiku v Velikoi Otechestvennoi voine 1941–1945 v trekh knigakh, kniga tret'ia: Zavershaiushchii etap*. Riga: Diesma, 1969.
K.A.奥尔洛夫主编，《1941年—1945年，伟大卫国战争期间苏联波罗的海地区的战斗（全三册），第三册（最后阶段）》，里加：杰斯马出版社，1969年。

Pavlov, D. V. *Leningrad v blokade (1941)*. Moscow: Voenizdat, 1958. [Leningrad 1941: The Blockade. Chicago: University of Chicago Press, 1965.]
D.V.巴甫洛夫，《列宁格勒1941：封锁》，该书英文版为：《列宁格勒1941：封锁》，芝加哥：芝加哥大学出版社，1965年。

Petrograd v dni Velikogo Oktiabria. Leningrad: Lenizdat, 1967.
《伟大十月革命中的彼得格勒》，列宁格勒：列宁出版社，1967年。

Petrov, Iu. P., ed. *Istoriia Velikoi Otechestvennoi voiny Sovetskogo Soiuza 1941–1942 v shesti tomakh*. Vol. 3. Moscow: Voenizdat, 1961.
Iu.P.彼得罗夫主编，《1941年—1945年，苏联伟大卫国战争史（全六册），第三册》，莫斯科：军事出版社，1961年。

Piatkov, V. K., ed. *Tret'ia udarnaia: Boevoi put'3–i udarnoi armii*. Moscow: Voenizdat, 1976.
V.K.皮亚特科夫，《突击第3集团军：突击第3集团军的征途》，莫斯科：军事出版社，1976年。

Platonov, S. P., ed. *Bitva za Leningrada 1941–1944*. Moscow: Voenizdat, 1964.
S.P.普拉东诺夫主编，《列宁格勒战役，1941年—1944年》，莫斯科：军事出版社，1964年。

Portugal'sky, R. M., and L. A. Zaitsev. *Voennoe iskusstvo sovetskikh voisk v bitve za Leningrad*. Moscow: Izdanie Akademii, 1989.
R.M.波尔图加利斯基和L.A.宰采夫，《苏联军队在列宁格勒战役中的军事艺术》，莫斯科：出版学院，1989年。

Pospelov, P. N., ed. *Istoriia Velikoi Otechestvennoi voiny Sovetskogo Soiuza 1941–1945 v shesti tomakh*. Moscow: Voenizdat, 1960–1965.
P.N.波斯佩洛夫主编，《苏联伟大卫国战争史，1941年—1945年（全六册）》，莫斯科：军事出版社，1960年—1965年。

Rodionov, I. N., ed. *Voennaia entsiklopediia v vos'mi tomakh*. Moscow: Voenizdat, 1997–1999.
I.N.罗季奥诺夫主编，《苏联军事百科全书（全八册）》，莫斯科：军事出版社，1997年—1999年。

Salisbury, Harrison E. *The 900 Days: The Siege of Leningrad*. New York: Harper & Row, 1969.
哈里森·索尔兹伯里，《列宁格勒被困九百天》，纽约：哈珀 & 罗出版社，1969年。

Samsonov, A. M., ed. *Krasnoznamennyi Baltiiskii flot v Velikoi Otechestvennoi voine 1941–1945*. Moscow: Nauka, 1981.

A.M.萨姆索诺夫主编，《伟大卫国战争中的红旗波罗的海舰队，1941年—1945年》，莫斯科：科学出版社，1981年。

Samsonov, A. M., ed. *Oborona Leningrada 1941–1944: Vospominaniia i dnevniki uchastnikov*. Leningrad: Nauka, 1962.
A.M.萨姆索诺夫主编，《保卫列宁格勒，1941年—1945年：亲身经历者的回忆与日记》，列宁格勒：科学出版社，1961年。

Seaton, Albert. *The Russo–German War 1941–1945*. New York: Praeger, 1971.
艾伯特·西顿，《苏德战争，1941—1945》，纽约：普雷格出版社，1971年。

"Small Units Actions during the German Campaign in Russia," Department of the Army Pamphlet No. 20–269. Washington, D.C.: Department of the Army, 1953.
《历史研究：德国侵苏战争中小股部队的作战行动》，陆军部20–269号手册，华盛顿特区：陆军部，1953年。

Stupnikov, N. A., ed. *Dvazhdy Krasnoznamennyi Baltiiskii flot*. Moscow: Voenizdat, 1990.
N.A.斯图普尼科夫主编：《两次获得红旗勋章的波罗的海舰队》，莫斯科：军事出版社，1990年。

Sviridov, V. P., V. P. Iakutovich, and V. E. Vasilenko. *Bitva za Leningrad 1941–1944*. Moscow: Lenizdat, 1962.
V.P.斯维里多夫、V.P.亚库托维奇、V.E.瓦西连科，《列宁格勒战役，1941年—1944年》，列宁格勒：列宁出版社，1962年。

Tikhvin, god 1941–i: Vospominaniia uchastnikov boev na tikhvinskom i volkhovskom napravleniiakh v oktiabre–dekabre 1941 goda. Leningrad: Lenizdat, 1974.
《季赫温1941：1941年10—12月，季赫温和沃尔霍夫方向战斗参与者的回忆》，列宁格勒：列宁出版社，1974年。

Ustinov, D. F., ed. *Istoriia Vtoroi Mirovoi voiny 1939–1945 v dvenadtsaty tomakh*. Vol. 8. Moscow: Voenizdat, 1977.
D.F.乌斯季诺夫主编，《第二次世界大战史（全十二册），第八册》，莫斯科：军事出版社，1977年。

Vinogradov, I. V. *Trevozhnye dni marta*. Leningrad: Lenizdat,1984.
I.V.维诺格拉多夫，《艰难的三月》，列宁格勒：列宁出版社，1984年。

Volkov, A. A. *Kriticheskii prolog: Nezavershennye frontovye nastupatel'nye operatsii pervykh kampanii Velikoi Otechestvennoi voiny*. Moscow: Aviar, 1992.
A.A.沃尔科夫，《生死攸关的序幕：伟大卫国战争初期战役未完成的方面军进攻行动》，莫斯科：阿维阿尔出版社，1992年。

Werth, Alexander. *Leningrad*. London: Hamish Hamilton, 1944.
亚历山大·沃思，《列宁格勒》，伦敦：哈米什·汉密尔顿出版社，1944年。

Wykes, Alan. *The Siege of Leningrad: Epic of a Survival*. New York: Ballantine Books, 1968.
艾伦·怀克斯，《遭围困的列宁格勒：生存的史诗》，纽约：百龄坛出版社，1968年。

Zakharov, Iu. D. *General armii N. F. Vatutin*. Moscow: Voenizdat, 1985.
Iu.D.扎哈罗夫，《N.F.瓦图京大将》，莫斯科：军事出版社，1985年。

Zakharov, M. V. *General'nyi shtab v predvoennye gody*. Moscow: Voenizdat, 1989.
M.V.扎哈罗夫，《战前的总参谋部》，莫斯科：军事出版社，1989年。

Zherebov, D. K., and I. I. Solomakhin. *Sem'ianvarskikh dnei: Proryv blokady Leningrada 12–18 ianvaria 1943 g.*. Leningrad: Lenizdat, 1987.
D.K.热列博夫和I.I.索洛马欣，《一月份的七天：突破列宁格勒封锁圈，1943年1月12日至18日》，列宁格勒：列宁出版社，1987年。

Zhilin, P. A., ed. *Na severo–zapadnom fronte 1941–1943*. Moscow: Nauka, 1969.
P.A.日林主编，《西北战线1941年—1943年》，莫斯科：科学出版社，1963年。

Zhukov, G. K. *Reminiscences and Reflections*. Vol. 1. Moscow: Progress, 1985.
G.K.朱可夫，《回忆与思考》第一册，莫斯科：进步出版社，1985年。

Ziemke, Earl F. *Stalingrad to Berlin: The German Defeat in the East*. Washington, D.C.: Office of the Chief of Military History, United States Army, 1968.
厄尔·F.齐姆克，《从斯大林格勒到柏林：德国在东线的失败》，华盛顿特区：美国陆军军事历史办公室，1968年。

Ziemke, Earl F., and Magna E. Bauer. *Moscow to Stalingrad: Decision in the East*.Washington, D.C.: Office of the Chief of Military History, United States Army, 1987.
厄尔·F.齐姆克和麦格纳·E.鲍尔，《从莫斯科到斯大林格勒：东线决战》，华盛顿特区：美国陆军军事历史中心，1987年。

Zolotarev, V. A., ed. *Velikaia Otechestvennaia voina 1941–1945: Voenno–istoricheskie ocherki v chetyrekh tomakh*. Moscow: Nauka, 1998–1999.
V.A.佐洛塔廖夫主编，《伟大卫国战争，1941年—1945年：军事历史论文集（全四册）》，莫斯科：科学出版社，1998—1999年。

Zubakov, V. E. *Nevskaia tverdynia: Bitva za Leningrad v gody Velikoi Otechestvennoi voiny (1941–1944)*. Moscow: Voenizdat, 1960.
V.E.祖巴科夫，《坚守涅瓦河：伟大卫国战争（1941年—1945年）中的列宁格勒战役》，莫斯科：军事出版社，1960年。

文章

《航空航天》杂志，*Aviatsiia i kosmonavtika*，简称*A&K*。
《武装力量中的共产党人》杂志，*Kommunist Vooruzhennykh Sil*，简称*KVS*。
《海军文集》杂志，*Morskoi sbornik*，简称*MS*。
《爱国历史》杂志，*Otechestvennaia istoriia*，简称*OI*。
《苏联军人》杂志，*Sovetskii voin*，简称*SV*。
《军事通报》杂志，*Voennyi vestnik*，简称*VV*。
《军事历史》杂志，*Voenno–istoricheskii zhurnal*，简称*VIZh*。
《军事知识》杂志，*Voennye znaniia*，简称*VZ*。
《历史问题》杂志，*Voprosy istorii*，简称*VI*。

Achkasov, V. “Sryv planov nemetsko–fashistskogo komandovaniia po unichtozheniiu Krasnoznamennogo Baltiiskogo flota”. *VIZh* 1 (January 1964): 36–46.
V.阿奇卡索夫，《德国法西斯统帅部消灭红旗波罗的海舰队计划的破灭》，刊登在：VIZh第1期（1964年1月），第36—46页。

Babkin, B. “Gladko bylo na bumage: Predvoennye vzgliady na primenenie aviatsii v nachal'nyi period voiny”. *A&K* 7 (July 1991): 37–38.
B.巴布金，《在理论上顺利进行：关于战争初期航空兵部署的战前观点》，刊登在：A&K第7期（1991年7月），第37—38页。

Babkin, V. “V boiakh uchilis'pobezhdat'”. *A&K* 8 (August 1991), 40–41.
V.巴布金，《他们在战斗中学会了如何打赢》，刊登在：A&K第8期（1991年8月），第40—41页。

Bukin. G. “Leningradskaia epopeia v krivom zerkale amerikanskogo istorika”. *VIZh* 1 (January 1964): 85–88.
G.布金，《被一位美国历史学家刻意扭曲的列宁格勒史诗》，刊登在：VIZh第1期（1964年1月），第85—88页。

Bychevsky, B. “Pod Leningradom dvadtsat'let nazad”. *VIZh* 1 (January 1964): 60–69.
B.贝切夫斯基，《20年前在列宁格勒》，刊登在：VIZh第1期（1964年1月），第60—69页。

Bychevsky, B. “V nachale voiny pod Leningradom”. *VIZh* 1 (January 1963): 60–69.
B.贝切夫斯基，《列宁格勒，战争开始的时候》，刊登在：VIZh第1期（1963年1月），第60—69页。

Bychevsky, B. “V nachale voiny pod Leningradom”. *VIZh* 2 (February 1963): 60–70.
B.贝切夫斯基，《列宁格勒，战争开始的时候》，刊登在：VIZh第2期（1963年2月），第60—70页。

Chernukhin, V. A. “Na liubanskom napravlenii”. *VIZh* 8 (August 1992): 43–45.
V.A.切尔努欣，《沿柳班方向》，刊登：在VIZh第8期（1992年8月），第43—45页。

Egorov, P. “Na novgorodsko–luzhskom napravlenii”. *VIZh* 2 (February 1974): 66–73.
P.叶戈罗夫，《沿诺夫哥罗德—卢加方向》，刊登在：VIZh第2期（1974年2月），第66—73页。

Ermilov, S. K. “Deistviia aviatsii po sryvu operatsii ‘Brazil'”. *VIZh* 8 (August 1988): 27–31.
S.K.叶尔米洛夫，《为粉碎“巴西”行动实施的空中行动》，刊登在：VIZh第8期（1988年8月），第27—31页。

Fedorov, A. G. “Ognennyi taran Mikhaila Krivtsova”. *VIZh* 8 (August 1988): 69–57.
A.G.费多罗夫，《米哈伊尔·克里夫措瓦的猛烈撞击》，刊登在：VIZh第8期（1988年8月），第69—57页。

Fomichenko, N., and P. Shuktomov. “Kommunisty Leningradskogo fronta v ianvarskoi nastupatel'noi operatsii 1944 goda”. *VIZh* 1 (January 1974): 82–86.
N.福米琴科和P.舒克托莫夫，《1944年1月进攻战役中的列宁格勒方面军的共产党人》，刊登在：VIZh第1期（1974年1月），第82—86页。

Gargarin, Stanislav. “Miasnoi Bor.” *KVS* 17 (September 1989): 90–96.
斯坦尼斯拉夫·加加林，《米亚斯诺伊博尔》，刊登在：KVS第17期（1989年9月），第90—96页。

Gargarin, Stanislav. “Miasnoi Bor.” *KVS* 18 (September 1989): 88–94.
斯坦尼斯拉夫·加加林，《米亚斯诺伊博尔》，刊登在：KVS第18期（1989年9月），第88—94页。

Gargarin, Stanislav. “Miasnoi Bor.” *KVS* 19 (October 1989): 89–95.
斯坦尼斯拉夫·加加林，《米亚斯诺伊博尔》，刊登在：KVS第19期（1989年10月），第89—95页。

Gargarin, Stanislav. “Miasnoi Bor.” *KVS* 20 (October 1989): 81–88.
斯坦尼斯拉夫·加加林，《米亚斯诺伊博尔》，刊登在：KVS第20期（1989年10月），第81—88页。

Gargarin, Stanislav. “Miasnoi Bor.” *Armiia* 23 (December 1991): 73–85.
斯坦尼斯拉夫·加加林，《米亚斯诺伊博尔》，刊登在：Armiia第23期（1991年12月），第73—85页。

Gerasimov, P. “Dlia sovetskikh soldat ne bylo nepreodolimykh pregrad”. *VIZh* 7 (July 1967): 62–65.
P.格拉西莫夫，《没有苏联士兵无法逾越的障碍》，刊登在：VIZh第7期（1967年7月），第62—65页。

Gladysh, S. “O maloizvestnoi oboronitel'noi operatsii 8–i armii (aprel'1944 goda)”. *VIZh* 8 (August 1977): 28–36.
S.格拉德什，《关于第8集团军1944年4月一场鲜为人知的防御行动》，刊登在：*VIZh*第8期（1977年8月），第28—36页。

Gladysh, S. “Upredili protivnika i otstoiali Leningrad: Nastupatel'naia operatsiia voisk Volkhovskogo i Leningradskogo frontov v Iuzhnom Priladozh'e (avgust–sentiabr' 1942 g.)”. *VIZh* 5 (September–October 1998): 12–15.
S.格拉德什，《他们抗击敌人，保卫列宁格勒：沃尔霍夫和列宁格勒方面军在拉多加湖以南地域的进攻行动，1942年8—9月》，刊登在：VIZh第5期（1998年9—10月），第12—15页。

Gurkin, V. V. “Liudskie poteri Sovetskikh Vooruzhennykh sil v 1941–1945: Novye aspekty”. *VIZh* 2 (March–April 1999): 2–13.
V.V.古尔金，《1941年—1945年，苏联武装力量的人员损失：新观念》，刊登在：VIZh第2期（1999年3—4月），第2—13页。

“An interview with Mr. Hyry.” In Pasi Kusppamaki, ed., *A Web History of Finland*. Edition 2.3 (2000).
采访许吕先生（Mr. Hyry），收录在：帕西·库斯帕马基主编，芬兰网络历史2.3版（2000年），第1—13页；网址为http://ky.hkkk.fi/~k21206/finhist.html#war，采访网址为http:/www.warlinks.com/memories/hyry.htm。

Isaev, S. I. “Vekhi frontovogo puti”. VIZh 10 (October 1991): 23.
S.I.伊萨耶夫，《前路的里程碑》，刊登在：VIZh第10期（1991年10月），第23页。

Kalutsky, N. “Pervyi boi”. VIZh 1 (January 1984): 54–60.
N.卡鲁茨基，《第一场战役》，刊登在：VIZh第1期（1984年1月），第54—60页。

Kalutsky, N. V. “Neizvestnaia stranitsa voiny”. *VIZh* 12 (December 1985): 49–54.
N.V.卡鲁茨基，《战争中不为人知的一页》，刊登在：VIZh第12期（1985年12月），第49—54页。

Karasev, A., and V. Koval'chuk. “Bitva za Leningrad”. *VIZh* 1 (January 1964): 82–84.
A.卡拉谢夫和V.科瓦利丘克，《列宁格勒战役》，刊登在：VIZh第1期（1964年1月），第82—84页。

Khoroshilov, G. “Ognem s fronta, atakoi vo flang . . .”. *VV* 11 (November 1972), 95–97.
G.霍罗希洛夫，《前方的火力，侧翼突击》，刊登在：VV第11期（1972年11月），第95—97页。

Khozin, M. “Ob odnoi maloissledovannoi operatsii”. *VIZh* 2 (February 1966): 35–46.
M.霍津，《关于一场被忽略的行动》，刊登在：VIZh第2期（1966年2月），第35—46页。

Khrulev, A. “V bor'be za Leningrad”. *VIZh* 11 (November 1962): 27–36.
A.赫鲁廖夫，《在保卫列宁格勒的斗争中》，刊登在：VIZh第11期（1962年11月），第27—36页。

Klimchuk, E. “Vtoraia udarnaia i Vlasov ili pochemu odin predal, a v predateli popala vsia armiia”. *SV* 20 (October 1989): 76–81.
E.克利姆丘克，《突击第2集团军和弗拉索夫，或，为何因为一个叛徒而将责任归咎于整个集团军》，收录在：SV第20期（1989年10月），第76—81页。

Kolpakov, A. “Tallinnskii perekhod: Uroki i vyvody. *MS* 8 (August 1991): 42–48.
A.科尔帕科夫，《塔林通道：教训和结论》，刊登在：MS第8期（1991年8月），第42—48页。

Komarov, N. “Pobeda pod Leningradom”. *KVS* 2 (January 1984): 33–38.
N.科马罗夫，《列宁格勒的胜利》，刊登在：KVS第2期（1984年1月），第33—38页。

Komarov, N. “24–ia gvardeiskaia strelkovaia diviziia v siniavinskoi operatsii”. *VIZh* 3 (March 1977): 56–65.
N.科马罗夫，《锡尼亚维诺战役中的近卫步兵第24师》，刊登在：VIZh第3期（1977年3月），第56—65页。

Koshevoi, P. “24–ia gvardeiskaia strelkovaia diviziia v siniavinskoi operatsii”. *VIZh* 4 (April 1977): 50–57.
P.科舍沃伊，《锡尼亚维诺战役中的近卫步兵第24师》，刊登在：VIZh第4期（1977年4月），第50—57页。

Kosogorsky, N. “V boiakh pod Tikhvinom”. *VIZh* 11 (November 1965): 50–54.
N.科索戈尔斯基，《在季赫温战役中》，刊登在：VIZh第11期（1965年11月），第50—54页。

Koval'chuk, V. M. “Evakuatsiia naseleniia Leningrada letom 1941 goda”. *OI* 3 (May–June 2000): 15–24.
V.M.科瓦利丘克，《1941年夏季，列宁格勒居民的疏散》，收录在：OI第3期（2000年5—6月），第15—24页。

Koval'chuk, V. M. “O zhertvakh blokadnogo Leningrada”. *Voenno-istoricheskii arkhiv* 6 (1999): 108–124.
V.M.科瓦利丘克，《关于列宁格勒遭封锁期间的受害者》，刊登在：《军事历史档案》第6期（1999年），第108—124页。

Kozlov, L. “Sokrushitel'nyi udar po vragu”. *VIZh* 1 (January 1969): 39–44.
L.科兹洛夫，《对敌人的一场痛击》，刊登在：VIZh第1期（1969年1月），第39—44页。

Krikunov, V. P. “V krovavom vikhre”. *VIZh* 2 (February 1990): 84–86.
V.P.克里库诺夫，《血腥的漩涡中》，刊登在：VIZh第2期（1990年2月），第84—86页。

Kudriavtsev, G. G. “Krasnyi stiag nad Osmussaarom”. *VI* 3 (March 1990): 154–162.
G.G.库德里亚夫采夫，《飘扬在奥斯穆斯岛的红旗》，刊登在：VI第3期（1990年3月），第154—162页。

Ladesov, V. “O rabote kvartirno-ekspluatatsionnykh organov v usloviiakh blokady Leningrada”. *VIZh* 9 (September 1983): 42–46.
V.拉杰索夫，《在列宁格勒遭封锁的条件下，住房开发部门展开的工作》，刊登在：VIZh第9期（1983年9月），第42—46页。

Lesniak, T. “Nekotorye voprosy organizatsii i vedeniia partizanskoi bor'by v pervye mesiatsy voiny”. *VIZh* 9 (September 1963): 30–37.
T.列斯尼亚卡，《关于战争初期几个月游击斗争的组织和指挥的一些问题》，刊登在：VIZh第9期（1963年9月），第30—37页。

Meretskov, K. “Na iugo-vostochnykh podstupakh k Leningradu”. *VIZh* 1 (January 1962): 65–79.
K.梅列茨科夫，《在列宁格勒东南接近地》，刊登在：VIZh第1期（1962年1月），第65—79页。

Meretskov, K. “Na volkhovskikh rubezhakh”. *VIZh* 1 (January 1965): 54–70.
K.梅列茨科夫，《在沃尔霍夫前线》，刊登在：VIZh第1期（1965年1月），第54—70页。

Mil'chenko, N. “Proval operatsii ‘Aisshtoss’”. *VIZh* 5 (May 1982): 40–47.
N.米利琴科，《“冰击”行动的失败》，刊登在：VIZh第5期（1982年5月），第40—47页。

Mironov, N. “Proryv ukreplennogo raiona na Karel'skom peresheike”. *VIZh* 6 (June 1974): 10–17.
N.米罗诺夫，《突破卡累利阿地峡的筑垒地域》，刊登在：VIZh第6期（1974年6月），第10—17页。

Novikov, A. “Na dal'nikh iugo–zapadnykh podstupakh k Leningradu”. *VIZh* 1 (January 1969): 61–74.
A.诺维科夫，《列宁格勒西南远接近地》，刊登在：VIZh第1期（1969年1月），第61—74页。

Novikov, A. “Na dal'nikh iugo–zapadnykh podstupakh k Leningradu”. *VIZh* 3 (March 1970): 63–72.
A.诺维科夫，《列宁格勒西南远接近地》，刊登在：VIZh第3期（1970年3月），第63—73页。

Novikov, A. “Na dal'nikh iugo–zapadnykh podstupakh k Leningradu”. *VIZh* 4 (April 1970): 67–80.
A.诺维科夫，《列宁格勒西南远接近地》，刊登在：VIZh第4期（1970年4月），第67—80页。

Novikov, A. “Na Karel'skom peresheike”. *VIZh* 7 (July 1969): 62–73.
A.诺维科夫，《在卡累利阿地峡》，刊登在：VIZh第7期（1969年7月），第62—73页。

Osadchy, D. I. “S marsha v boi”. *VIZh* 6 (June 1988): 52–57.
D.I.奥萨德奇，《从行进间投入战斗》，刊登在：VIZh第6期（1988年6月），第52—57页。

Pal'chikov, P. “Delo n: 1713”. *VZ* 1 (January 1990): 6–7.
P.帕利奇科夫，《17点13分发生的事情》，刊登在：VZ第1期（1990年1月），第6—7页。

Perechnev, Iu. “Operativnoe iskusstvo v operatsii ‘Iskra'”. *VIZh* 1 (January 1983): 13–19.
Iu.佩列奇涅夫，《“火花”行动中的作战艺术》，刊登在：VIZh第1期（1983年1月），第13—19页。

Petrov, B. N. “Kak byl ostavlen Pskov”. *VIZh* 6 (June 1993): 17–20.
B.N.彼得罗夫，《普斯科夫是如何放弃的》，刊登在：VIZh第6期（1993年6月），第17—20页。

Petrov, B. N. “Voennye deistviia na severo–zapadnom napravlenii v nachal'nyi period voiny”. *VIZh* 7 (July 1988): 43–51.
B.N.彼得罗夫，《战争初期沿西北方向的作战行动》，刊登在：VIZh第7期（1988年7月），第43—51页。

Rakitsky, A. “Udar pod Leningradom”. *VIZh* 1 (January 1974): 26–36.
A.拉基茨基，《进攻列宁格勒》，刊登在：VIZh第1期（1974年1月），第26—36页。

Ruban, S. “Tragediia podviga: Liuban', god 1942–i”. *VZ* 2 (February 1993): 12.
S.鲁班，《柳班1942，一场壮举的悲剧》，刊登在：VZ第2期（1993年2月），第12页。

Rubtsov, Iu. V., and V. M. Lur'e. “Blokada Leningrada: Vse li zhertvy uchteny?”. *VIZh* 3 (May–June 2000): 30–33.
Iu.V.鲁布斯托夫和V.M.卢里耶，《封锁列宁格勒：所有遇难者都计算在内了吗？》，刊登在：*VIZh*第3期（2000年5—6月），第30—33页。

Semenov, V. “Iz opyta organizatsii i vedeniia operatsii na severo–zapadnom napravlenii”. *VIZh* 9 (September 1967), 40–50.
V.谢梅诺夫，《沿西北方向组织和实施作战行动的经验》，刊登在：VIZh第9期（1967年9月），第40—50页。

Shikin, I. “Podvigu zhit' v vekakh!”. *VIZh* 12 (December 1971): 52–62.
I.希金，《永存的功绩》，刊登在：VIZh第12期（1971年12月），第52—62页。

Sjoblo, Paul. “Finland did not capitulate!” In Pasi Kusppamaki, ed.,*A Web History of Finland.* Edition 2.3 (2000).
保罗·斯约布洛姆，“芬兰没有屈服”，刊登在：帕西·库斯帕马基主编，芬兰网络历史2.3版（2000年）；网址为http://ky.hkkk.fi/~k21206/finhist.html#war，采访网址为http:/www.warlinks.com/memories/hyry.htm。

Utenkov, F. N. “Boevye deistviia chastei 256–i i 372–i strelkovykh divizii v okruzhenii”. *VIZh* 2 (February 1988): 76–80.
F.N.乌坚科夫，《步兵第256和第372师在包围圈内的作战行动》，刊登在：VIZh第2期（1988年2月），第76—80页。

Vladimirov, B. “140–ia otdel'naia strelkovaia brigada v Liubanskoi operatsii”. *VIZh* 12 (December 1968): 84–93.
B.弗拉基米罗夫，《柳班战役中的步兵第140旅》，刊登在：VIZh第12期（1968年12月），第84—93页。

Volkotrubenko, I. “Obespechenie osazhdennogo Leningrada vooruzheniem I boepripasami”. *VIZh* 1 (January 1984): 91–93.
I.沃尔科特鲁边科，《为围困中的列宁格勒提供武器和弹药》，刊登在：VIZh第1期（1984年1月），第91—93页。

Zaitsev, L., and A. Borshchev, “Taktika nastupatel'nogo boia pri proryve blokady Leningrada”. *VIZh* 1 (January 1983): 20–25.
L.宰采夫和A.博尔什切夫，《打破列宁格勒封锁圈期间的进攻战术》，刊登在：VIZh第1期（1983年1月），第20—25页。

Zubakov, V. “21–ia armiia v vyborgskoi nastupatel'noi operatsii (10–20 iiunia 1944 g.)”. *VIZh* 6 (June 1971): 23–33.
V.祖巴科夫，《维堡进攻战役（1944年6月10日—20日）中的第21集团军》，刊登在：VIZh第6期（1971年6月），第23—33页。